Die Firmenbeteiligungen der ARBED im Osteuropa der Nachkriegszeit

LUXEMBURG-STUDIEN
ÉTUDES LUXEMBURGEOISES

Herausgegeben von
Peter Gilles, Markus Hesse,
Michel Pauly und Christian Schulz

Band 7

Zu Qualitätssicherung und Peer Review der vorliegenden Publikation

Die Qualität der in dieser Reihe erscheinenden Arbeiten wird vor der Publikation durch einen Herausgeber der Reihe sowie durch einen externen, von der Herausgeberschaft benannten Gutachter im Blind-Verfahren geprüft. Dabei ist der Autor der Arbeit dem Gutachter während der Prüfung namentlich nicht bekannt.

Notes on the quality assurance and peer review of this publication

Prior to publication, the quality of the work published in this series is reviewed by one of the editors of the series and blind reviewed by an external referee appointed by the editorship. The referee is not aware of the author's name when performing the review.

Marc Birchen

Die Firmenbeteiligungen der ARBED im Osteuropa der Nachkriegszeit

Luxemburger Wirtschaftsdiplomatie im Kalten Krieg

PETER LANG
EDITION

Bibliografische Information der Deutschen Nationalbibliothek
Die Deutsche Nationalbibliothek verzeichnet diese Publikation in der Deutschen Nationalbibliografie; detaillierte bibliografische Daten sind im Internet über http://dnb.d-nb.de abrufbar.

Umschlagabbildung:
Eine Aktie der Felten und Guilleaume Carlswerk AG aus dem Jahr 1941
Sammlung: www.industrie.lu

Umschlaggestaltung:

ISSN 2193-0104
ISBN 978-3-631-66036-2 (Print)
E-ISBN 978-3-653-05320-3 (E-Book)
DOI 10.3726/ 978-3-653-05320-3

Peter Lang Edition ist ein Imprint der Peter Lang GmbH.

Peter Lang – Frankfurt am Main · Bern · Bruxelles · New York · Oxford · Warszawa · Wien

Diese Publikation wurde begutachtet.

www.peterlang.com

Fier mein Bopi

Inhalt

Abbildungsverzeichnis

Danksagung

Mein aufrichtiger Dank gilt all jenen, die maßgeblich zur Realisierung dieser langjährigen Forschungsarbeit beigetragen haben.

Ein erster Dank gilt meinem Doktorvater, Professor René Leboutte, der die Arbeit von Beginn an betreut und begleitet hat. Seine Anregungen, Nachfragen und Kritiken halfen mir eine wissenschaftliche Problematik herauszuarbeiten und diese, angesichts der Masse an Quelleninformationen, nicht aus den Augen zu verlieren. Des Weiteren danke ich Robert Harmson sowie Denis Scuto, die zusammen mit Professor Leboutte das mich begleitende Doktorantenkommittee bildeten. Robert Harmson danke ich, weil er mir den Blick auf meinen Untersuchungsgegenstand aus einer politikwissenschaftlichen Perspektive eröffnete, Denis Scuto, wegen seiner wertvollen Hinweise auf meine Problematik begleitenden institutionellen und innenpolitischen Entwicklungen.

Die vorliegende Untersuchung beruht auf einer breiten Auswahl an Akten und sonstigen amtlichen Schriftzeugnissen. Mein aufrichtiger Dank gilt daher den Archivaren, die mir die Einsicht in diese Dokumente ermöglichten und mich auf mir unbekannte Bestände aufmerksam machten: Serge Hoffmann und Gilles Regener (Luxemburgisches Nationalarchiv); Françoise Peemans (Archiv des belgischen Außen- und Außenhandelsministeriums); Christian Hillen, Ulrich Soénius (Rheinisch-Westfälisches Wirtschaftsarchiv Köln); Fabienne Decuyper (Generalsekretariat der Benelux) und Marcelle Mangen (Archiv des luxemburgischen Außenministeriums).

Die Studie ist auch das Resultat des wissenschaftlichen Austauschs mit Kollegen und Freunden des *Institut d'histoire* der Universität Luxemburg. Aus dem Privileg, Teil dieser wachsenden Gemeinschaft zu sein, eröffneten sich mir eine Vielzahl unterschiedlicher Forschungsansätze, Methoden, und Anknüpfungspunkte. So danke ich Vincent Artuso, Andrea Binsfeld, Laure Caregari, Thierry Grosbois, Sonja Kmec, Benoît Majerus, Michel Margue, Pit Péporté, Hérold Pettiau, Martin Uhrmacher, Renée Wagener… Ein besonderer Dank gelten Norbert Franz und Michel Pauly, die nicht nur die mühselige Aufgabe des Korrekturlesens bereitwillig übernahmen, sondern mir auch für die Strukturierung der Arbeit wertvolle Tipps mit auf den Weg gaben.

Zu großem Dank bin ich auch meinen Doktorantenkollegen und Freunden der Forschungseinheit *Identités. Politiques, Sociétés, Espaces* (IPSE) der Universität Luxemburg verpflichtet. Im täglichen Kontakt sowie in regelmäßigen Doktorantenseminaren entstand hier ein enger interdisziplinärer Austausch zwischen jungen Forschern. Für die Realisierung der historischen Karte danke ich besonders Marie-Line Glaesener.

Bei der Forschungseinheit IPSE möchte ich mich zudem für die finanzielle Förderung bei der Drucklegung der Arbeit bedanken.

Die Verwirklichung der Forschungsarbeit wäre ohne privaten Rückhalt schlichtweg unmöglich gewesen. Mein tiefer Dank gilt daher meiner Familie sowie Marie-Cécile Charles, für ihre bedingungslose Unterstützung und das Aushalten meiner, von der Arbeit abhängigen Gemütslage.

Abkürzungen

ABl	Amtsblatt
AG	Aktiengesellschaft
AdG	Archiv der Gegenwart
ALEH	Association luxembourgeoise des enseignants d'histoire
AMAEB	Archives du Ministère des Affaires Étrangères belge
ANLux	Archives nationales du Luxembourg
ARBED	Aciéries Réunies de Burbach-Eich-Dudelange
BGBl	Bundesgesetzblatt
BTA	Bleichert Transportanlagen GmbH
BTO	Brussels Treaty Organization
CERE	Centre d'études et de recherches européennes Robert Schuman
COCOM	Coordinating Committee on Multilateral Export Controls
COCOPO	Commission permanente de consultation en matière de politique étrangère des Etats du Benelux
CR	Compte-rendu des séances de la Chambre des députés du Grand-Duché de Luxembourg
CSV	Christlich Soziale Volkspartei Luxemburg
DDR	Deutsche Demokratische Republik
Dep. St. Bull.	Department of State Bulletin
din.	Jugoslawischer Dinar
DWK	Deutsche Wirtschaftskommission
EGKS	Europäische Gemeinschaft für Kohle und Stahl
EJIL	European Journal of International Law
EuGRZ	Europäische Grundrechte Zeitschrift
EWG	Europäische Wirtschaftsgemeinschaft
FAZ	Frankfurter Allgemeine Zeitung
F&G	Felten und Guilleaume
Fedil	Business Federation Luxembourg
FES	Friedrich Ebert Stiftung
FLUX	Luxemburgischer Franken
GBL	Gesetzblatt
GFCC	Groupe Français du Conseil de Contrôle
GmbH	Gesellschaft mit beschränkter Haftung
GOKO	Staatliches Verteidigungskomitee der UdSSR
HZ	Historische Zeitschrift
IARA	Interallied Reparations Agency

IPRax	Praxis des Internationalen Privat- und Verfahrensrechts
KPD	Kommunistische Partei Deutschlands
KPL	Kommunistische Partei Luxemburgs
LMM	Luxemburgische Militärmission
LSAP	Luxemburgische Sozialistische Arbeiterpartei
MAEB	Ministère des Affaires Etrangères belge (belgisches Außenministerium)
MAEL	Ministère des Affaires étrangères luxembourgeois et du Commerce extérieur (Ministerium für auswärtige Angelegenheiten und Außenhandel)
NJW	Neue Juristische Wochenschrift
NSDAP	Nationalsozialistische Deutsche Arbeiterpartei
O. A.	Ohne Autor
(O.) Hg.	(Ohne) Herausgeber
RWWA	Rheinisch Westfälisches Wirtschaftsarchiv Köln
RM	Reichsmark
SAG	Sowjetische Aktiengesellschaft
SBZD	Sowjetische Besatzungszone Deutschland
SBZÖ	Sowjetische Besatzungszone Österreich
SED	Sozialistische Einheitspartei Deutschlands
SMAD	Sowjetische Militäradministration in Deutschland
Statec	Institut national de la statistique et des études économiques du Luxembourg
UEBL	Union économique belgo-luxembourgeoise
USI(W)A	Verwaltung des sowjetischen Eigentums in Österreich
VEB	Volkseigene Betriebe
VermG	Gesetz zur Regelung offener Vermögensfragen – Vermögensgesetz
VfZ	Vierteljahreshefte für Zeitgeschichte
VoG	Verein ohne Gewinnzweck (frz. a.s.b.l.)
ZaöRV	Zeitschrift für ausländisches öffentliches Recht und Völkerrecht
ZDK	Zentralen Deutschen Kommission für Sequestrierung und Beschlagnahme
ZUG	Zeitschrift für Unternehmensgeschichte

Einleitung

I. Gegenstand und Forschungsproblem

„Wat fir d'ARBED gudd ass, ass och gudd fir d'Land".[1]

Dieses in Luxemburg noch heute weit verbreitete Diktum verdeutlicht eindrucksvoll die allgemeine öffentliche Wahrnehmung der Stahlgesellschaft ARBED in Luxemburg im 20. Jh., und verweist auf die Abhängigkeit der luxemburgischen Wirtschaft vom Unternehmen.

1911 aus einer Fusion dreier Unternehmen hervorgegangen, unternahm die Aciéries Réunies Burbach-Eich-Dudelange Anfang der 20er Jahre den Schritt zu einer stärkeren Internationalisierung. Das Unternehmen konnte durch eine innovative Verkaufsstruktur, eine schnelle Anpassung an die technologischen Fortschritte der Stahlindustrie und eine kluge Expansionspolitik seine Auslandsbeteiligungen schrittweise steigern. Neben aufsehenerregenden Investitionen in Südamerika verfügte die Gesellschaft auch über weniger bekannte Anlagen im sowjetisch dominierten Mittel- und Osteuropa der Nachkriegszeit. Tatsächlich besaß die ARBED seit 1920 über ihre rheinische Tochtergesellschaft FELTEN UND GUILLEAUME CARLSWERK AG (F&G CARLSWERK AG) indirekte oder sogar doppelt und mehrfach indirekte[2] Aktienbeteiligungen in fast allen mittel- und osteuropäischen Ländern sowie in den 1945 geschaffenen sowjetischen Besatzungszonen Deutschlands und Österreichs.[3] Während diese Beteiligungen im Verlauf des Zweiten Weltkrieges größtenteils unangetastet blieben, wurden sie in der unmittelbaren Nachkriegszeit Opfer grundlegender

---

1 Deutsche Übersetzung: Was für die ARBED gut ist, ist auch gut für das Land.

2 Unter indirekter Beteiligung wird in dieser Arbeit die Aktienbeteiligung einer physischen oder moralischen Person (X) an einer Gesellschaft (Z) über eine Zwischengesellschaft (Y) verstanden. Dabei kann eine solche Beteiligung über mehrere Ebenen verlaufen, wenn zum Beispiel die Gesellschaft X an der Gesellschaft Y beteiligt ist, diese wiederum am Unternehmen Z, welches wiederum in A beteiligt ist. Hier spricht man von einem indirekten Beteiligungsverhältnis über mehrere Ebenen. Im Folgenden wird immer der Begriff der indirekten Beteiligung verwendet. Zur Struktur und Definition indirekter Aktienbeteiligungen siehe O. A., Participations, in: ANTOINE Joseph/CAPIAU-HUART Marie-Claire (Hg.), Dictionnaire des marchés financiers. Plus de 2000 termes et expressions expliqués et traduits en cinq langues, anglais, allemand, espagnol, italien, néerlandais, Brüssel 2006, S. 410.

3 Zum Beteiligungsverhältnis der ARBED im Untersuchungsraum siehe ausführlich unten, S. 435.

politischer und wirtschaftlicher Umwälzungen im Zeichen eines Sozialismus' unter sowjetischen Vorzeichen.

Die Beteiligungsstruktur der ARBED in Mittel- und Osteuropa bildet den Untersuchungsgegenstand der vorliegenden Arbeit. In den Fokus der Untersuchung rücken die Bemühungen, die auf luxemburgischer Seite von der Regierung und der ARBED unternommen wurden, um die Beteiligungen des Konzerns in Mittel- und Osteuropa zu schützen. Indem sie die äußeren Faktoren und die institutionellen wie strukturellen Rahmenbedingungen, die diesen Bemühungen Grenzen setzten, untersucht, zielt die vorliegende Studie auf ein Desiderat der historischen Erforschung der luxemburgischen Außenpolitik. Insbesondere beleuchtet sie das Verhältnis von luxemburgischer Regierung und ARBED in einem außenpolitischen Kontext und lotet Ausmaß und Form der Kontakte Luxemburgs über den sogenannten „Eisernen Vorhang"[4] hinweg aus.

Bei Aufnahme der Bemühungen um die Firmenbeteiligungen der ARBED im September 1945 konnte freilich von einem sich konsolidierenden Ostblock, der sich hinter einem „Eisernen Vorhang" abschottete, noch keine Rede sein. Die schrittweise Entfremdung der Alliierten hin zu einer Herausbildung zweier sich antagonistisch gegenüberstehenden Machtblöcke unter der Vorherrschaft der beiden Supermächte USA und UdSSR, stand erst am Anfang. Doch bereits damals sahen sich international oder transnational operierende Wirtschaftsakteure wie die ARBED, in den von der UdSSR befreiten oder besetzten Gebieten Ost- und Mitteleuropas mit ersten Einschränkungen konfrontiert. Im Sommer 1945 war vielerorts der Kontakt zu den Tochtergesellschaften der ARBED erschwert oder gar abgebrochen. Der Zustand der Fabriken im stark verwüsteten Osteuropa war der Konzernleitung in Luxemburg oftmals unbekannt oder konnte erst allmählich in Erfahrung gebracht werden.

In dieser Zeit gerieten die Besitzverhältnisse des luxemburgischen Konzerns durch zwei verschiedene, jedoch stark miteinander verwurzelten Entwicklungen, in Gefahr:

So wurden die Eigentumsverhältnisse der Industrie von alliierten und nationalen Reparationsbestimmungen getroffen, welche eine Übertragung bestimmter Vermögenskategorien als sogenanntes Feindvermögen zu Reparationszwecken

---

4 Der Begriff wurde im Kalten Krieg durch den ehemaligen englischen Premierminister Winston Churchill geprägt, der damit die Abschottung des sowjetisch dominierten Osteuropas beschrieb: „*From Stettin in the Baltic to Trieste in the Adriatic, an iron curtain has descended across the Continent.*", CHURCHILL Winston S., The Sinews of Peace. Rede Winston Churchills am Westminster College in Fulton, Missouri vom 5. März 1946, unter anderem in: Nato On-line Library, URL: http://www.nato.int/docu/speech/1946 (Stand: 3. November 2013).

an die Siegermächte vorsahen.[5] Daneben führten auch der wirtschaftliche Umbruch des Untersuchungsraumes und die Anpassung der einzelnen osteuropäischen Wirtschaften an ein stalinistisches Planwirtschaftsmodell zu einer systematischen Verstaatlichung der dortigen Industrien.[6]

Von den Verstaatlichungsmaßnahmen war auch ausländisches Vermögen betroffen. Sofern es sich um Eigentümer handelte, die aus Mitgliedsstaaten der Vereinten Nationen stammten, sogenannte „alliierte Besitzer" also, konnten diese meist mit einer Entschädigung rechnen.

Die Aktienbeteiligungen der ARBED bildeten allerdings einen Sonderfall: So war das Unternehmen nicht selber in Besitz der Aktien, sondern übte seine Beteiligung indirekt über seine Aktienbeteiligung in der F&G CARLSWERK AG aus. Bei der F&G CARLSWERK AG handelte es sich ausgerechnet um eine deutsche Aktiengesellschaft. Gerade deutsches Vermögen hatte, im Untersuchungsraum allgemein als Feindvermögen interpretiert, einen schweren Stand und unterlag dadurch zumeist einer entschädigungslosen Beschlagnahmung. Das Los der Unternehmen, an denen die ARBED indirekt im Untersuchungsraum beteiligt war, hing damit vor allem von der Interpretation dieses Beteiligungsverhältnisses durch die verantwortlichen Behörden ab. Bei einer Nichtanerkennung, riskierte das luxemburgische Unternehmen den entschädigungslosen Verlust seiner Beteiligungen.

Die Gefahr eines Verlustes der Vermögenswerte bildete den Auftakt jahrzehntelanger Bemühungen der luxemburgischen Regierung und der ARBED um den Schutz der ARBED-Beteiligungen im sogenannten Ostblock. Über zwei Jahrzehnte intervenierten das *Ministère des Affaires étrangères et du Commerce extérieur luxembourgeois* (MAEL) gemeinsam mit der ARBED bei den verschiedensten Behörden in osteuropäischen und westlichen Ländern zugunsten der Konzernbeteiligungen im Ostblock – in der UdSSR, bei den Westmächten, der belgischen Regierung und privaten Interessensverbänden. Die Beteiligung des luxemburgischen Konzerns an der Verteidigung seiner Interessen in Osteuropa hatte entscheidenden Anteil an den von luxemburgischer Seite angewandten Maßnahmen. Der Sachverhalt bildet dadurch einen Einblick in das Zusammenwirken des Konzerns mit der luxemburgischen Regierung im Bereich der Außen- und Außenwirtschaftspolitik. Die Arbeit greift somit die auch in der luxemburgischen Historiographie behandelte Problematik des Einflusses

---

5 Zur Begrifflichkeit der Verstaatlichung siehe ausführlich unten, Kap. II.2.2., S. 140–161.

6 Zu den Charakteristiken einer staatlich gelenkten Planwirtschaft nach sozialistischem Modell siehe LAVIGNE Marie, L'Europe de l'Est. Du plan au marché, Paris 1992, S. 13–24 [im Folgenden zitiert als: LAVIGNE Europe].

der ARBED auf die luxemburgische Politik auf und bietet anhand eines konkreten empirischen Fallbeispiels eine teils differenzierte Sicht.[7]

Die Bemühungen um die Interessen des Konzerns vollzogen sich vor dem Hintergrund bedeutender politischer und wirtschaftlicher Veränderungen. Die Verteidiger der Konzerninteressen mussten sich immer wieder neuen Gegebenheiten stellen. Als Gründungsmitglied verschiedenster internationaler militärischer, politischer, und wirtschaftlicher Vereinigungen war das Großherzogtum fest in den Konsolidierungsprozess der westlichen Hemisphäre eingebunden. Daher hatte die Konfrontation der beiden Machtblöcke im Zuge des Kalten Krieges auch Auswirkungen auf die Verteidigung der Interessen der ARBED im Ostblock. In diesem Zusammenhang sind gerade Ausmaß und Form der Kontakte, die sich zwischen Luxemburg und den osteuropäischen Ländern entwickelten, besonders aufschlussreich. Sie erlauben Rückschlüsse über Handlungsspielräume und Aktionsradius der luxemburgischen Akteure im Rahmen des Ost-West-Konfliktes. So ordnet sich die Untersuchung in eine Reihe jüngst erschienener Studien ein, deren Fokus auf den Austausch zwischen Ost und West gerichtet ist.[8]

Die Interessenwahrung der ARBED berührte zudem die Außenhandels- und Außenwirtschaftspolitik. Gerade hier konnten die Vertreter des Großherzogtums nicht eigenständig agieren: Seit 1920 war Luxemburg mit Belgien in einer Wirtschaftsunion (Belgisch-Luxemburgische Wirtschaftsunion/*Union économique belgo-luxembourgeoise*/UEBL) verbunden. Handels- und Wirtschaftsabkommen mit Drittstaaten wurden in der Nachkriegszeit im Namen der UEBL und unter belgischer Leitung geschlossen.[9] Nach luxemburgischem Verständnis fielen auch die Globalentschädigungsabkommen mit Ostblockstaaten in diesen Rahmen, da sie Entschädigungen für verlorenes Eigentum vorsahen und diese Leistungen an Wirtschaftsvereinbarungen koppelten. Die Wahrung der Konzerninteressen der ARBED ist somit auch vor dem Hintergrund der Beteiligung Luxemburgs an der UEBL zu sehen.

Eine eingehende Untersuchung der Firmenbeteiligungen der ARBED in Mittel- und Osteuropa und ihre Wahrung in der unmittelbaren Nachkriegszeit berühren demnach sehr unterschiedliche historische Forschungszweige. Die Untersuchung verbindet Elemente der Diplomatiegeschichte, der Geschichte der Internationalen Beziehungen, der Wirtschaftsgeschichte und der Unternehmensgeschichte.

---

7 Hierzu ausführlich unten, Kap. IV.2., S. 313–358.

8 Hierzu unten S. 12 f. und S. 364.

9 Convention établissant une Union Économique entre le Grand-Duché de Luxembourg et la Belgique, in: Mémorial du Grand-Duché de Luxembourg A/15 (11. März 1922), S. 218–228.

II. Der Forschungsstand

1. Stand der internationalen und pluridisziplinären Forschung zu den tangierten Forschungsfeldern

Allgemein gelten die Bemühungen um den Schutz ausländischer Vermögenswerte der Industrie in Osteuropa als weitgehend unerforscht. Die spärlichen Informationen, die sich in der Literatur finden lassen, entsprangen sowohl den Rechts- und Wirtschaftswissenschaften als auch unterschiedlichen Zweigen der Geschichtsforschung und verorten dadurch die Problematik an einer Schnittstelle verschiedenster Forschungszweige. Freilich hat sich bisher keine Disziplin dazu berufen gefühlt, dem Sachverhalt eingehend auf den Grund zu gehen.

Das ist insofern erstaunlich, da die Problematik um den ausländischen Besitz in Unternehmen im Ostblock in direkter kausaler und thematischer Nähe zu den offenen oder vermeintlich offenen Vermögensfragen[10] im ehemaligen Ostblock verortet ist, welche bis zum heutigen Tag nichts an ihrer Brisanz verloren haben. Solch offenen Vermögensfragen lassen sich eine ganze Reihe von Sachverhalten, welche teilweise miteinander verbunden sind, zuordnen, wie etwa die Frage der Zwangsmigration[11], die Problematik um das Raub- und Beutegut im Ostblock oder auch das Schicksal des jüdischen Vermögens.

---

10 Das deutsche Bundesamt für zentrale Dienste und offene Vermögensfragen definiert offene Vermögensfragen als *„diejenigen vermögensrechtlichen Probleme, die durch die Teilung Deutschlands, die damit verbundene Bevölkerungswanderung von Ost nach West und die unterschiedlichen Rechtsordnungen in beiden deutschen Staaten hervorgerufen wurden.“*, Bundesamt für zentrale Dienste und offene Vermögensfragen, Das Recht der offenen Vermögensfrage, in: Bundesamt für zentrale Dienste und offene Vermögensfragen, URL: http://www.badv.bund.de/003_menue_links/e0_ov/a0_allgemeines/index.html (Stand: 3. November 2013). In dieser Arbeit wird der Begriff aber weiter gefasst und bezieht sich auf alle vermögensrechtlichen Fragen, die den ehemaligen Ostblock in der Nachkriegszeit betreffen.

11 Zwangsmigration ist weder juristisch noch historisch exakt definiert und soll hier als Oberbegriff für erzwungenes Verlassen eines Gebietes aufgrund äußerer Umstände verstanden werden. Dazu zählen etwa Flucht, Vertreibung, Verschleppung, oder auch Umsiedlung. In Bezug auf den öffentlichen Diskurs ist vor allem die Thematik um die Vertreibung der „Deutschen“ aus den ehemaligen Ostgebieten oder den verschiedenen osteuropäischen Staaten relevant; hierzu SCHÄFER Gerrit, Zwangsmigrationen und Vertreibungen im Europa des 20. Jahrhunderts, in: FES-Netz-Quelle Geschichte und Politik, URL: http://library.fes.de/library/netzquelle/zwangsmigration/intro.html (Stand: 3. November 2013).

Offene Vermögensfragen sind zudem mit einer gewissen Regelmäßigkeit Gegenstand des öffentlichen Diskurses und stellen bisweilen sogar zwischenstaatliche Beziehungen auf die Probe.[12] Damit einher gehen bis heute Klagen oder Forderungen nach Wiedergutmachung, Restitutionen oder Reparationen[13], welche von einzelnen Bürgern, von privaten oder staatlichen Interessensverbänden oder auch von Regierungen eingereicht bzw. geäußert werden.[14]

---

12 So belasteten etwa ungelöste Vermögensfragen vor allem unter der Regierung Schröder die deutsch-polnischen Beziehungen: Während auf der einen Seite deutsche Vertriebene Rückforderungsansprüche ihres entschädigungslos enteigneten Eigentums verlangten, forderte das polnische Parlament seinerseits in einem Beschluss aus dem Jahr 2004 von Deutschland die Leistung einer im Potsdamer Abkommen fixierten Kriegsentschädigung, ungeachtet des polnischen Verzichts auf Reparationszahlungen von 1953; hierzu ausführlich IRMSCHER Tobias H./SANDORSKI Jan (Hg.), Ansprüche? Die Eigentumsfrage in den deutsch-polnischen Beziehungen, Potsdam 2007 (= WeltTrends-Papiere 3).

13 Alle drei Begriffe vertreten die Idee einer Kompensationsleistung für begangenes Unrecht, um die Folgen abzumildern oder eine Ausgleichsleistung zu erbringen. Wiedergutmachung bezieht sich im engeren Sinn auf die Entscheidung und die darauffolgenden Regelungen und Gesetze der westdeutschen Regierung von 1953, eine finanzielle Entschädigung an die Überlebenden des Holocausts zu leisten. Diese Entschädigung kann auch als Reparationsleistung verstanden werden. Zum Begriff der Wiedergutmachung und der deutschen Wiedergutmachungspolitik existiert eine Fülle an Literatur; siehe hier nur stellvertretend BRODESSER Hermann-Josef/FEHN Bernd Josef/FRANOSCH Tilo u. a., Wiedergutmachung und Kriegsfolgenliquidation. Geschichte – Regelungen. – Zahlungen, München 2000; GOSCHLER Constantin, Schuld und Schulden. Die Politik der Wiedergutmachung für NS-Verfolgte seit 1945, Göttingen 2005; SCHWARZ Walter/Bundesministerium der Finanzen (Hg.), Die Wiedergutmachung nationalsozialistischen Unrechts durch die Bundesrepublik Deutschland, 7 Bde., München 1974–1986. Zum Begriff der Reparationen siehe ausführlich weiter unten, Kap. II.1., S. 122–133. Der Terminus der Restitutionen bezeichnet in dieser Arbeit die Rückgabe eines enteigneten Vermögenswertes an den ursprünglichen Besitzer.

14 Eine der bekanntesten Klagen der letzten Jahre hinsichtlich offener Vermögensfragen war die Klage des Fürstentums Liechtenstein gegen die Bundesrepublik Deutschland vor dem Internationalen Gerichtshof vom 30. Mai 2001, die auch in den Medien für ein gesteigertes Interesse sorgte. Die Regierung Liechtensteins forderte von der Bundesrepublik Deutschland eine Entschädigung für enteignete Vermögenswerte in der ehemaligen Tschechoslowakei welche, als deutsches Vermögen interpretiert, zu Reparationszwecken von der tschechoslowakischen Regierung in der Nachkriegszeit eingezogen worden sein sollen; siehe hierzu Cour Internationale de Justice, Requête introductive d'instance enregistrée au greffe de la cour, le 1er juin 2001, concernant certains biens (Liechtenstein contre Allemagne), URL: http://www.icj-cij.org/docket/

Gerade der Fall der Berliner Mauer und der Zusammenbruch der UdSSR haben hier lange schwelende internationale vermögensrechtliche Fragen wieder aufgeworfen.[15]

files/123/7076.pdf (Stand: 3. November 2013). Zur Berichterstattung vgl. unter anderem O. A., Vom „Bilderstreit" zur Völkerrechts-Klage: Liechtenstein zieht Deutschland vor Haager Gerichtshof, in: Neue Zürcher Zeitung 126 (2./3. Juni 2001), S. 5; O. A., Liechtenstein verklagt Deutschland. Entschädigung für enteignete Vermögen in Tschechoslowakei gefordert, in: FAZ (2. Juni 2001), S. 5; Jayme Erik, Melancholischer Blick in die Landschaft. Die Pinathek in Guercinos Heimatstadt Cento entwirft ein Bild des Malers von neuartiger Universalität, in: Berliner Zeitung (3. Mai 2001), S. 16. Zur Behandlung des Falls in der Rechtswissenschaft siehe Gattini Andrea, A Trojan Horse for Sudeten Claims? On Some Implications of the Prince of Liechtenstein v. Germany, in: EJIL 13/2 (2002), S. 513–544 [im Folgenden zitiert als: Gattini, Trojan Horse]. Eingehender wurden die Problematik im Zusammenhang vorangehender Klagen der Prinzen Adam II von Liechtenstein behandelt; vgl. hierzu Anton Michael, Internationales Kulturgüterprivat- und Zivilverfahrensrecht, Berlin/New York 2010, S. 215–219; Blumenwitz Dieter, Die Liechtenstein-Entscheidung des Europäischen Gerichtshofs für Menschenrechte, in: Archiv des Völkerrechts 40/2 (2002), S. 215–242; Hipp Anette, Schutz von Kulturgütern in Deutschland, Berlin 2000 (= Schriften zum Kulturgüterschutz), S. 28, Doehring Karl, Völkerrechtswidrige Konfiskation eines Gemäldes des Fürsten von Liechtenstein als „deutsches Eigentum": Ein unrühmlicher Schlusspunkt, in: IRPax (1998), S. 465 ff.; Fassbender Bardo, Klageausschuß bei Enteignungen zu Reparationszwecken: das Gemälde des Fürsten von Liechtenstein, in: NJW (1999), S. 1445–1448; Ders., Der Fürst, ein Bild und die deutsche Geschichte – Anmerkung zur Entscheidung des Europäischen Gerichtshofs für Menschenrechte im Fall Fürst Hans-Adam II. von und zu Liechtenstein gegen Deutschland, in: EuGRZ (2001), S. 459–466; Fuchs Angelika, Kulturgüterschutz im Kulturgutsicherungsgesetz, in: IPRax (2000), S. 281–286, hier S. 286; Seidl-Hohenveldern Ignaz, Völkerrechtswidrigkeit der Konfiskation eines Gemäldes des Fürsten von Liechtenstein als angeblich „deutsches Eigentum", in: IPRax (1996), S. 410–412; Weller Matthias, Immunity for Artworks on Loan? A Review of International Customary Law and Municipal Anti-seizure Statutes in Light of the Liechtenstein Litigation, in: Vanderbilt Journal of Transnational Law (2005), S. 997–1039.

15 So hatte man in der DDR bis zu ihrem Zusammenbruch die Frage der Restitution des jüdischen Eigentums nicht lösen können. Erst im Zuge der Wiedervereinigung wurde eine Regelung der Vermögensrückerstattung an NS-Geschädigte in den Einigungsvertrag mitaufgenommen und gewann dabei erneut an Aktualität; siehe hierzu Spannuth Jan Philipp, Rückerstattung Ost. Der Umgang der DDR mit dem „arisierten" und enteigneten Eigentum der Juden und die Gestaltung der Rückerstattung im wiedervereinigten Deutschland, Dissertation, Freiburg i. Br. 2000/2001, S. 10.

Neben dem Politikum dieser Fragen berühren offene Vermögensfragen verschiedene Rechtsnormen sowohl der staatlichen als auch der überstaatlichen Rechtsordnung. Daher verwundert es nicht, dass den verschiedenen Sachverhalten vor allem in der Rechtswissenschaft besondere Aufmerksamkeit gewidmet wurde. Die aus dem Zweiten Weltkrieg und der Nachkriegszeit resultierenden internationalen vermögensrechtlichen Veränderungen und Kontroversen im ehemaligen Ostblock waren vor allem in der unmittelbaren Nachkriegszeit häufig Untersuchungsgegenstand der Rechtswissenschaften.[16] In Westdeutschland wurde die Thematik in zwei Fachzeitschriften aufgegriffen.[17]

Untersuchungsgegenstand der rechtswissenschaftlichen Untersuchungen waren in erster Linie nationale wie internationale Gesetzestexte und Beschlüsse. Der Fokus lag weniger auf den Rahmenbedingungen und die im Vorfeld der Gesetzestexte stattgefundenen Verhandlungen.

In der relevanten rechtswissenschaftlichen Literatur lassen sich verschiedene Schwerpunkte feststellen:

So beschäftigte sich eine Reihe von Untersuchungen sehr allgemein mit dem ausländischen Vermögen im Ostblock und ihrem rechtlichen Status. Aktienbeteiligungen in Industrieunternehmen bildeten hier lediglich eine Kategorie

---

16 Exemplarisch für den außerordentlich hohen Ausstoß an rechtswissenschaftlicher Literatur zu offenen Vermögensfragen im ehemaligen Ostblock sollen hier nur einige Publikationen zur Problematik der deutschen Vertriebenen aus den osteuropäischen Ländern in der unmittelbaren Nachkriegszeit genannt werden: BLUMENWITZ Dieter (Hg.), Flucht und Vertreibung. Vorträge eines Symposiums, Köln 1987; DERS., Das Offenhalten der Vermögensfrage in den deutsch-polnischen Beziehungen, Bonn 1992; DOEHRING Karl, Die allgemeinen Regeln des völkerrechtlichen Fremdenrechts und das deutsche Verfassungsrecht, Köln 1963; ERMACORA Felix, Das deutsche Vermögen in Polen. Ein Rechtsgutachten, München 1996; ECKART Erich, Völkerrechtliche Aspekte des deutsch-polnischen Verhältnisses, in: UNVERRICHT Hubert/KEIL Gundolf (Hg.), De Ecclesia Silesiae. Festschrift zum 25-jährigen Bestehen der Apostolischen Visitatur Breslau, Sigmaringen 1997, S. 117–119; LÖBACH, Joachim/KREUER Wilhelm, Das Lastenausgleichsrecht und offene Vermögensfragen. Gesetzestexte mit Kommentierung, Bornheim 1992; RASCHOFER Hermann, Die deutsche Reparationsregelung und die Reparationsposition der Tschechoslowakei, in: Um Recht und Freiheit, Festschrift für Friedrich August Freiherr von der Heydte, Berlin 1977, S. 495–514; REDECKER Niels von, Die polnischen Vertreibungsdekrete und die offenen Vermögensfragen zwischen Deutschland und Polen, Frankfurt am Main 2003; TOMUSCHAT Christian, Die Vertreibung der Sudetendeutschen. Zur Frage des Bestehens von Rechtsansprüchen nach Völkerrecht und deutschem Recht, in: ZaöRV 56 (1996), S. 1–69.

17 Vgl. die Zeitschrift für offene Vermögensfragen und die Zeitschrift für Vermögens- und Immobilienrecht.

unter vielen. Im Vordergrund standen Gesetzestexte und Verordnungen, die das ausländische Vermögen im Ostblock berührten. Dabei rückte die Frage einer Entschädigung für verlorenes ausländisches Eigentum in den Vordergrund.[18]

Interessant sind zudem Untersuchungen, die sich mit den genannten Problematiken gerade aus einer komparativen Perspektive näherten und die Gesetzgebungen der verschiedenen osteuropäischen Länder miteinander verglichen.[19]

Nur die wenigsten Untersuchungen wählten einen diachronen rechtshistorischen Ansatz, zumeist um das Phänomen der Verstaatlichungen oder Enteignungen in historischer Perspektive zu beleuchten und seine Auswirkungen auf Internationales Recht zu untersuchen.[20]

Immerhin wurde zum Teil auch die Rolle des Staates bei der Wahrung der Vermögenswerte seiner Staatsbürger behandelt. Die Analyse beschränkte sich häufig auf den Inhalt bilateraler Ost-West-Globalentschädigungsabkommen, zugunsten einer Kompensation geschädigter Eigentümer aus dem Westen für ihre verlorenen Vermögenswerte in dem jeweiligen osteuropäischen Land.[21]

---

18 Vgl. bspw. RADO Alan R., Czechoslovak Nationalization Decrees: Some International Aspects, in: The American Journal of International Law 41/4 (Oktober 1947), S. 795–806 [im Folgenden zitiert als: RADO, Czechoslovak Nationalization Decrees]; SIPKOV Ivan, Postwar Nationalizations and Alien Property in Bulgaria, in: The American Journal of International Law 52/3 (Juli 1953), S. 469–494 [im Folgenden zitiert als: SIPKOV, Postwar Nationalizations].

19 So etwa DOMAN, Nicholas R., Postwar Nationalization of Foreign Property in Europe, in: Columbia Law Review 48/8 (Dezember 1948), S. 1125–1161 [im Folgenden zitiert als: DOMAN, Postwar Nationalization]; DERS., Compensation for Nationalised Property in Post-War Europe, in: The International Law Quarterly 3/3 (Juli 1950), S. 323–342 [im Folgenden zitiert als: DOMAN, Compensation]; GUTTERIDGE Joyce, Expropriation and Nationalisation in Hungary, Bulgaria and Roumania, in: The International and Comparative Law Quarterly 1/1, Januar 1952, S. 14–28 [im Folgenden zitiert als: GUTTERIDGE, Expropriation]; HERMAN Samuel, War Damage and Nationalization in Eastern Europe, in: Law and Contemporary Problems 16,3: War Claims (1951), S. 498–518 [im Folgenden zitiert als: HERMAN, War Damage].

20 Vgl. bspw. FOSCANEANU Lazar, Les conséquences internationales des nationalisations, in: Politique étrangère 1 (1953), S. 35–50 [im Folgenden zitiert als: FOSCANEANU, Conséquences]; SEIDL-HOHENVELDERN Ignaz, Extraterritorial Effects of Confiscations and Expropriations, in: Michigan Law Review 49/6 (April 1951), S. 851–868; WHITE Gillian, Nationalisation of Foreign Property, London 1961.

21 Hier sei vor allem auf die Arbeiten von Richard B. LILLICH verwiesen, der in zahlreichen Publikationen die Globalentschädigungsabkommen systematisch untersuchte; vgl. LILLICH Richard B., The Protection of Foreign Investment: Six Procedural Studies, Syracuse 1965 (= Procedural Aspects of International Law Series 5); DERS.,

Die rechtswissenschaftlichen Untersuchungen weisen jedoch einige Forschungsdesiderate auf:

So wurden die diplomatischen Bemühungen, die diesen Abkommen vorausgingen, sowie die Behandlung der Thematik innerhalb der Regierung oder einzelner Interessenten, nicht weiter behandelt.

Rechtswissenschaftliche Untersuchungen dienten vor allem dazu, die Gesetzgebung der verschiedenen Staaten des Ostblocks sowie die Möglichkeiten einer Entschädigung für verlorenen Besitz der daran interessierten Öffentlichkeit näher zu bringen. Die Literatur wandte sich daher vor allem an andere Rechtsgelehrte, sowie an Regierungsbeamte und Geschädigte. Dies erklärte dann auch die zeitnahen Veröffentlichungen der Untersuchungen unmittelbar nach Bekanntgabe der neuen rechtlichen Entwicklungen im Untersuchungsraum.

Bei einer Durchsicht der rechtswissenschaftlichen Untersuchungen fällt auf, dass die Behandlung ausländischer Interessen im Untersuchungsraum, welche indirekt über eine deutsche Gesellschaft geführt wurden, eine Ausnahme bildete. Fanden sie dennoch Erwähnung, begnügten sich die Untersuchungen damit, lediglich auf eine kaum lösbare Problematik um solche Interessen hinzuweisen.[22]

The Valuation of Nationalized Property in International Law, Charlottesville 1972 (= Virginia Legal Studies); DERS./WESTON Burns H., International Claims: their Settlement by Lump Sum Agreements, 2 Bde., Charlottesville 1975 (= Procedural Aspects of International Law Series 12); vgl. auch Alfred DRUCKER, der sich auf vergleichende Untersuchungen verschiedener bilateraler Entschädigungsabkommen zwischen westlichen und osteuropäischen Staaten konzentrierte: DRUCKER Alfred, The Nationalisation of United States Property in Europe, in: Transactions of the Grotius Society 36: Problems of Public and Private International Law (1950), S. 75–114 [im Folgenden zitiert als: DRUCKER, Nationalisation]; DERS., Compensation for Nationalized Property: The British Practice, in: The American Journal of International Law 49/4 (Oktober 1955), S. 477–486 [im Folgenden zitert als: DRUCKER, Compensation]. Eine pointierte Untersuchung des Globalentschädigungsabkommens zwischen Österreich und der Tschechoslowakei lieferte SEIDL-HOHENVELDERN Ignaz, Das Globalentschädigungsabkommen zwischen Österreich und der CSSR, in: DIEZ Emanuel u. a. (Hg.), Festschrift für Rudolf Bindschedler. Botschafter, Professor Dr. Jur. zum 65. Geburtstag am 8. Juli 1980, Berlin 1980, S. 299–313. Entschädigungsabkommen wurden zudem ausführlich in der Monographie BINDTSCHEDLER Rudolf, La protection de la propriété privée en droit international public, Leyden 1957 (= Hague, Academy of International Law, Recueil des cours 1956, II/90 (1957)) [im Folgenden zitiert als: BINDTSCHEDLER, Protection] behandelt.

22 LILLICH Richard B, International Claims: Postwar British Practice, New York 1967 (= Procedural Aspects of International Law Series 12), S. 43 f. [im Folgenden zitiert als: LILLICH, International Claims].

Eine Begründung über das geringe Interesse an den über deutsche Gesellschaften wahrgenommenen Vermögenswerten führten die Untersuchungen nicht an. Es darf angenommen werden, dass den Analysten die Thematik häufig selbst nicht bekannt war oder als zu vernachlässigen galt, da es sich um eine Detailfrage handelte und der Anzahl betroffener Eigentümer kaum Bedeutung beigemessen wurde. Möglich auch, dass man der Problematik bewusst aus dem Weg gehen wollte, weil die untersuchte Gesetzgebung diesbezüglich zu ungenau war. Fehlende Nachfolgeuntersuchungen verhindern eine präzise Antwort.

Obwohl Verstaatlichungen im Ostblock mehrfach Untersuchungsgegenstand juristischer Analysen wurden, fehlt bisher eine weitergehende rechtshistorische Untersuchung der Auswirkungen dieser Verstaatlichungen auf die ausländischen Eigentümer.

Die Umwälzungen der Wirtschaft im Ostblock fanden auch Eingang in die Wirtschaftswissenschaften. Sie widmeten sich der Verstaatlichungen der Industrie im Ostblock, sowohl in übergreifenden Gesamtdarstellungen als auch in länderspezifischen Einzelstudien.[23] Hier wurde die Problematik des ausländischen Vermögens in der Industrie im Ostblock zwar oft angesprochen, jedoch nicht ausführlich aufgearbeitet. Da der Fokus der Wirtschaftswissenschaften auf das Verständnis augenblicklicher Wirtschaftsstrukturen im Ostblock sowie auf zukünftige Möglichkeiten der Ost-West-Wirtschaftsbeziehungen ausgerichtet war, wurden offene Vermögensfragen ausländischer Eigentümer kaum behandelt. Interessant sind in diesen Untersuchungen die Analysen zum Ausmaß und zur Form der Kontakte und Beziehungen zwischen Ost und West im Bereich der Wirtschaft. Nach der geopolitischen Blockbildung Europas in der zweiten Hälfte der vierziger Jahre fand der Austausch zwischen Ost und West vor allem über Handel und Wirtschaft statt. Daher waren es gerade Untersuchungen der Wirtschaftswissenschaften, die sich mit Ost-West-Kontakten beschäftigten. Hier konstatiert man zumindest in der westlichen Literatur einen Anstieg der Publikationen ab den sechziger und verstärkt in den siebziger Jahren, in dem Zeitraum der allgemeinen Entspannung im Ost-West-Konflikt und des Anstiegs

23 So etwa aus einer westlichen Perspektive: Sharp Samuel L., Nationalization of Key Industries in Eastern Europe, Washington D. C. 1946 [im Folgenden zitiert als: Sharp, Nationalization]. Gerade für die belgisch-luxemburgischen Interessen ist auch ein Konferenzband zweier Wirtschaftskonferenzen über die Wirtschaftsbeziehungen zwischen Belgien und dem Ostblock zu nennen: Centre national pour l'étude des pays à régime communiste/Centre anversois d'études et de perfectionnement pour le commerce international (Hg.), Le Commerce avec les pays de l'Est; cycle de conférences pratiques, Brüssel 1960).

des Wirtschaftsaustausches.[24] Dabei machte die Forschung auch auf die starke Politisierung des Ost-West-Handels aufmerksam.

Der Austausch zwischen Ost und West während des Kalten Krieges wurde vor allem in jüngster Zeit von der Wirtschaftsgeschichte näher beleuchtet. Die Wirtschaftsgeschichte, welche die Lücke zwischen den Wirtschaftswissenschaften und der Historiographie schließt, betonte vielfach, dass der sogenannte Eiserne Vorhang gerade im Bereich der Wirtschafts- und Handelsbeziehungen äußerst löchrig war. Doch stützte sie sich, wie die Wirtschaftswissenschaften zuvor, verstärkt auf die sechziger und siebziger Jahre, sowie auf die Konsequenzen der Entspannungspolitik für die Handels und Wirtschaftsbeziehungen.[25] Man gewinnt dadurch fälschlicherweise den Eindruck, dass gerade in der unmittelbaren Nachkriegszeit bis zum Tode Stalins kaum Kontakte zwischen den sich konsolidierenden Blöcken bestanden. Eine umfassende Untersuchung der Wirtschaftsverknüpfungen zwischen Ost- und Westeuropa in der unmittelbaren Nachkriegszeit, unter Berücksichtigung und Differenzierung einer offiziellen und privaten Austauschebene, liegt bisher nicht vor. Die deutsche Forschung ist diesbezüglich am weitesten fortgeschritten: Sie widmete sich in jüngeren Einzeluntersuchungen der Problematik der Wirtschaftskontakte der deutschen Schwerindustrie in der unmittelbaren Nachkriegszeit. Jedoch stellt gerade der westdeutsche Austausch mit den Ostblockstaaten über die innerdeutsche Grenze einen Sonderfall der Ost-West-Beziehungen dar, der dadurch größere Aufmerksamkeit erhielt.[26]

---

24 Vgl. hier vor allem die Arbeiten von Marie LAVIGNE, die diese Entwicklungen unter einem wirtschaftshistorischen Kontext untersuchte: DIES., Les économies socialistes soviétiques et européennes, Paris [3]1979 (= Collections U); DIES, Les relations économiqes Est-Ouest, Paris 1979 (= Economie d'aujourd'hui); DIES, Economie internationale des pays socialistes, Paris 1985 (= Collection U); Dies, Europe. Vgl auch STANDKE Klaus-Heinrich, Der Handel mit dem Osten. Die Wirtschaftsbeziehungen mit den Staatshandelsländern, Baden-Baden[2] 1972. Zur Begründung des erst langsam gesteigerten Interesses an dieser Forschungsproblematik siehe JAJEŚNIAK-QUAST Dagmara, Polen, die ČSSR und die Europäische Wirtschaftsgemeinschaft während des Kalten Krieges, in: GREINER Bernd/MÜLLER Christian Th./WEBER, Claudia (Hg.), Ökonomie im Kalten Krieg, Hamburg 2010 (= Studien zum Kalten Krieg 4), S. 370–394, hier S. 370 f.

25 Als Beispiel sei hier der vor allem wegen des einschlägigen Titels auf den Sammelband ENDERLE-BURCEL Gertrude u. a. (Hg.), Gaps in the Iron Curtain. Economic Relations between Neutral and Socialist Countries in Cold War Europe, Krakau 2009 verwiesen.

26 Vgl. hierzu die Arbeiten von Karsten RUDOLPH: DERS., Wirtschaftsdiplomatie im kalten Krieg. Die Ostpolitik der westdeutschen Großindustrie 1945–1991, Frankfurt/New York 2004 [im Folgenden zitiert als: RUDOLPH, Wirtschaftsdiplomatie]; DERS./

Für die vorliegende Untersuchung sind zudem solche wirtschaftshistorische Untersuchungen bedeutsam, welche die wirtschaftlichen Entwicklungen des Ostblocks oder einzelner osteuropäischer Länder mit einem wirtschaftshistorischen Ansatz beleuchten. In ihnen wird teilweise auch auf das ausländische Kapital in der lokalen Wirtschaft und auf ihre Evolution aufmerksam gemacht.[27]

Wüstenhagen Jana, Große Politik, kleine Begegnungen. Die Leipziger Messe im Ost-West-Konflikt, Berlin 2006. Siehe auch Fäßler Peter E., Durch den „Eisernen Vorhang". Die deutsch-deutschen Wirtschaftsbeziehungen 1949–1969, Köln/Weimar/Wien 2006 (= Wirtschafts- und sozialhistorische Studien 14); Heyl, Friedrich von, Der innerdeutsche Handel mit Eisen und Stahl 1945–1972. Deutsch-Deutsche Beziehungen im Kalten Krieg, Köln/Weimer/Wien 1997 (= Münsterische Historische Forschungen); Jüngerkes Sven, Diplomaten der Wirtschaft. Die Geschichte des Ost-Ausschusses der deutschen Wirtschaft, Osnabrück 2012 [im Folgenden zitiert als: Jüngerkes, Diplomaten]; Kruse Michael, Politik und deutsch-deutsche Wirtschaftsbeziehungen von 1945–1989, Berlin 2005 (= Schriftenreihe Wirtschaftswissenschaften 23); Schlarp Karl-Heinz, Zwischen Konfrontation und Kooperation. Die Anfangsjahre der deutsch-sowjetischen Wirtschaftsbeziehungen in der Ära Adenauer, Münster 2000 [im Folgenden zitiert als: Schlarp, Konfrontation]. Zur Feststellung des Wandels in der Perzeption des Eisernen Vorhangs in der jüngeren Historiographie siehe auch Badel Laurence, Diplomatie et Grands Contrats. L'Etat français et les marchés extérieurs au XXe siècle, Paris 2010, S. 13 f.

27 In den fünfziger und sechziger Jahren brachte das Deutsche Institut für Wirtschaftsforschung eine ganze Publikationsreihe heraus, in der die Wirtschaft der einzelnen Ostblockstaaten näher beleuchtet wurde. Zu Beginn der Studien wurde dabei stets ein wirtschafsthistorischer Ansatz gewählt und die Evolution der Wirtschaft der Nachkriegszeit näher beleuchtet. Dabei wurde auch auf das Auslandsvermögen hingewiesen; siehe hierzu Conrad Gisela Johanna, Die Wirtschaft Jugoslawiens, Berlin 1952 (= Deutsches Institut für Wirtschaftsforschung (Institut für Konjunkturforschung), Sonderhefte neue Folge 17, Reihe A: Forschung) [im Folgenden zitiert als: Conrad, Wirtschaft Jugoslawiens]; Dies., Die Wirtschaft Rumäniens von 1945 bis 1952, Berlin 1953 (= Deutsches Institut für Wirtschaftsforschung (Institut für Konjunkturforschung), Sonderhefte neue Folge 23, Reihe A: Forschung) [im Folgenden zitiert als: Conrad, Wirtschaft Rumäniens]; Kiesewetter Bruno (unter Benutzung der Vorarbeiten von Ch. Seitner), Die Wirtschaft der Tschechoslowakei seit 1945, Berlin 1954 (= Deutsches Institut für Wirtschaftsforschung (Institut für Konjunkturforschung), Sonderhefte neue Folge 30, Reihe A: Forschung) [im Folgenden zitiert als: Kiesewetter, Wirtschaft]; Rochlin Peter R., Die Wirtschaft Bulgariens seit 1945, Berlin 1957 (= Deutsches Institut für Wirtschaftsforschung (Institut für Konjunkturforschung), Sonderheft neue Folge 38, Reihe A: Forschung); Ders., Die Wirtschaft Polens von 1945 bis 1952, Berlin 1953 (= Deutsches Institut für Wirtschaftsforschung (Institut für Konjunkturforschung), Sonderhefte neue Folge

Eine eingehendere Analyse zu den Bemühungen, welche zum Schutz dieses Kapitals unternommen wurden, blieb bisher jedoch aus.

Über den Fokus der Ost-West-Kontakte verläuft der Übergang der Wirtschaftsgeschichte zur Geschichte der Internationalen Beziehungen fließend. Auch hier bildeten die in der vorliegenden Arbeit aufgeworfenen Fragestellungen bisher lediglich einen Randaspekt eines Untersuchungsgegenstands, der sich zumeist auf die alliierte Reparationspolitik, ihren institutionellen Rahmen, ihre Durchführung in den einzelnen Ländern und Besatzungszonen sowie wirtschaftliche und politische Konsequenzen dieser Politik fokussierte. Gerade die Öffnung der russischen Archive und der Zugang zu bisher verschlossenen sowjetischen Aktenbeständen ebneten den Weg für eine Reihe jüngere Untersuchungen, die sich konkret mit der Umsetzung der alliierten Reparationsbestimmungen durch die UdSSR in Osteuropa und den sowjetischen Besatzungszonen auseinandersetzte und dabei auch die sowjetische „Beutepolitik" näher in Augenschein nahm.[28] In diesem Rahmen wurden die Auswirkungen der alliierten Reparationsbestimmungen auf das ausländische Kapitalvermögen in der osteuropäischen Industrie

---

20, Reihe A: Forschung) [im Folgenden zitiert als: ROCHLIN, Wirtschaft Polens]. Siehe übergreifend auch die Veröffentlichungen von Michael E. KASER: DERS, The Economic History of Eastern Europe, 1919–1975, 3. Bde. (Bde. 1–2 zusammen mit RADICE Edward Albert), Oxford/New York 1985–1986.

28 So beschäftigte sich MUSIAL Bogdan, Stalins Beutezug. Die Plünderung Deutschlands und der Aufstieg der Sowjetunion zur Weltmacht, Berlin 2010 [im Folgenden zitiert als: MUSIAL, Beutezug] mit der Raub- und Beutepolitik der UdSSR im gesamten europäischen Territorium. Die Beiträge im Sammelband von IBER Walter M./RUGGENTHALER Peter (Hg.), Stalins Wirtschaftspolitik an der sowjetischen Peripherie. Ein Überblick auf der Basis sowjetischer und osteuropäischer Quellen, Innsbruck/Wien/Bozen 2011 (= Veröffentlichungen des Ludwig Boltzmann-Instituts für Kriegsfolgen-Forschung Graz-Wien-Klagenfurt 19) konzentrierten sich hingegen stärker auf die wirtschaftspolitischen Aspekte der sowjetischen Reparationspolitik in verschiedenen Gebieten des sowjetischen Einflussgebietes. Weitere Studien beschäftigten sich mit der sowjetischen Reparationspolitik in bestimmten Gebieten. Das Interesse der Forschung galt verstärkt den beiden sowjetischen Besatzungszonen in Deutschland und Österreich; vgl. KARLSCH Rainer, Allein bezahlt? Die Reparationsleistungen der SBZ/DDR 1945–1953, Berlin 1993 [im Folgenden zitiert als: KARLSCH, Allein bezahlt]; DERS./LAUFER Jochen unter Mitarbeit von Friederike SATTLER (Hg.), Sowjetische Demontagen in Deutschland 1944–1949: Hintergründe, Ziele und Wirkungen, Berlin 2002 (= Zeitgeschichtliche Forschungen 17) [im Folgenden zitiert als: KARLSCH/LAUFER, Demontagen]; LAUFER Johann, Pax Sovietica: Stalin, die Westmächte und die deutsche Frage 1941–1945, Köln/Weimar/Wien 2009 (= Zeithistorische Studien 46) [im Folgenden zitiert als: LAUFER, Pax Sovietica].

bestenfalls in einer Fußnote behandelt. Studien zum ausländischen Vermögen im Ostblock beschäftigten sich dagegen viel eher mit dem nationalsozialistischen und sowjetischen „Raubgut“.[29] So lieferten bisher auch Untersuchungen aus dem Bereich der Geschichte der Internationalen Beziehungen und der Wirtschaftsgeschichte kaum befriedigende Ergebnisse.

Stattdessen geben Einzeluntersuchungen über verschiedene Gesellschaften durch die Unternehmensgeschichte und über eine dadurch bedingte Verengung des Blickwinkels auf die Mikroebene zusätzliche Hinweise. Solche Einzeluntersuchungen lassen sich in zwei Kategorien einteilen:

Eine erste Forschungsrichtung beschäftigte sich mit international operierenden Gesellschaften, welche auch im Ostblock über Beteiligungen verfügten. Hier wurde oft auf den Verlust dieser Beteiligungen in der Nachkriegszeit hingewiesen, ohne dabei jedoch explizit auf die Verteidigung dieses Vermögens einzugehen.[30]

Eine zweite, für die vorliegende Untersuchung weit interessantere Kategorie von Studien konzentrierte sich auf das Schicksal einzelner Betriebe im Ostblock. In diesem Kontext wurde häufig auf den Wandel der Betriebe in der Nachkriegszeit sowie auf die Problematik der Enteignung ausländischen Vermögens hingewiesen. Diese Arbeiten konzentrierten sich dabei vor allem auf die angewandten

---

29 Die thematische Vielfalt und die schiere Anzahl der Publikationen, die sich im weitesten Sinn mit dem Raubgut des Zweiten Weltkriegs und der unmittelbaren Nachkriegszeit beschäftigen ist mittlerweile soweit angewachsen, dass ein Überblick nicht mehr möglich ist. Daher hier nur exemplarisch einige Veröffentlichungen, die diese Bandbreite wiedergeben sollen: Horel Catherine, La restitution des biens juifs et le renouveau juif en Europe centrale: Hongrie, Slovaquie, République Tchèque, Frankfurt am Main/New York 2002 (= Wiener Osteuropastudien 13); Kurtz Michael J., America and the Return of Nazi Contraband. The Recovery of Europe's Cultural Treasures, Cambridge/New York 2006; Lorentz Claude, La France et les restitutions allemandes au lendemain de la seconde guerre mondiale (1943–1954), Paris 1998 (= Diplomatie et histoire) [im Folgenden zitiert als: Lorentz, France]; Zweig Ronald W., German Reparations and the Jewish World. A History of the Claims Conference, London/Portland Oregon 2001.

30 Siehe etwa Reader, William Joseph, Fifty Years of Unilever, 1930–1980, London 1980, S. 44. Albert Lisse vermerkte in seiner Untersuchung zudem: *„Dabei erstaunt, daß kaum westliche Literatur über die entschädigungslose Enteignung von ca. 9500 Unternehmen vorliegt; zeitgeschichtliche Darstellungen beschränken sich dabei regelmäßig auf einen eher kursorischen Überblick.“*, Lisse Albert, Handlungsspielräume deutscher Verwaltungsstellen bei den Konfiskationen in der SBZD 1945–1949, Stuttgart 2003 (= Beiträge zur Wirtschafts- und Sozialgeschichte 99), S. 24 [im Folgenden zitiert als: Lisse, Handlungsspielräume].

Methoden der lokalen Behörden, um die Betriebe unter Kontrolle zu bekommen und die Gegenwehr von Seiten der visierten Betriebe. Sie gingen jedoch kaum auf die Bemühungen ein, die im Westen von den Aktieninhabern zum Schutz ihrer Interessen unternommen wurden.[31]

Die Unternehmensgeschichte hat sich auch den in dieser Arbeit behandelten Unternehmen gewidmet. So wurde die F&G CARLSWERK AG unter sozialen Fragestellungen von Günther SCHULZ untersucht.[32] Oliver WERNER hingegen beschäftigte sich eingehend mit der BTA, einer Gesellschaft der F&G-Gruppe[33] in der späteren SBZD/DDR.[34]

Obwohl demnach die Problematik der Verteidigung der Aktienbeteiligungen in Unternehmen des Ostblocks die verschiedensten Forschungsbereiche berührt, liegt noch keine zusammenhängende Untersuchung vor. Die bisherigen Erkenntnisse über die Verteidigung ausländischer Aktienbeteiligungen im Ostblock gingen demnach in den einzelnen Forschungsfeldern nicht über allgemeine Beschreibungen und Tatsachen hinaus.

Allgemein gilt es mit Blick auf die herangezogene Literatur auf die ideologischen Auseinandersetzungen innerhalb der Veröffentlichungen hinzuweisen. Gerade die Publikationen der unmittelbaren Nachkriegszeit, sowohl aus dem Bereich der Rechtswissenschaften als auch der Wirtschaftswissenschaften, waren

---

31 Siehe unter anderem ANIC Tomislav, Nationalization of the French Capital in Croatia 1945. An Example of the Sodoad Company, in: Review of Croatian History II,1 (2006), S. 141–152 [im Folgenden zitiert als: ANIC, Nationalization]; BÖHME Ute, Die Enteignung von Großbetrieben und der Aufbau einer sozialistischen Planwirtschaft in der Sowjetischen Besatzungszone von 1945 bis 1949 am Beispiel der Firma Siemens, Berlin 2006; DAUSTER Christel, Der Solvay Prozeß, Dissertation, Stuttgart 2004; HÖTZEL Manfred/KRIEG Stefan W. (Hg.), Adolf Bleichert und sein Werk. Unternehmerbiografie, Industriearchitektur, Firmengeschichte, Beucha 2002 (= Gohliser Historische Hefte 8), FINK Sebastian, Das Stahl- und Walzwerk Riesa in beiden deutschen Diktaturen 1933 bis 1963. Ein Vergleich, Leipzig 2012 (= Geschichte und Politik in Sachsen 29).

32 SCHULZ Günther, Die Arbeiter und Angestellten bei Felten & Guilleaume. Sozialgeschichtliche Untersuchung eines Kölner Industrieunternehmens im 19. und beginnenden 20. Jahrhunderts, Wiesbaden 1979 (= ZUG, Beiheft 13) [im Folgenden zitiert als: SCHULZ, Arbeiter].

33 Als F&G-Gruppe werden im Folgenden die F&G CARLSWERK AG und ihre Tochterunternehmen bzw. Unternehmen, in denen sie stark beteiligt war, bezeichnet. Die Muttergesellschaft ARBED wird dabei ausgeschlossen.

34 WERNER Oliver: Ein Betrieb in zwei Diktaturen. Von der Bleichert Transportanlagen GmbH zum VEB VTA Leipzig 1932 bis 1963, Stuttgart 2004 (= Beiträge zur Wirtschafts- und Sozialgeschichte 101) [im Folgenden zitiert als: WERNER, Betrieb].

je nach Standpunkt stark „marxistisch-sowjetisch" oder „westlich-kapitalistisch" geprägt.[35] Bezeichnenderweise wurden offene Vermögensfragen in Osteuropa in der osteuropäischen Literatur verschwiegen. Dies mag nicht weiter verwundern. In der folgenden Untersuchung gilt es die ideologischen Gegensätze und ihrer Auswirkungen auf die Literatur stets im Hinterkopf zu behalten.

2. Luxemburgforschung zu den tangierten Forschungsfeldern

Angesichts der Forschungslücken auf internationaler Ebene, verwundert es nicht, dass die hier behandelte Problematik auch in der luxemburgischen Forschung bisher ein Desiderat blieb.

Lediglich eine Studienarbeit von Gregory HEINTZ behandelt diesen Gegenstand ausführlich.[36] Dieser untersuchte zwar die Wahrung der ARBED-Beteiligungen in der Nachkriegszeit, beschäftigte sich aber ausschließlich mit den Beteiligungen in Deutschland mit Schwerpunkt auf den Westzonen. Zudem stand HEINTZ nur ein Teil der relevanten Akten zur Verfügung.

Allerdings existiert eine Reihe von Vorarbeiten zu weiterführenden Fragen, welche in dieser Studie ebenfalls behandelt werden. Die Beschäftigung mit den Bemühungen um die Verteidigung der ARBED-Interessen in Osteuropa berührt auch die Frage des Verhältnisses zwischen ARBED und luxemburgischer Regierung und allgemeiner zwischen Regierung und Industrie.

Gerade die Beziehung zwischen Industrie und Regierung ist in der internationalen Forschung ein häufiger Untersuchungsgegenstand. Auch in Luxemburg beschäftigte sich die Historiographie zuweilen mit der Problematik. Dabei ging sie vor allem auf das Verhältnis zwischen ARBED und Regierung bzw. den Einfluss der ARBED auf die luxemburgische Politik ein.

Am produktivsten war hierbei in den letzten Jahren Charles BARTHEL, der diesen Einfluss und das Verhältnis zwischen Schwerindustrie und Regierung vor allem vor dem Hintergrund relevanter außenpolitischer oder wirtschaftsdiplomatischer Fragestellungen behandelte. Er ging dieser Frage systematisch für die Zwischenkriegszeit nach. Allgemein auf den Einfluss der luxemburgischen Schwerindustrie auf die politischen Entscheidungen eingehend, relativierte

---

35 So bspw. die stark marxistisch durchtränkte Arbeit des ehemaligen sowjetischen Diplomaten VINOGRADOV Vladimir, La nationalisation socialiste de l'industrie, aus dem Russischen von V. JOUKOV, Moskau 1969 [im Folgenden zitiert als: VINOGRADOV, Nationalisation].

36 HEINTZ Gregory, La défense des intérêts de l'ARBED en Allemagne après la Deuxième Guerre mondiale, Studienarbeit, Brüssel 2004.

BARTHEL die Behauptung Gilbert TRAUSCHS, der in einer vom Konzern selbst in Auftrag gegebenen, einer breiten Öffentlichkeit zugedachten Überblicksdarstellung der Geschichte der ARBED von einem schnellen Rückgang der Interventionen der luxemburgischen Schwerindustrie in Folge der institutionellen und politischen Veränderungen nach dem Ende des Ersten Weltkrieges ausgegangen war.[37] Indem BARTHEL zwischen einer offenen und einer der Öffentlichkeit verdeckten, sowie zwischen einer intendierten und einer tatsächlich realisierten Einflussnahme unterschied, kam er zu dem Schluss, dass die ARBED in der Zwischenkriegszeit sehr wohl noch über einen längeren Zeitraum Einfluss auf die politischen Entscheidungen ausübten, dies jedoch stärker verdeckt. Vor allem der Anspruch einer politischen Partizipation hielt sich noch sehr lange. Am langsamsten sei dieser Rückgang eines Einflusses der Schwerindustrie im Rahmen der Außenwirtschaftspolitik erfolgt.[38]

Anders als TRAUSCH, ging BARTHEL demnach von einer weiterhin bestehenden großen Einflussnahme der ARBED während der Zwischenkriegszeit aus, die sich nur langsam verringerte. Für den Zeitraum nach dem Zweiten Weltkrieg konnte er diese Behauptung bisher nur punktuell überprüfen. Dabei bildete die Fragestellung lediglich einen Randaspekt der jeweils von BARTHEL behandelten eigentlichen Problematik. Er konzentrierte sich in erster Linie auf die Bemühungen der luxemburgischen Schwerindustrie im Rahmen verschiedener internationaler Abkommen und Integrationsprozesse.[39] Einen prosopographischen Ansatz wählend, ging er besonders auf die Verbindung

37 TRAUSCH Gilbert, L'ARBED dans la société luxembourgeoise. Luxemburg 2000, S. 25 [im Folgenden zitiert als: TRAUSCH, ARBED]. Aufgrund des Zielpublikums der Darstellung, gilt es die Behauptung TRAUSCHS mit Vorsicht zu behandeln. Siehe hierzu HILGERT Romain, Eine Stahlmonarchie, in: d'Lëtzebuerger Land (20. April 2004).

38 BARTHEL Charles, Bras de fer: les maîtres de forges luxembourgeois, entre les débuts difficiles de l'UEBL et le Locarno sidérurgique des cartels internationaux; 1918–1929, Luxemburg 2006, S. 350 [im Folgenden zitiert als: BARTHEL, Bras de fer].

39 Vgl. hierzu BARTHEL Charles, La formation du Benelux et la conquête du marché néerlandais par les maîtes de forges luxembourgeois (1944–1949), in: ALEH (Hg.), Du Luxembourg à l'Europe. Hommages à Gilbert Trausch à l'occasion de son 80e anniversaire, Luxemburg 2011, S. 445–473 [im Folgenden zitiert als: BARTHEL, Formation]; DERS., Sturm im Wasserglas, Das Streben der Stahlkocher nach einer Gangbarmachung des Schuman-Plans, in: CERE (Hg.), Le Luxembourg face à la construction européenne – Luxemburg und die europäische Einigung, Luxembourg 1996, S. 119–146, [im Folgenden zitiert als: BARTHEL, Sturm].

des langjährigen luxemburgischen Außenministers Bech und die luxemburgischen Schwerindustrie ein.[40]

Den punktuellen Untersuchungen BARTHELS ist zu entnehmen, dass auch in der Nachkriegszeit die ARBED in Außenwirtschaftsfragen sehr wohl noch über Einflussmöglichkeiten verfügte. Für den gleichen Zeitraum ging dagegen SCHOENTGEN, ohne konkrete Belege anzuführen, von einem schnellen Rückgang des Einflusses der ARBED auf die Politik aus.[41] Sowohl SCHOENTGEN als auch zuvor TRAUSCH begründeten ihre jeweilige Behauptung eines Rückganges des Einflusses der luxemburgischen Schwerindustrie auf die Politik lediglich mit einem tiefen politischen und institutionellen Wandel in Luxemburg.

BARTHEL behandelte zudem auch, unter besonderer Berücksichtigung der ARBED, die internationalen Verflechtungen der luxemburgischen Industriekreise in der Zwischenkriegs- und der unmittelbaren Nachkriegszeit und hob dabei auch die Rolle und das Ausmaß der Industriekontakte über die Landesgrenzen hinaus hervor.[42] Damit folgte er einem generellen Trend der internationalen Forschung zur Wirtschafts- und Unternehmensgeschichte. Die Arbeiten BARTHELS sowie ähnliche ausländische Untersuchungen dienen als Referenzwerke der vorliegenden Studie zum länderübergreifenden Austausch der Unternehmer.[43]

---

40 DERS., Un aspect particulier de la culture politique internationale luxembourgeoise: Joseph Bech et l'art de concilier les affaires étrangères avec la diplomatie du grand capital sidérurgique, in: Robert Schuman et les pères de l'Europe: Cultures politiques et années de formation: Actes du colloque de Metz du 10 Au 12 Octobre 2007 organisé par la Maison de Robert Schuman et le Réseau des maisons des pères de l'Europe, Brüssel 2008, S. 235–256 [im Folgenden zitiert als: BARTHEL, Aspect].

41 SCHOENTGEN Marc, „Heim ins Reich"? Die Arbed-Konzernleitung während der deutschen Besatzung zwischen 1940–1944: zwischen Kollaboration und Widerstand, in: Forum. Zeitschrift für Politik, Gesellschaft und Kultur in Luxemburg 304 (Februar 2011), S. 29–35, hier S. 34 [im Folgenden zitiert als: SCHOENTGEN, Heim ins Reich].

42 BARTHEL Charles, Emile Mayrisch et le pacte international de l'acier des années vingt, in: Journal of European Integration History = Revue D'histoire De L'intégration Européenne = Zeitschrift für Geschichte der Europäischen Integration 21/2 (2003), S. 211–256 [im Folgenden zitiert als: BARTHEL, Emile Mayrisch]; DERS., Die Stunde des Herrn Mayrisch: neue Erkenntnisse und offene Fragen zur Mitwirkung des luxemburgischen Stahlindustriellen an der wirtschaftlichen Entspannung in Europa (1925/26), in: Galerie: revue culturelle et pédagogique 25/3 (2007), S. 403–482 [im Folgenden zitiert als: BARTHEL, Stunde].

43 Hier sei für den französischen Raum auf die Arbeiten von Françoise BERGER verwiesen, die sich vor allem auf Kontakte zwischen französischen und deutschen Unternehmen in der ersten Hälfte des 20. Jahrhunderts konzentrierte: BERGER Françoise, Die Beziehung zwischen der französischen und deutschen Eisen- und Stahlindustrie

Mit dem eigentlichen diplomatischen Apparat des Großherzogtums hat sich BARTHEL hingegen weniger beschäftigt. Hier wurden einige Vorarbeiten vor allem von Gilbert TRAUSCH, Georges HEISBOURG und Paul SPANG geleistet, die allerdings nur mit Einschränkungen auf den Aktenfonds des luxemburgischen Außenministeriums zurückgriffen.[44] Sie konzentrierten sich vor allem auf den administrativen Ausbau der Behörde, vernachlässigten aber die eigentliche Arbeitsweise innerhalb des diplomatischen Apparates.

Die Beteiligunsstruktur der ARBED in Mittel- und Osteuropa und ihr Überdauern des Zweiten Weltkrieges wirft die Frage nach der Rolle der ARBED während der Zeit der Besatzung auf. Die Rolle und den Aktivitäten luxemburgischer Akteure während des Krieges erfuhren in der jüngeren Forschung eine Neubewertung: Dabei konnte der allgemein verbreitete Gründungsmythos einer durch den Widerstand gegen die Besatzungsmacht erwachsenen luxemburgischen Nation widerlegt und die im luxemburgischen *Master narrative* verwendete eindimensionale Einteilung der Akteure in Kollaborateure und Widerständler ausdifferenziert werden.[45] Hierauf soll im Laufe der Arbeit noch explizit eingegangen werden.

---

während des Krieges, in: ZUG 50/2 (2005), S. 159–180 [im Folgenden zitiert als: BERGER, Beziehung]; DIES., La France, l'Allemagne et l'acier (1932–1952): de la stratégie des cartels à l'élaboration de la CECA, Dissertation, Paris 2000; DIES., La France et l'Allemagne au cœur de l'Europe industrielle en construction: des ententes privées à la CECA, in: Matériaux pour l'histoire de notre temps 47 (1997), S. 37–46; DIES., Les patrons de l'acier en France et en Allemagne face à l'Europe (1930–1960), in: BUSSIERE Eric/DUMOULIN Michel (Hg.), Milieux économiques et intégration européenne en Europe occidentale au XXe siècle, Arras 1998, S. 179–195 [im Folgenden zitiert als: BERGER, Patrons]; DIES., Les relations entre les sidérurgies françaises et allemande de 1870 à la CECA, in: Revue d'Allemagne et des Pays de langue allemande 39/2 (2007), S. 163–199 [im Folgenden zitiert als: BERGER, Relations].

44 Siehe TRAUSCH Gilbert, The Ministry of Foreign Affairs in the Grand Duchy, in: STEINER Zara (Hg.), The Times Survey of Foreign Ministries of the World, London 1982, S. 345–360 [im Folgenden zitiert als: TRAUSCH, Ministry]; HEISBOURG Georges, CD et CC, in: Hémecht. Zeitschrift für Luxemburger Geschichte 37/3 (1985), S. 369–382 [im Folgenden zitiert als: HEISBOURG, CD]; SPANG Paul, La représentation diplomatique du Grand-Duché de Luxembourg de 1815 à 1947, in: Hémecht. Zeitschrift für Luxemburger Geschichte 43/4 (1991), S. 563–570 [im Folgenden zitiert als: SPANG, Représentation].

45 MAAS Jacques, Le groupe sidérurgique ARBED face à l'hégémonie nazie – Collaboration ou résistance?, in: Collaboration: nazification? – le cas du Luxembourg à la lumière des situations française, belge et néerlandaise. Actes du colloque international, Centre culturel de rencontre Abbaye de Neumünster, Mai 2006, Luxemburg 2008, S. 340–373 [im Folgenden zitiert als: MAAS, Groupe]; SCHOENTGEN, Heim ins Reich;

In Bezug auf die luxemburgische Außenpolitik ging die Historiographie bisher äußerst selektiv vor. Dabei konzentrierten sich zahlreiche Publikationen auf die Aufgabe des Neutralitätsstatuts des Großherzogtums im Zuge der deutschen Besetzung des Landes 1940 und damit verbundenen Veränderungen der luxemburgischen Außenpolitik.[46] Mit Blick auf die Nachkriegszeit wurde fast ausschließlich auf die außenpolitischen Rolle Luxemburgs im europäischen Integrationsprozess verwiesen. Dabei wurden andere Aspekte derart vernachlässigt, dass allgemein der Eindruck entsteht, das Außenministerium des Großherzogtums hätte sich ausschließlich mit der Frage der europäischen Einigung beschäftigt. Geradezu exemplarisch mutet hier eine Übersicht der luxemburgischen Außenpolitik der 50er Jahren von Mario HIRSCH an, der mit dem Verweis auf den Kalten Krieg bemerkte: *„le Luxembourg était relativement épargné par les affres de la guerre froide“*, um sich dann der Rolle Luxemburgs im Rahmen der europäischen Integration zu widmen.[47] Im in Luxemburg weit verbreiteten

---

VOLKMANN Hans-Erich, Luxemburg im Zeichen des Hakenkreuzes. Eine politische Wirtschaftsgeschichte 1933–1944, Paderborn/München/Wien u. a. 2010 (= Zeitalter der Weltkriege 7) [im Folgenden zitiert als: VOLKMANN, Luxemburg]; ARTUSO Vincent, La collaboration au Luxembourg durant la Seconde Guerre mondiale (1940–1945) accommodation, adaptation, assimilation. Frankfurt 2013 (= Etudes luxembourgeoises 4), [im Folgenden zitiert als: ARTUSO, Collaboration], S. 53–58, 277–280.

46 So etwa die Arbeiten von Steve KAYSER: DERS., De la neutralité à l’engagement (1926–1949). L’impact de la Seconde Guerre mondiale sur le statut international du Grand-Duché de Luxembourg, in: ...et wor alles net sou einfach. Questions sur le Luxembourg et la Deuxième Guerre mondiale, Luxemburg 2002 (= Publications scientifiques du Musée d’histoire de la Ville de Luxembourg 10), S. 178–189 [im Folgenden zitiert als: KAYSER, Engagement]; DERS., La neutralité du Luxembourg de 1918 à 1945, in: Forum für Politik Gesellschaft und Kultur in Luxemburg 257 (Juni 2006), S. 36–39 [im Folgenden zitiert als: KAYSER, Neutralité]; DERS., 1940–1944. L’occupation nazie: vers la redéfinition du statut international du Grand-Duché de Luxembourg, in: Collaboration: nazification? – le cas du Luxembourg à la lumière des situations française, belge et néerlandaise. Actes du colloque international, Centre culturel de rencontre Abbaye de Neumünster, mai 2006, Luxembourg 2008, S. 20–62. Siehe auch FOLSCHEID Lex (Hg.), Neutralität, in: Forum für Politik, Gesellschaft und Kultur in Luxemburg 257 (Juni 2006), S. 17–43.

47 HIRSCH Mario, L’ouverture sur l’extérieur, in: WEY Claude (Hg.), Le Luxembourg des années 50. Une société de petite dimension entre tradition et modernité – Luxemburg in den 50er Jahren. Eine kleine Gesellschaft im Spannungsfeld von Tradition und Modernität, Luxemburg 1999 (= Publications scientifiques du Musée d’Histoire de la Ville de Luxembourg 3), S. 148–156, hier S. 150. Zu weiteren Arbeiten die sich auf die Rolle Luxemburgs im Rahmen der europäischen Integration beschäftigten vgl.

Überblickswerk zur luxemburgischen Geschichte von Christian CALMES und Danielle BOSSAERT taucht der Begriff des Kalten Krieges auf über 500 Seiten an keiner einzigen Stelle auf.[48] Die Rolle Luxemburgs im internationalen Integrationsprozess wurde in Verbindung mit dem dafür benötigten Ausbau des luxemburgischen diplomatischen Apparates als große luxemburgische Erfolgsgeschichte nationaler Außenpolitik hervorgehoben.[49]

Allgemein wurde die luxemburgische Außenpolitik im Kontext des Kalten Krieges mit Verweis auf die unbedeutende geopolitische und militärische Rolle des Landes im Spannungsfeld der Supermächte als zu vernachlässigen erachtet. Daher sind Untersuchungen zu außenpolitischen Fragen Luxemburgs im Zusammenhang mit dem Ostblock oder genereller dem Kalten Krieg, selten. Einige Einzeluntersuchungen, zumeist unveröffentlichte Studienarbeiten, analysierten die Rolle Luxemburgs im Rahmen internationaler Schlüsselereignisse, doch wurden bisher weder umfassende diachrone Untersuchungen der

---

BROUWER J. W. L., Dans le sillage de la France? Quelques remarques sur la politique étrangère du Grand-Duché de Luxembourg. 1945–1950, in: Hémecht, Zeitschrift für Luxemburger Geschichte 45/1 (1993), S. 67–86 [im Folgenden zitiert als: BROUWER, Sillage]; KAYSER Steve, La politique étrangère du Luxembourg de 1944 à 1954: de l'abandon de la neutralité à l'engagement dans un réseau d'alliances, Studienarbeit, Luxemburg 1997; STRONCK Gaston, Le Luxembourg et le pacte atlantique: de la neutralité à l'alliance, Dissertation, Montpellier/Lille 1992; siehe auch die Arbeiten von Thierry GROSBOIS: DERS., Idées, réseaux et politiques européennes dans la résistance et en exil 1940–1945 en Belgique, au Luxembourg et aux Pays-Bas, Dissertation, 3 Bde., Luxemburg 2010, hier Bd. 2, S. 33 [im Folgenden zitiert als: GROSBOIS, Idées 1–3]; DERS., Joseph Bech et le parcours européen d'un petit pays, in: Les pères de l'Europe: cinquante ans après. Perspectives sur l'engagement européen, Bruxelles 2001, S. 144–160; DERS., Le rôle du Luxembourg dans la naissance du Benelux, in: ...et wor alles net sou einfach. Questions sur le Luxembourg et la Deuxième Guerre mondiale, Luxemburg 2002 (= Publications scientifiques du Musée d'histoire de la Ville de Luxembourg 10), S. 190–196 [im Folgenden zitiert als: GROSBOIS, Rôle]. Das CERE hat der Problematik auch einen ganzen Sammelband gewidmet: CERE (Hg.), Le Luxembourg face à la construction européenne – Luxemburg und die europäische Einigung, Luxemburg 1996.

48 CALMES Christian/BOSSAERT Danielle, Histoire du Grand-Duché de Luxembourg. De 1815 à nos jours, Luxemburg 1994.

49 So etwa BIRDEN Patrick/SANTER Jacques, Joseph Bech, l'homme qui a mis le Luxembourg sur la carte politique, in: Cercle Joseph Bech (Hg.), Joseph Bech. Mélanges présentés à l'occasion du 30e anniversaire du décès du Père fondateur de l'Europe, Luxemburg 2005 (= Publications du Cercle Joseph Bech), S. 93–126 [im Folgenden zitiert als: BIRDEN/SANTER, Joseph Bech].

Evolution dieser Außenpolitik, noch Vergleichsuntersuchungen über die nationalen Grenzen hinaus, vorgelegt.[50]

Die vorliegende Untersuchung kann demnach zu einzelnen Fragestellungen teilweise auf Vorarbeiten der internationalen wie der luxemburgischen Geschichtsschreibung zurückgreifen. Durch das Hinzuziehen bisher nicht inventarisierter und unveröffentlichter Quellen werden die Beobachtungen weitergeführt, komplettiert und um neue Aspekte ergänzt.

III. Leitende Fragestellungen

Vordringlichstes Ziel der Arbeit ist eine umfassende Analyse der Wahrung der Konzern-Beteiligungen der ARBED im sich konsolidierenden Ostblock in der Nachkriegszeit. In einem engeren Sinne wird zwischen drei verschiedenen Ebenen von damit verbundenen Fragenkomplexen unterschieden:

Auf einer ersten Ebene stehen die getroffenen Entscheidungen im Vordergrund. Auf welche Strategie und welche Maßnahmen wurde von den Verteidigern zurückgegriffen? Welche Argumentation wurde angeführt und zu welchen Ergebnissen führten die Bemühungen? Da sich der Untersuchungsraum auf verschiedene osteuropäische Staaten sowie die beiden sowjetischen Besatzungszonen bezieht, werden die getroffenen Maßnahmen in den verschiedenen Ländern und Besatzungszonen einzeln betrachtet und dann miteinander verglichen. Dies ermöglicht eine Differenzierung und Einzelbewertung dieser Maßnahmen und

---

50 Siehe KARTHEISER Fernand, Le Luxembourg et la guerre de Corée, 25 juin 1950–27 juillet 1953, Dissertation, Montpellier/Lille 1992; BRAM Bernard, Le Luxembourg face aux crises de l'Europe de l'Est au cours de 1953–1969, Masterarbeit, Luxemburg 2009 untersuchte die öffentliche Reaktion in Luxemburg auf verschiedene Ereignisse im Ostblock. Etwas umfassender ist die Geschichte der luxemburgischen Zwangsrekrutierten in der UdSSR vor allem im Gefangenenlager Tambow dokumentiert. Doch nur wenige Arbeiten beschäftigen sich mit der außenpolitischen Dimension dieses Kontextes; siehe hierzu vor allem die Arbeiten von Judith FEIDER: DIES., Les enrôlés de force luxembourgeois dans les camps soviétiques 1943–1953, Masterarbeit, Paris 2001 [im Folgenden zitiert als: FEIDER, Enrôlés de force]; DIES., Les prisonniers de guerre luxembourgeois en URSS, in: …et wor alles net sou einfach. Questions sur le Luxembourg et la Deuxième Guerre mondiale, Luxemburg 2002 (= Publications scientifiques du Musée d'histoire de la Ville de Luxembourg 10), S. 262–270 [im Folgenden zitiert als: FEIDER, Prisonniers]. Jüngst auch LEMAIRE Philippe, Le Luxembourg et la crise de Suez en 1956: problèmes économiques et politique internationale, in: Hémecht. Zeitschrift für Luxemburger Geschichte 63/1 (2011), S. 117–136.

erlaubt in einem weiteren Schritt das Herausarbeiten allgemeiner Vorgänge sowie die Identifizierung von Kernaspekten der Verteidigung.

Auf einer weiteren Ebene stehen die Entscheidungs- und Handlungsträger im Vordergrund. Hier sind vor allem Motivation und Beweggründe von Bedeutung. Erst durch sie können die getroffenen Entscheidungen und die Handlungsprozesse vollständig beleuchtet werden. Über die Beschäftigung mit den Akteuren soll zudem überprüft werden, wie die einzelnen Maßnahmen getroffen wurden und durch wen. Eine Fokussierung auf den Entscheidungsprozess bedarf einer genauen Kenntnis der inneren Funktionsweise der Institutionen, in denen die Entscheidungen getroffen wurden. Konkret ist es Ziel dieser Studie, den Weg einer Idee von ihrer ersten Erwähnung bis zu ihrer Umsetzung im Rahmen der Verteidigung der ARBED-Interessen im Ostblock zu verfolgen. Dieser Prozess ist unabdingbar an verschiedene Akteure gebunden. An der Verteidigung der ARBED-Interessen im Ostblock waren in erster Linie das MAEL und die Leitung des ARBED-Konzerns beteiligt. Gerade den Handlungsspielräumen der beiden Protagonisten kommt daher eine besondere Bedeutung zu. Er bildet die Voraussetzung für eine weiterführende Bewertung der Entscheidungs-, Gestaltungs- und Handlungsprozesse. Da sich die beiden institutionellen Akteure MAEL und ARBED aus einem Kollektiv von Individuen zusammensetzen, konzentriert sich die Untersuchung auch auf die Personenkreise, die an der Verteidigung partizipierten, analysiert ihre Vorgehensweise und Kontakte, identifiziert gegebenenfalls gegensätzliche Positionen oder gar Konflikte. Wo tauchten Interessenskongruenzen oder Interessensgegensätze auf und wie sind sie zu verorten? Über einen prosopographischen Zugang soll nach weiteren Verbindungen zwischen den Entscheidungsträgern gesucht werden.

Eine dritte Ebene setzt an der zweiten an: Der Entscheidungsprozess, an dem vor allem Entscheidungsträger aus der MAEL und der ARBED teilnahmen, ermöglicht eine Bewertung der Beziehung zwischen Regierung und Unternehmen in diesem Kontext. In welcher Form arbeiteten beide Parteien zusammen? Gab es möglicherweise Abhängigkeiten? Wie ist die Beteiligung des Unternehmens an den diplomatischen Maßnahmen zu gewichten? Und wie lässt sich die Beziehung dieser beiden Akteure historisch einordnen?

Die Wahrung der Beteiligungen der ARBED in Mittel- und Osteuropa war in einem internationalen Kontext eingebettet und an verschiedene äußere Faktoren gebunden. Hierzu zählen vor allem Geschichte und Form der luxemburgischen Außenpolitik und ihres diplomatischen Apparates, aber auch die Struktur der Beteiligungen der ARBED im Ostblock. Sie definieren den Handlungsspielraum der Hauptakteure und sind für die Entscheidungsprozesse von essentieller Relevanz.

Nicht zuletzt hatten die politischen Entwicklungen des Kalten Krieges, das Zusammenrücken der westeuropäischen Staaten im Rahmen der Europäischen

Integration sowie die Wahrnehmung des Ostblocks und der UdSSR Einfluss auf die Wahrung der ARBED-Beteiligungen im Ostblock. Ziel dieser Studie ist es daher auch, diese äußeren Faktoren zu identifizieren und ihren Einfluss auf die Verteidigung zu ermessen. Um diese Beeinflussung fassbar zu machen, ist eine Herausarbeitung der institutionellen Rahmenbedingungen, in denen die eigentlichen Bemühungen um die Konzerninteressen stattfanden, unabdingbar. Die Ergebnisse, erlauben die Beantwortung der Kernfrage dieser Untersuchung:

In Bezug auf den hier betrachteten Untersuchungszeitraum der unmittelbaren Nachkriegszeit stellt sich die Frage nach der Rolle und Bedeutung der ARBED in der luxemburgischen Außenwirtschaftspolitik.

An diese Kernfrage sowie den vorausgehenden Forschungsfragen ist eine weitere leitende Fragestellung gebunden, die diese Arbeit wie ein roter Faden durchzieht: Lassen sich bei den analysierten Entwicklungen Kontinuitäten feststellen oder sind sie großen Umbrüchen unterworfen? Welche Faktoren waren für etwaige Veränderungen ausschlaggebend? Mit Blick auf die Kernfrage soll daher die Rolle und Bedeutung der ARBED in der luxemburgischen Außenwirtschaftspolitik über einen längeren Zeitraum überprüft werden. Einem diachronen Ansatz kommt dabei eine wichtige Bedeutung zu.

Unter Berücksichtigung möglicher Kontinuitäten und Wandel sowie der geopolitischen Entwicklungen der Nachkriegszeit lässt sich eine weitere Leitfrage formulieren: Anhand der Bemühungen um die ARBED-Interessen in Osteuropa soll die Frage beantwortet werden, ob und in welcher Form vor dem Hintergrund des Kalten Krieges, Kontakte zwischen luxemburgischen und osteuropäischen individuellen und institutionellen Personen bestanden. Konnten Kontakte trotz der politischen Rhetorik und des sich in der unmittelbaren Nachkriegszeit entwickelnden Ost-West-Gegensatzes und der damit verbundenen ideologischen, später physischen Barriere weiterbestehen oder gar ausgebaut werden?

Wie der Überblick des Forschungsstandes aufzeigen konnte, erlaubte die Überprüfung der Forschungsfragen ein Aufarbeiten einer Reihe bisheriger Forschungsdesiderate:

Die Problematik ausländischer Aktienbeteiligungen in Unternehmen des Ostblocks, das Verhältnis zwischen ARBED und luxemburgischem Außenministerium in der Nachkriegszeit, die Funktions- und Arbeitsweise des luxemburgischen diplomatischen Apparates sowie die luxemburgische Außenpolitik im Zusammenhang des Kalten Krieges wurden bisher kaum in Betracht gezogen, von einer eingehenden Untersuchung ganz zu schweigen.

Die wenigen bisher veröffentlichten Ergebnisse, lassen sich durch die vorliegende Untersuchung weiter differenzieren.

IV. Methodik, Quellen und Grenzen der Untersuchung

Bei vorliegender Untersuchung handelt es sich um eine empirische Fallstudie anhand einer qualitativen Analyse der erhaltenen Quellen. Problematik, Fragestellung und zugängliche Quellen verorten die Arbeit an einer Schnittstelle verschiedener Forschungszweige, wie der Diplomatiegeschichte, der jüngeren Geschichte der Internationalen Beziehungen sowie der Unternehmensgeschichte.[51]

Unter moderner Diplomatiegeschichte, wie sie in dieser Arbeit verfolgt wird, versteht Sven EXTERNBRINCK Forschung, *„die sich mit den Trägern der Interaktion zwischen Akteuren beschäftigen, d. h. in erster Linie mit dem Gesandtschaftswesen und allem, was damit zusammenhängt"*.[52] Die Beschäftigung mit den Bemühungen um die Verteidigung der ARBED-Interessen ist daher in hohem Maße in der modernen Diplomatiegeschichte verortet.

Kontextualisierung und Internationalisierung der Problematik um die Firmenbeteiligungen im Ostblock bedürfen hingegen der Erweiterung eines rein diplomatiehistorischen Ansatzes. Nicht alleine das Gesandtschaftswesen soll hier in den Vordergrund rücken, sondern die luxemburgische Außenpolitik soll im erweiterten Rahmen des Kalten Krieges erfasst werden. Im Sinne der modernen Geschichte der internationalen Beziehungen werden außenpolitische Fragestellungen nicht alleine durch einen staatspolitischen Ansatz behandelt, sondern es fließen auch gesellschafts- und kulturpolitische Aspekte mit ein. Der Rolle der Industrie und privater Interessensverbände kommt in dieser Arbeit eine

51 Zur Disziplingeschichtlichen Verortung der Geschichte der Internationalen Beziehungen existiert eine Fülle an Literatur. Daher hier nur grundlegende Veröffentlichungen aus dem deutschsprachigen Raum: BUDDE Gunilla/CONRAD Sebastian/JANZ Oliver (Hg.), Transnationale Geschichte. Themen, Tendenzen und Theorien, Göttingen 2006; CONZE Eckhart/LAPPENKÜPPER Ulrich/MÜLLER Guido (Hg.), Geschichte der internationalen Beziehungen. Erneuerung und Erweiterung einer historischen Disziplin, Köln 2004; LOTH Wilfried/OSTERHAMMEL Jürgen (Hg.), Internationale Geschichte. Themen – Ergebnisse – Aussichten, München 2000 (= Studien zur Internationalen Geschichte 10); MARCOWITZ Rainer, Von der Diplomatiegeschichte zur Geschichte der internationalen Beziehungen. Methoden, Themen, Perspektiven einer historischen Teildisziplin, in: Francia. Forschungen zur westeuropäischen Geschichte 32/3 (2005), S. 75–100; PATEL Kiran Klaus, Nach der Nationalfixiertheit. Perspektiven einer transnationalen Geschichte, Berlin 2004.

52 EXTERNBRINK Sven, Internationale Politik in der Frühen Neuzeit. Stand und Perspektiven der Forschung zu Diplomatie und Staatensystem, in: KRAUS Hans-Christof/NICKLAS Thomas (Hg.), Geschichte der Politik. Alte und neue Wege, München 2007 (= HZ Beiheft 44), S. 15–39, hier S. 19.

tragende Funktion zu. Mit Bezug auf die Rolle eines Industrieunternehmens in einem außenpolitischen Kontext ist der Übergang von der Geschichte der Internationalen Beziehungen zur Unternehmensgeschichte fließend. Das Verhältnis von Regierung und Unternehmen[53] in der Außenpolitik ist Untersuchungsgegenstand in beiden Disziplinen und wird unter anderem auch in der aktuellen Wirtschaftsdiplomatie, einer Teildisziplin der Politikwissenschaften, untersucht. All diesen Disziplinen ist gemein, dass Unternehmen zunehmend als außenpolitische Akteure verstanden werden. Die vorliegende Arbeit folgt diesem Ansatz.[54]

Die Analyse außenpolitischer Entscheidungsprozesse hat eine lange Forschungstradition und wurde vor allem im anglo-amerikanischen Raum stetig methodologisch verfeinert.[55] Für die vorliegende Untersuchung eignen sich diese

---

53 Die Begriffe Unternehmen, Gesellschaft, Betrieb und Firma werden in der vorliegenden Arbeit synonym benutzt und als produzierende Wirtschaftseinheit verstanden. Ob diese Einheit in einer marktwirtschaftlichen oder planwirtschaftlichen Raum operiert, ist hier nicht weiter von Bedeutung; zur Begriffserklärung und seinen Differenzen in den einzelnen Forschungszweigen vgl. PIERENKEMPER Toni, Unternehmensgeschichte. Eine Einführung in ihre Methoden und Ergebnisse, Stuttgart 2000, S. 13–24; PLUMPE Werner, Unternehmen, in: AMBROSIUS Gerald/u. a. (Hg.), Moderne Wirtschaftsgeschichte, München 2006, S. 61–94, hier S. 61.

54 Die Behandlung von Unternehmen als außenpolitischer Akteur wurde in der Unternehmens- und Politikgeschichte bspw. von KUMETAT Dennis, Das Scheitern deutscher Unternehmen und deutscher Auswärtiger Politik im Nahen Osten: Irak, Ägypten, Saudi-Arabien 1933–39, Berlin 2008 untersucht; vgl. auch HOROWITZ David/DOMHOFF George William, Corporations and the Cold War, New York 1969; MARTIN Bernd, Friedens-Planungen der multinationalen Großindustrie (1932–1940) als politische Krisenstrategie, in: SCHIEDER Wolfgang (Hg.), Außenwirtschaft und Außenpolitik im ‚Dritten Reich', Göttingen 1976 (= Geschichte und Gesellschaft 2, 1976/1), S. 66–88. Gerade in Untersuchungen aus dem Bereich der Politikwissenschaften und der Wirtschaftsdiplomatie herrscht die Meinung vor, dass nach dem Zusammenfall der UdSSR in der wachsenden Internationalisierung der Wirtschaft, Gesellschaften eine wachsende Rolle in der Außenpolitik spielen, vgl. hierzu die Arbeiten von Raymond SANER: DERS./VARINIA Michalun, Negotiations between State Actors and Non-State Actors. Case Analyses from Different Parts of the World, Dordrecht 2009 (= International Negoziation Series 9); DERS./YIU Lichia, International Economic Diplomacy. Mutations in Post-modern Times, in: Discussion Papers in Diplomacy 84 (2003), S. 1–37; siehe auch BAYNE Nicholas/WOOLCOCK Stephen (Hg.) The New Economic Diplomacy. Decision-Making and Negotiation in International Economic Relations, London 2003.

55 Bahnbrechend waren die Untersuchungen von SNYDER. Er ging dabei von der Prämisse routinierter Entscheidungsverfahren staatlicher Behörden aus; hierzu SNYDER Richard C./BRUCK H.W./SAPIN Burton, Decision-Making as an Approach to

Erklärungsmodelle nur bedingt. Sie beziehen sich zumeist auf die amerikanische Außenpolitik, deren Behördenapparat völlig andere Größenordnungen und Dynamiken als der luxemburgische umfasst. Die Behandlung eines konkreten Fallbeispiels bedarf einer pragmatischen Vorgehensweise, die zwar bereits bewährte Erklärungsmodelle zur Kenntnis nimmt und gegebenenfalls auch ansetzt, die jedoch auch den spezifischen Gegebenheiten Rechnung tragen muss. So sind sozialpsychologische Erklärungsmodelle durchaus berechtigt und sinnvoll, können an dieser Stelle aufgrund der fehlenden Egodokumente der beteiligten Akteure aber nicht weiterverfolgt werden.

Die vorliegende Untersuchung versucht, über eine empirische Analyse der gleichen Problematik in mehreren unterschiedlichen Untersuchungsräumen, das heißt den verschiedenen osteuropäischen Staaten und den sowjetischen

---

the Study of International Politics, Princeton 1954 (= Foreign Policy Analysis Project Series 3). Immer noch prägend ist auch das dreiteilige Erklärungsmodell ALLISONS. Vgl. hierzu ALLISON Graham T., Conceptual Models and the Cuban Missile Crisis. American Political Science Review 63/3 (1969), S. 689–718; DERS., Essence of Decision. Explaining the Cuban Missile Crisis, New York 1971; DERS/MORTON H. Halperin, Bureaucratic Politics: A Paradigm and Some Policy Implications. World Politics 24 (Supplement) (1972), S. 40–79; DERS./ZELIKOW, Philipp, Essence of Decision. Explaining the Cuban Missile Crisis, New York u. a. [2]1999. Nach ALLISON werden Entscheidungsprozesse durch einen traditionellen rationalen Akteursansatz, der von der Regierung als rationalem und einheitlichem Akteur ausgeht, durch einen an SNYDER angelehnten Organisationshandlungsansatzes, der sich vor allem auf Routineverfahren konzentriert und ein Bürokratiepolitikmodell, das auf die Eigeninteressen der im Entscheidungsprozess beteiligten Bürokratien eingeht, entwickelt. Das Erklärungsmodell ALLISONS wurde nicht kritiklos angenommen. Unter anderem warf man ihm vor, zwischen organisatorischen und akteursspezifischen Einflüssen nicht stark genug zu differenzieren und auch der Eigenwahrnehmung der individuellen Akteure zu wenig Beachtung zu schenken; siehe hierzu SMITH Steve, Allison and the Cuban Missile Crisis: A Review of the Bureaucratic Politics Model of Foreign Policy Decision Making, in: Millennium 9/1 (1980), S. 21–40. Zu einem generellen Überblick der theroetischen Ansätze zur Analyse der Außenpolitik vgl. HUDSON Valerie, Foreign Policy Analysis. Classic and Contemporary Theory, Lanham 2007; DIES., The history and evolution of foreign policy analysis, in: SMITH Steve/HADFIELD Amelia/DUNNE Tim (Hg.), Foreign Policy. Theories-Actors- Cases, Oxford 2008, S. 11–30; prägnant zusammenfassend auch HARNISCH Sebastian, Vergleichende Außen- und Sicherheitspolitik, in: SCHMIDT Manfred G./ WOLF Frieder/WURSTER Stefan (Hg.), Studienbuch Politikwissenschaft, Wiesbaden (im Druck), Rohfassung unter URL: http://www.uni-heidelberg.de/md/politik/harnisch/person/publikationen/harnisch-studienbuch_vgl-asp_2012_-_web.pdf (Stand: 3. November 2013).

Besatzungszonen, und über einen längeren Zeitraum allgemeine Erkenntnisse und Routinen des Entscheidungsprozesses herauszuarbeiten. Regierungen und Unternehmen werden als rational handelnde institutionelle Akteure verstanden, allerdings werden sie zugleich als Kollektiv von Individuen betrachtet. Der Position einer Regierung oder einer Unternehmensführung geht entweder ein interner Entscheidungsprozess voraus oder sie sind das Produkt einzelner Akteure innerhalb dieser Einheiten. Wichtig sind in diesem Zusammenhang auch die Motivation und die Beweggründe der institutionellen und individuellen Akteure. Dabei spielt auch die historische Dimension dieser Motivation eine entscheidende Bedeutung. Dieser methodische Ansatz erlaubt die Beantwortung der Kernfragen dieser Arbeit.

Außenpolitik steht stets in enger Korrelation zu innenpolitischen und gesellschaftlichen Entwicklungen. Bei der Beschäftigung mit einer außenpolitischen Problematik stellt sich unweigerlich die Frage, wie stark innenpolitische, gesellschaftliche aber auch institutionelle Entwicklungen in der Untersuchung Berücksichtigung finden. In der vorliegenden Untersuchung werden solche Aspekte, wie der Wandel der politischen Landschaft des Landes, nur dann explizit in die Analyse miteinbezogen, sofern sich ein direkter Einfluss auf die eigentliche Problematik der Verteidigung der ARBED-Beteiligungen nachweisen lässt. Dabei gilt es zu erwähnen, dass die Verteidigung der Konzerninteressen im Ostblock nie wirklich den Weg an die luxemburgische Öffentlichkeit fand.

Die Studie schöpft in erster Linie aus dem umfassenden Aktenbestand des MAEL und seiner Auslandsvertretungen, der sich für den hier betrachteten Zeitraum im luxemburgischen Nationalarchiv befindet. Gerade in Bezug auf den Untersuchungsraum kommt der luxemburgischen Vertretung in Moskau und Berlin eine besondere Bedeutung zu. Die Akten beinhalten zahlreiche Berichte und Einschätzungen der Botschafter und Geschäftsträger, sowie Pressespiegel und weitere zusammengetragene Informationen. Zudem kann man aus den unterschiedlichen Fonds mit einigem Aufwand die Kommunikation sowohl innerhalb des luxemburgischen Behördenapparates, als auch nach außen, rekonstruieren. Der Fonds des MAEL und der luxemburgischen Auslandsvertretungen ermöglicht einen tieferen Einblick in die ARBED: So sind zahlreiche Briefe des luxemburgischen Konzerns an die luxemburgischen Behörden, Berichte über Treffen zwischen den Leitern der ARBED und der Vertreter des MAEL sowie interne Firmenakten erhalten. Letztere wurden von der Gesellschaft im Rahmen der gemeinsamen Bemühungen um die Konzerninteressen im Ostblock an die luxemburgischen Behörden übermittelt. Dennoch stellt man fest, dass Unterlagen der verschiedenen luxemburgischen Vertretungen im Ausland im Verlauf der Geschichte verloren gegangen sind oder bewusst zerstört wurden.[56] Die Wahrung der ARBED-Interessen wurde von den luxemburgischen Behörden auch nach außen getragen und im Rahmen internationaler politischer Konsultierungen aufgeworfen, bzw. stellvertretend von ausländischen Behörden und Interessensverbänden oder im Rahmen von Wirtschaftsverhandlungen zwischen Ostblockstaaten und der UEBL wahrgenommen. Diesbezügliche Informationen finden sich in den Versammlungsprotokollen des politischen Koordinationskommittees der Benelux (*Commission permanente de consultation en matière de politique étrangère des Etats du* Benelux, COCOPO), der politischen Kommission der Brüsseler Paktstaaten und den Berichten der Verhandlungsdelegation der UEBL mit den unterschiedlichen osteuropäischen Staaten. Entsprechende Protokolle und Begleitmaterial finden sich im luxemburgischen Nationalarchiv, im Archiv des belgischen Außenministeriums sowie im Generalsekretariat der Benelux. Ein angeblich existierender Fonds der UEBL im Archiv des luxemburgischen Außenministeriums wurde nicht zur Einsicht freigegeben.[57]

Zu dieser umfangreichen Dokumentation kommt ein eigenständiger ARBED-Fonds im Nationalarchiv. Dieser ist für den relevanten Untersuchungszeitraum allerdings noch nicht systematisch inventarisiert und geordnet worden und konnte nur mit Einschränkungen ausgewertet werden.[58] So stellt man dann auch fest, dass die Rechnungsbücher der ARBED für den Zeitraum nach 1945 bisher noch nicht aufgefunden worden sind.[59] Gerade diese Dokumente würde es jedoch ermöglichen etwaige Entschädigungsleistungen zu überprüfen. Beide Bestände ermöglichen eine Rekonstruktion und Analyse der Korrespondenz der Protagonisten dieser Untersuchung. Allerdings stellt man fest, dass Informationen zur internen Kommunikation innerhalb der ARBED äußerst rar sind. Die zahlreichen erhaltenen Akten und Unterlagen geben meist den bei den luxemburgischen Behörden

---

56 ALS Georges, Rapports d'un diplomate, Luxemburg 2003, S. 12 [im Folgenden zitiert als: ALS, Rapports] mit Bezug auf die luxemburgische Vertretung in Brüssel. Allgemein auch ein mündlicher Hinweis des bis 2011 im Nationalarchiv Luxemburg verantwortlichen Archivars Serge HOFFMANN.

57 Dies geht aus einem Brief der verantwortlichen Archivarin Marcelle MANGEN an den Verfasser vom 26. Februar 2013 hervor.

58 Nach persönlicher Auskunft des für den ARBED-Fonds verantwortlichen Archivars Gilles REGENER. Eingesehen werden konnten jedoch drei große Kisten mit diversen Dokumenten zur F&G-Gruppe, welche in erster Linie aus den Jahresberichten verschiedener Unternehmen der Gruppe bestanden und in dessen Aufsichtsräten Vertreter der ARBED beteiligt waren, ausgewertet werden.

59 Nach persönlicher Auskunft von Gilles Regener von März 2014.

und nach außen hin vertretenen Standpunkt des Konzerns wieder. Sie zeugen jedoch nicht von eventuellen internen Differenzen innerhalb des Unternehmens. Ganz anders sieht es bei der Quellenlage des MAEL aus, wo der interne Briefaustausch der einzelnen Abteilungen und Vertretungen des MAEL erhalten ist. Hier kommt man nicht umhin, ein Ungleichgewicht bei Umfang und Inhalt der Akten der beiden Protagonisten zu beobachten. Erst eine vollständige Inventarisierung der ARBED-Dokumentation im Nationalarchiv erlaubt diesbezüglich weiterführende Aussagen.

Eine weiteres Ungleichgewicht besteht im Verhältnis zwischen den Quellen, welche die Bemühungen der Verteidiger dokumentieren, und solchen Dokumenten, welche die Reaktion von außen auf diese Bemühungen bezeugen. Die Wahrung der Konzerninteressen beruhte auf Kontakten der Verteidiger mit diversen ost- wie westeuropäischen Behörden, privaten Interessensverbänden und Unternehmen. Zwar sind die Reaktionen dieser Adressaten bekannt, jedoch nur unzureichend die Behandlung der Problematik innerhalb der Adressaten. Um diese zu erfahren, müssten systematisch diverse europäische Archive durchforstet werden. Doch aufgrund der geringen Bedeutung, die man der Interessenwahrung der ARBED außerhalb Luxemburgs beimaß, bedeutet eine solche Aufgabe die sprichwörtliche Suche nach der Nadel im Heuwagen. So brachte eine systematische Suche in verschiedenen belgischen Archiven nur unzureichende Ergebnisse. Es ist daher anzunehmen, dass Recherchen in anderen Archiven zu ähnlichen Resultaten führen würden. Sowohl in deutschen als auch in osteuropäischen Archiven ist kein Fonds bekannt, der Hinweise zu den Bemühungen um die Beteiligungen der ARBED im Ostblock geben könnte.

Neben den erwähnten Quellen wurden weitere Archivfonds und edierte Quellen herangezogen, um die Untersuchung zu komplettieren: So konnte das Beziehungsgeflecht der ARBED im Untersuchungsraum vor allem über die weitgehend nicht edierten Aktenfonds der F&G CARLSWERK AG zurückverfolgt werden, welche sich heute im Rheinisch-Westfälischen Wirtschaftsarchiv in Köln (RWWA) befinden.[60]

---

60 Neben den Beständen der Gesellschaft im heutigen RWWA Köln, existieren noch Aktenbestände im Sitz der heutigen der F&G ENERGIETECHNIK AG, welche nur mit Genehmigung der Geschäftsleitung eingesehen werden können. Da sie jedoch in Bezug auf die hier behandelte Fragestellung kaum von Bedeutung sind, wurde auf eine Einsicht verzichtet; siehe hierzu EYLL Klara van/DUDA Ulrike (Hg.), Deutsche Wirtschaft-Archive, 3 Bde, Stuttgart [3]1994, hier Bd. 3: Nachweis historischer Quellen in Unternehmen, Körperschaften des öffentlichen Rechts (Kammern) und Verbänden der Bundesrepublik Deutschland, S. 85 f.

Die vorliegende Arbeit beruht fast ausschließlich auf luxemburgischen und deutschen Quellen und eröffnet eine innere Sicht auf die Bemühungen um die ARBED-Interessen im Ostblock. Vor dem Hintergrund der hier aufgeworfenen Fragestellung gilt es, die aufgezeigten Diskrepanzen des Quellenmaterials bei der Bewertung der Ergebnisse zu berücksichtigen.

Die Konzentration auf die Akten einer einzigen Behörde bzw. seines Gesandtschaftsapparates ist für die Diplomatiegeschichte jedoch nicht neu. Sie ermöglicht einerseits eine tiefgreifende Analyse der inneren Funktionsweise und der Strategie dieses Apparates, vernachlässigt aber andererseits die Sicht von außen auf diese Abläufe. Hier liegen die Grenzen der Arbeit, wobei sie sich aber in eine Reihe ähnlicher Forschungsarbeiten einreiht, welche detailliert wirtschaftsdiplomatische und diplomatische Aspekte aus einer inneren Perspektive betrachten.[61] Durch die Berücksichtigung vor allem der Firmenakten der ARBED und der F&G-Gruppe kann die perspektivische Verengung auf einen einzigen Behördenapparat jedoch zum Teil durchbrochen werden.

Die Arbeit kann auch auf eine Reihe edierter schriftlicher Quellen zurückgreifen. Gerade die juristischen Rahmenbedingungen wurden über die internationale und nationale Verordnungen und Gesetze festgelegt. Entsprechende Texte finden sich in den jeweiligen staatlichen Amtsblättern.

Quelleneditionen belgischer, französischer und westdeutscher diplomatischer Dienste liefern leider kaum spezifische Informationen über die hier behandelte Problematik. Eine Ausnahme bilden die Dokumente zur Außenpolitik der Deutschen Demokratischen Republik.[62] Derartige Publikationen existieren nicht zur luxemburgischen Außenpolitik. Verwiesen werden kann jedoch auf eine Quellenedition der Berichte des luxemburgischen *Envoyé extraordinaire et ministre plénipoteniaire* im damaligen Untersuchungszeitraum in Brüssel und Paris, Robert Als, sowie eine Sammlung ausgewählter diplomatischer Texte, die im Rahmen der Feierlichkeiten zum 100jährigen Bestehens der luxemburgisch-russischen diplomatischen Beziehungen aus dem Jahr 1985 publiziert wurden.[63] Der Quellenband war dabei stark bemüht, lediglich Dokumente

---

61 So auch RUDOLPH, Wirtschaftsdiplomatie.

62 Ministerium für Auswärtige Angelegenheiten und Institut für Internationale Beziehungen (Hg.), Dokumente zur Außenpolitik der Deutschen Demokratischen Republik, Jahresbände 1949–1987, Berlin-Ost, 1954–1986 [im Folgenden zitiert als: Dokumente zur Außenpolitik der DDR].

63 ALS, Rapports; Grand-Duché de Luxembourg; Ministère des affaires étrangères/ Ministère des affaires culturelles/Archives de l'État/Union des Républiques socialistes soviétiques. Ministère des affaires étrangères/Direction centrale des archives

wiederzugeben, die einen positiven und freundschaftlichen Umgang beider Staaten belegten. Kritisierende Dokumente fanden dagegen keinen Eingang.

Der Fokus der Untersuchung auf einige Hauptakteure macht Ego-Dokumente gerade dieser Personen besonders interessant. Mit Einschränkungen werden Selbstaussagen in dem Briefaustausch der einzelnen Beteiligten deutlich. Sofern es sich hier allerdings um offizielle Behördenbriefe handelt, sind vermeintliche Selbstaussagen mit Vorsicht zu genießen. Von den Hauptakteuren dieser Studie fehlen Memoiren oder Tagebücher. Lediglich einige persönliche Anmerkungen Robert Als', während des Untersuchungszeitraums stellvertretender Minister Luxemburgs in Brüssel und Paris, liegen in edierter Form vor.[64] Ein im Nationalarchiv liegender Fonds der Papiere Joseph Bechs konnte aufgrund der während des Zeitraums der Untersuchung stattfindenden Umbauarbeiten der Archivräumlichkeiten und der Anlegung eines Inventars nicht eingesehen werden. Da die involvierten Akteure zwischenzeitlich alle verstorben sind, konnte auch nicht auf Interviews zurückgegriffen wurden.

Zahlen spielen in den eingesehenen Quellen einerseits eine sehr wichtige Rolle, andererseits ist ihre Aussagekraft zu relativieren. Über die Firmendokumente der ARBED und der F&G CARLSWERK AG lässt sich der Prozentsatz der Aktienbeteiligung der ARBED relativ leicht und präzise berechnen. Mit Blick auf die spätere Interpretation und Argumentation kommt diesem Prozentsatz eine besondere Rolle zu. Daneben finden sich in den Quellen häufig auch Informationen über den eigentlichen Wert der Aktienbeteiligungen. Allerdings ist es ohne langwierige Berechnungen geradezu unmöglich, den genauen Wert der Aktienbeteiligungen der ARBED im Untersuchungsraum zu berechnen. Die Aktienbeteiligungen werden in den Quellen in unterschiedlichen Währungen angegeben. Eine einheitliche Messgröße anhand einer Hilfskonstruktion ist nur sehr schwer zu erstellen: Die wesentlichen Währungen unterlagen im für diese Arbeit relevanten Zeitraum grundlegenden Veränderungen von der Inflation, über Austausch bis hin zum Verbot der Konvertibilität der Währungen. Dazu gesellt sich eine generelle Informationsarmut über den genauen Wert der Währungen in den jeweiligen osteuropäischen Ländern. Die Erstellung einer durchweg befriedigenden Messgröße erscheint kaum möglich.[65] Aus diesem Grund wird in der

---

auprès du Conseil des ministres (Hg.), URSS (Russie), pages de l'histoire: 1867–1984, Luxemburg 1985 [im Folgenden zitiert als: Luxembourg-URSS].

64 ALS Georges, Robert Als (1897–1991) au service de son pays. A la recherche du temps perdu, Luxemburg 2003 (= Mémoires 3).

65 Auch auf die von FISCH herausgearbeitete Messgröße des Reparationsdollars wurde bewusst verzichtet da es sich bei den gewonnenen Erkenntnisse lediglich um „grobe

folgenden Untersuchung die Höhe der Vermögenswerte immer direkt aus den Quellen angegeben. Auf Umrechnungen anhand einer Hilfskonstruktion wurde zugunsten quellengetreuer Angaben bewusst verzichtet.

Die vorliegende Studie bewegt sich geographisch und thematisch in festgelegten Grenzen. Den Untersuchungsraum bilden die mittel- und osteuropäischen Länder der Nachkriegszeit sowie die sowjetischen Besatzungszonen in Deutschland und Österreich. Die in dieser Arbeit synonym benutzten Begriffe Osteuropa und Ostblock beziehen sich auf diesen Untersuchungsraum. Unter strengen geographischen, politischen und historischen Gesichtspunkten ist diese Begrifflichkeit nicht immer exakt, wird aber hier allein aus pragmatischen Gründen als Gebrauchsbegriff zur Umschreibung des Untersuchungsraums benutzt.[66] Die Begriffe finden sich ebenfalls auf luxemburgischer Seite als Quellentermini zur Umschreibung des genannten Untersuchungsraums wieder. Die Quellenbegriffe und die in dieser Arbeit genutzte Begrifflichkeit decken sich demnach.

Obwohl die Wahrung der Konzerninteressen der ARBED in der Nachkriegszeit auch in anderen Ländern bzw. in den Westzonen Deutschlands und Österreichs erfolgte, werden diese hier nicht untersucht. Tatsächlich charakterisierten sich das Schicksal der ARBED-Beteiligungen, der legislative und politische Rahmen sowie die eigentliche Verteidigung durch einige spezifische Charakteristika, die eine gesonderte Untersuchung rechtfertigen. Der Vergleich der Interessenwahrung der ARBED im Ostblock mit jener in Westeuropa böte sich an, würde aber die Fragestellung dieser Untersuchung überschreiten.

Gleiches, wenn auch aus anderen Gründen, gilt für ökonomische Aspekte. Wirtschaftsaspekte können vernachlässigt werden, da die in dieser Arbeit aufgeworfenen Fragestellungen einzig aus einem politik- und diplomatiegeschichtlichen Ansatz behandelt werden.

Ein Charakteristikum der Bemühungen um die Wahrung der ARBED-Interessen in Osteuropa ist das Fehlen eines klaren Zeitpunktes, an dem die Bemühungen eingestellt wurden. Die Interessenwahrung des Konzerns endete je nach Land zu einem unterschiedlichen Zeitpunkt. Die Bemühungen wurden auf

---

Richtwerte" handeln könnte, siehe hierzu FISCH Jörg, Reparationen nach dem Zweiten Weltkrieg, München 1992, S. 317 f. [im Folgenden zitiert als: FISCH, Reparationen].

66 So war bspw. streng genommen Jugoslawien nie wirklich Teil eines sich konsolidierenden Ostblocks. Unmittelbar nach der allgemeinen Verfestigung des sowjetischen Einflusses in Osteuropa kam es zum Bruch zwischen Tito und Stalin. Unter geographischen Kriterien sind die sowjetischen Besatzungszonen in Deutschland und Österreich nicht Teil Osteuropas.

luxemburgischer Seite nie offiziell beendet, sondern nach und nach eingestellt. Der Großteil der Bemühungen endete gegen Ende der fünfziger Jahre.

Der Untersuchungszeitraum konzentriert sich demnach auf die unmittelbare Nachkriegszeit bis Ende der fünfziger Jahre und ist mit Hinblick auf die im Ostblock verortete Problematik vor dem Hintergrund des Kalten Krieges verortet. Sofern die Bemühungen weitergeführt wurden, sollen sie bis zu ihrem Abschluss Berücksichtigung finden.

V. Gang der Darstellung

Die Arbeit ist in fünf größere Kapitel unterteilt, welche sich mit den bereits erwähnten Fragestellungen beschäftigen und aufeinander aufbauen. Dabei sind sie nur lose chronologisch miteinander verknüpft.

Ein erstes Kapitel setzt zeitlich vor der eigentlichen Verteidigung der indirekten Aktienbeteiligungen der ARBED in Osteuropa an und beleuchtet die Vorgeschichte der Problematik. In den Fokus rücken dabei die beiden institutionellen Protagonisten, das MAEL und die Leitung der ARBED. Hier interessieren vor allem Struktur und Funktionsweise der beiden Akteure. Sie erlauben Rückschlüsse über die Entscheidungs- und Handlungsspielräume im Rahmen der Wahrung der indirekten ARBED-Beteiligungen im Osteuropa der Nachkriegszeit.

Um eventuelle Kontinuitäten oder Brüche der Kernaspekte der Struktur und Funktionsweise der beiden Protagonisten nachvollziehen und ihre Auswirkungen auf die Entscheidungs- und Handlungsspielräume ermessen zu können, sollen diese Aspekte über eine diachrone Analyse von der Zwischenkriegszeit bis unmittelbar nach Ende des Zweiten Weltkrieges beleuchtet werden. Die so gewonnenen Erkenntnisse bilden zudem Referenzergebnisse für die nachfolgende Untersuchung der Wahrung der ARBED-Beteiligungen im Untersuchungsraum.

Ein zweites Kapitel beschäftigt sich eingehend mit dem Los der Unternehmen, an denen die ARBED im Untersuchungsraum beteiligt war, in der Nachkriegszeit. Die Beteiligungen des luxemburgischen Konzerns wurden in erster Linie von alliierten Reparationsbestimmungen sowie nationalen Verstaatlichungsverordnungen getroffen. Diese gesetzlichen Entscheidungen sowie die darauf aufbauende Durchführung gilt es mit Blick auf die Behandlung indirekter alliierter Vermögenswerte zu untersuchen. Zudem sollen das eigentliche Schicksal der Unternehmen, an denen die ARBED beteiligt war, und die dabei angewandte Argumentation beleuchtet werden.

Das dritte Kapitel behandelt die eigentliche Wahrung der indirekten Beteiligungen der ARBED im sich konsolidierenden Ostblock. In Einzeluntersuchungen sollen die verschiedenen Maßnahmen und Bemühungen sowie die dafür zugrundeliegende Vorgehensweise auf einer Mikroebene für jedes Land bzw. Besatzungszone des Untersuchungsraumes einzeln untersucht werden. Über einen anschließenden komparativen Ansatz kann schließlich eine allgemeine Evaluierung der Wahrung für den gesamten Untersuchungsraum getätigt werden. In diesem Zusammenhang interessieren vor allem die zu den Bemühungen angeführten Begründungen sowie die Ergebnisse der Vorgehensweise.

Kapitel vier und fünf bauen auf den Beobachtungen des dritten Kapitels auf. Über einen diachronen sowie komparativen Ansatz sollen die Ergebnisse der empirischen Falluntersuchung abgestuft aber auch verallgemeinert werden. Dies erlaubt eine differenzierte Antwort auf die Kernfragen der vorliegenden Untersuchung.

So widmet sich das vierte Kapitel eingehend den wichtigsten institutionellen und individuellen Entscheidungs- und Handlungsträgern der Interessenwahrung der ARBED sowie ihrem Verhältnis untereinander.

Das abschließende fünfte Kapitel hingegen beschäftigt sich eingehend mit den Auswirkungen geopolitischer Entwicklungen auf die Interessenwahrung der ARBED sowie die Verortung der Problematik in einem nationalen wie internationalen Kontext.

I. Vorgeschichte

„Drop setzt den Dachs geléiert
De Bréll sech an d'Gesiicht.
Du fänkt en un ze liesen
D'politisch Iwwersiicht"
M. Rodange[67]

Einleitung zu Kapitel I

Ein erstes Kapitel widmet sich ausführlich der Struktur und Funktionsweise der beiden institutionellen Protagonisten der vorliegenden Studie, dem luxemburgischen diplomatischen Apparat und der Leitung der ARBED.

Mit diesem Ansatz wird es zudem möglich, Entscheidungs- und Handlungsspielräume zu umreißen und einzugrenzen. Dies erlaubt in einem späteren Schritt eine Bewertung der Aktivitäten der Beteiligten.

Da sich die Arbeit schwerpunktmäßig auch mit Kontinuitäten und Wandel und der damit verbundenen Bedeutung des Zweiten Weltkriegs und der unmittelbaren Nachkriegszeit als mögliche Zäsuren der beleuchteten Entwicklungen beschäftigt, werden über einen diachronen Forschungsansatz Funktionsweise und Struktur der beiden Protagonisten über einen längeren Zeitraum von der Zwischenkriegszeit bis in die unmittelbare Nachkriegszeit beleuchtet. Dabei soll der Frage nachgegangen werden, ob über den beleuchteten Zeitraum Verknüpfungen zwischen ARBED und MAEL bestanden. Die Erkenntnisse bilden die Voraussetzung einer Bewertung des Verhältnisses zwischen den beiden Hauptprotagonisten und erlauben eine Eingrenzung ihrer Entscheidungs- und Handlungsmöglichkeiten zum Zeitpunkt der Verteidigung der Konzernbeteiligungen.

Mit Blick auf die spätere eingehendere Untersuchung des Verhältnisses zwischen beiden Beteiligten können die hier gewonnenen Erkenntnisse als Referenz genutzt und die Ergebnisse zeitlich stärker verortet werden.

Während sich das erste Unterkapitel dem MAEL widmet, beschäftigt sich ein zweites Unterkapitel mit der ARBED. Die Untersuchung konzentriert sich dabei in erster Linie auf den vordefinierten Untersuchungsraum.

67 RODANGE Michel, Renert. De Fuuss am Frack an a Maansgréisst. Komplett Editioun mat historeschen a politeschen Explikatioune vum Romain Hilgert, Luxemburg 2008, Achten Gesank, V. 19–32.

I.1 Die Öffnung Luxemburgs

I.1.1 Die luxemburgische Außenpolitik in den 40er Jahren: Von der Neutralität zur Integration

In den vierziger Jahren vollzog die luxemburgische Außenpolitik grundlegende Veränderungen, deren Hauptcharakteristika zum Teil bis zum heutigen Tag fortbestehen. Die Evolution der außenpolitischen Ausrichtung ging mit der Aufgabe des internationalen Neutralitätsstatuts des Großherzogtums Luxemburg einher. An diesem dem Land 1867 im Rahmen der Londoner Konferenz von den europäischen Großmächten aufgezwungenem Statut hielt die luxemburgische Regierung in den darauffolgenden Jahrzehnten beharrlich fest:[68] Die Neutralität wurde zu einem zentralen Bestandteil des ersten Artikels der luxemburgischen Verfassung von 1868[69] und zugleich zum „Eckpfeiler“ der anschließenden luxemburgischen Außenpolitik.[70] Das strikte Festhalten am Neutralitätsstatut wurde geradezu Leitlinie der luxemburgischen Außenpolitik. Die Wahrung der Neutralität und die Befolgung der von außen auferlegten Neutralitätsbestimmungen wurden als Garant der Unabhängigkeit des Großherzogtums angesehen.[71] Diese stand jedoch auf wackligen Füßen und wurde unter anderem durch den deutsch-französischen Krieg von 1870/71 und den Ersten Weltkrieg bedroht. Im französisch-deutschen Gegensatz drohte das kleine Großherzogtum unterzugehen.[72]

---

68 Zur Luxemburg-Krise und der Londoner Konferenz von 1867 gibt es eine Vielzahl an Untersuchungen und Einzelstudien. Daher hier nur exemplarisch Calmes Christian, 1867 – L'affaire du Luxembourg, Luxemburg 1967.

69 *„1. Das Großherzogtum Luxemburg ist ein unabhängiger, unteilbarer und unveränderlicher und auf ewig neutraler Staat“*, Gesetz vom 17. Oktober 1868, wodurch die Verfassung vom 27. November 1856 revidiert wird, in: Mémorial du Grand-Duché du Luxembourg 25 (22. Oktober 1868), S. 220–242, hier S. 220.

70 Haag Emile/Krier Emile, La grande-duchesse et son gouvernement pendant la Deuxième Guerre mondiale. 1940 l'année du dilemme, Luxemburg 1987, S. 19 [im Folgenden zitiert als: Haag/Krier, Grande-Duchesse], die von einer *„pierre angulaire de la politique extérieure du Grand-Duché“* sprechen.

71 Trausch, Ministry, S. 348 f.

72 Zur gefährdeten luxemburgischen Unabhängigkeit während des Deutsch-Französischen Krieges siehe Collart Auguste, Der Krieg von 1870/71 und Luxemburg, Luxemburg 1939. Zur Gefährdung der Unabhängigkeit des Landes während des Ersten Weltkrieges vgl. Trausch Gilbert, Histoire du Luxembourg. Paris 1992 (= Collection Nations d'Europe, unter der Leitung von Serge Berstein und Pierre Milza), S. 112 [im Folgenden zitiert als: Trausch, Histoire]; O. A., Chronologie der

Gerade die Erlebnisse des Ersten Weltkrieges führten der luxemburgischen Regierung vor Augen, dass die Gefahr des Verlustes der Unabhängigkeit von verschiedenen Seiten drohen konnte: Zum einen war das Land von deutschen Truppen besetzt. Zum anderen aber verbreiteten sich in der unmittelbaren Nachkriegszeit in französischen und belgischen Regierungskreisen Annexionsabsichten. Nach Ansicht der Befürworter hatten die luxemburgische Regierung und der großherzogliche Hof nicht eindeutig genug Stellung gegen die deutschen Besatzer bezogen.

Die Krise konnte letztlich überwunden werden. Luxemburg wurde gar nach mehreren Anläufen Mitglied des Völkerbundes, der ersten Weltorganisation, die sich die Friedenssicherung und die Verhinderung eines weiteren weltweiten Konfliktes als oberstes Ziel gesetzt hatte.[73] Die im Völkerbund geforderten militärischen Pflichten waren nicht konform mit den Neutralitätsbestimmungen des Londoner Vertrags. Trotz eines Streites unter Juristen und verschiedener Ansichten ausländischer Regierungen konnte das Großherzogtum Luxemburg, auch unter luxemburgischer Zusage einer Verfassungsänderung, dem Völkerbund

---

Neutralität., in: Forum für Politik, Gesellschaft und Kultur in Luxemburg 257 (Juni 2006), S. 20; JUNOD Marcel, Die Neutralität des Großherzogtums Luxemburg von 1867 bis 1948, Luxemburg 1951 (= Publications de la Section historique de l'Institut grand-ducal 72), S. 54 [im Folgenden zitiert als: JUNOD, Neutralität]. Zu den Krisenjahren 1914–1921, vor allem den Jahren 1918–1919 sowie den französischen und belgischen Annexionsabsichten in dieser Zeit existieren zahlreiche Untersuchungen; vgl. in chronologischer Reihenfolge: MARKS Sally, The Luxembourg Question at the Paris Peace Conference and After, in: Revue belge d'histoire contemporaine 2,1 (1970), S. 1–20; CALMES Christian, Le Luxembourg au centre de l'annexionnisme belge, Luxemburg 1976 (= Histoire contemporaine du Grand-Duché de Luxembourg 10); DERS., 1919, l'étrange référendum du 28 septembre, Luxemburg 1979 (= Histoire contemporaine du Grand-Duché de Luxembourg 11); SOUTOU Georges-Henri, Le Luxembourg et la France en 1919, in: Hémecht, Zeitschrift für Luxemburger Geschichte 39/4 (1987), S. 485–512; TRAUSCH Gilbert, Le Luxembourg entre la France et la Belgique (1914–1922), in: Hémecht, Zeitschrift für Luxemburger Geschichte 27/1, (1975), S. 7–32; DERS., Le poids de la Lorraine dans la question du Luxembourg: le référendum du 18 septembre 1919, in: Les Cahiers Lorrains, Erstes Trimester (1983), S. 85–106; DERS., Le temps de toutes les incertitudes et de tous les malentendus (1918–1919), in: TRAUSCH Gilbert (Hg.), Belgique-Luxembourg: Les relations belgo-luxembourgeoises et la Banque Générale de Luxembourg 1914–1994, Luxemburg 1995, S. 59–81.

73 Siehe die entsprechenden Akten in: ANLux, AE-LBR-6, Société des Nations – Représentation du gouvernement luxembourgeois à la 1ère session de la SdN à Genève (1920).

beitreten.[74] Diese Verfassungsänderung sollte aber auf luxemburgischer Seite nie erfolgen. Die dreißiger Jahre verdeutlichen das außenpolitische Dilemma, in der sich der luxemburgische Staat befand: Zum einen suchte man weiterhin den internationalen Statut der Neutralität zu wahren und auf die strikte Einhaltung des Londoner Vertrages von 1867 zu pochen, zum anderen hoffte man aber auch die Mitgliedschaft im Völkerbund als Garantie der Unabhängigkeit zu nutzen. Dieser politische Spagat sollte alsbald an seine Grenzen stoßen.[75]

Der Völkerbund war letztendlich nicht in der Lage internationale Konflikte zu unterbinden, und angesichts der Militarisierung der europäischen Staaten, Ende der dreißiger Jahre, wurde Luxemburg, trotz einzelner Zusagen zur Garantie der Unabhängigkeit durch die Nachbarstaaten, immer stärker isoliert.

Die Erfahrung der unmittelbaren Nachkriegszeit nach Ende des Ersten Weltkriegs sowie die erneute Drohung einer deutschen Besetzung des Landes kurz vor Ausbruch des Zweiten Weltkriegs ließen die luxemburgische Regierung nach Alternativen des Neutralitätskurses suchen. Mit Beginn des Zweiten Weltkrieges sollten sich die Ereignisse allerdings überschlagen. Das Großherzogtum Luxemburg wurde bereits im Mai 1940 als eines der ersten Länder Westeuropas von der Deutschen Wehrmacht besetzt. Der großherzogliche Hof trat diesmal sofort den Weg ins Exil an. Anders als noch im Ersten Weltkrieg wollte man jeglichem Verdacht einer Zusammenarbeit mit dem Deutschen Reich vorbeugen. Der großherzoglichen Familie folgte auch das Gros der luxemburgischen Regierungsmitglieder. Sie ließen sich schließlich in London und im kanadischen Montreal nieder, in Ländern, die offiziell im Krieg mit dem Deutschen Reich standen. Jegliche Zusammenarbeit mit den Besatzern wurde von den geflohenen

---

74 Siehe dazu auch die offizielle Note Luxemburgs an den Völkerbund vom 28. April 1923, in: Journal officiel de la Société des Nations (1923), S. 722. Zur Frage der Zulassung Luxemburgs zum Völkerbund und seiner Stellung ausführlich JUNOD, Neutralität, S. 59–77; vgl auch BLOCK John Adolf, Luxemburg im Völkerbund: Die mit dem Beitritt des Staates Luxemburg zum Völkerbund entstandenen staats- u. völkerrechtl. Probleme, Dissertation, Frankfurt 1936; SCHWEITZER Michael, Dauernde Neutralität und europäische Integration Wien/New York 1977 (= Forschungen aus Staat und Recht 40), S. 68 f.; WEHRER Albert, Le statut international du Luxembourg et la Société des Nations, in: Revue Générale de Droit International Public 31 (1924), S. 169–202 hier vor allem S. 177–202 [im Folgenden zitiert als: WEHRER Statut]. Allgemeiner, mit Blick auf die Gesamtentwicklung der luxemburgischen Neutralität HAAG/KRIER, Grande-Duchesse, S 25; KAYSER, Engagement, S. 178; TRAUSCH, Histoire, S. 134.

75 Vgl. HAAG/KRIER, Grande-Duchesse, S. 25.; KAYSER, Engagement, S. 178 f. und TRAUSCH, Histoire, S. 134.

Regierungsmitgliedern und der großherzoglichen Familie abgelehnt. Es sollte einige Wochen dauern, bis die Absichten der Besatzer offensichtlich wurden: So sollte nach deutscher Auffassung Luxemburg vollständig „eingedeutscht" und an das Deutsche Reich angeschlossen werden. *Gauleiter* Gustav Simon[76], Chef der Zivilverwaltung in Luxemburg, wurde damit beauftragt, die bestehenden staatlichen Strukturen des Landes abzubauen und die „Germanisierung" voranzutreiben.[77] Im Verlauf der folgenden Monate wurde das Land immer stärker an das Reich gebunden. Zu Jahresbeginn 1941 war das Land *de facto* annektiert. Der Schritt einer formellen Annexion wurde jedoch nie vollzogen.[78]

Im Exil erweiterten sich die diplomatischen Bemühungen der luxemburgischen Regierung. Während des Krieges war London Sitz vieler europäischer Exilregierungen. Hier standen die luxemburgischen Exilpolitiker in ständigem Kontakt mit anderen Regierungen, die vor dem Vormarsch der deutschen Truppen geflohen waren. Auf luxemburgischer Seite wurden vor allem zwei Ziele verfolgt: Die Wahrung der Unabhängigkeit des Landes sowie die Teilnahme Luxemburgs an der Nachkriegsorganisation. Beide Ziele waren eng mit der Frage der zukünftigen Rolle der sogenannten kleinen europäischen Staaten verbunden. Gerade die Beteiligung Luxemburgs an der europäischen Nachkriegsorganisation kann als Ausdruck einer radikalen Umkehr der luxemburgischen Außenpolitik gedeutet

---

76 Simon, Gustav (*1900 in Malstatt-Burbach (heute Saarbrücken); † 1945 in Paderborn); aktives Mitglied in der Nationalsozialistischen Deutschen Arbeiterpartei (NSDAP) seit 1928; schneller Aufstieg innerhalb der NSDAP; 1928 Bezirksleiter der NSDAP des Kreises Koblenz-Trier; zwei Jahre später Abgeordneter dieses Kreises im Reichstag; 1931 von Hitler zum *Gauleiter* des neuen Gaus Koblenz-Trier befördert. Nach der Besetzung Luxemburgs wurden die Kompetenzen Simons auch auf das Territorium des Großherzogtums ausgedehnt. Zu Simon vgl. Hüttenberger Peter, Die Gauleiter. Studie zum Wandel des Machtgefüges in der NSDAP, Stuttgart 1967 (= Schriftenreihe der Vierteljahreshefte für Zeitgeschichte 19), S. 218; Klauck Hans Peter, Gustav Simon, der Satrap aus Saarbrücken. Gauleiter des Mosellandes, in: Saarbrücker Hefte 95 (2006).

77 Zur sogenannten deutschen Volkstumspolitik in Luxemburg, siehe vor allem die Studien von Emile Krier: Deutsche Kultur- und Volkstumspolitik von 1933–1940 in Luxemburg, Dissertation, Bonn 1978; Ders., Die deutsche Volkstumspolitik in Luxemburg und ihre sozialen Folgen, in: Długoborski Wacław (Hg.), Zweiter Weltkrieg und sozialer Wandel: Achsenmächte und besetzte Länder, Göttingen 1981 (= Kritische Studien zur Geschichtswissenschaft 47), S. 224–241; vgl. auch Dostert Paul, Luxemburg zwischen Selbstbehauptung und nationaler Selbstaufgabe. Die deutsche Besatzungspolitik und die Volksdeutsche Bewegung 1940–1945, Luxemburg 1985, S. 152–167 [im Folgenden zitiert als: Dostert, Luxemburg].

78 Trausch, Histoire, S. 163–166.

werden: Die luxemburgische Exilregierung, unter anderem der Leiter der Auswärtigen Angelegenheiten, Joseph Bech[79], setzte alles daran, dass das Existenzrecht Luxemburgs anerkannt und das Großherzogtum in die Reihe der Alliierten aufgenommen wurde. Gerade letzter Punkt bedeutete den offenen und endgültigen Bruch mit der bisherigen Neutralitätspolitik. Dessen war man sich in luxemburgischen Regierungskreisen durchaus bewusst.[80] Man wollte damit zudem die Gefahr der Annexion des Landes durch eine alliierte Macht, wie sie im Anschluss des Ersten Weltkriegs gedroht hatte, vermeiden. Zwar vergrößerte sich der Handlungsspielraum der luxemburgischen Außenpolitik im Kreise der Alliierten zunehmend, doch mussten die luxemburgischen Behörden aufgrund der geringen politischen Bedeutung und geographischen Ausdehnung des Landes wiederholt bei der britischen und amerikanischen Regierung intervenieren, um Luxemburg in die alliierten Kriegspläne einzubeziehen. Dies sollte sich als eine kontinuierliche Aufgabe erweisen. So wurde zur großen Enttäuschung Staatsministers Pierre Dupong[81] bspw. das Großherzogtum in vielen offiziellen Ansprachen alliierter

---

79 Zu Joseph Bech siehe ausführlich oben, S. 66–72 sowie S. 325–337.

80 So schrieb Bech etwa in einem Brief vom 3. Februar 1941 an den luxemburgischen Konsul in Vichy: „*Quelle sera cette Europe? […] personne ne le sait encore. Une chose est certaine, c'est que des pays neutres dans le sens où nous l'étions, n'y auront pas de place; notre pays y devra assumer des devoirs en compensation des avantages dont il jouira. La neutralité est morte, bien morte. Il est intéressant de suivre les discussions dans la presse, dans les revues et dans les milieux diplomatiques sur le nouvel ordre politique et social d'après-guerre. A côté de beaucoup d'idées vagues, deux certitudes: Cet ordre ne sera ni celui que nous laissons sans trop de regrets derrière nous, ni celui que Hitler voudra imposer au monde; Quoi qu'il en soit, j'y vois la possibilité pour notre pays de remplir une mission utile.*“, ANLux, Section historique de l'Institut grand-ducal, fonds J. Bech, Bech an Funck, 3. Februar 1941, abgedruckt in: HEISBOURG Georges, Le gouvernement luxembourgeois en exil, Luxemburg 1986–1991, 4 Bde., hier Bd. 2, S. 143 [im Folgenden zitiert als: Heisbourg, Gouvernement 1–4].

81 Dupong, Pierre (*11. Januar 1885 in Heisdorf; † 23. Dezember 1953 in Luxemburg-Stadt); Studium der Rechtswissenschaften und ab 1911 als Anwalt tätig; 1914 Mitbegründer der Rechtspartei (Partie de la droite), dem Vorläufer der Christlich-Sozialen Volksparte (CSV); 1915 Wahl zum Abgeordneten; 1926 Minister für Finanzen, soziale Wohlfahrt und Arbeit; 1937 nach dem Rücktritt Bechs, Staatsminister, Regierungschef und Finanzminister bis zu seinem Tod; daneben weitere Ministerämter: Armeeminister jeweils zwischen 1937–1947 und 1948–1951, 1947–1951 Minister für Arbeit, soziale Wohlfahrt und Minen, 1947–1948 Minister für Sozialversicherungen und der politischen Säuberung; 1951–1953 Minister für Landwirtschaft und für Kriegsschäden. Zu Dupong vgl. HAAG Emile, Emile Reuter *1874 †1973 et Pierre Dupong *1885 †1953: deux personnalités politiques hors pairs, in:

Vertreter nicht erwähnt.[82] Dennoch zeigten die Bemühungen der luxemburgischen Seite bei den Verbündeten Wirkung.[83]

In den Kriegsjahren konnte die luxemburgische Führung vor allem auch durch die Annäherung an Belgien und die Niederlande ihren diplomatischen Aktionsradius erweitern. Hierfür bestanden günstige Vorbedingungen: Seit 1921 war Luxemburg mit Belgien in einer Wirtschaftsunion (*Union économique belgo-luxembourgeoise*, UEBL) vereint. Luxemburg verband mit Belgien und den Niederlanden eine lange diplomatische Tradition.[84] Die Beratungen der Außenminister Luxemburgs, Belgiens und der Niederlande führten 1943 zu einem Abkommen über eine Währungsunion, und im September 1944 wurde eine gemeinsame Zollunion beschlossen.

Die Exilregierungen der drei Staaten nutzten zudem die enge Zusammenarbeit, um während des Krieges und in der Nachkriegszeit einige gemeinsame Positionen in internationalen Fragen zu formulieren und sich bei den Großmächten Gehör zu verschaffen.[85] Vertreter aller drei Staaten einigte der Wunsch einer Abkehr von

---

DERS. (Hg.), Une réussite originale. Le Luxembourg au fil des siècles, Luxemburg 2011, S. 352–361 [im Folgenden zitiert als: HAAG, Emile Reuter]; GREGOIRE Pierre, Vie et Carrière de Pierre Dupong, Ministre d'Etat, Luxemburg 1985; Dupong, Pierre, in: Munzinger Online, Personen – Internationales Biographisches Archiv, URL: http://www.munzinger.de/document/00000004162 (Stand: 3. November 2013); THEWES Guy, Les gouvernements du Grand-Duché de Luxembourg depuis 1848, Luxemburg 2006, S. 93 und 95–99, 105 und 109 [im Folgenden zitiert als: THEWES, Gouvernements].

82 So schreibt etwa Bech am 8. Dezember 1940 an Pierre Dupong in Montréal: „*Votre déception de voir le nom de notre pays oublié dans les discours officiels se répétera encore probablement plus qu'une fois. Comment veux-tu qu'il en soit autrement?*", HEISBOURG, Gouvernement 2, S. 74.

83 So bemerkte das *Foreign office* im April 1941: „*Le ministre des Affaires étrangères du Grand-Duché de Luxembourg est extrêmement sensible à tout ce qui pourrait être interprété comme mettant en question la position de son pays en tant qu'Etat allié [...]*", Public Record Office FO 371/26344, Notiz von A. F. Aveling an A. Eden, 17. April 1941, abgedruckt in: GROSBOIS, Idées 2, S. 333.

84 Siehe hierzu ausführlich weiter unten, S. 52 f.

85 So waren bspw. bei den Verhandlungen im Rahmen des Marshallplans die Vertreter der Benelux-Staaten durch eine einzige gemeinsame Delegation vertreten. Zudem wurde im November 1947 auf der Konferenz von London ein gemeinsames Memorandum zur Deutschland-Frage vorgelegt. Siehe dazu GROSBOIS Thierry, Les négociations de Londres pour une Union Douanière Benelux (1941–1944), in: POSTMA A. u. a. (Hg.), Regards sur le Benelux. 50 ans de coopérations, Brüssel 1994, S. 39–68, hier S. 62; KERSTEN Albert E., Les aspects politiques de la

der Neutralitätspolitik der Vorkriegszeit hin zu einer internationalen Kooperation. Zudem forderte man die Beteiligung an der Nachkriegsorganisation Deutschlands, um einer wirtschaftlichen Isolation zu entgehen.[86]

Das Großherzogtum nahm aktiv an allen Gesprächsrunden und Konferenzen im Vorfeld der Gründung der Vereinten Nationen teil.[87] So gehörte es im September 1941 zu den Unterzeichnern der Atlantikcharta und im Januar 1942 unterzeichnete es die Deklaration der Vereinten Nationen. Garanten der luxemburgischen Unabhängigkeit waren nun nicht mehr die Neutralität und die fünf europäischen Großmächte, sondern die internationale Kooperation.

Als Nachfolgeorganisation des Völkerbunds sahen die Vereinten Nationen auch eine militärische Beteiligung seiner Mitglieder vor. Ähnlich wie bereits bei der Mitgliedschaft Luxemburgs im Völkerbund waren diese Bedingungen nicht mit der in der Verfassung verankerten Neutralität des Landes zu vereinbaren. Doch existierte diese Verfassung 1942 nur mehr auf dem Papier.[88]

Die Atlantik-Charta und die konkretere Deklaration der Vereinten Nationen verpflichteten ihre Unterzeichner zu größtmöglichen militärischen Anstrengungen gegen die Achsenmächte. Wie bereits den Londoner Vertrag von 1867 nahm man auf luxemburgischer Seite diese Vertragsverpflichtungen sehr ernst: So stellte die Exilregierung in London eine militärische Einheit aus freiwilligen Exilluxemburgern zusammen, die sogenannte *Luxembourg Battery*, die innerhalb der belgischen *Brigade Piron* aktiv an den Kampfhandlungen

---

coopération Benelux: L'interaction entre la construction interne et les rapports de force internationaux 1944–1958, in: Postma A. u. a. (Hg.), Regards sur le Benelux. 50 ans de coopération, Brüssel 1994, S. 79–90, hier S. 81 f. [im Folgenden zitiert als: Kersten, Aspects]. Allgemein zur belgisch-luxemburgischen Annäherung während des Zweiten Weltkrieges vgl. Grosbois Thierry, Les relations belgo-luxembourgeoises au XXe siècle, in: Transilvania (Sibiu) 8–9 (2007), S. 109–110; Willequet Jacques, Le resserrement des liens belgo-luxembourgeois: 1940–1945, in: Poidevin Raymond/Trausch Gilbert (Hg.), Les Relations franco-luxembourgeoises de Louis XIV à Robert Schuman. Actes du colloque de Luxembourg, 17–19 novembre 1977, Metz 1978 (= Publications du Centre de recherches relations internationales de l'Université de Metz 11), S. 259–266.

86 Kersten, Aspects, S. 83.

87 Kayser, Engagement, S. 182.

88 Ebd., S. 183. Zur Inkompatibilität des Neutralitätsstatuts mit der Charta der Vereinten Nationen siehe Schaus Lambert, Les fondements du statut international du Luxembourg 1944–1957, in: Le Conseil d'Etat du Grand-Duché de Luxembourg. Livre jubilaire publié à l'occasion du centième anniversaire de sa création, 27 novembre 1856–27 novembre 1956, Luxemburg 1957, S. 241–298, hier S. 244.

teilnahm.[89] Durch den Erlass vom 20. November 1944 wurde zwei Monate nach der Befreiung Luxemburgs die allgemeine Wehrpflicht im Großherzogtum eingeführt. Die *Luxembourg Battery* stellte einen wichtigen symbolischen Beitrag Luxemburgs an den militärischen Anstrengungen der Alliierten dar. Hier wurde die diplomatisch postulierte Leitlinie der luxemburgischen Partizipation auf Seiten der Alliierten auch auf militärischem Gebiet in die Tat umgesetzt. Luxemburg war endgültig fester Bestandteil des Bündnisses gegen Deutschland geworden.

Diese radikale Kehrtwende in der Außenpolitik Luxemburgs wurde auch nach Beendigung des Krieges weiterverfolgt. Das Neutralitätsstatut, das das Großherzogtum zweimal nicht hatte vor einer ausländischen Besetzung bewahren können, wurde zugunsten einer breiten internationalen Zusammenarbeit aufgegeben. Im Juni 1945 wurde die Charta der Vereinten Nationen ratifiziert. Sie trat bereits am 10. August in Kraft. Da die Neutralität weiterhin in der luxemburgischen Verfassung verankert war, wurde eine Verfassungsänderung unabdingbar. In den Parlamentsdebatten verwiesen die Gegner des neuen internationalen Kurses vor allem auf die wachsenden Kosten der neuen Außenpolitik, die einen Ausbau des diplomatischen Apparates, einen obligatorischen Militärdienst sowie die Teilnahme an der Besetzung Deutschlands bedingten. Doch behielten die Befürworter die Oberhand.[90]

---

89 Die Einführung der Wehrpflicht in Luxemburg durch die deutsche Besatzung führte zu einer Fluchtwelle junger Luxemburger nach Grossbritannien. Viele unter ihnen meldeten sich freiwillig, um in den Rängen der Alliierten kämpfen zu können. Mittels dieser Freiwilligen und jenen Luxemburgern, die bereits in der französischen Fremdenlegion dienten, war es der luxemburgischen Regierung möglich, eine luxemburgische Armeeeinheit, die sogenannte *Luxembourg Battery* zu bilden, die in die Erste belgische Brigade integriert und der britischen Armee unterstellt war. Die Brigade, auch noch *Brigade Piron* genannt, beteiligte sich aktiv an der Befreiung Belgiens und der Niederlande. Von einer entscheidenden Rolle für die Gründung der luxemburgischen Einheit war auch der Eintritt des Prinzen Felix und des Erbgrossherzogs Jean in die britische Armee, letzterer gar in die Spezialeinheit der *Irish Guards* gewesen. Zur luxemburgischen Beteiligung an Kriegshandlungen im Zweiten Weltkriegs vgl. u. a. REUTER Raymond/CALMES Christian, Jean, Grossherzog von Luxemburg, Luxemburg 1986, S. 39; DOLLAR Jacques/KAYSER Robert, Histoire de la „Luxembourg battery", Luxemburg 1982.

90 Vgl. unter anderem einzelne Auszüge der Parlamentsdebatten in der Abgeordnetenkammer zur jeweiligen Abstimmung des Staatshaushalts für das darauffolgende Jahr zwischen 1945 und 1948: Projet concernant le Budget des recettes et des dépenses de l'Etat pour l'exercice 1946, in: CR, 19. Sitzung (4. April 1946), Sp. 503–539; Projet

Im April 1948 wurde die Festlegung auf das Prinzip der Neutralität aus der Verfassung gestrichen. Der abgeänderte erste Artikel der Verfassung lautete nunmehr: *„Das Großherzogtum Luxemburg ist ein freier, unabhängiger und unteilbarer Staat."*[91]

Neben den Vereinten Nationen trat Luxemburg in der Nachkriegszeit weiteren internationalen Organisationen und Allianzen bei, welche eine breitere militärische, politische und wirtschaftliche Kooperation zum Ziel hatten. Die diesbezüglichen Verhandlungen waren oft noch in der Kriegszeit begonnen worden. Hier profitierte Luxemburg vom Einsatz der luxemburgischen Diplomatie in London.

Nach luxemburgischer Auffassung konnten die Vereinten Nationen alleine die Sicherheit des Landes nicht garantieren. Allen Beteiligten stand noch das Scheitern des Völkerbunds vor Augen. Da es inzwischen über eine eigene Armee verfügte, konnte das Großherzogtum nun auch militärische Allianzen eingehen, die die Sicherheit und Unabhängigkeit des Landes garantieren sollten. Dieses Bedürfnis bildete sich angesichts der Angst vor einem erneuten deutschen Angriff aber auch verstärkt vor dem Hintergrund der wachsenden internationalen Spannungen zwischen den beiden Supermächten USA und Sowjetunion heraus. Die Vorstellung eines neuen globalen Konflikts war den luxemburgischen Behörden durchaus bewusst. 1948 trat man daher dem Brüsseler Pakt und im April 1949 der *North Atlantic Treaty Organization* (NATO) bei. Damit war der militärische Anschluss an die Westmächte abgeschlossen. Beide Militärbündnisse waren auch gegen eine mögliche sowjetische Bedrohung gerichtet. Luxemburg reihte sich nahtlos ein in die Riege westeuropäischer Staaten, die über regionale Bündnisse eine Garantie des Friedens sahen.[92]

---

concernant le Budget des recettes et des dépenses de l'Etat pour l'exercice 1947, in: CR, 24. Sitzung (30. April 1947), Sp. 781–835; Projet concernant le Budget des recettes et des dépenses de l'Etat pour l'exercice 1948, in: CR, 15. Sitzung (11. Februar 1948), Sp. 85–419.

91 *„Le Grand-Duché de Luxembourg forme un Etat libre, indépendant et indivisible."*, Révision de la Constitution, in: Mémorial du Grand-Duché de Luxembourg A/28 (28. April 1948), S. 649.

92 So war dann auch der hastige Abschluss des Brüsseler Paktes als direkte Reaktion auf den Februarumsturz in der Tschechoslowakei zu verstehen, der zur Wandlung der demokratisch gebildeten Regierung des Landes durch die Kommunistische Partei mit Hilfeleistung der Sowjetunion geführt hatte. Ausführlich zum Februarumsturz: FETJÖ François, Le coup de Prague: 1948, Paris 1976. Siehe hierzu auch die Rede des Außenministers Schaus vom 6. November 1961 angesichts eines Empfangs des belgo-luxemburgischen Freundeskreises in Brüssel, 12 S., hier S. 10, in: ANLux,

Durch den NATO-Beitritt erweiterte sich die außenpolitische Orientierung um den transatlantischen Raum.[93]

Die Teilhabe an militärischen Bündnissen blieb nicht die einzige internationale militärische Handlung Luxemburgs: So beteiligte sich die luxemburgische Armee auch an der Besetzung Nachkriegsdeutschlands. Dank wiederholter Interventionen von Seiten der luxemburgischen Regierung bei den französischen Behörden gelang es Luxemburg schließlich, einen eigenen Sektor in der französischen Besatzungszone Deutschlands zu erhalten. Luxemburgische Bataillone wurden daraufhin in Bitburg und Perl stationiert.[94]

Neben der Kooperation auf militärischer Ebene wurde auch eine engere Zusammenarbeit im Bereich der Wirtschaft gesucht. Die wirtschaftlichen Rahmenbedingungen Luxemburgs waren auch nach dem Zweiten Weltkrieg unverändert: Nach wie vor benötigte die Wirtschaft des Großherzogtums internationale Absatzmöglichkeiten und blieb umgekehrt in hohem Maße auf Importgüter angewiesen. Unmittelbar nach der Befreiung Belgiens und Luxemburgs wurde die im Krieg zwangsweise aufgelöste UEBL wieder eingerichtet. Die 1944 beschlossene Benelux-Union trat erst 1948 in Kraft. Die erfolgreiche politische Zusammenarbeit der späteren Benelux-Staaten in internationalen Angelegenheiten, wie dem

---

AE-AMO-OO3: „*Le Luxembourg, devant la menace qui se précisa d'une facon de plus en plus angoissante à l'Est, se joignit au Pacte de Bruxelles et, peu de temps après, il devint l'un des signataires du traité de l'Atlantique Nord qui reste, jusqu'à ce jour, la base de notre défense commune.*"

93 Kayser, Engagement, S. 184; vgl auch Wurth Hubert: La politique étrangère du Luxembourg, in: Boniface Pascal (Hg.), Les fondements des politiques étrangères des pays européens, Paris 2006 (= La revue internationale et stratégique 61 (Spezialnummer)), S. 217–225, hier S. 219: „*Les Etats-Unis avaient été depuis le milieu du XIXe siècle la destination de dizaines de milliers de Luxembourgeois en quête d'une vie convenable. Les voilà qui nous libérèrent à deux reprises de l'occupation ou de l'oppression. Leur implication dans tout le système de relations internationales est depuis lors un must aux yeux de mes compatriotes, une condition sine qua non, que ce soit à l'Organisation des Nations unies (ONU), à l'Organisation du traité de l'Atlantique Nord (OTAN) ou dans bien d'autres enceintes.*"

94 Bereits 1947, im Zuge des wirtschaftlichen Anschlusses der Saar an Frankreich, musste die Armee Perl räumen. Der Sektor in Bitburg blieb jedoch bis 1955 besetzt. Zu den luxemburgischen Sektoren im Nachkriegsdeutschland vgl. Brouwer, Sillage, S. 77 f.; Poidevin Raymond, Les relations franco-luxembourgeoises, 1945–1954, in: Ders./Trausch Gilbert (Hg.), Les Relations franco-luxembourgeoises de Louis XIV à Robert Schuman. Actes du colloque de Luxembourg, 17–19 novembre 1977, Metz 1978 (= Publications du Centre de recherches relations internationales de l'Université de Metz 11), S. 267–277, hier S. 268 f.

Marshall-Plan, dem Brüsseler-Pakt, der Deutschland-Frage oder der europäischen Integration, wurde zum Modell für die Bildung der Montanunion und der Europäischen Wirtschaftsgemeinschaft (EWG).[95]

Die Teilnahme Luxemburgs an zahlreichen internationalen Abkommen, Bündnissen und Organisationen wurde zum augenscheinlichen Ausdruck der neuen luxemburgischen Außenpolitik und verdeutlicht ihren gewachsenen Handlungsspielraum. Hinter den Kulissen mussten die luxemburgischen Vertreter aber häufig um eine gleichberechtigte Behandlung kämpfen. Dies wurde vor allem in der Frage der eigenständigen Unterzeichnung einzelner internationaler Abkommen durch die luxemburgische Regierung deutlich. So musste das MAEL mehrmals bei den belgischen Behörden intervenieren, um die Verträge von Bretton Woods (1944) eigenständig unterzeichnen zu können. Von belgischer Seite wollte man in einem ersten Schritt die Verträge nur im Namen der UEBL unterzeichnen.[96] Bereits zu Kriegszeiten hatte sich das gleiche Problem im Rahmen der Beschlüsse über die Benelux-Organisation gestellt. Auch hier konnte man von luxemburgischer Seite schließlich die eigenständige Unterzeichnung erreichen.[97]

Die Emanzipation der luxemburgischen Diplomatie in der Nachkriegszeit wird vor allem im Rahmen der luxemburgischen Vertretung innerhalb der Benelux-Organisation deutlich: Bis 1949 war Luxemburg hier nur durch die UEBL und ohne eigene Delegation vertreten. Dies sollte sich ändern: Luxemburg wurde individuelle Vertragspartei.[98]

Der Zweite Weltkrieg kann als maßgeblicher Katalysator eines Wechsels des internationalen Statuts und der luxemburgischen Außenpolitik bezeichnet werden. Indem sich die luxemburgische Regierung dazu entschloss sich ins Exil zu begeben und sich an den alliierten Kriegsbemühungen zu beteiligen, schufen sie die Voraussetzungen für eine internationale Bündnispolitik. Bereits im Krieg trat die Exilregierung zahlreichen internationalen politischen, militärischen und wirtschaftlichen Abkommen und Bündnissen bei. Dieser internationale Kooperationskurs wurde in der unmittelbaren Nachkriegszeit weiterverfolgt. Die Beteiligung des Großherzogtums an internationalen Organisationen bedeutete

---

95 Trausch, Histoire, S. 188 ff.

96 Brouwer, Sillage, S. 71 f.

97 Zu dieser Problematik siehe Grosbois, Rôle, S. 190–196.

98 Trausch Gilbert, Vers un plus grand équilibre: les relations belgo-luxembourgeoise de 1940 à nos jours, in: Trausch Gilbert (Hg.), Belgique-Luxembourg: Les relations belgo-luxembourgeoises et la Banque Générale de Luxembourg 1914–1994, Luxemburg 1995, S. 161–181, hier S. 163 [im Folgenden zitiert als: Trausch, Équilibre].

zugleich die Anerkennung der Eigenständigkeit des Landes durch die anderen Mitgliedsstaaten. Die luxemburgische Unabhängigkeit erfuhr über diesen Weg eine zusätzliche Absicherung. Über die Beteiligung in internationalen Organisationen vergrößerte sich der Handlungsspielraum der luxemburgischen Außenpolitik um ein Vielfaches. Die Bündnispolitik Luxemburgs konzentrierte sich auf den westeuropäischen und transatlantischen Raum. Angesichts der steigenden Spannungen zwischen Ost und West schloss sich das Großherzogtum den Westmächten an. Eine Alternative stand nie zur Debatte und war angesichts der geopolitischen Situation des Landes auch kaum vorstellbar.

Im Zuge des Zweiten Weltrkieges setzte in der luxemburgischen Außenpolitik ein grundlegender Wandel ein. Doch wie sah dies bei der mit auswärtigen Angelegenheiten betrauten Behörde aus?

I.1.2 Zwischen Tradition und Moderne: der luxemburgische auswärtige Dienst seit den 20er Jahren bis in die Nachkriegszeit

Die Auswirkungen der im Zuge des Zweiten Weltkrieges neuausgerichteten luxemburgischen Außenpolitik auf den diplomatischen Apparat lassen sich über eine Untersuchung dreier ausgewählter Charakteristika des diplomatischen Dienstes über einen längeren Zeitraum hinweg ermessen. Ausgesucht wurden die geringe Größe des diplomatischen Apparates, die Zusammenarbeit der Behörde mit der luxemburgischen Schwerindustrie sowie der Führungsstil des MAEL.

Gerade beim Verhältnis zwischen der luxemburgischen Schwerindustrie, allen voran der Arbed, und dem MAEL kann die vorliegende Untersuchung auf einige Vorarbeiten der luxemburgischen Historiographie, besonders von Charles Barthel zurückgreifen. Die Erkenntnisse lassen sich über Personalbelege in den Akten des MAEL sowie Hinweise im luxemburgischen Amtsblatt Mémorial du Grand-Duché de Luxembourg erweitern.

Die „embryonische Struktur"[99] des Auswärtigen Dienstes

Ein Blick auf die Struktur des diplomatischen Apparates Luxemburgs verdeutlicht, dass dieser bis in die Nachkriegszeit hinein durch einen rudimentären Aufbau gekennzeichnet war. Diese betraf sowohl das Ressort der Außenpolitik in Luxemburg als auch die auswärtigen Vertretungen des Landes. So lag bis 1937

99 Trausch, Ministry, S. 353, der damit den diplomatischen Dienst des Großherzogtums in der Zwischenkriegszeit bezeichnete.

das Ressort der auswärtigen Angelegenheiten immer in den Händen des Staatsministers. Beim Rücktritt von Joseph Bech als Staatsminister (1937) behielt dieser das Ressort der Auswärtigen Angelegenheiten bei.[100]

Den Leitern des Auswärtigen Amtes stand nur ein reduzierter Beamtenkreis zur Verfügung: Am Vorabend des Zweiten Weltkriegs bestand das Auswärtige Amt lediglich aus acht Beamten. Eine klare Beamtenhierarchie fehlte und bildete sich lediglich empirisch mit Bech an der Spitze des Dienstes heraus. Ihm untergeordnet war der offiziell mit dem Titel *Regierungsrat* versehene Albert Wehrer[101], der die Rolle eines Generalsekretärs übernahm.[102] Sie wurden von sechs weiteren Beamten unterstützt, die offiziell anderen Ministerien, allen voran dem Justizministerium, unterstanden. Das Außenministerium hatte sich noch nicht durch eine klare Nomenklatur von den anderen Ministerien abgrenzen können.[103] Formalrechtliche Strukturen wurden erst in der Nachkriegszeit geschaffen: Ein Gesetz vom Juni 1947 sowie eine darauf aufbauende Verordnung vom Mai 1948 regelten die Organisation des Auswärtigen Dienstes und den Statut der Beamten.[104] Damit wurden neue Bedingungen für den bis dahin nur rudimentär funktionierenden Außendienst geschaffen: Am Vorabend des Zweiten Weltkrieges verfügte das Großherzogtum lediglich über Vertretungen in den drei Nachbarstaaten sowie in den Niederlanden, in Großbritannien, den USA und der UdSSR.[105] Doch viele dieser Gesandtschaften existierten nur auf dem Papier und

---

100 Zur Liste siehe Spang, Représentation, S. 567.

101 Zu Albert Wehrer siehe ausführlich weiter unten, S. 337–341.

102 Siehe Heisbourg, CD, S. 379; Spang, Représentation, S. 567; Trausch, Ministry, S. 353.

103 Trausch, Ministry, S. 355.

104 Loi du 30 juin 1947 portant organisation du Corps diplomatique, in: Mémorial du Grand-Duché de Luxembourg A/35 (26. Juli 1947), S. 697; Arrêté grand-ducal du 28 mai 1948 relatif à l'organisation des services extérieurs du Ministère des Affaires Etrangères et du Commerce extérieur, in: Mémorial du Grand-Duché de Luxembourg A/36 (5. Juni 1948), S. 805–807 [im Folgenden zitiert als: Arrêté grand-ducal du 28 mai 1948].

105 In Moskau bestand seit 1935 eine Gesandtschaft mit Geschäftsträger Antoine Funck an der Spitze. Doch wie in Washington und London handelte es sich hier nur um eine offizielle und keine faktische Vertretung; siehe hierzu Blum René, Die Russisch-Sowjetisch-Luxemburgische Freundschaft im Laufe der Geschichte. Tonbandaufnahme eines Vortrages gehalten am 7. Nationalkongreß der Gesellschaft „Luxembourg-URSS" in Kayl, am 5. Mai 1957 vom Ehrenpräsidenten von „Luxembourg-URSS", René Blum, Esch-Alzette o. D., S. 14 [im Folgenden zitiert als: Blum, Freundschaft]; Kovacs Stéphanie, L'extrême gauche au pouvoir. Stratégie

bestanden lediglich aus einem Geschäftsträger. Nur die Geschäftsträger in Paris und Brüssel weilten permanent in den ihnen zugeordneten Städten. Die übrigen Geschäftsträger operierten meist von Luxemburg aus und hielten sich nur für einen kurzen Zeitraum in den ihnen zugeordneten Städten auf.[106] Zudem konnten Geschäftsträger zusätzlich auch im „Innendienst" des Auswärtigen Amtes aktiv sein: So war etwa Albert Wehrer, neben seiner Funktion als Generalsekretär des Auswärtigen Amtes, luxemburgischer Geschäftsträger in Berlin.

1940 etablierten sich die bisher nur auf dem Papier bestehenden Gesandtschaften in London und Washington. 1942 errichtete man zudem eine Vertretung in Moskau auf Grundlage einer ebenfalls seit 1935 zumindest offiziell bestehenden Gesandtschaft. Damit hatte Luxemburg offizielle Vertreter in den Hauptstädten der drei alliierten Großmächte.

Erst nach Ausbruch des Krieges ging die luxemburgische Regierung dazu über, einigen diplomatischen Vertretern des Landes den Titel eines *Envoyé extraordinaire et Ministre plénipotentiaire* (außerordentlicher Gesandter und bevollmächtigter Minister) zu verleihen.[107] So wurden Antoine Funck im September 1940, Hugues le Gallais im Oktober 1940 als diplomatische Vertreter Luxemburgs in Paris bzw. Washington mit diesem Titel versehen.[108]

Die Auslandsvertretungen wurden kontinuierlich erweitert. 1946 verfügte das Großherzogtum über acht Gesandtschaften. Zur gleichen Zeit waren bereits 25 Staaten in Luxemburg vertreten, von denen fünf (Belgien, USA, Großbritannien, Frankreich und Italien) mit residierenden Diplomaten in der Stadt vertreten waren.[109]

Im Gegensatz zu den Gesandtschaften entwickelte sich das luxemburgische Konsulatsnetz schnell: Generell übernahmen Konsulate die Wahrung der Interessen der Staatsbürger in dem Land, in dem sie sich befanden, und setzten sich vor allem für die Wirtschaftsinteressen des eigenen Landes ein. Die Anzahl der Konsulate stieg in den 20er Jahren des 20. Jahrhunderts sprunghaft an.

---

et politique du Parti Communiste Luxembourgeois de la fin de la Seconde Guerre Mondiale au début de la Guerre Froide (1945–1947), Paris 2009, S. 71, Anm. 196 [im Folgenden zitiert als Kovacs, Extrême gauche].

106 Heisbourg, CD, S. 379 f.; Spang, Représentation, S. 569; Trausch, Ministry, S. 354.

107 Da es sich um eine offizielle Amtsbezeichnung handelt deren deutsche Übersetzung nicht exakt den Aufgabenbereich des Funktionsträgers abdeckt, wird im Folgenden die in Luxemburg offiziell verwendete französischsprachige Bezeichnung *Envoyé extraordinaire et ministre plénipotantiaire* beibehalten.

108 Heisbourg, CD, S. 380.

109 Trausch, Ministry, S. 357.

Diese Entwicklung ist in Verbindung mit der luxemburgischen Schwerindustrie zu sehen, die in diesen Jahren verstärkt international aktiv wurde. Es ist kein Zufall, dass gerade mit der Internationalisierung der großen luxemburgischen Stahlproduzenten auch die Anzahl der luxemburgischen Konsulate schlagartig anstieg. Ihr Zweck war das Herstellen von Wirtschaftskontakten und den Absatz luxemburgischer Produkte zu fördern. Auch in Osteuropa wurden Konsulate geschaffen bzw. geplant. Bukarest und Prag werden in den entsprechenden Quellen ebenso geführt wie das ostdeutsche Dresden.[110]

Die geringe Reichweite und Struktur des luxemburgischen diplomatischen Apparates und seiner kostspieligen Auslandsvertretungen waren zum einen auf eine chronische Unterbesetzung zurückzuführen, zum anderen aber auch bis zum Ausbruch des Zweiten Weltkriegs auf eine generell geringe Beschäftigung der luxemburgischen Regierungen mit auswärtigen Angelegenheiten. Beides führte dazu, dass Luxemburg in auswärtigen Fragen auf ein System von Vertretungen zurückgreifen musste:

Traditionell wurde die diplomatische Vertretung im Ausland von den Niederlanden gewährleistet, mit denen das Großherzogtum zwischen 1815 und 1890 in Personalunion verbunden war. Da man aber in Den Haag die Vertretung luxemburgischer Interessen im Krisenjahr 1867 als Belastung empfand, kündigte man sie kurzerhand auf. Zwischen 1867 und 1873 übernahm kurzzeitig das russische Zarenreich die diplomatische Vertretung Luxemburgs.[111] In dieser Zeit baute die Regierung Luxemburgs eigene Vertretungen in den drei Nachbarstaaten Belgien, Frankreich und Deutschland auf. Außer diesen Vertretungen war das Großherzogtum bis 1880 ohne weitere ausländische Repräsentation, bis sich die Niederlande wieder dazu bereiterklärten, die luxemburgischen Interessen im Ausland zu vertreten. Allerdings sollte diese Vertretung nicht auf jene drei Länder ausgedehnt werden, in denen Luxemburg bereits über eine eigene Repräsentation verfügte.[112] Mit dem Abschluss der UEBL (1921) wurde auch ein neues System der konsularischen Vertretung im Ausland geschaffen: Fortan vertrat Belgien die konsularischen Interessen des Großherzogtums in Ländern, in

110 Diese Aufzählung basiert auf einer von Paul SPANG angelegten *„ungefähren Liste“*, für die er sich auf Dokumente der vermeintlichen Konsulate stützte, die ihren Weg in den Aktenfonds des MAEL im Nationalarchiv Luxemburg fanden. Er konnte jedoch nicht mit Bestimmtheit sagen, ob es sich dabei um effektive Konsulate handelte oder nur um Projekte. Zudem wird nicht deutlich, ob und wann Konsulate möglicherweise wieder aufgegeben wurden; hierzu SPANG, Représentation, S. 566 f.

111 SPANG, Représentation, S. 564 f.

112 Ebd., S. 564 f.; HEISBOURG, CD, S. 375.

denen Luxemburg über keine eigenen Konsulate verfügte.[113] Damit beruhte die externe Repräsentation des Landes in Ländern ohne eigene Vertretung nunmehr auf einem dualen System.[114] In dieser Form wurde es auch in der Nachkriegszeit fortgeführt.

Die Zusammenarbeit zwischen dem MAEL und der Schwerindustrie seit den 20er Jahren

Bei der Vertretung der luxemburgischen Außeninteressen spielten jedoch nicht alleine staatliche Behörden eine Rolle. Auch die luxemburgische Schwerindustrie war daran beteiligt. Seit der Mitte des 18. Jahrhunderts erfuhr Luxemburg eine rasante Entwicklung seiner Eisen- und Stahlindustrie. Diese Evolution wurde durch eine Vielzahl unterschiedlicher Faktoren begünstigt, wie etwa dem großen Vorkommen von Eisenerzen im Süden des Landes, den luxemburgischen Schürfrechten, dem Unternehmergeist der führenden Schmelz- und Minenbesitzer und dem parallel stattfindenden Ausbau des Eisenbahnnetzes. Entscheidend war auch die Beteiligung des Großherzogtums am deutschen Zollverein, der Luxemburg an den deutschen Wirtschaftsraum band: Die luxemburgische Eisen- und Stahlindustrie war vor allem auf Importe hochwertiger Kohle angewiesen. Gleichzeitig reichte der luxemburgische Markt nicht aus, um die produzierte Menge an Eisen- und später Stahlprodukten aufzunehmen. Absatzmärkte im Ausland waren für das Wachstum der luxemburgischen Schwerindustrie von großer Bedeutung. Die Beteiligung am Zollverein eröffnete der luxemburgischen Eisen- und Stahlindustrie über den Zugang zu einem erweiterten Wirtschaftsraum vorteilhafte Absatz- und Einfuhrmöglichkeiten.[115]

All dies führte zu einer Wachstumsexplosion der luxemburgischen Eisen- und Stahlindustrie ab Mitte des 19. Jahrhunderts: Waren 1870 20 % der aktiven Bevölkerung in der Industrie tätig, so waren es 1907 bereits 40 %.[116] Mit der

---

113 Siehe Gesetz vom 5. März 1922, wodurch der am 25. Juli 1921 zu Brüssel unterzeichnete luxemburgisch-belgische Wirtschaftsvertrag genehmigt wird, in: Mémorial du Grand-Duché de Luxembourg A/15 (11. März 1922), S. 217–230, hier Art. 26, S. 227: *„Dans les localités où le Grand-Duché de Luxembourg ne possède pas d'agents consulaires, la défense des intérêts luxembourgeois sera confiée aux agents consulaires belges."*

114 Siehe Heisbourg, CD, S. 381; Spang, Représentation, S. 570; Trausch, Ministry, S. 347.

115 Siehe zusammenfassend Pauly Michel, Geschichte Luxemburgs, München 2011, S. 77 [im Folgenden zitiert als: Pauly, Geschichte].

116 Institut national de la statistique et des études économiques du Luxembourg, Statec (Hg.), Introduction, URL: http://www.portrait.public.lu/fr/introduction/index.html #past_prem_guerre (Stand: 3. November 2013).

wachsenden Bedeutung der luxemburgischen Eisen- und Stahlindustrie für die Wirtschaft und den Wohlstand des Landes stieg auch der Anspruch der Besitzer der Hüttenwerke in Fragen, die sie direkt betrafen, mit zu entscheiden. Die großen Stahlbarone Luxemburgs gehörten ab der zweiten Hälfte des 19. Jahrhunderts zur politischen Elite des Landes. Sie waren meist Teil eines liberalen und antiklerikalen Bürgertums. Durch die von der Revolution von 1848 bewirkten politischen Veränderungen waren sie an die Spitze der politischen Leitung des Landes gerückt. Sie bildeten eine neue Form der politisch beteiligten Notabeln und lösten damit das konservativ katholische, meist aus Grundbesitzern bestehende Bürgertum ab bzw. traten in Konkurrenz zu ihnen.[117] WEBER, die sich eingehend mit dieser Oberschicht beschäftigte, vermerkte, dass die *„wirtschaftliche Einflussnahme auf politische Entscheidungen [...] im Luxemburg des 19. Jahrhunderts von ausgeprägter Häufigkeit“* war.[118]

Diese Form der elitären „Notabelnregierung“ sollte sich erst durch den Ersten Weltkrieg und die anschließenden tiefgreifenden sozialen, wirtschaftlichen und politischen Entwicklungen wandeln. Die nach dem Ersten Weltkrieg hervorgerufene Staatskrise wurde 1919 über eine neue Verfassung beigelegt. Die Verfassung führte das allgemeine Wahlrecht ein. Bereits während des Krieges, verstärkt in der Zwischenkriegszeit, begann die Arbeiterschaft sich stärker politisch zu mobilisieren, um ihre immer dringlicher werdenden Forderungen nach sozialen Reformen durchzusetzen. Gleich mehrere Gewerkschaften bildeten sich heraus. Sie standen dabei prompt in Konflikt mit dem Patronat der luxemburgischen Industrie, das sich zeitgleich ebenfalls zu einem Dachverband zusammenfand und von der ARBED dominiert wurde.

Die Zwischenkriegszeit führte zudem zu einer neuen politischen Landschaft: Gewerkschaftler und politisch Interessierte aus der Arbeiterschaft standen der

117 Zu den politischen Eliten Luxemburgs im 19. Jahrhundert und den instititutionellen Veränderungen vgl. FRANZ Norbert, Nation oder Partikularismus. Die Revolution von 1848/49 in Luxemburg, in: DÜHR Elisabeth, „Der schlimmste Punkt in der Provinz“. Demokratische Revolution 1848/49 in Trier und Umgebung. Katalog-Handbuch zur Ausstellung des Städtischen Museums Simeonsstift Trier vom 4.10.1998–30.4.1999, Trier 1998, S. 644–661; SCUTO Denis, La nationalité luxembourgeoise (XIXe–XXIe siècles), Brüssel 2012, S. 25 [im Folgenden zitiert als: SCUTO, Nationalité]; zuletzt ausführlich WEBER Josiane, Politische Eliten in Luxemburg. Die Rekrutierung der Minister in der zweiten Hälfte des 19. Jahrhunderts, in: Forum für Politik, Gesellschaft und Kultur in Luxemburg 314 (Januar 2012), S. 21–24; DIES., Familien der Oberschicht in Luxemburg Elitenbildung & Lebenswelten 1850–1900, Luxemburg 2013 [im Folgenden zitiert als WEBER, Familien].

118 WEBER, Familien, S. 363.

Sozialistischen Partei nahe, die vor allem nach ihrer Distanzierung von der Liberalen Partei Zulauf bekam. Die Partei sollte sich jedoch im Januar 1921 aufspalten. Einige Mitglieder riefen die Kommunistische Partei Luxemburgs (KPL) aus, die sich fortan in der Parteienlandschaft links der Sozialdemokratischen Partei einfand.

Stärkste politische Kraft blieb die konservative katholische Rechtspartei, die 1919 bei den Legislativwahlen die Stimmenmehrheit erzielte. Die Liberale Partei, deren Wählerschaft vor allem aus den Reihen des frankophilen Bürgertums und des Patronats stammte, verlor unter anderem durch die Ablösung des Zensuswahlrechts an Einfluss. Gerade auf kommunaler Ebene gingen viele Sitze an Kandidaten der Rechtspartei und der Sozialdemokratischen Partei.[119]

Das langsame Zurückdrängen Industrieller aus den vordersten Rängen der Politik, das Durchsetzen bedeutender sozialer Reformen gegenüber dem Patronat der luxemburgischen Schwerindustrie sowie das Abflauen öffentlicher Forderungen der luxemburgischen Schwerindustrie nach politischer Partizipation wurde von Trausch als Rückgang des Einflusses der luxemburgischen Schwerindustrie auf die Politik verstanden.[120] Weber ihrerseits konzentrierte sich stärker auf den Einfluss der Politik auf die Wirtschaft als umgekehrt. Sie konnte jedoch mit Blick auf die unter der Regierung Eyschen getroffene Entscheidung, jegliche persönliche Implikationen der Regierenden in der nationalen Wirtschaft zu unterbinden, eine *„fundamentale Änderung des vorher praktizierten Systems"* und eine stärkere Trennung zwischen Politik und Wirtschaft ausmachen.[121]

Barthel sah dies differenzierter: Unter Rückgriff auf Unternehmensakten erkannte er eine Verlagerung der Ausübung des Einflusses der luxemburgischen Schwerindustrie auf die Politik in die Hinterzimmer der politischen Bühne. Er beobachtete zwar ebenfalls einen Rückgang des politischen Einflusses der Schwerindustrie, verstand diesen Rückgang jedoch als sehr langsamen Prozess über die gesamte Zwischenkriegszeit hinweg. Zudem vermutete er einen weit stärkeren und länger andauernden Einfluss der Schwerindustrie auf die Außenpolitik als etwa in Bereichen der Innen- und Sozialpolitik.[122] Dieser Vermutung sollte er vor allem beim politischen Werdegang des langjährigen Außenministers Joseph Bech nachgehen und bestätigen.[123]

---

119 Zum wirtschaftichen, sozialen und politischen Wandel während und unmittelbar nach dem Ersten Weltkrieg siehe ausführlich Scuto, Nationalité, S. 56–62.

120 Trausch, ARBED, S. 25.

121 Weber, Familien, S. 529 f.

122 Barthel, Bras de fer, S. 350.

123 Ders., Aspect.

Ein näherer Blick auf die Verflechtung zwischen luxemburgischer Schwerindustrie und Regierung im Bereich der Außenpolitik führt tatsächlich zur Feststellung, dass in der Zwischenkriegszeit, zu einem Zeitpunkt als der Einfluss der Schwerindustrie im Bereich der Innenpolitik laut BARTHEL langsam zurückging, ihr Gewicht in Auswärtigen Angelegenheiten gleichzeitig zunahm. Diese Zunahme ist auf mehreren Ursachen begründet:

So lag eine starke Verflechtung zwischen Schwerindustrie und Politik in internationalen Fragen in erster Linie in der prekären Lage der luxemburgischen Wirtschaft nach Ende des Ersten Weltkrieges begründet.[124] Das Ende des Krieges sah die Abspaltung Luxemburgs vom deutschen Zollverein. Auf einen Schlag war die luxemburgische Schwerindustrie vom deutschen Wirtschaftsraum getrennt. Aufgrund der luxemburgischen Beteiligung am Zollverein hatte sich die Wirtschaft des Landes vor allem auf den östlichen Nachbarn ausgerichtet und hatte so von den vorteilhaften Einfuhr- und Absatzbestimmungen profitiert. Durch den Wegfall dieses Wirtschaftsraums sah man nun die eigene Existenz gefährdet. Oberste Priorität der „Eisen- und Stahlbarone" Luxemburgs war ein vorteilhafter Zugang zu einem angrenzenden Wirtschaftsraum, der den Verlust des deutschen Zollvereins wettmachen sollte. Daran war auch der luxemburgischen Regierung gelegen: der Staatshaushalt beruhte fast vollständig auf den Steuerzahlungen der luxemburgischen Schwerindustrie.[125] 1921 wurde die Wirtschaftsunion mit Belgien geschlossen. Eine echte Alternative gab es kaum. Gerade in den auf die Wirtschaftsunion folgenden belgo-luxemburgischen Verhandlungen zur Gestaltung der UEBL konnte das luxemburgische Patronat, allen voran führender Kader der ARBED, wie Emile Mayrisch[126], zunehmend an Einfluss gewinnen. Im

124 BARTHEL, Bras de fer, S. 652.

125 Ebd., S. 11.

126 Emile Mayrisch (*10. Oktober 1862 in Eich, Luxemburg; † 5. März 1928 in Chalons-sur-Marne, Frankreich); Sohn eines Arztes und Student der Königlich Technischen Hochschule Aachen; Karrierebeginn als Praktikant bei der S. A. DES HAUTS-FOURNAUX ET FORGES DE DUDELANGE, die von seinem Großonkel Norbert Metz mitbegründet worden war; schneller Aufstieg zum Direktor und maßgebliche Beteiligung an der Fusion der zur ARBED führenden Unternehmen. In der neugegründeten ARBED wurde Mayrisch dann zunächst Generaldirektor, bevor er 1920 Präsidenten der Generaldelegation wurde. Als Befürworter einer politischen und wirtschaftlichen Annäherung der europäischen Stahlerzeuger war er dann auch maßgeblich an der Schaffung des Internationalen Stahlkartells beteiligt. Dank seiner hervorragenden Kontakte in den politisch-wirtschaftlichen Kreisen Deutschlands und Frankreichs konnte er sich in den zwanziger Jahren auch als Mediator der Deutsch-Französischen Aussöhnung hervortun. Somit reiht er sich

Gegensatz zum deutschen Zollverein, hatte die luxemburgische Regierung ein größeres Mitspracherecht innerhalb der UEBL. Dadurch boten sich Vertretern der Schwerindustrie auch mehrere Gelegenheiten, Einfluss auf die diesbezügliche Politik auszuüben. Dieser Einfluss fand jedoch überwiegend in den Hinterzimmern der luxemburgischen Politik statt, außerhalb der Öffentlichkeit.[127]

Geradezu Symbolcharakter für die Einflussnahme der ARBED auf die luxemburgische Außenwirtschaftspolitik der Nachkriegszeit gewinnt eine Episode von Juli 1922, unmittelbar im Anschluss an die Gründung der belgisch-luxemburgischen Wirtschaftsunion UEBL: Der Chef der luxemburgischen Regierung, Emil Reuter,[128] erklärte sich auf Vorschlag der belgischen Regierung bereit, den Obersten Rat der UEBL bei den bestehenden Tarifstreitigkeiten

---

ein in die Vorreiter der Europäischen Integration. Vgl. O. Hg., A la mémoire d'Emile Mayrisch 1862–1928, Luxembourg 1928; MERSCH Jules, Emile Mayrisch, in: Biographie nationale du pays de Luxembourg depuis ses origines jusqu'à nos jours, 11 Bde., Luxemburg 1947–1975, hier Band 6, S. 456–470 [im Folgenden zitiert als: Biographie nationale]. Die Historiographie konzentriert sich überwiegend auf die Verdienste Mayrischs im Rahmen der Europäischen Integration, vgl. unter anderem BARIÉTY Jacques, Le rôle d'Emile Mayrisch entre les sidérurgies allemande et française après la première guerre mondiale, in: Relations internationales 1 (1974), S. 123–134 [im Folgenden zitiert als: BARIÉTY, Rôle]; DERS., Le sidérurgiste luxembourgeois Emile Mayrisch, promoteur de l'Entente internationale de l'acier après la Première guerre mondiale, in: POIDEVIN Raymond/TRAUSCH Gilbert (Hg.), Les Relations franco-luxembourgeoises de Louis XIV à Robert Schuman. Actes du colloque de Luxembourg, 17–19 novembre 1977, Metz 1978 (= Publications du Centre de recherches relations internationales de l'Université de Metz 11), S. 245–257; DE LAUNAY Jacques, Emile Mayrisch et la politique du patronat européen 1926–1933 Bruxelles 1965 (= Collection Portraits 9) und jüngst BARTHEL, Stunde.

127 BARTHEL, Bras de fer, S. 651.

128 Reuter, Émile (*2. August 1874 in Bofferdingen; † 14. Februar 1973 in Luxemburg-Stadt); Studium der Rechtswissenschaften in Straßburg, Nancy und Paris; 1903 Präsident der *Association populaire catholique*; 1911 Einzug in die Abgeordnetenkammer. Neben Pierre Dupong, einer der Gründungsmitglieder der Luxemburger Rechtspartei. Im September 1918 wurde Reuter Staatsminister und übernahm als Generaldirektor unter anderem auch das Ressort der auswärtigen Angelegenheiten; 1925 Rücktritt Reuters und des Regierungskabinetts nach dem Scheitern eines Regierungsvorschlags zur Vereinigung zweier Eisenbahngesellschaften in der Abgeordnetenkammer; danach, bis 1959, mit Ausnahme der Kriegsjahre, Präsident der Abgeordnetenkammer; zwischen 1944–1964 Präsident der CSV; 1957 luxemburgischer Botschafter im Vatikan. Zu Reuter siehe HAAG, Emile Reuter.

zwischen luxemburgischen und belgischen Industriellen innerhalb der UEBL hinzuzuziehen. Dieses Zugeständnis hatte Reuter aus eigenem Antrieb gemacht, ohne vorher das hiervon betroffene luxemburgische Patronat zu informieren. Nachträglich davon in Kenntnis gesetzt, reagierte Mayrisch als Wortführer eben dieses Patronats, äußerst ungehalten und prangerte in einer öffentlichen Rede die Vorgehensweise Reuters an. Dieser hätte sich der belgischen Delegation zum Nachteil des luxemburgischen Patronats gebeugt. Eine Lösungsfindung über den Obersten Rat würde ohne entsprechende Garantien letztlich der luxemburgischen Industrie schaden. Ohne Abänderungen des belgischen Lösungsvorschlags würde das luxemburgische Patronat einem solchen Verfahren niemals zustimmen. Der luxemburgische Staatsminister sah sich aufgrund dieser unverrückbaren Position der luxemburgischen Industrie gezwungen, in Brüssel zu intervenieren und die Forderungen der luxemburgischen Industrie in den Vorschlag miteinfließen zu lassen. Die Intervention Reuters in Brüssel zugunsten der luxemburgischen Schwerindustrie innerhalb der UEBL wurde von Barthel als Gang nach Canossa bezeichnet.[129] Über die Verhandlungen im Rahmen der UEBL konnte das luxemburgische Patronat in Außenwirtschaftsfragen weiter an Gewicht zulegen. Reuter sollte in seiner restlichen Amtszeit in allen Außenwirtschaftsfragen zuerst die Meinung Mayrischs einholen. Eine Außenwirtschaftspolitik ohne Mayrisch war nicht mehr möglich.[130]

Der in der Zwischenkriegszeit erkennbare wachsende Einfluss der Schwerindustrie auf die luxemburgische Außenwirtschaftspolitik ist auch der Häufung außenwirtschaftlicher Fragen geschuldet. Vor dem Hintergrund der Internationalisierung der Arbed ist dies nicht weiter verwunderlich. Die Bedeutung der luxemburgischen Schwerindustrie in Außenwirtschaftsfragen des Landes wird auch durch die Beteiligung von luxemburgischen Industriellen an internationalen Konferenzen deutlich. So bildeten etwa Mayrisch zusammen mit Reuter die luxemburgische Delegation bei der internationalen Wirtschaftskonferenz von Genua (1922).[131]

Mitte der 20er Jahre setzte sich Mayrisch verstärkt für eine deutsch-französische Verständigung ein. Sein Schloss in Colpach wurde zum Treffpunkt dieses

---

129 Barthel, Bras de fer, S. 300 f.

130 Ebd., S. 322.

131 Die Konferenz von Genua (1922) suchte die Normalisierung der durch den Ersten Weltkrieg zerrütteten Wirtschaftssysteme wieder herzustellen. Zur Beteiligung Mayrischs siehe den entsprechenden Aktenfonds im luxemburgischen Nationalarchiv, ANLux, AE-SdN-514, Conférence économique internationale de Gênes: commissions diverses; rapports (1922).

Aussöhnungsprozesses.[132] Hier fanden sich regelmäßig Politiker und Intellektuelle wie Walther Rathenau[133], Richard Coudenhove-Calergi[134], Ernst Robert Curtius[135] und André Gide[136] ein und bildeten eine Austauschplattform für politische und ideologische Ideen.

Gleichzeitig wurde Mayrisch einer der führenden Initiatoren des 1926 gegründeten Internationalen Stahlkartells, welches in erster Linie Produktionsquoten und Kontingente seiner Mitglieder festlegte. Auch hier waren französische und deutsche Industrieunternehmen bzw. nationale Kartelle vertreten.[137] Mayrisch, der zum ersten Präsidenten des Internationalen Stahlkartells gewählt wurde,

---

132 Zur Bedeutung des Colpacher Schlosses als Treffpunkt der politischen und industriellen Elite siehe AHLBORN Henri, Le château de Colpach. Féodalité champêtre, oasis culturelle, lieu de rencontres européennes, centre de convalescence thérapeutique, in: Nos Cahiers 32/3, S. 217–229, hier S. 222–225; WILHELM Frank, Colpach et ses hôtes de 1918–1947, un laboratoire d'idées culturelles et politiques, un atelier de création littéraire comme objet de recherches scientifiques, in: Actes du Colloque interational (Ell, 13–14 juillet 2007): Colpach, un petit noyau de la future Europe, (= Galerie. Revue culturelle et pédagogique 25/2 (2007)), S. 253–288; BOCK Hans Manfred, Der Colpacher Kreis als unsichtbares Netzwerk der Eliten zwischen Luxemburg und Deutschland in der Zwischenkriegszeit, in: Actes du Colloque interational (Ell, 13–14 juillet 2007): Colpach, un petit noyau de la future Europe, (= Galerie. Revue culturelle et pédagogique 25/2 (2007)), S. 333–388.

133 Rathenau, Walter (*29. September 1867 in Berlin; † 24. Juni 1922 in Berlin-Grunewald); deutscher Industrieller, Schriftsteller, Politiker der liberalen DPP, und 1922 Außenminister.

134 Coudenhove-Kalergi, Richard Nikolaus (*16. November 1894 in Tokio; † 27. Juli 1972 in Schruns, Österreich); japanisch-österreichischer Schriftsteller, Politiker; er sorgte vor allem für seine Visionen einer paneuropäischen Bewegung für Interesse, in seiner Zeit als Gast in Colpach sprach er sich für eine Aussöhnung Deutschlands und Frankreichs aus.

135 Curtius, Ernst Robert (*14. April 1886 in Thann (Elsass); † 19. April 1956 in Rom); Intellektueller und Romanist.

136 Gide, André Paul Guilleaume, (*22. November 1869 in Paris; † 19. Februar 1951 in Paris.); französischer Schriftsteller.

137 Zum Internationalen Stahlkartell ausführlich GILLINGHAM John, Zur Vorgeschichte der Montanunion, in: VfZ 34 (1986), S. 381–405. Speziell vor dem Hintergrund der deutsch-französischen Annäherung: NOCKEN Ulrich, Das internationale Stahlkartell und die deutsch-französischen Beziehungen 1924–1932, in: Konstellationen internationaler Politik 1924–1932. Politische und wirtschaftliche Faktoren in den Beziehungen zwischen Westeuropa und den Vereinigten Staaten. Referate und Diskussionsbeiträge eines Dortmunder Symposions 18.–21. September 1981, Bochum 1983, S. 165–202.

galt als einer der Hauptprotagonisten der deutsch-französischen politischen und wirtschaftlichen Annäherung der 20er Jahre.[138] Der Chef der ARBED tat dies aber weniger aus dem häufig hervorgehobenen rein ideologischen Selbstverständnis heraus, sondern vielmehr aus unternehmerischen Beweggründen[139]: Tatsächlich konnte die UEBL die Mitgliedschaft Luxemburgs im Zollverein nur bedingt ersetzen. Gerade die traditionelle rheinische und saarländische Industrie war durch den Verlust des deutschen Zollvereins durch eine Zollgrenze von Luxemburg abgetrennt. Deutsches Kapital war aus Luxemburg abgeflossen und musste erst mühsam ersetzt werden. Von einem politischen und wirtschaftlichen Zusammenrücken Deutschlands und Frankreichs konnte die ARBED demnach nur profitieren.

Vertreter des luxemburgischen Unternehmertums begaben sich also auf internationales Parkett, um ihre nationalen wie internationalen Interessen zu schützen. Ihre Beteiligung in auswärtigen Angelegenheiten Luxemburgs, die sie selbst betrafen, sowie ihre Bemühungen um ein Zusammenwachsen der europäischen Industriellen verdeutlichen das Ausmaß der Verwicklungen der luxemburgischen Industriemagnaten auf dem internationalen Parkett. Hier waren sie weitaus aktiver als die luxemburgische Regierung. Die Gründe für die Beteiligung der luxemburgischen Schwerindustrie an den auswärtigen Angelegenheiten klangen schon teilweise durch, lassen sich aber noch um einige Aspekte ergänzen.

So konnte die luxemburgische Schwerindustrie, allen voran die ARBED, sich so stark in die auswärtigen Angelegenheiten der luxemburgischen Regierung einbringen, weil gerade in den für die Industrie relevanten Außenwirtschaftsfragen häufig Interessenskongruenzen zwischen Regierung und Industrie bestanden. Die geradezu monolithisch aufgestellte luxemburgische Wirtschaft war stark von der Schwerindustrie abhängig. Die Bedeutung der ARBED für die luxemburgische Wirtschaft wird durch Zahlen bestätigt: In der Wirtschaft Luxemburgs, die bis in die 70er Jahre geradezu monolithisch auf der Schwerindustrie beruhte, nahm die ARBED eine unumstrittene Spitzenposition ein. Unmittelbar vor Ausbruch des Krieges beschäftigte sie 20 % der erwerbstätigen Bevölkerung

138 Zu Mayrichs Rolle in der deutsch-französischen Annäherung siehe BARIÉTY, Rôle, S. 123–134.

139 Die Beobachtung deckt sich mit den Erkenntnissen Françoise BERGERS über die französischen und deutschen Industriebarone der Zwischenkriegszeit, die ebenfalls stärker von pragmatischen und unternehmerischen als von ideologischen, dezidiert europäischen Einigungsbestrebungen geleitet waren; hierzu BERGER, Patrons, S. 185–191.

des Landes. In der unmittelbaren Nachkriegszeit, die von großflächigen Zerstörungen geprägt war, erbrachte die ARBED 60 % der wirtschaftlichen Leistung des Großherzogtums Luxemburg.[140] Hier schöpfte die Regierung über Steuern den größten Teil des Staatsbudgets, ein starker Wirtschaftssektor war zudem gleichbedeutend mit sozialer Stabilität. Für die Schwerindustrie war der Zugang zu einem größeren Wirtschaftsraum, um einerseits für die Produktion benötigte Materialien wie Kohle zu importieren, andererseits die eigenen Endprodukte im Ausland abzusetzen, von existenzieller Bedeutung. Aus unterschiedlichen Beweggründen hatten Regierung und Schwerindustrie die gleiche Zielsetzung. Daher kann es nicht verwundern, dass beide in Außenwirtschaftsfragen wie Wirtschafts- und Handelsabkommen dann auch eng zusammenarbeiteten.

Neben dieser Interessenkongruenz ergaben sich aber für die luxemburgische Regierung noch weitere pragmatische Gründe, die das Hinzuziehen von Vertretern der Schwerindustrie in Außenwirtschaftsfragen bedingten. So konnte der luxemburgische auswärtige Dienst auf die nötige Fachkompetenz sowie die finanziellen, personellen und strukturellen Ressourcen der Schwerindustrie zurückgreifen:

Wie bereits am Beispiel Mayrischs deutlich wurde, saßen in den Chefetagen der Schwerindustrie Personen, die über das nötige Expertenwissen in Außenwirtschaftsfragen verfügten. Sie wurden immer wieder vom Auswärtigen Dienst Luxemburgs bei wirtschaftsdiplomatischen Fragen in beratender Funktion herangezogen oder direkt als Wirtschaftsemissäre mit Wirtschaftsmissionen betraut, um die luxemburgischen Interessen aktiv im Ausland zu verfechten.

---

140 Erst Ende 1948 konnte sich der Produktionsumfang der ARBED normalisieren. Zur Situation der ARBED in der unmittelbaren Nachkriegszeit vgl. REGENER Gilles, L'industrie luxembourgeoise au lendemain de la Seconde Guerre mondiale (1944–1948), Magisterarbeit, Nancy 2004, S. 22–47 [im Folgenden zitiert als: REGENER, Industrie]. Allgemein zum wirtschaftlichen Wiederaufbau Luxemburgs in der Nachkriegszeit siehe BASTIAN Paul, Le redressement économique et financier du Grand-Duché de Luxembourg depuis la libération, Brüssel 1950. Verwiesen werden soll auch auf ein laufendes Dissertationsprojekt an der Universität Löwen von Jean-Marie KREINS, der sich mit der gleichen Fragestellung beschäftigt: KREINS Jean-Marie, La reconstruction du Grand-Duché de Luxembourg après le second conflit mondial (1945–1952). Perspectives socio-économiques, Universität Löwen, Graduiertenkolleg: Identités des Europes et mondes contemporains. Zur Beteiligung der ARBED am wirtschaftlichen Leben Luxemburgs siehe Archives nationales du Luxembourg (ANLux), AE-08413, Notiz von Bech (MAEL), 1. Februar 1947, 1 S.; siehe auch HEINTZ, Défense].

In den 20er Jahren des 20. Jahrhunderts griffen die Chefs des Auswärtigen Dienstes, Reuter und später Bech, dabei vor allem auf Albert Calmes[141] zurück. Damals Generalsekretär und ab 1926 Verwaltungsdirektor der ARBED gehörte Calmes einer neuen studierten Wirtschaftselite Luxemburgs an, die ihre Ausbildung im Ausland genossen hatte und nun in Führungspositionen der luxemburgischen Stahlindustrie saß. Calmes wurde von Reuter und Bech häufig zum Abschluss neuer Wirtschaftsverträge entsandt. Zudem wurde er als stellvertretender Gesandter, später als Gesandter mit der Repräsentation der luxemburgischen Interessen im Obersten Rat der UEBL (*Conseil supérieur*) beauftragt.[142]

Daneben spielten aber auch finanzielle und vor allem strukturelle Gründe bei der Übertragung von diplomatischen Missionen an Industrielle eine Rolle. 1925 wurde etwa der Baron Nicolas Kirsch-Puricelli[143], ein aus Luxemburg

---

141 Calmes Albert (*1881 in Paris, † 1967 in Luxemburg); zwischen 1900 und 1902 Korrespondent und Buchhalter bei der Differdinger DEUTSCH-LUXEMBURGISCHE; danach wirtschaftswissenschaftliche Ausbildung in Frankfurt und Zürich; später Professur für Wirtschaft in St. Gallen, Berlin, Mannheim und Frankfurt; kurzzeitig, ab 1917, im luxemburgischen öffentlichen Dienst tätig, bevor er ab 1920 Leiter der Wirtschaftsabteilung der ARBED wird; schneller Karriereaufstieg innerhalb der ARBED: 1922 Generalsekretär der Zentralverwaltung, 1926 dann Verwaltungsdirektor der ARBED; parallel hierzu diplomatische Ehrenaufgaben im Namen des luxemburgischen Staates. Neben seiner aktiven Laufbahn tat er sich vor allem als Historiker hervor. So veröffentlichte er mehrere Monographien zur Geschichte Luxemburgs im 19. und 20. Jahrhundert. Zum historiographischen Schaffen Albert Calmes' siehe MAAS Jacques, La révolution de 1848 n'a pas eu lieu – L'historiographie de tradition orangiste et l'oeuvre d'Albert Calmes; in: Forum für Politik, Gesellschaft und Kultur in Luxemburg 185 (Juli 1998), S. 52 f. Zu seiner Bibliographie allgemein vgl. JAUN Rudolf, Management und Arbeiterschaft: Verwissenschaftlichung, Amerikanisierung und Rationalisierung der Arbeitsverhältnisse in der Schweiz 1873–1959, Zürich 1986, S. 430; BARTHEL, Bras de fer, S. 187 mit Anm. 167.

142 Zu den diplomatischen Aktivitäten Albert Calmes' siehe BARTHEL, Aspect, S. 247; DERS., Bras de fer, S. 382. Zu seiner kurzzeitigen Aufgabe als Honorargeneralkonsul für Albanien in Luxemburg 1923–1939 siehe das Dossier ANLux, AE-03115.

143 Kirsch-Puricelli, Nicolas (*3. Dezember 1866 in Dippach, † 8. Oktober 1936 in Rheinböllerhütte); Angaben in: Eintrag Nicolas Kirsch, in: vLUXRACINES.LU (Hg.), Familljefuerschung. Jang Thoma-Genealogy. Datenblatt zu Nicolas Kirsch, URL: http://thomafamill.lu/genealogy/getperson.php?personID=I25166&tree=thoma_public (Stand: 3. November 2013).

stammender reicher rheinischer Industrieller, als Geschäftsträger Luxemburgs nach Berlin entsandt.[144]

Da die Vertretung eines Landes im Ausland ursprünglich ein Ehrenamt darstellte, waren damit vor allem Personen betraut, die über gewisse finanzielle Ressourcen verfügten. Daher verwundert es nicht, dass Botschafter des 19. und der ersten Hälfte des 20. Jahrhunderts häufig aus den Reihen des Adels oder des reichen Bürgertums stammten.

Neben seinem Wohlstand und seiner Erfahrung als Besitzer eines Stahlwerks, der Rheinböllerhütte, war Kirsch-Puricelli auch noch international bestens vernetzt: Auf seiner Burg Reichenstein im Rheintal bei Bingen kamen Industrielle und Politiker gleichermaßen zusammen. Damit glich die Burg Reichenstein dem Schloss Colpach, auf welches Luxemburgs größter Stahlbaron und Generaldirektor der ARBED Emil Mayrisch einlud und sich Europas führende Industrieunternehmer und politische Prominenz die Ehre gaben. Zu dem Zeitpunkt, an dem Joseph Bechs außenpolitische Karriere begann, war Mayrisch Mediator einer deutsch-französischen Aussöhnung und Leiter des Internationalen Stahlkartells. Der Rückgriff auf Industrielle im Rahmen diplomatischer Aufgaben führte eines deutlich vor Augen: Colpach und Reichenstein waren weitaus besser vernetzt und verfügten über bessere Kontakte als die Regierungsabteilung für Auswärtige Angelegenheiten.

Dies wird umso deutlicher, wenn man sich die Auslandsvertretungen der ARBED und des luxemburgischen Staates in der Zwischenkriegszeit vor Augen führt: Bis zum Vorabend des Krieges war Luxemburg diplomatisch offiziell in sechs Ländern vertreten. Seit den 20er Jahren hatte man – parallel zum Wachsen der Schwerindustrie – zwar versucht, die Zahl der Konsulate zu erweitern, doch geben die Quellen kaum Auskunft darüber, ob die Konsulate wirklich ihre Tätigkeit aufnahmen oder nur auf dem Papier existierten.

Dagegen konnte die ARBED seit den 20er Jahren auf ein weltweites Netz von Vertretungen zurückgreifen: 1920 gründete das Unternehmen das Handelskontor COMPTOIR MÉTALLURGIQUE LUXEMBOURGEOIS (COLUMETA), eine für die

144 Kirsch-Puricelli war bereits zuvor mit einer Wirtschaftsmission betreffend den Weinbau in Berlin beauftragt worden. 1924 trat er in Berlin mit dem Titel eines Ministers auf, was in der luxemburgischen sozialistischen Presse für Empörung sorgte, da sie von der luxemburgischen Regierung über die luxemburgische Vertretung in Berlin nicht informiert worden war und dem Auftreten Kirsch-Puricellis mit Skepsis begegnete; vgl. O. A., Skandal, in: Der Landwirt 115 (25. September 1924) und O. A., Lokalneuigkeiten, in: Luxemburger Tageblatt 220 (20. September 1924).

damalige Zeit einzigartige Verkaufsorganisation. Die COLUMETA hatte das Monopol auf den Verkauf der ARBED-Produkte. Sie operierte weltweit und besaß in den zwanziger Jahren bereits über ein Dutzend Vertretungen, darunter in Japan, China und Südafrika.[145]

Der luxemburgische Dienst verfügte demnach bis in die unmittelbare Nachkriegszeit hinein kaum über die nötigen personellen, strukturellen und finanziellen Ressourcen, um eine effektive und umfassende Außenpolitik zu betreiben, ohne auf ein System von Vertretungen zurückgreifen zu müssen. Die benötigten Mittel bezog man einfach aus der Schwerindustrie. Hier besaß man das *Knowhow*, die finanziellen und strukturellen Mittel und vor allem den Wunsch, die Interessen Luxemburgs und damit indirekt die eigenen zu vertreten. Dieses System hatte sich unter der Regierung Reuter in den zwanziger Jahren des 20. Jahrhunderts fest etabliert und war in der Zwischenkriegszeit zu einer Konstante der luxemburgischen Außenpolitik geworden, die sich bis zum Ausbruch des Krieges, aufgrund des Neutralitätskurses und des damit verbundenen engen Handlungsspielraums, vor allem mit Außenwirtschaftsfragen beschäftigte.

Das Verhältnis zwischen dem luxemburgischen diplomatischen Dienst und der Schwerindustrie beschränkte sich allerdings nicht einfach darauf, die Ressourcen der Industrie für diplomatische Aktivitäten zu nutzen, von denen letztendlich auch die Schwerindustrie profitierte. Sowohl die Leitung der luxemburgischen Schwerindustrie als auch der diplomatische Dienst bewegten sich auf einem internationalen Parkett. Das Abschließen von Verträgen und Abkommen, das Festlegen einer länderübergreifenden Zusammenarbeit, das Ganze vor dem Hintergrund einer größtmöglichen Verschwiegenheit und in einer festgelegten, geradezu ritualisierten Form war beiden Kreisen bekannt. Es verwundert daher nicht, dass die Personen aus diesen Kreisen oft der gleichen elitären sozialen Schicht entsprangen.[146] *Per natura* bestehen elitäre Kreise nur aus einer limitierten Anzahl an Personen. Gerade bei der Anwerbung neuer Personen für den diplomatischen Dienst im Zuge des Ausbaus der auswärtigen Angelegenheiten in den vierziger

---

145 Siehe den umfangreichen Archivfonds zur COLUMETA als Unterabteilung des ARBED-Fonds im ANLux.

146 So schon RENOUVIN Pierre/DUROSELLE Jean Baptiste, Introduction à l'histoire des relations internationales, Paris 1991, S. 168, die bemerkten: *„D'ailleurs, hommes politiques, diplomates et hommes d'affaires appartenaient souvent au même milieu social: les liens personnels qui existaient entre eux facilitaient cette conjonction."* Eine ähnliche Nähe, jedoch stärker relativisierend stellte PERRENOUD Marc, Banquiers et diplomates suisses (1938–1946), Lausanne 2011, S. 11 f. und 463–465 [im Folgenden zitiert als: PERRENOUD, Banquiers] zwischen Schweizer Diplomaten und Banquiers fest.

Jahren wurden die neuen Posten mit Personen versehen, die der Schwerindustrie nahe standen. So war etwa Hugues le Gallais, außerordentlicher Gesandter und stellvertretender Minister Luxemburgs in Washington der Sohn Norbert Le Gallais'[147], eines Mitbegründers der ARBED von 1911 und zeitweiligen Konsuls Luxemburgs in Großbritannien. André Clasen, luxemburgischer Geschäftsträger in London war Sohn Bernhard Clasens, des Direktors der COLUMETA EXPORT CO in London.[148]

Allgemein erleichtert die Zugehörigkeit zu einer identischen oder ähnlichen sozialen Schicht einen Karrierewechsel zwischen den einzelnen Berufsständen, die diesen Schichten angehören. So verwundert es auch nicht, dass sich mitunter auch ein Wechsel von der Schwerindustrie in die Diplomatie und umgekehrt feststellen lässt: der eben genannte Hugues L Gallais bspw. fungierte in den zwanziger Jahre als Repräsentant der COLUMETA in Japan.[149] Gerade diese Auslandserfahrung dürfte innerhalb des MAEL ein entscheidendes Kriterium bei der Rekrutierung Le Gallais' gespielt haben.

Die enge personelle Zusammenarbeit zwischen Schwerindustrie und Außenministerium, der Karrierewechsel innerhalb beider Berufsstände sowie das Heranziehen der Industriellen als Experten erinnert dabei stark an die traditionelle luxemburgische Notabelnregierung, die erst durch die Entwicklungen im Zuge des Ersten Weltkrieges einen entscheidenden Wandel vollzog. Damit wurde im Vergleich zu den Entwicklungen in der Innenpolitik auf ein geradezu anachronistisches Modell zurückgegriffen.

Der Rückgriff auf Personen aus der Wirtschaft zur Gewährleistung staatlicher Interessen und deren größere Erfahrung auf dem diplomatischen Parkett waren jedoch kein rein luxemburgisches Phänomen. So stellte die internationale Forschung unlängst fest, dass sich diese Charakteristika im Ausland vor allem

---

147 Le Gallais, Norbert (*17. April 1860 in Septfontaines; † 5. März 1934 in Luxemburg-Stadt); nach dem Jurastudium Einstieg in die Schwerindustrie; Aufstieg innerhalb der Gesellschaft METZ & CIE bis zur Übernahme der Leitung der Firma, nach dem Tod von Emil Metz unter dem Neuen Namen LE GALLAIS-METZ & CIE, 1904; 1911 maßgeblich an der Fusion der Werke, die zur Gründung der ARBED führten, beteiligt; daneben politische Karriere: von 1892–1895 im Gemeinderat der Stadt Luxemburg; ab 1908 bis zu seinem Tod Abgeordneter (mit Unterbrechung zwischen 1916–1918); siehe DOSTERT Paul, Norbert Le Gallais 1860–1934, in: 400 Joer Kolléisch, Luxemburg 2003, Bd. 2, S. 309 f.

148 Hierzu MAAS, Groupe S. 359 f.; BARTHEL, Aspect, S. 246.

149 FELDENKIRCHEN Wilfried, Fernostgeschäfte der Felten & Guilleaume Carlswerk AG. zum Beginn des Zweiten Weltkrieges, in: ZUG 22 (1977) S. 91–108 und 161–182, hier S. 165 f. [im Folgenden zitiert als: FELDENKIRCHEN, Fernostgeschäfte].

in den turbulenten Jahren des Ersten Weltkrieges finden. Allerdings setzte hier nach dem Krieg ein schneller diplomatischer Ausbau ein.[150] Im Vergleich hierzu verlief die Entwicklung im Großherzogtum sehr viel langsamer.

Das System Bech[151]

Der bis in die Nachkriegszeit legislativ nicht verankerte diplomatische Apparat Luxemburgs war aufgrund seiner Ressourcenknappheit und der Vorliebe seiner Leiter sehr stark personenbezogen. Wurden die Auswärtigen Angelegenheiten Luxemburgs zwischen 1888 und 1915 von Paul Eyschen[152] bestimmt, so war es Joseph Bech der zwischen 1926–1959 ohne Unterbrechung während 33 Jahren die Leitung der luxemburgischen Diplomatie übernahm. Mit ihm begann eine neue Ära luxemburgischer Außenpolitik. Aus einer liberalen mittelständischen Familie stammend wuchs Bech im Moselort Grevenmacher auf. Seine schulische Ausbildung jedoch genoss er in Diekirch und Echternach. Zeit seines Lebens war er eng mit der Moselregion und der Winzerkultur verbunden. Größtenteils fremd jedoch blieb ihm das Arbeitermilieu im Süden des Landes. Die Arbeiteraufstände in den Jahren 1917–1921, verbunden mit den großen Streiks in der Stahlindustrie, prägten ihn maßgeblich: Bis zu seinem Tod hielt er zur Arbeiterschaft und

---

150 Andersen Steen, Neutrality, trade and diplomacy – Danish-British relations during the First World War, in: European Business History Association – Business History Society of Japan, Business enterprises and the tensions between local and global, Konferenz in Paris vom 30. August bis 1. September 2012, URL: http://ebha-bhsj-paris.sciencesconf.org/4374 (Stand: 25. Oktober 2013) [im Folgenden zitiert als: Steen, Neutrality].

151 Der Begriff wurde von Steve Kayser geprägt, der von einem *„système bechéen"* spricht; siehe hierzu Kayser, Engagement, S. 179.

152 Paul Eyschen (*9. September 1841 in Diekirch; † 11. Oktober 1915 in Luxemburg); luxemburgischer Politiker. Zwischen 1888 und 1915 lag das Ressort der Außenpolitik exklusiv in den Händen des Staatsministers Paul Eyschen. In seiner Zeit war er zudem das einzige Mitglied der luxemburgischen Regierung, das über diplomatische Erfahrung verfügte. Die außenpolitsichen Handlungen Eyschens wurden von Heisbourg treffend als *„one man show"* bezeichnet; siehe Heisbourg, CD, S. 379. So nahm er dann auch als Vertreter des Großherzogtums an den Haager Friedenskonferenzen von 1899 und 1907 teil, die sich mit der friedlichen Regelung internationaler Konflikte befassten. Hier trat Eyschen für die Sache der neutralen Staaten ein. Die Haager Friedenskonferenzen waren die ersten internationalen Kongresse, an denen ein Vertreter Luxemburgs aktiv teilnahm. Zur Teilnahme Eyschens an den Haager Friedenskonferenzen siehe Mersch Jules, Paul Eyschen, in: Biographie nationale 5, S. 71–153, hier S. 121 f.; Thewes, Gouvernements, S. 56.

zu jeglicher Form von Populismus und politischen Massenbewegungen große Distanz.[153] Damit verbunden war auch seine grundlegende anti-kommunistische Haltung.[154] Obwohl eher gleichgültig in Bezug auf religiöse Fragen, trat er dennoch im Alter von 27 Jahren in die katholische Rechtspartei ein. Diese hatte sich in mehreren Etappen zwischen 1908 und 1914 konstituiert. Sie richtete sich vor allem an eine konservative, rechte und katholische Wählerschaft.[155]

Bereits 1921, mit gerade einmal 34 Jahren, wurde er zum bis dahin jüngsten Minister ernannt. Barthel stellte in diesem Zusammenhang die Vermutung auf, dass seine Ernennung zum Außenminister auf Betreiben der Industrieunternehmer zustande gekommen war, die im Hintergrund bereits für die Absetzung von Bechs Vorgängern Reuter und Prüm gesorgt hätten und nun in Bech einen jungen geeigneten Kandidaten sahen, ihre Außenwirtschaftsinteressen zu verteidigen.[156]

Neben seiner langjährigen Tätigkeit als Außenminister war Bech zwischen 1926–1937 und 1953–1958 Staatsminister des Landes. Zwischen 1926–1959 leitete er ohne Unterbrechung die luxemburgische Außenpolitik. Gerade die Leitung der luxemburgischen Außenpolitik über einen solch langen Zeitraum sollte einen tiefgreifenden Einfluss auf die luxemburgische Diplomatie haben. So wird denn Bech auch in der luxemburgischen Historiographie gerne als *„Begründer der luxemburgischen Außenpolitik“* bezeichnet.[157] Angesichts des Führungsstils Bechs gilt es aber diese Einschätzung zu hinterfragen.

Bech war maßgeblich für die außenpolitische Neuausrichtung Luxemburgs während des Zweiten Weltkriegs verantwortlich: Der außenpolitische Kurswechsel sollte auch schwerwiegende Konsequenzen für den diplomatischen Apparat Luxemburgs haben. Es fällt dabei auf, dass gewisse Charakteristika der luxemburgischen Diplomatie auch nach der neuen außenpolitischen Ausrichtung bestehen blieben.

In erster Linie wurde die Leitung der auswärtigen Angelegenheiten ohne Kontinuitätsbrüche von Joseph Bech über die Kriegsphase bis in die Nachkriegszeit

---

153 Trausch Gilbert, Joseph Bech, un homme à facettes, in: Nos cahiers 20/3 (1999), S 47–59, hier S. 48 [im Folgenden zitiert als: Trausch, Joseph Bech] spricht in diesem Kontext von *„masses populaires sur la scène politique.“*

154 Siehe hierzu noch ausführlich weiter unten, S. 245–254.

155 Trausch Gilbert, Die Gründung der Partei der Rechten (1914–1919), in: Ders. (Hg.), CSV Spiegelbild eines Landes und seiner Politik? Geschichte der Christlich-Sozialen Volkspartei Luxemburgs im 20. Jahrhundert, S. 137–184.

156 Barthel, Aspect, S. 240 f.; Ders., Bras de fer, S. 355.

157 Trausch, Ministry, S. 353.

gewährleistet. Von den vier ins Exil geflüchteten Ministern war Bech der einzige mit Erfahrung auf dem internationalen Parkett.[158] Er verteidigte mit Minister Bodson[159] und dem Regierungschef Dupong die luxemburgischen Interessen in den meisten Sitzungen und Versammlungen zur Gestaltung der Nachkriegsordnung. Die vor allem in den Sitzungen des Völkerbunds gewonnenen diplomatischen Fähigkeiten Bechs sowie seine persönlichen Kontakte trugen entscheidend dazu bei, dass sich das Großherzogtum in die Reihe der Alliierten eingliedern konnte. Sie ermöglichten dann auch den schnellen Abschluss der Benelux-Verträge.

Hatte sich die luxemburgische Außenpolitik nach Aufgabe der Neutralität völlig neu ausgerichtet, so blieb das diplomatische Auftreten unverändert. Hier zeigte sich wieder die Handschrift Bechs, der die Kontinuität der luxemburgischen Sichtweise garantierte. In einem Brief vom September 1941 an den stellvertretenden Minister Luxemburgs in Washington, Hugues Le Gallais, äußerte sich Bech diesbezüglich:

> *„Pour résumer notre point de vue traditionnel, que les événements ont d'ailleurs justifié, je vous indique que nous avons à éviter deux écueils également dangereux: d'une part tomber dans l'oubli en raison de notre modestie, d'autre part paraître importuns, en raison du fait de nous mettre trop en évidence."*[160]

Diese Maxime hatte sich auch neun Jahre später nicht verändert. Im Rahmen einer Parlamentsdebatte zu Haushaltsfragen hob Bech unter anderem hervor:

> *„Depuis que j'ai l'honneur de représenter notre pays au sein de la Société des Nations, des Nations Unies et dans toutes les institutions internationales dont nous sommes membres, j'ai toujours cherché à donner à notre présence le caractère de réserve, de*

---

158 Trausch, Joseph Bech, S. 53.

159 Bodson Victor (*24. März 1902 in Luxemburg; † 29. Juni 1984 in Bad Mondorf); Beginn der beruflichen Laufbahn als Anwalt; 1930 Beginn seiner politischen Karrieren innerhalb der Arbeiterpartei (spätere LSAP); 1934 Abgeordneter und im Jahr darauf im Gemeinderat der Stadt Luxemburg; 1940 Minister der Ressorts Justiz, Bauten und Transport; Flucht ins britische Exil; die Ressorts hielt er nach der Befreiung Luxemburgs wieder bis 1947 in Händen; 1951–1959 erneut Transport- und Justizminister; 1964–1967 Präsident der luxemburgischen Abgeordnetenkammer; zu Bodson vgl. Dostert Paul, Victor Bodson 1902–1984, in: 400 Joer Kolléisch, Luxemburg 2003, Bd. 2, S. 387 f.; Haag Emile, Victor Bodson *1902 †1984, l'homme d'action tous azimuts, in: Ders. (Hg.), Une réussite originale. Le Luxembourg au fil des siècles, Luxemburg 2011, S. 466–471.

160 Brief von J. Bech an H. Le Gallais vom 10. Septembre 1941, abgedruckt in Heisbourg, Gouvernement 2, S. 116 f.

pondération et de conciliation qui dans les conflits d'idées et d'intérêts parmi les peuples du monde sied à notre petit pays."[161]

Diese Aussagen zeugen von der ganzen Sachlichkeit Bechs: Er wusste das Land auf dem internationalen Parkett zu situieren und die diplomatischen Bemühungen auf Ziele zu fokussieren, die realisierbar waren, wie etwa die Beteiligung Luxemburgs in diversen internationalen Organisationen. Sein ausgeprägter Realitätssinn machte sich auch während des Krieges in der deutschen Frage bemerkbar. Bei einem Auftritt vor der Kommission für Auswärtige Angelegenheiten des amerikanischen Repräsentantenhauses, am 3. Juni 1942, bemerkte Bech: „*There is Germany. And Germany cannot be excluded from the European Community*".[162] Bech war damit einer der ersten Befürworter eines in das neue europäische System eingegliederten Nachkriegsdeutschlands. Der Diskurs verdeutlichte Bechs Konzeption Europas für die Nachkriegszeit: Er unterstützte eine europäische Vereinigung mittels einer wirtschaftlichen Integration. Dabei führte er als Beispiel die erfolgreiche Zoll- und Währungsunion UEBL an. Doch kann dieses auf Deutschland bezogene Zitat auch mit Blick auf die Zukunft der luxemburgischen Schwerindustrie verstanden werden: Bech war sich der Bedeutung des deutschen Marktes für die luxemburgische Schwerindustrie und damit letztlich für die luxemburgische Wirtschaft vollstens bewusst. Auch der Krieg und die erneute Besetzung des Landes durch deutsche Truppen hatten seine Überzeugung einer engen wirtschaftlichen Bindung Luxemburgs und Deutschlands nicht schmälern können. Hier zeigte sich die ganze realpolitische Sichtweise Bechs, die sich über eine wirtschaftspolitische Isolation Deutschlands in der Nachkriegszeit hinwegsetzte.

Die luxemburgische Diplomatie war sich auf internationalem Parkett stets ihrer Stellung bewusst. So vermied sie es, sich in Angelegenheiten hineinziehen zu lassen, die das Land nicht direkt betrafen. Das MAEL übernahm die von Joseph Bech vorgelebte diplomatische Maxime einer pragmatischen und realistischen Herangehensweise und ging damit jeder Polemik aus dem Weg.

Pragmatismus und Realpolitik[163] waren nicht die einzigen Charakteristika der luxemburgischen Diplomatie unter Bech.

---

161 Projet de loi concernant le Budget des recettes et des dépenses de l'Etat pour l'exercice 1950 – n° 291, in: CR, 43. Sitzung (19. April 1950), Sp. 1595–1631, hier Sp. 1596.

162 BIRDEN/SANTER, Joseph Bech, S. 107.

163 Die vorliegende Arbeit folgt der Definition des deutschen Wörterbuchs Duden nachdem sich Realpolitik als Politik versteht, „*die vom Möglichen ausgeht und auf abstrakte Programme und ideale Postulate verzichtet.*", Duden, URL: http://www.duden.de/rechtschreibung/Realpolitik (Stand: 22. April 2014).

Die Leitung der luxemburgischen Außenpolitik war in hohem Maße abhängig von den handelnden Personen. Wie schon Paul Eyschen fungierte Bech als unumstrittener Leiter der Auswärtigen Angelegenheiten. Der Kreis seiner Mitarbeiter war sehr beschränkt. Bech griff vor allem auf Albert Wehrer, einen Anwalt und Regierungsrat, zurück, der praktisch die Funktion eines Generalsekretärs erfüllte. Seit 1938 war Wehrer als Geschäftsträger beim Deutschen Reich akkreditiert. Der äußerst begrenzte diplomatische Apparat, auf den Bech zurückgreifen konnte, unterstreicht einerseits das Arbeitspensum Bechs, war aber andererseits auch darauf zurückzuführen, dass sich Bech gegen eine Vergrößerung des Apparates aussprach und bewusst gerne alleine oder mit begrenztem Personal arbeitete.[164]

Tatsächlich unternahm Bech wenig, um den personellen Ausbau des diplomatischen Dienstes zu fördern. 1937 wurde das Ressort für auswärtige Angelegenheiten alleiniger Inhaber des Gebäudes des ehemaligen Refugiums des Klosters St. Maximin vor Trier. Auch in der Nachkriegszeit sollte sich die Haltung Bechs zum Ausbau der diplomatischen Behörde kaum ändern. Das obwohl die neue aktive Bündnispolitik des Großherzogtums dem diplomatischen Dienst ein immer größeres Arbeitspensum abverlangte.

Die Bevorzugung einer personell begrenzten außenpolitischen Behörde erlaubte eine stärkere Ausrichtung der Auswärtigen Angelegenheiten auf ihren Leiter Bech. Der Außenminister bevorzugte eine Leitung der Außenpolitik durch einige wenige führende Kader der luxemburgischen Politik und Wirtschaft. Er traf vor allem persönliche und mündliche Vereinbarungen.[165] So sind denn auch nur wenige Dokumente in den Akten vorhanden, die eindeutig die Handschrift des Außenministers tragen. Er hielt damit geradezu an einem anachronistischen politischen Modell aus der Zeit vor dem Ersten Weltkrieg, einer Politik der Notablen, fest. Diese Politik fand unter Bech in der Tradition Reuters in den Hinterzimmern, unbeobachtet von der Presse statt. Wie im vorigen Unterkapitel aufgezeigt werden konnte, waren dabei in der Zwischenkriegszeit vor allem auch Vertreter der luxemburgischen Schwerindustrie beteiligt.

Unter Bech fällt auf, dass gerade die luxemburgische Abgeordnetenkammer weitgehend ihrer Entscheidungsmöglichkeiten in außenpolitischen Fragen

---

164 Vgl. Barthel, Aspect, S. 245; Trausch Gilbert, De l'UEBL au Benelux, Joseph Bech et l'émancipation du Luxembourg, in: Postma A. u. a. (Hg.), Regards sur le Benelux. 50 ans de coopérations, Brüssel 1994, S. 341–348, hier S. 341.

165 Trausch, Ministry, S. 356.

beraubt war. Außenpolitik wurde zumeist nur im Rahmen der jährlichen Abstimmung über den Staatshaushalt von Bech erläutert. Er hielt sich dabei mit ausführenden Erklärungen soweit wie möglich zurück. Ähnlich verhielt er sich auch gegenüber der parlamentarischen Kommission für Auswärtige Angelegenheiten. Die luxemburgische Abgeordnetenkammer wurde gerne vor vollendete Tatsachen gestellt: Ihr wurde häufig lediglich das Endprodukt der diplomatischen Bemühungen, etwa internationale Abkommen, zur Abstimmung vorgelegt. Richtige Einflussmöglichkeiten auf die eigentlichen Verhandlungen hatten die Abgeordneten kaum. Aus den Reihen der Abgeordneten wurde Bech dieser Mangel an Transparenz auch häufig vorgeworfen.[166]

Da die luxemburgische Außenpolitik nur in großen Abständen auf der politischen Tagesordnung stand, verwundert es nicht, dass die öffentliche Rezeption der luxemburgischen Außenpolitik weiterhin nur gering ausgeprägt war. In den ersten Jahren des Krieges interessierte sich die Öffentlichkeit lediglich für einige ausgesuchte außenpolitische Fragen, wie etwa die deutsche Reparationsfrage oder die Akzeptanz des Marshall-Plans.[167]

Trotz der neuen außenpolitischen Ausrichtung und der wirtschaftlichen, sozialen und institutionellen Veränderungen des Großherzogtums nach dem Ende des Zweiten Weltkriegs, hielt Bech an seinem in der Zwischenkriegszeit herausgebildeten Führungsstil bei. Anhand der Voruntersuchungen der luxemburgischen Historiographie wurde deutlich, dass Bech bei seiner Leitung gerne auf die luxemburgische Schwerindustrie zurückgriff. Die vorliegende Untersuchung der Verteidigung der ARBED-Beteiligungen in Osteuropa erlaubt es das Verhältnis

166 Siehe bspw. die Intervention des Abgeordneten Adrien Van Kauvenbergh (LSAP), in: CR, 27. Sitzung (22. März 1949), Sp. 1111, der von einem *„mutisme traditionnel"* spricht oder von Lambert Schaus (CSV), in: CR, 19. Sitzung (18. Februar 1954), Sp. 538: *„Permettez-moi de vous dire que votre politique est peut-être bonne, mais elle est faite en cachette. Nous voudrions au moins une fois par an être mis au courant."* Weit kritischer waren dagegen die kommunistischen Abgeordneten, die Bech vorwarfen, sie bewusst aus der parlamentarischen Kommission für Auswärtige Angelegenheiten fernzuhalten; siehe hierzu die Intervention von Urbany, in: CR, 27. Sitzung (22. März 1949), Sp. 1087.

167 Zur Reparationsfrage in Luxemburg siehe GROSBUSCH André, La question des réparations dans l'opinion luxembourgeoise 1945–1949, in: Hémecht. Zeitschrift für Luxemburger Geschichte 36/4 (1984), S. 569–591; zur Rezeption des Marschallplans in Luxemburg siehe KREINS Jean-Marie, La réception du plan Marshall au Grand-Duché de Luxembourg: 1947–1951, in: Hémecht. Zeitschrift für Luxemburger Geschichte 61 (2009), S. 309–343, 437–465.

zwischen luxemburgischer Schwerindustrie und dem MAEL über diesen Zeitraum in der Nachkriegszeit zu beleuchten und die bisher gewonnenen Erkenntnisse zu erweitern.

Der diplomatische Dienst der Zwischen- und unmittelbaren Nachkriegszeit ließe sich als eine personell und materiell stark eingeschränkte Behörde umschreiben, unter der Leitung eines an einem anachronistischen Verwaltungsmodells festhaltenden langjährigen Außenministers Bech, und die gerade in Außenwirtschaftsfragen auf die Erfahrung und die Ressourcen der luxemburgischen Schwerindustrie zurückgriff. Anders als bisweilen in der luxemburgischen Historiographie behauptet, führten innenpolitische und institutionelle Entwicklungen nach dem Ende des Ersten Weltkrieges nicht pauschal zu einem Rückgang des Einflusses der ARBED auf die luxemburgische Politik. Unter einer isolierten Betrachtung der reinen Außenpolitik konnte festgestellt werden, dass sich der Einfluss des luxemburgischen Konzerns gerade in der Zwischenkriegszeit mit zunehmender Internationalisierung steigerte.

Mit Blick auf die einleitend in diesem Unterkapitel gestellte Forschungsfrage, ob der radikale Wechsel der außenpolitischen Ausrichtung des Großherzogtums auch Auswirkungen auf die Funktionsweise und Struktur des diplomatischen Apparates hatte, kann an dieser Stelle nur eine Teilantwort gegeben werden. Die kaum veränderte personelle Besetzung der Behörde, die Beibehaltung der internen Funktionsweise sowie ihr nur langsamer Ausbau bezeugen, dass der radikale Wechsel des internationalen Statuts des Landes kaum oder nur geringfügige Auswirkungen auf die Funktionsweise und Struktur des Dienstes hatte. Hier kann demnach eine Kontinuität über den Zweiten Weltkrieg hinaus festgestellt werden. Ob sich mit der Neuausrichtung der luxemburgischen Außenpolitik das Verhältnis zwischen der diplomatischen Behörde und der luxemburgischen Schwerindustrie wandelte, kann erst über die eingehende Untersuchung dieses Verhältnisses im Rahmen der hier behandelten Thematik näher beleuchtet werden. Hierauf soll weiter unten noch einmal explizit eingegangen werden.

Die Neuausrichtung der luxemburgischen Außenpolitik führte zu einer Vergrößerung der Entscheidungs- und Handlungsspielräume des diplomatischen Apparates. Da dieser aber nur langsam ausgebaut wurde, verfügte die Behörde auch zum Zeitpunkt der Aufnahme der Verteidigung der Beteiligungen der ARBED nur über unzureichende materielle wie personelle Ressourcen.

Sein Personal war bis auf Bech, Wehrer und einige andere Mitarbeiter jung und vergleichsweise unerfahren. Wie noch zu sehen sein wird, investierte das MAEL, trotz struktureller Probleme, all seine Kräfte, um die Beteiligungen der ARBED in Mittel- und Osteuropa zu schützen.

I.2 Die ARBED in Osteuropa von 1919 bis zum Ende des Zweiten Weltkrieges

I.2.1 Auf dem Weg zur „internationalsten Stahlgesellschaft ihrer Zeit“[168]

1911 fusionierten die Hüttenwerke Burbach, Eich und Düdelingen, namentlich die SOCIÉTÉ ANONYME DES HAUTS FOURNEAUX ET FORGES DE DUDELANGE (gegründet 1882), die SOCIÉTÉ DES FORGES D'EICH (gegründet 1838) sowie die SOCIÉTÉ ANONYME DES MINES DU LUXEMBOURG ET DES FORGES DE SARREBRUCK (gegründet 1858) und formten die SOCIÉTÉ ANONYME DES ACIÉRIES RÉUNIES BURBACH-EICH-DUDELANGE (ARBED), die infolge des Versailler Vertrags in ein luxemburgisches Unternehmen umgewandelt wurde.

Dieser Zusammenschluss war zum einen wegen des vom Deutschen Zollverein propagierten Wunsches einer stärkeren Konzentration der luxemburgischen Stahlindustrie nötig geworden, zum anderen war er aber auch das Resultat der engen Zusammenarbeit der damaligen Leiter der zu fusionierenden Werke, Emile Mayrisch und Gaston Barbanson.[169]

Seit ihrer Gründung nahm die ARBED eine führende Stellung in der luxemburgischen Wirtschaft ein. Mit den beiden anderen großen Stahlunternehmen des Landes, der DEUTSCH-LUXEMBURGISCHEN BERGWERKS- UND HÜTTEN-AG und der GELSENKIRCHENER BERGWERKS-AG, wurde Luxemburg im Verhältnis

---

168 MAAS, Groupe, S. 347.

169 Gaston Barbanson (*26. Juni 1876 in Brüssel; †4. Mai 1946 in Luxemburg); Sohn des Vizegouverneurs der SOCIÉTÉ GÉNÉRALE DE BELGIQUE und mütterlicherseits aus einer Familie von Industriellen stammend; Karrierebeginn in einer Brüsseler Anwaltskanzlei, danach Laufbahn in der Schwerindustrie; nach Stationen in Köln, Brüssel und Limburg, wurde er 1905 Kommissar der HAUTS-FOURNEAUX ET FORGES DE DUDELANGE, in welcher Funktion er zusammen mit Mayrisch und anderen luxemburgischen Industriellen die Fusion der Unternehmen zur ARBED einleitete; im Ersten Weltkrieg Eintritt in die belgische Armee unter anderem als Vertreter des Kriegsministers; 1919 Präsident des Verwaltungsrats der ARBED. Unter seiner Präsidentschaft wurden unter anderem die SOCIÉTÉ MÉTALLURGIQUE DES TERRES ROUGES und die SOCIÉTÉ MINIÈRE DES TERRES ROUGES in Luxemburg sowie die COMPANHIA SIDERURGICA BELGO-MINEIRA in Brasilien gegründet. Vgl. O. Hg., A la mémoire de Gaston Barbanson, maître des forges. 26 juin 1876–4 mai 1946, Luxemburg 1947; WILLEQUET Jacques, Barbanson Gaston, in: Académie royale des sciences, des lettres et des beaux-arts de Belgique (Hg.), Biographie nationale, 27 Bde. und 16 Zusatzbde., Brüssel 1866–1986, hier Band 38 (= Zusatzbd. 10), Sp. 9 ff.

zu seinen Einwohnern zum weltweit führenden Eisenerzeuger. 1910 wurden 2.500.000 t Gusseisen und 1.500.000 t Stahl produziert.[170] Der Konzern stellte die treibende Kraft der luxemburgischen Wirtschaft dar, beschäftigte bis zu 1/5 der erwerbstätigen Bevölkerung und lieferte die größten Abgaben an den luxemburgischen Staat. Er war daher auch für die luxemburgische Regierung von einer außerordentlich großen Bedeutung. Der Stahlsektor wurde allgemein als „*symbole même de la puissance nationale*" angesehen.[171]

Die luxemburgische Schwerindustrie sah sich jedoch mit strukturellen Schwierigkeiten konfrontiert: Zum einen war sie zu einem nicht unerheblichen Teil von ausländischen Rohstofflieferungen, allen voran Kohle, abhängig. Zum anderen erreichte ihre Produktion schnell eine Größenordnung, die vom luxemburgischen Markt nicht aufgenommen werden konnte. Ein größerer Absatzmarkt im Ausland war eine Notwendigkeit für den Fortbestand der luxemburgischen Schwerindustrie. Als vorteilhaft erwies sich die seit 1842 bestehende Mitgliedschaft Luxemburgs im deutschen Zollverein.

Hiervon konnte auch die ARBED Jahrzehnte später noch profitieren. Sie versorgte sich in erster Linie mit deutschen Rohmaterialien. Ein Liefervertrag mit dem ESCHWEILER-BERGWERKS-VEREIN öffnete den Zugang zum Kohlebecken der Aachener Region.[172]

Die Folgen des Ersten Weltkriegs lösten bei der ARBED tiefgreifende strukturelle Veränderungen aus: Durch die Auflösung des Zollvereins war das Unternehmen von seinen traditionellen Versorgungsmärkten und Wirtschaftsinteressen in Deutschland abgeschnitten. Ohne Alternative zum Deutschen Zollverein war die ARBED jedoch nicht lebensfähig.

Die Zukunft des Konzerns blieb in den Krisenjahren 1918–1922 völlig offen. So war man in der Konzernleitung auch auf Verstaatlichungen von Seiten der französischen und belgischen Behörden gefasst, da sich die luxemburgische Regierung und die Schwerindustrie des Landes Kollaborationsverdächtigungen belgischer und französischer Kreise ausgesetzt sahen.[173]

---

170 TRAUSCH, ARBED, S. 23.

171 BERGER, Relations, S. 163.

172 TRAUSCH, ARBED, S. 28.

173 BARTHEL Charles, La fusion des groupes sidérurgiques ARBED-Terres Rouges. Le reflet de la nouvelle diplomatie d'affaires en l'Europe des années vingt, in: Agence Nationale de la Recherche, 2009, URL: http://irhis.recherche.univ-lille3.fr/dossierPDF/EMERENO-Textes/Barthel.pdf (Stand: 3. November 2013), S. 1–20, hier S. 1 f. (= ECK Jean-François/CHÉLINI Michel-Pierre (Hg.), PME et grandes entreprises en Europe du Nord-Ouest XVIIIe–XXe siècle. Activités, stratégies, performances,

Durch die UEBL wurde die grundlegende Unsicherheit der luxemburgischen Wirtschaft schließlich beseitigt. Die wirtschaftliche Anbindung an Belgien stellte dabei nicht die erste Wahl der luxemburgischen Schwerindustrie dar. Doch zur gewünschten Anbindung an Frankreich, von der man sich stärkere wirtschaftliche Vorteile erhofft hatte, sollte es nicht kommen.[174]

Die Krisenjahre hatten den Verantwortlichen der ARBED die wirtschaftlichen Gefahren einer zu großen Abhängigkeit von einem ausländischen Partner vor Augen geführt. Die starke Bindung an Deutschland wäre der Gesellschaft fast zum Verhängnis geworden. Deshalb bemühte man sich im Folgenden sowohl im Bereich der Produktion als auch beim Verkauf, das Unternehmen international breiter auszurichten. Damit wollte man eine allzu große Abhängigkeit von politischen und wirtschaftlichen Entscheidungen und Entwicklungen einzelner Länder vermeiden. Insgesamt stieg das Beteiligungskapital der ARBED an anderen Unternehmen zwischen 1919 und 1926 von 39 auf 690 Millionen FLUX. Vor dem Hintergrund der hohen Inflationsraten in Luxemburg und seinen Nachbarländern gilt es die Ausgaben aber zu relativieren.[175]

Die ARBED investierte nun über den europäischen Kontinent hinaus in die brasilianische und argentinische Schwerindustrie. In Europa erwarb das Unternehmen Erzgesellschaften in Luxemburg und Lothringen sowie Hüttenwerke im Großherzogtum und im Saarland. Die benötigten Brennstoffe stammten aus niederländischen, belgischen und deutschen Steinkohlebergwerken.[176]

Die neue, aus wirtschaftlichen Gründen vorangetriebene internationale Ausrichtung machte sich verstärkt auch im Bereich des Verkaufs bemerkbar: Da der luxemburgische Markt nicht fähig war, die gesamte Produktion der ARBED

Presses universitaires du Septentrion, Villeneuve d'Ascq, 2012, S. 61–78) [im Folgenden zitiert als: BARTHEL, Fusion].

174 TRAUSCH, Histoire, S. 116. Interessant ist zudem, dass im Gegensatz zu Mayrisch Barbanson ein Anhänger der Großbelgischen Idee gewesen war und sich während des Krieges und bis 1919 für eine Annexion Luxemburgs durch Belgien eingesetzt hatte; siehe hierzu TRAUSCH, ARBED, S. 32. Zur Komplexität der wirtschaftlichen Anbindung Luxemburgs an Frankreich oder Belgien aus dem Blickwinkel der luxemburgischen Schwerindustriellen ausführlich: BARTHEL, Bras de fer, S. 643.

175 Eine Tabelle der Influationsrate in Luxemburg von 1922–2012 findet sich in Service Central de La Statistique et des Études Économiques Luxembourg (STATEC), Taux, d'influation annuels (en %) 1922–2012, URL: http://www.statistiques.public.lu/stat/TableViewer/chartView.aspx (Stand: 3. November 2013). So verzeichnen die Jahre 1925/26 und 1926/27 eine Inflationsrate von 18,5 bzw. 26 %.

176 Zur Internationalisierung der Produktion der ARBED in den zwanziger Jahren siehe MOLLIN, Montankonzerne, S. 243.

aufzunehmen, war die Gesellschaft auf ausländische Absatzmärkte angewiesen. Daher gründete das Unternehmen 1920 das Handelskontor COLUMETA, eine für die damalige Zeit einzigartige Verkaufsorganisation. Die COLUMETA hatte das Monopol auf den Verkauf der ARBED-Produkte. Sie operierte weltweit, auch in Osteuropa.[177]

Neben einem international ausgerichteten Handelskontor verfolgte die ARBED in den zwanziger Jahren eine weitere Taktik, um den Verkauf von Produkten zu steigern. Zu diesem Zweck kaufte sie große, international operierende Verarbeitungsgesellschaften in Belgien und Deutschland. Eine dieser Gesellschaften war die F&G CARLSWERK AG mit Sitz in Köln. Durch den Erwerb wurde die ARBED indirekt Anteilseigner und Besitzer verschiedenster Fabriken und Minen in Osteuropa.[178]

I.2.2 Die FELTEN UND GUILLEAUME CARLSWERK AG – das Tor zum Osten

Die F&G CARLSWERK AG konnte auf eine längere Firmengeschichte zurückblicken als die ARBED. Sie war aus einem Kölner Handwerksunternehmen, einer Hanfseilerei, hervorgegangen und 1826 als FELTEN & GUILLEAUME gegründet worden. In der Folgezeit war es zur Umwandlung in ein Fabrikunternehmen FELTEN & GUILLEAUME gekommen, das unter anderem um eine mechanische Seilerei, eine Drahtzieherei und ein Drahtwalzwerk erweitert wurde. Damit hatte man die Weichen für den später immer bedeutender werdenden Kabelbereich gelegt.

Da der Absatz von Drahtseilen und Drahtprodukten kontinuierlich anstieg, war man auf eine Erweiterung der Produktionsstätte angewiesen. Einen geeigneten

177 So wurden Vertretungen in Sofia (1924), Budapest (1927), Belgrad (1927) und Uskup (1927) gegründet. Diese waren in einer ersten Phase nur indirekt über eine Filiale der COLUMETA in Wien an den Hauptsitz in Luxemburg gebunden. Hierzu: ANLux, ARBED-02–0413, Bericht der COLUMETA Luxemburg über Béla Zador und Kozma & Vertes Budapest, 3 S., hier S. 1 [im Folgenden zitiert als: ANLux, ARBED-02-0413, Bericht]; ANLux, ARBED-02-0413, Liste der Agenten der COLUMETA in Ungarn und Jugoslawien, 11. Dezember 1928, 1 S.

178 Wie FELTES Paul, La stratégie de l'ARBED dans l'entre-deux-guerres, in: Association Luxembourgeoise des Enseignants d'Histoire (ALEH) (Hg.), Du Luxembourg à l'Europe. Festschrift Gilbert Trausch, Luxemburg 2011, S. 219–233, überzeugend nachweisen konnte, erwies sich die internationale Ausrichtung sowohl im Verkauf als auch in der Produktion als ein entscheidender Grund dafür, dass die Weltwirtschaftskrise von 1929 besser überstanden werden konnte, als von vielen direkten Konkurrenten.

Platz fand man im nahegelegenen Mülheim am Rhein. 1884 war dort das Carlswerk in Betrieb genommen worden. Es hatte die gesamte metallverarbeitende Produktion des Unternehmens übernommen und operierte ab 1892 rechtlich eigenständig. Durch das stete Wachsen der Produktion wurde die offene Handelsgesellschaft 1900 in eine offene Aktiengesellschaft umgewandelt. Die F&G Carlswerk AG stieg im Laufe der Zeit zum führenden Kabelhersteller Europas auf. Längst operierte sie international und war besonders stark in Osteuropa vertreten. Beteiligt war sie unter anderem an Unternehmen aus der Kabel-, Telegraphen- und Telefonbranche sowie an Zulieferbetrieben für die eigene Produktion.[179]

Kontakte zwischen der F&G Carlswerk AG und der luxemburgischen Schwerindustrie bestanden bereits seit den achtziger Jahren des 19. Jahrhunderts: Noch vor der Umwandlung in eine Aktiengesellschaft hatte Felten & Guilleaume einen Vertrag mit der Société Anonyme des Hauts-Fourneaux et Forges de Dudelange abgeschlossen, um die Versorgung durch Eisen und Stahl zu sichern. Dabei wirkte unter anderem auch Emile Mayrisch mit. 1911 hatte die Gesellschaft die Hochöfen des luxemburgischen Unternehmens Hauts-fourneaux Ch.-A.-J. Collart im luxemburgischen Steinfort erworben und begonnen, das Unternehmen in ein Stahlwerk umzuwandeln. Ziel war es, die Materialversorgung in die eigene Hand zu bekommen und dadurch weniger von anderen Gesellschaften abhängig zu sein. Die Fabrik in Steinfort musste allerdings nach Beendigung des Ersten Weltkriegs an die französische Société Métallurgique de la Loire abgetreten werden.[180]

Trotzdem wurden die Kontakte zur luxemburgischen Industrie nicht abgebrochen. Um Versorgungsengpässe bei Eisen und Stahl zu verhindern, suchte man eine Annäherung an die Arbed, mit deren Präsident Emile Mayrisch man schon aus Tagen der Société Anonyme des Hauts-Fourneaux et Forges

---

179 Zu den Ursprüngen und der Evolution des Unternehmens vgl. Feldenkirchen, Fernostgeschäfte, S. 93 f.; Vogt Helmut, Die Überseebeziehungen von Felten & Guilleaume (1874–1914). Eine Fallstudie zur Absatzstrategie der deutschen elektrotechnischen Industrie im Kaiserreich, Stuttgart 1979 (= Beiträge zur Wirtschaftsgeschichte 2), S. 12–46.

180 Zur Geschichte der Hauts-fourneaux Ch.-A.-J. Collart in der Hand der F&G Carlswerk AG vgl. Kayser Steve, La société des „Hauts Fourneaux et Aciéries de Steinfort“ (1910–1962) – Regards sur un demi-siècle d'une histoire mouvementée, in: Nos cahiers 3/4 (2003), S. 47–73, besonders S. 50–54 [im Folgenden zitiert als Kayser, Société]; Maas Jacques, Walther Rathenau et les hauts fourneaux de Steinfort (1911–1919), in: Hémecht. Zeitschrift für Luxemburger Geschichte 43/2 (1991), S. 141–183.

de Dudelange vertraut war.[181] Am 14. Juni 1920 wurde ein Vertrag zwischen der F&G Carlswerk AG und der Gruppe Arbed–Métallurgique des Terres Rouges abgeschlossen, der jährliche Lieferungen in Höhe von 45.000 bis 90.000 t Halbzeug über einen Zeitraum von 30 Jahren vorsah. Der dafür vorgesehen Preis sollte in einem Intervall von jeweils drei Monaten neu verhandelt werden.[182]

Der Vertrag garantierte somit der Arbed–Société Métallurgique des Terres Rouges-Gruppe einen bestimmten Prozentsatz ihres jährlichen Absatzes. Zudem stieg die Gruppe auch in die F&G Carlswerk AG ein und übernahm die Hälfte der Aktien der rheinischen Gesellschaft.[183] Im weiteren Verlauf erweiterte die Arbed kontinuierlich ihren Aktienanteil an der F&G Carlswerk AG:[184] Ende 1937 betrug er 67,08 %. Das Kapital der F&G Carlswerk AG belief sich zu diesem Zeitpunkt auf 64.500.000 RM. Die Arbed besaß 144.244 Aktienanteile mit einem Wert von jeweils 300 RM, was einem Gesamtanteil in Höhe von 43.267.200

---

181 Über die Entwicklung der Beziehungen zwischen F&G Carlswerk AG und der luxemburgischen Schwerindustrie vgl. Buschmann Walter, Felten & Guilleaume in Köln. Über die Ursprünge des modernen Brückenbaus und des IT-Zeitalters, in: Denkmalpflege im Rheinland 26/1 (2009), S. 2–14 [im Folgenden zitiert als: Buschmann, Felten & Guilleaume]; Faridi Alexander, Von der AEG zur ARBED. Das gescheiterte Stahlwerksprojekt der Felten & Guilleaume Carlswerk AG 1910–1920, in: Thomes Paul (Hg.), Rohstoffbasis und Absatzmarkt. Die Schwerindustrie des Großherzogtums Luxemburg und das Aachener Revier, Aachen 2005 (= Aachener Studien zur Wirtschafts- und Sozialgeschichte 2), S. 143–177, hier S. 146 f. [im Folgenden zitiert als: Faridi, AEG]; Felten & Guilleaume Carlswerk AG (Hg.), 75 Jahre Carlswerk, Köln 1949, S. 27 f. [im Folgenden zitiert als: Felten & Guilleaume Carlswerk AG, 75 Jahre]; Meyer Ulfilas, F&G. Entwicklung und Bedeutung, Köln 1959, S. 20.

182 ANLux, AE-AA-311, Vertrag mit der Arbed Aciéries Réunies de Burbach-Eich-Dudelange S. A., Luxemburg, vom 14. Juni 1920, 2 S. Vgl auch Arbed, Demi-siècle, S. 67.

183 Es handelt sich dabei um das Aktienpaket, das sich vormals im Besitz der AEG befand, vgl. Kayser, Société, S. 50; Arbed, Demi-siècle, S. 67.

184 Nach Arbed, Demi-siècle, S. 70 wusste die Arbed diese Anteile durch Börsenkäufe zu steigern. Die verfügbaren Dokumente der FinArbed, der Finanzabteilung der Arbed, geben jedoch keine Hinweise auf den Ursprung dieser erworbenen Aktienanteile. Sehr wahrscheinlich hat sich die Arbed, bei der Gründung einer Interessensgemeinschaft mit der Société Métallurgique des Terres Rouges auch deren Aktienanteile an der F&G Carlswerk AG angeeignet. Nach Barthel handelte es dabei sowieso eher um eine *de facto* Absorption denn um eine Interessengemeinschaft; vgl. hierzu auch Faridi, AEG, S.147; Barthel, Fusion, S. 17.

RM entspricht.[185] Dieser Anteil sollte sich auch durch die Kapitalerhöhungen in der ersten Hälfte der vierziger Jahre nicht verändern. Zusätzlich zu diesem Aktienanteil wurde auch noch von luxemburgischer Seite der Anteil von 67,08 % an den 1.715.400 RM, die sich im Portfolio der rheinischen Gesellschaft befanden, hinzugezählt. Dadurch belief sich der Anteil der ARBED an der F&G CARLSWERK AG auf 68,27 %.[186]

Die F&G CARLSWERK AG ihrerseits vollzog 1930 eine unternehmenstechnische Aufgliederung in die Abteilungen „Eisen und Stahl" sowie „Kupfer und Kabel", die sehr unabhängig voneinander arbeiteten. Diese Gruppierung und Zusammenführung nach Produkten wurde formal durch die Gründung der F&G CARLSWERK EISEN UND STAHL AG bestätigt, wobei jedoch die Gesellschaft vollständig in den Händen der Muttergesellschaft verblieb.[187] Die Neugliederung des Unternehmens sollte keinen Einfluss auf die Auslandsbeteiligungen haben. Die Beschäftigungszahlen schwankten in der Zwischenkriegszeit stark und waren vor allem auch durch die Weltwirtschaftskrise von 1929 betroffen: Arbeiteten 1922 noch etwa 8.200 Arbeiter und Angestellte bei der F&G CARLSWERK AG, so waren es 1932 lediglich 3.450.[188]

---

185 ANLux, AE-AA-311, Notariell beglaubigtes Schreiben über die Beteiligung der ARBED an der F&G CARLSWERK AG zum 31. Dezember 1937, bestätigt vom Präsidenten des luxemburgischen Tribunals sowie den Vertretern der amerikanischen, britischen und französischen Gesandtschaft in Luxemburg, 13. Juni 1946, 2 S. Aus dem Schreiben geht hervor, dass die Angaben auf einem Bericht einer Schweizer Treuhandgesellschaft beruhen, die die Zahlen im Auftrag der ARBED im März 1938 einer Bilanz- und Inventarüberprüfung unterzogen hatte. Diese Angaben stimmen jedoch nicht mit den Zahlen aus ARBED, Demi-siècle, S. 67 überein, wo von einem Kapital der F&G CARLSWERK AG in Höhe von 120 Millionen Mark die Rede ist. Belege für diese Annahme werden aber nicht erbracht: „*A la même occasion, les deux sociétés luxembourgeoises prirent une importante participation dans le capital de „Felten & Guilleaume", capital qui fut porté de marks 60.000.000 à marks 120.000.000. Les 60 millions nouveaux furent souscrits, au taux de 250 %, par l'ARBED et la „Métallurgique", à raison, chacune, de 28 millions de marks en valeur nominale. Les 4 millions de marks restants furent acquis par la Banque Internationale de Luxembourg.*"

186 ANLux, AE-AA-311, Erklärung des Regierungspräsidenten Dupong zur Beteiligung der ARBED an der F&G CARLSWERK AG, 9. Dezember 1946, 1 S.

187 Vgl hierzu BUSCHMANN, Felten & Guilleaume, S. 12; POHL Hans, Zur Vorgeschichte des ersten deutschen Überseekabels nach Südamerika, in: Jahrbuch für Geschichte von Staat, Wirtschaft und Gesellschaft Lateinamerikas 11 (1974), S. 238–308, hier S. 246 [im Folgenden zitiert als: POHL, Vorgeschichte]; SOÉNIUS, Unternehmer, S. 293.

188 BUSCHMANN, Felten & Guilleaume, S. 12.

Wie bereits erwähnt expandierte die F&G Carlswerk AG seit Beginn des 20. Jh. im Untersuchungsraum. Durch den Einstieg der Arbed in die F&G Carlswerk AG wurde die Arbed mit einem Schlag indirekter Aktieninhaber in den Unternehmen der F&G-Gruppe und war fortan in den Aufsichts- und Verwaltungsräten sowohl der F&G Carlswerk AG als auch der Tochtergesellschaften in Wien und Budapest vertreten.[189] Aktien der F&G Carlswerk AG wurden auch von der französischen Schneider & Cie du Creusot gehalten, die ihrerseits Aktionär der Arbed war.[190] Über dieses Beteiligungsverhältnis konnte die Arbed über die Columeta hinaus im osteuropäischen Raum Fuß fassen.

Seit dem Ende des 19. Jahrhunderts expandierte die F&G Carlswerk AG nach Osteuropa. Die Expansion erfolgte noch bis unmittelbar vor dem Herannahen der alliierten Truppen, allen voran der Roten Armee. Bei Kriegsende besaß die F&G Carlswerk AG Beteiligungen in fast allen osteuropäischen Ländern, mit Ausnahme der Tschechoslowakei, Rumäniens und Albaniens. Das Firmengeflecht verlief teilweise über mehrere Ebenen, in denen auch die einzelnen Tochterunternehmen untereinander Aktieninhaber waren.[191] Verlässliche Informationen

---

189 Im Aufsichtsrat der F&G Carlswerk AG von 1949 befanden sich bspw. die Luxemburger Aloyse Meyer, Vorstandsvorsitzender des Verwaltungsrates der Arbed, Felix Chomé, Generaldirektor der Arbed, sowie die beiden beigeordneten Generaldirektoren Guillaume Konsbruck und Arthur Kipgen, siehe hierzu Felten & Guilleaume Carlswerk AG, 75 Jahre, S. 49. Zu Meyer, Chomé und Konsbruck siehe ausführlich unten, Anm. 202, S. 85 und S. 98 f. (Meyer), S. 351–353 f. (Chomé) und S. 347–351 (Konsbruck). Ab den 20er Jahren war Meyer zudem im Verwaltungsrat der österreichischen F&G Fabrik elektrischer Kabel-, Stahl- und Kupferwerke AG, sowie der Budapester F&G Kabel-, Draht- und Drahtseilfabrik AG vertreten, siehe hierzu ANLux, Nicht inventarisierter Arbed-Fonds, M. Kipgen, Felten et Guilleaume, Participations 1927–1929, 050001, N°112, Rechenschafts-Bericht für das Geschäftsjahr (1928) der F&G Fabrik elektrischer Kabel-, Stahl- und Kupferwerke AG [im Folgenden zitiert als: ANLux, Nicht inventarisierter Arbed-Fonds, M. Kipgen, Felten et Guilleaume, Participations 1927–1929, 050001, N°112, Rechenschafts-Bericht (1928)].

190 Berger Relations, S. 186. Anders Eck Jean-François, Les entreprises françaises face à l'Allemagne de 1945 à la fin des années 1960, Paris 2003 (= Comité pour l'histoire économique et financière de la France. Etudes générales), S. 82, der diese indirekte Beteiligung nicht erwähnt. Interessanterweise war die Arbed bspw. nicht über die französischen Schneider & Cie du Creusot, eines ihrer französischen Aktionäre im Untersuchungsraum vertreten. Schneider & Cie du Creusot war Ende des 19. Jahrhunderts stark auf dem Balkan aktiv; hierzu Berger, Relations, S. 167.

191 Eine Evaluierung und Bewertung dieser Veränderungen des Firmengeflechtes soll hier nicht untersucht werden, da sich diese Fragestellung zu sehr von der hier

über das Beteiligungsverhältnis liegen nur bis Dezember 1944 vor. Zwei Darstellungen liefern einen Überblick über das Ausmaß und die Form der Beteiligungen der F&G-Gruppe im Untersuchungsraum. So findet sich im Anhang ein Firmenstammbaum der F&G-Gruppe zum Jahresende 1944, der die letzten bekannten Aktienverflechtungen vor der sowjetischen Kontrolle des Untersuchungsraumes wiedergibt.[192] Im Folgenden zeigt eine Karte zudem die geographische Verortung der Firmensitze der Gesellschaften der F&G-Gruppe im Untersuchungsraum.

Abb. 1: Die geographische Verteilung der Firmensitze der Gesellschaften der F&G-Gruppe im Untersuchungsraum bei Ausbruch des Zweiten Weltkriegs.[193]

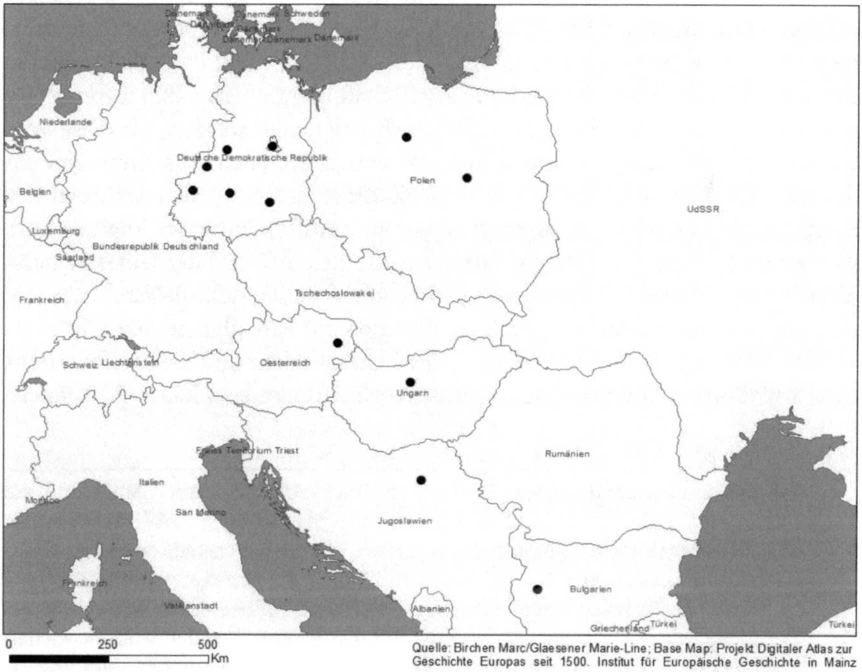

behandelten Thematik entfernt. Die Arbeit beschränkt sich daher auf die im Zuge der Verteidigung der Interessen der Arbed angeführten Angaben über Anteile und Gesamtkapital. Das Schicksal der Unternehmen, an denen die F&G Carlswerk AG beteiligt war, unmittelbar nach dem Vormarsch der Roten Armee, soll, soweit bekannt, im analytischen Teil der Arbeit aufgegriffen werden. Eine Nachzeichnung findet sich im Anhang Nr. I, S. 397–433.

192 Siehe Anhang Nr. II, S. 435.

193 Bei den Unternehmen, deren Verortung der Firmensitze hier abgebildet wurde, handelt es sich für den ostdeutschen Raum um die Kabelwerk Wilhelminenhof

In den einzelnen osteuropäischen Ländern und sowjetischen Besatzungszonen des Untersuchungsraumes war die ARBED meist nur an einem oder zwei Unternehmen beteiligt. Die Hälfte der Unternehmen, an denen der luxemburgische Konzern beteiligt war, befand sich hingegen in der späteren SBZD/DDR. Wenn auch die deutsche F&G CARLSWERK AG eine internationale Verarbeitungsgesellschaft war, so war sie doch am stärksten im deutschen Raum verankert. Angesichts der geographischen Verteilung, soll im weiteren Verlauf überprüft werden, ob dieser Befund Auswirkungen auf die eigentliche Verteidigung hatte.

Wie aus dem Firmenstammbaum hervorgeht, befanden sich die Aktienanteile der Unternehmen der F&G-Gruppe häufig vollständig oder zu großen Teilen in Händen der rheinischen F&G Carlswerk AG beziehungsweise seiner Tochterunternehmen. Die Höhe des Kapitals der Gesellschaften zeigt, dass die indirekten Beteiligungen der luxemburgischen Gesellschaft nicht unerheblich waren.[194] Im weiteren Verlauf der Arbeit soll daher auch beleuchtet werden, ob diese geographische Verteilung der indirekten Aktienbeteiligungen Auswirkungen auf die Interessenwahrung hatte. Die Kapitalbeteiligungen wurden während des Krieges nicht verringert, teilweise fand gar eine Aufstockung des Kapitals statt, so etwa im Fall der KABELWERK WILHELMINENHOF AG und der GUMMIWERKE BALLENSTEDT GMBH.[195] Dabei soll jedoch nicht außer Acht gelassen werden, dass eine solche Aufstockung auch als Reaktion auf den allgemeinen Werteverfall der Währungen, die Vergrößerung des Geldvolumens und die damit verbundene Inflation im Untersuchungsraum zurückzuführen sein kann.[196] Inwiefern

---

AG aus Berlin, die Leipziger BLEICHERT TRANSPORTANLAGEN GMBH und die BLEICHERT FAHRZEUGANLAGEN GMBH, die Magdeburger AW MACKENSEN MASCHINENFABRIK & EISENGIEßEREI GMBH, die in Ballenstedt ansässige GUMMIWERKE BALLENSTEDT GMBH, sowie schließlich die GUMMIWERKE „ELBE“ AG in Priesteritz. In Polen finden sich die KABELWERK BROMBERG AG sowie die bei Warschau gelegene Kabelwerk OŻARÓW AG. Die Firmensitze der österreichischen F&G FABRIK ELEKTRISCHER KABEL-, STAHL- UND KUPFERWERKE AG, der ungarischen F&G KABEL-, DRAHT- UND DRAHTSEILFABRIK AG sowie der bulgarischen BERGWERKS AG PIRIN finden sich in den jeweiligen Hauptstädten. In Jugoslawien hingegen findet sich der Firmensitz der KABELWERK NOVI SAD AG in Novi Sad selbst.

194 So belief sich etwa die indirekte Kapitalbeteiligung der ARBED an der KABELWERK WILHELMINENHOF AG auf 3.072.150 RM, siehe hierzu Anhang Nr. II, S. 435.

195 Siehe hierzu unten S. 397–400 und 408–410 f.

196 Siehe hierzu etwa zur deutschen Reichsmark: POHL Hans, Wirtschaft, Unternehmen, Kreditwesen, soziale Probleme. Ausgewählte Aufsätze, Bd. 2, Stuttgart 2005 (= VSWG-Beihefte 178/1-2), hier Bd. 2, S. 1043.

diese Aufstockung mit der Rolle der Unternehmen während des Krieges zu tun hat, soll im nächsten Unterkapitel näher beleuchtet werden.

Viele Unternehmen wurden gegen Ende des Krieges von alliierten Luftangriffen getroffen und teilweise stark beschädigt. Dies führte auch dazu, dass einige Fabriken in vermeintlich sichere Gegenden verlagert wurden, wie etwa Teile der F&G Carlswerk AG als Messapparatefabrik Schlotheim in Thüringen.[197]

Die einzelnen Gesellschaften bestanden mitunter aus mehreren Werken, Verwaltungsgebäuden und sonstigen Einrichtungen, die sich nicht immer in unmittelbarer Nähe zueinander befanden. Dies führte im Fall der Kabelwerk Wilhelminenhof AG und der österreichischen F&G Fabrik elektrischer Kabel-, Stahl- und Kupferwerke AG bei der späteren zonalen Einteilung Deutschlands und Österreichs in jeweils vier Besatzungszonen dazu, dass die verschiedenen Einrichtungen sich in unterschiedlichen Besatzungszonen wiederfanden.[198] Ob dies Auswirkungen auf die Verteidigung der Beteiligungen der Arbed in diesen Gesellschaften hatte, soll weiter unten explizit beleuchtet werden.

Während des Krieges brach der Kontakt zwischen der Konzernspitze und den Tochtergesellschaften in Osteuropa teilweise ab. Dies sollte später, trotz der Bemühungen der Leitung der F&G Carlswerk AG sowie der Arbed, das Einholden von Auskünften zum Schicksal dieser Unternehmen verhindern.

Der Firmenstammbaum von 1944 verdeutlicht, dass die Beteiligungsstruktur der Arbed in Mittel- und Osteuropa zumindest bis zu diesem Zeitpunkt weitgehend unverändert blieb. Die unveränderte Beteiligunsstruktur bis Ende des Jahres 1944 wirft den Verdacht auf, dass der Zweite Weltkrieg hier nicht als Zäsur der Arbed-Ivestitionen gelten kann. Doch durch welche Entwicklungen wurde diese mögliche Konstante begünstigt? Und welche Aussagen lassen sich hinsichtlich des Verhältnisses zwischen der Arbed und der F&G-Gruppe während des Krieges treffen?

I.2.3 Die Arbed und ihre Kapitalbeteiligungen in Osteuropa während des Zweiten Weltkrieges

Die Analyse der Firmenstruktur der Arbed im Untersuchungsraum im Verlauf des Zweiten Weltkrieges ist unweigerlich an die Frage der Rolle des Konzerns während des Krieges geknüpft. Wie im weiteren Verlauf dieses Unterkapitels zu sehen sein wird, erfuhr gerade die Problematik der Rolle verschiedenster

197 Siehe unten S. 412 f.

198 Siehe unten S. 397–400 und 418–422.

luxemburgischer Akteure während des Krieges eine grundlegende Neubewertung durch die Historiographie und eine stärkere Distanzierung vom in die nationale Geschichtsschreibung eingegangenen *Master narrative*. Wie fügen sich nun die in dieser Arbeit gewonnenen Erkenntnisse in diese Entwicklung ein?

Die Rolle und die Aktivitäten der luxemburgischen Schwerindustrie und konkret auch der ARBED während des Krieges waren bereits mehrmals Gegenstand der Geschichtsforschung. Dabei wurden jedoch die Aspekte der Auslandsbeteiligungen sowie die personellen Beziehungsgefüge zwischen Mutterkonzern und Tochtergesellschaften bisher kaum beleuchtet. Im Folgenden soll dies mit Blick auf die F&G-Gruppe eingehender behandelt werden.

Im Unterschied zur ARBED wurden die einzelnen Gesellschaften der F&G-Gruppe vor dem Hintergrund des Zweiten Weltkrieges bisher kaum von der Historiographie behandelt, so dass die Entwicklung der F&G CARLSWERK AG während des Zweiten Weltkrieges, das Verhältnis der Firmenleitung zu den nationalsozialistischen Machthabern und zur Rüstungsindustrie und viele weitere davon ableitbare Fragen nur bruchstückhaft untersucht sind. Die Forschung hat sich lediglich punktuell prosopographisch an die Problematik herangetastet.[199] Eine umfassende Analyse fehlt leider nach wie vor. Vor dem Hintergrund der allgemein schlechten Quellenlage zu den Gesellschaften in Osteuropa ist dies nicht weiter verwunderlich. Besonders die leitenden Personenkreise, ihre Kontakte zu den Behörden, sowie ihre Verwicklung im Zweiten Weltkrieg bedürften einer eigenständigen umfassenden Arbeit.

Am Vorabend des Zweiten Weltkriegs war die ARBED nach den VEREINIGTEN STAHLWERKEN die zweitgrößte Stahlgesellschaft Europas. Aufgrund ihrer Auslandsinvestitionen, ihres weltumspannenden Verkaufskontors und ihres vor allem von luxemburgischen, belgischen und französischen Kleinanlegern gehaltenen Gesellschaftskapitals von 1,25 Milliarden FLUX folgerte MAAS, dass die ARBED die internationalste Stahlgesellschaft dieser Zeit war.[200]

---

199 Hier ist vor allem Ulrich SOÉNIUS' Studie zu Fritz Lehmann, dem Generaldirektor der F&G CARLSWERK AG während des Krieges zu nennen; DERS., Ein Unternehmer im NS-Staat – Fritz Lehmann, in: DÜLFFER Jost/SZÖLLOÖSI-JANZE Margit, Schlagschatten auf das „braune Köln". Die NS-Zeit und danach, Köln 2010 (= Veröffentlichungen des Kölnischen Geschichtsvereins 49), 287–306, hier S. 293 [im Folgenden zitiert als: SOÉNIUS, Unternehmer].

200 MAAS, Groupe, S. 347. In der Forschung kursieren unterschiedliche Zahlen zum Prozentsatz des Anteils der Kleinanleger am Gesamtkapital der ARBED: Während MOLLIN, Montankonzerne, S. 244 von mehr als 50 % ausgeht, wird dieser Prozentsatz von VOLKMANN, Luxemburg, S. 396 auf 30 % nach unten revidiert. Weder MOLLIN

Mit einem Anteil von 16 % war die SOCIÉTÉ GÉNÉRALE DE BELGIQUE der größte Aktieninhaber der ARBED, gefolgt von der französischen Gesellschaft SCHNEIDER & CIE DU CREUSOT (12 %) und der BANQUE DE BRUXELLES (8 %).[201] Die Gesellschaft wurde autokratisch von ihrem Generaldirektor Aloyse Meyer[202] geleitet.

Wegen der wirtschaftlichen Bedeutung der ARBED und ihrer Unternehmensgröße verwundert es nicht, dass der Konzern das Interesse der deutschen Behörden weckte. Der Aufstieg der Nationalsozialisten und der Ausbruch des Zweiten Weltkriegs verliefen auch für die ARBED nicht folgenlos.

Erste Einschränkungen der unternehmerischen Entscheidungs- und Gestaltungsfreiheit der ARBED

Seit ihrer Machtübernahme 1933 waren die Nationalsozialisten daran interessiert, das ausländische Kapital und den Einfluss ausländischer Gesellschaften auf die deutsche Wirtschaft zurückzudrängen. Dies bekam bald auch die ARBED zu spüren. Bis zur Besetzung Luxemburgs sollten einseitig von den deutschen Behörden beschlossene Maßnahmen, wie die Verschärfung der Devisenregelung, den Handlungsspielraum des luxemburgischen Konzerns in Deutschland immer stärker einschränken.[203] Unmittelbar vor Ausbruch des Zweiten Weltkrieges verzeichnete

---

noch VOLKMANN geben ihre Quellen an. Außer auf unterschiedlichen Quellen könnte diese Differenz auch auf einer unterschiedlichen Definition des Kleinanlegers beruhen.

201 Vgl. VOLKMANN, Luxemburg, S. 396; ANLux, AE-AA-305, Offizielle Erklärung über das Kapital der Gesellschaft, unterschrieben von Konsbruck und Chomé, 4. Juli 1947, 2 S. Anders MOLLIN, Montankonzerne, S. 347, welcher den Aktienanteil der SCHNEIDER-& CIE DU CREUSOT auf 16 % festlegt, der zum Teil von einer Schweizer Holding verwaltet worden sei. Zur unterschiedlichen Berechnung des Anteils der SCHNEIDER-& CIE DU CREUSOT auch VOLKMANN, Luxemburg, S. 162.

202 Aloyse Meyer (*1883 in Clervaux – † 1952 in Luxemburg-Stadt); Studium an der Königlich technischen Hochschule Aachen; Anstellung im Konstruktionsbüro der Hüttenwerke in Düdelingen; rascher Karriereaufstieg innerhalb der ARBED; 1928 Nachfolger auf allen Firmenposten Emile Mayrischs nach dessen Tod, unter anderem Präsidentschaft im Internationalen Stahlkartell. Ausführlich zu Aloyse Meyer siehe BAUHOFF Günter, Meyer, Aloyse, in: Neue Deutsche Biographie, 25 Bde., Berlin 1953–2013, hier Bd. 17, S. 328 f.

203 So musste 1934 der ESCHWEILER BERGWERKS-VEREINS (EBV) in das RHEINISCH-WESTFÄLISCHES KOHLEN-SYNDIKAT (RWKS) eintreten. Die EBV bot der ARBED im Rahmen einer Interessengemeinschaft den Ankauf von Koks zu vergünstigten Konditionen. Durch den Beitritt der EBV in das RWKS wurde diese Vereinbarung

die Finanzabteilung der ARBED alleine bei ihren Investitionen in der F&G CARLSWERK AG einen Verlust von 570.000 RM aufgrund dieser Maßnahmen.[204]

Neben diesen behördlichen Maßnahmen stellten aber auch personelle Veränderungen in der Kölner Geschäftswelt einen Versuch dar, den Einfluss der ausländischen Unternehmen wie der ARBED im Rheinland zu beschneiden: Trotz der Auflösung des deutschen Zollvereins hatten weiterhin enge Geschäftsbeziehungen zwischen der luxemburgischen und rheinischen Geschäftswelt bestanden, nicht zuletzt im Rahmen des Internationalen Stahlkartells. Vertreter beider Seiten hegten gegenseitige Sympathie und beidseitigen Respekt.[205]

---

einseitig beendet; siehe hierzu MAAS, Groupe, S. 349. Über ein Verschärfen der Devisenregelung durch die Behörden des Deutschen Reichs konnten die Gewinne deutscher Unternehmen unter ausländischer Kontrolle nicht mehr ins Ausland transferiert werden. Im Dezember 1934 trat dann das „Reichsanleihestockgesetz" in Kraft, welches die Maximaldividende auf 6, beziehungsweise 8 % festlegte und bestimmte, dass die Gewinne in Staatsanleihen zur Refinanzierung des Reiches investiert werden mussten. Das Gesetz griff also direkt in die Verteilung der Gewinne der Aktiengesellschaften ein, vgl. dazu BÄHR Johannes, Unternehmens- und Kapitalmarktrecht im „Dritten Reich": Die Aktienrechtsreform und das Anleihestockgesetz, in: DERS./BANKEN Ralf (Hg.), Wirtschaftssteuerung durch Recht im Nationalsozialismus. Studien zur Entwicklung des Wirtschaftsrechts im Interventionsstaat des „Dritten Reichs", Frankfurt-am-Main 2009 (= Das Europa der Diktatur 9), S. 35–69, hier S. 35 f. In der Phase des sogenannten „Sitzkrieges", von der Kriegserklärung Frankreichs und Großbritanniens an Deutschland, am 3. September 1939, bis zum deutschen Westfeldzug also, war die luxemburgische Schwerindustrie, allen voran die ARBED, noch einmal besonders stark von einseitig beschlossenen Maßnahmen der deutschen Regierung betroffen. Die benachbarten Kriegsgegner Frankreich und Deutschland achteten sehr genau auf die Ausfuhr luxemburgischer Produkte. Zudem beendete die deutsche Führung einseitig die Ausfuhr von Koks, forderte aber weiterhin luxemburgische Eisenerze. Auf deutscher Seite wurde zunehmend ein härteres Vorgehen gegen die luxemburgische Schwerindustrie gefordert, um diese daran zu hindern, sich den Alliierten anzunähern. Diese nur acht Monate währende Phase höchster Anspannung sollte später von WEBER als „Kalter Krieg" bezeichnet werden; siehe hierzu WEBER Paul, Histoire de l'économie luxembourgeoise, Luxemburg 1951, S. 266: *„Pendant les 8 mois de la „drôle de guerre", toutes les expéditions furent jalousement contrôlées par tous les belligérants et notamment par l'Allemagne. Entre le Reich et le Luxembourg se développa une véritable guerre froide."*

204 ANLux, Nicht inventarisierter ARBED-Fonds, Felten-Guilleaume Köln du 1.1.1920 au 31.12.1927, 1934–1943, Dr. Horatz – Corr. 1931–1933, 050001, N° 109, Notiz der FINARBED, 17. Juli 1939, 1 S.

205 Zu den deutsch-luxemburgischen Industriekontakten der 20er Jahre siehe ausführlich, BARTHEL, Bras de fer, besonders S. 397–454.

Mit einer neuen Personalpolitik suchte die deutsche Führung, die Wirtschaft enger an sich und die NSDAP zu binden und gleichzeitig den ausländischen Einfluss weiter zu beschneiden. Ein Instrument dieser Bemühungen war die Politik der sogenannten „Arisierung". Davon blieb auch die F&G Carlswerk AG nicht verschont:

So musste 1937 der jüdische Bankier Baron Waldemar von Oppenheim[206] seinen Posten als Aufsichtsratsvorsitzenden der F&G Carlswerk AG aufgeben. Von Oppenheim war 1913 maßgeblich an der Bildung der Interessensgemeinschaft zwischen der Arbed und dem Ebv beteiligt gewesen. Von Oppenheim wurde im Zuge der „Arisierungs"-Bemühungen in den deutschen Wirtschafts- und Finanzkreisen auf Druck Berlins durch den Bankier Kurt Freiherr Baron von Schröder ersetzt.[207] Mit von Schröder stand von 1937 an ein überzeugter

---

206 Waldemar von Oppenheim, (*1894 in Köln, † 1952 in Köln); Leiter der bekannten jüdischen Bank Sal. Oppenheim Jr. & Cie, welche 1789 von Salomon Oppenheim Jr. in Bonn gegründet worden war. Während des Krieges musste er die Leitung der Bank sowie weitere Verwaltungsämter niederlegen. Interessant ist in diesem Zusammenhang das Schicksal der Sal. Oppenheim Jr. & Cie in der nationalsozialistischen Zeit: Um der Konfiszierung der Bank zu entgehen, übertrugen die als „jüdische Mischlinge zweiten Grades" diskriminierten Waldemar von Oppenheim und sein Bruder die Bank an den nicht-jüdischen Partner und langjährigen Freund der Familie, Robert Pferdmenges. Dank der Loyalität Pferdmenges zur Familie Oppenheim konnte die Bank über den Zweiten Weltkrieg hinaus unter dem Namen Robert Pferdmenges & Co gerettet werden. Zur Arisierung der Bank und zur Verwicklung Waldemar von Oppenheims siehe Köhler Ingo, Die „Arisierung" der Privatbanken im Dritten Reich. Verdrängung, Ausschaltung und die Frage der Wiedergutmachung, München 2005 (= Schriftenreihe zur Zeitschrift für Unternehmensgeschichte 14), S. 350–354 [im Folgenden zitiert als: Köhler, Arisierung]. Bopf Britta, „Arisierung" in Köln. Die wirtschaftliche Existenzvernichtung der Juden 1933–1945, Köln 2004 (= Schriften des NS-Dokumentationszentrums der Stadt Köln 10), S. 241–243 benutzt in diesem Zusammenhang auch den Begriff der „Scheinarisierung".

207 Schröder, Johann Heinrich Kurt Theodor Freiherr von (*24. November 1889 in Hamburg, † 4. November 1966 ebenda). Er stammte aus einer Hamburger Bankiersfamilie und war nach seiner Laufbahn als Berufssoldat durch Heirat im Jahre 1921 Partner der Privatbank J. H. Stein mit Sitz in Köln geworden. Zudem war er schwedischer Generalkonsul. In den zwanziger Jahren trat er in die Deutsche Volkspartei ein und blieb Mitglied bis zu seinem Eintritt in die NSDAP, 1932. Anfang der dreißiger Jahre wurde er Initiator einer Annäherung der Rheinisch-Westfälischen Unternehmer an die Nationalsozialisten. Von Schröder ist zudem bekannt geworden als Gastgeber des berühmten Treffens vom 4. Januar 1933 zwischen Hitler und dem ehemaligen Reichskanzler Franz von Papen, das als ein

wichtiger Schritt im Prozess der Machtübertragung an die Nationalsozialisten gilt. Die Vermittlung zwischen Industrie und NSDAP war ein Eckpfeiler des berüchtigten Keppler-Kreises, dem von Schröder wie auch Otto Steinbrinck, der spätere Generalbeauftragte für die Eisen- und Stahlindustrie in Luxemburg, Belgien und Nordfrankreich, angehörten. Ab 1936 bekleidete er verschiedene Ränge bei der SS und stieg dort bis zum SS-Brigadeführer auf. Der Aufstieg von Schröders in den rheinischen Bankiers- und Unternehmerkreisen begann bereits 1933. Zuvor, ohne *„nennenswerten Einfluss in der Schwerindustrie"*, konnte er als Mitglied der NSDAP mehrere Partei- und Wirtschaftsämter an sich ziehen: So wurde er 1933 Präsident der Industrie- und Handelskammer Köln sowie „Gauwirtschaftsberater" des Gaus Köln-Aachen. Im Zuge der antijüdischen Bestrebungen der Nationalsozialisten gelang es ihm, mehrere jüdische Bankiers, wie Waldemar von Oppenheim, mit dem er zuvor noch freundschaftlich verbunden war, von ihren Posten zu verdrängen: Im März 1933 ersetzte er den einflussreichen jüdischen Industriellen Paul Silverberg im Amt des Kölner Handelskammerpräsidenten. Im Sommer des gleichen Jahres, bootete er Silverberg aus dem Verwaltungsrat der DEUTSCHEN REICHSBAHNGESELLSCHAFT aus und wurde selbst stellvertretender Vorsitzender des Verwaltungsrats. Es folgte schließlich 1937 die Verdrängung von Oppenheims aus dem Verwaltungsrat der F&G CARLSWERK AG. Insgesamt gelang es von Schröder zwischen 1932 und 1938 seine Mandatszahl in den unterschiedlichen Unternehmensvorständen von 12 auf 22 auszuweiten. Er wurde zudem Präsident der Gauwirtschaftskammer Köln-Aachen und als Gauwirtschaftsberater mit der Zuführung des beschlagnahmten jüdischen Besitzes aus Belgien und den Niederlanden betraut. 1944 wurde er von Hitler mit der Reorganisation des ungarischen Manfred-Weiss-Konzerns beauftragt, welche die SS von den jüdischen Eigentümern erpresst hatten. Die Reorganisation fand aufgrund der Kriegswirren nicht statt. Nach seiner Gefangennahme wurde er aufgrund der dünnen Beweislage zu einer kleinen Haft- und Geldstrafe verurteilt. Erst 1950 schied er bei J. H. STEIN aus. Zum Baron Kurt Freiherr von Schröder vgl. KLEE Ernst, Schröder, Kurt Freiherr von, in: DERS., Das Personenlexikon zum Dritten Reich. Wer war was vor und nach 1945, Frankfurt-am-Main 2005 (aktualisierte Ausgabe), S. 560–561 [im Folgenden zitiert als: KLEE, Personenlexikon]; SOÉNIUS Ulrich S., Bankier und „Geburtshelfer" – Kurt von Schröder, in: Bewegen – Verbinden – Gestalten. Unternehmer vom 17. bis zum 20. Jahrhundert. Festschrift für Klara von Eyll, Köln 2003, S. 335–350; DERS., Schröder, Johann Heinrich Kurt Theodor Freiherr von, in: Neue Deutsche Biographie 23 (2007), S. 554 f. [im Folgenden zitiert als: SOÉNIUS, Schröder]; KLINGE Katharina, Die deutschen Bankiers im Nationalsozialismus. Kurt Freiherr von Schröder – repräsentatives Beispiel oder Einzelfall?, Studienarbeit, München 2008 [im Folgenden zitiert als: KLINGE, Bankiers]. Zur Vermittlung von Schröders zwischen von Papen und Hitler vgl. D'ALMEIDA Fabrice, Hakenkreuz und Kaviar. Das mondäne Leben im Nationalsozialismus, Düsseldorf 2007 [Orig.: La vie mondaine sous le nazisme, Paris 2006], S. 62 f.; SOÉNIUS Ulrich S., Adolf Hitlers Kölner Treffen, in: Kölner Stadt-Anzeiger (4. Januar 2008). Zu Paul Silverberg siehe GEHLEN Boris, Paul

Anhänger Hitlers und Mitglied der SS und des Keppler-Kreises[208] an der Spitze des Aufsichtsrates der rheinischen Tochtergesellschaft der ARBED. Bereits seit 1933 war er Mitglied dieses Aufsichtsrates. Zwar ging von Schröder bei seinem Aufstieg mit *„viel Ehrgeiz und Skrupellosigkeit vor"*[209] und verprellte ehemalige Weggefährten und Bekannte, wie Waldemar von Oppenheim und Robert Pferdmenges, doch gilt es den politisch-wirtschaftlichen Einfluss von Schröders zu relativieren: Außerhalb des Kölner Raums hielt sich sein Wirkungsgrad in Grenzen.[210] Seine wirtschaftspolitischen Vorstellungen wichen zudem von der typischen nationalsozialistischen Vorstellung einer Wirtschaftsautarkie zugunsten einer dominanten deutschen Wirtschaftsposition im freien internationalen Markt ab.[211]

Die Übernahme der Kontrolle des Aufsichtsrates der F&G CARLSWERK AG durch von Schröder galt in nationalsozialistischen Kreisen als erste Etappe einer Wiedergewinnung der rheinischen Industrie, welche mehrheitlich unter ausländischer Kontrolle stand. Der antisemitischen Ideologie der Nationalsozialisten zufolge war diese Kontrolle erst mit Hilfe jüdischer Bankiers, wie Waldemar Baron von Oppenheim, möglich geworden. Diese Verbindungen galt es aufzulösen und die von ausländischen Gesellschaften kontrollierten deutschen Unternehmen

---

Silverberg (1876–1959). Ein Unternehmer, Stuttgart 2007 (=Vierteljahrschrift für Sozial- und Wirtschaftsgeschichte, Beihefte 194) [im Folgenden zitiert als: GEHLEN, Paul Silverberg].

208 1932, als Studienkreis für Wirtschaftsfragen von Wilhelm Keppler ins Leben gerufen, sollte der Keppler-Kreis die Verbindung zwischen der Industrie und der NSDAP herstellen. Ziel des Kreises war die Beratung der NSDAP-Spitze in Wirtschafts- und Finanzfragen sowie die Förderung des Aufstiegs der Partei. In diesem Kreis fanden sich dann auch erste Ansätze der späteren nationalsozialistischen Wirtschaftspolitik. Zu seinem ursprünglich ungefähr 20 Personen umfassenden Zirkel zählten jedoch keine Wirtschaftsvertreter der ersten Reihe. Der Keppler-Kreis ging schließlich 1933 nach der Machtübernahme der Nationalsozialisten in dem Freundeskreis Reichsführer-SS (auch Freundeskreis Himmler genannt) auf, der in direkter Nähe zur SS-Führung stand. Viele seiner Mitglieder wurden zu SS-Ehrenführern benannt. Von Schröder war zudem Kassenwart des „Vereins". Zum Keppler-Kreis vgl. VOGELSANG Reinhard, Der Freundeskreis Himmler, Zürich/Frankfurt/Göttingen 1972; TURNER Henry Ashby, Die Grossunternehmer und der Aufstieg Hitlers, Berlin 1985, S. 294–301.

209 KOPPER Christopher, Bankiers unterm Hakenkreuz, München/Wien 2005, S. 42 [im Folgenden zitiert als: KOPPER, Bankiers].

210 GEHLEN, Paul Silverberg, S. 467.

211 MAAS, Groupe, S. 356.

unter nationalsozialistische Kontrolle zu bekommen.[212] Dies stand in einem gewissen Widerspruch zu der nach außen hin vertretenen Position des Regimes: Bis zum Ausbruch des Krieges bemühte sich die nationalsozialistische Führung im Ausland zu versichern, dass die Beteiligungen ausländischer Unternehmen in Deutschland garantiert seien.[213]

Die ARBED sah sich demnach bereits vor dem Krieg aufgrund vereinzelter Maßnahmen der neuen nationalsozialistischen Machthaber in Deutschland mit Einschränkungen ihrer unternehmerischen Gestaltungsfreiheit konfrontiert. Der Aufsichtsrat ihrer deutschen Tochtergesellschaft wurde nunmehr von einem Anhänger des Hitlerregimes geleitet. Dennoch war die ARBED weiterhin eine autonome Gesellschaft. Mit der Besetzung des Großherzogtums durch das Deutsche Reich im Mai 1940 veränderte sich auch ihre unternehmerische Gestaltungsfreiheit.

Auf Seiten der ARBED war man in der Zwischenzeit jedoch nicht untätig geblieben. Gerade der international gut vernetzten Firmenleitung konnte die Gefahr eines drohenden Krieges nicht entgangen sein. Daher suchte sie im Vorfeld der drohenden Invasion, die Goldreserven und die ausländischen Devisen des Unternehmens außer Landes zu schaffen

Dabei konnte die Gesellschaft auf die Unterstützung der luxemburgischen Regierung bauen, die auf Anraten der ARBED noch im Februar 1940, unmittelbar vor der deutschen Invasion, einen Erlass veröffentlichte, der die Verwaltung der Unternehmen im Falle einer Besetzung des Landes betraf. Der Erlass erlaubte die Verlegung eines Firmensitzes ins Ausland, sollte das Land unter fremde Besatzung geraten. Damit schuf die luxemburgische Regierung die Bedingungen einer Verwaltung der ARBED von außerhalb Luxemburgs und entzog so möglichen Besatzern einen Großteil des Firmenbesitzes im nicht besetzten Ausland. Die ARBED stattete einige ihrer hohen Funktionäre, allen voran den Präsidenten des Verwaltungsrates, Barbanson, mit Sondervollmachten aus. Die Sonderbevollmächtigten sollten die Geschäfte des Unternehmens im Falle einer Besetzung vom Ausland aus wahrnehmen und zumindest die Auslandsinteressen der Gesellschaft schützen.[214] Hier zeigte sich erneut die bereits in der Zwischenkriegszeit ersichtlich gewordene enge Zusammenarbeit zwischen Regierung und

---

212 Ebd., S. 351.

213 TOOZE Adam, The Wages of Destruction. The Making and Breaking of the Nazi Economy, London 2006, S. 133.

214 Vgl. ARTUSO Vincent, Double jeu, in: Forum für Politik, Gesellschaft und Kultur in Luxemburg 304 (Februar 2011), S. 26–28, hier S. 28 [im Folgenden zitiert als: ARTUSO, Double-jeu]; MAAS, Groupe, S. 352–354; VOLKMANN, Luxemburg, S. 162.

Konzern. Die Maßnahmen dienten in erster Linie zur Existenzsicherung und zum Schutz des Konzerns. Daran hatten beide ein ausgeprägtes Interesse.

Die Arbed und die Besetzung Luxemburgs

Hatten die deutschen Behörden seit den dreißiger Jahren durch diverse administrative und personelle Maßnahmen den Einfluss ausländischer Gesellschaften in deutschen Unternehmen zurückgedrängt, so leitete die Besetzung Luxemburgs im Mai 1940 die Kontrolle luxemburgischer Unternehmen durch die Besatzungsmacht ein. Ins Visier geriet dabei vor allem die ARBED, die große Begehrlichkeiten bei zahlreichen Akteuren weckte: So wetteiferten eine Vielzahl unterschiedlicher Behörden des Reiches und Unternehmen der deutschen Schwerindustrie um die Kontrolle der ARBED. Involviert waren dabei unter anderem die von Paul Pleiger[215] geleiteten REICHSWERKE HERRMANN GÖRING, ein neu geschaffenes Industrie-Konglomerat unter Kontrolle des Namensgebers, das von der NSDAP unterstützt wurde. Daneben beteiligten sich aber auch deutsche Großindustrielle, wie etwa Hermann Röchling[216], die darauf zielten, ihren seit

---

215 Pleiger Paul (*28. September 1899 in Buchholz bei Witten; † 22. Juli 1985 ebenda); nach einer Lehre als Schlosser und Ingenieur schneller Aufstieg in einem lokalen Bergbauzuliefererunternehmen in Dortmund; 1925 Gründung seiner ersten Maschinenfabrik auch über das Kapital seiner Frau; 1932 Eintritt in die NSDAP; hier schneller Karriereaufstieg in den Kreisen der nationalsozialistischen Wirtschaftsplanung; 1937 Übernahme des Vorsitzes der neugegründeten Reichswerke Hermann Göring; daneben weitere Anhäufung verschiedener Posten im Dritten Reich so etwa die des Reichsbeauftragten für Kohle, der dem Reichswirtschaftsministerium unterstellt war, und Präsident der privaten Selbstverwaltungsorganisation Reichsvereinigung Kohle; nach dem Krieg Verurteilung in den Nürnberger Prozessen zu 15 Jahren Freiheitsstrafe; 1951 entlassen; danach wieder Leiter seiner 1925 gegründeten Firma. Zu Pleiger siehe STREMMEL Ralf, Pleiger, Paul, in: Neue Deutsche Biographie 20 (2001), S. 526 f.

216 Hermann Röchling, (*12. November 1872 in Völklingen; †24. August 1955 in Mannheim). Als Erbe der im Saarland liegenden VÖLKLINGER HÜTTE leitete er die Modernisierung des Werkes ein. Im Ersten Weltkrieg diente er als Rittmeister und stellte sein Werk zu einem Rüstungsbetrieb um. Zudem ließ er französische Werke zu seinem eigenen Vorteil demontieren. Nach dem Krieg wurde er deshalb in Abwesenheit von der französischen Regierung zu zehn Jahren Haft verurteilt und der Familienbesitz in Frankreich eingezogen. Die Zwischenkriegszeit nutzte Röchling zur Sanierung seines Werkes. In dieser Zeit setzte er sich auch publizistisch wie politisch für die „Rückkehr" des Saarlandes an Deutschland ein. Seit 1935 war er Mitglied der NSDAP. Zudem besetzte er mehrere Verwaltungsposten in verschiedenen Stahlunternehmen und übernahm Ämter in der NS-Wirtschaftsstruktur, wie

der Auflösung des deutschen Zollvereins und der Schaffung der UEBL verlorenen Einfluss im luxemburgischen Raum wieder zurückzugewinnen.[217] Mit dem Wechsel von einer militärischen zu einer zivilen Verwaltung des Landes kam mit *Gauleiter* Gustav Simon ein neuer dominierender Akteur hinzu. Zudem verfolgten das Reichswirtschaftsministerium und die NSDAP zum Teil eigene Ziele. Die jeweiligen Standpunkte änderten sich dabei oft sehr kurzfristig. Der Konflikt um die Kontrolle der ARBED zeigt einmal mehr den polykratischen Charakter des NS-Regimes.[218] Vincent ARTUSO spricht in diesem Kontext von einer *„cacophonie administrative"*.[219] Die Vielzahl von Vorschlägen und Plänen der einzelnen Interessensgemeinschaften, die eine autonome ARBED, ihre Zerschlagung unter einzelne Interessensgruppen oder ihre völlige Integration in eine existierende deutsche Gesellschaft vorsahen, blieben ohne weitreichende Folgen, da die deutsche Regierung eine endgültige Entscheidung über die luxemburgische Stahlindustrie erst nach dem Krieg fällen wollte.[220]

Unmittelbar nach Besetzung des Landes musste man sich in den Führungskreisen der ARBED entscheiden, ob man der deutschen Aufforderung nach einer Wiederaufnahme der Produktion, welche vorübergehend eingestellt worden war, nachkommen sollte oder nicht. Auf Seiten der ARBED hatte man wohl kaum eine andere Wahl: Gerade in den ersten Wochen der Besetzung des Großherzogtums, war die Zukunft des Landes noch nicht abzusehen. Auch wenn bisher konkrete interne Dokumente von Seiten der ARBED fehlen, so

---

etwa den Posten des Generalbevollmächtigten für die Eisen- und Stahlindustrie in Lothringen, Meurthe-et-Moselle und Longwy von 1940–1942 Im Juli 1942 wurde er Direktor der *Reichsvereinigung Eisen*. Nach dem Krieg wurde er zu zehn Jahren Haft verurteilt. Zu Röchling vgl. BANKEN Ralf, Röchling, Hermann, in: Neue Deutsche Biographie 21 (2003), S. 705 f.; KLEE Ernst, Röchling, Hermann, in: DERS., Personenlexikon, S. 502 und ausführlich SEIBOLD Gerhard, Röchling. Kontinuität im Wandel, Stuttgart 2001.

217 KRIER, Sidérurgie, S. 62.

218 MAAS, Groupe, S. 361.

219 ARTUSO, Double jeu, S. 27. Relativierend jedoch BOLDORF Marcel, Neue Wege zur Erforschung der Wirtschaftsgeschichte Europas unter nationalsozialistischer Hegemonie, in: BUCHHEIM Christoph/BOLDORF Marcel, Europäische Volkswirtschaften unter deutscher Hegemonie 1938–1945, München 2012 (= Schriften des Historischen Kollegs, Kolloquien 77), S. 1–24, hier S. 7 f.

220 Zu den einzelnen Interessensgruppen welche sich unter der Militäradministration an der Jagd auf die Kontrolle der ARBED beteiligten, ihre Zusammensetzung sowie ihre Vorschläge vgl. KRIER, Sidérurgie, S. 62 f.; MOLLIN, Montankonzerne, S. 243–245; VOLKMANN, Luxemburg, S. 158–170.

erscheint es plausibel, dass die Konzernspitze sich gerade deshalb zur Wiederaufnahme der Produktionstätigkeit entschlossen hat, um den Fortbestand des Unternehmens zu sichern. Zu diesem Zeitpunkt war noch nicht abzusehen, ob die deutsche Besatzung die Neutralität des Landes anerkennen würde oder nicht. Ein Verweigern der von den Deutschen geforderten Wiederaufnahme der Produktion hätte sicherlich zu einem Austausch der Konzernleitung, wenn nicht zu einer Übernahme oder Auflösung des Konzerns geführt.[221] Die Entscheidung für eine Wiederaufnahme der Produktion war laut dem späteren Generaldirektor Chomé von ihm und seinen Kollegen nach Gesprächen mit dem Vorsitzenden der die Regierungsgeschäfte übernehmenden Verwaltungskommission, Albert Wehrer, getroffen worden.[222]

Anders als die ARBED war die Führung der HADIR, eine weitere luxemburgische Stahlgesellschaft, in belgischen Händen, nicht geneigt, den deutschen Weisungen Folge zu leisten. Nachdem sich die Firmenleitung gegen eine solche Zusammenarbeit entschieden hatte, wurde sie aufgelöst. Das Unternehmen gelangte unter direkte deutsche Kontrolle.[223] Es darf daher angenommen werden, dass der ARBED das gleiche Schicksal gedroht hätte, wäre die Leitung den Weisungen der Besatzungsmacht nicht gefolgt.

Unter der Militärverwaltung, die zwischen dem 10. Mai und dem 2. August 1940 in Luxemburg herrschte, behielt die ARBED demnach ihre selbstverantwortliche Führung bei, musste aber unter deutscher Direktive operieren und war *„in die deutsche Kriegskommandowirtschaft integriert“*.[224]

Diese Entscheidung betraf allerdings nicht die ARBED-Beteiligungen in Deutschland. Das Reichswirtschaftsministerium plante von Anfang an, die Betriebe in Deutschland unter deutsche Verwaltung zu stellen. Lediglich über die Form herrschte anfangs noch Unklarheit. Dies war auch der Konzern-Spitze der ARBED bewusst, die daher versuchte, Einfluss auf eine mögliche Entscheidung zu nehmen. So kündigte sie bereits im Mai 1940, kurz nach der Besetzung des Landes, an, in der kommenden Generalversammlung der F&G CARLSWERK AG ihren Anteil nicht zu vertreten. *„Sie erhoffte sich von dem freiwilligen Verzicht auf die Wahrnehmung ihrer Rechte als Anteilseigner weiterhin eine Beteiligung an der Unternehmensführung.“*[225]

221 VOLKMANN, Luxemburg, S. 163.
222 ARBED, Demi-siècle, S. 347–349.
223 VOLKMANN, Luxemburg, S. 163 und ausführlich S. 412–416.
224 Ebd., S., 164, siehe auch S. 407.
225 Ebd., S. 164.

Doch entschied man im Reichswirtschaftsministerium nicht zuletzt mit Blick auf den Vierjahresplan, die Beteiligungen der ARBED in Deutschland der Kontrolle eines Gremiums zu unterstellen, das sich aus Maximilian Bernhuber, dem Reichsbankdirektor a. D. Carl Erhardt sowie Kurt von Schröder zusammensetzte.[226]

Durch diese Personalpolitik konnte Bernhuber, als *Beauftragter des Reiches für die ARBED* auch für die Überwachung des Konzerns in Luxemburg zuständig, weiterhin die gesamten Aktivitäten des ARBED-Konzerns sowohl in Luxemburg als auch in Deutschland überwachen.[227] Interessant ist auch die Einsetzung von Kurt von Schröder. Dadurch hatte der Aufsichtsratsvorsitzende der F&G CARLSWERK AG, einer Tochtergesellschaft der ARBED, die Interessen des Konzerns in Deutschland, unter anderem im rheinischen Unternehmen zu wahren. Das Kollegium trat erst am 2. August 1940, am Tag des Wechsels von der militärischen zur zivilen Verwaltung Luxemburgs durch die Besatzungsmacht, in Kraft. Die drei genannten Herren wurden zu Verwaltern der im Reich befindlichen Werke der ARBED eingesetzt. Dieses Gremium konnte über den üblichen Geschäftsverkehr entscheiden, wobei es jeweils der Unterschrift zweier Verwalter bedurfte.[228] Für alle weiterreichenden Geschäfte war das *Reichskommissariat für die Verwaltung feindlichen Vermögens* zuständig.

Die Machtbefugnisse des Kollegiums gingen demnach theoretisch so weit, dass die ARBED jeglicher unternehmerischer Gestaltung und Eigenverwaltung im Reich beraubt war. Tatsächlich jedoch griff das Gremium kaum in die unternehmerische Verwaltung ein, wohl deshalb, weil unter der existierenden Struktur die F&G-Gruppe wirtschaftlich sehr effektiv geführt wurde.[229] So behielt die ARBED ihre Verfügungsgewalt über ihre Beteiligungen im Reich und konnte auch weiterhin die Geschäftsführung wahrnehmen. Dies betraf auch die Rechte des Konzerns als Anteilseigner in den einzelnen Unternehmen, wie bspw. der F&G CARLSWERK AG. Das Verwaltungsgremium beschränkte sich

---

226 MOLLIN, Montankonzerne, S. 245; VOLKMANN, Luxemburg, S. 166 f. und 407.

227 Maximilian Bernhuber, unter anderem Beauftragter der Reichsbank in Italien und später Reichsbankdirektor. Zu seiner Bestellung siehe auch LINDNER Stephan R., Das Reichskommissariat für die Behandlung feindlichen Vermögens im Zweiten Weltkrieg. Eine Studie zur Verwaltungs-, Rechts- und Wirtschaftsgeschichte des nationalsozialistischen Deutschlands, Stuttgart 1991 (= Zeitschrift für Unternehmensgeschichte, Beiheft 67), S. 80.

228 Einzig für die Burbacher Hütte zeichnete von Schröder alleine; siehe VOLKMANN, Luxemburg, S. 407.

229 Ebd. S. 408.

darauf sicherzustellen, dass die Unternehmen nicht gegen Reichsinteressen verstießen.[230]

Die Einsetzung eines Verwaltungsgremiums sollte sich demnach nicht nachteilig auf die unternehmerische Einflussnahme der ARBED in ihren Tochtergesellschaften in Deutschland erweisen. Die Berufung Kurt von Schröders als Verwalter der ARBED-Interessen in Deutschland bedeutete zwar auf dem Papier einen ersten Schritt hin zu einer Umkehr der Machtverhältnisse zwischen der ARBED und der F&G CARLSWERK AG, doch wurde diese Kontrolle aus wirtschaftlichen Gründen nicht zum Nachteil der ARBED ausgenutzt.

Die ARBED nach der faktischen Eingliederung Luxemburgs ins Deutsche Reich

Mit der Ablösung der Militäradministration durch eine zivile Verwaltung des Landes unter Leitung des *Gauleiters* Gustav Simon, im August 1940, begann eine neue Phase der Okkupationspolitik. Die definitive Annexion des Landes durch das Deutsche Reich sollte nach dem Krieg erfolgen. Neben politischen Faktoren spielten dabei auch wirtschaftliche Überlegungen eine Rolle. Die Annexion Luxemburgs sowie die Wiedergewinnung Lothringens würden dem Reich die Kontrolle über das gesamte regionale Bergbaurevier garantieren.[231] Von den deutschen Machthabern wurde Luxemburg als Teil des Deutschen Reiches angesehen. Nach deutscher Vorstellung war das Land demnach auch nicht besetzt, sondern musste lediglich *„heim ins Reich"*[232] geführt werden. Für die Wirtschaft folgte eine Phase der Gleichschaltung, in der die luxemburgische Wirtschaft aus dem alten Wirtschaftsverband herausgelöst und in den deutschen Wirtschaftsraum integriert werden sollte. Die sogenannte *„Germanisierung"* der luxemburgischen Wirtschaft spielte dabei eine besondere Rolle.[233] Die ARBED

---

230 Ebd., S. 407 f. Anders MAAS, Groupe, S. 373, der den Verlust der unternehmerischen Gestaltungsfreiheit der ARBED im Reich als umfangreicher einschätzt.

231 VOLKMANN Hans-Erich, Autarkie, Großraumwirtschaft und Aggression. Zur ökonomischen Motivation der Besetzung Luxemburgs, Belgiens und der Niederlande 1940, in: Militärgeschichtliche Mitteilungen 19 (1976), S. 51–76, hier S. 58l [im Folgenden zitiert als: VOLKMANN, Autarkie].

232 Es handelte sich um das politische Schlagwort der Volksdeutschen Bewegung in Luxemburg, die die Annexion des vom Reich besetzten Luxemburgs forderte.

233 Zur Aufnahme der luxemburgischen Wirtschaft in den deutschen Wirtschaftsraum und dem damit verbundenen Germanisierungsprozess vgl. VOLKMANN, Autarkie, S. 64; KRIER Emile, Die Luxemburger Wirtschaft im Zweiten Weltkrieg, in: Hémecht. Zeitschrift für Luxemburger Geschichte 39/3 (1987), S. 393–409, hier S. 398–400.

verblieb weiterhin eine unabhängige Gesellschaft, allerdings unter strenger deutscher Kontrolle. Seit die Annexion Luxemburgs beschlossene Sache war, und die ARBED unter eingedeutschtem Namen VEREINIGTE HÜTTENWERKE BURBACH – EICH – DÜDELINGEN ›ARBED‹ offiziell als „eingedeutscht", sprich „germanisiert", galt, bestand sie als autonome Gesellschaft und war gegenüber deutschen Unternehmen gleichberechtigt. Doch waren ihre Besitzverhältnisse damit noch längst nicht geklärt: mehrere Parteien, unter anderem die beiden großen deutschen Banken DRESDNER BANK und die mit Kurt von Schröder „verbündete" DEUTSCHE BANK suchten die Aktienanteile der ARBED aufzukaufen, um so die Kontrolle über das Unternehmen zu erlangen.[234]

Die Bemühungen um den ARBED-Konzern wurden vom Reichswirtschaftsministerium dahingehend vorläufig gelöst, dass ein neuer Reichskommissar zur „Überwachung" der Gesellschaft bestellt wurde: im Juli 1941 wurde Maximilian Bernhuber von Gustav Koenigs[235] abgelöst. Gleichzeitig mit diesem Wechsel endete auch die Vertretung der ARBED-Interessen in Deutschland durch ein Kollegium. Die ARBED wurde fortan von den deutschen Behörden als deutsche Gesellschaft behandelt. Eine gesonderte Leitung des ARBED-Konzerns auf deutschem Boden wurde dadurch überflüssig.[236] Mit dem Ende der Kommission endete auch die *de jure* Kontrolle von Schröders über die deutschen Beteiligungen der ARBED. Damit war auch das indirekt verschobene Kräfteverhältnis zwischen der ARBED und der F&G CARLSWERK AG wieder zurechtgerückt.

Der Verwaltungsrat der ARBED wurde schrittweise mit linientreuen Deutschen besetzt.[237] Hatte die Direktion der ARBED-COLUMETA-Gruppe vor dem

---

234 Hierzu BÄHR Johannes, Der Wettlauf um Belgien und das Scheitern der anfänglichen Expansionspläne für das besetzte Westeuropa, in: WIXFORTH Harald, Die Expansion der Dresdner Bank in Europa, München 2006, S. 665–681, hier S. 675 [im Folgenden zitiert als: BÄHR, Wettlauf].

235 Koenigs, Gustav (1882–1945), seit 1931 belegte er verschiedene Posten im Transportministerium. Interessant ist, dass die Verschwörer vom 20. Juli 1944 planten Koenigs als Transportminister einer neuen Regierung einzusetzen. Siehe O. A., Gustav Koenigs, in: Gedenkstätte Deutscher Widerstand, Biografien, URL: http://www.gdw-berlin.de/bio/ausgabe_mit.php?id=147 (Stand: 3. November 2013).

236 Diese Kommission war von Anfang an für Simon ein Ärgernis, da sie ihn an einer eigenen Einflussnahme auf die ARBED hinderte. Im Hintergrund hat er daher beständig gegen dieses Gremium gearbeitet, siehe VOLKMANN, Luxemburg, S. 408 f. Zum Kompromiss siehe auch: GILLINGHAM John, Industry and politics in the Third Reich: Ruhr coal, Hitler and Europe, Stuttgart 1985, S. 144 f.

237 Neben Koenigs wurden weitere Deutsche in den Verwaltungsrat der ARBED ernannt. So traten Carl-Heinz Hoffmann, Direktor einer Eisenschmelze in Papenburg und

Krieg 17 Mitglieder, darunter 15 Luxemburger und zwei Belgier, setzte sich das Gremium 1943 aus 15 Mitgliedern zusammen, darunter neun Deutsche und sechs Luxemburger.[238] Der Vorstand bestand lediglich aus sechs Direktoren, darunter mit Meyer und Kipgen, lediglich zwei Luxemburger.[239] Ausschlaggebend für diese Personalpolitik war vor allem der Streik des ARBED-Werkes in Schifflingen Ende August 1942 gewesen, der den deutschen Machthabern eindrucksvoll die Grenzen der „Zusammenarbeit" mit dem luxemburgischen Konzern aufgezeigt hatte. Doch die Spitze der Gesellschaft blieb weiterhin unangetastet. Aloyse Meyer verblieb Generaldirektor der ARBED. Angesichts der deutschen Repressalien gegen die streikenden Arbeiter soll er mit dem Gedanken an den Rücktritt gespielt haben, doch soll er aus Kreisen des Verwaltungsrates und von Freunden, zum Wohl des Unternehmens, zur Weiterarbeit gedrängt worden sein.[240]

Obwohl eine Zerschlagung der Gesellschaft verhindert werden konnte, war die ARBED fast vollständig ihrer unternehmerischen Gestaltungs- und Entscheidungsfreiheit beraubt. Eingebunden in die deutsche Kriegswirtschaft war sie an die Bedingungen der deutschen Behörden gebunden. Die vom mehrheitlich aus Deutschen bestehenden Verwaltungsrat getroffenen Entscheidungen wurden zusätzlich der Kontrolle Koenigs' unterworfen. Der Verwaltungsrat hatte nicht die Möglichkeit, die Verkaufsstruktur des Unternehmens eigenständig zu bestimmen.

Davon war nicht zuletzt die COLUMETA betroffen. Diese war unter dem eingedeutschten Namen LUXEMBURGER EISEN- UND STAHLVERTRIEB AG in das Verkaufssyndikat STAHLWERKS-VERBAND aufgenommen worden. Hier fungierte sie sowohl als einer der Verbandshändler des Syndikats im Ausland als auch als Werkshändler für ARBED-Produkte im innerluxemburgischen Raum. Während des Krieges waren die kontingentierten Verkäufe der ARBED auf Belgien und Frankreich sowie zeitweise auf die Niederlande, die Schweiz, Portugal und Dänemark beschränkt. Diese waren einer strengen Kontrolle durch die deutschen Behörden unterworfen.[241]

Vertreter der NSDAP, sowie Franz Schmidt, ein Angestellter bei der Ziviladministration Simons in den Verwaltungsrat ein; vgl. KRIER, Sidérurgie, S. 66; VOLKMANN, Luxemburg, S. 410 f.

238 ARBED, Demi-siècle, S. 362.

239 VOLKMANN, Luxemburg, S. 411.

240 ARBED, Demi-siècle, S. 358. Dem Bericht haftet allerdings eine gewisse Glorifizierung der Ereignisse an. Siehe ferner SCHOENTGEN, Heim ins Reich, S. 32.

241 Vgl. hierzu ARBED, Demi-siècle, S. 365 f.; MOLLIN, Montankonzerne, S. 249; VOLKMANN, Luxemburg, S. 403 f.

Die Kontrolle Osteuropas durch die Achsenmächte in der ersten Kriegshälfte führte zu keinen Veränderungen der bestehenden unternehmerischen Struktur der ARBED in Osteuropa. Die ARBED hätte durchaus die Möglichkeit ergreifen können, ihre Aktivitäten in Polen auf Kosten der polnischen Wirtschaft auszuweiten. So waren deutsche Behörden an die ARBED mit dem Vorschlag herangetreten, sich an der deutschen Aneignung der polnischen und tschechoslowakischen Wirtschaft zu beteiligen. Die ARBED hätte somit direkter Eigentümer in Osteuropa werden können.[242] Die Generaldirektion widersetzte sich diesem Vorschlag jedoch und zog keinen Vorteil aus der Kriegssituation.[243]

Das Verhalten der ARBED wirft die Frage nach den eigentlichen Konzerninteressen zur Zeit der Besatzung bzw. zum Verhältnis der Konzernleitung mit den deutschen Machthabern auf. Diese Frage ist in der Geschichtsforschung nicht neu, sie erfuhr aber im Laufe der Zeit eine stete Erweiterung und Neubewertung. Die Problematik zur Rolle und zum Verhalten der ARBED während des Krieges wurde dabei in erster Linie vor der Frage einer möglichen Kollaboration des Unternehmens während der Besatzungszeit untersucht.

Mit der Rolle der ARBED während des Krieges beschäftigten sich zwischen 1945 und 1947 gleich mehrere von der Regierung eingesetzte Säuberungskommissionen. Sehr schnell beschränkte sich die Kollaborationsfrage fast ausschließlich auf den Generaldirektor Meyer. Die sogenannte Affäre Meyer schlug publizistisch und politisch hohe Wellen. Vielfach forderte man eine harte Bestrafung des Konzernleiters. Andererseits wurde vor einer Lynchjustiz gewarnt. Die Leitung der ARBED verteidigte sich mit dem Argument, passiven Widerstand gegen die deutsche Besatzung ausgeführt zu haben, indem sie bspw. versucht habe, die Produktion so gering wie möglich zu halten, die Arbeit aus Sorge um die Belegschaft nicht eingestellt und ansonsten über keinerlei Handlungsspielraum verfügt habe. Die Anklage in der sogenannten Affäre Meyer wurde 1947 schließlich aus Mangel an Beweisen fallengelassen.[244]

---

242 Entsprechende Vorschläge wurden auch französischen Unternehmen unterbreitet, hierzu BERGER, Beziehung, S. 169.

243 MAAS, Groupe, S. 371.

244 Gerade der an Meyer gerichtete Vorwurf der Kollaboration schlug hohe Wellen in der nationalen Berichterstattung und führte zu Debatten im luxemburgischen Parlament. Meyer höchstpersönlich bat schließlich den Minister für politische Säuberungen, um die Eröffnung einer Untersuchung gegen ihn, um sich von den Verdächtigungen reinzuwaschen; vgl. CERF Paul, De l'épuration au Grand-Duché de Luxembourg après la seconde guerre mondiale, Luxemburg 1980, S. 122–149 [im Folgenden zitiert als: CERF, Epuration]; DERS., „L'épuration, ou la difficulté de

Publizistisch war man in der Folgezeit bemüht, *„das Bild Aloyse Meyers von allen Vorwürfen reinzuwaschen"* und vor allem auf den passiven Widerstand des Unternehmens zu verweisen.[245] Dieses Bild fügte sich dann auch nahtlos in die sich bildende Meistererzählung einer luxemburgischen Nationenbildung über einen breiten Widerstand gegen die deutschen Besatzer ein. Die als Generalstreik interpretierte Arbeitsniederlegung in diversen Unternehmen des Landes, im Jahre 1942, an denen sich auch Arbeiter der ARBED beteiligten, wurde dabei als Beleg für eine Beteiligung der luxemburgischen Wirtschaft am Widerstand angeführt. Auf eine explizite Differenzierung der Arbeiterschaft, der Direktion und anderer Verbänden innerhalb des Unternehmens wurde zugunsten der Einheitlichkeit verzichtet.[246]

---

laver en famille du linge sale éclaboussé de taches tenaces", in: ...et wor alles net sou einfach. Questions sur le Luxembourg et la Deuxième Guerre mondiale, Luxemburg 2002 (= Publications scientifiques du Musée d'histoire de la Ville de Luxembourg 10), S. 282–293 [im Folgenden zitiert als: CERF, Difficulté]; DOSTERT, Luxemburg, S. 104 und 107; MAAS, Groupe, S. 340–345 et 365–373; MOLLIN, Montankonzerne, S. 250; REGENER, Industrie, S. 23–26; WEHENKEL Henri, La collaboration impossible, in: Collaboration: Nazification? – le cas du Luxembourg à la lumière des situations française, belge et néerlandaise. Actes du colloque international, Centre culturel de rencontre Abbaye de Neumünster, mai 2006, Luxemburg 2008, S. 250–271; und zuletzt ausführlich SCHOENTGEN, Heim ins Reich, S. 29–35.

245 SCHOENTGEN, Heim ins Reich, S. 34.

246 Eine historische Aufarbeitung von Teilen dieses Geschichtsbildes liefern u. a. HOFFMANN Serge, Le G-D de Luxembourg pendant la seconde guerre mondiale, in: Prispevki za novejšo zgodovino/Inštitut za zgodovino delavskega gibanja. – Ljubljana. – Letnik XLVIII, Stevilka 1(2008), S. 105–122; MAJERUS Benoît; Besetzte Vergangenheiten. Erinnerungskulturen des Zweiten Weltkrieges in Luxemburg – eine historiographische Baustelle, in: Hémecht. Zeitschrift für Luxemburger Geschichte 64/3 (2012), S. 23–43; SCUTO Denis, Mémoire et histoire de la Seconde Guerre mondiale au Luxembourg. Réflexions sur une cohabitation difficile, in: Hémecht. Zeitschrift für Luxemburger Geschichte 58/4 (2006), S. 499–513. Speziell zur kritischen Aufarbeitung des sogenannten Generalstreiks von 1942 vgl. MAJERUS Benoît; Generalstreik, in: KMEC Sonja u. a., Lieux de mémoire au Luxembourg. Usages du passé et construction nationale, Luxemburg 2008, S. 153–158; HOHENGARTEN André, Vom Halbmond zum Ziegenkopf: die Geschichte der Luxemburger Häftlinge in Lublin, 1942–1945. Luxemburg 1991, S. 19–40. Speziell zur Rolle der ARBED in der Meistererzählung, welche auch auf Seiten der ARBED gepflegt wurde, siehe ARBED, Demi-siècle, S. 346–363. Sehr allgmein PÉPORTÉ Pit u. a., Inventing Luxembourg. Representations of the Past, Space and Language from the Nineteenth to the Twenty-First Century, Leiden/Boston 2010 (= National Cultivation of Culture 1), S. 77 f., 109.

Erst Ende der 70er Jahre, zeitgleich mit dem Niedergang der luxemburgischen Schweindustrie, was sicherlich als interessanter „Zufall" gelten kann, widmete sich die luxemburgische Geschichtsschreibung der Frage der Kollaboration auch im Bereich der Schwerindustrie und begann die Meistererzählung zu hinterfragen.

Der kritische Journalist Paul CERF machte den Anfang. Indem sich CERF erneut stark auf die Person des Aloyse Meyer konzentrierte, reduzierte er wie bereits in den Untersuchungen der unmittelbaren Nachkriegszeit die Frage der Kollaboration eines internationalen Großkonzerns fast ausschließlich auf eine Person. Er erweiterte aber diese Untersuchung um die Gewinnerzielung der ARBED in den Kriegsjahren. Dabei stellte er die Vermutung auf, die ARBED habe während des Krieges durchweg Gewinne erzielt. Damit sei auch die Argumentation der angeklagten ARBED-Direktoren widerlegt und man könne ihnen durchaus Kollaborationsabsichten unterstellen. Die Argumentation Cerfs konnte in jüngerer Zeit von MAAS und VOLKMANN widerlegt werden. Das alleinige Produktionsvolumen könne kaum als Gradmesser einer möglichen Kollaboration herhalten.[247]

Für MAAS spielte Meyer weiterhin eine Schlüsselrolle bei der Frage der Kollaboration der ARBED. Doch wurden die Aktivitäten des Generaldirektors differenzierter beleuchtet: So verwies er bspw. auf die nationalsozialistischen Wirtschaftsverbände, denen Meyer zur Zeit der deutschen Besatzung beigetreten war, wie dem *„Verein deutscher Eisen- und Stahlindustrieller"* und der *„Wirtschaftsgruppe Eisen"*, was ihm später als Kollaboration vorgehalten wurde. MAAS fragte dabei nach den Beweggründen dieser Beteiligungen. Waren sie als Ausdruck von Meyers Einreihung auf Seiten der nationalsozialistischen Besatzer und der deutschen Kriegswirtschaft zu sehen oder erfolgten sie auf politischen Druck hin? Suchte Meyer möglicherweise über diese Verbände, seine guten Kontakte zu den deutschen Industriellen aus der Vorkriegszeit aufrecht zu erhalten und dadurch die Existenz der Gesellschaft zu sichern – quasi als Alternative zum aufgelösten Internationalen Stahlkartell?[248]

---

247 Vgl. CERF, Epuration, S. 138–144; MAAS. Groupe, S. 371; VOLKMANN, Luxemburg, S. 512.

248 Diese These wurde bereits von MAAS, Groupe, S. 367 f. aufgestellt. Leider bedarf sie, wie MAAS selber erwähnt, einer eingehenden Untersuchung zu Zweck und Funktion der Verbände. Einen Einstieg liefert immerhin SÖRGEL Werner, Metallindustrie und Nationalsozialismus. Eine Untersuchung über Struktur und Funktion industrieller Organisationen in Deutschland 1929 bis 1939, Frankfurt am Main 1965 (= Beiträge zur Geschichte und Soziologie der Metallindustrie und ihrer Organisationen), S. 47–67. Hinsichtlich der Rolle Meyers, hilft sie jedoch nicht weiter.

Maas gehörte wie Schoentgen und andere zu einer Reihe jüngerer Historiker, die die Kollaborationsfrage der luxemburgischen Schwerindustrie, allen voran der Arbed in einem größeren internationalen Kontext beleuchteten und in der Tradition Emile Kriers auch die unterschiedlichen involvierten Akteure auf Seiten der Besatzer näher in Augenschein nahmen.[249] Durch eine stärkere internationale Kontextualisierung, die Berücksichtung der luxemburgischen und deutschen Personengefüge vor dem Hintergrund der deutschen Wirtschaftspolitik sowie die Unterscheidung möglicher persönlicher, politischer, ideologischer und ökonomischer Beweggründe der Handlungsträger ergab sich in der Forschung ein stärker differenziertes Bild über die Rolle der Arbed während des Krieges und ihr Verhältnis zu den Besatzern.[250]

Die Untersuchungen von Maas, Schoentgen aber auch von Volkmann, der den Nachlass von Emile Krier wissentschaftlich aufarbeiten und 2011 veröffentlichen konnte, bewiesen, dass die Handlungsmuster des Unternehmens viel komplexer waren als zuvor angenommen und sie sich kaum auf die alleinigen Kategorien der Kollaboration und des Widerstandes reduzieren ließen.[251] In Sachen Handlungsfreiheit der Konzernleitung konnte eine starke, wenn auch keine vollständige Einschränkung festgestellt werden. Die Arbed wurde als germanisierter Konzern in die deutsche Rüstungsindustrie integriert. Ab 1942 wurde die ehemalige Leitung zudem durch linientreue Manager ersetzt. Das Unternehmen unterlag einer strengen Kontrolle. Augrund dieser starken Einschränkung umschrieb Maas die Zusammenarbeit zwischen Arbed und den deutschen Besatzern als „*Collaboration survie.*“[252] Damit relativierte er die Kollaborationsvermutung Cerfs. Ähnlich äußerte sich zuletzt auch Volkmann, der behauptete: „*Eine nationalsozialistische Konzernpolitik hat es jedenfalls nicht gegeben.*“[253] Die Zusammenarbeit der Leitung der Arbed beruhte

249 So etwa Krier Emile, La sidérurgie au Luxembourg pendant la Seconde Guerre mondiale, in: Les cahiers lorrains 1 (März 1989), S. 59–68 [im Folgenden zitiert als: Krier, Sidérurgie].

250 So auch Mollin Gerhard Th., Montankonzerne und „Drittes Reich“. Der Gegensatz zwischen Monopolindustrie und Befehlswirtschaft in der deutschen Rüstung und Expansion 1936–1944, Göttingen 1988 (= Kritische Studien zur Geschichtswissenschaft 78) [im Folgenden zitiert als: Mollin, Montankonzerne]; Volkmann, Luxemburg, besonders S 165–170.

251 Eine solche Dichotomie findet sich bspw. noch bei Trausch Gilbert, Le Luxembourg. Emergence d'un Etat et d'une Nation, Antwerpen 1989, S. 336–339.

252 Maas, Groupe, S. 373.

253 Volkmann, Luxemburg, S. 411.

auf einem ökonomischen Zwang und geschah nicht etwa aus ideologischen Gründen.

Maas und Volkmann verweisen damit auf das eigentliche Ziel des Konzerns, nämlich das Überleben der Arbed und die persönliche Existenzsicherung der Beteiligten in einer Zeit tiefgreifender politischer und wirtschaftlicher Veränderungen mit ungewissem Ausgang. Dieses Ziel definierte das Verhalten der Direktion gegenüber den deutschen Besatzern und war der entscheidende Grund dafür, den deutschen Weisungen Folge zu leisten. Ein offenes Widersetzen hätte mit Sicherheit zu einer Absetzung der bisherigen Konzernspitze geführt, möglicherweise gar zu einer Übernahme oder Aufteilung des Unternehmens. Das Schicksal der Hadir wird den Beteiligten mahnend vor Augen gestanden haben.[254] Angesichts dieser Beobachtungen erübrigt sich jegliche vereinfachte Einteilung der Akteure auf Seiten des Konzerns unter einem simplen Opfer-Täter-Schema, ohne Berücksichtigung möglicher Veränderungen.

Wie verhalten sich nun die Beobachtungen der vorliegenden Arbeit zum aktuellen Forschungsstand? Vor dem Hintergrund der späteren Verteidigung der Investitionen der Arbed im Ostblock sind es gerade diese Aspekte, die von besonderer Bedeutung sind, bilden sie doch häufig die Grundlage, auf der die Interessenwahrung des Konzerns aufbaute.

Es zeigt sich, dass das Beteiligungsverhältnis der Arbed im Verlauf des Zweiten Weltkrieges zwar mehrfach bedroht, jedoch nicht bzw. lediglich provisorisch angetastet wurde. So wurden der Arbed im Untersuchungsraum keine Filialen oder Investitionen entwendet. Das 1940 eingesetzte Kontrollgremium, welches die deutschen Beteiligungen der Arbed überwachen sollte, stellte sich lediglich als eine Maßnahme auf dem Papier heraus. Die alten Strukturen wurden auf Grund der wirtschaftlichen Effektivität nicht angerührt. Damit verlor die Arbed zwar offiziell die Kontrolle über diese Beteiligungen, doch änderte sich nichts an ihrem Beteiligungsverhältnis sowie an der bisherigen Arbeitsweise.[255] Unternehmerische Überlegungen relativierten damit eine politische Entscheidung. Die Arbed hatte demnach weiterhin Einblick in die Aktivitäten der F&G-Gruppe während des Krieges. Wie sind diese Aktivitäten einzuordnen?

Die Quellen zur F&G-Gruppe liefern Hinweise über eine Beteiligung einzelner Unternehmen der Gruppe an der deutschen Rüstungswirtschaft: So fertigte

---

254 Siehe oben, S. 93.

255 Während Volkmann ebenfalls ein Weiterbestehen der bisherigen Gestaltungsfreiheit sieht, sah Maas bei dieser Entscheidung einen Verlust dieser Freiheit. Mit Blick auf das im folgenden Unterkapitel behandelte Beziehungsgeflecht der Arbed, erscheint die Interpretation Volkmanns als die wahrscheinlichere.

etwa die Leipziger BLEICHERT TRANSPORTANLAGEN GMBH (BTA) während des Krieges Granathülsen, während die GUMMIWERKE „ELBE“ AG verschiedenste Produkte an das Heer, die Luftwaffe und die Marine lieferte und auf ihrem Firmengelände ein von SS bewachtes Erziehungslager unterhielt.[256] Die F&G CARLSWERK AG nahm zudem an einem Zwangsarbeiterprogramm teil und beschäftigte bis zu 600 russische und ukrainische Zwangsrekrutierte.[257]

Die Quellen enthalten zudem Hinweise, die darauf hindeuten, dass sich die F&G-Gruppe möglicherweise in Polen auf Kosten der lokalen Industrie zu bereichern wusste. SOÉNIUS verwies bereits auf eine gewisse Ungereimtheit im Verhältnis zwischen der deutsche F&G CARLSWERK AG und dem polnischen KABELWERK OŻARÓW AG, die im Krieg integral der F&G CARLSWERK AG zur „Betreuung“ zugefallen sei.[258] Und auch die restlichen Aktienanteile der polnischen KABELWERK BROMBERG AG wurden 1941 von der F&G FABRIK ELEKTRISCHER KABEL-, STAHL- UND KUPFERWERKE AG, Wien, einer Filiale der F&G CARLSWERK AG, aufgekauft. Das Werk war zu diesem Zeitpunkt in Händen deutscher Treuhänder. Aufgrund fehlender Belege kann nicht eindeutig festgestellt werden, ob es sich beim Aktienaufkauf um einen von deutschen Besatzern angeordneten Zwangsverkauf handelte oder nicht.[259]

Auch ein Blick in die Unternehmensstruktur der F&G CARLSWERK AG während des Krieges wirft einige Fragen auf: So tauchen in einer Gliederung der Firmenbeteiligungen, welche den Stand vom Dezember 1944 wiedergibt, kleinere Aktienbeteiligungen der Gesellschaft in zwei polnischen Unternehmen auf.[260] Diese werden jedoch in späteren Berichten und Akten nicht wieder erwähnt. Gerade die letztgenannten Ungereimtheiten und Verdachtsmomente liefern noch

---

256 Hierzu unten, S. 401–405, 410–412 f.

257 WIDDIG Sascha, Felten & Guilleaume Carlswerk, Erfurt, 2011 (= Die Reihe Arbeitswelten), S. 51–58 [im Folgenden zitiert als: WIDDIG, Felten].

258 VOLKMANN, Luxemburg, S. 293, Anm. 39. Siehe auch weiter unten, S. 424 f.

259 Hierzu weiter unten, S. 422 f.

260 So geht aus einer Gliederung der Firmenbeteiligungen vom Dezember 1944 hervor, dass die Gesellschaft über die F&G CARLSWERK EISEN UND STAHL AG zu 16,5 % an der STAHLDRAHT OST GMBH sowie zu 16 % an einem Metallurgiebetrieb in Radom beteiligt gewesen sein soll. Diese Beteiligungen fehlen in der Gliederung vom Dezember 1941; vgl hierzu RWWA, Felten Guilleaume, Kartei IA 24.2.11, Gliederung des Felten und Guilleaume Konzerns nach dem Stand vom 31. Dezember 1941, o. D., 1 S. [im Folgenden zitiert als: RWWA, Felten Guilleaume, Gliederung 1941]; ANLux, AE-03648, Gliederung des Felten und Guilleaume Konzerns nach dem Stand vom 31. Dezember 1944, 0. D., 1 S. [im Folgenden zitiert als: ANLux, AE-03648, Gliederung 1944].

keinen haltbaren Beweis dafür, dass die F&G Carlswerk AG Firmen in von den Deutschen besetzten Gebieten übernahm. Der Befund ist kaum mit der Situation der zahlreichen anderen Unternehmen der deutschen Eisen- und Stahlindustrie vergleichbar, die sich bewusst und umfassend auf Kosten der lokalen osteuropäischen Schwerindustrie bereicherten.[261] Eine gewisse Nähe einzelner Filialen der F&G-Gruppe zum nationalsozialistischen Regime lässt sich indes nicht abstreiten.

Mit Blick auf die mögliche Bereicherung in Polen findet sich ein Hinweis, dass die deutschen Behörden auch der Arbed-Leitung ein entsprechendes Angebot unterbreitet hatten, welches letztlich jedoch von dieser abgelehnt worden war. Womöglich hatte man hier bereits die Konsequenzen eines solchen Schrittes in der Nachkriegszeit vor Augen. Spätestens seit der Wende des Krieges an der sowjetischen Front lässt sich aus dem Handeln der Leitung der Arbed herausinterpretieren, dass die Konzernspitze in Luxemburg die deutsche Besatzung lediglich als eine vorübergehende Episode ansah.[262]

So zumindest ließe sich der Verzicht auf eine von den deutschen Behörden vorgeschlagene Bereicherung der Gesellschaft auf Kosten der osteuropäischen Industrie erklären. Auch die deutsche Besetzung im Ersten Weltkrieg war nicht von Dauer gewesen. Die Etablierung einer luxemburgischen Exilregierung auf Seiten der Alliierten war allgemein bekannt. Mit dieser Exilregierung standen gerade die sich im Ausland aufhaltenden Vertreter der Arbed, allen voran der Präsident des Verwaltungsrates, Barbanson, in ständigem Kontakt.[263]

Es zeigt sich auch, dass Exilregierung und Arbed-Vertreter die Verteidigung der Konzerninteressen im Ausland aufeinander abstimmten und koordinierten. So konnte ein Versuch der deutschen Behörden, die Kontrolle der Arbed-Unternehmen in Brasilien über Aktienbeteiligungen zu gewinnen, vor allem dank der Interventionen Barbansons und des luxemburgischen Gesandten in

---

261 Vgl hierzu Erker Paul, Industrie-Eliten in der NS-Zeit. Anpassungsbereitschaft und Eigeninteresse von Unternehmern in der Rüstungs- und Kriegswirtschaft 1936–1945, Passau 1993, S. 8. Nach Soénius, Unternehmer, S. 293 war diese Politik vor allem dem damaligen Generaldirektor der F&G Carlswerk AG, Fritz Lehmann zu verdanken.

262 Volkmann, Luxemburg, S. 165, geht jedoch davon aus, dass die Konzernspitze zumindest in einer ersten Phase der Militärverwaltung fest mit einer Integration des luxemburgischen Wirtschaftsraums in den deutschen Raum rechnete: „*Auf Luxemburger wie auf deutscher Seite ging man letztlich davon aus, dass, so wie die machtpolitischen Verhältnisse in Europa sich für die Zukunft abzuzeichnen schienen, das Großherzogtum Teil des deutschen Wirtschaftsgebietes werden würde.*“

263 Zu den Kontakten zwischen Vertretern des Arbed-Konzerns und der luxemburgischen Exilregierung siehe ausführlich Grosbois, Idées, Bd. 2, S. 329 f.

Washington Hugues le Gallais, Sohn des ehemaligen Verwaltungsratmitglieds Norbert Le Gallais, vereitelt werden. Die entsprechenden Aktien wurden von Barbanson als verloren gemeldet, gesperrt und durch neue ersetzt, welche nicht in deutsche Hände fielen.[264] Die enge Kooperation zwischen Vertretern der ARBED und der luxemburgischen Diplomatie im Rahmen der Vereitelung des Zugriffs der deutschen Besatzer auf die südamerikanischen Beteiligungen der ARBED erinnert stark an die spätere Verteidigung der Konzerninteressen in Osteuropa und kann unter diesem Gesichtspunkt als Vorläufer gelten.

Die Episode verdeutlicht zudem, dass Personen der ehemaligen Leitung der ARBED im Ausland mit den Alliierten in engem Kontakt standen während gleichzeitig in Luxemburg regelmäßige Kontakte mit den deutschen Behörden stattfanden. Auch dies zeigt den unternehmerischen Opportunismus eines internationalen Konzerns zur Zeit des Krieges, der stets auf seine Existenzsicherung bedacht war und sich möglichst viele Aktionsmöglichkeiten offen halten wollte.

Angesichts der Hinweise auf eine Beteiligung einzelner Unternehmen der F&G-Gruppe an der nationalsozialistischen Rüstungswirtschaft und der Verdachtsmomente einer Bereicherung der Gruppe in Polen muss auch der Frage nachgegangen werden, inwieweit die ARBED Kenntnisse von diesen Entwicklungen hatte. Die möglichen Kapitalbeteiligungen der F&G-Gruppe in Polen erschlossen sich zum Beispiel erst über eingehende Nachforschungen. Die fehlenden Quellen lassen diesbezüglich nur die Formulierung dreier offener Hypothesen zu:

1. Auf Seiten der ARBED hatte man von diesen, von der F&G CARLSWERK AG im Krieg legal erworbenen Beteiligungen schlichtweg keine Kenntnis. Dem widerspricht jedoch der allgemein gute Kenntnisstand über die Aktivitäten der F&G CARLSWERK AG mittels Aufsichtsrat der Gesellschaft, in dem auch Vertreter der ARBED saßen.
2. Man hatte zwar Kenntnis von den legal erworbenen Beteiligungen, wollte diese aber bewusst nicht verteidigt wissen, da man jedem Verdacht aus dem Weg gehen wollte, als Nutzer des Krieges verdächtigt zu werden oder aber
3. man kannte die Beteiligungen, wusste jedoch auch um die Zwangsübernahme dieser Interessen und verzichtete aus diesem Grund auf eine Intervention zugunsten dieser Vermögenswerte.

Inwiefern die ARBED über die Entwicklungen der F&G-Gruppe Bescheid wusste, kann nur über eine eingehende Analyse der beruflichen und privaten Kontakte

264 Vgl. MAAS, Groupe, S. 357 f.; VOLKMANN, Luxemburg, S. 162.

der Entscheidungsträger beider Seiten erörtert werden. Die deutschen Behörden hatten bekanntlich seit den 30er Jahren einen personellen Wechsel vor allem in der F&G Carlswerk AG vorangetrieben mit dem Ziel ausländische Investitoren zurückzudrängen. Vielfach waren neue Personen in den Aufsichtsgremien zu finden, die eine starke Bindung an das nationalsozialistische Regime pflegten. Doch welche Auswirkungen hatte dies auf die bisherige Funktionsweise der F&G-Gruppe bzw. zu ihrem Verhältnis zur Muttergesellschaft Arbed? Zur Beantwortung dieser und weiterer Forschungsfragen bedarf es einer eingehenden Beleuchtung des Beziehungsgefüges zwischen Arbed und F&G-Gruppe während des Krieges.

Berufliche und private Kontakte zwischen Arbed und der F&G-Gruppe während des Krieges

Die deutsche Besetzung Luxemburgs verursachte keine dauerhaften Veränderungen in dem Abhängigkeitsverhältnis zwischen der Arbed und der F&G Carlswerk AG, über die der luxemburgische Konzern seine Anteile in Osteuropa wahrnahm. Die noch während der Militäradministration getroffene Entscheidung, ein Gremium zur Verwaltung der Arbed-Interessen in Deutschland zu schaffen, welches sich unter anderem aus dem Baron Kurt von Schröder, Präsident des Aufsichtsrates der F&G Carlswerk AG zusammensetzte, wurde bereits im Juli 1941 wieder rückgängig gemacht, nachdem die Arbed offiziell als „germanisiert" galt. Von Schröder war auch in die Bemühungen der Deutschen Bank involviert, die Aktienmehrheit der Arbed zu erlangen.[265] Man kann ihm also durchaus ein Interesse daran nachsagen, das Kräfteverhältnis zwischen der F&G Carlswerk AG und der Arbed umkehren zu wollen. Dies sollte letztendlich aber nicht gelingen. Inwiefern sich der Baron aber diesbezüglich ernsthaft bemühte, geht aus den spärlichen Quellen nicht eindeutig hervor.

Da eine endgültige Entscheidung des Unternehmens auf einen Zeitpunkt nach dem Ende des Krieges verlegt wurde, blieb das Besitzverhältnis zwischen der Arbed und seiner rheinischen Tochtergesellschaft unangetastet. So fanden, mit Ausnahme der Sitzung vom 29. April 1940, am Vorabend der Invasion Luxemburgs, alle Sitzungen des Aufsichtsrates der F&G Carlswerk AG während der Besatzungszeit immer auch in Anwesenheit von Vertretern der Arbed statt.[266] Die vom Aufsichtsrat mitgetragenen Entscheidungen hinsichtlich der

265 Vgl. Bähr, Wettlauf, S. 675; Soénius, Schröder, S. 554 f.

266 Im April 1940 bestanden die Mitglieder der Arbed im Aufsichtsrat der F&G Carlswerk AG. aus Aloyse Meyer, Gaston Barbanson, Felix Chomé, Jules Collart,

Beteiligungen der Gruppe in Osteuropa wurden somit auch von der ARBED-Führung getragen. Dies betraf bspw. die Kapitalaufstockung der KABELWERK WILHELMINENHOF AG und der GUMMIWERKE BALLENSTEDT GMBH, den Aufkauf der KABELWERK BROMBERG AG durch die F&G DRAHT-, DRAHTSEIL- UND KUPFERFABRIK AG oder auch den Ausbau der BERGWERKS AG PIRIN.[267] Durch die Aufsichtsratssitzungen der F&G CARLSWERK AG sowie der Wiener und Budapester Tochterunternehmen war die Leitung der ARBED somit stets über die Geschäftsstruktur der rheinischen Gesellschaft im Osten im Bilde. Aus den Akten der ARBED geht hervor, dass die Leitung des Unternehmens über den gesamten Zeitraum des Krieges mit der Kölner F&G CARLSWERK AG in Kontakt stand.[268] Direktor Lehmann gelang es gar im Januar 1945 aus Köln an den Generaldirektor der ARBED, Meyer, zu schreiben, der mittlerweile von der sich zurückziehenden Wehrmacht nach Wittlich verschleppt und dort inhaftiert worden war.[269] Des Weiteren übersandte Lehmann Meyer die letzten Geschäftsberichte der ungarischen Tochtergesellschaft der F&G-Gruppe und informierte den luxemburgischen Direktor über die Kriegsschäden an diversen Gesellschaften, an denen der luxemburgische Konzern über die rheinische Gesellschaft beteiligt war.[270] Während der deutschen Besetzung Luxemburgs erhielt Aloyse Meyer auch die Erlaubnis der deutschen Verwaltungsbehörden, nach Wien und Budapest zu reisen, um vor Ort an den Sitzungen des Aufsichtsrates der beiden Tochtergesellschaften der F&G CARLSWERK AG teilzunehmen.[271]

Über die Dokumentation kann demnach belegt werden, dass zwischen der ARBED und der F&G CARLSWERK AG, der Schriftkontakt über den gesamten Zeitraum des Krieges hinweg beibehalten wurde. Ab Ende 1944, mit dem Zusammenbruch der Ostfront, dem nur noch teilweise aufrecht erhaltenen Postweg

---

Léon Kaufmann und Arthur Kipgen. Da sie die unmittelbar bevorstehende Invasion des Großherzogtums ahnten, bevorzugten sie es der Sitzung fern zu bleiben. Siehe hierzu RWWA, Felten & Guilleaume, Kartei II/B/b, Standort 13,2,2/7, Aufsichtsrat 1940, Ausfertigung der Notariats-Verhandlung vom 29.4.1940, 30. April 1940, unterzeichnet vom Notar Wilhem Franken, 3 S., hier S. 2.

267 Hiezu ausführlich unten, Anhang Nr. I, S. 397–433.

268 ANLux, Nicht inventarisierter ARBED-Fonds, Felten-Guilleaume Köln du 1.1.1920 au 31.12.1927, 1934–1943, Dr. Horatz – Corr. 1931–1933, 050001, N° 109, Dossier Generaldirektor Lehmann (Felten u. Guilleaume).

269 Ebd., Lehmann an Meyer, 14 März 1945, 2. S.

270 Ebd., Lehmann an Meyer, 20. Dezember 1944, 2 S.; Ebd., Lehmann an Meyer, 10. Januar 1945.

271 ANLux, Nicht inventarisierter ARBED-Fonds, Felten & Guilleaume, M. Al Meyer, N° 989, Dossier Wien 1938–1941; Ebd., Dossier Budapest 1938–1941.

und den sich verschlechternden Reisemöglichkeiten, trafen immer weniger Informationen in Köln ein. Das Unternehmen sandte noch einmal ein Mitglied des Direktoriums nach Berlin, um von dort *„im Namen des Vorstandes der Felten & Guilleaume Carlswerk A.G. den Zusammenhang mit den Tochtergesellschaften des F&G-Konzerns intensiver pflegen zu können."*[272] Die letzten Kriegswochen führten dann zumindest in Osteuropa zu einem vorläufigen Abbruch der Kontakte zwischen den Direktionen der einzelnen Unternehmen.

Bis auf ein kurzes Zwischenspiel bezüglich der deutschen Beteiligungen der ARBED in Deutschland blieb die Unternehmensstruktur des Konzerns in Deutschland und Osteuropa unangetastet. Doch wie sah es mit dem Beziehungsgefüge zwischen der ARBED-Leitung und ihren Kollegen der F&G-Gruppe aus? Denn auch wenn die deutschen Behörden nicht direkt in die Unternehmensstruktur eingriffen, so konnten personelle Entscheidungen erheblichen Einfluss auf die unternehmerische Gestaltungsfreiheit ausüben.

Auf Seiten der ARBED blieben personelle Veränderungen im Zuge des Krieges lange Zeit aus. Nach der Besetzung des Landes wurde noch unter der Militäradministration die Verwaltung der deutschen Beteiligungen der ARBED durch ein neu geschaffenes Gremium beschlossen, während die Muttergesellschaft weiterhin eigenständig, wenn auch unter strenger Aufsicht, agieren konnte. Hier wurde auch noch nicht in die personelle Struktur der Gesellschaft eingegriffen. Dies sollte auch in einer ersten Phase der zivilen Verwaltung unter *Gauleiter* Simon so bleiben. Erst nach der Arbeitsniederlegung von 1942 wurden verstärkt luxemburgische Aufsichtsratsmitglieder bei der ARBED durch deutsche ersetzt, die der Zivilverwaltung ergeben waren. Die bisherige Generaldirektion wurde in den offiziellen Dokumenten nun Vorstand genannt und war bis auf Meyer vollständig mit Deutschen besetzt.[273]

Interessant ist die personelle Zusammensetzung auf Seiten der F&G CARLSWERK AG. Wie bereits erwähnt, blieb die F&G CARLSWERK AG von den personellen Veränderungen in den rheinischen Unternehmerkreisen der 30er Jahre nicht unberührt. So signalisierte die Berufung Kurt von Schröders zum Vorstandsvorsitzenden den Beginn der Durchdringung des ARBED-Konzerns mit Anhängern oder Sympathisanten der Nationalsozialisten.

Kurt von Schröder verdient dabei erneut besondere Beachtung. Er war nicht nur Vorstandsvorsitzender der F&G, sondern zugleich temporär Mitglied des Verwaltungsgremiums der ARBED-Beteiligungen in Deutschland. Sein Schützling

272 Ebd., Lehmann an Meyer 22. Dezember 1944, 1 S.

273 ARBED, Demi-siècle, S. 362–363.

Steinbrinck war zudem während der Phase der Militärverwaltung direkt für die ARBED verantwortlich. Einer Umkehr der Besitzverhältnisse zwischen der ARBED und der F&G CARLSWERK AG war er sicherlich nicht abgeneigt. Doch war der Baron nur ein Akteur unter vielen, die Einfluss auf die ARBED ausüben wollten, dabei auch keineswegs der einflussreichste. Die Mitgliedschaft von Schröders in der SS und seine Nähe zu Himmler legen die Deutung nahe, dass er ein überzeugter Anhänger des Nationalsozialismus war. Freilich gelang es ihm nie, eine „exponierte Rolle" in der Partei zu spielen. Eine interne Untersuchung der SS beschreibt von Schröder als *„sehr zielbewusste und energische, aber andererseits ruhige und äußerlich nicht sehr aktive Persönlichkeit"*.[274] Die Beschreibung stimmt nicht ganz, denn von Schröder galt als williger Vollstrecker machtpolitischer Ansprüche der Nationalsozialisten: So verwaltete er etwa das Vermögen Fritz Thyssens, unterstützte die nationalsozialistische „Arisierungspolitik" und machte sie sich zunutze, indem er gegen die jüdischen Privatbanken auftrat und ihre Zerschlagung forderte.[275] Von Schröder war ein Opportunist, der es trefflich verstand, persönliche Interessen mit der nationalsozialistischen Ideologie zu verbinden.[276]

Doch besaß der Baron auch noch eine andere Seite: Ehemalige Mitarbeiter bescheinigten von Schröder *„Fairness im dienstlichen Umgang"*.[277] Diese Beobachtung lässt sich auch auf die Behandlung der luxemburgischen Vertreter innerhalb des Aufsichtsrates der F&G CARLSWERK AG teilen:

Da diese weiterhin eine Tochtergesellschaft der ARBED blieb, nahmen auch Vertreter der ARBED an den Vorstandssitzungen des Unternehmens teil. Gerade die Dokumentation der Aufsichtsratssitzungen liefert Hinweise zu den personellen Beziehungen zwischen den Vertretern der ARBED und der F&G CARLSWERK AG. Der im Vorfeld der Sitzungen getätigte Briefwechsel zwischen den Vertretern des Mutterkonzerns bzw. der Tochtergesellschaft sowie die eigentlichen Dokumente zu den einzelnen Sitzungen geben keinerlei Hinweise auf eine etwaige Ausgrenzung oder gar Diskriminierung der Verantwortlichen der ARBED durch

---

274 SOÉNIUS, Ulrich S., Die Zeit des Nationalsozialismus (1933–1945), in: Rheinisch-Westfälisches Wirtschaftsarchiv zu Köln (Hg.), Die Geschichte der unternehmerischen Selbstverwaltung in Köln 1914–1997, herausgegeben aus Anlass des 200jährigen Bestehens der Industrie- und Handelskammer zu Köln am 8. November 1997, Köln 1997, S. 120–215, hier S. 179 f. [im Folgenden zitiert als: SOÉNIUS, Zeit].

275 Hierzu SOÉNIUS., Adolf Hitlers Kölner Treffen; KOPPER, Bankiers, S. 105 f.

276 Zum Opportunismus Kurt von Schröders siehe KLINGE, Bankiers, S. 14; GEHLEN, Paul Silverberg, S. 467.

277 SOÉNIUS, Zeit, S. 180.

die F&G Carlswerk AG. Von Schröder, dem insgeheim der Wunsch einer Übernahme der Arbed durch die F&G Carlswerk AG, eine Umkehr der bestehenden Verhältnisse also, nachgesagt wurde, sind keinerlei Initiativen nachzuweisen, die gegen die Vertreter der Arbed zielten. So hielt von Schröder in der Sitzung vom 20. Juli 1943, wie es bei solchen Gelegenheiten üblich war, die *Laudatio* auf den luxemburgischen Arbed-Vertreter Jules Collart für dessen 25jährige Mitgliedschaft im Verwaltungsrat der F&G Carlswerk AG.[278]

Natürlich schließen die offiziellen Briefwechsel zwischen beiden Gesellschaften keine möglichen Intrigen im Hintergrund aus. Doch geben die eingesehenen Quellenfonds sowohl der Arbed als auch der F&G Carlswerk AG keinerlei Hinweise auf eine mögliche Konkurrenz zwischen den Verantwortlichen der beiden Gesellschaften. Die Vertreter der Arbed scheinen demnach keineswegs daran gehindert worden zu sein, ihre Aufgaben im Aufsichtsrat der F&G Carlswerk AG zu erfüllen. Sie trugen damit auch zu den Entscheidungen des Rates bei.

Von den Vertretern der Arbed im Aufsichtsrat der F&G Carlswerk AG verlor lediglich Gaston Barbanson seinen Posten, und zwar im Oktober 1940, nachdem er sich ins Ausland abgesetzt hatte und somit seine Funktion im Aufsichtsrat nicht mehr wahrnehmen konnte.[279] Die Entscheidung des Aufsichtsrates, Barbanson abzusetzen, fußte daher nicht auf diskriminierenden, sondern auf pragmatischen Gründen.

Der Krieg und die schwierige politische und wirtschaftliche Situation Luxemburgs wirkten sich demnach nicht negativ auf die Beziehung zwischen den Verantwortlichen der Arbed und ihren Kollegen der F&G Carlswerk AG aus. Der Aufsichtsrat der F&G Carlswerk AG bildete ein Forum für die Verständigung der Leitungen beider Gesellschaften.

Die personelle Zusammensetzung des Verwaltungsrates der F&G Carlswerk AG lässt auch keine radikale Ausrichtung der Gesellschaft auf die

278 RWWA, Felten & Guilleaume, Kartei II/B/b, Standort 13,2,2/11 Aufsichtsrat 1943, Protokoll der Sitzung vom 30. Juli 1943, 8 S., hier S. 4.

279 *„Der Ausschuss stellt einstimmig fest, dass Herr Barbanson zufolge der Kriegsverhältnisse auf nicht absehbare Zeit an der Ausübung seines Amtes als Mitglied des Aufsichtsrats behindert ist. Er wird dem Aufsichtsrat vorschlagen, die Feststellung zu treffen, dass Herr Barbanson zufolge seiner Behinderung an der Amtsausübung als mit Ende 1940 aus dem Aufsichtsrat ausgeschieden zu betrachten ist.“*, RWWA, Felten & Guilleaume, Kartei II/B/b, Standort 13,2,2/9, Aufsichtsrat 1941 [im Folgenden zitiert als: RWWA, Felten & Guilleaume, Aufsichtsrat 1941], Protokoll der Sitzung des Ausschusses des Aufsichtsrats, Tagesordnungspunkt 5, 22. bis 23. Oktober 1941. Siehe hierzu auch Artuso, Double jeu, S. 28; Maas, Groupe, S. 352 ff. und 357 f.

Nationalsozialisten erkennen. So gehörten dem Verwaltungsrat durchaus Personen unterschiedlichster politischer Prägung und Ideologie an: Neben Befürwortern des Nationalsozialismus und Mitgliedern der SS, wie von Schröder oder Friedrich Carl Arthur Kranefuß[280], gehörten ihm auch Robert Pferdmenges, ein langjähriger Freund und Vertrauter der jüdischen Familie von Oppenheim, aber auch Bekannter Kurt von Schröders, an, oder Joseph Horatz, der sich aktiv am deutschen Widerstand beteiligte. Natürlich hüteten sich Letztere, ihre politische Gesinnung offen zu zeigen. Gerade dem Generaldirektor der rheinischen Gesellschaft, Fritz Lehmann, konnte man zudem eine gewisse Nähe zum NS-Regime nicht absprechen.[281] Insgesamt kann man im Fall der F&G Carlswerk AG jedoch keineswegs von einer nationalsozialistisch dominierten Gesellschaft sprechen.

Die Beteiligung von Anhängern des nationalsozialistischen Regimes an der Leitung der rheinischen F&G Carlswerk AG führt zurück zur Frage einer möglichen Bereicherung der F&G-Gruppe während des Krieges. Mit Blick auf die Leitung der F&G Carlwerk AG behauptete Soénius, dass es gerade dem Generaldirektor Lehmann zuzuschreiben sei, dass sich die F&G Carlswerk AG nicht an Übernahmen von Gesellschaften in den von den Deutschen besetzten Gebieten beteiligte.[282]

---

280 Kranefuß, Friedrich Carl Arthur (1900–1945?); Ausbildung zum Kaufmann unter Wilhelm Keppler, dem späteren Wirtschaftsberater Adolf Hitlers; schneller Karriereaufstieg in der Geschäftswelt; Tätigkeiten in verschiedenen Unternehmen, unter anderem einer jüdischen Bank. Er profitierte entschieden vom Aufstieg der Nationalsozialisten: seit 1932 Mitglied der NSDAP und des *Keppler-Kreises*, der die Kontakte zwischen der Nationalsozialistischen Führungsspitze und der deutschen Industrie herstellen sollte. Seit 1933 hohe Funktion beim Wirtschaftsministerium unter Rudolf Heß. Auf seine Initiative Umwandlung des *Keppler-Kreises* in den *Freundeskreis Reichsführer-SS*. Als Generalsekretär befand sich Kranefuß in der Schaltzentrale des Kreises und an der Schnittstelle zwischen der Wirtschaft und der von Himmler geleiteten SS. So konnte er verschiedene Geschäftsmänner in die Reihen der SS vermitteln. Wie von Schröder, so war auch Kranefuß Mitglied der SS, zunächst als *Standartenführer* und ab 1944 als *Brigadeführer*. Zudem als *Persönlicher Stab Reichsführer SS* unmittelbar Himmler unterstellt. Seit 1940 Mitglied des Verwaltungsrates der F&G Carlswerk AG; zudem Mitglied im Verwaltungsrat der Brabag (*Braunkohle-Benzin AG*), die für ihre Ausbeutung der Kriegsgefangenen bekannt wurde; des Weiteren betraut mit der Frage der Nutzung von Kriegsgefangenen in der deutschen Wirtschaft; von den Sowjets vermutlich in die UdSSR verschleppt; genauer Todeszeitpunkt unbekannt. Zu Kranefuß siehe Klee Ernst, Kranefuß, Fritz, in: Klee, Personenlexikon, S. 335.

281 Hierzu Soénius, Unternehmer.

282 Volkmann, Luxemburg, S. 293, Anm. 39. Siehe auch weiter unten, S. 424 f.

Sieht man einmal von den verdeckten Anstrengungen von Schröders ab, sich Aktienanteile der ARBED zu verschaffen, suchte die Leitung der F&G CARLSWERK AG auch nicht die Besitzverhältnisse zur ARBED umzukehren. Mit der Germanisierung der Gesellschaft und der *de facto* Annexion Luxemburgs hatte man sich auf deutscher Seite der Möglichkeit beraubt, die Gesellschaft als Feindvermögen zu beschlagnahmen. Veränderungen der Besitzverhältnisse konnten demnach nur auf legalem Weg über Aktienaufkäufe erfolgen. Hier scheiterte man aber auf deutscher Seite.

Abgesehen von den im Hintergrund laufenden Bemühungen von Schröders pflegten die Leiter der ARBED viele freundschaftliche Kontakte mit den Verantwortlichen der F&G-Gruppe. Solche Kontakte waren seit dem Eintritt der ARBED in die F&G CARLSWERK AG aufgebaut worden und wurden auch in den Kriegszeiten weiter gepflegt.[283]

So beeilte sich der ehemalige Direktor der ARBED Felix Chomé rückblickend, einige Verantwortliche der F&G CARLSWERK AG hervorzuheben, die dem Generaldirektor der ARBED Aloyse Meyer und dem luxemburgischen Unternehmen während des Krieges eine wertvolle Hilfestellung geleistet haben. Genannt werden in einem von Chomé verfassten und stark tendenziösen Überblickswerk zur Geschichte der ARBED unter anderem der Generaldirektor der F&G CARLSWERK AG, Fritz Lehmann, Mitarbeiter von Konrad Adenauer im Kölner Rathaus, oder auch Joseph Horatz, Direktor der Gesellschaft und ein *„notorischer Anti-Nazi und Widerständler der ersten Stunde“*.[284]

Chomé selbst verdankte seinen Aufenthalt im Wiener Exil den Direktoren der Wiener Tochtergesellschaft der F&G CARLSWERK AG, Franz Klimmer und Gustav Thill, die ihn unterbrachten und seine Rückkehr nach Luxemburg kurz vor der Befreiung des Landes durch die Alliierten organisierten.[285]

Von den freundschaftlichen Beziehungen zwischen den Verantwortlichen der F&G-Gruppe und der ARBED profitierte auch Albert Wehrer, der im Oktober 1940 als Vorsitzender der Verwaltungskommission, welche von der ins Exil geflüchteten Regierung zur Wahrung der luxemburgischen Interessen „beauftragt“

283 Ähnliche Beobachtungen konnte Françoise BERGER auch für die Kontakte zwischen französischen und deutschen Industriellen feststellen; hierzu BERGER, Beziehung, S. 159 f.

284 ARBED, Demi-siècle, S. 358 f. in dem Horatz als *„anti-nazi notoire et résistant de la première heure“* bezeichnet wird.

285 Ebd., S. 359.

worden war, in Luxemburg festgenommen wurde.[286] Er wurde zunächst in Trier inhaftiert und später nach Plauen bei Leipzig zwangsversetzt. Dank einer Intervention von Meyer bei den deutschen Behörden und mit Hilfe *„seiner Freunde der F&G"* erhielt Wehrer eine Beschäftigung in der Rechtsabteilung der Leipziger Tochtergesellschaft der F&G Carlswerk AG, der Bta.[287] Ausführlichere Informationen zu Wehrers Aufenthalt in Leipzig und seinen dortigen Kontakten finden sich in einem autobiographischen Bericht Wehrers selbst. Dieser Bericht geht intensiv auf das Netzwerk zwischen Geschäftsführern der Arbed und Direktoren der F&G-Gruppe ein, von dem letztlich Wehrer profitierte.

So soll Meyer sich für den exilierten Wehrer eingesetzt und versucht haben, ihn in einer Fabrik der Arbed in Aachen oder Saarbrücken unterzubringen. Doch die Gestapo soll sich einem Aufenthalt des ehemaligen Leiters der luxemburgischen Verwaltungskommission in unmittelbarer Nähe zu Luxemburg verweigert haben. Daraufhin wandte sich Meyer an den Direktor Horatz in Köln, der Wehrer schließlich in der Leipziger BTA unterbringen konnte.[288] In Leipzig wiederum soll Wehrer in ständigem Kontakt mit Horatz gestanden haben. Er habe aber auch an gelegentlichen Treffen der Direktoren der F&G-Gruppe teilnehmen können. Wehrer beschrieb die Treffen der Direktoren mit den Worten: *„on avait l'impression d'assister à des réunions de conspirateurs anti-nazis."*[289] An einigen dieser Treffen, wie etwa der Jahresvollversammlung der BTA, soll auch Meyer aus Luxemburg beteiligt gewesen sein. In Leipzig soll Wehrer zudem mit dem deutschen Widerstand in Kontakt gestanden haben. Er selber nennt konkret Josef Wirmer,[290] einen der „Verschwörer" des 20. Juli 1944.[291]

Der Bericht Wehrers erweckt den Eindruck, die F&G-Gruppe sei während des Krieges ein Hort des Widerstands gegen das Nazi-Regime gewesen. Daran hätten sich auch Meyer und Chomé beteiligt. Angesichts der Beteiligung einiger Werke der F&G-Gruppe an der deutschen Rüstungsindustrie, des Rückgriffs auf Zwangsarbeiter und des Unterhalts eines Erziehungslager auf dem Gelände der

---

286 Artuso, Collaboration, S. 53–58 geht eingehend auf die verfassungsrechtliche Situation der Verwaltungskommission ein.

287 Arbed, Demi-siècle, S. 352.

288 Wehrer Albert, En Exil: 1941–1945, o. O. 1945, S. 1 f. [im Folgenden zitiert als: Wehrer, Exil].

289 Ebd., S. 3.

290 Wirmer Josef (*19. März 1901 in Paderborn; 8. September 1944 in Berlin); deutscher Jurist, Mitglied der Zentrumspartei und Widerstandskämpfer gegen den Nationalsozialismus.

291 Wehrer, Exil, S. 5–10.

Gummiwerke „Elbe" AG gilt es jedoch diesen Eindruck zu relativieren. Laut Wehrer sollen solche Kooperationen mit den deutschen Behörden vor allem aus Angst vor der Gestapo stattgefunden haben.[292] Ohne ausführliche Untersuchung über die Entwicklung der F&G-Gruppe in der Zeit des Nationalsozialismus kann an dieser Stelle jedoch keine abschließende Bewertung geäußert werden.

Unmittelbar nach Kriegsende war Wehrer in seiner neuen Funktion als Leiter der *Luxemburgischen Militärmission beim Alliierten Kontrollrat* in Berlin (LMM Berlin) damit beauftragt, für die Interessen der Bta und der übrigen Gesellschaften der F&G-Gruppe bei den sowjetischen und ostdeutschen Behörden zu intervenieren.

Die Beziehungen zwischen den Verantwortlichen der Arbed und ihren Kollegen der F&G Carlswerk AG reichen demnach weiter als die rein geschäftliche Ebene. Die Mitgliedschaft zweier SS-Angehörigen im Verwaltungsrat der rheinischen Gesellschaft verhinderte nicht die Hilfestellung für Arbed-Verantwortliche durch Kollegen der rheinischen Gesellschaft.

Mit dem Vormarsch der Roten Armee nach Westen wuchs die Gefahr einer Enteignung der Unternehmen der F&G-Gruppe in Osteuropa. In den letzten Kriegsmonaten brachen zudem die Verbindungen zwischen der Arbed, der F&G Carlswerk AG sowie den osteuropäischen Unternehmen ab. Als schließlich das Rheinland zum Kriegsschauplatz wurde, war man auf Seiten der F&G Carlswerk AG nur noch darum bemüht, den Hauptsitz in Mülheim zu sichern. Die ausländischen Beteiligungen gerieten dabei in den Hintergrund.

So begann die Gesellschaft erst nach Beendigung der Kämpfe und der Kapitulation des Reiches im Mai 1945 Bilanz zu ziehen und die Situation ihrer Beteiligungen in Osteuropa zu beleuchten. Mit der Übermittelung der Situation dieser Unternehmen an die Muttergesellschaft Arbed begann auf luxemburgischer Seite die Verteidigung der Interessen der Arbed in Osteuropa.

Angesichts der bereits nachgewiesenen Beteiligung einzelner Unternehmen der F&G-Gruppe an der Rüstungswirtschaft des Deutschen Reiches sowie der Verdachtsmomente gegen eine mögliche Zwangserweiterung in Polen soll nach Abschluss der gewonnen Erkenntnisse zum Beziehungsgefüge der Arbed und der F&G-Gruppe und ihren Kontakten während des Kriegs erneut die Frage aufgeworfen werden, ob die Leitung der Arbed von diesen Entwicklungen gewusst haben dürfte. Wegen des weiterhin bestehenden engen Kontaktes beider Seiten darf ein solches Wissen vorausgesetzt werden. Tatsächlich waren Vertreter der Arbed in den Vorstandssitzungen der F&G Carlswerk AG anwesend,

292 Ebd., S. 3.

auf denen die Kapitalerweiterung etwa der WIENER F&G FABRIK ELEKTRISCHER KABEL-, STAHL- UND KUPFERWERKE AG und der KABELWERK BROMBERG AG entschieden wurde.[293] Mit Alyose Wehrer stand in Leipzig eine Person in direktem Kontakt zu den diversen Direktoren der F&G-Gruppe, welche später an der Spitze der luxemburgischen Militärmission in Berlin, der Schnittstelle der verschiedenen Entscheidungsträger im Rahmen der Verteidigung, stehen sollte. Den Verteidigern müssen demnach in der Nachkriegszeit Kenntnisse der Aktivitäten der F&G-Gruppe in Bezug auf die nationalsozialistische Kriegwirtschaft vorgelegen haben. Eine Analyse der Verteidigung wird zeigen, inwiefern diese Entwicklungen eine Rolle spielten.

Die schwierige Bewertung der Handlungen und des Verhaltens führender luxemburgischer und deutscher Unternehmer während des Krieges wie von Schröder, Lehmann und Meyer, zeugt zudem von der Komplexität der Problematik um die Unternehmer während des Krieges, welche zwischen dem Widerstand gegen den Verlust unternehmerischer Freiheit, der eigenen Existenzsicherung, unternehmerischem Opportunismus und persönlichen Überzeugungen hin und hergerissen wurden und sich den schnell wechselnden Veränderungen anzupassen suchten.

Dieser Umstand und der bei den Leitern tief verwurzelte unternehmerische Opportunismus, erklären wieso internationale Großkonzerne wie die ARBED während des Krieges sowohl mit den alliierten als auch mit den deutschen Behörden in Kontakt standen, sie in der deutschen Kriegswirtschaft integriert waren und dabei gleichzeitig einen alliierten Sieg bei ihren längerfristigen Planungen in Betracht zogen. Eine eindimensionale Betrachtung der Wirtschaftsakteure, wie sie in der Forschung bisweilen vorzufinden ist, gilt es demnach zu vermeiden, will man die Komplexität der Handlungsmuster zu verstehen suchen.[294]

Fazit von Kapitel I

In diesem ersten Kapitel wurden verschiedene Rahmenbedingungen und Voraussetzungen der Verteidigung der Beteiligungen der ARBED im Untersuchungsraum herausgearbeitet. Die Untersuchung konzentrierte sich dabei vor allem auf die beiden Protagonisten der Problematik und zielte darauf ihre Entscheidungs- und Handlungsspielräume einzugrenzen. Dies wurde in erster Linie über eine

293 Hierzu unten, S. 419 und 422 f.

294 Siehe hierzu den einschlägigen Sammelband FREI Norbert (Hg.), Unternehmen im Nationalsozialismus: zur Historisierung einer Forschungskonjunktur. Göttingen, 2010.

eingehende Betrachtung der Struktur und Funktionsweise dieser Akteure sowie der diese bestimmenden Entwicklungen erreicht. Sich auf den Untersuchungsraum konzentrierend ging das erste Kapitel der Frage nach, wie die beiden Akteure aufgestellt waren und auf welchen Charakteristiken ihre Funktionsweise beruhte.

In der Zwischenkriegszeit fristete die für Luxemburger Außenpolitik verantwortliche Behörde ein Schattendasein und bestand aus wenigen Mitarbeitern und einer Handvoll Auslandsvertretungen. Der Ausbau der Behörde wurde nach dem Krieg nur langsam vorangetrieben. So ist bis in die Nachkriegszeit ein chronischer Mangel an personellen, finanziellen und strukturellen Ressourcen erkennbar.

Für die Zwischenkriegszeit konnte nachgewiesen werden, dass dieser Mangel an Ressourcen des luxemburgischen diplomatischen Apparates zu einem System von Vertretungen führte. Neben Vertretungen über niederländische und belgische Repräsentationen spielte vor allem die luxemburgische Schwerindustrie eine entscheidende Rolle. Bei Vertretern der Schwerindustrie handelte es sich oft um Experten, die durch ihre Erfahrung in internationalen Verhandlungen, ihr Expertenwissen, aber auch durch ihre finanziellen Mittel die Interessen des Landes in konkreten Missionen kurzfristig vertraten. Zudem war auch die soziale Zugehörigkeit der politischen Kreise und der Führung der Schwerindustrie zur luxemburgischen Führungsschicht, die sich über die Bildung, Ausdruckweise und Kommunikation von anderen Bevölkerungsgruppen abhob, von grundlegender Bedeutung. So wurde dann auch beim Ausbau des Dienstes immer wieder auf Personen zurückgegriffen, die aus Führungskreisen der Schwerindustrie, vor allem der ARBED, stammten.

Die Zusammenarbeit zwischen dem sich konsolidierenden luxemburgischen Außenministerium und der luxemburgischen Schwerindustrie lag auch in den identischen Interessen beider in vielen Außenwirtschaftsfragen begründet. Vor Ausbruch des Krieges beschäftigte der größte luxemburgische Stahlproduzent ein Fünftel der arbeitenden Bevölkerung im Großherzogtum. Das Unternehmen war eine wichtige Einnahmequelle des luxemburgischen Staatshaushaltes. Das Gedeihen der ARBED hatte demnach erhebliche volkswirtschaftliche Auswirkungen auf das Großherzogtum. Die Regierung unterstützte die ARBED daher gerade in Außenwirtschaftsfragen, die für den Konzern von Bedeutung waren. Tatsächlich war der Konzern an einer Internationalisierung seiner Produktion und seines Absatzes interessiert. Diese wurde gerade in den 20er Jahren vorangetrieben und sollte die Abhängigkeit von einem einzigen Wirtschaftsraum abschwächen. Mit der wachsenden Internationalisierung des Unternehmens sowie den dadurch bedingten stärker aufkommenden Außenwirtschaftsfragen entwickelten sich auch das Zusammenspiel der Schwerindustrie und des diplomatischen Apparates Luxemburgs sowie der Einfluss der Industriekonzerne auf die luxemburgische Außenpolitik. Die Widerlegung der These von Gilbert TRAUSCH, der zufolge die ARBED nach Ende des Ersten Weltkrieges an Einfluss auf die luxemburgische Politik verlor, durch Charles BARTHEL, konnte bekräftigt und weiter ausdifferenziert werden: So konnte in der Zwischenkriegszeit ein gesteigerter Einfluss des Unternehmens in den Bereichen der Außen- und Außenwirtschaftspolitik nachgewiesen werden. Anders als noch vor den politischen Umwälzungen am Ende des Ersten Weltkrieges wurde dieser Einfluss dabei vor allem in den politischen Hinterzimmern ausgeübt.

Die Auswirkungen des Zweiten Weltkrieges auf die luxemburgische Außenpolitik und seinen diplomatischen Apparat fielen sehr unterschiedlich aus: Der Krieg führte zu einem radikalen Wandel der luxemburgischen Außenpolitik und erweiterte durch die Aufgabe des von außen auferlegten Neutralitätskurses zu Gunsten einer aktiven internationalen Bündnispolitik maßgeblich den Handlungsspielraum der luxemburgischen Diplomatie. Über Bündnisse und eine enge internationale Kooperation sollte die Unabhängigkeit des Landes gewährleistet werden. Die Beteiligung Luxemburgs an der Gestaltung der Nachkriegsordnung sowie am europäischen Integrationsprozess wurde zur obersten außenpolitischen Maxime des Landes erhoben.

Der diplomatische Apparat hielt jedoch keineswegs mit der Erweiterung des internationalen Handlungsspielraums mit. Die Neuausrichtung der luxemburgischen Außenpolitik führte nicht zu einer entsprechenden grundlegenden Neuaufstellung der für die Außenpolitik verantwortlichen Behörde. Ihr Ausbau wurde nur langsam vorangetrieben. Ähnlich galt dies auch für die Arbeitsweise des sich konsolidierenden Außenministeriums und seines diplomatischen Dienstes. Gerade an der Spitze des personell sehr kleinen Dienstes fand kein personeller Wechsel statt. Ein Wechsel der Arbeitsweise innerhalb des MAEL aufgrund der neuen luxemburgischen Außenpolitik lässt sich demnach nicht beobachten.

Aufgrund der Kontinuität einzelner Charakteristika der Funktionsweise und Leitung des diplomatischen Apparates liegt daher auch die Vermutung nahe, dass sich in der unmittelbaren Nachkriegszeit auch die Zusammenarbeit zwischen MAEL und ARBED kaum gewandelt haben kann. Diese Problematik gilt es anhand des hier behandelten empirischen Fallbeispiels zu überprüfen.

Die Internationalisierung der ARBED, vor allem mit Bezug auf den Untersuchungsraum, bildete den Untersuchungsgegenstand eines zweiten Unterkapitels. Das weit ausgedehnte Beteiligungsgeflecht der ARBED im Osten wurde indirekt über eine einzige deutsche Tochtergesellschaft F&G CARLSWERK AG wahrgenommen und erstreckte sich über fast alle Länder des späteren europäischen Ostblocks, wobei die Beteiligungen in der späteren SBZD/DDR bei Weitem überwogen.

Während des Krieges erfuhren viele dieser Beteiligungen eine Kapitalerhöhung. Gerade in den letzten Kriegsmonaten erlitten die meisten Unternehmen, an denen die ARBED indirekt beteiligt war, Kriegsschäden durch alliierte Luftangriffe. Zudem wurde das Beteiligungsgeflecht der ARBED im Osten während des Krieges mehrfach bedroht, doch sollten sich alle unternommenen Maßnahmen lediglich als temporäre Schritte erweisen. Dabei kam der luxemburgischen ARBED sicherlich zugute, dass Unternehmen im Großherzogtum von den deutschen Besatzern nach ihrer Eindeutschung als deutsche Gesellschaften interpretiert wurden. Die Interessen der Führungsspitze der ARBED sind dabei nur sehr schwer nachzuweisen. Das in der jüngeren luxemburgischen Geschichtsschreibung gewonnene Bild eines vom unternehmerischen Opportunismus geleiteten Großkonzerns zur Zeit des Zweiten Weltkrieges konnte unter besonderer Berücksichtigung des Verhältnisses des Konzerns zur F&G-Gruppe während des Krieges, bekräftigt und weiter ausgeführt werden:

Trotz Beschneidung des Aktionsradius' wurde die Vertretung der ARBED im Aufsichtsrat der F&G CARLSWERK AG während des Krieges unverändert weiter gewährleistet. Auf Seiten der ARBED war man deshalb bestens über die Beteiligungen, ihre Entwicklungen und weitere Investitionen der F&G CARLSWERK AG im Osten im Bilde. Neben diesen rein geschäftlichen Beziehungen wurden auch freundschaftliche Bande vor und auch während des Krieges geknüpft und gepflegt. Davon profitierte nicht zuletzt Albert Wehrer, der später einer der vehementesten Verteidiger der Interessen der ARBED im Osten werden sollte. Die ARBED hielt damit über den Krieg hinaus Kontakte mit der F&G-Gruppe. Das Firmennetzwerk war nicht maßgeblich vom Krieg beeinflusst worden.

Generaldirektor Meyer stand in Luxemburg stets mit den deutschen Besatzern in Verbindung, während gleichzeitig im Ausland der Präsident des Verwaltungsrates Barbanson Kontakte mit der luxemburgischen Exilregierung unterhielt. Diese ambivalente Haltung verdeutlicht eindrucksvoll die während der Besatzungszeit in erster Linie auf Existenzsicherung bedachte Leitlinie des luxemburgischen Konzerns, die man über opportunistische Entscheidungen zu gewährleisten versuchte.

Die Ergebnisse widersprechen damit dem in den nationalen *master narrative* eingegangenen eindimensionalen Geschichtsbild einer sich den deutschen Besatzern passiv widersetzenden ARBED bar jeglicher Entscheidungsfreiheit.

Das erste Kapitel dieser Arbeit konnte neben dem Handlungs- und Entscheidungsspielraum der beiden Protagonisten sowie ihrer Zusammenarbeit in

Außenwirtschaftsfragen auch verschiedene Kontinuitäten aufzeigen, die trotz der radikalen Umbrüche, bedingt durch den Zweiten Weltkrieg, weitergeführt wurden. Diese Kontinuitäten sollen im Rahmen der Untersuchung der Verteidigung der ARBED-Interessen berücksichtigt werden.

II. Die ARBED-Beteiligungen im Osteuropa der Nachkriegszeit

„Der erste Akt, worin der Staat als wirklicher Repräsentant der ganzen Gesellschaft auftritt, die Besitzergreifung der Produktionsmittel im Namen der Gesellschaft, ist zugleich sein letzter selbständiger Akt als Staat."

F. Engels[295]

Einleitung zu Kapitel II

Zum Zeitpunkt der deutschen Kapitulation, Anfang Mai 1945, war die UdSSR der überragende politische und militärische Akteur Osteuropas. Die sowjetischen Offensiven trugen maßgeblich zur Befreiung Osteuropas von den deutschen Truppen und ihren Verbündeten bei. Gegen Ende des Krieges hielt die Rote Armee die ehemaligen deutschen Satellitenstaaten Ungarn, Bulgarien und Rumänien besetzt und war zudem weiter auf deutsches und österreichisches Territorium vorgedrungen als es die zuvor vereinbarten Besatzungszonen vorsahen. In den folgenden Monaten baute die UdSSR ihren Einfluss im von ihr dominierten Osteuropa aus und förderte die Errichtung sozialistischer Staaten, unter anderem durch Unterstützung lokaler kommunistischer Kräfte.[296] Mit der Konsolidierungsphase setzte schrittweise eine systematische Abschottung von der unter amerikanischem Einfluss stehenden westlichen Welt ein.

Die grundlegenden wirtschaftlichen und politischen Veränderungen im Untersuchungsraum sollten auch Auswirkungen auf die Unternehmen haben, an denen die ARBED indirekt beteiligt war. Als Kernfrage soll im folgenden Kapitel der Frage nachgegangen werden, welches Los den Unternehmen, an denen die

---

295 ENGELS Friedrich, Die Entwicklung des Sozialismus von der Utopie zur Wissenschaft, in: Karl Marx/Friedrich Engels – Werke 19, Berlin ^{4}1973, S. 177–228, hier S. 224.

296 Zu den politischen Umwälzungen Osteuropas in der Nachkriegszeit existiert eine Fülle an Literatur. Siehe daher nur exemplarisch sich auf ganz Osteuropa beziehende Monografien: FETJÖ François, Histoire des démocraties populaires. Band 1: L'ère de Staline 1945–1953, Paris 1992 [im Folgenden zitiert als: FETJÖ, Histoire]; HACKER Jens, Der Ostblock. Entstehung, Entwicklung und Struktur 1939–1980, Baden-Baden 1983 [im Folgenden zitiert als: HACKER, Ostblock]; HARTMANN Jürgen, Politik und Gesellschaft in Osteuropa. Eine Einführung, Frankfurt/New York 1983 (= Campus Studium: Kritische Sozialwissenschaft 555).

ARBED Aktienbeteiligungen hielt, erfuhren. Neben dem eigentlichen Schicksal soll zudem die Frage nach der dafür angewandten Begründung sowie die juristische Verankerung der Maßnahmen beantwortet werden.

Auch wenn diese Forschungsfragen äußerst komplexe, zum Teil über die historische Wissenschaft hinausgehende Aspekte beinhalten, verfolgt die Untersuchung nicht den Anspruch einer dezidierten rechtswissenschaftlichen Analyse. Die juristischen Aspekte sollen lediglich vor dem Hintergrund der hier behandelten Fragestellung beleuchtet werden. Inwiefern die Bestimmungen und Maßnahmen im Einklang mit internationalem Recht oder Völkerrecht standen, soll hingegen nicht weiter untersucht werden.

Direkter Eigentümer der Vermögenswerte der ARBED im Untersuchungsraum war die deutsche F&G CARLSWERK AG bzw. die F&G-Gruppe. Deutsches Vermögen sah sich im Untersuchungsraum jedoch in der Nachkriegszeit mit erheblichen Schwierigkeiten konfrontiert. Sein Los wurde in erster Linie von den alliierten Reparationsbestimmungen bestimmt. Ein erstes Unterkapitel widmet sich deshalb der Frage, welches Schicksal die alliierten Reparationsbestimmungen dem deutschen Vermögen zudachten und ob dabei mit Hinblick auf die Beteiligungsstruktur der ARBED auch die alliierten Beteiligungen an deutschen Vermögenswerten sowie die indirekt über deutsche Unternehmen wahrgenommenen Aktienbeteiligungen thematisiert wurden.

Die alliierten Reparationsbestimmungen initiierten und legitimierten eine Reihe unterschiedlicher Maßnahmen, welche die Beteiligungsverhältnisse der Industriesektoren im Untersuchungsraum massiv beeinträchtigten. Parallel hierzu rollte aufgrund des wirtschaftspolitischen Umschwungs in den osteuropäischen Ländern eine bis dahin unbekannte Verstaatlichungswelle an. In einem zweiten Unterkapitel gilt es diese Maßnahmen näher zu beleuchten. In diesem Zusammenhang soll auch ein besonderes Augenmerk auf die unterschiedliche Behandlung von alliiertem und deutschem Vermögen gelegt werden.

Ein drittes Unterkapitel widmet sich schließlich dem eigentlichen Los der Unternehmen, an denen die ARBED indirekt beteiligt war. Hier soll der Frage nachgegangen werden, ob sich allgemeine Aspekte für den gesamten Untersuchungsraum ausmachen lassen und auf welchen Begründungen die angewandten Maßnahmen fußten.

II.1 Die internationalen Bestimmungen hinsichtlich des deutschen Vermögens

Deutsches Guthaben unterlag in der Nachkriegszeit vor allem den alliierten Reparationsbestimmungen. Die globale Idee dieser Bestimmungen war die Nutzung deutscher Ressourcen für den Wiederaufbau der geschädigten alliierten Staaten. Entschädigungen der deutschen Eigentümer waren nicht vorgesehen.

Seit der Frühphase des Krieges beschäftigten sich die Alliierten mit verschiedenen Szenarien der Nachkriegsordnung. Dabei wurde auch das deutsche Vermögen thematisiert. Dieses war seit Beginn an die Reparationsfrage, im weiteren Verlauf an sicherheitspolitische und allgemeine wirtschaftliche Aspekte gebunden.

In den Regierungskreisen in Moskau, London und Washington wurde dieser Frage eine unterschiedliche Bedeutung beigemessen. Gerade auf angloamerikanischer Seite besaß der Begriff der Reparationen – angesichts des Scheiterns des auf der Versailler Friedenskonferenz von 1919 aufgestellten Reparationsprogramms – immer noch einen *„zweifelhaften Klang“*[297]. Die Reparationsfrage wurde im Rahmen von Zusammenkünften und Konferenzen der Alliierten immer wieder aufgeworfen. Die verschiedenen Positionen hinsichtlich der Frage nach Art, Umfang und Dauer möglicher Reparationen sollten zudem maßgeblich zur wachsenden Kluft zwischen Ost und West beitragen.[298]

Obwohl in den einzelnen Regierungen und Delegationen häufig unterschiedliche Meinungen vertreten und verschiedene, teilweise gegensätzliche Konzepte ausgearbeitet wurden, lassen sich für die vier Besatzungsmächte verallgemeinernd spezifische langfristige Positionen ausmachen. Zusammenfassend betrachtet stellte die UdSSR sicher die umfangreichsten Forderungen. Da sie materiell und personell am stärksten durch den Krieg gelitten hatte, war sie vor allem an weitreichenden und direkten Reparationslieferungen interessiert. Dadurch sollte ihre erheblich zerstörte Wirtschaft schnellstmöglich wiederaufgebaut werden. Hier überwogen vor allem eigene wirtschaftliche Motive sowie sicherheitspolitische Aspekte. An einer funktionierenden Weltwirtschaft und einem selbstversorgenden Lebensstandard Deutschlands war sie weniger interessiert.[299]

Die USA hingegen suchten eine Erweiterung ihres Absatzmarktes und waren daher auf einen funktionierenden liberalen Weltmarkt bedacht. Ein völlig

---

297 Laufer, Pax Sovietica, S. 539.

298 Andersartige Konzepte wie bspw. der Morgenthau-Plan blieben dagegen nur Episode; zum Morgenthau-Plan siehe Morgenthau Henry, Germany is our problem, New York/London 1945, o. S. Vgl. auch Peterson Birgit, Die amerikanische Reparationspolitik in Deutschland 1945–1949 im Spannungsfeld der deutschlandpolitischen Zielsetzungen der vier Mächte, Dissertation, Würzburg 1993, S. 19–28 [im Folgenden zitiert als: Peterson, Reparationspolitik].

299 Zur sowjetischen Position vgl. Karlsch, Allein bezahlt; Laufer, Pax Sovietica; Musial, Beutezug.

ausgeschöpftes und seiner Industrie beraubtes Deutschland konnte daher nicht Ziel ihrer Reparationspolitik sein. Demontagen, also der organisierte Abbau oder die Teilentnahme eines Betriebes, seiner Installationen, Maschinen und Lagerbestände als Wiedergutmachung sollten vor allem im Rüstungsbereich erfolgen, ansonsten sollte das Wirtschaftspotenzial Deutschlands nicht radikal verringert werden.[300]

Großbritannien war vor allem an sicherheitspolitischen Aspekten interessiert und forderte eine radikale Abrüstung Deutschlands. Ähnlich wie die Vereinigten Staaten suchte das *Empire* jedoch ein wirtschaftlich unabhängiges Deutschland zu erhalten, gerade auch im Hinblick auf einen möglichen britischen Exportmarkt. Großbritannien plädierte deshalb für gemäßigte Reparationsforderungen.[301]

Erst ab Herbst 1945 wurde Frankreich an der alliierten Reparationspolitik beteiligt. Aufgrund seiner hohen Verluste durch den Krieg fuhr das Hexagon einen ähnlich harten Kurs wie die UdSSR und forderte massive Reparationsleistungen von deutscher Seite.[302]

1945 stand in Jalta die Reparationsfrage erstmals auf der Tagesordnung einer internationalen Konferenz der Großen Drei, den USA, der UdSSR und Großbritannien. Zum Zeitpunkt der Konferenz hatten weder die USA noch Großbritannien eine klare Position hinsichtlich der Reparationsfrage. Auf sowjetischer Seite war man bereits einen Schritt weiter: Vor dem Hintergrund der hohen materiellen und personellen Verluste suchte die sowjetische Delegation

---

300 Die amerikanische Position wurde vor allem untersucht von Kuklick Bruce, American Policy and the Division of Germany. The Clash with Russia over Reparations, Ithaca 1972; Mansfield Don L., The Evolution of United States Policy toward German Reparations: an Examination of Incremental Decision-Making, Dissertation, Denver 1973; Nübel Otto, Die amerikanische Reparationspolitik gegenüber Deutschland 1941–1949, Frankfurt-am-Main 1980 (= Dokumente zur Deutschlandpolitik, Beihefte 4) [im Folgenden zitiert als: Nübel, Reparationspolitik]; und zuletzt ausführlich von Peterson, Reparationspolitik.

301 Zur britischen Reparationspolitik, die allgemein als am besten erforscht gilt, vgl. Cairncross Alec, The Price of War. British policy on German Reparations 1941–1949, Oxford/New York 1986 [im Folgenden zitiert als: Cairncross, Price]; Foschepoth Josef, Britische Deutschlandpolitik zwischen Jalta und Potsdam, in: VfZ 30 (1982) S. 675–714; Tyrell Albrecht, Großbritannien und die Deutschlandplanung der Alliierten 1941–1945, Frankfurt-am-Main 1987, S. 527–538.

302 Zur französischen Reparationspolitik siehe Castillon Richard, Les réparations allemandes. Deux expériences (1919–1932, 1945–1952), Paris 1953 [im Folgenden zitiert als: Castillon, Réparations]; Lorentz, France.

möglichst umfassende Reparationsleistungen auszuhandeln.[303] Der vom sowjetischen Botschafter Maisky[304] vorgelegte Reparationsplan wurde von den relativ unvorbereiteten amerikanischen und britischen Delegationen fast vollständig angenommen.[305]

Die getroffenen Entscheidungen sahen eine Wiedergutmachung der Kriegsverluste der alliierten Nationen durch Deutschland in *natura* vor.[306] Anders als noch in Versailles 1919 sollten die Reparationsleistungen nicht durch finanzielle Mittel, sondern durch Sachleistungen getätigt werden. Nicht die finanzielle Entschädigung für die durch den Krieg verursachten Schäden stand im Vordergrund, sondern vielmehr der Wiederaufbau der verwüsteten Wirtschaftsstrukturen alliierter Staaten.[307] Zudem wurde die Reparationsfrage auch an sicherheitspolitische Überlegungen geknüpft: Im amerikanischen Finanzministerium wie auch im Kreml sah man den Abbau der deutschen Wirtschaft als Bedingung für eine dauerhafte Befriedung Deutschlands. Von seinem Rüstungspotenzial getrennt sollte Deutschland der Möglichkeit beraubt werden, seine Nachbarn erneut angreifen zu können. Die abgebauten Fabriken und Werke sollten dabei als Sachleistungen zu Reparationszwecken den überfallenen Ländern zugutekommen. Diese

---

303 Erstaunlich ist, dass solche Forderungen von Stalin bereits im September 1941 geäußert wurden, noch vor dem Umschwung des Kriegsverlaufs. In einem Brief vom September 1941 an Churchill äußerte Stalin *„dass die UdSSR Wiedergutmachung für die Schäden, die sie im Krieg erleide, verlangen werde"*, Baar Lothar/Karlsch Rainer/Matschke Werner, Kriegsschäden, Demontagen und Reparationen, in: Deutscher Bundestag (Hg.), Materialien der Enquete-Kommission „Aufarbeitung von Geschichte und Folgen der SED-Diktatur in Deutschland", Bd. II/2: Machtstrukturen und Entscheidungsmechanismen im SED-Staat und die Frage der Verantwortung, Baden-Baden/Frankfurt-am-Main 1995, S. 868–988, hier S. 879.

304 Iwan Michailowitsch Maiski (*7. Januar 1884 in Kirilow bei Wolgoda; † 3. September 1975 in Moskau); Sowjetischer Politiker, Diplomat und Geschichtsschreiber.

305 Der sowjetische Reparationsplan ist abgedruckt in: Soviet Proposal on Reparations from Germany, o. D., in: Department of State (Hg.), Foreign Relations of the United States. The Conferences at Malta and Jalta, 1945, Washington 1955, S. 707.

306 Protocol of Proceedings at the Yalta Conference (11 February 1945), abgedruckt in: Department of State (Hg.). A Decade of American Foreign Policy, Basic Documents 1941–1949, Washington 1985, S. 27–34. Das Protokoll von Jalta unterschied zwischen drei Formen der zu entnehmenden Sachleistungen: 1. dem Abtransport von Vermögenswerten aus Deutschland, wie etwa Industriekapazitäten, Aktien, Investitionen und andere Werte, 2. jährlichen Lieferungen von Gütern von der laufenden Produktion für eine festzusetzende Zeitspanne sowie 3. der Benutzung deutscher Arbeitskräfte. (V § 2)

307 Cairncross, Price, S. 17.

Bestimmungen bildeten allerdings lediglich die Grundsätze. Weitere Entscheidungen sollten zu einem späteren Zeitpunkt von einer alliierten Wiedergutmachungskommission in Moskau getroffen werden. Damit schob man vor allem die offene Frage der Gesamtsumme der von Deutschland zu leistenden Reparationen auf. In diesem Zusammenhang widersetzte sich vor allem die britische Delegation unter Premierminister Churchill vehement dem sowjetischen Vorschlag von 20 Milliarden $, wobei der UdSSR als Hauptlastträger des deutschen Angriffs 10 Milliarden $ und den übrigen alliierten Nationen die restlichen 10 Milliarden $ zugutekommen sollten. London befürchtete, dass eine solche Summe die deutsche Wirtschaft zerstören würde.[308]

Doch konnte auch die im Juni 1945 tagende Wiedergutmachungskommission die Differenzen hinsichtlich der Festlegung einer Gesamtsumme nicht überbrücken. Washington hatte mittlerweile eine gemäßigtere Position eingenommen: Als neu formulierte Richtlinie galt die Ansicht, dass Reparationsleistungen nur dann erfolgen könnten, wenn Deutschland ohne fremde Hilfe existieren könnte.[309] Die UdSSR sah sich daraufhin mit ihrer harten Linie immer stärker isoliert.[310] Die Wiedergutmachungskommission war außerstande, eine gemeinsame Reparationspolitik zu formulieren. Erst auf der Konferenz von Potsdam sollte die Diskussion wieder aufgenommen werden.

Mittlerweile hatten sich die politischen Bedingungen in Europa grundlegend gewandelt. Das Deutsche Reich hatte kapituliert und war vollständig in alliierter Hand. Die alliierten Siegermächte konnten darangehen, die Nachkriegsordnung weiter zu definieren und umzusetzen. Deutschland wurde daraufhin in vier Besatzungszonen aufgeteilt.

Während der letzten Kriegsmonate hatten die Alliierten umfangreiche Kriegsbeute gemacht. Die UdSSR, deren Rote Armee über Wochen alleine Berlin besetzt hielt, ging dabei jedoch noch einen Schritt weiter. Große Teile der Industrieproduktion sowie ganze Betriebe wurden abgebaut und in den Osten abtransportiert.

---

308 Die Lösung, die schließlich im Protokoll gefunden wurde, war ein halbgarer Kompromiss: Die amerikanische und sowjetische Delegation einigten sich darauf, den sowjetischen Vorschlag von 20 Milliarden $ als Diskussionsgrundlage der Wiedergutmachungskommission zu nutzen. Die britische Delegation hingegen merkte offiziell ihren Widerspruch an und insistierte, dass in den Verhandlungen der Wiedergutmachungskommission keine Reparationssumme genannt werden sollte. (V § 4); siehe Cairncross, Price, S. 67.

309 Peterson, Reparationspolitik, S. 54.

310 Zum Wandel der amerikanischen Position vgl. Fisch, Reparationen, S. 63–69; Karlsch, Allein bezahlt, S. 26.

Das sowjetische Vorpreschen gab Washington und London wenig Hoffnung auf gemeinsame und für alle Parteien befriedigende Reparationsrichtlinien, die von einem Zentralorgan durchgesetzt werden sollten. Man befürchtete, der harte Kurs der UdSSR könnte Deutschland ruinieren und die Alliierten zwingen, dem Land mit Krediten zu Hilfe zu kommen, wie dies bereits infolge der Reparationsforderungen nach dem Ersten Weltkrieg der Fall gewesen war. Auf sowjetischer Seite hingegen argwöhnte man, dass die westlichen Partner die UdSSR um seine für den Wiederaufbau so dringend benötigten Reparationen bringen könnten.[311]

Angesichts dieser gegenteiligen Positionen kamen die Verhandlungen in Potsdam nur sehr langsam voran. Die Beschlüsse stellten schließlich einen Kompromiss der unterschiedlichen Positionen dar.[312] Obwohl, wie schon in Jalta, die wirtschaftliche Einheit Deutschlands erklärt wurde, kam es in Bezug auf die Reparationspolitik zu einer Teilung des Landes. So sollten die Reparationsforderungen der UdSSR und Polens aus der SBZD entnommen werden. Alle übrigen zu Reparationsforderungen berechtigten Staaten hingegen, einschließlich der osteuropäischen Staaten Jugoslawien und Tschechoslowakei, sollten ihre Wiedergutmachung aus den westlichen Zonen erhalten. Darüber hinaus sollte die UdSSR 25 % der in den Westzonen demontierten Industrieanlagen erhalten, davon allerdings 60 % im Austausch gegen Lebensmittel und Rohstoffe (Art. III. 1–4).

Die Beschlüsse von Potsdam regelten zudem die Frage des deutschen Vermögens im Ausland. In Bezug auf die besondere Stellung Österreichs – das Land wurde von den Alliierten weder als Feindstaat noch als Verbündeter angesehen und nach dem Krieg wieder in seiner ursprünglichen Form restauriert, jedoch in vier Besatzungszonen unterteilt – stellte das Potsdamer Abkommen einen Kompromiss dar zwischen der sowjetischen Maximalforderung nach größtmöglichen Reparationen von Seiten Österreichs und dem Wunsch der Westalliierten, keine Reparationsleistungen von Österreich zu fordern. Die großen Drei einigten sich darauf, von Österreich keine Reparationen zu verlangen, jedoch wurde den Besatzungsmächten die Handhabe des deutschen Vermögens in ihrer jeweiligen Besatzungszone zugesprochen.

In den von der Roten Armee besetzten Ländern Osteuropas konnte die UdSSR ebenfalls über das umfangreiche deutsche Auslandsguthaben verfügen

---

311 Vgl. Castillon, Réparations, S. 88; Fisch, Reparationen, S. 70; Karlsch, Allein bezahlt, S. 28 f.

312 Mitteilung über die Dreimächtekonferenz von Berlin „Potsdamer Abkommen" (2. August 1945), dt. Fassung abgedruckt in: ABl des Kontrollrats in Deutschland, Ergänzungsblatt 1, S. 13–20 [im Folgenden zitiert als: Mitteilung über die Dreimächtekonferenz].

(Art. III. 8–9). In Bezug auf das deutsche Auslandsvermögen trug die reparationspolitische Einteilung den sich bildenden politischen Interessenszonen Rechnung. Die bereits zuvor geschlossenen Waffenstillstandsabkommen zwischen den Alliierten und Bulgarien, Rumänien und Ungarn vom Oktober 1944 bis Januar 1945 beinhalteten alle einen fast identisch lautenden Passus hinsichtlich des deutschen Vermögens: Dieses durfte ohne ausdrückliche Erlaubnis der verantwortlichen Alliierten Kontrollkommission weder entnommen noch verstaatlicht werden.[313] Damit war das deutsche Vermögen bis zu einer definitiven Entscheidung blockiert. Tatsächlich jedoch wurden die durch die Waffenstillstandsabkommen geschaffenen alliierten Kontrollkommissionen für Bulgarien, Rumänien und Ungarn von der Sowjetunion dominiert. Unter dem Deckmantel dieser Kontrollkommissionen hatte sich die UdSSR bereits vor den Potsdamer Beschlüssen große Teile des deutschen Vermögens aneignen können.[314]

Wie schon die Entscheidungen in Jalta ließen die Beschlüsse von Potsdam einen gewissen Interpretationsspielraum: Weder eine Gesamtsumme an Reparationen noch Näheres zu Reparationen durch jährliche Lieferungen an Produktionsgütern wurden festgehalten. Doch wurden die Bestimmungen von Jalta damit auch nicht verletzt.[315] Zudem hatte man es versäumt, das deutsche Auslandsvermögen zu definieren bzw. was nun genau unter „Deutschem Eigentum"

---

313 Vgl. hierzu den englischen Wortlaut des Passus jeweils in: Agreement Between the Governments of United States of America, the United Kingdom, and the Union of Soviet Socialist Republics, on the One Hand, and the Government of Bulgaria, on the Other Hand, Concerning an Armistice, abgedruckt unter anderem in: Department of State (Hg.), A Decade of American Foreign Policy, Basic Documents 1941–1949, Washington 1985, S. 483–485, Art. 13; Agreement Between the Governments of United States of America, the United Kingdom, and the Union of Soviet Socialist Republics, on the One Hand, and the Government of Rumania, on the Other Hand, Concerning an Armistice, abgedruckt unter anderem in: Department of State (Hg.). A Decade of American Foreign Policy, Basic Documents 1941–1949, Washington 1985, S. 487–491, Art. 8; sowie Agreement concerning an Armistice between the Union of Soviet Socialist Republics, the United Kingdom of Great Britain and Northern Ireland, and the United States of America on one Hand and Hungary on the Other, Moscow, January 20, 1945, abgedruckt unter anderem in: Department of State (Hg.). A Decade of American Foreign Policy, Basic Documents 1941–1949, Washington 1985, S. 494–499, Art. 8.

314 Siehe hierzu unten, S. 135.

315 Diese Position wurde vor allem von sowjetischer Seite vertreten; siehe dazu Karlsch, Allein bezahlt, S. 31.

zu verstehen sei. Dies sollte dann vor allem in Österreich zu sehr unterschiedlichen Interpretationen führen.[316]

Obwohl im Nachhinein die reparationspolitische Teilung in Potsdam sich als endgültig herausstellte, bot die Vereinbarung noch immer die Chance einer gemeinsamen Regelung. Das bedeutete allerdings, dass die Alliierten sich schnellstens auf eine gemeinsame Linie festlegen mussten. Die weiterhin offene Festlegung des Gesamtumfangs der Reparationen scheiterte am 7. August 1945 in der Sitzung der Wiedergutmachungskommission in Moskau.[317] Die Problematik wurde daraufhin dem Alliierten Kontrollrat unterstellt, was die Autorität der Wiedergutmachungskommission untergrub. Der Kontrollrat verabschiedete im Oktober 1945 das Kontrollratsgesetz Nr. 5 bezüglich des deutschen Auslandsvermögens. Das Gesetz, das damit auch von der UdSSR mitgetragen wurde, enthielt einige interessante Artikel:

> *„Artikel II: Alle Rechte und Ansprüche jeglicher Art auf irgendwelches außerhalb Deutschlands befindliches Vermögen, das im Eigentum, Besitz oder unter der Kontrolle einer in Deutschland befindlichen Person deutscher Staatsangehörigkeit steht, werden hiermit auf die Kommission übertragen.*

---

316 Deutlich wird dies in erster Linie im Rahmen der seit 1946 stattfindenden Verhandlungen über einem zukünftigen Staatsvertrags: So verlangte die UdSSR, dass alle deutschen Besitzungen in Österreich, sowohl vor als auch nach dem Anschluss – also dem 15. März 1938 – als deutsches Vermögen interpretiert werden sollten, es sei denn, es handele sich dabei um unter Zwang erworbenes deutsches Vermögen. Diese Auffassung ging den westlichen Alliierten viel zu weit: Ihnen zufolge hatte das Reich nach dem Anschluss große Teile der österreichischen Wirtschaft ohne Zwang unter Kontrolle bekommen. Die sowjetische Interpretation würde demnach auf große Teile der österreichischen Wirtschaft zutreffen und im Falle einer Entnahme, die wirtschaftliche Eigenständigkeit des Landes akut in Gefahr bringen; siehe Stourzh Gerald, Geschichte des Staatsvertrages 1945–1955. Österreichs Weg zur Neutralität, Graz/Wien/Köln 1980, S. 34 f. [im Folgenden zitiert als: Stourzh, Geschichte]. In der Forschung fällt die Bewertung der Konferenz von Potsdam sehr unterschiedlich aus. So sah Nübel bspw. die reparationspolitische Teilung *„fast wie ein Zufall“* und konstatierte: *„Das Ergebnis der Debatten von Potsdam umfasste wenig mehr als die Absprache über eine Trennung zwischen östlichem und westlichem Reparationsvorhaben (...) Nur der begrenzte Austausch demontierter Fabrikanlagen gegen Rohstoffe und Nahrungsmittel stellte einen kümmerlichen Rest alliierter Gemeinsamkeit in der Reparationsfrage dar (...).“*, Nübel, Reparationspolitik, S. 203. Fisch bewertete die Reparationsbeschlüsse als *„eindeutigen Sieg der Westmächte“*, die sich in allen wichtigen Punkten durchgesetzt hätten; Fisch, Reparationen, S. 79.

317 Castillon, Réparations, S. 91.

Artikel III: Alle Rechte und Ansprüche jeglicher Art auf irgendwelches außerhalb Deutschlands befindliches Vermögen, das im Eigentum, Besitz oder unter der Kontrolle einer außerhalb Deutschlands befindlichen Person deutscher Staatsangehörigkeit oder einer Niederlassung irgendeines Geschäfts oder einer Körperschaft oder anderen juristischen Person steht, die unter deutschem Gesetz gegründet worden ist oder ihren Geschäftssitz in Deutschland hat, werden hiermit auf die Kommission übertragen."[318]

Das Gesetz verordnete damit die Beschlagnahmung des deutschen Auslandsvermögens und seine Unterordnung unter die Kontrolle der Alliierten Kommissionen. In speziellen Fällen war sogar die Möglichkeit einer Entschädigung der betroffenen Besitzer vorgesehen. Innerhalb seiner Besatzungszone war der jeweilige Oberbefehlshaber dafür zuständig, das Beweismaterial zum deutschen Auslandsvermögen zu erfassen und zu registrieren. Wenn nötig, konnten dafür Untersuchungen in die Wege geleitet werden (Art. VIII). Artikel IX legte explizit fest, dass die in Artikel II und III getroffenen Maßnahmen keinesfalls das Vermögen von Staatsangehörigen der Vereinten Nationen berühren dürfe.[319]

Einvernehmen herrschte auch in der Notwendigkeit von Demontagen. Darunter verstand man allgemein den Abbau der Industrieanlagen als Wiedergutmachung. Worin sich die vier Besatzungsmächte aber uneins waren, war der Umfang der Demontagen und die Frage, welches Industrieniveau Deutschland zugesprochen werden sollte. Während Frankreich und vor allem die Sowjetunion auf möglichst sofortige und umfangreiche Demontagen bestanden, vertrat die anglo-amerikanische Seite einen milderen Kurs und befürwortete den Wiederaufbau Deutschlands sowie die damit verknüpfte Senkung der Besatzungskosten. Mit dem Industrieniveau und Reparationsplan vom März 1946 schien ein Durchbruch geschaffen worden zu sein, doch scheiterte seine Umsetzung am „*sowjetischen Beharren auf der absoluten zonalen Autonomie*".[320] Dies sollte dann auch der letzte nennenswerte Versuch des Kontrollrates sein, eine gemeinsame Reparationspolitik durchzusetzen. Die immer stärker werdende Kluft zwischen

---

318 ABl des Kontrollrats in Deutschland 2 (20. November 1945), S. 27–31.

319 „*Artikel II und III dieses Gesetzes erstrecken sich nicht auf Vermögenswerte, die der Oberhoheit Großbritanniens, der Britischen Dominien, Indiens, der Britischen Kolonien und Besitzungen, der Union der Sozialistischen Sowjetrepubliken, der Vereinigten Staaten, Frankreichs und jeder anderen der Vereinten Nationen unterstehen, die vom Kontrollrat bestimmt wird.*", Ebd., Art. IX.

320 Mai Gunther, Alliierter Kontrollrat, in: Benz Wolfgang (Hg.), Deutschland unter alliierter Besatzung 1945–1949/55. Ein Handbuch, Berlin 1999, S. 229–234, hier S. 232. Der Reparationsplan ist in deutscher Fassung abgedruckt in: Karlsch, Allein bezahlt, S. 261–263.

der UdSSR und den Westmächten machte bald jegliche Zusammenarbeit im Rahmen des Kontrollrates zunichte.[321]

Die unterschiedlichen Reparationsansprüche verhinderten eine gemeinsame Lösung. Die Chance auf eine weitere Zusammenarbeit im Bereich der Reparationspolitik wurde von den Beteiligten bewusst verhindert. Im weiteren Verlauf entwickelten beide Gruppen daraufhin unterschiedliche Verfahren, um die Potsdamer Reparationsbestimmungen durchzusetzen:

So tagten vom 7. November bis 15. Dezember 1945 Delegationen der USA, Großbritanniens und aller anderen zu Reparationsforderungen berechtigten Staaten, mit Ausnahme der UdSSR und Polens in Paris. Insgesamt waren 18 Nationen, darunter Luxemburg, aber auch die osteuropäischen Staaten Jugoslawien und die Tschechoslowakei vertreten. In Paris einigte man sich auf das Verfahren zur Entnahme und Verteilung der Reparationen. Dafür wurde als Exekutions- und Kontrollinstanz eine neue Reparationskommission gegründet, die *Inter-allied Reparations Agency* (IARA). Jedem Mitgliedsland wurde ein bestimmter Prozentsatz des in zwei Kategorien aufgeteilten deutschen Vermögens zugesprochen.[322]

Auf der Pariser Reparationskonferenz wurde von den Beteiligten auch das konkrete Problem der Beteiligungen von Mitgliedern der Vereinten Nationen in deutschen Unternehmen behandelt. Diesbezüglich veröffentlichten die Delegationen Albaniens, Belgiens, der Niederlande, Luxemburgs, Frankreichs, Griechenlands, Norwegens und Jugoslawiens eine Resolution, die vorsah, dass Unternehmen in Deutschland, welche sich legitim zu 48 % in den Händen von Personen aus Mitgliedstaaten der Vereinten Nationen befanden, von den Reparationsbestimmungen ausgeschlossen werden sollten.[323] Des Weiteren sollte der Kontrollrat die Möglichkeit haben, je nach Fall zu bestimmen, ob Minoritätsbeteiligungen der

---

321 Vgl. dazu Fisch, Reparationen, S. 93–104; Mai Gunther, Der Alliierte Kontrollrat in Deutschland 1945–1948. Alliierte Einheit - deutsche Teilung?, München 1995 (= Quellen und Darstellungen zur Zeitgeschichte 37), S. 312–396.

322 His Majesty's Stationery Office (Hg.), Final Act of the Paris Conference on Reparation with annex (Paris 21st December 1945). London 1946, 18 S. (= Miscellaneous (Great Britain, Foreign office 1)) [im Folgenden zitiert als: Final Act of the Paris Conference on Reparation]. Zu den Statuten der IARA siehe auch Castillon, Réparations, S. 95 f.

323 Ebd., Resolution regarding Property in Germany belonging to United Nations or their Nationals [im Folgenden zitiert als: Final Act of the Paris Conference on Reparation, Resolution regarding Property in Germany], die Resolution ist abgedruckt im Anhang Nr. IV, S. 439 f.

Vereinten Nationen in deutschen Unternehmen als Bestandteil der deutschen juristischen Person zu gelten hätten oder nicht.[324]

Weder die UdSSR noch Polen nahmen an den Verhandlungen in Paris teil. Beide Staaten hatten sich bereits im August 1945 auf einen Verteilungsplan der Reparationsgüter geeinigt. Laut Vertrag vom 16. August 1945 standen Polen 15 % des in der sowjetischen Besatzungszone Deutschlands vor den Potsdamer Beschlüssen beschlagnahmten Materials zu, sowie 30 % des von den westlichen Besatzungszonen in die Sowjetunion zu übertragenden Industriematerials, von denen allerdings 15 % nur im Gegentausch polnischer Warenlieferungen zu erfolgen hatten.[325]

Die Abkommen von Potsdam hatten der UdSSR das deutsche Vermögen unter anderem in Ungarn, Rumänien, Bulgarien sowie der SBZÖ zugesprochen. Die näheren Modalitäten dazu wurden für die drei ehemaligen deutschen Satellitenstaaten erst im Zuge der Pariser Friedenskonferenz von 1946/1947 festgelegt. Die im Februar 1947 unterzeichneten Friedensverträge zwischen den Alliierten und den ehemaligen Achsenmächten Osteuropas beinhalteten alle einen identischen Passus der den Transfer von deutschem Vermögen als Reparationsleistungen an die UdSSR regelte.

So erkannten Ungarn, Rumänien und Bulgarien jeweils an,

> *„daß die Sowjetunion ein Anrecht auf alle deutschen Guthaben in [Ungarn/Rumänien/Bulgarien] hat, die der Sowjetunion vom Kontrollrat für Deutschland zugesprochen sind, und es verpflichtet sich, alle notwendigen Maßnahmen zu ergreifen, um ihre Übertragung zu erleichtern.“*[326]

Im Gegensatz zu dem, was die Potsdamer Abkommen vermuten lassen, hatte die UdSSR demnach keine absolute Verfügungsgewalt auf das gesamte deutsche Vermögen, sondern war vom Kontrollrat für Deutschland abhängig.[327] Alliiertes Vermögen sollte explizit unter Schutz gestellt werden, die alten Rechte und Vermögen, sofern sie verändert worden waren, wiederhergestellt bzw. rückerstattet werden.

---

324 Ebd.

325 Castillon, Réparations, S. 91.

326 Friedensvertrag mit Ungarn, 10. Februar 1947, unter anderem in: Die Friedensverträge von 1947 mit Italien, Ungarn, Bulgarien, Rumänien und Finnland, Oberursel 1948 (= Quellen für Politik und Völkerrecht 1), S. 146–163, Art. 28; Friedensvertrag mit Rumänien, 10. Februar 1947, unter anderem in ebd., S. 179–194, Art. 26 und Friedensvertrag mit Bulgarien, 10. Februar 1947, unter anderem in ebd., S. 164–178, Art. 24.

327 Der Alliierte Kontrollrat erfüllte hier eine ähnliche Funktion wie es zuvor die verschiedenen alliierten Kontrollkommissionen laut Bestimmungen der Waffenstillstandsabkommen taten.

In Österreich sollte ein Staatsvertrag alle wichtigen Fragen klären. Im Verlauf der seit 1946 stattfindenden Verhandlungen wurde immer wieder die unterschiedliche Sichtweise auf das deutsche Vermögen in Österreich sichtbar.

In mehreren Etappen, vor allem 1949 und schließlich 1955, stimmten die Alliierten darüber ein, jegliche Forderungen nach deutschem Vermögen einzustellen. Die UdSSR sollte die Kontrolle über das deutsche Vermögen in Österreich aufheben, dafür aber mit Eigentumsübertragungen, weitreichenden Konzessionen auf Ölfelder und Schürfgebiete sowie einer Zahlung innerhalb von 6 Jahren von 150 Millionen $ entschädigt werden.[328]

Deutsches Vermögen sollte also im Untersuchungsraum größtenteils eingezogen und in Staatshände übertragen werden. Es zeigte sich, dass der Wortlaut der alliierten Reparationsbestimmungen und der darauf aufbauenden Verordnungen äußerst schwammig war. Gerade das deutsche Auslandsvermögen war nicht eindeutig definiert, so dass den verstaatlichenden Behörden günstige Möglichkeiten bereitstanden den Begriff soweit auszudehnen, um möglichst viel Guthaben einziehen zu können.

Die Reparationsbestimmungen zielten in erster Linie auf das deutsche Vermögen und auf Guthaben der mit den Deutschen verbündeten Achsenmächte. Alliiertes Vermögen wurde zum Teil ausdrücklich von den Bestimmungen ausgenommen, so etwa im Kontrollratsgesetz Nr. 5. Eine Resolution der Pariser Reparationskonferenz sah gar explizit den Schutz der alliierten Aktienbeteiligungen in deutschen Unternehmen vor. Die entsprechende Resolution wurde jedoch weder von der UdSSR noch Polen unterzeichnet. Die Reparationsbestimmungen erwähnten an keiner Stelle die Problematik alliierter Vermögenswerte, welche indirekt über eine deutsche Gesellschaft wahrgenommen wurden.

Der ungenaue Wortlaut der Bestimmungen, besonders hinsichtlich des deutschen Vermögens, sowie die nicht explizite Erwähnung indirekter alliierter Aktienbeteiligungen sollte im Rahmen der Verteidigung der Interessen der ARBED im Untersuchungsraum noch entscheidende Bedeutung erhalten.

II.2 Das deutsche und alliierte Industrievermögen im sich konsolidierenden Ostblock

Die alliierten Reparationsbestimmungen hatten entscheidende Auswirkungen auf das Industrievermögen im Untersuchungsraum. Dabei war vor allem die

328 Staatsvertrag, betreffend die Wiederherstellung eines unabhängigen und demokratischen Österreich, in: BGBl für die Republik Österreich, 1955, 39. Stück (30. Juli 1955), S. 725–810, hier S. 731–738.

Staatszugehörigkeit der Eigentümer von Bedeutung. Während die Reparationsbestimmungen gerade die Übertragung deutschen Vermögens unter die Kontrolle der Alliierten vorsahen, war alliiertes Vermögen über Schutzbestimmungen davon ausgenommen.

Gleichzeitig setzte im Untersuchungsraum, ungeachtet der eigentlichen Staatsangehörigkeit der Eigentümer, eine wirtschaftliche Umwälzung ein, die eine Verstaatlichung der fast gesamten Industriekapazitäten mit sich brachte. Die Verstaatlichungsbestimmungen sahen in der Regel keine Schutzklauseln für alliierte Besitzer, sondern Entschädigungsleistungen vor. Die Maßnahmen, welche allgemein die Besitzverhältnisse der osteuropäischen Industrie berührten, lassen sich demnach sowohl auf die Reparationsbestimmungen als auch auf die wirtschaftlichen Umwälzungen zurückführen. Eine strikt voneinander getrennte Beobachtung ist kaum möglich, da die Maßnahmen eng miteinander verbunden waren. Von beiden miteinander verwobenen Entwicklungen waren auch die Unternehmen, an denen die ARBED beteiligt war, betroffen.

Dieses Unterkapitel beschäftigt sich mit den wichtigsten Maßnahmen, welche allgemein das Industrievermögen im Untersuchungsraum berührten. Bei der Nennung der Maßnahmen finden sich in der zeitgenössischen Rechtswissenschaft, der heutigen Geschichtsschreibung sowie den eigentlichen Quellentexten unterschiedliche *Termini*. Diese Begriffsvielfalt rührt unter anderem aus der Unkenntnis der Bedeutung der einzelnen Maßnahmen. Das Kapitel verfolgt daher auch den Zweck einer terminologischen Eingrenzung der Begrifflichkeit und nutzt systematisch die Begriffe der zeitgenössischen Rechtssprechung.

Neben der Identifikation, der Beschreibung und der Interpretation der wichtigsten Maßnahmen, welche allgemein die Beteiligungsverhältnisse der osteuropäischen Industrien berührten, soll die Frage erörtert werden, auf welchen Legitimationen die besagten Maßnahmen beruhten und wie diese juristisch verankert waren.

Unter der speziellen Berücksichtigung des Beteiligungsverhältnisses der ARBED im Untersuchungsraum konzentriert sich die Untersuchung darauf, Unterschiede in der Behandlung der deutschen und alliierten Vermögenswerte bei der Umsetzung der Maßnahmen zu beleuchten.

II.2.1 Demontagen

Unter Demontagen verstand man in Rechtskreisen der Zeit den organisierten Abbau oder die Teilentnahme eines Betriebes, seiner Installationen, Maschinen und Lagerbestände. Im Fall des hier behandelten Untersuchungsraums sollten demontierte „deutsche" Werke und weiteres Feindvermögen in die UdSSR abtransportiert und dort wieder aufgebaut werden. Demontagen stellten in den von der UdSSR befreiten bzw. besetzten Gebieten eine erste Maßnahme dar, welche die Eigentumsverhältnisse der Industriebetriebe stark veränderte. Es stellt sich heraus, dass die sowjetischen Demonteure dabei keineswegs nur auf sogenanntes Feindmaterial zielten, sondern es vor allem auf möglichst reiche „Beute" abgesehen hatten. Daher ist es auch kaum verwunderlich, dass Demontagen nicht alleine in den Ländern durchgeführt wurden, die der UdSSR während des Zweiten Weltkrieges den Krieg erklärt hatten (Rumänien und Ungarn), sondern auch in den im Krieg offiziell mit der UdSSR verbündeten Staaten, wie Polen und der Tschechoslowakei. Die ersten Demontageaktionen wurden daher auch von den sowjetischen Behörden selbst als Beuteaktionen definiert.

In den ehemaligen Satellitenstaaten agierten die sowjetischen Besatzer aus einer Position der Stärke heraus: Sie hielten sich daher auch nicht an die Vereinbarung der Waffenstillstandsabkommen mit den osteuropäischen Achsenmächten hinsichtlich des deutschen Vermögens, sondern verfügten in Übergehung oder Instrumentalisierung der alliierten Kontrollkommissionen vor Ort in Eigenregie über das deutsche Vermögen. Moskau konnte sich dies aufgrund seines politischen und militärischen Gewichts in Osteuropa auch erlauben, ohne internationalen Widerstand zu riskieren. Die neuen Regierungen der ehemaligen Achsenmächte wurden dazu gedrängt, erste Maßnahmen zu ergreifen, um das deutsche Vermögen an die sowjetischen Besatzer zu übertragen.[329] Die in der Forschung gemachten Angaben über das Ausmaß und den Gesamtwert der Demontagen variieren sehr stark.[330]

---

329 In Bulgarien bspw. bemühte sich die neue Regierung, den Bestimmungen des Potsdamer Abkommens gerecht zu werden. Im Mai 1946 wurde ein Gesetz erlassen, welches die Übereignung deutschen Eigentums an die sowjetischen Behörden regelte. Daraufhin wurde eine erste, vom bulgarischen Ministerrat als auch von der alliierten Kontrollkommission anerkannte Liste deutscher Beteiligungen, die an die sowjetischen Behörden zu übergeben seien, erstellt. Es folgten verschiedene Dekrete der bulgarischen Behörden über die Transferabläufe; hierzu Sipkov, Postwar Nationalizations, S. 475 f.

330 Die in der Forschung veröffentlichten Angaben betreffend den Umfang der Demontagen stellen bestenfalls eine Gesamtschätzung dar, ohne dass dabei zwischen den Nationalitäten der Betriebe unterschieden wird: Kovrig berechnete für Ungarn den Wert der Demontage von insgesamt 201 Unternehmen auf 900 Millionen $; Kovrig Bennett, Communism in Hungary, Stanford, Kalifornien 1979 (= Hoover Institution publications 211 – Histories of ruling communist parties), S. 196. Sehr weit auseinander gehen die Schätzungen hinsichtlich Rumäniens: Dem amerikanischen

Auch in den befreiten Ländern Osteuropas wurden Demontagen getätigt. Da es sich hierbei offiziell um verbündete Staaten handelte, konnte die UdSSR offiziell nicht von Beute- oder Reparationsaktionen sprechen, stattdessen fand man andere Lösungen: In Polen wurden diese Demontagen unter dem Deckmantel der Kriegsrelevanz durchgeführt.[331] Sie betrafen verschiedenste Industriesektoren: Vordringlichstes Ziel der sowjetischen Behörden waren Kohle, Kraftstoff und Eisenbahnschienen, welche systematisch eingezogen und in die UdSSR transportiert wurden. Proteste des Lubliner Komitees[332], der von der UdSSR eingesetzten provisorischen polnischen Regierung als Gegengewicht zur polnischen Exilregierung in London, dem die Demontagen der UdSSR zu weit gingen, da sie die polnische Wirtschaft in schwere Nöte brachten, blieben meist

State Department zufolge seien mehr als 700 Unternehmen beschlagnahmt und zumindest teilweise demontiert worden; siehe hierzu Sutton Antony C., Western Technology and Soviet Economic Development, Stanford Kalifornien 1968 (= Hoover Institution Publications), S. 39 [im Folgenden zitiert als: Sutton, Western Technology]. Die jüngere Studie Musials allerdings kommt nur auf 33 Unternehmen sowie 240 km Ölpipeline; Musial, Beutezug, S. 259 f. Nähere Angaben zum Ausmaß der Demontagen in Bulgarien fehlen bisher.

331 Im Frühjahr 1945 gestand die sowjetische Führung der provisorischen polnischen Regierung die deutschen Einrichtungen auf den zukünftigen polnischen Gebieten zu. Doch hatte sich Stalin bereits im Februar 1944 mit dem Beschluss des staatlichen Verteidigungskommittees der UdSSR Nr. 7558 über polnische Fragen abgesichert, der in Abstimmung mit der polnischen Regierung – gemeint war das damals noch im Aufbau befindliche Lubliner Komitee – die Demontage und Ausfuhr in die UdSSR deutscher und von Deutschen während des Krieges ausgebauter Betriebe in Ostdeutschland und innerhalb der polnischen Grenzen von 1938 vorsah, sofern es sich dabei um kriegswichtige Unternehmen handele. Diese sehr vagen Bestimmungen boten allen Freiraum zu Demontagen. Damit hatte sich Moskau ein geeignetes legislatives Schlupfloch geschaffen, um den Abbau der wichtigsten ostdeutschen und altpolnischen Betriebe voranzutreiben. Vgl. dazu ausführlich Bühler Pierre, Histoire de la Pologne communiste. Autopsie d'une imposture, Paris 1997, S. 156 f. [im Folgenden zitiert als: Bühler, Histoire]; Karlsch/Laufer, Demontagen, S. 49–71; Musial, Beutezug, S. 262–265, 269 f. und 277–300; Rochlin, Wirtschaft Polens, S. 53.

332 Eigentlich Polnisches Komitee der nationalen Befreiung. Es handelte sich hierbei um die von der UdSSR gestützte kommunistische provisorische Regierung Polens, die eine Art Gegengewicht zur Exilregierung in London darstellte. Siehe ausführlich Laufer, Pax Sovietica, S. 127; Davies Norman, Im Herzen Europas. Geschichte Polens, München ²2001, S. 5.

unbeantwortet.[333] MUSIAL, der in seiner Untersuchung der sowjetischen Demontagen in Polen auf bisher unveröffentlichte Quellen zurückgreifen konnte, vermerkt in seiner Arbeit die Demontage von insgesamt 1.119 Betrieben mit einem Gesamtwert von 1 Milliarde $.[334]

In der Tschechoslowakei fand die UdSSR ebenfalls besondere Wege, sich deutsches Vermögen im Industriesektor anzueignen: Bilaterale Abkommen zwischen den Regierungen beider Staaten ebneten den Weg für Demontagen von Betrieben, die in die UdSSR abtransportiert wurden. Im Visier standen in erster Linie Betriebe, die von den Deutschen während des Krieges auf dem tschechoslowakischen Territorium errichtet worden waren.[335] Am 8. Juli 1945 wurde ein Vertrag zwischen der UdSSR und der Tschechoslowakei geschlossen, dem eine Liste der zu demontierenden Unternehmen beigefügt war.[336] Die Demontage dieser Unternehmen wurde von den sowjetischen Behörden auch rigoros umgesetzt. Erst im Juli 1946 war Stalin zu Zugeständnissen bereit: Alle bis dahin noch nicht abmontierten Anlagen sollten den tschechoslowakischen Behörden übergeben werden.[337] KIESEWETTER zufolge belief sich der Gesamtwert dieser Unternehmen auf etwa 390 Millionen $.[338] Durch eine großzügige Auslegung des Begriffs der Kriegsbeute und bilaterale Abkommen war es Moskau gelungen, weit mehr als das auf der Konferenz von Potsdam zugedachte deutsche Vermögen zu Reparationszwecken in Beschlag zu nehmen.

---

333 Vgl. HACKER, Ostblock, S. 276; KIESEWETTER Bruno, Der Ostblock. Außenhandel des östlichen Wirtschaftsblockes einschließlich China, Berlin 1960, S. 28 [im Folgenden zitiert als: KIESEWETTER, Ostblock].

334 Vgl. MUSIAL, Beutezug, S. 292 und 298; ROCHLIN, Wirtschaft Polens, S. 53.

335 So zitierte die britische Nachrichtenagentur *Exchange* am 5. Juli 1945 eine Rundfunkansprache des tschechoslowakischen Industrieministers Laušman, in der der Minister verkündete, Stalin habe Befehl zur vollständigen Übergabe aller beschlagnahmten Fabriken und Lager an die tschechoslowakischen Behörden erteilt. Demontagen und Transfers in die UdSSR seien nur mit der Zustimmung der tschechoslowakischen Regierung möglich. Davon ausgenommen seien aber alle Werke, die von den Deutschen in die Tschechoslowakei verlagert worden seien. Diese seien als Kriegsbeute zu betrachten, abzumontieren und in die UdSSR zu senden; hierzu Eintrag 308/C zum 5. Juli 1945, in: AdG (1945/46), S. 308.

336 Zum sowjetisch-tschechoslowakischen Vertrag vom 8. Juli 1945 siehe Eintrag 313/A zum 8. Juli 1945, in: AdG (1945/46), S. 313; HACKER, Ostblock, S. 278.

337 Vgl. HACKER, Ostblock, S. 278; KIESEWETTER, Ostblock, S. 293.

338 KIESEWETTER, Ostblock, S. 29. Die gleiche Zahl findet sich auch bei HACKER, Ostblock, S. 278.

Bei der Rechtfertigung der Demontagen in der SBZÖ wurde die sowjetische Führung mitunter sehr kreativ: So entgegnete man während des Krieges Vorbehalten von Seiten der Westalliierten mit dem Argument, es handele sich um Konfiszierung von Material, das zur weiteren Kriegsführung gegen Deutschland benötigt werde. Demontagen wurden unter dem Deckmantel der Kriegsbeute durchgeführt.

Nach der Kapitulation Deutschlands behauptete die UdSSR hingegen, dass es sich bei den Demontagen in Österreich um Installationen aus Rüstungsbetrieben handele.[339] Bis zum Potsdamer Abkommen wurden insgesamt 90 Beschlüsse über Demontagen österreichischer Unternehmen erlassen.[340] Der Abbau von Industrieanlagen endete aber keineswegs nach Abschluss des Abkommens: Nach Angaben der österreichischen Zentralverwaltung für Statistik vom Mai 1947 sollen die sowjetischen Behörden insgesamt 220 Betriebe vollständig oder teilweise demontiert haben.[341]

Die UdSSR hatte bereits unmittelbar nach der Besetzung von Teilen Deutschlands mit Demontagen begonnen. Freilich wurden diese Demontagen nicht als Reparationsleistungen, sondern als Kriegsbeute definiert.[342] Zudem nahm die sowjetische Führung in dieser Phase keine Rücksicht auf die bereits beschlossene zonale und sektorielle Einteilung Deutschlands: So fielen auch in den späteren Westsektoren Berlins zahlreiche Betriebe dem sowjetischen „Demontageeifer" zum Opfer.[343] Insgesamt konnte die Forschung zwischen

---

339 Aichinger Wilfried, Die Sowjetunion und Österreich 1945–1949, in: Bischof Günter/Leidenfrost Josef, Die Bevormundete Nation. Österreich und die Alliierten, 1945–1949, Innsbruck 1988, S. 275–292, hier S. 277.

340 Musial, Beutezug, S. 312.

341 Ebd. S. 313. Der Wert dieser Demontagen ist allerdings nicht eindeutig gesichert. So bezifferte Musial diesen Wert auf etwa 160 Millionen, während Sutton, Technology, S. 37 von 400 Millionen $ spricht. Vorsichtiger ist hingegen Mueller, Besatzung, S. 114, der von einem Gesamtwert zwischen 200 und 500 Millionen $ ausgeht.

342 Wettig Gerhard, Die sowjetische Wirtschaftspolitik in der SBZ/DDR 1945–1954, in: Iber Walter M./Ruggenthaler Peter (Hg.), Stalins Wirtschaftspolitik an der sowjetischen Peripherie. Ein Überblick auf der Basis sowjetischer und osteuropäischer Quellen, Innsbruck/Wien/Bozen 2011 (= Veröffentlichungen des Ludwig Boltzmann-Instituts für Kriegsfolgen-Forschung Graz-Wien-Klagenfurt 19), S. 73–98, hier S. 79 [im Folgenden zitiert als: Wettig, Wirtschaftspolitik]. In der SBZD wurden diese später nur zu einem geringen Bruchteil auf das Reparationskonto angerechnet; siehe hierzu Karlsch, Allein bezahlt, S. 57.

343 Ahrens Hanns D., Demontage. Nachkriegspolitik der Alliierten, München 1982, S. 35.

1945 und 1949 sechs verschiedene Demontagewellen ausmachen. Dabei sollen zwischen 2.000 und 2.300 Werke von Demontagen oder Teildemontagen betroffen gewesen sein.[344] Der anfänglich verfolgte Kurs einer radikalen Demontagepolitik wich im Verlauf der Monate einer gemäßigteren Vorgehensweise. Unter einer sich immer stärker konsolidierenden sowjetischen Militäradministration in Deutschland (SMAD) wurde die Demontagepolitik schließlich zugunsten einer Entnahme aus der laufenden Produktion aufgegeben.[345] Dadurch erhoffte man sich Reparationsleistungen über einen längeren Zeitraum zu sichern, die SBZD wirtschaftlich nicht völlig auszubluten und sich so alle

---

344 Vgl. Karlsch, Allein bezahlt, S. 85; Mueller Wolfgang, Die sowjetische Besatzung in Österreich 1945–1955 und ihre politische Mission, Wien/Köln/Weimar 2005, S. 150 [im Folgenden zitiert als: Mueller, Besatzung].

345 Der zentrale Stab der SMAD hatte seinen Sitz in Berlin-Karlshorst. Auf lokaler Ebene konstituierte sich die Verwaltung bereits im Sommer 1945: Die SBZD wurde in fünf Provinzen und Länder gegliedert mit einer jeweils eigenen SMAD-Verwaltung. Dazu addierte sich noch die Kommandantur des sowjetischen Sektors von Berlin. Die Landesverwaltungen wurden bis 1946 weiter in verschiedene Stadt- und Ortskommandanturen unterteilt. Neben dieser Verwaltungseinteilung war die SMAD zudem in verschiedene Aufgabenbereiche mit jeweils eigenen Unterabteilungen gegliedert. Des Weiteren übte die Leitung der sowjetischen Kommunistischen Partei in Moskau auch noch bestimmenden Einfluss aus, so dass Foitzik nicht umhinkommt von einer *„verfilzte[n] Struktur der SMAD“* zu sprechen; Foitzik Jan, Sowjetische Militäradministration in Deutschland, in: Benz Wolfgang (Hg.), Deutschland unter alliierter Besatzung 1945–1949/55. Ein Handbuch, Berlin 1999, S. 302–307 [im Folgenden zitiert als: Foitzik, Militäradministration]. Zur Verwaltung der SBZ allgemein vgl. auch Creuzberger, Stefan, Die sowjetische Militäradministration in Deutschland (SMAD) 1945–1949, Melle 1991 (= Deutschland-Report 15); Ders., Die sowjetische Besatzungsmacht und das politische System der SBZ, Weimar 1996, S. 29–43 [im Folgenden zitiert als: Creuzberger, Besatzungsmacht]; Foitzik Jan, Sowjetische Militäradministration in Deutschland (SMAD), in: Broszat Martin/Weber Hermann (Hg.), SBZ-Handbuch: Staatliche Verwaltungen, Parteien, gesellschaftliche Organisationen und ihre Führungskräfte in der Sowjetischen Besatzungszone, München 1993, S. 7–69; Naimark Norman M., The Russians in Germany: A History of the Soviet Zone of Occupation, 1945–1949, Cambridge ²1996, S. 20–24, 44 f. [im Folgenden zitiert als: Naimark, Russians]; hervorzuheben und sehr ausführlich Foitzik Jan, Die Sowjetische Militäradministration in Deutschland (SMAD) 1945–1949: Struktur und Funktion, Berlin 1999; Möller Horst/Tschubarjan Alexandr O. (Hg.), SMAD-Handbuch. Die sowjetische Militäradministration in Deutschland 1945–1949, München 2009, S. 111–205 und 478–564.

Optionen hinsichtlich einer zukünftigen Gestaltung der Besatzungszone offenzuhalten.[346]

Lediglich das mit der UdSSR verbündete Jugoslawien blieb von sowjetischen Demontageaktionen verschont. Dies lag vor allem daran, dass das Land nur geringe Unterstützung durch die Rote Armee erfahren hatte und Moskau hier nicht den gleichen Druck ausüben konnte wie in den beiden anderen Staaten, deren provisorische Regierungen stark vom Kreml abhingen und daher auch leichter zu gewissen Konzessionen bereit waren.

II.2.2 Verstaatlichungen

Unter Verstaatlichung wird in dieser Arbeit die Überführung von Privatvermögen, sprich Werken, Materialien, Bankkonten, Aktienbeteiligungen usw. in Staatseigentum verstanden. Eine Verstaatlichung muss drei Bedingungen erfüllen:

1. Die Überführung des Vermögens muss auf Grundlage einer Entscheidung des Staates erfolgen.
2. Nutznießer muss ebenfalls der Staat oder eine öffentliche Einrichtung sein.
3. Die Verstaatlichung muss aufgrund politischer, wirtschaftlicher oder sozialer Motive erfolgen.[347]

Als erster Schritt der Verstaatlichung galt meist die Beschlagnahmung. Häufig befanden sich die beschlagnahmten Unternehmen zunächst unter provisorischer Zwangsverwaltung, einer sogenannten Sequestration. Ein Treuhänder übernahm bis zu einer endgültigen Entscheidung die vorläufige Verwaltung des Unternehmens. In diesem Zustand durften die Besitzverhältnisse nicht verändert werden.

Für die alliierten Vermögenswerte in der Industrie sollten sich die Sequestrationen als zweischneidiges Schwert erweisen: Tatsächlich sahen alliierte

---

346 Die sowjetische Demontagepolitik, ihre Entscheidungsträger und die unterschiedlichen Auffassungen wurden in der Forschung eingehend untersucht. Unter den einzelnen Entscheidungsträgern herrschten oft Uneinigkeiten. Dafür verantwortlich waren unterschiedliche reparationspolitische Auffassungen, organisatorische Probleme bei der Durchführung der Demontagen, machtpolitische Überlegungen, persönliche oder institutionelle Rivalitäten sowie divergierende Vorstellungen über die Zukunft Deutschlands; siehe hierzu KARLSCH, Allein bezahlt, S. 55–109.

347 Vgl. LÜTHI Anouk, L'indemnisation de personnes spoliées, Abschlussarbeit, Freiburg im Breisgau 1999, S. 4 f.; NGUYEN QUOC Dinh/DAILLER Patrick/PELLET Alain, Droit international public. Librairie générale de Droit et de Jurisprudence, Paris [3]1987, S. 667.

Reparationsbestimmungen zumeist den Schutz alliierten Vermögens im Untersuchungsraum vor. Die Behörden vor Ort nahmen dies zum Anlass, solche Vermögenswerte unter Treuhandschaft zu stellen, um sie vor etwaigen Demontagen oder Konfiszierungen zu schützen. Das unter Sequestration stehende Werk fiel unter eine externe Leitung. Doch spielten die Behörden damit auch auf Zeit: Die Werke konnten später leichter unter einem Vorwand konfisziert oder enteignet werden.

Verstaatlichungen berührten das internationale Recht immer dann, wenn sie ausländisches Vermögen betrafen. Grob gesehen lassen sich zwei Formen von Verstaatlichungen unterscheiden: die Konfiszierung, eine Zwangsverstaatlichung ohne Entschädigungsleistung, sowie die Enteignung, eine Verstaatlichung mit entsprechender Kompensation. Unter einer Entschädigung oder Kompensation verstand man eine Ausgleichsleistung für verlorene Vermögenswerte. Höhe, Form und Abwicklung variierten je nach Land und Kontext. Für den Ostblock lassen sich einige Charakteristika ausmachen.

Konfiszierungen

In den Satellitenstaaten wurden in einem ersten Schritt Unternehmen im Zusammenhang mit den Reparationsbestimmungen konfisziert. Die alliierten Reparationsbestimmungen sprachen der UdSSR das deutsche Vermögen in diesen Ländern zu. Deutsches oder angeblich deutsches Vermögen wurde systematisch sowohl von den jeweiligen osteuropäischen Behörden als auch von den sowjetischen Dienststellen konfisziert und unter sowjetische Kontrolle gestellt. Zum Teil wurde solches Vermögen demontiert und in die UdSSR abtransportiert, zum Teil bestanden die Unternehmen aber weiter und wurden von den sowjetischen Behörden in neuen Unternehmensstrukturen zusammengefasst. Ein Großteil der Produktion fiel so an die UdSSR. Zudem wurden auch nichtdeutsche Unternehmen über einen indirekten Weg konfisziert: So sahen die Reparationsbestimmungen neben der sowjetischen Verfügungsgewalt über das deutsche Vermögen, Reparationsleistungen der ehemaligen osteuropäischen Achsenmächte an die UdSSR vor. Dies hatte zur Folge, dass Unternehmen von den Regierungen verstaatlicht wurden, um von den Sowjets geforderte Reparationsaufträge erfüllen und so ihre Reparationsleistungen abbauen zu können.[348]

Auch in den alliierten Staaten Osteuropas wurde deutsches Vermögen konfisziert. Die sich formierenden Regierungen in Polen, der Tschechoslowakei und Jugoslawien verfügten die Konfiszierung von sogenanntem Feindmaterial.

348 So etwa in Ungarn; VINOGRADOV, Nationalisation, S. 282.

Darunter fiel in erster Linie deutsches Vermögen, aber auch Vermögen, das Eigentümern der übrigen ehemaligen Achsenmächte gehörte.[349] Häufig waren die ehemaligen Eigentümer vor der heranrückenden Roten Armee in den Westen geflüchtet oder waren vertrieben worden und hatten ihre Betriebe verwaist zurückgelassen. Im Zuge der Befreiung des Territoriums kam es in Polen und der Tschechoslowakei oft zu spontanen Besetzungen von verwaisten Betrieben durch Arbeiter und Arbeiterräte, die so eine provisorische Verwaltung garantierten. In diesem Kontext spricht Rozmaryn von einer von unten ausgehenden Verstaatlichung.[350] Diese Beschlagnahmungen mussten nachträglich von der verantwortlichen Regierung legitimiert werden, die sie meist als Konfiszierungen übernahmen.[351]

In der Tschechoslowakei sahen zudem die Beneš-Dekrete die Vertreibung aller deutschen Staatsangehöriger auf tschechoslowakischem Gebiet (mit Ausnahme derer, die sich nachweislich der Naziokkupation widersetzt und für die Freiheit des Landes gekämpft hatten) sowie die Konfiszierung ihres Eigentums vor.[352] Allein durch diese ersten Maßnahmen veränderte sich das Wirtschaftsbild

349 In Polen kam es bereits vor dem Ende des Krieges zu Konfiszierungen von Feindvermögen, mehrheitlich deutschen Guthabens. Ein Dekret des Polnischen Komitees der nationalen Befreiung vom 31. August 1944 legte verschiedene Kategorien von Straftätern fest und beschloss als strafrechtliche Maßnahme die völlige Konfiszierung ihres Besitzes; hierzu Herman, War Damage, S. 508.

350 Rozmaryn Stefan, La Pologne, Paris 1963 (= Comment ils sont gouvernés 8) S. 53. Vgl auch Jedruszczak Hannah, Die Verstaatlichung der Industrie in der Volksrepublik Polen nach dem zweiten Weltkrieg (1944–1948), in: Jahrbuch für Wirtschaftsgeschichte 4 (1969), S. 89–98, hier S. 90.

351 Wenig erfreut über diese willkürlichen Beschlagnahmungen akzeptierte das Lubliner Komitee im Oktober 1944 diese *de facto* Schritte und stellte die betroffenen Unternehmen unter staatliche Kontrolle. Doch konnte die provisorische Regierung weitere Beschlagnahmungen auf lokaler Ebene nicht verhindern. Offiziellen Angaben zufolge sollen so bis März 1945 insgesamt 7.932 Betriebe beschlagnahmt worden sein. Diese Beschlagnahmungen mussten im Januar 1946 per Gesetz nachträglich legitimiert werden und wurden später zu Konfiskationen umgewandelt; siehe allgemein Polonsky Antony/Drukier Boleslaw, The Beginnings of Communist Rule in Poland, London/Boston/Henley 1980, S. 39; Doman, Postwar Nationalization, S. 1146. Zu den nachträglichen Legitimationen der durch Arbeiterräte in der Tschechoslowakei besetzten Unternehmen siehe Herman, War Damage, S. 512.

352 Präsident Beneš hatte sich bereits in seinem Londoner Exil mehrfach für eine spätere Vertreibung der Sudeten-Deutschen ausgesprochen. Dieser Forderung waren die großen Vier auf der Konferenz von Potsdam nachgekommen; hierzu Mitteilung über die Dreimächtekonferenz, XII.

der Tschechoslowakei nachhaltig. Vor allem das Industriebecken im Westen des Landes, welches ehemals fast völlig in deutscher Hand gelegen hatte, fiel nun an den tschechoslowakischen Staat. Dieser wurde auf einen Schlag größter Eigentümer des Landes.[353]

In Jugoslawien wurden Konfiszierungen vor allem über eine breite Auslegung des Kollaborationsbegriffes realisiert: So konnten Unternehmen, welche mit dem Feind kollaboriert hatten, konfisziert werden.[354] Durch diese Schritte, welche vordergründig das deutsche Feindvermögen visierten, befanden sich bereits Ende 1945 70–80 % der jugoslawischen Industrie in den Händen des Staates.[355]

---

353 Dekret des Präsidenten der Republik Nr. 5 vom 19. Mai 1945 über die Ungültigkeit einzelner vermögensrechtlicher Aktionen aus der Zeit der Unfreiheit und über die nationale Verwaltung der Vermögenswerte der Deutschen, Madjaren, Verräter und Kollaboranten und einiger Organisationen und Anstalten, in deutscher Übersetzung abgedruckt in: SCHIEDER Theodor/Bundesministerium für Vertriebene, Flüchtlinge und Kriegsgeschädigte (Hg.), Die Vertreibung der deutschen Bevölkerung aus der Tschechoslowakei, 2 Bde., Bonn 1957 (=Dokumentation der Vertreibung der Deutschen aus Ost- und Mitteleuropa 4/2), hier Bd. 2, S. 204; Dekret des Präsidenten der Republik Nr. 12 vom 21. Juni 1945 über die Konfiskation und beschleunigte Aufteilung des landwirtschaftlichen Vermögens der Deutschen, Madjaren, wie auch der Verräter und Feinde des tschechischen und des slowakischen Volkes, in: Ebd., S. 225 (deutsche Übersetzung); Dekret des Präsidenten der Republik Nr. 33 vom 2. August 1945 über die Regelung der tschechoslowakischen Staatsbürgerschaft der Personen deutscher und madjarischer Nationalität, in: Ebd., S. 240 (deutsche Übersetzung); Dekret des Präsidenten der Republik Nr. 108 vom 25. Oktober 1945 über die Konfiskation des feindlichen Vermögens und die Fonds der nationalen Erneuerung, in: Ebd., S. 263 (deutsche Übersetzung).

354 Ein Dekret vom 21. November 1944 ordnete die Verstaatlichung sämtlichen Feindvermögens an. Zudem sollte das Vermögen von Flüchtlingen beziehungsweise von den Deutschen konfiszierte Guthaben unter Treuhandschaft gestellt werden. Durch diese Maßnahmen fiel der Großteil des ausländischen Vermögens auf einen Schlag in staatliche Hand, handelte es sich doch beim ausländischen Vermögen meist um deutsches Guthaben bzw. um Besitz, der von Ausländern bei Kriegsausbruch zurückgelassen worden war. Weitere Dekrete folgten: Der Befehl vom 24. Mai 1945 ordnete die Beschlagnahmung des Gewinns von Unternehmen, die diese dank ihrer Kollaboration mit den Besatzungsmächten erzielt hätten. Das Dekret vom 1. September 1945 ging noch einen Schritt weiter und verkündete die Konfiszierung aller Betriebe, die mit dem Feind kollaboriert hätten. Zum Dekret vom 21. November 1944 und dem Dekret vom 24. Mai 1945 vgl. HERMAN, War Damage, S. 515 f.; DRUCKER, Nationalisation, S. 23 f.

355 DRUCKER, Nationalisation, S. 23 f.

Wie bereits erwähnt, waren die Tschechoslowakei und Jugoslawien Teilnehmer der Pariser Reparationskonferenz vom Januar 1946. Sie unterzeichneten das dort vereinbarte Verfahren zur Verteilung deutschen Vermögens aus den westlichen Besatzungszonen. Das Abkommen unterteilte das Deutsche Vermögen in zwei Kategorien: Eine Kategorie A,

> „*which shall include all forms of German reparation except those included in Category B*", und dann Kategorie B, „*which shall include industrial and other capital equipment removed from Germany, and merchant ships and inland water transport*".[356]

Die Mitgliedstaaten sollten zudem das deutsche Vermögen auf ihrem Territorium einziehen und dieses sollte dann von ihrem zugedachten Anteil aus Kategorie A der Vermögenswerte abgerechnet werden. Zu diesem Zweck musste das eingezogene Vermögen der mit der Verteilung beauftragten IARA mitgeteilt werden.[357] Es stellte sich aber schnell heraus, dass dies von der Tschechoslowakei und Jugoslawien nur unzureichend umgesetzt wurde.

Die IARA wurde erst im Januar 1946 gegründet, also zu einem Zeitpunkt, wo schon ein Großteil des deutschen Vermögens in den betreffenden Ländern konfisziert worden war. Gerade die Tschechoslowakei war eines der IARA-Mitglieder mit der höchsten Konzentration an deutschem Vermögen. Hier war man aber wenig gewillt, eine vollständige Auflistung zu liefern, da man befürchten musste, den dem Land zustehenden Anteil der Reparationsleistungen längst erreicht zu haben.[358] Zudem verschlechterten sich im Verlauf des Jahres die Beziehungen zwischen dem Westen und der UdSSR zunehmend. Eine allgemeine Regelung deutschen Vermögens schien auf unbekannte Zeit vertagt worden zu sein. In der Folge wurde dann von der Regierung das volksdeutsche Vermögen

---

356 Final Act of the Paris Conference on Reparation, Teil I, 1.

357 Ebd.: Teil I, 6: „*German external assets.*
A. Each Signatory Government shall, under such procedures as it may choose, hold or dispose of German enemy assets within its jurisdiction in manners designed to preclude their return to German ownership or control and shall charge against its reparation share such assets (net of accrued taxes, liens, expenses of administration, other in rem charges against specific items and legitimate contract claims against the German former owners of such assets).
B. The Signatory Governments shall give to the Inter Allied Reparation Agency all information for which it asks as to the value of such assets and the amounts realized from time to time by their liquidation." Siehe auch D. B., The Inter-Allied Reparations Agency. Questions of Allocation and Dismantling, in: The World Today 5/6 (Juni 1949), S. 266–276, hier S. 267.

358 Gattini, Trojan Horse, S. 515.

auf tschechoslowakischem Territorium zum nationalen Staatsvermögen und nicht als Reparationsgut erklärt. Damit handelte man entgegen den Bestimmungen der Pariser Reparationskonferenz.

Für das deutsche Vermögen in der Tschechoslowakei und in Jugoslawien änderte sich freilich nichts. Es blieb unter staatlicher Kontrolle. Da die beiden Staaten aber Mitglieder der IARA waren, unterlagen Beteiligungen juristischer und physischer Personen, welche aus einem Land der Vereinten Nationen stammten, theoretisch den Bestimmungen zum Schutz ihrer Vermögenswerte in den IARA-Mitgliedsstaaten.[359]

In der SBZÖ konnte die sowjetische Besatzungsmacht ebenfalls frei über das deutsche Vermögen verfügen. Jedoch hatten die Alliierten es versäumt, das „deutsche Eigentum" zu definieren, so dass nach sowjetischer Auslegung praktisch jeder Betrieb betroffen werden konnte.[360] Um die Betriebe auf dem restaurierten österreichischen Territorium für die eigene Wirtschaft zu schützen, suchte die neue österreichische Regierung mehrfach über Verstaatlichungsmaßnahmen die Kontrolle über die Unternehmen zu erlangen. Doch konnten diese Bemühungen aufgrund sowjetischen Widerstandes in der SBZÖ nicht umgesetzt werden.[361] Die sowjetische Führung versuchte ihrerseits, wie in einigen osteuropäischen Ländern, eine bilaterale Regelung zu finden: Über gemischt-staatliche sowjetisch-österreichische Gesellschaften suchte man die Schlüsselbetriebe in der SBZÖ zu kontrollieren. Das von der UdSSR beanspruchte deutsche Vermögen sollte von sowjetischer Seite in diese Gesellschaften eingebracht werden. Doch scheiterte dieses Vorhaben sowohl am Widerstand der österreichischen Regierung als auch an Interventionen der westalliierten Seite.[362] Man hegte berechtigte Angst, dass die gemischt-staatlichen Unternehmen komplett unter Kontrolle der UdSSR gerieten. Als Konsequenz entschloss sich die UdSSR im Juli

---

359 Siehe hierzu auch weiter unten, S. 288.

360 Zur sowjetischen Interpretation des Begriffs „deutsches Eigentums" siehe vor allem Iber Walter M./Ruggenthaler Peter, Sowjetische Wirtschaftspolitik im besetzten Österreich. Ein Überblick, in: Iber Walter M./Ruggenthaler Peter (Hg.), Stalins Wirtschaftspolitik an der sowjetischen Peripherie. Ein Überblick auf der Basis sowjetischer und osteuropäischer Quellen, Innsbruck/Wien/Bozen 2011 (= Veröffentlichungen des Ludwig Boltzmann-Instituts für Kriegsfolgen-Forschung Graz-Wien-Klagenfurt 19), S. 187–207, hier S. 192–194 [im Folgenden zitiert als: Iber/Ruggenthaler, Wirtschaftspolitik].

361 Vgl. Aichinger, Sowjetunion, S. 278; Mueller, Besatzung, S. 151; Stourzh, Geschichte, S. 37.

362 Vgl. Aichinger, Sowjetunion, S. 279; Mueller, Besatzung, S. 150; Stourzh, Geschichte, S. 35.

1946 zu einem Alleingang: So wurden Schlüsselbetriebe in der SBZÖ, vor allem in der Erdölindustrie und der Schifffahrt, beschlagnahmt und unter sowjetische Kontrolle gestellt.[363] Nach sowjetischen Aussagen fielen insgesamt 280 Industriebetriebe unter diese Maßnahme. Die UdSSR fasste die so verstaatlichten Unternehmen in neuen Unternehmensstrukturen zusammen.

In der SBZD/DDR stand das nicht als ausländisches Vermögen geltende deutsche Guthaben ebenfalls der sowjetischen Besatzungsmacht zu. Die Konfiszierung vieler Unternehmen erfolgte allerdings nur schrittweise. Ihnen ging zumeist eine längere Zeit unter Treuhandschaft voraus. Gerade mit dem Wechsel der sowjetischen Reparationspolitik in der SBZD weg von einer radikalen Demontagepolitik und hin zu einer Entnahme aus der laufenden Produktion, stieg auch das sowjetische Bedürfnis nach einer verstärkten Treuhandverwaltung deutscher Betriebe. Um Reparationsleistungen aus der laufenden Industrieproduktion zu erhalten, suchten die sowjetischen Behörden verstärkt, die Kontrolle einzelner Unternehmen zu erlangen. Die Sequestration schien hierfür ein probates Mittel: Sie ermöglichte eine effizientere Erfüllung der Reparationsaufträge, die man von sowjetischer Seite an die deutschen Unternehmen stellte.[364] Als Treuhänder griffen die sowjetischen Behörden auf eigens hierfür geschaffene deutsche Verwaltungsämter zurück. Zudem wurden deutsche Verwaltungen mit der Überwachung der Reparationslieferungen betraut.[365] Verschiedene

---

363 Iber/Ruggenthaler, Wirtschaftspolitik, S. 190 f.

364 Die Aufträge wurden von der SMAD koordiniert. Der Verwaltungsapparat der SMAD war dabei wie eine gewöhnliche Landesverwaltung hierarchisch gegliedert.

365 Die deutschen Dienststellen fungierten in erster Linie als Hilfsorgane der sowjetischen Behörden, die ihnen gegenüber – so Helle Matthias, Nachkriegsjahre in der Provinz. Der brandenburgische Landkreis Zauch-Belzig 1945–1952, Berlin 2011 (= Studien zur brandenburgischen und vergleichenden Landesgeschichte 4), S. 203 *„grundsätzlich [...] mit diktatorischer Gewalt ausgestattet“* waren. Erst im Verlauf der Besatzungszeit wurden sukzessive Kompetenzen von der SMAD an die deutschen Verwaltungsstellen übertragen, wobei diese Übertragung zeitlich, fachlich und institutionell gleichmäßig verlief. Die deutschen Verwaltungen wurden bevorzugt mit der SMAD ergebenen Mitgliedern der KPD und später der SED besetzt. Ihre Tätigkeiten beschränkten sich aber in einer ersten Phase zumeist auf koordinative Maßnahmen im Bereich der Industrie oder mit Fragen der Arbeitskräfte- und Materialbeschaffung. Den Landesregierungen wurden dabei wirtschaftliche Kompetenzen entzogen, was nicht selten zu einem Kompetenzstreit führte. Zudem war gerade in der Anfangsphase das Verhältnis zu den sowjetischen Behörden ungeklärt. Nach der Restrukturierung durch die SMAD erhielt die DWK unter anderem ein Weisungsrecht gegenüber anderen deutschen Verwaltungen. Dabei wurde die

deutsche Ämter sollten sich mit den Sequestrationen befassen. Der *Deutschen Wirtschaftskommission* (DWK) wurde eine *Hauptverwaltung für Reparationen bei der DWK* (ab 1949: *Amt für Reparationen*) unterstellt. Sie war nun für die Erfüllung der Reparationsaufträge zuständig. Bei Nichterfüllung der Aufträge wurde den einzelnen Betrieben mit drastischen Sanktionen gedroht, so auch mit Konfiszierungen.[366] Die juristische Grundlage der Beschlagnahmungen und des Übergangs in die Treuhandschaft bildeten die sogenannten Sequesterbefehle der SMAD. Diese waren bewusst äußerst vage gehalten, um der SMAD einen möglichst großen Handlungsspielraum einzuräumen und auch vormals getätigte Beschlagnahmungen zu legitimieren.[367]

Behörde um weitere Industriebereiche erweitert. Zudem organisierte und lenkte sie dann auch die größeren Volkseigenen Betriebe (VEB). Zur deutschen Verwaltung in der SBZD siehe unter anderem Danyel Jürgen, Deutsche Wirtschaftskommission (DWK), in: Benz Wolfgang (Hg.), Deutschland unter alliierter Besatzung 1945–1949/55. Ein Handbuch, Berlin 1999, S. 245–247; Zank Wolfgang, Wirtschaftliche Zentralverwaltungen und Deutsche Wirtschaftskommission (DWK), in: Broszat Martin/Weber Hermann (Hg.), SBZ-Handbuch: Staatliche Verwaltungen, Parteien, gesellschaftliche Organisationen und ihre Führungskräfte in der Sowjetischen Besatzungszone, München 1993, S. 250–290 [im Folgenden zitiert als: Zank, Zentralverwaltungen] und besonders mit Blick auf die Wirtschaftslenkung und den Übergang zur Planwirtschaft Niedbalski Bernd, Deutsche Zentralverwaltungen und Deutsche Wirtschaftskommission (DWK), in: Vierteljahreshefte für Zeitgeschichte 33 (1985), S. 456–477.

366 Karlsch, Allein bezahlt, S. 180 f.

367 Die meisten Industriebetriebe wurden auf Grundlage des Befehls Nr. 124 vom 30. Oktober 1945 des Obersten Chefs der Sowjetischen Militärverwaltung und Oberbefehlshabers der Gruppe der sowjetischen Besatzungstruppen in Deutschland betreffend die Beschlagnahme und provisorische Übernahme einiger Eigentumskategorien in Deutschland, abgedruckt unter anderem in: Foitzik Jan, Inventar der Befehle des Obersten Chefs der Sowjetischen Militäradministration in Deutschland (SMAD) 1945–1949, München u. a. 1995 (= Texte und Materialien zur Zeitgeschichte 8), S. 20–22, Inventar Nr. 0175, S. 79 [im Folgenden zitiert als: SMAD-Befehl Nr. 124 vom 30 Oktober 1945], verstaatlicht. Mit dem Befehl Nr. 97 vom 29. März 1946 des Obersten Chefs der Sowjetischen Militärverwaltung und Oberbefehlshabers der sowjetischen Besatzungstruppe in Deutschland über die Bildung der *Zentralen Deutschen Kommission für Sequestrierung und Beschlagnahme* (ZDK), abgedruckt in: Deutschland (DDR), Ministerium für Auswärtige Angelegenheiten (Hg.), Um ein antifaschistisch-demokratisches Deutschland. Dokumente aus den Jahren 1945–1949, Berlin 1968, S. 252 f. und inventarisiert bei Foitzik Jan, Inventar der Befehle des Obersten Chefs der Sowjetischen Militäradministration in Deutschland (SMAD) 1945–1949, München u. a. 1995 (= Texte und Materialien

Mit den Sequestrationen zielte die SMAD auf eine stärkere Kontrolle der Industrie sowie auf einen besseren Zugriff auf die Entnahme der laufenden Produktion. Sie stellten jedoch nur einen ersten Schritt zu einem Wechsel der Eigentumsverhältnisse dar. Es handelte sich lediglich um eine provisorische Beschlagnahmung. Die definitive Übertragung in Staatshände erfolgte schrittweise:

Im Juni 1946 sprach sich die *Sozialistische Einheitspartei Deutschlands* (SED) für ein Referendum in der SBZD aus, bei dem die Bevölkerung darüber entscheiden sollte, ob Betriebe, die vorher in den Händen von Kriegsverbrechern oder Mitgliedern der NSDAP gewesen waren und sich mittlerweile in Treuhandschaft befanden oder noch beschlagnahmt werden müssten, konfisziert werden sollten oder nicht. Bei dem am 16. Juli stattfindenden Referendum in Sachsen, welches später stellvertretend für die anderen Provinzen und Ländern der SBZD gelten sollte, forderten 77,7 % der Bevölkerung die Konfiszierung. Daraufhin erstellten die Behörden mehrere Unternehmenslisten: Unter eine erste Kategorie fielen alle Unternehmen, die eindeutig in die Kategorie der Rüstungsbetriebe fielen oder von Kriegsverbrechern und NSDAP-Mitgliedern geleitet worden waren. Waren sie es nicht bereits dann wurden die betroffenen Unternehmen auf Grundlage des Befehls Nr. 124 beschlagnahmt und in einem weiteren Schritt endgültig der lokalen Zivilverwaltung übertragen.[368] In einer anderen Kategorie fanden sich

---

zur Zeitgeschichte 8), Nr. 0378, S. 96, wurde das *„gesamte beschlagnahmte Vermögen mit Ausnahme der auf einer Sonderliste verzeichneten Objekte den Selbstverwaltungen der Länder, Provinzen, Landkreise, Städte und Gemeinden“* überlassen. Als Koordinierungs- und Leitungsinstanz der Selbstverwaltungsorgane wurde die Zentrale Kommission für Beschlagnahme und Sequestrierung geschaffen. Die Kommission besaß weitreichende Befugnisse. So sollte sie unter anderem die Durchführung der Sequesterbefehle sichern. In diesem Zusammenhang hatte sie ebenfalls die Aufgabe, eventuelle Beschwerden gegen die Sequestrationsentscheidungen zu überprüfen. Damit wurde den Sequestrierungen eine gewisse Rechtssicherheit gegeben. Zudem besaß sie ein Weisungsrecht bei anderen deutschen Organen. Später wurde die Kommission der DWK unterstellt. Im Folgenden bildete sich ein ganzes Netzwerk an lokalen Filialen dieser Zentralen Kommission heraus: Verantwortlich für den sowjetischen Sektor der Stadt Berlin war etwa die *Deutsche Treuhandstelle zur Verwaltung des sequestrierten und beschlagnahmten Vermögens*. Siehe auch Sattler Friederike, Wirtschaftsordnung im Übergang. Politik, Organisation und Funktion der KPD/SED im Land Brandenburg bei der Etablierung der zentralen Planwirtschaft in der SBZ/DDR 1945–52, Teilband 1, Münster 2002 (= Diktatur und Widerstand 5), S. 265 [im Folgenden zitiert als: Sattler, Wirtschaftsordnung]; Foitzik, Militäradministration, S. 393; Zank, Zentralverwaltungen, S. 265.

368 Es handelte sich dabei um Unternehmen, die zum Teil bereits vorher beschlagnahmt worden waren, und um solche, die noch zu beschlagnahmen waren.

alle solche Unternehmen wieder, deren Beteiligung am nationalsozialistischen Regime noch nicht genügend geklärt war. Sie wurden nicht aus der Treuhandschaft befreit, wurden aber auch nicht konfisziert.[369]

Trotz dieser, auf eine schnelle Entscheidung abzielenden Prozedur, blieb das Schicksal vieler Unternehmen in der SBZD lange Zeit offen. Schließlich wurden innerhalb der SMAD drei Listen erstellt, die die Betriebe in unterschiedliche Kategorien einteilten. Unterschieden wurde zwischen Unternehmen, die zu enteignen waren, Unternehmen, die an die Besitzer zurückgegeben oder nicht enteignet werden sollten, und Betriebe, die noch auf eine endgültige Entscheidung warten sollten. Letztere sollten unter eine provisorische Aufsicht gestellt werden.[370]

Im April 1948 erklärte die SMAD das Ende der Beschlagnahmungen. Die Betriebe, die unter Kontrolle der Zivilverwaltung standen, wurden in neue Unternehmensstrukturen eingebettet.

Konfiszierungen berührten in erster Linie deutsches Vermögen bzw. als Feindvermögen deklariertes Guthaben. Sie basierten in der Regel auf den alliierten Reparationsbestimmungen. Alliiertes Vermögen wurde laut diesen Bestimmungen ausgenommen. Es konnte lediglich konfisziert werden, sofern eine Kollaboration mit dem deutschen Reich oder anderen Staatsfeinden nachgewiesen werden konnte. Der in den meisten osteuropäischen Staaten nicht eindeutig festgelegte Begriff der Kollaboration erlaubte auch hier Raum zu Interpretationen.

Enteignungen

Während Konfiszierungen vor allem deutsches Guthaben und als Feindvermögen verstandene Werte tangierten, bezogen sich Enteignungen auf die breite Masse der Industrien im Untersuchungsraum und betrafen dadurch gerade auch ausländisches Vermögen von Eigentümern aus Mitgliedsstaaten der Vereinten Nationen.

Mit dem schrittweisen Aufstieg der Kommunisten in Osteuropa stieg auch der politische Wille nach umfangreichen Verstaatlichungen der Wirtschaft. Die

369 Die unterschiedlichen Vermögenskategorien beruhten auf verschiedenen Listen, die nach dem Sequesterbefehl Nr. 124 aufgestellt werden sollten. Siehe hierzu umfassend Lisse, Handlungsspielräume, S. 84–89.

370 Gutmann Gernot/Klein Werner, Probleme der sichtbaren Hand bei der Herstellung von Wettbewerb: Zur Rolle der Treuhandschaft, in: Delhaes Karl von/Fehl Ulrich (Hg.), Dimensionen des Wettbewerbs, Stuttgart 1997 (= Schriften zu Ordnungsfragen der Wirtschaft 52), S. 499–520, hier S. 500 f.

Entwicklung sollte in das quasi komplette Zurückdrängen privaten Kapitals und die Einführung einer stalinistisch geprägten Planwirtschaft münden.

Die Verstaatlichung der Industrie erfolgte in den osteuropäischen Ländern in mehreren Etappen. Während die ersten Verstaatlichungsgesetze die großen Schlüsselbetriebe und Kernbranchen wie die Schwer- und Chemieindustrie berührten, dehnten sich die Verordnungen im weiteren Verlauf auf weitere Branchen und kleinere Unternehmen aus, bis schließlich Anfang der fünfziger Jahre Privatunternehmen in Osteuropa quasi ganz verschwunden waren.

Die Verstaatlichungen der Industrie gingen dabei in jedem Land in der Regel von einem „Kerngesetz" aus, welches auch mögliche Regelungen für ausländische Eigentümer festlegte. Spätere Verstaatlichungsgesetze dienten meist nur dazu, die Bestimmungen der Kerngesetze auf bisher nicht betroffene Bereiche auszudehnen. Alle Kerngesetze sahen eine Entschädigung für ausländisches Vermögen von Eigentümern aus Mitgliedsstaaten der Vereinten Nationen vor, wenn auch die Form, die Höhe und die Begünstigten der Entschädigungen je nach Gesetz variieren konnten.

Abb. 2: Liste der wichtigsten Industrie-Verstaatlichungsgesetze nach Ländern mit den Regelungen zum Vermögen von Eigentümern aus Mitgliedsstaaten der Vereinten Nationen

Land	Datum der Publikation	Typ und Nr. der Verordnung	Berechnung der Entschädigung	Form der Entschädigung	Besonderheiten
Tschechoslowakei	24.10.1945	Dekret Nr. 100	Zustand des Guthabens zum Zeitpunkt seiner Verstaatlichung. Die Kompensation sollte dem allgemeinen Wert entsprechen, der aufgrund von offiziellen Preisen und Einschätzungen abzüglich der Schulden ermittelt wird. (§ 8,2)	Aktien, Bargeld oder andere Werte (§ 9,1)	Eine Verweigerung einer Entschädigung für eine moralische Person bezog sich nicht automatisch auf mögliche physische Personen, welche Beteiligungen im von der moralischen Person geleiteten und zu verstaatlichenden Vermögen hatten. Sie konnten durchaus mit einer Entschädigung rechnen. (§ 7,3)

Land	Datum der Publikation	Typ und Nr. der Verordnung	Berechnung der Entschädigung	Form der Entschädigung	Besonderheiten
Polen	03.01.1946	/	Von einer Expertenkommission nach verschiedenen Kriterien ermittelt, so etwa: der allgemeine Rückgang des Wertes des Staatsvermögens, der Nettowert des Vermögens zum Zeitpunkt der Nationalisierung, der durch den Krieg bedingte allgemeine Werteverfall der Unternehmen, die Investitionen die nach 1939 getätigt wurden sowie andere besondere Faktoren wie die Dauer der Konzessionen usw.	Wertpapiere (in Ausnahmen auch in Bar oder anderen Werten)	Entschädigung auf Bescheid einer Expertenkommission
Jugoslawien	05.12.1945		Die Höhe der Entschädigung sollte durch das Reinvermögen des Unternehmens am Tag seiner Verstaatlichung bestimmt werden.	Staatsanleihen (in. Ausnahmen durch Bargeldüberweisung)	
Ungarn	29.04.1948	Gesetz Nr. 25	Soll durch ein weiteres Gesetz bestimmt werden		Vermögen von Eigentümern der Vereinten Nationen nicht verstaatlicht sofern ausl. Interessen mehr als 50 % des Objekts ausmachen.
Bulgarien	23.12.1947		Prozentsatz des eigentlichen Vermögenswertes		
Rumänien	11.06.1948		Abgeleitet vom Netto-Profit der verstaatlichten Unternehmens	Wertpapiere	

Damit folgten die Gesetze den Prinzipien der internationalen Jurisprudenz und der gängigen Vorgehensweise der Regierungen bei Verstaatlichungen ausländischen Vermögens und des Schutzes von Privatvermögen.[371]

Von den Entschädigungsleistungen waren bestimmte Kategorien, wie Feindvermögen, worunter auch deutsches Vermögen gezählt wurde, ausgeschlossen. Das Schicksal des deutschen Vermögens in Osteuropa war bereits über internationale Reparationsbestimmungen festgelegt worden. In der unmittelbaren Nachkriegszeit existierten keine rechtsverbindlichen Bestimmungen, in welcher Form die Höhe der zu leistenden Entschädigung berechnet werden sollte. Die benutzte Terminologie war äußerst vage: die Rede war von „gerechter", „angemessener" oder „adäquater" Entschädigung. Die Interpretation dieser Begrifflichkeit variierte in Juristenkreisen jedoch sehr stark und hing maßgeblich vom Umfang der Verstaatlichungen ab.[372] In den osteuropäischen Gesetzgebungen

---

371 Wie Eingangs geschildert, beschäftigten sich die Rechtswissenschaften Ende der vierziger, Anfang der fünfziger Jahre ausführlich mit den osteuropäischen Verstaatlichungsgesetzen; siehe hierzu exemplarisch folgende Arbeiten, die sich auf die Verstaatlichungsgesetze einzelner osteuropäischer Länder oder des gesamtem Ostblocks konzentrieren: Anić, Nationalization; Diepenthal Wolfgang, Drei Volksdemokratien. Ein Konzept kommunistischer Machtstabilisierung und seine Verwirklichung in Polen, der Tschechoslowakei und der Sowjetischen Besatzungszone Deutschlands 1944–1948, Köln 1974 (= Abhandlungen des Bundesinstituts für ostwissenschaftliche und internationale Studien 29); Doman, Compensation; Doman, Postwar Nationalization; Drucker, Nationalisation; Foscaneanu, Conséquences; Gutteridge, Expropriation; Herman, War Damage; Oatman, Nationalization; Rado, Czechoslovak Nationalization Decrees; Sharp, Nationalization; Sipkov, Postwar Nationalizations; Vinogradov, Nationalisation; sowie White, Nationalisation.

Eingesehene Gesetzestexte sind abgedruckt: für die Tschechoslowakei: Dekret Nr. 100/1945 über die Nationalisierung der Bergwerke und einiger Industriebetriebe, 24. Oktober 1945 [*dekret prezidenta republiky o znárodnění dolůa některých průmyslových podniků*], URL: http://www.rozhlas.cz/radiozurnal/publ_izurnal/_zprava/33352 (Stand: 3. November 2013); engl. Übersetzung bei Sharp, Nationalization, S. 57–72; für Polen: Gesetz vom 3. Januar 1946; engl. Übersetzung bei Sharp, Nationalization, S. 75–81; für Jugoslawien: Verstaatlichungsgesetz, in: Službeni list Demokratske Federative Narodne Republike Jugoslavije (= ABl. der Demokratischen Jugoslawischen Föderation), Nr. 98 (6. Dezember 1945); für Bulgarien: Bulgarisches Gesetz vom 23. Dezember 1947, in: Dŭrzhaven Vestnik (= ABl. der Republik Bulgarien) Nr. 302 (27. Dezember 1947); frz. Übersetzung in: La nationalisation.

372 In dem Pluralismus von Meinungen und Interpretationen lassen sich grob zwei Gruppierungen ausmachen: Eine erste Gruppe um De Nova, La Pradelle

wurden die Entschädigungsklauseln bewusst sehr vage gehalten und ihre definitive Regelung oftmals auf einen späteren Zeitpunkt vertagt. Die in den Gesetzen fixierten Entschädigungsklauseln sahen keine vollständige Kompensation des verstaatlichten Besitzes vor.[373] Die Höhe der Kompensation sollte nur einen Bruchteil des eigentlich verstaatlichten Wertes betragen. Meist sollte die Auszahlung über langfristige Staatsanleihen erfolgen. Je nach Sichtweise und Interpretation der Begrifflichkeit „gerecht", „angemessen" oder „adäquat" konnte man diese Verstaatlichungen daher auch als Konfiszierungen auffassen. Zudem wurde in den Verstaatlichungsgesetzen die Problematik indirekter Aktienbeteiligungen nicht explizit erwähnt. Die Regelungen, welche Unternehmen nun konkret zu entschädigen seien, wurden auf einen späteren Zeitpunkt vertagt.

Verlässliche Angaben über die genaue Anzahl der enteigneten Industrieunternehmen durch die jeweiligen Regierungen finden sich kaum.[374] Mit der weiteren

---

und Lauterpracht vertrat mit unterschiedlichen Argumenten die Ansicht, dass eine Entschädigung durchaus nur einen partiellen Bruchteil des verlorenen Wertes ausmachen konnte, sofern die Vermögenswerte Opfer großflächig angelegter Verstaatlichungsmaßnahmen geworden seien; hierzu De Nova Rodolfo, Völkerrechtliche Betrachtungen über Konfiskation und Enteignung, in: Friedenswarte 52 (1954), S. 116–141; La Pradelle Albert Geouffre de, Les effets internationaux des nationalisations. Rapport et projet de résolutions, in: Annuaire de l'Institut de Droit international 43 (1950), S. 42–132 (Teil 1) und 44 (1952), S. 251–323 (Teil 2); Lauterpracht Herscht, International Law and Human Rights, New York 1953. Eine zweite Gruppe um Bindtschedler und Viénot verteidigte jedoch den Standpunkt, dass eine Entschädigung nur dann angemessen und gerecht sein konnte, wenn der Entschädigte nicht schlechter dasteht als vor dem Verlust seines Vermögens. Sie begnügte sich nicht mit einer partiellen Entschädigung; siehe hierzu Bindtschedler, Protection S. 245 und Viénot Gilles, Nationalisations étrangères et intérêts français, Paris 1953. Einen guten Überblick bieten Dawson Frank G/Weston Burns H., „Prompt, Adequate and Effective": A Universal Standard of compensation, in: Fordham Law Review 30/4 (1962), S. 727–758 [im Folgenden zitiert als: Dawson/Weston, Prompt].

373 Die von Sharp, Nationalization, vertretene Behauptung, dass die tschechoslowakische Regierung sehr wohl eine komplette Entschädigung in Aussicht gestellt habe, wurde von Dawson/Weston, Prompt, S. 742, Anm. 77 widerlegt.

374 Lediglich der mit Bedacht heranzuziehende Vinogradov machte nähere Angaben: Demnach sollen durch die beiden ungarischen Verstaatlichungsgesetze von April 1948 und Dezember 1949 insgesamt 3300 Unternehmen verstaatlicht worden sein. In Bulgarien waren die Ausmaße ungleich größer. Alleine das Gesetz vom Dezember 1947 soll die Verstaatlichung von 6109 Unternehmen, davon 2813 Fabriken verursacht haben. In Rumänien wiederum führte das erste bedeutende

Festigung des stalinistischen Systems in diesen Ländern griff die Verstaatlichung praktisch vollständig auf die lokale Industrie aus.[375]

Die Entwicklung in den sowjetischen Besatzungszonen ist mit den Verstaatlichungswellen in den osteuropäischen Staaten nicht zu vergleichen: Tatsächlich handelte hier die lokale Verwaltung auf sowjetische Anweisung. In der SBZD/DDR, aber auch in der SBZÖ, wurden Verstaatlichungen der Industrie in erster Linie über sowjetische Unternehmensstrukturen realisiert. Es handelte sich hier meist um Unternehmen, welche unter einer besonderen Form sowjetischer Zwangsverwaltung standen, wobei anfangs nicht ganz klar wurde, ob es sich hierbei von vorne herein um eine zeitlich beschränkte oder eine dauerhafte Lösung handeln sollte. Mit Auflösung dieser Unternehmensform gerieten die Unternehmen in die Hände der DDR-Regierung bzw. des österreichischen Staates, welche die Verstaatlichungen in der Regel nicht rückgängig machten.

Gerade in der SBZD wandelten sich die Eigentumsverhältnisse vor allem auch über Beschlagnahmungen und Verstaatlichungen durch die ostdeutschen Behörden, welche besatzungsrechtlich abgedeckt wurden. So unterstützte die SMAD bspw. die Verstaatlichung von Schlüsselunternehmen durch deutsche Verwaltungsämter, weil sie sich über diese deutschen Dienststellen einen leichteren Zugang zu den Reparationslieferungen der Unternehmen erhoffte. Anders als in den anderen europäischen Ländern des Ostblocks dauerten die Verstaatlichungen in der SBZD/DDR bis Anfang der 70er Jahre an.

Noch im September 1951 befand sich ein Teil des von der UdSSR übernommenen, ausländischen Vermögens in staatlicher Treuhandschaft. Ein diesbezügliches Gesetz stellte diese Eigentumswerte bis zur Realisierung eines Friedensvertrags mit Deutschland unter staatlichen Schutz. Dieses Eigentum, auch indirekte Aktienbeteiligungen, war vom Wechsel der Besitz- oder Vermögensverhältnisse ausgeschlossen.[376] Davon ausgenommen war allerdings Eigentum, das vor September 1951 verstaatlicht worden war. Die Kontrolle über die Unternehmen sollten bis

---

Verstaatlichungsgesetz zum Besitzwechsel von angeblich 1609 Unternehmen; Vinogradov Nationalisation, S. 286, 290 und 293 f.; vgl. auch Conrad, Wirtschaft Rumäniens, S. 50.

375 Zur erzwungenen Durchsetzung des Stalinismus in den osteuropäischen Ländern siehe Vanden Berghe Yvan, Der Kalte Krieg 1917–1991, Leipzig 2002, S. 101–112 und 399.

376 Verordnung über die Verwaltung und den Schutz ausländischen Eigentums in der Deutschen Demokratischen Republik, 6. September 1951, in: GBl. der Deutschen Demokratischen Republik 111 (15. September 1951), S. 839 f. [im Folgenden zitiert als: Verordnung, 6. September 1951].

dahin die zuständigen Fachministerien oder die Organe für die Verwaltung der örtlichen Industrie übernehmen. Zahlungsmittel hingegen sollten der Verwaltung der Deutschen Notenbank unterliegen.[377]

Bei der Verordnung wandte die DDR-Führung einen besonderen Kniff an, der sich auch in vielen anderen vermögensrechtlichen Gesetzen findet: Die Klärung eventueller Entschädigungs- und Befreiungsfragen von Unternehmen wurde auf einen späteren Zeitpunkt vertagt und an die Lösung der deutschen Frage geknüpft. In der Zwischenzeit konnte die ostdeutsche Regierung jedoch die vollständige Kontrolle über das besagte Vermögen ausüben.

Nach der Unterzeichnung des Staatsvertrages wurde der Besatzungsstatus in Österreich aufgehoben. Die österreichische Regierung verzichtete auf weitere Verstaatlichungen der Industrie.

Sowjetische Unternehmensstrukturen

Die Konfiszierungen und Enteignungen führten die Industrie schrittweise in öffentliche Hände. Gerade die Zwangsverwaltung bot den sowjetischen Behörden zudem weitere Möglichkeiten, die Unternehmensstruktur vorübergehend zu ihren Gunsten zu verändern.

Gemischt-staatliche Aktiengesellschaften mit sowjetischer Beteiligung

Ein probates Mittel, um in ihrem Einflussbereich mehr als die international beschlossenen Reparationsleistungen zu erhalten, waren die gemischt-staatlichen Aktiengesellschaften mit sowjetischer Beteiligung. Hier griff die UdSSR auf ein Mittel zurück, das sich bereits in der Sowjetunion unter Lenin bewährt hatte.[378]

In den besetzten Gebieten konzentrierten sich diese gemischt-staatlichen Aktiengesellschaften vornehmlich auf die Erdölindustrie und das Transportwesen, betrafen aber auch andere Branchen.[379] Von sowjetischer Seite wurde dabei

---

377 Ebd., S. 839.

378 Zu den gemischt-staatlichen Aktiengesellschaften in der Sowjetunion siehe McKay John P., Foreign Enterprise in Russian and Soviet Industry: A Long Term Perspective, in: The Business History Review 48/3 (1974), S. 336–356.

379 Zu den gemischt-staatlichen Gesellschaften mit sowjetischer Beteiligung in Mittel- und Osteuropa vgl. Borhi László, Hungary in the Cold War, 1945–1956. Between the United States and the Soviet Union, New York 2004, S. 167 f. [im Folgenden zitiert als: Borhi, Hungary]; Ließ Otto R., Planwirtschaft und Sozialismus in Rumänien, in: Jahn Georg (Hg.), Die Wirtschaftssysteme der Staaten Osteuropas und der Volksrepublik China, Berlin 1962, S. 93–188, hier S. 111 [im Folgenden zitiert als: Ließ, Planwirtschaft]; Mureşan Maria/Nicolae Mariana, Die Sowjetisierung Rumäniens und die Folgen für die Wirtschaft des Landes, in: Iber Walter

vor allem das als Kriegsbeute oder zu Reparationszwecken konfiszierte deutsche Vermögen genutzt und in die gemischt-staatlichen Unternehmen eingebracht. Obwohl die UdSSR und die jeweiligen Staaten auf dem Papier gleichwertige Partner waren und in etwa gleiche Vermögenswerte in die neuen Unternehmen einbringen sollten, wurde die sowjetische Beteiligung systematisch größer angegeben als dies tatsächlich der Fall war. Gleichzeitig wurde die Beteiligung der jeweiligen osteuropäischen Staaten heruntergespielt. In der Folge mussten die osteuropäischen Partner mehr Vermögenswerte in die *Joint Ventures* einbringen als die UdSSR. Die Sowjetunion gewann dadurch indirekt größere Anteile an der rumänischen, bulgarischen und ungarischen Wirtschaft als dies das Abkommen von Potsdam vorgesehen hatte. Zudem waren die sowjetischen Behörden für alle relevanten Unternehmensfragen der neuen *Joint-Ventures* verantwortlich: Zwar teilten sich einheimische und sowjetische Manager die Leitung der gemischt-staatlichen Gesellschaften, doch oblag die administrative Kontrolle stets einem sowjetischen Direktor. Da dieser unter anderem über Ausfuhrfragen und Personalentscheidungen bestimmen konnte, fiel der UdSSR die wahre Kontrolle der gemischt-staatlichen Unternehmen zu.[380] Vielfach genossen die Unternehmen Privilegien gegenüber anderen Aktiengesellschaften, was letztendlich der einheimischen Wirtschaft schadete: So waren die *Joint Ventures* häufig von Steuerabgaben befreit. Die oftmals unter politischem Druck und unter Ausschluss der nationalen Parlamente zustande gekommenen Abkommen zu den *Joint Ventures* besaßen zudem keine zeitliche Begrenzung. Die UdSSR konnte sich dadurch in Ruhe und „legal" in den jeweiligen nationalen Wirtschaften festsetzen.

Bei den ehemaligen Achsenmächten konzentrierten sich die *Joint Ventures* vornehmlich, aber nicht ausschließlich, auf die Erdölindustrie und das Transportwesen.

Erst nach dem Tod Stalins 1953 übertrug die UdSSR ihre Beteiligungen an den gemischt-staatlichen Aktiengesellschaften an den jeweiligen osteuropäischen

M./Ruggenthaler Peter (Hg.) Stalins Wirtschaftspolitik an der sowjetischen Peripherie. Ein Überblick auf der Basis sowjetischer und osteuropäischer Quellen, Innsbruck/Wien/Bozen 2011 (= Veröffentlichungen des Ludwig Boltzmann-Instituts für Kriegsfolgen-Forschung Graz-Wien-Klagenfurt 19), S. 127–152, hier S. 146 [im Folgenden zitiert als: Mureşan/Nicolae, Sowjetisierung]; Sacharow Wladimir W., Uran für das strategische Gleichgewicht. Die SAG/SDAG Wismut im sowjetischen Atomkomplex, in: Boch Rudolf/Karlsch Rainer (Hg.), Uranbergbau im Kalten Krieg. Die Wismut im sowjetischen Atomkomplex. Bd. 1: Studien, Berlin 2011, S. 37–98.

380 Borhi, Hungary, S. 168 f.

Staat – nicht ohne sich vorher dafür zumeist entsprechend finanziell entschädigen zu lassen.[381]

Sowjetische Aktiengesellschaften (SAG)

In ihren beiden Besatzungszonen griffen die sowjetischen Behörden auf eine abgewandelte Form der *Joint-Venture*-Gesellschaften aus den ehemaligen Satellitenstaaten Deutschlands zurück. Die dortige SMAD hatte keineswegs vor, alle beschlagnahmten Betriebe der deutschen Zivilverwaltung zu übertragen: So hatte sie bereits vor dem Referendum in Sachsen die Überführung von rund 200 Schlüsselbetrieben in sowjetische Aktiengesellschaften (SAG) erwirkt, die das Herzstück der Wirtschaft in der SBZD bilden sollten.[382] Dabei griff man auf ein leicht verändertes Modell zurück, welches sich bereits in Ungarn, Bulgarien und Rumänien als erfolgreich erwiesen hatte. Ein großer Unterschied bestand jedoch im Umfang der sowjetischen Beteiligungen: Während das Modell in Ungarn, Bulgarien und Rumänien gemischt-sowjetische AG vorsah, handelte es sich bei den SAG ausschließlich um beschlagnahmte deutsche Beteiligungen.[383] Über die SAG hatten die sowjetischen Behörden direkten Zugriff auf die Erzeugnisse der Unternehmen und konnten diese nach Gutdünken als Reparationsleistungen heranziehen.[384]

---

381 Roper Stephen D., Romania: The Unfinished Revolution, Amsterdam 2000, S. 31.

382 Befehl Nr. 167 vom 5. Juni 1946 des Obersten Chefs der Sowjetischen Militärverwaltung und Oberbefehlshabers der sowjetischen Besatzungstruppe in Deutschland betreffend die Überführung von Unternehmen in Deutschland in den Besitz der Sowjetunion als teilweise Befriedigung der Reparationsansprüche der UdSSR, in: Gesamtdeutsches Institut – Bundesanstalt für gesamtdeutsche Aufgaben (Hg.), Bestimmungen der DDR zu Eigentumsfragen und Enteignungen, Bonn 1971, S. 54. Aufgrund späterer Zusammenschlüsse einzelner SAG-Betriebe variieren die Zahlen zwischen 196 und 213 Unternehmen; siehe hierzu Foitzik, Militäradministration, S. 181. Vgl zum Ausstellungsdatum auch die Inventarisierung bei Foitzik Jan, Inventar der Befehle des Obersten Chefs der Sowjetischen Militäradministration in Deutschland (SMAD) 1945–1949, München u. a. 1995 (= Texte und Materialien zur Zeitgeschichte 8), Nr. 0463, S. 103.

383 40 % der Anteile befanden sich in den Händen des Sowjetischen Ministeriums für Außenhandel und die restlichen 60 % waren unter den diversen Industrieministerien aufgeteilt.

384 Innerhalb der zonalen Wirtschaft nahmen die SAG eine Sonderstellung ein. Sie wurden von Moskau mit gewissen Privilegien versehen: So mussten sie keine Steuerzahlungen leisten und unterlagen weder der Publizitätspflicht noch der Buchprüfung durch deutsche Behörden. Zudem wurden sie als sowjetische Unternehmen im deutschen Handelsregister geführt. Die Übernahme und Zusammenlegung

Die nach gängiger sowjetischer Praxis streng hierarchisch gegliederten SAG arbeiteten aber nicht alleine zu Reparationszwecken.[385] Etwa ein Drittel der Produktion kam direkt den ostdeutschen Verbrauchern zugute.[386]

Mittels der SAG gelang es der UdSSR, einen Großteil der zonalen Wirtschaftsproduktion zu kontrollieren und zu Reparationszwecken heranzuziehen.[387] Die

---

der Unternehmen in SAG wurde über den SMAD-Befehl Nr. 167 in Kraft gesetzt. Lokale Liquidationskommissionen bestehend aus deutschen und sowjetischen Betriebsprüfern sollten den Wert der ins Fadenkreuz geratenen Unternehmen berechnen. Meinungsverschiedenheiten zwischen deutschen und sowjetischen Prüfern blieben dabei nicht aus. Während die sowjetischen Behörden den Wert der Betriebe möglichst gering einstufen wollten, waren die deutschen Behörden vor allem an einer höchstmöglichen Bezifferung des Wertes interessiert. Dies hatte nämlich einen direkten Einfluss auf die zu leistenden Reparationen. Schließlich erließ die SMAD den Befehl Nr. 188, in dem sie in die bestehenden Streitigkeiten eingriff und den Wert bestimmter Unternehmen neu festlegte, siehe hierzu Befehl Nr. 188 vom 30. Juli 1947 des Obersten Chefs der Sowjetischen Militärverwaltung und Oberbefehlshabers der sowjetischen Besatzungstruppe in Deutschland betreffend die Schätzung der deutschen Unternehmen, die *a conto* einer teilweisen Kompensierung der Reparationsleistungen beschlagnahmt und in das Eigentum der UdSSR übergegangen sind; inventarisiert bei Foitzik Jan, Inventar der Befehle des Obersten Chefs der Sowjetischen Militäradministration in Deutschland (SMAD) 1945–1949, München u. a. 1995 (= Texte und Materialien zur Zeitgeschichte 8), Nr. 0900, S. 138 (BAP). Gleichzeitig mit den Unternehmen gerieten auch die Grundstücke selbst, auf denen sich die Unternehmen befanden, in sowjetische Hand. Zu den SAG vgl. Foitzik, Militäradministration, S. 180–183; Gutmann Gernot, Die Wirtschaft der DDR, in: Albers Willi u. a., Handwörterbuch des Wirtschaftswissenschaft (HdWW) (= gleichzeitig neue Ausgabe des Handwörterbuchs der Sozialwissenschaften), Bd. 8: Ter-Wir, Stuttgart/New York/Tübingen u. a. 1980, S. 735–762, hier S. 736; Karlsch, Allein bezahlt, S. 112 f.; Naimark, Russians, S. 189 f.; Roesler Jörg, Sowjetische Aktiengesellschaften (SAG), in: Benz Wolfgang (Hg.), Deutschland unter alliierter Besatzung 1945–1949/55. Ein Handbuch, Berlin 1999, S. 300 f. [im Folgenden zitiert als: Roeßler, Aktiengesellschaften].

385 Die direkte Leitung wurde dabei von einer sowjetischen Generaldirektion ausgeübt. Ihr war allgemein eine deutsche Werksleitung unterstellt. Die zonale Kontrolle über alle SAG war Aufgabe der Verwaltung des sowjetischen Eigentums in Deutschland, die wiederum der Verwaltung sowjetischer Vermögen im Ausland beim Ministerrat in Moskau unterstellt war. Siehe hierzu Foitzik, Militäradministration, S. 180; Roesler, Aktiengesellschaften, S. 300.

386 Naimark, Russians, S. 190.

387 Der Anteil der SAG an aus der laufenden Produktion stammenden Reparationsleistungen belief sich im Jahre 1947 auf 40 % und erreichte 1952 gar 78 %. Hier

SAG erlaubten es der UdSSR, die lokale Wirtschaft stärker zu durchdringen. Dadurch konnte die zonale Wirtschaft auch stärker an die sowjetische Wirtschaft angebunden werden. Schließlich wurde der zu leistende Reparationssatz auch in den sowjetischen Fünfjahresplan von 1946 eingerechnet.[388]

Trotz des Erfolgs der SAG für die sowjetischen Verwalter wurden diese ab 1947 sukzessive an die deutschen Behörden übergeben. Die UdSSR erhoffte sich dadurch, der sich verstärkenden Wirtschaftskrise in ihrer Zone entgegentreten und international auch ein Zeichen guten Willens im Rahmen der Verhandlungen zur deutschen Frage setzen zu können.[389] Die SAG wurden schrittweise an die deutschen Behörden „verkauft".[390] Nach dem Arbeiteraufstand vom Juli 1953 wurden die letzten SAG ohne Gegenleistung an die ostdeutschen Behörden übertragen.[391] Sie wurden schließlich von der ostdeutschen Verwaltung in Volkseigene Betriebe (VEB) umgewandelt, oder – wie im Falle der WISMUT AG in eine sowjetisch-deutsche AG.[392]

In der SBZÖ wurde auf ein ähnliches Verfahren zurückgegriffen: Nachdem die UdSSR ihr Projekt zu gemischt-staatlichen österreich-sowjetischen Aktiengesellschaften auf Grund des vehementen Widerstandes der österreichischen Regierung und der westlichen Besatzungsmächte begraben musste, handelte sie im Alleingang und führte 1946 die von ihr konfiszierten Unternehmen unter die Kontrolle der *Verwaltung des sowjetischen Eigentums in Österreich* (USIA, anfangs USIWA).[393] Hierbei handelt es sich um ein riesiges Kombinat, welches aus

---

waren weitere Reparationsleitungen in Form von Produktionsplänen und Expertenwissen nicht einmal miteingerechnet. KARLSCH, Allein bezahlt, S. 119 und 121. Die Anzahl der in den SAG beschäftigten Angestellten variierte zwischen 208.000 (1947) und 550.000 (1952); siehe hierzu FOITZIK, Militäradministration, S. 182.

388 FOITZIK, Militäradministration, S. 180; ROESLER, Aktiengesellschaften, S. 300.

389 KARLSCH, Allein bezahlt, S. 130.

390 FOITZIK geht von einem *„verschleierten Rückkauf"* aus, der auf Kreditbasis abgewickelt wurde, siehe FOITZIK, Militäradministration, S. 183.

391 Laut BRÖLL Werner, Die Wirtschaft der DDR. Lage und Aussichten, München/Wien 1973 (= Gegenwartsfragen der Ost-Wirtschaft 6), S. 14 soll sich der gesamte Rückkaufpreis der SAG auf knapp 3 Milliarden Mark belaufen haben, ohne dabei jedoch zu präzisieren, ob es sich dabei um Ost- bzw. Westmark handelte.

392 Siehe hierzu den Tagungsband: BOCH Rudolf/KARLSCH Rainer (Hg.), Uranbergbau im Kalten Krieg: Die Wismut im sowjetischen Atomkomplex. Band 1: Studien, Berlin 2011.

393 Vgl. AICHINGER, Sowjetunion, S. 279; MUELLER, Besatzung, S. 150; STOURZH, Geschichte, S. 35.

mehr als 300 Unternehmen bestand und unter sowjetischer Kontrolle stand. Sowjetische Manager übernahmen die Leitung der USIA-Betriebe. Ziel der UdSSR war es, über die direkte Kontrolle des deutschen Eigentums vor Ort möglichst hohe Gewinne zu erzielen.[394] Die USIA-Unternehmen standen dabei in direkter Konkurrenz zu den österreichischen Betrieben, welche nach marktwirtschaftlichem Prinzip funktionierten. Erst mit dem Abschluss des Staatsvertrags (1955), gingen die USIA-Betriebe an den österreichischen Staat über, der dafür Entschädigungsleistungen in Form von Konzessionen, Finanzzahlungen sowie Eigentumsübertragungen erbringen musste.

Die genauen Eigentumsverhältnisse der sowjetischen Unternehmensformen sind nur schwer aufzulösen: Tatsächlich gingen diesen Formen meist Beschlagnahmungen voraus. Die SAG und USIA-Betriebe sowie das von der UdSSR in die gemischt-staatlichen Gesellschaften eingebrachte Kapital war *de facto* sowjetisches Eigentum, auch wenn die Beschlagnahmung meist nicht offiziell in eine Konfiszierung oder Enteignung überführt worden war. Bei der Übertragung dieser Unternehmensstrukturen von der UdSSR an die jeweiligen lokalen Behörden wurden diese Werke daher auch als Staatsbesitz von den jeweiligen Regierungen übernommen.

Deutsches und alliiertes Industrievermögen wurde demnach von einer Vielzahl unterschiedlicher Maßnahmen getroffen. Auch wenn internationale und nationale Gesetze und Verordnungen die Maßnahmen eingrenzten, so bestand immer noch ein nicht unerheblicher militärisch-politischer Machtfaktor in Form des sich langsam konsolidierenden Ostblocks unter sowjetischer Hegemonie, der es erlaubte, ungeachtet offizieller Beschlüsse, Fakten vor Ort zu schaffen, ohne dass Proteste aus dem Westen hier etwas ändern konnten.

Die Maßnahmen, welche die Beteiligungsverhältnisse der Industrien Osteuropas berührten, unterschieden prinzipiell zwischen alliiertem Vermögen – sogenanntem Vermögen von Eigentümern der Vereinten Nationen – und als Feindvermögen deklarierten deutschen Guthaben.

Zusammenfassend lässt sich festhalten, dass alliierte Beteiligungen an der osteuropäischen Industrie im Untersuchungsraum zumeist an Schutz- und Entschädigungsklauseln gekoppelt waren. Diese waren jedoch im Wortlaut sehr ungenau. Nur in Einzelfällen wurden alliierte Beteiligungen an deutschem Vermögen aufgeführt. Indirekte, über eine deutsche Gesellschaft wahrgenommene Aktienbeteiligungen in osteuropäischen Unternehmen fanden keinen expliziten Eingang

394 Iber/Ruggenthaler, Wirtschaftspolitik, hier S. 190 f.

in die Gesetzgebung, die die Maßnahmen betreffend der Besitzverhältnisse der osteuropäischen Industrien legitimierten.

Wie schon bei den alliierten Reparationsbestimmungen stellt man fest, dass der Wortlaut der Bestimmungen zu den Maßnahmen, welche die Vermögenswerte der osteuropäischen Industrien tangierten, sehr ungenau war und Raum zu Interpretationen ließ.

Es zeigte sich, dass die meisten Maßnahmen in mehreren Ländern des Untersuchungsraumes Verwendung fanden, wenn sie sich auch in Detailfragen unterscheiden konnten. Jedes Land sowie die beiden Besatzungszonen bildeten eigene Spezifika heraus, die zudem auch der jeweiligen politischen, historischen, wirtschaftlichen wie sozialen Situation geschuldet waren. Trotz dieser im Detail starken Unterschiede lassen sich bei einer groben Übersicht gewisse Gemeinsamkeiten bei den verschiedenen Maßnahmen ausmachen. Die sehr starke Ähnlichkeit der Maßnahmen beruhte zum einen auf dem internationalen Statut der einzelnen Länder Osteuropas, die sich danach in zwei Gruppen aufteilen lassen: den alliierten Staaten Osteuropas und den ehemaligen osteuropäischen Achsenmächten. Dadurch trafen auch die alliierten Reparationsbestimmungen und die davon abhängigen Maßnahmen mehrere Länder gleichzeitig. Zum anderen verlief die wirtschaftliche Umwandlung des Ostblocks in den verschiedenen Ländern zumeist parallel. Die davon abhängigen Verstaatlichungsmaßnahmen wurden daher auch zeitgleich in mehreren Ländern angewandt, so dass auch hier eine starke Ähnlichkeit feststellbar ist.

Mit Blick auf die Wahrung der ARBED-Beteiligungen im Untersuchungsraum soll überprüft werden, ob die Ähnlichkeit der Maßnahmen in den einzelnen Ländern und Besatzungszonen des Untersuchungsraumes auch zu ähnlichen Verteidigungsmaßnahmen führte.

II.3 Die F&G-Gruppe im Untersuchungsraum in der unmittelbaren Nachkriegszeit

Die alliierten Reparationsbestimmungen sowie die wirtschaftspolitischen Entwicklungen hatten zu einer Reihe unterschiedlicher Maßnahmen geführt, welche ganz entscheidend die Beteiligungsverhältnisse der Industrien im Untersuchungsraum berührten. Wie sah diese Entwicklung nun konkret im Fall der indirekten ARBED-Beteiligungen über die F&G-Gruppe aus? Erneut ist die Dokumentation zur Entwicklung der Unternehmen der F&G-Gruppe sehr unausgewogen. Während zu einigen Unternehmen zahlreiche Belege vorliegen und diese gar Eingang in die Forschungsliteratur fanden, ist die Dokumentation zu anderen Unternehmen nur lückenhaft erhalten. Demnach erlaubt es die im Anhang aufgeführte

Nachzeichnung des Loses der einzelnen Unternehmen nur die grobe Entwicklung sowie einige Kernaspekte herauszuarbeiten.[395]

Einführend soll noch auf das Schicksal der Muttergesellschaft F&G Carlswerk AG sowie des Arbed-Konzerns in der unmittelbaren Nachkriegszeit hingewiesen werden. Beiden wurde von der Historiographie bisher sehr unterschiedliche Aufmerksamkeit beigemessen: Während der „Wieder" aufbau der Arbed in der Nachkriegszeit bereits mehrfach untersucht wurde, bleibt das Schicksal der F&G Carlswerk AG unter Besatzungsverwaltung weiterhin ein Desiderat der Forschung. Lediglich bei Heintz finden sich einige Hinweise besonders zu den Personalentwicklungen der Kölner Gesellschaft, denen er anhand einiger, aktuell nicht zugänglicher Briefe der Leitung der F&G Carlswerk AG an die Arbed nachgehen konnte.[396]

Die Werke in Luxemburg hatten keine Kriegsschäden erfahren, jedoch hatte das Unternehmen mit erheblichen Problemen zu kämpfen, um die Produktion wieder aufzunehmen. Die Fabriken in Esch und Düdelingen sahen sich aufgrund einer Unterversorgung mit Koks gezwungen, die Produktion komplett herunterzufahren. Dazu gesellten sich weitere strukturelle Probleme wie der Mangel an geeignetem Personal, der Zusammenbruch der Transportwege und die schlechte Versorgung mit Strom. Erst im August 1945 konnte die Produktion langsam wieder hochgefahren werden.[397] Die Arbed ihrerseits gewann in der Nachkriegszeit ihre im Krieg stark eingeschränkte unternehmerische Freiheit wieder. Der Wiederaufschwung der Gesellschaft wurde auch durch die Kollaborationsverdächtigungen erschwert, die die Leitung der Arbed, allen voran Aloyse Meyer zwischen 1945 und 1947 in den Fokus des allgemeinen Interesses sowie staatsanwaltlicher Untersuchungen rücken sollten. Aus Mangel an Beweisen wurde die Anklage 1947 fallen gelassen.[398]

---

395 Siehe Anhang Nr. I, S. 397–433.

396 Heintz, Défense, S. 35–46. Zum Zeitpunkt der Recherchen von Heintz befanden sich die Dokumente im internen Archiv der Zentralverwaltung der ehemaligen Arbed-Gesellschaft. Seit 2007 wurde in mehreren Etappen der vollständige Bestand an das luxemburgische Nationalarchiv übertragen. Eine aktuelle neue Bestandsaufnahme und Katalogisierung verhindert eine systematische Durchsicht der entsprechenden Dokumente. Siehe hierzu auch Regener Gilles, Der Bestand der ARBED im Nationalarchiv. Ein vergessenes Stück Luxemburger Geschichte?, in: Forum für Politik, Gesellschaft und Kultur 304 (Februar 2011), S. 24 f.

397 Knebeler Christoph/Scuto Denis, Belval. Passé, présent et avenir d'un site luxembourgeois exceptionnel (1911–2011), Esch/Alzette 2010, S. 174 f. [im Folgenden zitiert als: Knebeler/Scuto, Belval].

398 Siehe auch weiter oben, S. 98 f.

Die F&G Carlswerk AG kannte in der unmittelbaren Nachkriegszeit starke personelle Veränderungen ihrer Führungsspitze.[399] Schrittweise wurde die Direktion von der britischen Militärverwaltung aufgrund von Verdächtigungen der aktiven Unterstützung der deutschen Kriegswirtschaft ihres Amtes enthoben. Immerhin hatte sich die F&G Carlswerk AG während des Krieges an einem Zwangsarbeiterprogramm beteiligt und ukrainische und russische Zwangsarbeiter beschäftigt.[400] Erstes Opfer britischer Personalmaßnahmen wurde Generaldirektor Fritz Lehmann. Er schied im Mai 1945 aus dem Dienst aus. Eine Zeit lang befand er sich in einem britischen Internierungslager.[401] Die vorübergehende Leitung wurde an die beiden stellvertretenden Generaldirektoren Ulfilas Meyer und Joseph Horatz übertragen.[402] Im Juli 1945 erhielt die Gesellschaft von der britischen Militärregierung die Erlaubnis, die Produktion wieder aufzunehmen. Allerdings blieben die Bankkonten gesperrt, so dass die Firma lediglich über ein Kapital von 7,3 Millionen RM verfügen konnte.[403] Im September 1945 sah sich Horatz, der als Vertrauensmann der Arbed galt, seinerseits Verdächtigungen ausgesetzt, die deutsche Kriegswirtschaft aktiv unterstützt zu haben. Damit schied auch er aus der Unternehmensleitung aus.[404] Ulfilas Meyer übernahm die vorläufige Kontrolle des

---

399 Bei Ende des Krieges (Mai 1945) setzte sich der Vorstand der F&G Carlswerk AG aus folgenden Personen zusammen: Fritz Lehmann (Generaldirektor), Ulfilas Meyer (Direktor), Philipp Schneider (Vertriebsdirektor), Heinz Horn (technischer Direktor) und Carls Overhoff (es ist nicht ganz klar, ob Overhoff nicht schon vor Mai 1945 von seinem Posten zurückgetreten ist); hierzu ANLux, AE-03648, Bericht von Ulfilas Meyer (F&G Carlswerk AG) über die Situation der Gesellschaft und seiner Beteiligungen zum 31. Oktober 1945, 27. November 1945, 13 S., Annex Nr. 4., S. 12 [im Folgenden zitiert als: ANLux, AE-03648, Bericht, 27. November 1945].

400 Die Beziehung der F&G Carlswerk AG zum NS-Regime, ihre Beteiligung am Krieg, die Geschichte der Gesellschaft in der unmittelbaren Nachkriegszeit sowie die britische Treuhandschaft des Unternehmens stellen weiterhin ein Forschungsdesiderat dar. Hinweise finden sich lediglich bei Soénius, Unternehmer, sowie hauptsächlich auf Fotografien beruhend: Widdig, Felten, S. 51–58.

401 Er wurde erst im August 1947 entlassen und ein Jahr später voll entlastet. Zeitgleich wurde wohl auch die Treuhandschaft wieder aufgehoben. Erst danach folgte sein Wiedereinstieg in die F&G Carlswerk AG, zunächst als Mitglied des Aufsichtsrates (ab 1948) und ab 1952 als Vorsitzender dieses Rates; siehe hierzu Soénius, Unternehmer, S. 301 f.

402 Heintz, Défense, S. 35.

403 Ebd., S. 36.

404 Ebd., S. 41.

Unternehmens. Er übermittelte im November 1945 den britischen Behörden einen umfassenden Bericht über die aktuelle Situation des Unternehmens. Der Bericht wurde auch der ARBED zugestellt.[405] Doch sollte auch Meyer aufgrund von Verdächtigungen Ende November 1945 aus der Gesellschaft austreten.[406] Damit war der ursprüngliche Vorstand komplett aus dem Verkehr gezogen. Die Leitung übernahm nunmehr ein provisorischer Vorstand bestehend aus Wilhelm Philipps, Walter Kieser und Philipp Schneider, die den Titel von Direktoren trugen.[407]

Die britische Militärverwaltung begnügte sich jedoch nicht damit, den bisherigen Vorstand auszutauschen und die Bankkonten des Unternehmens einzufrieren. Der Gesellschaft wurde ein Treuhänder vorgesetzt, Sergeant Hamers, der die Tätigkeiten des Unternehmens überwachen sollte. Die Aufsicht über das Unternehmen wurde nur langsam wieder an die eigentlichen Besitzer übertragen. Während des gesamten Zeitraumes der britischen Kontrolle der F&G CARLSWERK AG, wurden die Aktienbeteiligungen der luxemburgischen ARBED an der rheinischen Gesellschaft nicht in Frage gestellt. Der „provisorische" Vorstand übernahm die Führung des Unternehmens bis 1951, bevor der ehemalige Direktor Joseph Horatz erneut den Posten eines Generaldirektors bekleiden konnte. Zwischen 1948 und 1952 übernahm Aloyse Meyer als bis dahin einziger Nicht-Deutscher die Präsidentschaft der Generaldirektion der F&G CARLSWERK AG. Unter ihm bekleidete Fritz Lehmann den Posten des Vizepräsidenten. Die britische Treuhandschaft sowie die Verurteilung Lehmanns wirkten sich somit nicht negativ auf das Verhältnis zwischen der Konzernspitze der ARBED und dem ehemaligen Leiter der F&G CARLSWERK AG aus.[408]

Während der Mutterkonzern ARBED und die F&G CARLSWERK AG die Nachkriegszeit relativ unbeschadet überstanden, sah dies für die Gesellschaften mit indirekten ARBED-Beteiligungen im Osten ganz anders aus. Folgende Abbildung liefert einen Überblick des Schicksals der einzelnen Unternehmen. Sie ist sozusagen ein Konzentrat der im Anhang befindlichen Nachzeichnung des Loses der einzelnen betroffenen Unternehmen.[409]

---

405 ANLux, AE-03648, Bericht, 27. November 1945.

406 HEINTZ, Défense, S. 43.

407 Vgl. Ebd., S. 42 f.; ARBED, Demi-siècle, S. 70.

408 Zu den Personalien der F&G CARLSWERK AG in der unmittelbaren Nachkriegszeit siehe ARBED, Demi-siècle, S. 70.

409 Siehe unten, Anhang Nr. I, S. 397–433.

Abb. 3: Das Los der Vermögenswerte der ARBED *im Untersuchungsraum*

Unternehmen	**(Teil) demontagen**	**Treuhandschaft**	**Verstaatlichung**	**Angeführte Begründungen bei einzelnen Schritten**
KABELWERK WILHELMINENHOF AG	1945/1946: 95 %	April 1946: Magistrat der Stadt Berlin 12. April 1948: Deutsche Treuhandverwaltung des sequestrierten und beschlagnahmten Vermögens im sowjetischen Besatzungssektor der Stadt Berlin September 1949: Deutsche Treuhandstelle zur Verwaltung des polnischen und jüdischen Vermögens im Sowjetischen Besatzungssektor der Stadt Berlin	?	Parteizugehörigkeit in der NSDAP von Vorstandsmitgliedern. Schutz ausl. Vermögens.
BTA	/	Februar 1946: Treuhandschaft der Stadt Leipzig 19. Juli 1946: Umwandlung in eine SAG	1953: Übertragung als VEB an die DDR	/
BLEICHERT FAHRZEUGANLAGEN GMBH	?	?	?	/
AW MACKENSEN MASCHINENFABRIK & EISENGIEßEREI GMBH	/	30. Juni 1946: Umwandlung in eine SAG	1953: Übertragung als VEB an die DDR	/
GUMMIWERKE BALLENSTEDT GMBH	März 1946	Sommer 1945: Treuhandschaft der Provinzialverwaltung Sachsen	1949: Umwandlung in einen VEB	
GUMMIWERKE „ELBE“ AG	1945	Anfang 1946: Treuhandschaft der Provinzialverwaltung Sachsen	1948: Umwandlung in einen VEB	
MESSAPPARATEFABRIK SCHLOTHEIM	/	/	1952: Zwangsverstaatlichung	Wirtschaftsverbrechen der Direktion

Unternehmen	(Teil) demontagen	Treuhandschaft	Verstaatlichung	Angeführte Begründungen bei einzelnen Schritten
F&G Kabel-, Draht- und Drahtseilfabrik AG, Budapest	1945	Sowj. Treuhandschaft (vermutl. Gemischt-staatliche Gesellschaft)	September 1946: Beschlagnahmung des angebl. dt. Aktienkapitals. Oktober 1947: Beschlagnahmung angebl. dt. Aktienkapitals. Überführung des Unternehmens unter sowjetische Kontrolle.	Interpretation als dt. Feindvermögen
Bergwerks AG Pirin	/	Sowj. Treuhandschaft	Verkauf an die bulg. Regierung	Interpretation als dt. Feindvermögen
F&G Fabrik elektrischer Kabel-, Stahl- und Kupferwerke AG, Wien	April-Juni 1945: 75 %–80 %	14. August 1947: Sowj. Zwangsverwaltung und Übertragung an die USIA der Fabrik in der SBZÖ	/	Reparationsansprüche auf dt. Vermögen
Kabelwerk Bromberg AG	/	spätestens 1946: Treuhandschaft durch ein poln. Unternehmen	Sommer 1946: Verstaatlichung	Wirtschaftsreform
Kabelwerk Ożarów AG	/	?	Sommer 1946: Verstaatlichung	Wirtschaftsreform/ Inter-pretation als dt. Feindvermögen
Novisadska Fabrika Kabela	/	?	1947 ?: Verstaatlichung	Interpretation als dt. Feindvermögen
Verlagerungs-betrieb der Tekade im tschechoslowakischen Asch	/		1947: Verstaatlichung	Interpretation als dt. Feindvermögen

Aus der Auswertung der Tabelle sowie des im Anhang detaillierter aufgeführten Schicksals zeigt sich, dass bis auf die Wiener F&G Fabrik elektrischer Kabel-, Stahl- und Kupferwerke AG, alle Unternehmen schrittweise in Staatshände übergingen. Die dafür angewandten Maßnahmen wurden bereits im vorherigen Unterkapitel aufgeführt. Sie lösten sich zum Teil ab, gingen ineinander über oder wurden aufgehoben. Fast die Hälfte der Unternehmen war von sowjetischen Demontagemaßnahmen betroffen. Der eigentlichen Verstaatlichung ging vor allem in der SBZD/DDR eine mehr oder weniger lange Phase der Zwangsverwaltung voraus. Bei der Übernahme in die Sequestration hielten sich die sowjetischen und ostdeutschen Behörden mit konkreten Begründungen zumeist zurück. Die Treuhandschaft erfolgte jedoch in der Regel auf Grundlage des sogenannten

Sequestergesetzes, des SMAD-Befehls Nr. 124.[410] Nach diesem Befehl sollten alle Unternehmen, welche unter dem Verdacht standen, aktiv an der Rüstungsindustrie teilgenommen oder sich in den Händen ehemaliger Kriegsverbrecher oder Mitglieder der NSDAP befunden zu haben, vorläufig bis zur definitiven Entscheidung in Treuhandschaft gestellt werden. Davon betroffen waren die Kabelwerk Wilhelminenhof AG, die Gummiwerke Ballenstedt GmbH, die Gummiwerke „Elbe" AG und vermutlich auch die Bta. Die sowjetischen und ostdeutschen Behörden hegten den konkreten Verdacht, dass diese Unternehmen den im SMAD-Befehl aufgelisteten Kategorien zugeordnet werden konnten. Die Treuhandschaft stellte nur eine provisorische Maßnahme dar. Sollte sich der Verdacht einer aktiven Beteiligung der Unternehmen an der Rüstungsindustrie oder ihrer Eigentümer in der NSDAP oder am Kriegsgeschehen als richtig erweisen, sollten die Unternehmen endgültig konfisziert werden. In der Zwischenzeit sollte das Produktionsvolumen zu Reparationszwecken von den sowjetischen Behörden genutzt werden. Die genannten Unternehmen wurden zum Teil in SAG eingegliedert oder umgewandelt (Bta, AW Mackensen Maschinenfabrik & Eisengießerei GmbH).[411] Ähnlich verfuhren die sowjetischen Behörden auch mit den Unternehmen in der SBZÖ und in den Ländern der ehemaligen Achsenmächte Osteuropas Ungarn und Bulgarien. Auch hier wurden die Unternehmen beschlagnahmt und in neue Unternehmensstrukturen eingegliedert, um die Produktion zu Reparationszwecken nutzen zu können (F&G Fabrik elektrischer Kabel-, Stahl- und Kupferwerke AG; F&G Kabel-, Draht- und Drahtseilfabrik AG; Bergwerks AG Pirin).[412]

Die Übernahme in die Treuhandschaft auf Grundlage eines SMAD-Befehls, der konkret Kriegsverbrecher und Rüstungsunternehmen visierte, sowie die Überführung sequestrierter Unternehmen in sowjetische Unternehmensstrukturen verdeutlicht, dass die sowjetischen Behörden Unternehmen, an denen die Arbed indirekt beteiligt war, nicht als alliierte Vermögenswerte betrachteten. Wenn auch die Treuhandschaft nur provisorischen Charakter hatte und sie offiziell den Zweck verfolgte, die Besitzverhältnisse vor einer definitiven Entscheidung zu überprüfen, gaben gerade die neuen sowjetischen Unternehmensstrukturen Anlass zur Sorge, dass die UdSSR kaum gewillt sein könnte, einmal kontrollierte Unternehmen wieder an die ehemaligen Besitzer zurück zu erstatten.

Die Liste verdeutlicht, dass bis spätestens 1953 alle Unternehmen mit Ausnahme der Wiener F&G Fabrik elektrischer Kabel-, Stahl- und Kupferwerke AG

410 Der Befehl findet sich abgedruckt in Anhang Nr. III, S. 437–439.

411 Siehe unten, S. 406–408.

412 Siehe unten, S. 413–422.

in Staatshände übergingen. Juristisch waren die Maßnahmen entweder in staatlichen Verordnungen verankert, die sich auf die internationalen Reparationsbestimmungen bezogen, oder aber auf allgemeine Verstaatlichungsgesetzgebungen begründet, die zwischen deutschem Vermögen als sogenanntem Feindvermögen und alliiertem Vermögen unterschieden.

Mit wenigen Ausnahmen wurden bei der Umsetzung der Verstaatlichung die indirekten Aktienbeteiligungen der ARBED von den sowjetischen und osteuropäischen Behörden nicht anerkannt. Durch dieses Nichtanerkennen konnten die Unternehmen als deutsches Vermögen interpretiert und im Untersuchungsraum als Feindvermögen konfisziert werden. Weder die alliierten Reparationsbestimmungen, noch die jeweiligen nationalen Verstaatlichungsgesetze sahen eine Entschädigung der deutschen Eigentümer für ihre verlorenen Vermögenswerte vor. Zudem wurden indirekte, von alliierten Eigentümern wahrgenommene Aktienbeteiligungen in den Verstaatlichungsgesetzen nicht explizit erwähnt. Es blieb damit den verstaatlichenden Behörden überlassen, ob diese indirekten Beteiligungen anerkannt wurden oder nicht. Wer tatsächlich mit einer Entschädigung rechnen konnte, wurde häufig erst im Rahmen der späteren Verhandlungen über ein Globalentschädigungsabkommen deutlich. Die Behörden hatten ein natürliches Interesse daran, die indirekten Beteiligungen der ARBED nicht anzuerkennen. Das somit als deutsches Vermögen interpretierte Guthaben konnte entschädigungslos konfisziert werden. Die Übernahme industrieller Ressourcen ohne Gegenleistung wird sicherlich eine entscheidende Motivation der osteuropäischen und sowjetischen Behörden gewesen sein.

Die nähere Beleuchtung des Schicksals der einzelnen Unternehmen konnte demnach einige Kernaspekte aufzeigen. Trotz der Heterogenität der wirtschaftlichen und politischen Entwicklungen in den einzelnen osteuropäischen Staaten und in den sowjetischen Besatzungszonen sowie ihrer unterschiedlichen Ausgangslage ähnelte sich das eigentliche Schicksal der einzelnen Unternehmen, an denen die ARBED beteiligt war, im gesamten Untersuchungsraum doch sehr stark. Bis auf ein Unternehmen in der SBZÖ wurden alle Unternehmen über mehrere Etappen verstaatlicht. Wenn auch die Begründung zum Teil variierte, so war doch den verschiedenen Behörden zumeist die Behandlung der Vermögenswerte als deutsches Guthaben gemein.

Fazit von Kapitel II

Kapitel II beschäftigte sich eingehend mit dem Los der Unternehmen, an denen die ARBED indirekt über die F&G CARLSWERK AG im Untersuchungsraum beteiligt war. Aufgrund der Komplexität der Problematik, die an einer Schnittstelle der

Wirtschaftsgeschichte sowie der Rechtswissenschaft verortet ist, näherte sich die Untersuchung der Fragestellung in drei Schritten von einer Beleuchtung allgemeiner Entwicklungen hin zum konkreten Schicksal der Unternehmen, an denen die ARBED beteiligt war.

Die besondere Beteiligungsstruktur der ARBED über eine deutsche Gesellschaft bedurfte einer näheren Beleuchtung des Schicksals deutscher und alliierter Vermögenswerte der Industrie. Die alliierten Reparationsbestimmungen sprachen der UdSSR die Verfügung über das deutsche Vermögen in ihren Besatzungszonen sowie auf dem Gebiet der ehemaligen Achsenmächte Osteuropas zu. Daneben erließen die alliierten Staaten Osteuropas Verstaatlichungsgesetze, die deutsches Vermögen als Feindvermögen ausgaben, welches entschädigungslos eingezogen werden konnte. Von diesen Maßnahmen wurden auch die Vermögenswerte in der Industrie getroffen.

Sowohl die alliierten Reparationsbestimmungen als auch die nationalen Verstaatlichungsverordnungen unterschieden zwischen Vermögen alliierter Staatsangehöriger und deutschem Guthaben. Während deutsches Vermögen entschädigungslos eingezogen werden konnte, war alliiertes Guthaben davon ausgenommen, bzw. die Eigentümer konnten mit einer Entschädigung rechnen. Alliiertes Vermögen unterlag somit Schutz- und Entschädigungsklauseln.

Allgemein konnte festgestellt werden, dass die diesbezüglichen Bestimmungen sowohl auf internationaler wie auch auf nationaler Ebene sehr ungenau waren. Gerade in Detailfragen wurde versäumt explizite Definitionen festzulegen und Sonderfälle zu umreißen.

So wurde etwa der Begriff des deutschen Vermögens nur unzureichend definiert, was nicht zuletzt in den österreichischen Besatzungszonen für Verwirrung sorgte. Daneben wurde nur gelegentlich die Problematik alliierter Vermögenswerte in deutschen Unternehmen explizit aufgeführt. Schließlich blieb der spezielle Fall indirekter, über eine deutsche Gesellschaft ausgeübter Aktienbeteiligungen an Unternehmen gänzlich unerwähnt.

Die Untersuchung konnte aufzeigen, dass die Unternehmen, an denen die ARBED indirekt beteiligt war, schrittweise fast vollständig verstaatlicht. Die dafür benutzten Maßnahmen waren sehr vielfältig, ähnelten sich aber grob gesehen in den einzelnen Ländern und Besatzungszonen sehr stark. Diese starke Ähnlichkeit war vor allem dadurch bedingt, dass zum einen die juristische Grundlage dieser Verstaatlichung zu einem Großteil auf den allliierten Reparationsbestimmungen beruhte, welche für den gesamten Untersuchungsraum galten, zum anderen aber auch die Verstaatlichungswelle aufgrund der wirtschaftspolitischen Entwicklung des sich konsolidierenden Ostblocks sehr starke Ähnlichkeiten in den einzelnen Länder aufwies.

Während das Schicksal der verschiedenen Unternehmen, an denen die ARBED beteiligt war, bis auf eine Ausnahme, stets in der Verstaatlichung endete, hing, wie noch zu sehen sein wird, die Behandlung der Eigentümer maßgeblich von der Interpretation ihrer Staatsangehörigkeit durch die verantwortlichen Behörden ab.

Das vorliegende Kapitel konnte aufzeigen, dass die Mehrheit der Verstaatlichungen über Maßnahmen realisiert wurde, die in erster Linie deutsches Vermögen tangierten. So fielen viele Gesellschaften den alliierten Reparationsbestimmungen zum Opfer und wurden Gegenstand sowjetischer Demontagen und Zwangsverwaltungen. Unternehmen wurden mit der Begründung der Beteiligung an der deutschen Rüstungsindustrie oder wegen der Mitgliedschaft der Leitung in der NSDAP zwangsverstaatlicht. Das Los der Unternehmen zeigt, dass die dafür verantwortlichen Behörden, die indirekten Aktienbeteiligungen der ARBED entweder ignorierten oder nicht anerkannten.

Man kommt nicht umhin, bei den fehlenden oder unzureichenden Definitionen wichtiger Grundbegriffe sowie dem Ausbleiben einer Umschreibung des Umgangs mit Sonderfällen eine gewisse Willkür der Verfasser zu vermuten. Tatsächlich eröffnete eine mehrdeutige Formulierung der Exekutive einen größeren Interpretations- und Handlungsspielraum.

Der Verteidigung der Interessen der ARBED im Untersuchungsraum standen demnach kaum verbindliche und eindeutige Bestimmungen zur Verfügung. Im weiteren Verlauf sollen die Bemühungen auf Seiten der Interessenvertreter der ARBED näher beleuchtet werden.

III. Die Wahrung der indirekten ARBED-Beteiligungen in Osteuropa in der Nachkriegszeit

„A l'encontre des autres nations amies propriétaires d'intérêts industriels en Allemagne, la position du Luxembourg par rapport à ce problème est spéciale et unique.“

G. Konsbruck (ARBED)[413]

Einleitung zu Kapitel III

Kapitel III beleuchtet die Wahrung der Beteiligungen der ARBED im Untersuchungsraum und beschäftigt sich mit drei Leitfragen: Wie gingen die Verteidiger vor? Welche Argumentation lag dieser Vorgehensweise zugrunde? Zu welchen Resultaten führten die Bemühungen?

Um sich diesen Fragen zu nähern, wird das Kapitel methodisch in zwei Teile gegliedert. In einem ersten Schritt soll die Wahrung der ARBED-Interessen in Osteuropa in den jeweiligen Ländern und Besatzungszonen einzeln betrachtet werden.

Diese in sieben Unterkapitel gegliederte Einzeluntersuchungen spiegeln jedoch nicht die eigentliche Arbeitsweise auf Seiten der Verteidiger wieder: Tatsächlich wurden häufig Schritte unternommen, die gleichzeitig Unternehmen in mehreren Ländern des Untersuchungsraums betrafen. Von Seiten der Verteidiger wurde demnach in der Frage der ARBED-Interessen in Osteuropa mal lediglich die Situation in einem einzelnen Land, mal in mehreren Länder oder Besatzungszonen gleichzeitig behandelt. Jedoch nur anhand einzelner „Länderstudien“ gehen feine Unterschiede und besondere Schritte nicht in allgemeinen Beobachtungen unter. Zudem wird so die ganze Heterogenität der Bemühungen um die Wahrung der ARBED-Interessen fassbar. Die Untersuchung erlaubt dadurch Erkenntnisse auf einer Mikroebene.

Die Analyse der Interessenwahrung bedarf einiger methodischer Vorbemerkungen:

An der Interessenwahrung des Konzerns in Osteuropa waren die verschiedensten Akteure beteiligt. Eine eingehendere Beschäftigung mit den ergriffenen Maßnahmen rückt diese in den Vordergrund. Mit wachsender Zahl an Akteuren

413 ANLux, AE-08413, Konsbruck (ARBED) an das MAEL, 5. Juli 1948, 3 S., hier S. 2.

multiplizierten sich die beschlossenen und ergriffenen Maßnahmen. Diese wurden teilweise wiederholt angewandt, teilweise auch von verschiedenen Akteuren simultan ergriffen. Eine rein chronologische Analyse der Wahrung der ARBED-Interessen in den einzelnen Ländern macht daher nur bedingt Sinn. Um die Problematik besser greifen zu können, empfiehlt es sich im Folgenden lediglich eine grobe chronologische Abfolge wiederzugeben, in welcher jedoch thematische Schwerpunkte herausgearbeitet werden.

Im Hinblick auf die Akteure handelt es sich nicht ausschließlich um staatliche Behörden, sondern auch um Vertreter und Interessenverbände der Privatwirtschaft. Die Quellenlage zu diesen „privatwirtschaftlichen" Handlungsträgern ist allerdings sehr unausgeglichen. Sofern luxemburgische Behörden involviert waren, können ihre Aktivitäten leicht in den entsprechenden Akten nachvollzogen werden. Handelten die Akteure aber völlig unabhängig von staatlichen Behörden oder in inoffizieller Mission, ist man mit einer äußerst dürftigen Quellenlage konfrontiert. Der Schwerpunkt dieser Analyse liegt daher eindeutig auf der Wahrung der ARBED-Interessen in Osteuropa durch offizielle Behörden. Privatwirtschaftliche Aktivitäten können dagegen nur soweit verfolgt werden, wie es die Quellenlage zulässt.

Dass die luxemburgischen Behörden die Wahrung der ARBED-Interessen übernahmen, setzt voraus, dass man von dieser Seite die indirekten Beteiligungen eines luxemburgischen Konzerns im Ausland anerkannte. Wie noch zu sehen sein wird, wich die luxemburgische Position damit grundlegend von der sowjetischen und allgemein osteuropäischen Position ab.

Die in den Einzelstudien gewonnenen Erkenntnisse und Ergebnisse ermöglichen eine globale Evaluierung der Interessenwahrung über einen komparatistischen Ansatz. Über Vergleich sollen Differenzen und Gemeinsamkeiten der Bemühungen in den einzelnen Ländern und Besatzungszonen des Untersuchungsraumes hervorgehoben werden. Mit Blick auf die Leitfragen dieses Kapitels soll der Frage nachgegangen werden, ob ein vergleichender Forschungsansatz allgemeine Aussagen zu Vorgehensweise und Argumentation der Interessenvertreter erlaubt. Unter Berücksichtigung der einzelnen Ergebnisse der Bemühungen soll hier auch untersucht werden, wieso die Interessenwahrung in einigen Fällen erfolgreich war, während sie in anderen Zusammenhängen zum Scheitern verurteilt war.

Die detailreichen Schilderungen der einzelnen Maßnahmen in den folgenden Unterkapiteln liefern neben einem komparatistischen Ansatz auch die Grundlage für die Beantwortung der in der Einleitung der Arbeit formulierten Fragenkomplexe: So bieten sie die Voraussetzung für eine nähere Analyse der Entscheidungsakteure und ihres Verhältnisses untereinander sowie der Einflüsse auf die

Entscheidungs- und Handlungsprozesse. Diese Fragen sollen im nachfolgenden vierten Kapitel behandelt werden.

III.1 Die Wahrung der ARBED-Beteiligungen in der SBZD/DDR

Die aufwendigsten Bemühungen um die Beteiligungen der ARBED im Ostblock wurden hinsichtlich der Vermögenswerte des Konzerns in der SBZD/DDR unternommen. Verwundern mag das nicht, denn hier befand sich der Großteil der Vermögenswerte der ARBED im Untersuchungsraum.

Die sieben Betriebe, an denen die ARBED in der SBZD beteiligt war, wurden alle in der Nachkriegszeit schrittweise verstaatlicht. Einige wurden zuvor Opfer sowjetischer Demontagen. Viele fanden sich eine Zeit lang unter ostdeutscher bzw. sowjetischer Treuhandschaft wieder, wobei die Zwangsverwaltung zumeist nicht dem Schutz der indirekten luxemburgischen Beteiligungen dienen sollte, sondern vor allem, um die Unternehmen auf eine etwaige Teilnahme an der deutschen Rüstungsindustrie oder auf eine Mitgliedschaft der Direktion in der NSDAP oder auf ihre Beteiligung an Kriegsverbrechen zu überprüfen. Viele Unternehmen wurden zuerst in sowjetische Unternehmensstrukturen eingegliedert und schließlich nach der Gründung der DDR schrittweise als verstaatlichter Besitz an die ostdeutschen Behörden überführt.

Aus den Quellen lässt sich der exakte Zeitpunkt der Aufnahme der Wahrung der ARBED-Interessen in der SBZD/DDR nicht festlegen. Erste Berichte über das Schicksal der Unternehmen mit indirekten ARBED-Beteiligungen erreichten die luxemburgischen Behörden im Frühjahr 1946, doch zeugen einige vage Belege davon, dass man sich auf luxemburgischer Seite spätestens seit Herbst 1945 mit der Wahrung luxemburgischer Interessen in Deutschland beschäftigte. Im September 1945 lag den luxemburgischen Behörden eine erste Liste der ARBED-Beteiligungen in von den Alliierten besetzen Ländern vor.[414] Wenig später gab das MAEL im Namen der Luxemburgischen Militärmission (LMM) Berlin eine Pressemitteilung heraus, in der die luxemburgischen Eigentümer in Deutschland aufgefordert wurden, Angaben zu ihrem Vermögen in Deutschland zu machen.[415]

---

414 ANLux, AE-AA-883, Bericht, 14. September 1945.

415 MAEL, Communiqué de presse. Propriétés luxembourgeoises en Allemagne, in: Echo de l'Industrie 21 (Oktober 1945), S. 3: „*La Mission Militaire Luxembourgeoise auprès du Conseil de Contrôle interallié à Berlin, chargée de la défense des intérêts luxembourgeois en Allemagne, prie tous les Luxembourgeois ayant des propriétés en Allemagne de lui faire la déclaration détaillée de ces propriétés. Indications à fournir:*

Aus dem Wortlaut der Pressemitteilung geht hervor, dass die luxemburgischen Behörden bereits zu diesem Zeitpunkt vom „Schutz“ luxemburgischer Interessen in Deutschland sprachen. Auch wenn konkrete Belege aus dieser Frühphase fehlen, konnte es den luxemburgischen Behörden nicht entgangen sein, dass ausländische Unternehmen in Deutschland der Gefahr der Demontage und Verstaatlichung ausgesetzt waren. Ausgestattet mit einer vollständigen Vermögensliste konnte man den betroffenen Vermögenswerten nun konkret Aufmerksamkeit schenken.

III.1.1 Erste Situationsberichte

Die im September 1945 aufgestellte Liste der Aktienbeteiligungen der ARBED im Ausland beinhaltete auch die indirekten ARBED-Beteiligungen in der SBZD. Erste konkrete Informationen über die Situation der Unternehmen in der SBZD erreichten die luxemburgischen Behörden ab März 1946 über den Direktor der Berliner KABELWERK WILHELMINENHOF AG, Spennemann.[416] Dieser fungierte zudem als Prokurist der F&G CARLSWERK AG in der SBZD und stand dadurch in Kontakt mit den Direktoren weiterer Tochterunternehmen der F&G CARLSWERK AG in der SBZD. Unmittelbar nach Beendigung des Krieges und der Herausbildung der SBZD bestanden die Firmenkontakte innerhalb der F&G-Gruppe in der SBZD weiterhin fort. Dies sollte sich im weiteren Verlauf ändern. Über seine Firmenkontakte war Spennemann in der Lage, regelrechte Situationsberichte der F&G-Gruppe in der SBZD anzulegen. Diese ließ er der LMM Berlin zukommen, mit der Bitte, sie auch an die ARBED-Leitung zu senden. Zum Zeitpunkt, an dem sich Spennemann an die luxemburgischen Behörden wandte, waren bereits einige Unternehmen mit indirekter ARBED-Beteiligung Opfer von Demontagen geworden und/oder befanden sich unter deutscher bzw. sowjetischer Treuhandschaft.[417]

Die Berichte, die Spennemann an die luxemburgischen Behörden übermitteln konnte, dienten nicht alleine dem Zweck des reinen Informierens. Der Prokurist

---

1) Noms, prénoms, profession et adresses des propriétaires. 2) Nature de la propriété (immeuble, commerce, sociétés, etc.). 3) Lieux où les propriétés se trouvent. 4) Dates de l'acquisition de ces propriétés. 5) Valeur estimée des propriétés. 6) Noms et adresses des personnes chargées de l'administration des propriétés en Allemagne. 7) Tous autres renseignements pouvant être utiles pour la défense des intérêts luxembourgeois auprès des autorités aisées. Les déclarations sont à adresser, en double exemplaire, au Ministère des Affaires Etrangères, Mission Militaire en Allemagne.“

416 ANLux, AE-AA-305, Wehrer (LMM Berlin) an Bech (MAEL), 12. März 1946, 5 S. [im Folgenden zitiert als: ANLux, AE-AA-305, Wehrer, 12. März 1946].

417 Siehe weiter oben, Abb. 3, S. 165 sowie weiter unten Anhang Nr. I, S. 397–413.

erhoffte sich von Seiten des luxemburgischen Unternehmens auch konkrete Instruktionen zum weiteren Vorgehen.[418] In den folgenden Wochen und Monaten sollten weitere Situationsberichte folgen. Dabei trafen nun auch bei der LMM Berlin Informationen von Direktoren oder Angestellten anderer Unternehmen mit indirekter ARBED-Beteiligung in der SBZD ein. Zum Teil waren diese Berichte von den anderen Tochterunternehmen der F&G CARLSWERK AG zuerst an Spennemann in seiner Funktion als Prokurist der Kölner Firma in der SBZD gesandt worden, der sie einfach weiterleitete, zum Teil hatten sich Vertreter der Tochterunternehmen bzw. Informanten innerhalb dieser Unternehmen direkt an die LMM Berlin gewandt.[419]

Im Zuge der alliierten Besetzung hatten sich in Deutschland Militärmissionen beim Alliierten Kontrollrat gebildet, um ihre Interessen direkt bei den Besatzungsmächten vorbringen zu können.[420] Die LMM Berlin erfüllte neben ihrer offiziellen Funktion noch weitere Aufgaben, denen gerade im Rahmen der Interessenwahrung der ARBED eine besondere Bedeutung zukam. Tatsächlich saßen in Berlin eine ganze Reihe wichtiger deutscher wie ausländischer Behörden, Ämter und Unternehmen, mit denen die LMM Berlin schnell in Kontakt treten konnte. Die LMM Berlin selbst hatte ihren Sitz auf der Berliner Konradshöhe im französischen Sektor.[421] In der Stadt befanden sich gleich mehrere Interessenvertreter der F&G CARLSWERK AG: So verfügte die Kölner Gesellschaft über eine Zweigstelle im amerikanischen Sektor Berlins unter der Leitung des Direktors Saffran. Im sowjetischen Sektor hingegen befand sich die Fabrik der KABELWERK WILHELMINENHOF AG, während das Verwaltungsgebäude im amerikanischen Sektor in Kreuzberg lag.[422]

In Berlin war zudem der Kontakt zu anderen Behörden gewährleistet: Hier konnte man direkt an die vier Militärverwaltungen herantreten: die SMAD

---

418 ANLux, AE-AA-305, Wehrer, 12. März 1946, S. 4.

419 Vgl. bspw. ANLux, AE-AA-305, Wehrer (LMM Berlin) an Bech (MAEL), 28. März 1946, 2 S. [im Folgenden zitiert als: ANLux, AE-AA-305, Wehrer, 28. März 1946]; Ebd., Oswald Voigt (BTA) an Wehrer (LMM Berlin) 27. Mai 1946, 2 S.

420 Zu den Militärmissionen in Berlin siehe MUßNUG Dorothee, Alliierte Militärmissionen in Deutschland 1946–1990, Berlin 2001 (= Zeitgeschichtliche Forschungen 9), S. 30–32 [im Folgenden zitiert als: MUßNUG, Militärmissionen].

421 Die Vertretung befand sich an der Adresse 38–40 Nußhäherstrasse, Berlin-Tegel-Konradshöhe.

422 Die Zweigstelle der F&G CARLSWERK AG befand sich an der Adresse Tempelhofer Ufer 11; siehe hierzu die Angaben in ANLux, AE-AA-313, Saffran (F&G CARLSWERK AG, Zweigbüro Berlin) an LMM Berlin, 16 Oktober 1947, 1 S.

befand sich freilich in Karlshorst auf der anderen Seite der Stadt, wurde dennoch in regelmäßigen Abständen von der LMM Berlin kontaktiert. Neben der luxemburgischen waren noch 13 weitere Militärmissionen in der Stadt vertreten.[423] Dies war gerade dann für die luxemburgischen Behörden interessant, wenn sie mit Behörden in Kontakt treten wollten, in deren Ländern sie über keine eigene Vertretung verfügten wie bspw. in Jugoslawien.[424] Die Militärmission erlaubte zudem einen direkten Kontakt ohne Rückgriff auf die belgischen und niederländischen Vertretungen. Auch die deutschen Zentralverwaltungen der SBZD befanden sich im sowjetischen Stadtteil Berlins.

Berlin und die dortige luxemburgische Vertretung wurden somit zum Hauptkommunikationsknoten der Wahrung luxemburgischer Interessen im Ostblock. Die LMM Berlin fungierte als Kommunikationsbrücke zwischen den Unternehmen in der SBZD und den luxemburgischen Behörden sowie der ARBED-Leitung. Der Informationsaustausch wurde auch durch enge persönliche Beziehungen von Vertretern der F&G-Gruppe zu den luxemburgischen Behörden vor Ort erleichtert. So wurde die LMM Berlin von Albert Wehrer geleitet, der schon während des Krieges in enger Verbindung zur F&G CARLSWERK AG gestanden hatte.[425] Zum anderen wurde die Nähe zu den für die Eigentumsverhältnisse verantwortlichen Verwaltungen genutzt, um sich auf Seiten des MAEL über die LMM an diese Behörden zu wenden.

Die LMM Berlin war nicht die einzige luxemburgische Militärmission in Deutschland. Zum gleichen Zeitpunkt war das Großherzogtum noch über weitere Vertretungen oder Verbindungsbüros in Bad Salzuflen, in Frankfurt-Hoechst, in Bad Oeynhausen und in Baden-Baden präsent, welche die luxemburgischen Interessen bei den alliierten Besatzungsmächten vertreten und einen Beitrag zur luxemburgischen Beteiligung an der Nachkriegsorganisation Deutschlands leisten sollten. So waren die Vertretungen in unmittelbarer Nähe zu den wichtigsten Verwaltungszentralen der französischen (Baden-Baden), britischen (Bad Salzuflen und Bad Oeynhausen) und amerikanischen Militärverwaltung (Frankfurt-Hoechst) angesiedelt.[426] In Essen unterhielt das Großherzogtum zudem eine Mission bei der *North German Coal Control*[427]. Bei Bedarf wurden

---

423 MUßNUG, Militärmissionen, S. 31.

424 Hierzu ausführlich weiter unten, S. 429 f.

425 Siehe den entsprechenden Eintrag zu Wehrer weiter unten, S. 337–341.

426 Siehe entsprechende Archivbelege in ANLux, AE-AA-340.

427 Bei der *North German Coal Control* handelte es sich um eine von den britischen Besatzern gegründete Kontrollinstitution, welche die Kohlegruben in der von ihr besetzten Ruhr kontrollieren und die Verteilung organisieren sollte. Ihr traten später

diese Vertretungen ebenfalls bei der Verteidigung der Interessen der ARBED im Untersuchungsraum herangezogen.

Da die Informationen an die ARBED weitergeleitet wurden und bis zu diesem Zeitpunkt keine Quellen vorhanden sind, die auf Bemühungen des Konzerns um die Wahrung ihrer indirekten Beteiligungen in der SBZD hindeuten, liegt die Vermutung nahe, dass vor 1946 der luxemburgischen Konzernleitung das nähere Schicksal ihrer Interessen in der SBZD nicht bekannt war.[428]

Die ersten Informationen über das Los der Unternehmen der SBZD, in denen die ARBED indirekt beteiligt war, stammten von Personen in unmittelbarer Nähe der betroffenen Betriebe. Diesen war die luxemburgische Beteiligung in den Unternehmen durchaus bewusst. Die Direktionen der F&G CARLSWERK AG sowie der einzelnen Tochterunternehmen in der SBZD sahen also durchaus Handlungsbedarf von Seiten der ARBED und der luxemburgischen Behörden. In diesem Kontext enthielten bereits erste Situationsberichte konkrete Vorschläge zum Vorgehen der ARBED und des luxemburgischen Staates.[429] Gerade die Bemühungen Spennemanns stießen bei der LMM Berlin auf offene Ohren und blieben auch von Wehrer nicht unkommentiert:

> *„M. Spennemann est toujours d'avis qu'il faut lutter jusqu'au bout pour sauver tout ce qui peut être sauvé. Il fait en tout cas l'impression d'un homme qui ne néglige aucun effort et qui sait comment s'y prendre.“*[430]

Im Frühjahr 1946 verfügten damit sowohl die Konzernleitungen der ARBED und der F&G CARLSWERK AG als auch die luxemburgischen Behörden über erste

---

die amerikanischen und französischen Besatzungsbehörden bei; siehe hierzu SOHL Hans-Günther, Funktionale Effizienz und autoritäre Harmonie in der Eisen- und Stahlindustrie, in: ERKER Paul/PIERENKEMPER Toni (Hg.), Deutsche Unternehmer zwischen Kriegswirtschaft und Wiederaufbau. Studien zur Erfahrungsbildung von Industrie-Eliten, München 1998 (= Quellen und Darstellungen zur Zeitgeschichte 39), S. 53–107, hier S. 85.

428 ANLux, AE-AA-305, Wehrer, 12. März 1946, S. 1.

429 So riet Spennemann hinsichtlich der unter deutsche Treuhandschaft gestellten GUMMIWERKE „ELBE“ AG zur Zurückhaltung, um die sowjetischen Behörden nicht auf den Plan zu rufen. Der Direktor maß den luxemburgischen Behörden größere Chancen bei Verhandlungen mit den deutschen als mit den sowjetischen Behörden zu. Bei den deutschen Behörden könnte man nämlich als alliierte Nation die Ansprüche auf alliiertes Vermögen geltend machen. Schwieriger sei es hingegen mit den sowjetischen Verwaltungsstellen über Vermögen zu verhandeln, das als Reparationsleistung von der Besatzungsmacht beschlagnahmt worden sei; siehe hierzu ANLux, AE-AA-305, Wehrer, 28. März 1946, S. 2.

430 Ebd. S. 2.

Hinweise bezüglich des Schicksals der Unternehmen mit indirekten ARBED-Beteiligungen in der SBZD. Diese waren zum Teil von sowjetischen Demontagen getroffen, befanden sich in Treuhandschaft oder konnten nur eingeschränkt ihrer Produktionstätigkeit nachgehen.

III.1.2 Die Bemühungen der britischen Treuhänder

Erste wirkliche Bemühungen um die Wahrung der ARBED-Interessen in der SBZD wurden nicht von den betroffenen Unternehmen, der ARBED oder dem MAEL unternommen, sondern von den britischen Behörden.

Die F&G CARLSWERK AG befand sich im Frühjahr 1946, wie eine Vielzahl größerer Gesellschaften in der britischen Besatzungszone, unter vorübergehender Treuhandschaft. Der verantwortliche britische Treuhänder Hamers wurde im Juni 1946 durch die Maßnahmen, die von sowjetischer und deutscher Seite gegen die Unternehmen unternommen wurden, an denen die F&G CARLSWERK AG beteiligt war, auf den Plan gerufen. Bei Bekanntwerden der Konfiszierung von Kupferbeständen der F&G CARLSWERK AG, welche bei der A. W. MACKENSEN MASCHINENFABRIK & EISENGIEßEREI GMBH im sächsischen Magdeburg lagerten, sowie der Demontage und Sequestrierung der GUMMIWERKE „ELBE“ AG durch sowjetische und deutsche Behörden wandte sich Hamers zusammen mit Direktor Philipps mehrfach an die dortige sächsische Provinzialregierung. Sie protestierten mit Verweis auf das Gesetz der Militärregierung Nr. 52 hinsichtlich der Sperre und Kontrolle von Vermögen sowie auf die Beteiligung des ausländischen Haupteigentümers ARBED gegen die dort getroffenen Maßnahmen.[431] Gemäß dem Gesetz der Militärregierung Nr. 52 unterlägen gewisse Kategorien von Vermögen, in erster Linie Guthaben ehemaliger NSDAP-Mitglieder und derzeitiger Kriegsgefangene, *„hinsichtlich Besitz und Eigentumsrecht der Beschlagnahme sowie der Weisung, Verwaltung und Aufsicht oder sonstigen Kontrolle der Militärregierung.“*[432]

Erst nach Überprüfung der Besitzverhältnisse sollte weiter über das Vermögen entschieden werden.[433] Die Unternehmen der F&G-Gruppe konnten also

431 Siehe hierzu ANLux, AE-AA-305, Philipps und Hamers (F&G CARLSWERK AG) an den Präsidenten der Provinzialregierung Sachsen, 2. April 1946, 1 S. sowie ANLux, AE-AA-305, dieselben an denselben, 18. April 1946, 1 S.

432 Militärregierung – Deutschland, Kontrollgebiet des Obersten Befehlshabers, Gesetz Nr. 52 betreffend Sperre und Beaufsichtigung von Vermögen, abgedruckt unter anderem in: Militärregierung Deutschland, Sammlung der Gesetze, Verordnungen, Anweisungen und Anordnungen der Militärregierung Deutschland, Krefeld 1945, o. S.

433 Ebd., Art. III und IV.

in Treuhandschaft genommen werden, jedoch nicht ohne eingehende Überprüfung ihrer Besitzverhältnisse konfisziert werden. Bei den genannten Firmen seien diese Bestimmungen aber keinesfalls eingehalten worden. Der Eingriff in die Besitzverhältnisse der Unternehmen stellte zumindest nach Ansicht des britischen Treuhänders einen Verstoß gegen das Gesetz der Militärregierung Nr. 52 dar.

Die britische Militäradministration wandte sich auch an die LMM Bad Oeynhausen, der bei der britischen Militäradministration akkreditierten LMM, und gab den luxemburgischen Behörden den Tipp, über die LMM Berlin bei der SMAD zu intervenieren.[434] Damit war klar, dass die britischen Treuhänder indirekt auch die Beteiligungen der ARBED in der SBZD anerkannten. Die britische Militärverwaltung vertrat somit den gleichen Standpunkt wie die luxemburgischen Behörden.

Die Proteste der britischen Behörden führten jedoch zu keinem Erfolg. Eine Reaktion der dafür verantwortlichen Behörden blieb aus.

III.1.3 Die luxemburgischen Bemühungen im Rahmen des Referendums in Sachsen

Der britische Zuspruch sowie die sich ab Sommer 1946 rasch verschlechternde Lage der Gesellschaften mit ARBED-Beteiligung in der SBZD waren maßgeblich für die Aufnahme der Interessenwahrung der ARBED durch die luxemburgischen Behörden und die Direktion der ARBED verantwortlich. Über vertrauliche Informationen des Mitarbeiters der BTA, Voigt, erfuhr man in Luxemburg von dem kommenden Referendum in Sachsen und seinen möglichen Folgen für die Betriebe, an denen die ARBED beteiligt war.[435] Im Referendum konnte die sächsische Bevölkerung darüber entscheiden, wie mit Unternehmen, welche aktiv an der Rüstungsindustrie teilgenommen oder sich in den Händen von Kriegsverbrechern oder Mitgliedern der NSDAP befunden haben sollen, zu verfahren sei.[436] Eine Mehrheit sprach sich dabei für eine Konfiszierung aus. Auch für die Unternehmen, an denen die ARBED in der SBZD indirekt beteiligt war, bestand

434 ANLux, AE-AA-305, Meyer (LMM Bad Oeynhausen) an Wehrer (LMM Berlin), 17. Juni 1946, 1 S.

435 Zum Referendum und den betroffenen Vermögenskategorien ausführlich weiter oben, S. 148 f. Zum vertraulichen Bericht Voigts siehe ANLux, AE-AA-305, Voigt (BTA) an Wehrer (LMM Berlin), o. D. (sicher vor dem 23. Juni 1946), 2 S.

436 ANLux, AE-AA-306, Situationsbericht des Mitarbeiters Otto Voigt über die BTA, 27. Mai 1946, 2 S., hier S. 1 [im Folgenden zitiert als: ANLux, AE-AA-306, Situationsbericht, 27. Mai 1947].

nun die Gefahr, dass diese als davon betroffen interpretiert werden würden. Eine solche Interpretation würde die direkte Konfiszierung der Unternehmen mit sich bringen.

Nach Eintreffen des Berichtes wandte sich die LMM Berlin zum ersten Mal gezielt an die lokalen Behörden, und zwar sowohl an die SMAD-Spitze als auch an die sächsische Landesregierung. Man übermittelte ihnen Listen mit den luxemburgischen Vermögenswerten in der SBZD und speziell in Sachsen, mit der Bitte, diesen Vermögenswerten den nötigen Schutz zukommen zu lassen.[437] Allzu optimistisch war man allerdings nicht.[438] Über diese Kontakte machte man die Behörden nicht alleine auf die Beteiligungen der ARBED in der SBZD, sondern generell auf die luxemburgischen Vermögenswerte in der Besatzungszone aufmerksam.

Der positive Ausgang des Referendums, das später stellvertretend für die gesamte Besatzungszone gelten sollte, heizte bei der LMM Berlin die Befürchtungen einer Konfiszierung einzelner Betriebe mit ARBED-Beteiligung weiter an. Mit dem SMAD-Befehl Nr. 124 erwies diese Befürchtung sich als begründet. Voigt konnte berichten, dass die sächsische Provinzialregierung die F&G CARLSWERK AG sowie ihren ehemaligen Generaldirektor Lehmann als Kriegsverbrecher betrachte. Damit liefen alle Aktienbeteiligungen der F&G CARLSWERK AG in der SBZD Gefahr, konfisziert oder zumindest vorläufig sequestriert zu werden.[439]

In ihren Bemühungen um die Wahrung der Vermögenswerte der ARBED kam der LMM in Berlin die Nähe zu anderen Militärmissionen zugute. So suchte Wehrer nach dem positiven Ausgang des Referendums in Sachsen den Kontakt zu den französischen Behörden. Die Beweggründe zu diesem Schritt werden in den Quellen zwar nicht aufgeführt, scheinen aber vor allem auf der Bedeutung

---

437 Siehe ANLux, AE-AA-306, Wehrer (LMM Berlin) an die SMAD, 29. Juni 1946, 1 S., der eine Liste der luxemburgischen Vermögenswerte in der SBZD beigefügt ist, in der auch die BTA, die GUMMIWERKE BALLENSTEDT GMBH, die GUMMIWERKE „ELBE“ AG sowie die AW MACKENSEN MASCHINENFABRIK & EISENGIEẞEREI GMBH aufgeführt werden; ANLux, AE-AA-306, Wehrer (LMM Berlin) an den Präsidenten der Landesverwaltung Sachsen. 29. Juni 1946, 1 S. der auch die Liste der luxemburgischen Vermögenswerte in der Provinz Sachsen beigefügt ist, in der als ARBED-Interessen die BTA angeführt wird.

438 ANLux, AE-AA-306, Wehrer (LMM Berlin) an Bech (MAEL), 23. Juni 1946, 2 S.

439 So hatte bereits zuvor die sächsische Provinzialregierung eine Erklärung des Betriebsrats der BTA zurückgewiesen, nach der die BTA nicht in eine der vom Sequestergesetz Nr. 124 anvisierten Unternehmenskategorien fallen würde. Siehe hierzu unten, S. 403.

französischer Aktieninhaber an der ARBED und auf den engen Beziehungen zwischen Luxemburg und der französischen Besatzungsmacht in Deutschland und Österreich zu beruhen. Wehrer kontaktierte im Sommer 1946 den *Chef français du directoire Réparations et Restitutions* und bat um eine französische Einschätzung des Schicksals alliierten Vermögens in der SBZD. Die französische Antwort trug keinesfalls zur allgemeinen Beruhigung bei.[440] Man sehe kaum Möglichkeiten, die Verstaatlichung alliierter Interessen in der SBZD verhindern zu können und überprüfe deshalb die Möglichkeit, Entschädigungen von Seiten der IARA zu erhalten.[441]

Nichtsdestotrotz verstärkte man auf luxemburgischer Seite die Bemühungen bei den deutschen Behörden. Man übersandte nun auch verstärkt notarielle Beglaubigungen der Beteiligungsverhältnisse der ARBED. Diese Schriftstücke unterstreichen noch einmal die enge Zusammenarbeit zwischen der ARBED und dem luxemburgischen Staat: Die bereits notariell beglaubigten Dokumente wurden vom luxemburgischen Staats- und Finanzminister Pierre Dupong gegengezeichnet. Damit wurde nach außen hin auch die volle staatliche Unterstützung symbolisiert.[442] Das tragende Argument bestand darin, die sowjetischen

440 „*Les Russes sont d'avis que les propriétés étrangères (même alliées) sont à traiter exactement comme les propriétés allemandes. Si un étranger a investi ses capitaux en Allemagne, il doit courir les risques des propriétés situées en Allemagne et toutes les lois allemandes lui sont applicables. Si un étranger à fortiori un allié a fait travailler ses capitaux investis en Allemagne en faveur de l'effort de guerre allemand, il est plus coupable encore qu'un Allemand et il doit subir le sort du „criminel de guerre" allemand. Le chef du directoire français me dit que les efforts pour sauver les propriétés alliées soit du démontage au titre de réparations, soit de l'expropriation n'ont eu aucun succès et n'en auront pas.*", ANLux, AE-AA-306, Wehrer (LMM Berlin) an Bech (MAEL), 10. Juli 1946, 3 S., hier S. 1 f. [im Folgenden zitiert als: ANLux, AE-AA-306, Wehrer, 10. Juli 1946].

441 Die französischen Behörden bezogen sich hier auf die Resolution zum deutschen Vermögen in Händen von Staatsangehörigen der Vereinten Nationen, die im Rahmen der Pariser Reparationskommission erlassen worden war, nach der deutsche Unternehmen, die sich zu mehr als 48 % in alliierter Hand befanden von den Reparationsbestimmungen auszuschließen seien, und überprüften die Möglichkeit einer Kompensation für verloren gegangene Vermögen in der SBZD. Diese Entschädigung sollte nach französischem Verständnis durchaus auch aus den Westzonen stammen können. Tatsächlich hatte die UdSSR diese Resolution nie unterschrieben; vgl. hierzu weiter oben, S. 131 f.; ANLux, AE-AA-306, Wehrer, 10. Juli 1946, S. 2.

442 In den Archiven existiert eine Vielzahl solcher Beglaubigungen. Diese wurden gerne in mehreren Exemplaren ausgefertigt und wiederholt versandt. Siehe bspw.

und deutschen Behörden von den mehrheitlich alliierten und nicht deutschen Beteiligungen an den betroffenen Unternehmen zu informieren und zu betonen, dass diese Unternehmen daher auch nicht Ziel von Verstaatlichungs- und Reparationsmaßnahmen werden konnten, welche deutsches Vermögen betrafen.[443]

Von Seiten der Interessenvertreter der ARBED forderte man von den sowjetischen und deutschen Behörden den Schutz der Unternehmen mit indirekter ARBED-Beteiligung vor diesen Maßnahmen. Wurden die Unternehmen dennoch von den Sequesterbefehlen oder anderen Maßnahmen getroffen, beeilte man sich auf Seiten der luxemburgischen Behörden sowie der F&G-Gruppe mit Verweis auf die mehrheitlich alliierte Beteiligung in diesen Unternehmen, gegen diese Maßnahmen zu protestieren und die Sequestrierung lediglich als vorläufige Schutzverwaltung verstanden zu wissen.[444]

Die luxemburgischen Behörden koordinierten ihre Schritte sowohl mit der Direktion der F&G CARLSWERK AG in Köln als auch mit den Leitungen der betroffenen Unternehmen der SBZD.[445] Mit den Direktoren Saffran der Berliner Zweigstelle der F&G CARLSWERK AG sowie Spennemann der KABELWERK WILHELMINENHOF AG bestand ein enger telefonischer und schriftlicher Kontakt. Als die Beschlagnahmung und voraussichtliche Konfiszierung einiger Unternehmen mit indirekter ARBED-Beteiligung bekannt wurde, legten sowohl die LMM Berlin

---

ANLux, AE-AA-305, Erklärung der ARBED über ihre Beteiligung in der BTA, 5. November 1947, 2 S. Dieser Erklärung wurde am Folgetag ein Passus beigefügt, der von Minister Dupong gegengezeichnet wurde. Der Wortlaut lautete wie folgt: „*Nous soussigné Pierre DUPONG, Président du Gouvernement, Ministre des Finances du Grand-Duché de Luxembourg, attestons par la présente que les faits relatés dans la déclaration qui précède et qui émane des représentants légalement qualifiés de la Société anonyme de droit luxembourgeois Aciéries Réunies de Burbach-Eich-Dudelange, en abréviation ARBED, sont en tous points conformes à la vérité.*“ Eine solche Erklärung findet sich abgedruckt in: Anhang Nr. VI, S. 442.

443 Die LMM Berlin visierte in dieser Phase vor allem die AW MACKENSEN MASCHINENFABRIK & EISENGIESSEREI GMBH, GUMMIWERKE BALLENSTEDT GMBH und GUMMIWERKE „ELBE“ AG, zu denen konkrete Informationen vorlagen.

444 Siehe bspw. ANLux, AE-08389, Wehrer (LMM Berlin) an Bech (MAEL), 12. August 1946, 2 S.; ANLux, AE-AA-305, LMM Berlin an das Berliner Zweigbüro der F&G CARLSWERK AG, 18. September 1946, 1 S.

445 So z. B. ANLux, AE-AA-305, Saffran (F&G CARLSWERK AG, Zweigbüro Berlin) an Wehrer (LMM Berlin), 28. August 1946, 1 S.; ANLux, AE-AA-305, Wehrer (LMM Berlin) an die Berliner Zweigstelle der F&G CARLSWERK AG, 18. September 1946, 1 S.

als auch Vertreter der F&G Carlswerk AG Einspruch ein.[446] Doch blieben die Reaktionen der deutschen Behörden meist aus. Sie beschränkten sich darauf, ihre Entscheidungen an die Leitung der betroffenen Unternehmen zu kommunizieren. Diese unterrichteten dann entweder die Arbed-Leitung, die LMM Berlin oder das MAEL.

Die deutschen Landes- und Provinzialregierungen blieben nicht die einzigen deutschen Behörden, mit denen man von luxemburgischer Seite aus Kontakt aufnahm. Unmittelbar nach Bekanntwerden der Gründung der *Zentralen Deutschen Kommission für Sequestrierung und Beschlagnahme* (ZDK)[447] unter der Leitung von Dr. Friedrich Lange[448], wandte sich die LMM Berlin an diesen. Im Gegensatz zu den anderen deutschen und sowjetischen Administrationen war die ZDK weitaus kommunikationsfreudiger. Lange forderte ausführliche Informationen über die Besitzverhältnisse der Arbed und der F&G Carlswerk AG in der SBZD. Angefordert wurden detaillierte Berichte über den aktuellen Zustand der betroffenen Unternehmen in der SBZD sowie notarielle Bestätigungen der Arbed-Beteiligung an den betreffenden Unternehmen und an der

---

446 Siehe bspw. den Wortlaut von ANLux, AE-AA-305, Wehrer (LMM Berlin) an die sächsische Provinzialverwaltung, Abteilung Industrie, 12. September 1946, 1 S.: *„Die Luxemburgische Militär Mission beim Alliierten Kontrollrat in Berlin beehrt sich hiermit der Provinzialregierung Sachsen zur Kenntnis zu bringen, dass das Gummiwerk Ballenstedt G.m.b.H. in Ballenstedt zu 68,27 % Eigentum der luxemburgischen Gesellschaft „ARBED" mit Sitz in Luxemburg ist und mithin Recht auf denjenigen Schutz hat, der alliiertem Eigentum zusteht. Die luxemburgische Gesellschaft „ARBED" ist Eigentümerin von 68,27 % des Aktienkapitals der Felten und Guilleaume A.G. Köln-Mühlheim, die Eigentümerin des Gummiwerkes Ballenstedt ist. Ich bitte sie mithin dem genannten Eigentum jedweden Schutz und Sicherheit zu gewähren und müsste gegen eine eventuelle Beschlagnahme des Werkes oder der dort sich befinden-den Lagerbeständen Einspruch erheben und die Rechte seiner Regierung reservieren. Die luxemburgischen Eigentumsrechte sind auch der Sowjetischen Militärverwaltung und der Zentralverwaltung in Berlin zur Kenntnis gebracht worden […]"*

447 Zur ZDK, siehe oben, S. 147, Anm. 367.

448 Dr. Friedrich Lange, Unternehmersohn und während der NS-Zeit in der kommunistischen Widerstandsbewegung im tschechoslowakischen Raum aktiv; 1945 Eintritt in die KPD, später SED; hier politischer und beruflicher Aufstieg; Leitender Mitarbeiter der sächsischen Landesverwaltung; danach Präsident der ZDK sowie leitende Funktion bei der staatlichen Plankommission; vgl. Gieseke Jens, Die hauptamtlichen Mitarbeiter der Staatssicherheit. Personalstruktur und Lebenswelt 1950–1989/90, Berlin 2000 (= Analysen und Dokumente; Wissenschaftliche Reihe des Bundesbeauftragten für die Unterlagen des Staatssicherheitsdienstes der ehemaligen Deutschen Demokratischen Republik 20), S. 65; Sattler, Wirtschaftsordnung, S. 265.

F&G Carlswerk AG. Die Dokumente hatten die Arbed-Leitung sowie die F&G Carlswerk AG zu liefern.[449] Dieser Anfrage kamen die Gesellschaften nach. Auch das Berliner Zweigbüro der F&G Carlswerk AG suchte in Absprache mit den luxemburgischen Behörden den Kontakt zu dieser Dienststelle. So fanden in Berlin auch persönliche Gespräche zwischen Saffran und Lange statt.[450]

Die ZDK sah sich nur bedingt verantwortlich für das Schicksal, welches man in der SBZD den verschiedenen Unternehmen mit indirekter Arbed-Beteiligung zudachte. So versicherte ein Vertreter der ZDK bei einer Unterredung mit einem Delegierten der LMM Berlin

> *„que le rôle de la Zentrale Deutsche Kommission für Sequestrierung se borne à prendre des renseignements sur les participations financières dans les entreprises séquestrées."*[451]

Die Entscheidungsgewalt liege bei den sowjetischen Behörden. Dies wurde auch in der Folgezeit gerne wiederholt. Die Verteidiger hielten an ihrer Taktik fest, die verantwortlichen Behörden über die Beteiligung der Arbed in den betroffenen Unternehmen zu informieren, um Schutz für diese Unternehmen zu bitten und bei bereits erfolgter Beschlagnahmung oder Konfiszierung mit Verweis auf die mehrheitlich alliierte Beteiligung in diesen Unternehmen zu protestieren.[452]

Obwohl die Bemühungen der LMM Berlin bis Ende 1946 wenig erfolgreich waren, geht aus einer Unterredung zwischen einem Vertreter der sächsischen Landesverwaltung und einem Vertreter der F&G Carlswerk AG hervor, dass die wiederholten Interventionen der luxemburgischen Regierung bei der SMAD diese zu einem möglichen Einlenken bewegen könnten.[453] Aus den wenigen konkreten

---

449 ANLux, AE-AA-306, Wehrer, 10. Juli 1946, S. 2.

450 ANLux, AE-AA-305, Niederschrift von Spennemann über eine am 9. Juli 1946 stattgefundene Besprechung zwischen Dr. Lange von der ZDK einerseits und den Direktoren Spennemann und Saffran von F&G Zweigbüro Berlin bzw. Kabelwerk Wilhelminenhof andererseits, 9. Juli 1947, 2 S.

451 ANLux, AE-08389, Wehrer (LMM Berlin) an Bech (MAEL), 24. Oktober 1947, 2 S., hier S. 1.

452 Siehe bspw. ANLux, AE-08389, Wehrer (LMM Berlin) an Bech (MAEL), 12. August 1946, 2 S.; ANLux, AE-AA-305, LMM Berlin an das Berliner Zweigbüro der F&G Carlswerk AG, 18. September 1946, 1 S.

453 *„Nach Meinung des Herrn Dr. Althans würde auch in den Fällen Bleichert, Mackensen usw. im Laufe der Zeit ein Nachgeben der Russen zu erwarten sein, wenn wir immer wieder über die luxemburgische Mission in Berlin unseren Protest gegen die Eingriffe in die Eigentumsrechte bei der SMA vorbringen lassen."* ANLux, AE-08389, Aktennotiz Baues' betreffend Besprechung in Sachen BTG mit Herrn Ministerialrat Dr. Althans in München, 5. Februar 1948, 4 S. hier S. 4 [im Folgenden zitiert als: ANLux, AE-08389, Aktennotiz, 5. Februar 1948].

Quellenbelegen lässt sich nachweisen, dass die ostdeutschen Behörden keineswegs die recht pessimistische Sichtweise der französischen Vertreter teilten. Die Bemühungen führten zwar zu zahlreichen neuen Kontakten, konkrete Ergebnisse zum Vorteil der betroffenen Beteiligungen der ARBED erzielten sie jedoch nicht.

III.1.4 Die Anfänge der aktiven Beteiligung der ARBED bei der Wahrung ihrer Kapitalbeteiligungen

Die weiterhin unklare Situation hinsichtlich der ARBED-Beteiligungen in der SBZD rief gegen Ende des Jahres 1946 die Konzern-Leitung der ARBED verstärkt auf den Plan. Bisher hatte sich diese damit begnügt, die luxemburgischen Behörden mit Informationen über Art und Umfang ihrer Beteiligungen in der SBZD zu versorgen und sich bei den luxemburgischen Behörden für eine Intervention zugunsten der ARBED-Interessen einzusetzen. Doch gab sie sich nun damit nicht mehr zufrieden. Unternehmen der ARBED befanden sich nach wie vor unter Treuhandschaft oder kurz vor der Konfiszierung. Im Herbst 1946, erhielten insgesamt acht hohe Vertreter der Konzernleitung, nach der überstandenen Affäre Meyer, die Reiseerlaubnis in die amerikanische Zone.[454] Dies war der Direktion zwischenzeitlich untersagt worden, da eine Untersuchung über eine mögliche Kollaboration des Unternehmens, vor allem aber des Generaldirektors Meyer stattfand. Dank der Unterstützung der luxemburgischen Behörden konnten sich Konsbruck und Meyer vom 10. bis 14. Dezember 1946 auf eine Reise nach Deutschland und Österreich begeben, um sich vor Ort mit luxemburgischen, französischen und deutschen Behörden sowie Vertretern der F&G CARLSWERK AG auszutauschen.[455]

Mit dem Vertreter der Tochterunternehmen der F&G CARLSWERK AG in der SBZD, Spennemann, sowie dem Leiter des Berliner Zweigbüros der F&G CARLSWERK AG, Saffran, zog man Bilanz über die aktuelle Situation der Unternehmen mit indirekter ARBED-Beteiligung in der SBZD. Gemeinsam traf man sich in den Büros der KABELWERK WILHELMINENHOF AG in Kreuzberg (amerikanischer Sektor) auch mit der Leitung der ZDK, deren Chef, Dr. Lange, persönlich anwesend war. Die Vertreter der ARBED legten den deutschen Behörden erneut einen vollständigen Bericht sowie notariell beglaubigte und von Minister Dupong gegengezeichnete Zeugnisse der Art und Höhe ihrer Beteiligungen in den diversen Unternehmen in der SBZD vor. Als Druckmittel versuchte man der ZDK klarzumachen, jegliche Investitionen

454 Zur Affäre Meyer siehe oben, S. 98.

455 ANLux, AE-AA-305, Reisebericht von Konsbruck über eine Reise von ihm und Meyers nach Berlin vom 10. bis. 14. Dezember 1946, 16. Dezember 1946, 7. S. [im Folgenden zitiert als: ANLux, AE-AA-305, Reisebericht, 16. Dezember 1946].

in den betroffenen Unternehmen vorerst einzustellen bis eine vollständige Freigabe an die bisherigen Eigentümer gesichert sei.[456] Davon blieb man auf Seiten der ZDK aber unbeeindruckt. Stattdessen beeilte man sich zu unterstreichen, dass einzig die sowjetischen Behörden die Entscheidungsbefugnis in Fragen der Beschlagnahmung und Enteignung besaßen und dass die ZDK lediglich als Informant fungiere.[457]

Am gleichen Tag fand dank der Bemühungen Wehrers auch ein Treffen zwischen ihm, ARBED-Vertretern sowie dem Leiter der Finanz- und Wirtschaftsabteilung der französischen Militärverwaltung in Berlin *(Division des Finances et de l'Economie du Groupe français du Conseil de contrôle à Berlin (GFCC))*, Paul Leroy-Beaulieu, statt. Nachdem man diesem die Sachlage vorgelegt hatte, erklärte sich Leroy-Beaulieu bereit, die Beteiligungen der ARBED in der SBZD zu verteidigen, sofern ihm das der Quai d'Orsay erlaubte.[458] Erneut wird der Kontakt zu den französischen Behörden wohl vor allem vor dem Hintergrund der französischen Beteiligungen an der ARBED zustande gekommen sein.

Es stellte sich heraus, dass man mit diesem Schritt auch einer sowjetischen Forderung nachkam: In der Tat meldete sich Dr. Lange am gleichen Tag bei der ARBED-Delegation und teilte dieser mit, die sowjetischen Behörden seien von ihm über die Beteiligungen des luxemburgischen Konzerns in der SBZD in Kenntnis gesetzt worden. Diese hätten daraufhin angemerkt

> *„qu'il ne valait pas la peine que nous [die ARBED-Delegation] nous dérangions, mais que nos affaires étaient avancées au point où il fallait les présenter par l'intermédiaire d'une des trois puissances alliées co-membres du Conseil de Contrôle et que la puissance qui défend nos intérêts pourrait ensuite discuter la mise au point avec leur Contrôle des Biens.“*[459]

Die SMAD ging demnach Gesprächen mit Vertretern luxemburgischer Interessen aus dem Weg und wollte darüber nur mit einer anderen Besatzungsmacht verhandeln. Die sowjetischen Beweggründe gehen aus den eingesehenen Quellen nicht hervor, jedoch schien man auf Seiten der SMAD eine Anhäufung bilateraler Gespräche vermeiden zu wollen.

Die Reise der ARBED-Delegation nach Berlin kann als diplomatischer Erfolg gewertet werden, insofern sie Erkenntnisse zum weiteren Vorgehen brachte. Die

---

456 Ebd., S. 2.

457 Ebd., S. 3.

458 Ob das Treffen mit Vertretern des GFCC auf Anraten der ARBED stattfand, geht aus den Quellen nicht hervor. Fest steht aber, dass es die LMM Berlin und in erster Linie Wehrer war, der den Kontakt überhaupt ermöglicht hatte; siehe hierzu ANLux, AE-08389, Wehrer (LMM Berlin) an Bech (MAEL), 21. Dezember 1946, 1 S.

459 ANLux, AE-AA-305, Reisebericht, 16. Dezember 1946, S. 4; vgl. auch ANLux, AE-8389, Konsbruck (ARBED) an das MAEL, 18. Dezember 1946, 1 S.

Delegation konnte sich vor Ort mit dem gleichen Personenkreis treffen, mit dem auch die LMM Berlin bisher in Kontakt gestanden hatte, nicht zuletzt dank der Hilfe der luxemburgischen Vertretung vor Ort. Doch auch ihr gelang auf Anhieb keine Befreiung der beschlagnahmten oder bereits verstaatlichten Unternehmen in der SBZD. Immerhin wurde ihr von den sowjetischen Behörden eine konkrete Vorgehensweise bei eventuellen Beschwerden mitgeteilt.

III.1.5 Der Einsatz der GFCC für die ARBED-Beteiligungen in der SBZD

Im Frühjahr 1947 gab Paris sein Einverständnis zur Interessenwahrung der ARBED durch die GFCC. In der Folge hielten die LMM Berlin und die GFCC engen Kontakt und berieten über ein eventuelles Vorgehen.[460]

Die luxemburgischen und französischen Behörden kamen überein, dass General Koenig,[461] Chef der französischen Besatzungszone, seinem sowjetischen Kollegen, dem Marshall Sokolowski[462], einen Brief übermitteln sollte *„pour l'informer des intérêts franco-luxembourgeois dans ces affaires."*[463]

---

460 Auf Seiten der LMM Berlin war damit vor allem Albert Wehrer betraut. Seine Gesprächspartner auf Seiten der GFCC waren zum einen der bereits erwähnte Leroy-Beaulieu, Chef der Finanz- und Wirtschaftsabteilung, sowie Lirman, Leiter der Abteilung für Vermögenskontrolle *(Section du Contrôle des Biens).*

461 Koenig Marie Pierre (*10. Oktober 1898 in Caen; † 2. September 1970 in Neuilly-sur-Seine); französischer Militär und Politiker; zwischen Juli 1945 und September 1949 Militärgouverneur in der französischen Besatzungszone und Oberbefehlshaber der französischen Streitkräfte in Deutschland; politische Karriere: zwischen dem 19. Juni 1954 und dem 6. Oktober 1955 Verteidigungs- und Armeeminister in der Regierung Pierre Mendes France, später Edgar Faures.

462 Sokolowski Wassili Danilowitsch (*21. Juli 1897 in Kosliki; † 10. Mai 1968 in Moskau); sowjetischer Militär und hoher Funktionär; Aufstieg in der sowjetischen Armee; ab dem 9. Juni 1945 erster Stellvertreter und von 1946 bis April 1949 als neu beförderter Marschall oberster Chef der SMAD sowie Oberkommandierender der sowjetischen Streitkräfte in Deutschland; danach bis 1960 Erster Stellvertreter des Verteidigungsministers der Sowjetunion; seit 1952 auch Chef des Generalstabs; ab 1961 bis zu seinem Tod auch Mitglied des Zentralkomitees der KPdSU; siehe hierzu FOITZIK Jan, Sokolowski, Wassili Danilowitsch (auch: Dawidowitsch), in: MÜLLER-ENBERGS Horst/WIELGOHS Jan/HOFFMAN Dieter (Hg.), Wer war wer in der DDR. Ein biographisches Lexikon, Berlin 2000 [im Folgenden zitiert als MÜLLER-ENBERGS/WIELGOHS/HOFFMANN, Wer], S. 804.

463 ANLux, AE-08389, Wehrer (LMM Berlin) an Bech (MAEL), 24. März 1947, 2 S. hier S. 1. Mit französischen Interessen waren wohl die Aktienbeteiligungen französischer Anteilseigner der ARBED gemeint.

Dem Leiter der Abteilung für Vermögenskontrolle Lirman zufolge waren die Chancen eines Erfolgs jedoch sehr gering. Fragen bezüglich ausländischen Vermögens in der SBZD, welches von Enteignungen bedroht war, müssten vielmehr im Rahmen der Viermächtekonferenzen auf höchster Ebene gelöst werden.[464] Nicht General Koenig selber, sondern sein Stellvertreter Noiret sandte im Mai 1947 ein Schreiben an Sokolowski, in welchem er den Chef der SMAD über die Beteiligungen der ARBED in der SBZD informierte und die aktuelle Situation der betroffenen Unternehmen, soweit bekannt, schilderte.[465] Dabei drückte sich der Vertreter der GFCC sehr diplomatisch aus und unterließ allzu forsche Forderungen nach Restitutionen und Entschädigungen. Er beschränkte sich vor allem darauf, sich nach den sowjetischen Absichten im Hinblick auf die genannten Unternehmen zu erkunden, wobei er die luxemburgisch-französischen Ansprüche nicht ausschloss.[466] Noiret merkte an, dass sich die Frage der Verstaatlichungen von Unternehmen mit alliierter Beteiligung durch eine deutsche Landesregierung nicht stellen würde.[467] Ihm zufolge müssten Eigentümer aus alliierten Staaten, die Beteiligungen an den genannten Unternehmen hielten, eine Kompensation erhalten für den Fall, dass die Unternehmen nicht vollständig an die Eigentümer zurückfallen würden.[468] Dabei bezog er sich in seiner Argumentation auf eine Stellungnahme des Wirtschaftsdirektoriums innerhalb des Alliierten Kontrollrates, die demnach auch von der UdSSR beschlossen worden war, und die vorsah

> „*que les usines appartenant à des alliés ne seraient déclarées disponibles pour les réparations qu'en dernière ligne*" sowie „*la possibilité de faire des substitutions d'usines au cas où certaines d'entre elles, déclarées disponibles appartiendraient en tout ou en partie à des alliés.*"[469]

---

464 Ebd., S. 2.

465 ANLux, AE-08389, Noiret (GFCC) an Sokolowski (SMAD), 29. Mai 1947, 4 S.

466 So bat er bspw. um eine Bestätigung der Befreiung der KABELWERK WILHELMINENHOF AG, erkundigte sich ob die sowjetischen Behörden eine Entschädigung der alliierten Anteilseigner in der AW MACKENSEN-MASCHINENFABRIK & EISENGIEẞEREI GMBH und der BTA, welche beide in SAGs eingegliedert worden waren, vorsahen. Ähnliche Nachfragen wurden im Hinblick auf die GUMMIWERKE BALLENSTEDT GMBH und der GUMMIWERKE „ELBE" AG, welche kurz vor der Verstaatlichung standen, getätigt.

467 Ebd., S. 2 f.: „*[...] la question de la nationalisation, par une administration provinciale allemande d'entreprises dans lesquelles des intérêts alliés sont engagés ne peut pas se poser.*"

468 Ebd., S. 4.

469 Ebd., S. 3.

Statt jedoch auf Konfrontationskurs mit den sowjetischen Behörden zu gehen, fragte Noiret lediglich, ob die SMAD seinen Standpunkt teile.[470]

Das sowjetische Antwortschreiben von Generalleutnant Loukiantchenko sollte erst im Oktober folgen. Es blieb sehr vage. Auf sowjetischer Seite hütete man sich davor, einen möglichen Verstoß gegen Reparationsbestimmungen oder Bestimmungen zum Schutz alliierten Vermögens in der SBZD zuzugeben. Man rechtfertigte das Vorgehen mit Verweis auf die Unkenntnis der alliierten Beteiligung im Moment der Durchführung von Maßnahmen, welche die Vermögens- und Eigentumsverhältnisse in den Unternehmen mit indirekter ARBED-Beteiligung berührt hätten.[471] Auf eventuelle Entschädigungen ging Loukiantchenko nicht ein. Er gab lediglich bekannt, dass diese Problematik im Rahmen einer allgemeinen Lösung hinsichtlich der alliierten Kriegsverluste zu behandeln sei.

Die sowjetische Antwort gab nichtsdestotrotz Anlass zur Hoffnung: Die SMAD sah die Möglichkeit einer Rückübertragung von Unternehmen an die ehemaligen Eigentümer vor, vorausgesetzt jedoch, dass diese Unternehmen kein Rüstungspotential besaßen und für die Friedenswirtschaft in Deutschland benötigt würden.[472]

Mit dieser sowjetischen Antwort gab sich die LMM Berlin keineswegs zufrieden. Ein Schreiben wurde aufgesetzt und der GFCC gebeten, die luxemburgische Position an die SMAD zu übermitteln.[473] Die luxemburgische Stellungnahme war dann auch im Tonfall weitaus schärfer als der Brief Noirets.[474] Die GFCC

470 Ebd., S. 4.

471 ANLux, AE-08389, Loukiantchenko (SMAD) an Noiret (GFCC), 10. Oktober 1947 [frz. Übersetzung], 1 S. [im Folgenden zitiert als: ANLux, AE-08389, Loukiantchenko].

472 Ebd. Die französische Übersetzung der Antwort Loukiantchenkos erwies sich zunächst als falsch. Erst eine Nachfrage der GFCC an die SMAD erlaubten es die Übersetzung zu berichtigen; siehe hierzu ANLux, AE-AA-313, Lirman (GFCC) an Wehrer (LMM Berlin), 13. November 1947, 1 S.

473 ANLux, AE-08389, Wehrer (LMM Berlin) an Lirman (GFCC), 27. November 1947, 3 S.

474 Neben einigen Berichtigungen über das Schicksal vereinzelter Unternehmen mit indirekter ARBED-Beteiligung in der SBZD und dem Wiederholen verschiedener Überlegungen Noirets, beeilte man sich auf luxemburgischer Seite zu unterstreichen, dass der SMAD sicherlich ein Fehler unterliefe, wenn sie behaupte, ihren Dienststellen wären die alliierten Beteiligungen in den betroffenen Unternehmen unbekannt gewesen. Sowohl die Direktionen der Unternehmen als auch die LMM Berlin hätten seit Beginn der Beschlagnahmungen die sowjetischen Behörden mehrfach über die Eigentumsverhältnisse in Kenntnis gesetzt. Zudem würde keines der betroffenen Unternehmen ein irgendwie geartetes Kriegspotenzial besitzen. Und schließlich

hat nie bestätigt, die Reaktion der LMM Berlin an die SMAD weitergeleitet zu haben. Aufgrund des doch sehr scharfen Tonfalls hat man dies wahrscheinlich bewusst unterlassen. Konkrete Informationen finden sich nicht in den Quellen. Es scheint aber plausibel, dass die GFCC durch allzu forsche Forderungen eine sowjetische Trotzreaktion befürchtete. Ende 1947, Anfang 1948 erreichte das Verhältnis zwischen den einzelnen Besatzungsmächten, vor allem aber zwischen den Westmächten und der UdSSR seinen vorläufigen Tiefpunkt. Im März 1948 sollte es auf der Londoner Außenministerkonferenz zum offenen Bruch zwischen den Westmächten und der UdSSR bezüglich der Nachkriegsregelung Deutschlands kommen.[475] Vor diesem Hintergrund erscheint ein vorsichtiges französisches Vorgehen als sehr plausibel.

Im April 1948 stellte Lirman der LMM Berlin einen neuen Briefentwurf an seinen Kollegen bei der SMAD Butkov vor und bat um die Meinung der luxemburgischen Behörden.[476]

Dieses Schreiben war im Tonfall etwas schärfer gehalten als das erste Dokument der GFCC, wenn auch längst nicht so fordernd wie der luxemburgische Entwurf. Das Schreiben forderte die Annullierung der zwischenzeitlichen Umwandlung der Mackensen Maschinenfabrik & Eisengiesserei und der Bta in SAG und die Wiederherstellung der ursprünglichen Eigentumsverhältnisse. Auch sollten die Eigentumsverhältnisse der Gummiwerke Ballenstedt GmbH und Gummiwerke „Elbe" AG, die sich zu diesem Zeitpunkt in deutscher Treuhandschaft befanden, anerkannt und die beiden Unternehmen unter sowjetischen Schutz gestellt werden. Die SMAD solle zudem den Wiederaufbau der Betriebe unterstützen, wie es Loukiantchenko in seinem Schreiben für einen

forderte man bei der SMAD noch die Möglichkeit Verwaltungskommissare für die Betriebe zu bestellen, die mittlerweile Teil einer SAG geworden waren, so die AW Mackensen-Maschinenfabrik & Eisengiesserei und die Bta, siehe Ebd., S. 1–3.

475 Das politische Spannungsverhältnis zwischen den Großmächten war auch der Arbed-Leitung nicht entgangen. Im Hinblick auf die Intervention der GFCC bei der SMAD schrieben die Vorstandsmitglieder der Arbed, Konsbruck und Chomé, an Wehrer: „*Pour le cas où vous estimeriez qu'en présence de la tension, existant pour le moment dans les relations entre les quatre „Grands", une démarche de la part de l'Elément français serait actuellement inopportune, nous vous suggérerions, le cas échéant, d'intervenir directement auprès de l'A.M.S.A. [Administration militaire soviétique en Allemagne = SMAD]*", ANLux, AE-AA-305, Konsbruck und Chomé (Arbed) an Wehrer (LMM Berlin), 28. April 1948.

476 ANLux, AE-AA-305, Lirman (GFCC) an Wehrer (LMM Berlin), 21. April 1948, 1 S.

solchen Fall angedeutet hatte.[477] Von Seiten der LMM Berlin zeigte man sich mit dem Schreiben sehr zufrieden.[478] Trotz allem wusste die LMM Berlin nicht, ob Lirman dieses Schreiben auch tatsächlich übermittelt hatte. Deshalb fragte Wehrer im Juni 1948 noch einmal explizit bei Lirman nach, erhielt jedoch keine Antwort.[479]

Die französischen Behörden waren also durchaus bereit, die luxemburgischen Interessen vor der SMAD zu vertreten, allerdings hütete man sich in diesem Kontext, allzu forsch mit den sowjetischen Behörden zu verhandeln. Auf luxemburgischer Seite war man zwar sehr erfreut über die französische Unterstützung, doch zeigte die luxemburgische Reaktion auf das sowjetische Schreiben, dass man sich durchaus ein fordernderes Auftreten der GFCC wünschte.

Ein Passus der sowjetischen Antwort sorgte bei MAEL und ARBED jedoch für besonderes Interesse: So sah das Antwortschreiben die Möglichkeit einer Befreiung der beschlagnahmten Unternehmen vor, falls es sich dabei um nicht rüstungsrelevante Unternehmen handele und falls diese nicht für das wirtschaftliche Überleben der SBZD benötigt würden. Dies bot für die luxemburgischen Behörden den Anlass, im Folgenden immer wieder auf diese Möglichkeit zu verweisen und die nicht rüstungsrelevante Ausrichtung besagter Unternehmen zu unterstreichen.[480]

---

477 ANLux, AE-AA-305, Briefentwurf Lirman (GFCC) an Butkov (Präsident der sowjetischen Delegation bei der alliierten Kontrollkommission zum Vermögen), 20. April 1948, 4 S.

478 ANLux, AE-AA-305, Wehrer (LMM Berlin) an Lirman (GFCC), 28. April 1948, 1 S.

479 ANLux, AE-AA-305, Wehrer (LMM Berlin) an Lirman (GFCC), 3. Juni 1948, 1 S.

480 Siehe bspw. ANLux, AE-AA-305, Wehrer (LMM Berlin) an die SMAD, 29. April 1948, 2 S. hier S. 2 [im Folgenden zitiert als: ANLux, AE-AA-305, Hommel, 29. April 1948]: *„Es sei ferner auf das Schreiben No. 1558/F vom 10.10.1947 von Generalleutnant Lukiantchenko an General Noiret, welcher mit der Wahrung verschiedener gemeinsamer luxemburgisch-französischen Interessen betraut ist, sowie auf das weitere erklärende Schreiben von Colonel Ziranow hingewiesen. Daraus geht hervor, dass Beeinträchtigungen alliierten Vermögens entstanden sind wegen Unkenntnis der wahren Sachlage, dass diese Schäden im Rahmen einer allgemeinen Lösung zur Entschädigung allierter Interessen untersucht werden und dass die geschädigten Betriebe, sofern sie kein Kriegspotential darstellen und für die Friedenswirtschaft in Deutschland notwendig sind, wieder aufgebaut werden können und zum Ziel dieser Aufbauarbeiten der nötigen Hilfe sicher sind.“*

III.1.6 Erste erfolgreiche Präzedenzfälle, die Zunahme der Interventionen und Forderungen der ARBED-Leitung

Auf luxemburgischer Seite wurde die Wahrung der ARBED-Beteiligungen nicht einfach den französischen Behörden überlassen. In den Quellen findet sich parallel dazu eine Vielzahl von Hinweisen, die darauf hindeuten, dass die ARBED-Leitung, vor allem der stellvertretende Generaldirektor Konsbruck, gerade in dieser Zeit aktiv nach weiteren Lösungsmöglichkeiten suchte. Dabei kamen der ARBED ihre Industrie- und Wirtschaftskontakte zugute.

Über die Industriekontakte der ARBED war Konsbruck in der Lage, dem MAEL erste Präzedenzfälle mitzuteilen:

Vom Direktor Horatz der F&G CARLSWERK AG wurde Konsbruck auf den Fall der niederländischen Firma NV PHILIPPS GLOEILAMPENFABRIEKEN aufmerksam gemacht. Unternehmen, an denen die niederländische Gesellschaft Aktienbeteiligungen hielt, seien mit Hilfe wiederholter Interventionen der niederländischen Militärmission des Alliierten Kontrollrates bei der SMAD von der Beschlagnahmung entbunden worden. Dabei hätten sich die Schritte der niederländischen Militärmission nicht von denen der LMM Berlin unterschieden: auch die niederländische Militärmission hätte bei der SMAD sowie den deutschen Dienststellen gegen die Beschlagnahmung protestiert. Zudem hätte man ebenfalls notarielle Beglaubigungen über Art und Höhe der niederländischen Beteiligung in den besagten Fabriken übersandt. Die diesen Fabriken zugedachten Maßnahmen wären von sowjetischer Seite daraufhin aufgehoben und die Betriebe unter sowjetischen Schutz gestellt worden.[481] Der Fall NV PHILIPPS GLOEILAMPENFABRIEKEN stellte für die Verteidiger der luxemburgischen Interessen in der SBZD einen Präzedenzfall dar, der Anlass zur Hoffnung gab.[482] Allerdings gab es im Vergleich zu den Beteiligungen der ARBED in den Unternehmen der SBZD zwei entscheidende Unterschiede:

Erstens handelte es sich bei den Beteiligungen der niederländischen Gesellschaft nicht ausschließlich um indirekte, sondern ebenfalls um direkte Aktienbeteiligungen und zweitens machten diese insgesamt 100 % der Beteiligungen

---

481 ANLux, AE-AA-307, Guépin A. J. (Direktor der NV PHILIPS GLOEILAMPEN) an die ARBED, 24. Dezember 1947, 2 S. Allerdings behauptet der heutige Archivar des Unternehmens, die Gesellschaft, an der die NV PHILIPS GLOEILAMPEN beteiligt gewesen war, sei bereits 1946 enteignet und in einen VEB überführt worden; siehe BLANKEN Ivo J., Een industriële wereldfederatie, Zaltbommel 2002 (= Geschiedenis Van De N.V. Philips' Gloeilampenfabrieken 5 (1950–1970)), S. 215.

482 ANLux, AE-AA-305, Konsbruck (ARBED) an die NV PHILIPS GLOEILAMPEN, 8. Dezember 1947, 1 S.

an den Unternehmen der Gesellschaft in der SBZD aus.[483] Im Fall ARBED konnte man im günstigsten Fall auf eine indirekte Beteiligung von 68,27 % verweisen konnte.

Neben dem niederländischen Fall konnte Konsbruck das MAEL im Februar 1948 über eine Unterredung eines Vertreters der F&G CARLSWERK AG Dr. Abels mit dem Ministerialrat des sächsischen Wirtschaftsministeriums Althans unterrichten, in der unter anderem auch die Befreiung der Vermögenswerte der schweizerischen Firma BROWN BOVERIE & CIE in der SBZD erwähnt wurde.[484]

Beide Fälle verfehlten auf Seiten der ARBED und der luxemburgischen Behörden nicht ihre Wirkung. Bemühungen wurden unternommen, um mit den betroffenen Unternehmen direkt in Kontakt zu kommen und Näheres zu erfahren. Mehr als die bereits gewonnenen Erkenntnisse konnte man aber nicht gewinnen. Nicht zuletzt schienen diese Erfolgsmeldungen ihre Wirkung als Ansporn nicht verfehlt zu haben. Unmittelbar nach Bekanntwerden der Präzedenzfälle kann nämlich in den Quellen ein Anstieg der Interventionen beobachtet werden. In erster Linie wurden die deutschen Behörden ins Visier genommen. Neben den luxemburgischen Behörden der LMM Berlin und den Vertretern der F&G CARLSWERK AG trat nun auch die ARBED-Leitung selbst verstärkt in Aktion: Sie wandte sich systematisch an die verschiedenen Landesregierungen und legte ebenfalls Einspruch ein gegen die diversen Maßnahmen hinsichtlich der betroffenen Unternehmen in der SBZD. Dabei machte man, wie schon zuvor die luxemburgischen Behörden und die Vertreter der F&G CARLSWERK AG, auf die mehrheitlich alliierten Anteile in den Unternehmen aufmerksam. Allerdings ging man noch einen Schritt weiter und erwähnte stets, dass die Beteiligung über

483 Ebd, S. 1.

484 ANLux, AE-08389, Konsbruck und Chomé (ARBED) an Hommel (MAEL), 18. Februar 1948, 2 S.; siehe auch Schweizer Bundesarchiv, Bern, E 2001 (E)-/1/1, Diesbach (schweizerische Heimschaffungsdelegation Berlin) an Reinhard Hohl (Sektionsleiter der politischen Abteilung) betreffend aktuelle Wirtschafts- und Finanzsituation in der SBZ und die Frage der Nationalisierung schweiz. Eigentums und einer evtl. Entschädigung, URL: http://db.dodis.ch/dodis?XE7lhitk6Cdn99iv-4JXMQQqXYkiCnyjEyomdO2wscsZiWVdIRhRpWOBp7m69bo7Acu4MYOXruqlxvEyfnsWANQw (Stand: 3. November 2013). In der Unternehmensgeschichte von WERNER Catrina, BBC. Glanz, Krise, Fusion: 1891–1991, Zürich 1991, wird das Schicksal der Filiale der schweizer Gesellschaft in der SBZD nicht aufgeführt.

den 48 % liege, „*die seitens des Kontrollrats als Mindestgrenze für die Verleihung eines besonderen Schutzes vorgeschrieben sind.*“[485]

Mit dem Verweis auf die Grenze von 48 % der Aktienbeteiligungen bezog sich die ARBED auf die Resolution zum Schutz alliierten Vermögens in Deutschland, welche der Schlussakte des Pariser Reparationsabkommens angehängt war. Doch hatte, wie bereits erwähnt, die UdSSR dieses Reparationsabkommen nie unterzeichnet. Der Alliierte Kontrollrat hatte eine solche Mindestgrenze nicht beschlossen. Die Argumentation des luxemburgischen Konzerns erwies sich demnach als äußerst schwach.[486] Mehr als einige Hinweise zum Verhältnis der verantwortlichen deutschen Stellen untereinander erhielt man nicht.[487]

Gegen Ende des Jahres 1947 gelang der ARBED eine erste vollständige Zusammenstellung der Höhe der indirekten Beteiligungen in den verschiedenen Unternehmen, die dem MAEL überreicht wurde. Eine ganze Serie von notariell beglaubigten Schreiben über die Beteiligungen des Konzerns in den verschiedenen Gesellschaften wurde Staats- und Finanzminister Dupong zur Gegenzeichnung vorgelegt und dem MAEL zur freien Verfügung überreicht. Mitte Dezember fasste die Direktion der ARBED ihre allgemeinen Forderungen hinsichtlich ihrer Beteiligungen in Osteuropa in vier Punkten zusammen:

„*1.) Rétablir le statu-quo d'avant-guerre.*
2.) Dans le cas où l'expropriation serait définitive
  a) l'indemnité doit être juste c.à.d. complète,
  b) son évaluation doit être fixée contradictoirement par des experts,
  c) elle doit être librement transférable.“[488]

Auf diese vier Punkte sollte die ARBED-Direktion im Verlauf ihrer Bemühungen immer wieder zurückkommen. Dabei wird aber auch noch einmal deutlich, dass

---

485 ANLux, AE-AA-307, Konsbruck und Chomé (ARBED) an den Beauftragten für die Abwicklung des Befehls 124 der SMAD beim Minister des Innern für die Provinz Sachsen-Anhalt, 30. Januar 1948, 1 S.

486 Hierzu oben, S. 131 f.

487 Die deutschen Dienststellen standen nämlich in starker Konkurrenz zueinander. So vermeldete ein Vertreter der F&G CARLSWERK AG, sein Gesprächspartner bei der sächsischen Landesverwaltung hätte ihm berichtet, die ZDK würde aktuell starke Einbußen ihres Einflusses verzeichnen und die luxemburgischen Interventionen bei dieser Behörde hätte wenig Aussicht auf Erfolg; hierzu ANLux, AE-8389, Aktennotiz, 5. Februar 1948, S. 4.

488 ANLux, AE-08388, Johann und Konsbruck (ARBED) an das MAEL, 18. Dezember 1947, 2 S., hier S. 2 [im Folgenden zitiert als: ANLux, AE-08388, Johann, 18. Dezember 1947].

man von Seiten der ARBED keineswegs die Forderung einer vollständigen Handhabe der aufgelisteten Unternehmen stellte, sondern lediglich den *Status-quo* der Vorkriegszeit verlangte, sprich die Ansprüche jeweils nur auf die indirekte Beteiligung bezog. Für den Fall einer Entschädigung wurde im Dezember 1947 noch eine vollständige Entschädigung der verlorenen Werte verlangt. Damit unterschied man sich jedoch von der nach Internationalem Recht gängigen Formulierung einer gerechten und angemessenen Entschädigung. Anfang 1948 ging die Leitung der ARBED jedoch dazu über, statt einer kompletten, eine gerechte und angemessene Entschädigung (frz.: *une compensation équitable et adéquate*) zu fordern. Hier lehnte man sich offenbar an die in der Zeit gängigen Entschädigungsforderungen an.

Die zahlreichen Interventionen seitens der Interessenvertreter führten zu ersten bescheidenen Erfolgen: So wurden einige kleinere Lager und Werkstätten verschiedener Betriebe der F&G-Gruppe in der SBZD, die sich außerhalb der eigentlichen Firmengelände befanden, von der SMAD wieder aus der Beschlagnahmung gelöst. Sie konnten in der Folgezeit wieder in die einzelnen Unternehmen integriert werden.[489] Gleiches galt für ein beschlagnahmtes Bankkonto der MACKENSEN MASCHINENWERKE GMBH. Doch gilt es rückblickend betrachtend diese Erfolgsmeldungen zu relativieren: Tatsächlich konnten die Lager zwar befreit und wieder in die Firmen integriert werden, die Unternehmen selbst wurden jedoch nicht aus der Beschlagnahmung oder Konfiszierung gelöst. Letztendlich profitierten von diesen Maßnahmen nur die sowjetischen und deutschen Behörden der SBZD. Hier wurden nämlich verschiedene Betriebsmaterialien und sonstige Vermögenswerte wieder in Unternehmen rücküberführt, welche eh schon unter sowjetischer oder deutscher Kontrolle standen. Was auf Seiten der Verteidiger als Erfolg gewertet wurde, war also nichts weiter als eine versteckte Maßnahme zur Kontrollnahme durch die sowjetischen bzw. deutschen Behörden. Auch die Herauslösung der KABELWERK WILHELMINENHOF AG aus der Treuhandschaft durch die Deutsche Treuhandverwaltung des sequestrierten und beschlagnahmten Vermögens im sowjetischen Besatzungssektor der Stadt Berlin, im Mai 1948, war nur von kurzer Dauer. Bereits im September 1949 geriet das Unternehmen erneut unter Treuhandschaft, diesmal

489 Siehe bspw. ANLux, AE-AA-305, Wehrer (LMM Berlin) an Bech (MAEL), 18. September 1946, 2 S., hier S. 2: „*Le Verlagerungsbetrieb Lichtenstein près de Chemnitz a été libéré aussi par le Gouvernement militaire soviétique et hier la direction de Berlin a reçu l'information télégraphique que le Gouvernement du pays de Saxe libère l'usine aussi, de sorte que les machines peuvent être transportées à Berlin pour la reprise de l'exploitation de Wilhelminenhof.*“

der *Deutschen Treuhandstelle zur Verwaltung des polnischen und jüdischen Vermögens im Sowjetischen Besatzungssektor der Stadt Berlin.*[490]

Da sich die großen Erfolge nicht einstellten, suchte man auf luxemburgischer Seite nach weiteren Möglichkeiten der Intervention. Von der ARBED-Leitung angeregt, die nun verstärkt auf eine Entscheidung pochte, suchten die luxemburgischen Behörden in der Folge den direkten Kontakt zum Kreml. Dabei bediente man sich der luxemburgischen Vertretung in Moskau, deren Leiter René Blum bereits mit der Verteidigung der ARBED-Interessen in anderen osteuropäischen Ländern betraut war.[491] Man erhoffte sich auf luxemburgischer Seite, dass das sowjetische Außenministerium direkt bei der SMAD zugunsten der ARBED-Beteiligungen intervenieren würde. Dazu sei es sicherlich in der Lage.[492] Doch hielten sich die sowjetischen Behörden in Moskau, wie ihre Kollegen der SMAD, mit einer konkreten Stellungnahme zurück.

Die zahlreichen Interventionen bei den verschiedensten Behörden hatten zwar kleinere wirtschaftlich unbedeutende und zu relativierende Erfolge eingebracht, doch war zum Zeitpunkt der Schaffung der DDR weder ein Unternehmen mit indirekter ARBED-Beteiligung an die ehemaligen Besitzer zurückgegeben worden, noch hatte die ARBED eine Entschädigung erhalten.

III.1.7 Die Wahrung der ARBED-Interessen in der DDR – luxemburgische Alleingänge und gemeinsames Handeln im Rahmen internationaler Organisationen

Im Oktober 1949 vollzog die SMAD im Verbund mit den lokalen deutschen Behörden den entscheidenden Schritt zur weiteren Zukunft ihrer Besatzungszone: Auf Geheiß Moskaus wurde die SBZD in die Deutsche Demokratische Republik,

490 Siehe ausführlich weiter unten, S. 400.

491 ANLux, AE-08389, Bech (MAEL) an Blum (lux. Vertretung in Moskau), 8. Januar 1948, 1 S. Es sei noch erwähnt, dass Blum in seinem Bericht über seine Bemühungen noch auf das anachronistische Kürzel „Mindel" zurückgreift, welches vom alten Akronym Narkomindel *(Narodnyj Komissariat Inostrannyh Del)* stammt, anstatt die Behörde als sowjetisches Außenministerium zu bezeichnen, welches 1946 als Nachfolger der Narkomindel etabliert worden war. Zur Evolution der Narkomindel siehe REY Marie-Pierre, Diplomatie et diplomates soviétiques à l'ère du dégel 1953–1964, in: Cahiers du monde russe 44, Nr. 2/3: Les pratiques administratives en Union soviétique, 1920–1960, (April – September 2003), S. 309–322, hier S. 309.

492 ANLux, AE-08389, Wehrer (LMM Berlin) an Bech (MAEL), 5. Dezember 1949, 5 S., hier S. 4.

einen stalinistisch-kommunistischen, streng auf Moskau ausgerichteten Nationalstaat umgewandelt. Die Etablierung eines neuen Nationalstaates änderte nichts an der Problematik der offenen Vermögenswerte der ARBED.

Nach der Ausrufung der DDR stellte sich in Westeuropa die Frage der offiziellen Anerkennung der DDR. Diese wurde auch innerhalb des MAEL mit großem Interesse verfolgt.[493] Die luxemburgische Vertretung in Deutschland erfuhr in der Folge der Schaffung der zwei deutschen Staaten Veränderungen, die jedoch nur bruchstückhaft in den Quellen dokumentiert sind. Ab 1949 wurde eine luxemburgische Gesandtschaft in Bonn eingerichtet. Diese bestand parallel zur LMM Berlin. Der Status der Berliner Vertretung geht aus den Akten des MAEL nicht eindeutig hervor. Den Untersuchungen MUßNUGS zufolge hatten sich viele Militärmissionen in Berlin nach dem symbolischen Auszug der UdSSR aus dem Alliierten Kontrollrat, 1948, bei der nur aus den Westmächten bestehenden Alliierten Hohen Kommission akkreditieren lassen. Eine solche Akkreditierung ist jedoch für die LMM Berlin nicht nachweisbar. Sie zeichnete immer noch als beim Alliierten Kontrollrat akkreditierte Vertretung. Tatsächlich bestand der Rat auch *de jure* weiterhin fort. Die luxemburgischen Militärmissionen in Berlin und bei den „ehemaligen" Zonenbefehlshabern in Bad Salzuflen, in Bad Oeynhausen, in Frankfurt–Hoechst, in Baden-Baden sowie bei der *North German Coal Control* wurden in der Folgezeit entweder in Konsulate umgewandelt oder aufgelöst.[494] Damit folgten sie einem allgemeinen Trend der ausländischen Militärmissionen in Deutschland.[495] Sie spielten für die Verteidigung der Interessen der ARBED in der Folgezeit kaum noch eine Rolle.

---

493 So berichtete Wehrer dem MAEL noch im Oktober 1949, unmittelbar nach Gründung der DDR: *„La grande question qui se pose actuellement dans toutes les missions de Berlin est celle des rapports que les missions vont avoir avec le nouveau gouvernement. […] Les chefs des missions Benelux à Berlin ont pris la décision de se tenir sur une réserve absolue et de ne pas avoir de relations officielles avec le nouveau Gouvernement tant que leurs gouvernements n'auraient pas pris à cet égard une décision formelle."*, ANLux, AE-08362A, Wehrer (LMM Berlin) an Bech (MAEL), 19. Oktober 1949, 5 S., hier S. 2 und 4. Auf Seiten der Benelux-Staaten blickte man gespannt auf die Reaktion der Westmächte. Vom Foreign Office kam derweil die Bitte, vor einer offiziellen Stellungnahme die nächste Außenministerkonferenz in Paris abzuwarten; hierzu ANLux, AE-08362, Telefonisches Gespräch zwischen Clasen (lux. Vertretung in London) und dem MAEL, 24. Oktober 1945, 1 S.

494 Die Behauptung stützt sich auf das Fehlen von Akten nach 1949 in den entsprechenden Archivfonds des MAEL im heutigen Nationalarchiv Luxemburg. Siehe ANLux, AE-AA-340.

495 MUßNUG, Militärmissionen, S. 32.

In der Zwischenzeit erhöhte die ARBED-Leitung, vor allem Guillaume Konsbruck, den Druck auf die luxemburgischen Behörden. Man kommt dabei nicht umhin, aus dem Wortlaut der Briefe eine gewisse Ohnmacht der Konzernleitung herauszulesen. Zudem sah sich die ARBED von den sowjetischen Behörden im Vergleich zu den belgischen Interessen benachteiligt. So befände sich gegenwärtig die ostdeutsche Filiale der belgischen Gesellschaft SOLVAY & CIE in der DDR unter sowjetischer Treuhandschaft und wäre keineswegs verstaatlicht oder in eine SAG umgewandelt worden. Dies sei auch der Verdienst der Bemühungen der belgischen Militärmission in Berlin.[496] Hier scheint es sich um eine indirekte Kritik der ARBED-Leitung an der bisherigen Arbeit der luxemburgischen Behörden zu handeln. Diese wurden gebeten, ein weiteres Mal bei den verantwortlichen Dienststellen zu intervenieren und die gleiche Behandlung ihrer Unternehmen zu fordern, wie dies in den Westzonen der Fall war. Würde eine Verstaatlichung nicht rückgängig gemacht werden, dann sollte zumindest eine „gerechte und adäquate" Kompensation erzielt werden.[497] Mit der Forderung nach einer Entschädigung trug die ARBED den politischen Gegebenheiten in der DDR Rechnung, die wenig Hoffnung auf eine Befreiung einmal beschlagnahmter und verstaatlichter Betriebe bot. Als Argumentation stützte man sich dabei erneut auf die, nicht von der UdSSR unterschriebene Resolution im Anhang der Schlussakte der Pariser Reparationskonferenz von 1945. Doch diesmal bediente man sich des Passus', welcher eine gerechte und adäquate Kompensation für verlorene Vermögenswerte von Eigentümern der Vereinten Nationen in Deutschland durch den Alliierten Kontrollrat festlegte.[498]

Auf die Forderungen der ARBED reagierten die luxemburgischen Behörden sofort: So sandte Wehrer von Berlin aus einen Brief an den obersten sowjetischen

---

496 ANLux, AE-AA-308, Konsbruck (ARBED) an das MAEL, 14. Oktober 1949, 9 S. hier S. 8 f.: *„Il est utile de relever que, malgré les nombreuses démarches effectuées, il n'y a eu aucune amélioration dans la question des biens en zone soviétique appartenant à des ressortissants du Grand-Duché […] Par contre la société belge Solvay, qui possède des intérêts analogues – directs et indirects – en zone soviétique, se trouve dans une position tout-à-fait nette et plus avantageuse. En effet, grâce aux démarches effectuées par la Mission Militaire Belge à Berlin, les filiales de Solvay ont été simplement mises sous „Treuhänderschaft", il n'y a aucun cas de nationalisation de leurs entreprises ou d'absorption par des sociétés soviétiques par actions."*

497 Ebd., S. 9.

498 Siehe hierzu Final Act of the Paris Conference on Reparation, Resolution regarding Property in Germany; abgedruckt im Anhang Nr. IV, S. 439 f.

Kommissar Tschuikow[499], um bei den sowjetischen Behörden erneut zugunsten der ARBED-Beteiligungen in der DDR zu intervenieren. Die Kritik der ARBED an den bisherigen Bemühungen der luxemburgischen Behörden wurde in einem Schreiben Wehrers an das MAEL aber mit einer Reihe verschiedener Argumente zurückgewiesen.

Der Leiter der LMM Berlin machte darauf aufmerksam, dass man sich von Seiten der ARBED bei der Argumentation auf eine Resolution bezog, welche nicht von der UdSSR unterzeichnet worden war. Zudem könne laut dieser Resolution nur der Alliierte Kontrollrat die Entscheidung über eine solche Entschädigung fällen, doch existiere besagter Kontrollrat nur mehr auf dem Papier.[500] Ob die Alliierte Hohe Kommission als neuer Garant des alliierten Besatzungsstatuts in den Westzonen eine solche Entschädigung entscheiden könne, würde derzeit auf französische Initiative untersucht, doch bestünde auch hierzu wenig Anlass.[501] Wehrer teilte zudem nicht die Meinung Konsbrucks, dass die ARBED-Beteiligungen in der SBZD einem besonderen Schicksal unterlägen, welches im Vergleich zu den belgischen Beteiligungen als Diskriminierung ausgelegt werden könnte. Seine Einschätzung unterstrich er mit dem Verweis, dass nicht alleine die ARBED-Interessen betroffen waren, sondern auch Interessen anderer westeuropäischer Unternehmen. Von einer Diskriminierung der ARBED-Interessen könne also keine Rede sein.[502]

499 Tschuikow, Wassili Iwanowitsch (*12 Februar 1900 in Serebrjanyje Prudy, † 18. März 1982 in Moskau). Seit 1918 Karriere in der Roten Armee; seit 1919 Mitglied der KPdSU; 1945–1946 Chef der SMAD in Thüringen; von 1946 bis März stellv. Chef der SMAD; von März bis November 1949 Kommandeur der SMAD; danach bis 1953 Chef der sowj. Kontrollkommission und Oberkommandierender der der Sowj. Streitkräfte in Deutschland; nach dem Tod Stalins politischer Abstieg; 1955 erneuter Aufschwung der militärischen und politischen Karriere, die im Posten des stellv. Verteidigungsministers der UdSSR ihren Zenit erreichte; siehe hierzu FOITZIK, Militäradministration, S. 126 f.; DERS., Tschujkow, Wassili Iwaniowitsch, in: MÜLLER-ENBERGS/WIELGOHS/HOFFMANN, Wer, S. 865.

500 Formal wurde der Alliierte Kontrollrat erst bei der deutschen Wiedervereinigung aufgelöst. Er trat aber seit dem Auszug Sokolowskis aus der 82. Sitzung am 20. März 1948 nicht wieder zusammen.

501 Hier verfolgte die französische Politik einen sehr ähnlichen Kurs wie schon 1946, wo man die Möglichkeit einer Entschädigung durch die IARA in den Westzonen für die verlorenen Vermögen in der SBZD in Betracht gezogen hatte; siehe oben, S. 134. Doch stießen die Franzosen hier auf den Widerstand der Amerikaner und Briten, welche den wirtschaftlichen Aufbau der BRD vorantreiben und die Reparationsmaßnahmen möglichst schnell *ad acta* legen wollten.

502 Zur Untermauerung stütze er sich dabei auf ein Memorandum der Vorsitzenden der *Associations pour la défense des intérêts britanniques, français, belges, néerlandais*

Nach Ansicht Wehrers sei das Problem sowieso nicht als Einzelfall der ARBED zu betrachten, sondern in einem weit größeren Rahmen der Verstaatlichungen von Vermögenswerten vieler tausender ausländischer Besitzer in der DDR zu verstehen. Daher müsse das Problem auf Regierungsebene behandelt werden. Wehrer schwebten dabei zwei Möglichkeiten vor: Entweder konnte eine Entscheidung über einen Viermächtebeschluss auf dem Rücken der Deutschen getroffen werden oder aber über eine druckvolle Machtpolitik der Westmächte gegenüber der UdSSR, um diese zum Einlenken zu bewegen. Der luxemburgische Diplomat sah demnach eine Lösung über den Weg der Kooperation mit der UdSSR oder in Opposition zur Sowjetunion unter Rückgriff auf machtpolitische Druckausübung.[503] Gerade der Verweis auf einen Viermächtebeschluss verdeutlicht, dass die Meinung Wehrers damit nicht so weit von der im Antwortschreiben Loukiantchenkos von der SMAD an die GFCC vertretenen Position entfernt lag. Loukiantchenko hatte sich für eine allgemeine Lösung der Problematik für ganz Deutschland ausgesprochen, ohne jedoch nähere Vorstellungen anzugeben.[504]

Die Einbettung des Falls ARBED in der SBZD/DDR in einen Beschluss der großen Vier oder der Westmächte trat in dieser Form zum ersten Mal auf. Angesichts des Scheiterns einzelner Interventionen der verschiedenen Staaten zugunsten der Vermögenswerte ihrer Staatsangehörigen in der SBZD bei deutschen wie sowjetischen Behörden, plädierte Wehrer für ein druckvolleres gemeinsames

---

et luxembourgeois en Allemagne: *„Les Associations ont le regret de devoir renouveler leurs constatations sur la carence des Gouvernements des Nations Unies à l'égard de toutes mesures de restitution de leurs biens situés dans la zone soviétique d'occupation en Allemagne. Elles insistent sur le caractère illusoire des récentes décisions de Paris, qui laissaient espérer aux propriétaires de ces biens la possibilité de procéder sur place à des mesures de reconnaissance. Elles n'ont pu obtenir l'autorisation de se rendre sur les lieux et la conviction s'affirme de l'inanité de toutes les promesses faites de ce chef par l'administration soviétique.*", ANLux, AE-08389, Wehrer, 5. Dezember 1949, S. 2. Bei den *Associations pour la défense des intérêts britanniques, français, belges, néerlandais et luxembourgeois en Allemagne* handelte es sich jeweils um nationale Zusammenschlüsse verschiedener Unternehmen, die über Interessen in der SBZD/DDR verfügten und die deren Befreiung bzw. eine gerechte und adäquate Entschädigung verlangten, siehe hierzu ausführlich unten, S. 210–212.

503 ANLux, AE-08389, Wehrer, 5. Dezember 1949, S. 3 f.

504 *„La question de dommages subis en Allemagne par des citoyens français et luxembourgeois peut, évidemment, être examinée sur la base de la solution générale de la question du dédommagement des pertes causées par la guerre aux avoirs des citoyens des pays faisant partie des Nations Unies.*", ANLux, AE-08389, Loukiantchenko, S. 1; siehe auch oben, S. 189 f.

Vorgehen der Westmächte oder gar aller vier alliierten Großmächte. Auf einen solchen Schritt hatten die luxemburgischen Dienststellen jedoch kaum Einfluss. In der Zwischenzeit plädierte Wehrer für eine erneutes Kontaktieren des sowjetischen Außenministeriums durch die luxemburgische Vertretung in Moskau, um die deutschen Behörden doch noch zum Einlenken zu bewegen.

Schließlich relativierte Wehrer auch noch den Fall Solvay & Cie: Dieser sei keinesfalls gelöst. Die Beteiligungen des Unternehmens in der DDR befänden sich bereits seit geraumer Zeit in sowjetischer Treuhandschaft. Es sei der Leitung der Solvay & Cie nicht möglich, sich in der DDR ein Bild über den Zustand des betroffenen Unternehmens zu machen, und der sowjetische Treuhänder würde auf keine Intervention der belgischen Behörden antworten. Das Unternehmen sei damit faktisch dem belgischen Mutterkonzern entzogen.[505]

Auf Vorschlag Wehrers und der Arbed-Leitung hin wandte sich Blum von Moskau aus erneut an das sowjetische Außenministerium, jedoch blieb auch diese Intervention ohne Erfolg.

Gerade die Gründung der DDR rief bei den Vertretern westeuropäischer Staaten und der USA die Frage nach der Zukunft der Interessen ihrer Staatsangehörigen in diesem neuen Staat auf. Damit verknüpft war auch die Frage nach der offiziellen Anerkennung der DDR durch die Staaten der westlichen Hemisphäre. Diese Problematik war an die höchst komplexe Deutschland-Frage gebunden, die sich mit der Schaffung zweier Staaten noch einmal gewandelt hatte.

Vor diesem Hintergrund konnte man bei den Westmächten und ihren Verbündeten ein wachsendes Interesse an einem gemeinsamen Handeln auch bezüglich der Wahrung der jeweiligen nationalen Interessen in der SBZD/DDR ausmachen. In regelmäßigen Abständen fanden sich Staatsvertreter zusammen, um über ein gemeinsames Vorgehen zu beraten.[506]

Am dringendsten gestaltete sich die Frage nach dem außenpolitischen Umgang mit der DDR. Die politische Kommission des Brüsseler Paktes (*Brussels*

505 ANLux, AE-08389, Wehrer, 5. Dezember 1949, S. 4 f.

506 Treffen im Rahmen der BTO-Staaten waren allerdings keine Neuerung. Zudem war auch die luxemburgische Regierung hier in der Frage der Wahrung ihrer Interessen in der SBZD aktiv gewesen. So hatte sie am 2. Juni 1949 den BTO-Staaten sowie der USA ein Memorandum vorgelegt, in dem unter anderem auch diese Frage thematisiert worden war. Hier hatte man verlangt, dass alliierte Unternehmen, welche über Interessen in der SBZD verfügten, nicht gezwungen werden könnten, Handel mit der SBZD zu betreiben, solange es noch offene Vermögensfragen gäbe; siehe hierzu ANLux, AE-AA-199, Memorandum betreffend den Schutz alliierter Interessen in Deutschland, 2. Juni 1949, 4 S. Das Memorandum blieb allerdings ohne Folgen.

Treaty Organization, BTO)[507], an der auch eine amerikanische Delegation teilnahm, bildete die Plattform, auf der man diese Frage auf Seiten der Westmächte behandelte. Parallel dazu wurde die Frage im Rahmen der Alliierten Hohen Kommission erörtert. Als Gründungsmitglied der BTO war auch das Großherzogtum an den Entscheidungen beteiligt. Im Dezember 1949 einigte man sich, die DDR formal nicht anzuerkennen. Im Klartext bedeutete dies auch, dass keine diplomatischen Beziehungen mit den ostdeutschen Behörden geknüpft werden konnten und jeglicher offizielle zwischenstaatliche Kontakt unterbrochen werden musste. Die DDR sollte weder *de jure* noch *de facto* anerkannt werden. Während man mit diesem außenpolitischen Kurs in der Deutschen Frage der BRD durchaus den Rücken stärkte, erwies sich diese Vorgehensweise im Kontext der Wahrung der Wirtschaftsinteressen der westeuropäischen Staaten in der DDR als hinderlich. Denn konkret bedeutete diese Maßnahme, dass sich die BTO-Staaten im Rahmen der Wahrung ihrer Interessen in der DDR eigenmächtig der Kontaktmöglichkeit mit den ostdeutschen Behörden beraubten und dadurch eine Einengung ihres diplomatischen Aktionsradius' in Kauf nahmen. Nicht allein die Wahrung der Interessen in der DDR war in Gefahr, sondern auch die wirtschaftlichen Beziehungen mit der ehemaligen SBZD.[508]

507 Es handelt sich um ein westeuropäisches Militärbündnis, welches im März 1948 von Frankreich, Großbritannien und den Benelux-Staaten unterzeichnet wurde. Das Ziel war der Aufbau und die Festigung einer militärischen Kooperation vor dem Hintergrund einer militärischen Aggression, gemeint war in erster Linie ein sowjetischer Angriff. Die Angst vor einer sowjetischen Aggression hatte sich gerade durch den von der UdSSR unterstützten kommunistischen Putsch in Prag, im Februar 1948, noch einmal verstärkt; siehe hierzu den Gründungsvertrag: Traité entre la Belgique, la France, le Luxembourg, les Pays-Bas et le Royaume-Uni de Grande Bretagne et d'Irlande du Nord, signé à Bruxelles, le 17 mars 1948, in: ANLux, AE-TC-365; siehe auch O. A., Western European Union, History of the WEU, URL: http://www.weu.int/index.html (Stand: 5. April 2013).

508 So hatte bspw. die UEBL am 10. November 1947 mit der SMAD ein Wirtschaftsabkommen zwischen Belgien und Luxemburg auf der einen Seite und der SBZD auf der anderen Seite abgeschlossen, das schrittweise bis zum 10. Mai 1950 verlängert worden war. Doch konnte dieses danach nicht wieder verlängert werden und die UEBL besaß demnach offiziell kein Wirtschaftsabkommen mit der DDR mehr; siehe hierzu Note du Ministère de Commerce extérieur belge sur les relations entre l'U.E.B.L. et les pays de l'Est, in: Centre national pour l'étude des pays à régime communiste/Centre anversois d'études et de perfectionnement pour le commerce international (Hg.), Le Commerce avec les pays de l'Est; cycle de conférences pratiques, Brüssel 1960, S. 31–41, hier S. 36 [im Folgenden zitiert als: Note du Ministère de Commerce extérieur belge]. Das Verweigern diplomatischer Beziehungen

In Moskau war die Position der Westmächte und ihrer Verbündeten natürlich nicht unbekannt geblieben und man wusste dies geschickt zu eigenen Gunsten auszunutzen: Proteste der luxemburgischen Behörden gegen die Maßnahmen, welche die Vermögens- und Besitzverhältnisse der Unternehmen mit indirekter ARBED-Beteiligung in der DDR betrafen, wusste man mit Verweis auf die ostdeutschen Behörden, welche nun einzig für solche Fragen verantwortlich seien, zu beantworten. Die Antworten entbehrten dabei nicht eines gewissen Zynismus': Hatte man in der Zeit der SBZD auf Seiten der sowjetischen Behörden kaum auf die luxemburgischen Interventionen reagiert, beeilte man sich nun, die Anfragen zu beantworten, allerdings mit Verweis darauf, dass man eigentlich für diese Fragen nicht mehr zuständig sei. Bei der weiteren Verteidigung der Interessen der ARBED in der DDR stellte sich daher für die Akteure immer wieder die Frage, an wen man sich wenden sollte und konnte. Bis unmittelbar nach der Gründung der DDR hatte ein offizieller Kontakt zu den deutschen Behörden bestanden. Spätestens 1950 war dieser aber abgebrochen.[509] Im Sinne der BTO-Entscheidung konnten also in Fragen des ausländischen Vermögens in der DDR nur die sowjetischen Behörden verantwortlich gemacht werden, denen auch der Schutz dieser Vermögenswerte zugesprochen wurde.

Innerhalb der luxemburgischen Diplomatie wird in dieser Frage auch die besondere Stellung René Blums deutlich, der sich als einziger luxemburgischer Diplomat wiederholt für eine Kontaktaufnahme mit den ostdeutschen Behörden aussprach. Seiner Argumentation zufolge wären die westlichen Länder früher oder später sowieso gezwungen, die DDR als Staat anzuerkennen. Würde man nun in diesem Kontext eine Vorreiterrolle übernehmen, dann wäre auch eine bevorzugte Behandlung durch die ostdeutschen Behörden möglich, und die Frage der luxemburgischen Interessen könne vielleicht schneller und zu besseren Konditionen geklärt werden.[510] Im Klartext bedeutete der Vorschlag Blums nichts

führte auch dazu, dass die ostdeutschen Behöden ihre offiziellen Schreiben an die luxemburgische Regierung stets über die sowjetische Regierung an die luxemburgische Vertretung in Moskau leiten mussten, siehe hierzu: ANLux, AE-AMO-003, Sowjetisches Außenministerium an die luxemburgische Vertretung in Moskau, 26. März 1962, 1 S.

509 So etwa ANLux, AE-AA-312, Wehrer (LMM Berlin) an Bech (MAEL), 17. Oktober 1949, 2 S.

510 Siehe bspw. Blums Kommentar zu einer gemeinsamen Protestnote der BTO an die UdSSR im Frühjahr 1952: „*Quant au résultat pratique, je suis pessimiste. Vous savez que l'URSS considère l'All. Or. comme un pays autonome et il est à craindre que la note sera déclarée irrecevable ou restera sans réponse – selon la tradition.*

anderes, als dass sich Luxemburg über einen international abgestimmten außenpolitischen Kurs hinwegsetzte und dadurch möglicherweise eine außenpolitische Isolation riskieren sollte. Dem Vorschlag ging man innerhalb des MAEL nicht nach, sondern scheint ihn bewusst ignoriert zu haben.[511]

Neben einer gemeinsamen außenpolitischen Position gegenüber der DDR, an die sich auch Luxemburg hielt, erörterte man innerhalb des BTO auch die Frage der nationalen Interessen in der DDR. Hier ging es direkt um die Frage, wer eigentlich nun für die immer noch in Ostdeutschland blockierten ausländischen Vermögenswerte und die Maßnahmen, welche gegen dieses Eigentum ergriffen worden waren, verantwortlich gemacht werden konnte. Seit Ausrufung der DDR hatten sich einige westeuropäische Regierungen einzeln an die UdSSR gewandt und den Schutz ihrer Interessen in der DDR gefordert. Damit einher ging die Vorstellung, dass die UdSSR immer noch für den Schutz ausländischen Vermögens verantwortlich gemacht wurde.

In diesem Kontext ist auf luxemburgischer Seite vor allem die Reaktion der ARBED auf eine ihr bekannt gewordene britische Protestnote interessant: Sobald dieses Schreiben auch von der Konzernleitung in Erfahrung gebracht werden konnte, forderte sie von der luxemburgischen Regierungen ein ähnliches Vorgehen. Zu diesem Zweck hatte man bereits eine entsprechende Protestnote, inspiriert von der britischen, aufgestellt. Dieser Entwurf war schon im Wortlaut der luxemburgischen Regierung verfasst und betraf nicht nur die ARBED-Interessen, sondern allgemein luxemburgische Vermögenswerte in der DDR. Die bereits mehrfach zuvor geäußerten Forderungen der ARBED wurden im Dokument von der Gesellschaft im Namen der luxemburgischen Regierung auf alle luxemburgischen Vermögenswerte in der DDR ausgedehnt.[512] In diesem Zusammenhang

---

Pratiquement, je reviens donc à ma façon de voir: contact direct avec la République Démocratique Allemande en cette matière: seul moyen d'avoir satisfaction éventuelle. Je suis certain que d'autres pays le feront en temps utile: die Letzten beissen die Hunde – il convient de ne pas être le dernier.", ANLux, AE-12034, Blum (lux. Vertretung in Moskau) an Bech (MAEL), 14. Februar 1952, 1 S.

511 Zur Position Blums siehe ausführlich unten S. 341–347.

512 „*Le Gouvernement du Grand-Duché tient à relever qu'il continue à rendre le Gouvernement de l'U.R.S.S. responsable de la protection des intérêts luxembourgeois en zone soviétique en Allemagne. Il demande que les assurances suivantes soient données: a) que le Gouvernement soviétique rende effective la protection des biens, droits et autres intérêts luxembourgeois se trouvant en Allemagne dans les territoires contrôlés par l'U.R.S.S.; b) que, dans les territoires susdits, il ne soit dorénavant plus procédé à expropriation ni de propriété luxembourgeoises ni de propriétés, dans lesquelles il existe des droits ou intérêts luxembourgeois, à moins qu'une compensation*

schlug die ARBED als Unternehmen dem luxemburgischen Staat nicht nur vor, an wen man sich am besten richten sollte, sondern lieferte auch einen ersten Entwurf zu einem entsprechenden Schritt, der sich nicht alleine nur auf die Aktienbeteiligungen des Unternehmens selbst bezog, sondern allgemein alle luxemburgischen Vermögenswerte in der DDR betraf. Ob die von der ARBED erstellte Protestnote vom MAEL übernommen wurde, lässt sich aufgrund der Quellenlage nicht belegen. Vielmehr scheint man auf luxemburgischer Seite eine gemeinsame Lösung der BTO-Staaten abgewartet zu haben.[513]

Die sowjetische Reaktion auf eine niederländische Note gab den Ausschlag für ein gemeinsames Handeln der BTO-Staaten und der USA.[514] Tatsächlich hatte Moskau mit Verweis auf die Verantwortung der ostdeutschen Behörden über das

---

prompte, adéquate et effective ne soit accordée aux propriétaires luxembourgeois; c) que dans les cas, où des expropriations de ce genre ont déjà été effectuées, le Gouvernement soviétique garantisse la restitution des biens, droits et autres intérêts qui sont propriété luxembourgeoise ou, si cela est impossible, le payement d'une indemnité prompte, adéquate et effective; d) que le contrôle des biens, droits et autres intérêts luxembourgeois puisse être transféré à des agents à designer par les propriétaires et les pouvoirs en due forme à délivrer par les propriétaires à leurs représentants soient reconnus; e) qu'il ne soit mis aucune entrave à l'obtention de renseignements raisonnables, que les propriétaires luxembourgeois sont amenés à demander en rapport avec leurs propriétés, leur commerce, leurs droits et autres intérêts; f) que les représentants d'entreprises luxembourgeoises soient autorisés à se rendre en zone soviétique et à avoir accès à leurs propriétés aux fins de recueillir les informations qui les concernent; g) que le Gouvernement soviétique donne l'assurance que les affaires, dans lesquelles il existe des intérêts luxembourgeois, soient exclues de toute discrimination, et qu'elles aient la faculté de faire du commerce sur un pied de complète égalité avec les autres affaires du même genre quelles qu'elles soient.", ANLux, AE-12034, Vorschlag einer diplomatischen Note der luxemburgischen Regierung an die Regierung der UdSSR, März 1950, 3 S. Es sei noch angemerkt, dass ganz im Sinne der beschlossenen politischen Vereinbarung bezüglich der Nicht-Anerkennung der DDR, dieser Name auch im Entwurf fehlt. Es ist hier lediglich die Rede von „*Allemagne dans les territoires contrôlés par l'U.R.S.S.*" und „*zone soviétique*".

513 Noch im August 1950 sandte ARBED abermals die Protestnote an das MAEL, diesmal mit dem Verweis, sich doch bitte auch an die sowjetische Repräsentation in Brüssel zu wenden. Auch über eine solche Intervention ist nichts bekannt; hierzu ANLux, AE-12034, Johann (ARBED) an das MAEL, 9. August 1950, 1 S.

514 Zur niederländischen Protestnote und den diesbezüglichen vertraulichen Gesprächen innerhalb der Ständigen Kommission der BTO siehe ANLux, AE-12034, Ständige Kommission der BTO, Notiz des Generalsekretärs zur Behandlung der sowjetischen Okkupationszone in Deutschland, 16. Juni 1951, 7 S. [im Folgenden zitiert als: ANLux, AE-12034, Ständige Kommission der BTO, 16. Juni 1951].

ausländische Vermögen in der DDR angekündigt, in Zukunft keine diesbezüglichen Anfragen mehr zu beantworten. Das Problem wurde nun innerhalb der ständigen Kommission der BTO behandelt. Auf niederländische Initiative hin entschied man sich erstmals für ein aktives gemeinsames Handeln, doch musste erst einmal über die konkreten Schritte beraten werden.

In der Zwischenzeit schuf man in der DDR Tatsachen: Am 6. September 1951 erließ die Regierung ein erstes Gesetz zur Behandlung des ausländischen Vermögens. Für die ARBED war diese Verordnung besonders interessant, da sie auch solches Vermögen unter Schutz stellte, welches nur teilweise und mittelbar in ausländischem Besitz war. Dies betraf damit alle ARBED-Beteiligungen in der SBZD/DDR, sofern sie sich noch in Treuhandschaft befanden. Da aber nachweislich die meisten Betriebe bereits längst entweder von der UdSSR oder der DDR verstaatlicht worden waren, konnte die Verordnung auch hier nicht greifen.[515] Das unter Schutz gestellte Eigentum sollte vom Wechsel der Besitz- oder Vermögensverhältnisse ausgeschlossen werden. Die endgültige Lösung sollte erst im Rahmen eines Friedensvertrags mit Deutschland beschlossen werden.[516] Nach dieser Verordnung konnten also die ARBED-Beteiligungen, welche noch nicht konfisziert worden waren, unter ostdeutschen Schutz gelangen, wo sie aber bis zur Lösung der Deutschland-Frage verbleiben sollten.

Innerhalb der ständigen Kommission der BTO beauftragte man eine Arbeitsgruppe mit der Ausarbeitung einer gemeinsamen Protestnote. An dieser Gruppe nahm auch ein amerikanischer Vertreter teil.[517] Interessant ist, dass der aufgestellte Entwurf von Seiten des MAEL auch an die ARBED-Leitung gesandt wurde, mit der Bitte um eine Stellungnahme. Offenbar wollten die luxemburgischen Behörden erst die Meinung des bedeutendsten luxemburgischen Gläubigers in der DDR einholen, bevor man sich hierzu im Rahmen der BTO äußern wollte. Dies spiegelte erneut die enge Zusammenarbeit der ARBED und der luxemburgischen

---

515 Lediglich die KABELWERK WILHELMINENHOF AG scheint zu diesem Zeitpunkt noch in Treuhandschaft gewesen zu sein. Doch war das Werk bereits 1945 zu 95 % demontiert worden. Die Messapparatefabrik Schlotheim funktionierte zumindest bis 1952 ohne Einschränkungen weiter. Das Gesetz hätte hier also durchaus greifen können. Doch argumentierte man auf ostdeutscher Seite bei der Verstaatlichung der Fabrik anhand eines angeblichen Wirtschaftsverbrechens der Unternehmensleitung. Eine solche Verstaatlichung sah keine Entschädigung der ausländischen Besitzer vor.

516 Verordnung, 6. September 1951, S. 839 f.

517 ANLux, AE-12034, Ständige Kommission der BTO, Dokument A/1448 vom 7. Januar 1952, Protokoll der 149. Sitzung in London, Eaton Place, vom 3. Januar 1952, um 11 Uhr, hier S. 2.

Regierung bei der Problematik offener Vermögensfragen in Deutschland wieder. Auf Seiten des MAEL vertraute man auf die diesbezüglichen Kompetenzen innerhalb der ARBED. Diese war ihrerseits mit dem Entwurf zufrieden und äußerte keinerlei Bedenken.[518] Schließlich wurde der Text von den BTO-Staaten und den USA angenommen und jede Regierung reichte eine im Wortlaut identische Note, allerdings unter ihrem jeweiligen Namen ein. Die Dokumente wurden am 23. Februar 1952 gemeinsam und schriftlich in Moskau eingereicht.

Im Mai 1952 antwortete das sowjetische Außenministerium auf die eingereichten Noten. Dabei wurde die Verantwortung über das ausländische Vermögen in der DDR auf die Regierung der DDR geschoben und auf deren Gesetz vom 6. September 1951 gestützt.[519]

Die sowjetische Antwort gab auf luxemburgischer Seite Anlass zu Konsultationen sowohl im Rahmen der kurz zuvor gegründeten COCOPO als auch im Rahmen der ständigen Kommission der BTO: Während innerhalb der COCOPO keine weiteren Maßnahmen beschlossen wurden, schlugen die USA innerhalb des BTO eine gemeinsame schriftliche Reaktion vor, in der die sowjetische Antwort vom Mai 1952 als unbefriedigend erklärt und nochmals unterstrichen werden sollte, dass die UdSSR weiterhin als verantwortlich für das ausländische Vermögen in der DDR angesehen werden würde. [520] Im Gegensatz zum Februar 1952 kam es allerdings nicht mehr zu einer gemeinsamen Protestnote aller BTO-Staaten und der USA. In der Tat enthielten sich die belgische und luxemburgische Regierung, da man die Aussicht auf Erfolg nicht größer einschätzte als zuvor.[521] Dies wurde zwar auch vom *State Department* und der niederländischen Regierung so gesehen, doch wollte man hier mit Blick auf die öffentliche Meinung und

---

518 ANLux, AE-12034, Konsbruck (ARBED) an das MAEL, 30. Januar 1952, 1 S.

519 ANLux, AE-12034, Blum (lux. Vertretung in Moskau) an Bech (MAEL), 26. September 1952, 1 S.

520 ANLux, AE-12968, COCOPO, Bericht der dritten Sitzung vom 5. Juni 1952 in Luxemburg, 23. Juni 1952, 8 S., hier S. 3. Die COCOPO war erst 1950 in Leben gerufen worden. Diese politische Zusammenarbeit der Benelux-Staaten ging dabei über die in den Benelux-Verträgen formulierte Kooperation hinaus; siehe hierzu DUMOULIN Michel, „J'ai fait quelque chose qui peut être grand". Paul-Henri Spaak et l'Europe jusqu'aux Traités de Rome, in: DUJARDIN Vincent/DUMOULIN Michel/PLASMAN, Pierre-Luc (Hg.), Jean-Charles Snoy, Paul-Henri Spaak. Signataires des Traités de Rome, Brüssel 2007, S. 34–49, hier S. 46. Zum Vorschlag der USA an die BTO siehe ANLUX, AE-12034, Amerikanischer Vorschlag eines Antwortschreibens an die UdSSR auf die sowjetische Begründung vom Mai 1952, September 1952, 1 S.

521 ANLux, AE-12034, Dumont (lux. Vertretung in London) an Bech (MAEL), 8. Januar 1952, 2 S.

den innenpolitischen Druck zeigen, dass man sich um die nationalen Interessen im Ostblock bemühte. Aus diesem Grund wurden auch die Protestnoten und die sowjetischen Antworten an die Presse weitergeleitet.[522]

Die Antwort Moskaus fiel wie erwartet aus: Die sowjetische Führung zeigte sich erneut unbeeindruckt und beharrte ebenfalls auf ihrem Standpunkt.[523] Damit war die Situation des ausländischen Vermögens in der DDR festgefahren. Die Unternehmen mit indirekter ARBED-Beteiligungen waren zu diesem Zeitpunkt entweder in SAGs integriert (BTA und AW MACKENSEN MASCHINENFABRIK & EISENGIEßEREI GMBH), Verstaatlichungen zum Opfer gefallen (GUMMIWERKE BALLENSTEDT GMBH sowie die GUMMIWERKE „ELBE" AG) oder ihr Status war unbekannt (KABELWERK WILHELMINENHOF AG; BLEICHERT FAHRZEUGANLAGEN GMBH, MESSAPPARATEFABRIK SCHLOTHEIM).

Bei den internationalen Gesprächen hatte man sich auf luxemburgischer Seite in der Frage des ausländischen Vermögens in der DDR sehr passiv und abwartend verhalten und sich damit begnügt, die Entscheidungen der BTO mitzutragen. Im Sommer 1952 hatte man sich jedoch zusammen mit Brüssel dafür entschieden, keine erneute Protestnote mehr zu senden. Hierbei handelte es sich nicht um einen Sonderweg: alle Regierungen der BTO waren sich im Vorfeld darüber einig gewesen, dass eine erneute Note keine Besserung nach sich ziehen würde. Die Beweggründe für die erneute koordinierte Kontaktaufnahme von Seiten der USA und verschiedener Regierungen der BTO lagen vor allem am Druck der Öffentlichkeit in diesen Ländern. Da man in Luxemburg und Belgien auf einen solchen Schritt verzichtete, bedeutete dies, dass hier der Druck in der Öffentlichkeit auf die luxemburgische Regierung geringer zu sein schien. Und tatsächlich finden sich weder in den Dokumenten des MAEL noch in der luxemburgischen Presse der Zeit Hinweise auf einen solchen Druck.

Erst Mitte der fünfziger Jahre wurden die Bemühungen von Seiten der Verteidiger wieder verstärkt: Erneut berieten sich Vertreter der ARBED, der F&G CARLSWERK AG sowie des MAEL mit ihren Außendienststellen zum weiteren Vorgehen.[524] Dabei wurden weitere Interventionen sowohl bei sowjetischen als

---

522 Zur Konsultierung über die Vertraulichkeit der Protestnoten vgl. ANLux, AE-12034, Blum (lux. Vertretung in Moskau) an Bech (MAEL), 25. Januar 1952, 2 S.; ANLux, AE-12034, Blum (lux. Vertretung in Moskau) an Bech (MAEL), 9. März 1953, 1 S. (mit der amerikanischen und niederländischen Note).

523 ANLux, AE-12034, Sowjetische Note an die amerikanische Regierung, 6. Februar 1953, 1 S.

524 ANLux, AE-12048, Beteiligungen der ARBED in Osteuropa. Protokoll einer Sitzung im Büro von Bech, 16. September 1955, 1 S. [im Folgenden zitiert als: ANLux,

auch deutschen Behörden beschlossen. Allerdings trug man der politischen Entscheidung der Nichtanerkennung der DDR weiterhin Rechnung: So kontaktierte lediglich die deutsche F&G Carlswerk AG direkt die ostdeutschen Dienststellen, wobei sie durchaus auch den Begriff DDR verwendete. Die luxemburgischen Behörden hingegen richteten sich ausschließlich an die sowjetischen Dienststellen in Berlin und Moskau und dies trotz Einwänden der Arbed, die gerne auch eine luxemburgische Intervention bei ostdeutschen Behörden gesehen hätte.[525] Doch weder mündliche Unterredungen noch schriftliche Interventionen führten zum Erfolg. Die sowjetischen Gesprächspartner schoben die Verantwortung auf die DDR, während die luxemburgische Regierung sich beeilte bekanntzugeben, dass sie die UdSSR weiterhin für das Schicksal der luxemburgischen Vermögenswerte in der ehemaligen sowjetischen Besatzungszone verantwortlich mache und jede eventuelle Vereinbarung zwischen Moskau und Ostberlin als *res inter alios acta* betrachte.[526] Bis 1957 war man also keinen Schritt weitergekommen. Die Wahrung der Arbed-Interessen in der SBZD befand sich in einer Sackgasse.

AE-12048, Beteiligungen, 16. September 1955]; an der Sitzung nahmen auf Seiten der der Arbed der beigeordnete Generaldirektor Konsbruck und Direktor Johann teil, während die luxemburgische Regierung von Bech, Blum und Als, dem *Envoyé extraordinaire et ministre plénipotentiaire* in Brüssel, vertreten wurde. Siehe zudem ANLux, AE-12048, Interessen der Arbed in Osteuropa. Protokoll einer Sitzung bei der Arbed vom Mittwoch, 21. September 1955 um 17 Uhr, 3 S. [im Folgenden zitiert als: ANLux, AE-12048, Protokoll, 21. September 1955]. An dieser Unterredung nahmen der beigeordnete Generaldirektor Konsbruck sowie die Direktoren Kauffman und Johann teil. Sie wurden von Michel Goedert, Direktor der Columeta, begleitet. Auf Seiten des MAEL waren neben Bech auch die beiden lux. Vertreter in Moskau und Brüssel, Blum und Als, anwesend.

525 So etwa im Fall der Messapparatefabrk Schlotheim, das von den ostdeutschen Behörden erst 1952 konfisziert worden war, indem man dem Direktor Hülsberg Wirtschaftsverbrechen vorwarf; hierzu ANLux, AE-AA-346, F&G Carlswerk AG an Wilhelm Renger (Anwalt Hülsbergs), 12. Mai 1952, 2 S., ANLux; AE-AA-346, F&G Carlswerk AG an das Finanzministerium sowie das Außenministerium der DDR, 12. Mai 1952, 3 S. Zur Forderung der Arbed nach einer luxemburgischen Kontaktaufnahme mit ostdeutschen Behörden siehe ANLux, AE-AA-346, Arbed an das MAEL, 23. Mai 1952, 2 S., hier S. 2.

526 ANLux, AE-AA-346, LMM Berlin an Kotzuba (Chef der sowjetischen Verbindungsstelle der sowjetischen Kontrollkommission in Deutschland), 13. Juni 1952, 1 S. Zur luxemburgischen Stellungnahme siehe ANLux, AE-12048, Notiz über ein Telefonat zwischen dem MAEL und der Arbed, 14. Januar, 1956; ANLux, AE-12048, Blum (lux Vertretung in Moskau) an Bech (MAEL), 14. Februar 1956.

III.1.8 Die *Association luxembourgeoise pour la défense des droits, biens et intérêts alliés en Allemagne* und ihre Bemühungen im Rahmen der Wahrung der ARBED-Interessen in der SBZD/DDR

Angesichts der ins Stocken geratenen offiziellen diplomatischen Bemühungen wurden die Bemühungen der ARBED-Leitung, ihre Vermögenswerte über private und halb-offizielle Kanäle zu schützen, umso wichtiger. Von Anfang an suchte die ARBED-Leitung den Kontakt zu Unternehmen, die sich mit ähnlichen Problemen konfrontiert sahen. Wie bereits deutlich wurde, hielt die ARBED dabei nicht nur engen Kontakt zu ihrer Tochtergesellschaft, der F&G CARLSWERK AG, sondern war auch darüber hinaus aktiv. Über Industriekontakte war man bspw. in der Lage gewesen, dem MAEL Präzedenzfälle aus den Niederlanden und der Schweiz mitzuteilen.[527]

Ein traditionell enger Kontakt bestand zu belgischen Unternehmen. Im Rahmen der UEBL hatten Betriebe beider Staaten oft Interessenskongruenzen. Wie die geschilderten Präzedenzfälle und die Aktivitäten im Rahmen der BTO bereits verdeutlicht haben, waren von den Verstaatlichungen und Reparationsbestimmungen der Industrie in der SBZD/DDR eine ganze Reihe westeuropäischer Unternehmen betroffen. Bei diesen Unternehmen wuchs das Bedürfnis einer stärkeren Zusammenarbeit und Koordinierung ihrer Bemühungen.

Das folgende Unterkapitel beschäftigt sich mit den Bemühungen der Industrieunternehmen, sich hinsichtlich ihrer offenen Vermögenswerte in Deutschland zu organisieren.

Spätestens Anfang 1948 hatten sich in Frankreich, Großbritannien, Belgien und den Niederlanden Interessensverbände der Industrie etabliert, die für den Schutz ihrer Interessen in Deutschland und in den verschiedenen osteuropäischen Staaten eintraten. Verschiedene Abteilungen innerhalb dieser Verbände beschäftigten sich mit den Entwicklungen in den einzelnen osteuropäischen Ländern sowie Deutschland. So war etwa die belgische *Association des intérêts industriels belges à l'étranger* in die Unterabteilungen Polen, Jugoslawien etc. aufgegliedert. Die nationalen Verbände schlossen sich zu einem internationalen Interessensverband, der *Association internationale des intérêts alliés à l'étranger* zusammen, welche als eine Art Dachverband fungieren sollte und in einzelne Unterabteilungen gegliedert war. Von einer festen Struktur kann jedoch keine Rede sein. Struktur und Organisation waren vielmehr pragmatischer Natur. Dies wird vor allem daran deutlich, dass einzelne Sektionen sowohl auf internationaler als auch auf nationaler Ebene unter teilweise unterschiedlichen Namen

527 Hierzu oben, S. 192 f.

handelten und von den jeweiligen Behörden unterschiedlich bezeichnet wurden, obwohl es sich eindeutig um den gleichen Verbund handelte.

Die Vereinigungen fungierten sowohl auf nationaler als auch auf internationaler Ebene als eine Art Lobby-Verbände, deren Hauptaugenmerk auf der Wahrung der Interessen ihrer Mitglieder in den verschiedenen osteuropäischen Staaten sowie in Deutschland lag. Bei den verschiedenen westeuropäischen Regierungen setzte man sich für die Wahrung der Industrie-Interessen in den einzelnen Staaten ein. Durch den Zusammenschluss nationaler Interessengemeinschaften zu einem internationalen Interessenverband konnte man die einzelnen Maßnahmen und Schritte aufeinander abstimmen und koordinieren. Bei den jeweiligen Regierungen wurden die auf internationaler Ebene beschlossenen Standpunkte und Forderungen vorgestellt und die Verantwortlichen zum Handeln gedrängt. Die einzelnen Verbände konnten aber auch in direkten Kontakt mit osteuropäischen Behörden treten und dort Abkommen aushandeln. Trotz dieser koordinierten Maßnahmen kann man keineswegs von einer streng reglementierten Institution sprechen.

In Luxemburg hatte sich Anfang 1948 ein ähnlicher Verband gebildet und sich der *Association internationale des intérêts alliés, Section Allemande* angeschlossen. Der Verband fungierte als *Association pour la sauvegarde des biens et intérêts luxembourgeois en Allemagne*. Die diesbezüglichen Quellen sind äußerst spärlich, so dass außer der Arbed keine weiteren Mitglieder ermittelt werden konnten. Etwaige spezifische Archiv-Fonds fehlen.

Anders als etwa der belgische Interessensverband bzw. die internationale Schirmorganisation gab es in Luxemburg keinen Interessensverband luxemburgischer Unternehmer mit offenen Vermögensfragen im Ausland, der in einzelne Abteilungen aufgliedert war. Hier gab es lediglich eine Interessengemeinschaft für Deutschland. Angesichts des Interesses der Arbed an Vermögensfragen in Deutschland darf es nicht verwundern, dass Guillaume Konsbruck, beigeordneter Generaldirektor der Arbed, den Vorsitz der *Association pour la sauvegarde des biens et intérêts luxembourgeois en Allemagne* übernahm. Konsbruck konnte demnach sowohl als Vertreter der Arbed als auch als Repräsentant eines Interessensverbandes beim MAEL intervenieren. Die Ziele der Association wurden in einem der wenigen Presseartikel zusammengefasst:

„L'Association, nous le rappelons, a pour but d'assurer par tous les moyens appropriés la sauvegarde des intérêts généraux des ressortissants luxembourgeois. En collaboration avec les associations similaires existant dans d'autres pays elle s'applique, d'une part à obtenir, dans la mesure du possible, la restauration des droits compromis dans le passé, d'autre part à faire échec, dans toute la mesure du possible, aux mesures nouvelles qui pourraient soit porter atteinte aux intérêts luxembourgeois, soit faire

obstacle à la reprise des relations normales entre les ressortissants du Luxembourg et ceux de l'Allemagne."[528]

Mit Blick auf das Fehlen jeglicher Informationen über weitere Mitglieder in der Vereinigung sowie vor dem Hintergrund der wirtschaftlichen Rolle der ARBED in Luxemburg wird der Verdacht geweckt, dass der Verband sehr stark von der ARBED vereinnahmt gewesen sein muss. Möglicherweise handelt es sich hierbei um ein von der ARBED geschaffenes Instrument, das vor allem die Teilnahme an Versammlungen ausländischer Interessensverbände sowie den Zugang zu den dort behandelten Informationen ermöglichte.

Konsbruck nahm am ersten Treffen der *Association internationale des intérêts alliés, Section Allemande* im Februar 1948 teil.[529] Er wurde dabei vom luxemburgischen Konsul in Aachen, Schrader, begleitet, ein erneuter Beleg der engen Zusammenarbeit zwischen ARBED und luxemburgischer Regierung.[530]

Bei diesem Treffen wurden dann erste Richtlinien zum weiteren Vorgehen festgelegt: So einigte man sich darauf

„*que les interventions et démarches auprès de nos gouvernements et par leurs intermédiaires auprès des quatre Grands en vue de la sauvegarde de nos biens, droits et intérêts en Allemagne doivent se faire de commun accord, simultanément et le plus souvent possible. Ce n'est que l'action massive qui a de la chance à réussir.*"[531]

Zudem wurde ein enger Informationsaustausch beschlossen: Listen über die jeweiligen Interessen sollten ausgetauscht und der französische und amerikanische Interessenverband miteinbezogen werden. Dazu sollte ein Memorandum verfasst werden, das man den jeweiligen Regierungen vorlegen könne.[532] Bereits Anfang März konnte ein solcher Text den Regierungen Frankreichs, Großbritanniens und der Benelux-Staaten überreicht werden. Das Memorandum zielte

528 O. A., Nos biens et intérêts en Allemagne, in: Echo de l'Industrie 40 (4. Oktober 1952) S. 2 f.

529 ANLux, AE-AA-129, *Association internationale des intérêts alliés, Section Allemande*, Bericht eines Treffens vom 13. Februar 1948, 2 S.

530 Am Treffen nahmen außerdem teil: V. Cavendish-Betinck, Vorsitzende des *Committee of British Industrial Interests in Germany*, Steenberghe, Präsident des Kommittees zum Schutz niederländischer Interessen in Deutschland, Hulin, Präsident der *Association des intérêts industriels belges à l'étranger (section Allemagne)*, Georges Janson, Wirtschaftsberater der SOLVAY & CIE, Ebrant, Direktor der SOLVAY & CIE sowie Swolfs, Sekretär der Direktion der SOLVAY & CIE; hierzu ebd., S. 1.

531 Ebd., S. 2.

532 Ebd., S. 2.

dabei ausschließlich auf die Westzonen Deutschlands; erst im Anhang wurde auch Position zur Situation in der SBZD bezogen: Hier stellte der Interessenverband fest, dass viele Schritte, gegen die der Verband Stellung bezog, bereits durchgeführt worden seien. Daher fordere man die Restitution der verlorenen Beteiligungen und in Fällen, wo dies nicht mehr möglich sei, eine „gerechte" Entschädigung. Man bezog sich dabei auf die bereits bestens bekannte Resolution, welche im Rahmen der Pariser Reparationskonferenz von einigen Staaten beschlossen worden war.[533]

Man stellt fest, dass die Argumentation des Verbandes, nämlich der Rückgriff auf die Resolution, nicht von jener der ARBED-Direktion abweicht. Der luxemburgische Konzern, der über Konsbruck genauestens über die Aktivitäten des Verbandes informiert war, wird sich sicherlich in seinen Kontakten mit der luxemburgischen Regierung an der Argumentation der *Association internationale des intérêts alliés, Section Allemande* orientiert haben.

Auf luxemburgischer Regierungsseite nahm man die Ansprüche des Verbandes sehr ernst. Das MAEL, dem das Memorandum vorgelegt worden war, instruierte sofort Wehrer in Berlin, die Informationen des Dokumentes bei kommenden Verhandlungen bezüglich der Wahrung der luxemburgischen Interessen in Deutschland zu verwenden.[534]

Da der Leiter der LMM Berlin aber bereits im Rahmen der Argumentation der ARBED seine Bedenken gegenüber der Anwendung der Resolution der Pariser Reparationskonferenz in der SBZD geäußert hatte, ist es sehr unwahrscheinlich, dass man innerhalb der LMM Berlin dem Memorandum in Bezug auf die ARBED-Interessen in der SBZD besondere Bedeutung beigemessen hat.

Vom 24. bis 25. Juni tagte der internationale Verband erneut, diesmal in Luxemburg. Hier wurde bezüglich der Situation in der SBZD ein eigenes Memorandum erarbeitet: In diesem stellte die Interessensgemeinschaft fest, dass keine Besserung in der Frage ihrer Interessen in der SBZD eingetreten sei. Im Falle ihrer Beteiligungen in Unternehmen in der SBZD forderten die Delegationen, dass ihre jeweiligen Regierungen Druck auf die sowjetische Regierung ausübten, um den Interessen der Staatsangehörigen der Vereinten Nationen die gleiche Behandlung zukommen zu lassen wie in den Westzonen. Im Falle einer definitiven Verstaatlichung forderte man eine gerechte und angemessene Entschädigung. Im Fall eingezogener Aktien von Staatsangehörigen der Vereinten Nationen in

533 ANLux, AE-AA-129, *Association internationale des intérêts alliés, Section Allemande*, Memorandum, 3. März 1948, 11 S., hier S. 11.

534 ANLux, AE-AA-129, MAEL an Wehrer (LMM Berlin), 28. April 1948, 1 S.

der SBZD forderte der Verband, dass die Regierungen diese Aktien annullieren und neue Aktien und Anleihen schaffen solltem, um die alten zu ersetzen.[535]

Diesem Vorschlag kam man zumindest auf Seiten der luxemburgischen Regierung nicht nach. Tatsächlich hatte man es im Fall der ARBED ja auch mit indirekten Aktienbeteiligungen zu tun, welche über eine deutsche Gesellschaft geführt wurden. Die Aktienanteile an der F&G CARLSWERK AG waren bekanntlich zu keinem Zeitpunkt gefährdet. Die luxemburgische Regierung scheint rechtlich kaum in der Lage gewesen zu sein, verlorene Aktienanteile einer westdeutschen Gesellschaft in der SBZD einfach so auszutauschen. Bemühungen zu anderen luxemburgischen direkten Aktienbeteiligungen sind nicht bekannt.

Die Interventionen der Verbände bei ihren jeweiligen Regierungen zugunsten ihrer Forderungen blieben zumindest in Luxemburg nicht unberücksichtigt, doch hatten auch sie wenig Aussicht auf Erfolg. Die Argumentation der Verbände unterschied sich nicht von jener Argumentation, die schon von der ARBED-Direktion vorgebracht worden war, sprich: man verwies auf die alliierten Besitzverhältnisse und die dafür in Frage kommenden Schutz- bzw. Entschädigungsklauseln. In einem weiteren Memorandum, das im September 1949 verfasst wurde, stellten die Delegationen ernüchternd fest, dass eine Verbesserung der Lage weiterhin auf sich warten lasse.[536]

Im weiteren Verlauf verlieren sich die Hinweise sowohl des luxemburgischen Verbands als auch der internationalen Interessengemeinschaft: In seiner Funktion als Präsident des luxemburgischen Verbands trat Konsbruck noch einmal im Oktober 1951 an die Regierung heran und machte das MAEL auf das ostdeutsche Gesetz vom 6. September 1951 zur Verwaltung ausländischen Vermögens aufmerksam. Er äußerte seine Skepsis und befürchtete, es könne sich bei der Verordnung um eine kaschierte schrittweise Enteignung des betreffenden Besitzes handeln.[537] Das ostdeutsche Gesetz wurde dann auch noch einmal in einer weiteren öffentlichen Versammlung des Verbandes thematisiert. An der Versammlung, deren Bericht auch den Weg in die Spalten des *Echo de l'Industrie* fand, nahmen auch Vertreter der Regierung teil. Der Verband entschloss sich dazu, seine Bemühungen zu verstärken, um Näheres über das ostdeutsche Gesetz

535 ANLux, AE-AA-199, *Association internationale des intérêts alliés, Section Allemande*, Memorandum über die Behandlung alliierten Vermögens in der SBZD, 25. Juni 1948, 2 S.

536 ANLux, AE-8389, Wehrer, 5. Dezember 1949, S. 2.

537 ANLux, AE-12034, Konsbruck (*Association pour la sauvegarde des biens et intérêts luxembourgeois en Allemagne*) an Bech (MAEL), 20. Oktober 1951, 1 S.

vom 6. September 1951 in Erfahrung zu bringen, ohne jedoch weitere Angaben zu machen.[538]

III.1.9 Die Wahrung der ARBED-Beteiligungen nach Anerkennung der DDR

Die Frage der ARBED-Beteiligungen in der DDR blieb über Jahrzehnte unbeantwortet. Erst Ende des Jahres 1972 kam erneute Bewegung in diese Problematik.

Der am 21. Dezember 1972 geschlossene Grundlagenvertrag zwischen der BRD und der DDR, welcher die Beziehungen der beiden deutschen Staaten normalisierte, stellte auch die übrigen Länder der westlichen Hemisphäre, vor allem innerhalb der NATO, vor die Frage der offiziellen Anerkennung der DDR. Da von Seiten der NATO keine Einwände mehr gegen die Etablierung diplomatischer Beziehungen mit der DDR erhoben wurden, entschloss sich die luxemburgische Regierung bereits am 22. Dezember 1972 zur Aufnahme diplomatischer Beziehungen mit der DDR. Damit folgte man einem allgemeinen Trend vieler westeuropäischer Staaten, der vom luxemburgischen Botschafter in Bonn, Nicolas Hommel[539], als „*course à la reconnaissance*“ bezeichnet wurde.[540]

---

538 ANLux, AE-12034, *Association pour la sauvegarde des biens et intérêts luxembourgeois en Allemagne*, Bericht des Verbandspräsidenten von der Sitzung vom 16. September 1952, 14 S., hier S. 13; siehe auch O. A., Nos biens et intérêts en Allemagne, in: Echo de l'Industrie 40 (4. Oktober 1952), S. 2 f.

539 Hommel gehörte zu einer Gruppe von jungen Beamten an, die in den ersten Nachkriegsjahren für den sich im Ausbau befindlichen diplomatischen Dienst eingestellt wurden. Wie viele seiner Kollegen, die gleichzeitig eingestellt wurden, hatte Hommel Jura studiert und eine Zeit lang als Anwalt gearbeitet. Im Juni 1948 trat er als *Secrétaire de Légation* ins MAEL ein und stieg hier rasch die Karriereleiter hoch. 1953–1957 war er der ständige luxemburgische Vertreter bei der NATO. Danach war er oberster luxemburgischer Vertreter in Brüssel und Bonn. 1973–1980 fungierte er zudem als Generalsekretär des Rates der Europäischen Gemeinschaft; zu seinen Funktionen siehe die jeweils entsprechende offizielle Erwähnung im Mémorial du Grand-Duché de Luxembourg.

540 ANLux, AE-17602, Hommel (lux. Vertretung in Bonn) an Thorn (MAEL), 22. November 1972, 2 S., hier S. 1. Noch ein Jahr zuvor hatte die luxemburgische Abgeordnetenkammer gegen einen entsprechenden Antrag der Abgeordneten der KPL gestimmt; siehe hierzu Motion Nr. 7 vom 7. Januar 1972; in: CR, 24. Sitzung (7. Januar 1970), Sp. 1926–1930. Hervorzuheben ist, dass Belgien als erstes westeuropäisches Land die DDR anerkannt hatte; siehe hierzu WIJNGAERT Mark van den, Oost West, West Best: Belgie Onder de Koude Oorlog, 1947–1989, Tielt 1997, S. 59.

Ähnlich wie in anderen Staaten, überprüfte man auch in Luxemburg die Möglichkeit, die Aufnahme der diplomatischen Beziehungen an offene Vermögensfragen in der DDR zu binden. Diese Idee war in Luxemburg keineswegs neu: Schon 1969 war sie im Rahmen eines Antrags auf Anerkennung der DDR vom Abgeordneten der KPL, Dominique Urbany, angedeutet worden.[541]

Ähnliche Diskussionen fanden auch in Regierungskreisen anderer westeuropäischer Staaten und in den USA statt. Je nach Land und Regierung wurde den offenen Vermögensfragen eine andere Bedeutung beigemessen. Während einige Regierungen, darunter die USA, sich bei der Aufnahme der diplomatischen Beziehungen mit der DDR Zeit ließen und sie als Druckmittel zur Lösung offener Vermögensfragen nutzten, waren andere Länder, darunter die in dieser Frage eng zusammenarbeitenden Benelux-Staaten, bereit, erst die diplomatischen Beziehungen zu normalisieren, um im Anschluss daran die offenen Vermögensfragen zu regeln.[542] Nichtsdestotrotz pochten die drei Benelux-Regierungen darauf, von der DDR zumindest schriftlich zugesichert zu bekommen, dass die Problematik in zukünftigen bilateralen Gesprächen erörtert werden würde. Nach ersten Kontakten zwischen ostdeutschen und luxemburgischen Vertretern wurde schließlich am 5. Januar 1973 eine erste offizielle Stellungnahme zu den Beziehungen

---

541 *„Wat de Krichsschued ubelangt, ass et évident, an ech krut dat vun déne verantwortleche Leit aus der DDR versëchert, datt wann d'DDR unerkannt get vu Letzeburg, da Verhandlunge mat Letzeburg mussen opgeholl gi betreffend d'Fro vum Krichsschued, de' jo och e wéineg zesummenhänkt mam Krichsschuedvertrag vu Pareis.*"[deutsche Übersetzung: *Was die Kriegsschäden anbelangt, ist es evident, und dies wurde mir von den verantwortlichen Leuten aus der DDR versichert, dass, falls wenn die DDR von Luxemburg anerkannt wird, dann müssen Verhandlungen mit Luxemburg über die Frage der Kriegsschäden, welche auch ein wenig mit dem Pariser Vertrag über die Kriegsschäden zusammenhänkt, aufgenommen werden*], CR, 24. Sitzung (7. Januar 1970), Sp. 1927.

542 Die Beweggründe der luxemburgischen Strategie wurden vom Außenminister Thorn in einer schriftlichen Antwort auf eine parlamentarische Anfrage vom Dezember 1972 erläutert: Zum Einen hätte man dadurch die Gesamtheit der zukünftigen Beziehungen riskiert, was in keiner Relation zur Problematik stünde, und zum anderen war man sich sicher, erst über die etablierten diplomatischen Kanäle eine definitive Lösung der Frage erreichen zu können; hierzu ANLux, AE-16068, Schriftliche Antwort des Außenministers Thorn auf eine parlamentarische Anfrage des Abgeordneten Fandel (Parteilos) vom 18. Dezember 1972, 12. März 1973, 4 S. Siehe auch Hacker Jens, Die Stellung der DDR gegenüber den westlichen Ländern, in: Brunner Georg (Hg.), Die innere und äußere Lage der DDR, Berlin 1982 (= Der Göttinger Arbeitskreis 429), S. 89–122, hier S. 108.

der beiden Staaten abgebeben. In diesen wurde auch die Frage des luxemburgischen Vermögens aufgeworfen:

> *„Les deux parties sont convenues d'engager dans cet esprit, après l'établissement de relations diplomatiques et à une date appropriée et aussi rapprochée que possible, des consultations et négociations en vue de régler les problèmes suivants [...] – les questions encore ouvertes concernant les personnes, les biens et les intérêts financiers, il s'agit plus particulièrement des avoirs luxembourgeois existant à la date du 8 mai 1945 sur ce qui est devenu le territoire de la RDA."*[543]

Auch die ARBED scheint mit diesem Kurs einverstanden gewesen zu sein. Aus der Dokumentation geht keine Kritik des luxemburgischen Konzerns gegen die Anerkennung der DDR ohne vorherige Lösung offener Vermögensfragen hervor, dabei hätte sie von dieser Vorgehensweise möglicherweise profitieren können.

Zuvor hatte die belgische Regierung als erstes westeuropäisches Land nach der Unterzeichnung des Grundvertrages durch die beiden deutschen Staaten die DDR anerkannt und mit ihr diplomatische Beziehungen aufgenommen. Auch hier wurde ein ähnlicher Passus ins Protokoll gesetzt. Bei einem anschließenden Besuch des ostdeutschen Außenministers Winzer[544] in Belgien im November 1973 wurde die Frage des belgischen Vermögens in der DDR zwar nur knapp erwähnt, die Klärung einiger Fälle jedoch auf Januar 1974 festgelegt.[545] Gleiches wurde auch zwischen Winzer und Außenminister Thorn, im Zuge des Besuchs des ostdeutschen Außenministers in Luxemburg vom 1.–3. Dezember 1973 verabredet.[546]

---

543 ANLux, AE-16068, Protokoll vom 5. Januar 1973, gezeichnet Kleinberg (ostdeutsche Delegation) und Hastert (lux. Delegation), 2 S., hier S. 2.

544 Winzer, Otto (*3. April 1902 in Berlin-Reinickendorf; 3. März 1975 in Berlin); 1916–1922 Ausbildung zum Schriftsetzer; ab 1919 Mitglied in diversen kommunistischen Vereinigungen und Aufstieg in der KPD; gleichzeitig Tätigkeit und Aufstieg im Verlagswesen; Arbeit in diversen Verlagen, Zeitschriften und Radiosendern in Berlin, Paris, Amsterdam und Moskau; ab September 1944 Seminarleiter an der Parteischule der KPD in Moskau; im April 1945 Rückkehr mit der Gruppe Ulbricht nach Deutschland; danach Aufstieg in der KPD und später der SED bis zum Posten der Außenministers (1965–1975). Siehe MÜLLER-ENBERGS Helmut/BARTH Bernd-Rainer, Winzer, Otto, in: MÜLLER-ENBERGS/WIELGOHS/HOFFMANN, Wer, S. 923.

545 ANLux, AE-16068, Telex, Bericht von Fischbach über den Besuch Winzers in Brüssel, 3 S., hier S. 3.

546 Interessanterweise enthalten aber weder der interne Bericht noch das offizielle gemeinsame Kommuniqué dazu einen Hinweis; hierzu ANLux, AE-AA-744, Bericht über den Besuch des ostdeutschen Außenministers Winzer am 2. Dezember 1973,

Bis zum Besuch des ostdeutschen Außenministers war man auf luxemburgischer Seite in der Frage des luxemburgischen Vermögens in der DDR nicht untätig geblieben: So waren bereits am 28. Dezember 1972 sowie noch einmal am Anfang des Jahres 1973 Pressemitteilungen des MAEL ausgegeben worden, in denen alle Besitzer von Vermögen in der DDR gebeten wurden, genaue Angaben über ihr Vermögen zu machen. *„Die so gewonnenen Angaben sollen dazu dienen, Verhandlungen mit der Deutschen Demokratischen Republik zu führen.“*[547]

Die ostdeutschen Behörden hielten sich an ihre Zusagen und so fanden Ende Januar 1974 in Ost-Berlin erste Gespräche zwischen einer belgo-luxemburgischen Delegation unter Leitung J. Schokkaerts und einer ostdeutschen Delegation statt. Ziel war es erneut, ein Entschädigungsabkommen zwischen der UEBL und der nun offiziell anerkannten DDR zu erreichen. Im Verlauf der Gespräche wurde jedoch klar, dass die ostdeutschen Behörden keineswegs beabsichtigten, Eigentümer indirekter Aktienbeteiligungen zu entschädigen. Dagegen erhob die belgisch-luxemburgische Delegation Einspruch: Mit Verweis auf nicht näher erläuterte Globalentschädigungsabkommen mit anderen Staaten bemerkte sie, dass die Entschädigung indirekter Aktienbeteiligungen *„conforme aux règles de droit international“* sei.[548]

Die Gespräche wurden jedoch nicht zu einem Abschluss geführt: Zu einer weiteren, auf den Herbst 1974 fixierten Gesprächsrunde fehlen entsprechende Berichte in den belgischen und luxemburgischen Archiven.[549]

Zumindest für 1975 ist auf luxemburgischer Seite noch ein Beleg bekannt: Im Mai 1975 stattete Außenminister Thorn der DDR einen Besuch ab. Ein Bericht des MAEL erwähnt dabei auch, dass Thorn sich mit seinem Amtskollegen

---

2 S. [im Folgenden zitiert als: ANLux, AE-AA-744, Bericht, 2. Dezember 1973]; ANLux, AE-AA-744, Gemeinsames Kommuniqué anlässlich des offiziellen Besuches des Ministers für Auswärtige Angelegenheiten der Deutschen Demokratischen Republik im Großherzogtum Luxemburg, 3. Dezember 1973, 4 S. Informationen liefert erst ein Telex; siehe ANLux, AE-AA-744, Telex von Unbekannt, 4. Dezember 1973, 1 S.

547 ANLux, AE-AA-658, Mitteilung an die in der Bundesrepublik Deutschland ansässigen luxemburgischen Staatsbürger, April 1973, 1 S.

548 AMAEB, Dossier n° 7062/8, Négociations financières sur l'indemnisation des avoirs belges et luxembourgeoises lésés en République démocratique allemande, Berlin 29–31 janvier 1974, 11 S., hier S. 10.

549 Am 31. August 1974 wurde lediglich ein Abkommen über wirtschaftliche und technische Zusammenarbeit zwischen der DDR und der UEBL geschlossen. Offene Vermögensfragen fanden hier keine Erwähnung; der Vertrag ist unter anderem abgedruckt in: Dokumente zur Außenpolitik der DDR (1974/2), S. 768–770.

Fischer[550], dem Vorsitzenden des Staatsrats Stoph[551] und dem Vorsitzenden des Ministerrats Sindermann[552] auch zur Frage der Entschädigung des verlorenen luxemburgischen Vermögens in der DDR unterhalten habe, doch hätten diese Gespräche vertraulich stattgefunden.[553]

Die UEBL konnte im Lauf der Zeit Globalentschädigungsabkommen mit mehreren osteuropäischen Staaten abschließen, die Entschädigungen für die Enteignungen des luxemburgisch-belgischen Vermögens vorsahen. Dabei handelte es sich um zwischenstaatliche Abkommen, welche eine pauschale und globale Auszahlung einer vorher ausgehandelten Entschädigungssumme an die Empfängerregierung vorsahen. Es oblag dem Empfängerstaat, im weiteren Verlauf die

---

550 Fischer, Oskar (*19. März 1923 in Asch); 1937–1940 Ausbildung zum Schneider; 1941–1944 Wehrmacht; 1944–1946 sowjetische Kriegsgefangenschaft; nach der Rückkehr in Deutschland, Aufstieg innerhalb der SED bis zum Posten der Ministers für Auswärtige Angelegenheiten 1975–1990. Siehe MÜLLER-ENBERGS Helmut/BARTH Bernd-Rainer, Fischer, Oskar, in: MÜLLER-ENBERGS/WIELGOHS/HOFFMANN, Wer, S. 212.

551 Stoph Willi (*9. Juli 1914 in Berlin -Schöneberg, 13. April 1999 in Berlin); 1928–1931 Maurerausbildung und verschiedene Funktion innerhalb der KJVD Berlin-Schöneberg; 1931–1934 Mitarbeiter des Nachrichtendienstes der KPD; 1935–1937 und 1940–1945 Wehrmacht; April bis Juli 1945 sowjetische Kriegsgefangenschaft; danach Aufstieg innerhalb der KPD und der SED, unter anderem Mitglied des Politbüros des Zentralkomitees der SED (1950–1989); Minister des Inneren (1952–1955), Minister für Nationale Verteidigung (1956–1959) sowie Vorsitzender des Ministerrats (1964–1973) und des Staatsrats (1973–1976); maßgeblich an der Ablösung Erich Honeckers beteiligt; danach mehrere Ermittlungverfahren gegen Stoph unter anderem wegen Verdacht des Amtsmissbrauchs und der Schießbefehle an der innerdeutschen Grenze. Biographische Angaben in: MÜLLER-ENBERGS Horst/BARTH Bernd-Rainer, Stoph, Willi, in: MÜLLER-ENBERGS/WIELGOHS/HOFFMANN, Wer, S.

552 Sindermann, Horst (*5. September 1915 in Dresden; 20. April 1990 in Berlin); 1932–1933 Angestellter einer deutschen Vertriebsgesellschaft für russische Ölprodukte; 1934 Politischer Leiter des Kommunistischen Jungendverbandes Deutschlands in Dresden; danach bis 1945 Haftstrafen im Zuchthaus Waldheim und den KZ Sachsenhausen, Mauthausen und Ebensee. Nach der Befreiung politischer Aufstieg innerhalb der KPD/SED bis hin zum Vorsitz des Ministerrats (1973–1976) und des stellvertretenden Vorsitzes des Staatsrats (1976–1989); Ausschluss aus der Partei im Dezember 1989, kurze U-Haft. Biographische Angaben in MÜLLER-ENBERGS Horst/BARTH Bernd-Rainer, Sindermann, Horst, in: MÜLLER-ENBERGS/WIELGOHS/HOFFMANN, Wer, S. 801.

553 ANLux, AE-AA-743, Offizielle Reise Thorns in die DDR. Zusammenfassung der Gespräche, 27. Mai 1975, 4 S., hier S. 4.

Verteilung der Summe an die geschädigten Eigentümer zu garantieren. Ein solches Abkommen kam mit der DDR aber nie zustande. Daher liegt die Vermutung nahe, dass die diesbezüglichen Verhandlungen im Sand verliefen oder gar nicht erst wiederaufgenommen wurden.

Dass Globalentschädigungsabkommen mit der DDR sehr wohl möglich waren, zeigen die Abkommen zwischen der DDR und verschiedenen skandinavischen Staaten, die in den 80er Jahren abgeschlossen wurden und die Klärung einiger vermögensrechtlicher Fragen beinhalteten.[554]

Mit Luxemburg oder der UEBL wurde ein solches Abkommen nicht geschlossen. Die Gründe bleiben weiterhin ungeklärt. Das Großherzogtum unterhielt zudem nach der Anerkennung nie eine eigene Vertretung in der DDR, sondern ließ sich von den belgischen und niederländischen Gesandtschaften vertreten.

Offene Vermögensfragen wurden von deutscher Seite in den Gesprächen im Vorfeld der deutschen Einheit wieder aufgeworfen. Nach bilateralen deutsch-deutschen Gesprächen und einer gemeinsamen Erklärung zur Regelung offener Vermögensfragen (15. Juni 1990) erließ die Volkskammer der DDR am 23. September 1990 das Gesetz zur Regelung offener Vermögensfragen – Vermögensgesetz (VermG), das auch Bestandteil des Einigungsvertrages wurde.[555] Dieses Gesetz sah unter anderem eine Entschädigung für all jene ausländischen Vermögen vor, welche in der Zeit der DDR, also seit 1949, unrechtmäßig enteignet worden waren. Davon ausgeschlossen waren jedoch Enteignungen, welche auf *besatzungsrechtlicher* oder *besatzungshoheitlicher* Grundlage bis zum 7. Oktober 1949 durchgeführt worden waren.[556]

---

554 So die Abkommen vom 3. Oktober 1984 mit Finnland; vom 24. Oktober 1986 mit Schweden oder vom 3. Oktober 1987 mit Dänemark. Zudem wurde noch am 21. August 1987 ein ähnlicher Vertrag mit Österreich geschlossen. Wie die Kompensationsabkommen der UEBL mit osteuropäischen Staaten sahen auch die Abkommen der DDR pauschale Abfindungen der enteigneten Eigentümer vor, während die Verteilung der Summe dann vom Vertragspartner auf nationaler Ebene gelöst werden sollte.

555 Vermögensgesetz in der Fassung der Bekanntmachung vom 9. Februar 2005 (BGBl. I S. 205), das zuletzt durch Artikel 6 des Gesetzes vom 1. Oktober 2013 (BGBl. I S. 3719) geändert worden ist (Ausfertigungsdatum: 23. September 1990), u. a. URL: http://www.gesetze-im-internet.de/bundesrecht/vermg/gesamt.pdf (Stand: 10. September 2014).

556 Hierzu auch Bundesamt für zentrale Dienste und offene Vermögensfragen, Das Recht der offenen Vermögensfragen, URL: http://www.badv.bund.de/003_menue_links/e0_ov/a2_vermoegensgesetz/index.html (Stand: 3. November 2013).

Damit konnte das Gesetz zwar durchaus auch luxemburgisches Vermögen in der DDR betreffen, jedoch kaum die indirekten ARBED-Beteiligungen in den sechs Unternehmen der SBZD/DDR. Diese waren, soweit bekannt, alle bereits zuvor Verstaatlichungsmaßnahmen unterworfen. Lediglich die MESSAPPARATEFABRIK SCHLOTHEIM, ein Verlagerungsbetrieb der F&G CARLSWERK AG, wurde erst später konfisziert. Hier hatte man auf ostdeutscher Seite ein angebliches Wirtschaftsverbrechen zum Anlass der Konfiszierung genommen.[557] Bevor die ARBED hier auf eine Entschädigung des enteigneten Unternehmens hoffen konnte, hätte es zu einer Revision des ostdeutschen Gerichtsurteils kommen müssen, was jedoch nie geschah.

Die DDR und danach die vereinigte Bundesrepublik Deutschland sahen also spätestens 1990 Entschädigungen gewisser Vermögenskategorien in der ehemaligen DDR vor. Allerdings betrafen diese fast ausschließlich Enteignungen, welche erst nach der Gründung der DDR durchgeführt worden waren und nur in wenigen Fällen während der sowjetischen Besatzungszeit. Damit waren die ARBED-Beteiligungen von diesen Verordnungen ausgeschlossen. Ob allerdings von luxemburgischer Regierungsseite oder von der Konzernleitung Anstrengungen in irgendeiner Form unternommen wurden, eine Entschädigung der verlorenen Beteiligungen zu erhalten, konnte mangels zugänglicher Quellen bisher nicht geklärt werden. Im politischen Diskurs dieser Zeit in Luxemburg wurden zwar die Reparationsleistungen thematisiert, doch bezogen sich diese meist auf Reparationen der Kriegsschäden und Kompensation für die durch den Krieg Geschädigten, hingegen weniger auf die Enteignungen und Konfiszierungen der Nachkriegszeit. Zudem interpretierte die luxemburgische Regierung die 2-plus-4-Verträge zwischen den beiden deutschen Regierungen und den ehemaligen Besatzungsmächten als einen *de facto* Verzicht der Alliierten auf Reparationsleistungen des Vereinten Deutschlands.[558]

Bis heute fehlen konkrete Belege dafür, ob die ARBED tatsächlich entschädigt wurde oder nicht. Da mögliche Akten aufgrund der luxemburgischen

---

557 Siehe unten S. 412 f.

558 „*Dans le cadre des négociations de ce traité, les Alliés ont de facto renoncé à faire valoir leurs droits à des réparations. Le Gouvernement en conclut qu'il ne peut que suivre cette même voie.*", Antwortschreiben des luxemburgischen Außenministers Poos auf eine Anfrage des Abgeordneten Edouard Juncker (CSV) bezüglich der Reparationsproblematik nach der deutschen Wiedervereinigung (Question n° 371 concernant le problème des réparations après la réunification des deux Etats allemands), in: Dokumente der luxemburgischen Abgeordnetenkammer, Q-1990-O-E-0371-02.

Archivbestimmungen erst nach 30 Jahren der Öffentlichkeit zugänglich gemacht werden, kann nicht eindeutig bestimmt werden, ob die Interessenwahrung der ARBED möglicherweise nach 1975 wieder aufgenommen wurde.

Im Folgenden soll noch auf eine weitere Möglichkeit verwiesen werden, die mit konkreten Belegen unterfüttert werden kann: Dass weitere konkrete Belege einer Verteidigung der ARBED-Interessen ab der Mitte der 70er Jahre fehlen, könnte auch ein Indiz dafür sein, dass eine informelle Regelung zwischen dem luxemburgischen Konzern und den ostdeutschen Behörden erreicht worden war:

Tatsächlich entwickelte die DDR in den 60er Jahren ein gesteigertes Interesse an Handelsbeziehungen mit westeuropäischen Staaten, darunter auch mit Luxemburg bzw. der UEBL. Bereits 1960 suchte das ostdeutsche Ministerium für Außen- und Innenhandel eine ständige Vertretung in Luxemburg zu errichten.[559] Gleichzeitig trat die ostdeutsche *Deutsche Stahl- und Metallhandelsgesellschaft* an die luxemburgischen Behörden heran und bekundeten ihr Interesse an einer Ausweitung der Beziehungen. Konkret wollte man in Luxemburg einen ersten Auftrag für verschiedene Stahlprodukte aufgeben.[560] An einer solchen Ausweitung war man auf Seiten des COLUMETA sehr interessiert. Offenbar hatte man sich auf ostdeutscher Seite nicht nur an das Großherzogtum gewandt. Die COLUMETA befürchtete, dass die französische Konkurrenz dem Lieferauftrag zuvorkommen würde.[561] Ob der Auftrag angenommen wurde, ist nicht bekannt.

Jahre später, unmittelbar nach Anerkennung der DDR, besuchte der ostdeutsche Botschafter für Luxemburg und Belgien, Heinz Hoffmann, am 12. Dezember 1973 das ARBED-Werk in Differdingen. Bei dieser Gelegenheit soll es zu einer *„angeregte(n) Aussprache"* zwischen dem Botschafter und dem Vorstand der ARBED gekommen sein.[562] Bereits einige Tage zuvor hatte Winzer bei seinem Besuch in Luxemburg die ARBED als *„interlocuteur fort apprécié"* in der DDR bezeichnet.[563] Kontakte zwischen der ARBED und den ostdeutschen Behörden wurden zumindest von offizieller ostdeutscher Seite begrüßt.

---

559 ANLux, AE-AA-744, F. Schritz (LMM Berlin) an R. Reyland (Generalsekretär der luxemburgischen Handelskammer), 17. Februar 1960, 1 S.

560 ANLux, AE-AA-744, Aktennotiz, 21. April 1960, 1 S. Der Auftrag wurde nicht direkt von einer offiziellen ostdeutschen Verwaltung gestellt, sondern über einen privaten Mittelsmann, der in West-Berlin ansässig war.

561 ANLux-AE-AA-744, Handschriftliche Notiz, verm. von F. Schritz (LMM Berlin), 22. April 1960, 1 S.

562 O. A., DDR-Botschafter übergibt Bücher, in: Informationen 11 (Oktober 1974) [hg. von der Gesellschaft Luxemburg-DDR], S. 2.

563 ANLux, AE-744, Bericht, 2. Dezember 1973, S. 2.

Interesse an Handel bestand also von Seiten der DDR und der ARBED bereits seit den 60er Jahren. Unmittelbar nach der Anerkennung der DDR durch die luxemburgische Regierung fand ein offizielles Treffen zwischen Vertretern der ARBED und der ostdeutschen Regierung statt. Die Vermutung liegt nahe, dass hier auch offene Vermögensfragen der ARBED in der DDR besprochen und eine vertrauliche Regelung gefunden wurde. Erst 1992 wurde die ARBED wieder Eigentümer in der ehemaligen DDR. Sie kaufte das in Saalfeld gelegene STAHLWERK THÜRINGEN, ein ehemaliger VEB, von der *Treuhandanstalt*.[564] Es wäre durchaus denkbar, dass im Zuge dieser Übertragung der Fabrik der Kaufpreis des Werkes mit Rücksicht auf die verlorenen Vermögenswerte der ARBED in der SBZD/DDR „angepasst" wurde.[565]

Andererseits kann man auch von der Prämisse ausgehen, dass die ARBED nie für ihre verlorenen Interessen entschädigt wurde. In diesem Fall hat die ARBED vielleicht bewusst auf die Thematisierung der offenen Vermögenswerte verzichtet, um die Ausweitung der Handelsbeziehungen nicht zu gefährden. Gerade in der Stahlkrise der 70er Jahre war man auf eine Verständigung mit Osteuropa angewiesen. Möglicherweise wurden diese erst 1992 durch den Kauf des Thüringer Stahlwerkes kompensiert oder eine Kompensation blieb bis heute aus.

Das Fehlen konkreter Belege eröffnet demnach reichlich Spielraum zu Spekulationen. Erst mit dem Zugang zu jüngeren Akten ließen sich die hier aufgestellten Vermutungen bestätigen oder widerlegen.

Die Wahrung der Beteiligungen der ARBED in der SBZD/DDR beruhte demnach auf einer Reihe unterschiedlicher Maßnahmen. Involviert waren neben dem MAEL und der Leitung der ARBED auch britische und französische Behörden, Angestellte der F&G-Gruppe sowie Industriekonsortien. Angesichts der vielen Bemühungen und der zahlreichen Beteiligten fiel die Ausbeute doch sehr gering aus: So konnte kein einziges Unternehmen, an dem die ARBED indirekt beteiligt war, aus Staatshänden befreit werden. Eine Entschädigungsleistung wurde, soweit bekannt, ebenfalls nicht ausgezahlt. Die Unternehmen, an denen die ARBED indirekt beteiligt war, fielen allesamt Beschlagnahmungsmaßnahmen zum Opfer. Dabei bezog man sich auf sowjetischer und ostdeutscher Seite zumeist auf eine etwaige Parteizugehörigkeit der Leitung der Unternehmen in der NSDAP, auf die Beteiligung der Unternehmen an der deutschen Rüstungswirtschaft sowie auf Kriegsverbrechen der Leitung oder der deutschen Eigentümer.

---

564 Siehe Historischer Abriß des Stahlwerks Thüringen, in: O. A. Stahlwerk Thüringen URL: www.stahlwerk-thueringen.de/de/swt (Stand: 3. November 2013).

565 Siehe etwa O. A., Verkaufsprogramm der STAHLWERK THÜRINGEN, CSN Steel Sections, 2012, S. 2.

Man hütete sich zudem die luxemburgischen indirekten Beteiligungen offiziell anzuerkennen. Die ostdeutschen und sowjetischen Behörden spielten sich meist gegenseitig die Verantwortung zu oder knüpften ihre Lösung an eine Klärung der Deutschen Frage. In der Zwischenzeit wurden Fakten geschaffen, die Unternehmen in Staatshände überführt und in neuen Organisationsformen fest verankert.

III.2 Die Wahrung der ARBED-Beteiligungen in Ungarn

In Ungarn hatte die ARBED lediglich eine indirekte Beteiligung an der Budapester F&G KABEL-, DRAHT- UND DRAHTSEILFABRIK AG. Die Gesellschaft wurde zuerst von sowjetischen Demontagen getroffen, bevor ihr vermeintlich deutscher Aktienanteil zwischen 1946 und 1947 zweimal vom ungarischen Reparationsamt beschlagnahmt wurde. Die ungarischen Behörden bezogen sich dabei stets auf die internationalen Reparationsbestimmungen, welche in Potsdam geschlossen worden waren und die eine Auslieferung des deutschen Auslandsvermögens in Ungarn zu Reparationszwecken an die UdSSR vorsahen.[566] Diese nahmen das ganze Unternehmen erst unter Treuhandschaft und wandelten es schließlich vermutlich in eine sowjetische Gesellschaft um.[567]

Im Rahmen der Wahrung ihrer Beteiligungen in Ungarn wurde die ARBED erstmals in dem Moment aktiv, als die Betriebsleitung von den Beschlagnahmungen des vermeintlich deutschen Aktienanteils an der F&G KABEL-, DRAHT- UND DRAHTSEILFABRIK AG erfuhr. Die Leitung der ARBED richtete sich zuerst an das ungarische Unternehmen und teilte der Betriebsleitung mit, dass man die Übertragung der indirekten Aktienanteile nicht anerkennen könne.[568] Gleichzeitig wurde auch das MAEL in Kenntnis gesetzt und um Intervention bei den verantwortlichen Behörden gebeten.[569]

Ähnlich verfuhr man auch bei der zweiten Beschlagnahmung: Da hier eine ungarische Bank das bei ihr verwahrte Aktienpaket der betroffenen Gesellschaft an die ungarischen Behörden ausgeliefert hatte, richtete man sich auf Seiten der ARBED an das ungarische Finanzinstitut und erhob Einspruch. Auf Grundlage

566 Siehe oben, S. 127 f.

567 Hierzu ausführlich unten, S. 415 f.

568 ANLux, AE-AA-307, Konsbruck und Meyer (ARBED) an die F&G KABEL-, DRAHT- UND DRAHTSEILFABRIK AG, 4. November 1946, 1 S. [im Folgenden zitiert als: ANLux, AE-AA-307, Konsbruck, 4. November 1946].

569 Ebd., S. 1.

der indirekten Beteiligung am Unternehmen beanspruchte man einen Anteil an den übertragenen Aktien für sich. Weil es sich bei der ARBED um ein alliiertes Unternehmen handele, könne dieser Anteil nicht als deutsches Vermögen angesehen werden.

Neben dem Verweis des mittelbaren Eigentums bezog die ARBED sich erneut auf die der Schlussakte der Pariser Reparationskonferenz angeheftete Resolution zum Schutz alliierten Vermögens in Deutschland und argumentierte einmal mehr anhand einer Resolution, welche weder von der sowjetischen noch von der ungarischen Regierung ratifiziert worden war.[570] Zudem war die ARBED nicht einmal mit den in der Resolution festgelegten 48 % indirekt am ungarischen Unternehmen beteiligt. Die ARBED-Leitung gab eine indirekte Beteiligung von 36,2 % an.[571] Sie konnte deshalb lediglich auf ihre mehr als 48 % Beteiligung an den Aktien der F&G CARLSWERK AG in Köln verweisen: Der ungarischen Bank wurde eine Erklärung der luxemburgischen Regierung über die Beteiligung der ARBED an der F&G CARLSWERK AG überreicht.[572] Zudem verwies die Leitung der ARBED auf die Aktienbeteiligungen der ELECTRO HOLDING COMPANY an der F&G KABEL-, DRAHT- UND DRAHTSEILFABRIK AG.[573]

Einige Wochen später antwortete die ungarische Bank auf die Proteste der ARBED-Direktion und wandte sich direkt an den luxemburgischen Konzern: Man schlug der Konzern-Leitung vor, dass sich ein Vertreter vor Ort direkt mit dem ungarischen Reparationsamt in Verbindung setzen solle, um die Angelegenheit zu klären.[574] Es ist nicht bekannt, ob man von Seiten der ARBED Anstrengungen unternommen hat, in Budapest selbst aktiv zu werden. Sollte dies der Fall gewesen sein, dann könnten die allgemeinen schwierigen, teilweise unmöglichen, Einreisebestimmungen in die verschiedenen osteuropäischen Länder ein möglicher Grund für das Scheitern gewesen zu sein. Offenbar stieß auch die ARBED bzw. ihr Kontaktnetzwerk an ihre Grenzen. Stattdessen bat man das MAEL um Hilfe.

---

570 ANLux, AE-AA-307, Johann und Konsbruck (ARBED) an PESTER UNGARISCHE COMMERICAL BANK, 29. Oktober 1947, 2 S.

571 ANLux, AE-AA-307, Konsbruck, 4. November 1946.

572 ANLux, AE-AA-307, Erklärung der luxemburgischen Regierung über die Beteiligung der ARBED an der F&G CARLSWERK AG, 19. September 1947, 1 S.

573 ANLux, AE-AA-307, Erklärung, der ARBED über die Aktienbeteiligungen der ELECTRO HOLDING COMPANY an der F&G KABEL-, DRAHT- UND DRAHTSEILFABRIK AG 22. September 1947, 1 S.

574 ANLux, AE-AA-307, PESTER UNGARISCHE COMMERICAL BANK an ARBED, 13. November 1947, 2 S.

III.2.1 Die Wahrung der ARBED-Beteiligungen in Ungarn durch die französische Militäradministration in Österreich und das MAEL

Statt der Bitte der ARBED um Intervention sofort nachzugehen, verfolgte das MAEL eine andere Strategie: Innerhalb der F&G-Gruppe war die österreichische F&G DRAHT-, DRAHTSEIL- UND KUPFERFABRIK AG in Wien der größte Anleger im Budapester Unternehmen. Diese Anteile waren bereits im September 1946 vom ungarischen Reparationsamt eingezogen worden. Zu diesem Zeitpunkt war das österreichische Unternehmen ebenfalls der Gefahr der Verstaatlichung ausgesetzt. Die luxemburgische Regierung hatte sich deshalb an die französische Militärverwaltung in Österreich gewandt und diese um Unterstützung bei der Wahrung der indirekten ARBED-Beteiligungen am österreichischen Unternehmen in der SBZÖ gebeten, wozu sich diese auch bereit erklärt hatte.[575] Parallel dazu war, wie bereits erwähnt, die GFCC in Deutschland ebenfalls im Rahmen der Interessenwahrung des luxemburgischen Konzerns in der SBZD aktiv.[576] Da die französischen Behörden also bereits mit der Verteidigung des Hauptanlegers der F&G KABEL-, DRAHT- UND DRAHTSEILFABRIK AG betraut waren, erhoffte man sich auf luxemburgischer Seite, dass diese ebenfalls die Wahrung der ARBED-Beteiligungen in Ungarn selbst übernehmen könnten.[577] Die französischen Behörden in Wien wurden mit der Dokumentation über die ARBED-Interessen in Ungarn vertraut gemacht. Diese waren sich durchaus mit einer möglichen Intervention einverstanden. Da die Zukunft der Unternehmen in Wien und in Budapest zu diesem Zeitpunkt noch unklar war, plädierte man auf französischer Seite und innerhalb der Direktion des ungarischen Unternehmens dafür, die Interessenwahrung der ARBED-Beteiligungen im betroffenen ungarischen Betrieb erst dann auf Seiten der französischen Militärverwaltung in Österreich aufzunehmen, wenn die Verteidigung der ARBED-Interessen in der SBZÖ zu ihrem Abschluss gekommen sei.[578]

---

575 Siehe hierzu unten, S. 254–260.

576 Siehe hierzu oben, S. 187–191.

577 Konkret handelte es sich hierbei um das *Comité exécutif, Division Réparations – Restitutions, Contrôle des Biens des Commandement français en Autriche*; vgl. hierzu ANLux, AE-AA-311, Meyer (ARBED) an Wehrer (LMM Berlin), 1. Oktober 1947, 2 S. [im Folgenden zitiert als: ANLux, AE-AA-311, Meyer, 1. Oktober 1947].

578 Siehe hierzu: Ebd; ANLux, AE-08392, Konsbruck (ARBED) an Bech (MAEL), 28. November 1946, 1 S. Zum Kontakt zwischen der Leitung des Budapester Unternehmens und den luxemburgischen Behörden, namentlich, der LMM Berlin, siehe ANLux, AE-AA-311, Wehrer (LMM Berlin) an Meyer (ARBED), 26. September

Obwohl, wie noch zu sehen sein wird, die Interessenwahrung der ARBED in der SBZÖ im September 1947 zu einem vorläufigen erfreulichen Zwischenergebnis führte, intervenierte die französische Militärverwaltung in Österreich nicht zugunsten der ARBED-Beteiligungen in Ungarn. Die näheren Beweggründe hierfür wurden den luxemburgischen Behörden offenbar nicht mitgeteilt. Mehrere Möglichkeiten scheinen aber plausibel:

1. Entgegen ersten Andeutungen, könnte man sich auf Seiten der französischen Militärverwaltung nicht für ausreichend berechtigt betrachtet haben, zugunsten der Interessen eines Partners in einem Staat zu intervenieren, in welchem die Militärverwaltung über keinerlei Befugnisse verfügte.
2. Man könnte sich weiterhin zurückgehalten haben, um die endgültige Verstaatlichung des ungarischen Unternehmens, welches sich zumindest bis Ende 1947 lediglich in sowjetischer Treuhandschaft befand, nicht zu provozieren.[579]
3. Möglich wäre auch, dass man auf luxemburgischer Seite zu dem Zeitpunkt, als die französischen Behörden verstärkt hätten zugunsten der ARBED-Beteiligungen intervenieren können, einer anderen Vorgehensweise mehr Erfolgsaussichten beimaß. Gegen Ende der 40er Jahre, als eine definitive Lösung in der SBZÖ in Aussicht stand, orientierte man sich im Rahmen des MAEL nämlich verstärkt an der belgischen Regierung.

Die Überlegungen bezüglich einer französischen Intervention zugunsten der ARBED-Beteiligungen in Ungarn bildeten demnach lediglich eine Episode. Trotz alledem wurden die luxemburgischen Behörden nicht selber bei ihren ungarischen oder sowjetischen Kollegen aktiv. Zumindest liefern auf Seiten des MAEL die eigentlich recht vollständig erhaltenen Briefwechsel zwischen luxemburgischen und ausländischen Behörden keinerlei Hinweise über eine etwaige Intervention. Dabei hatte man auf Seiten der ARBED spätestens zum Dezember 1947 die Forderungen ganz klar definiert: Verlangt wurde die Wiederherstellung der Vorkriegssituation bzw. eine komplette und kurz danach gerechte und angemessene Kompensation für die verlorene Beteiligung der ARBED am ungarischen Unternehmen.[580]

1947, 2 S., hier S. 1 [im Folgenden zitiert als: ANLux, AE-AA-311, Wehrer, 26. September 1947].

579 Eine solche Hypothese wird bspw. durch den Umstand genährt, dass Direktor Besenbach den luxemburgischen Behörden im September 1947 mitteilte, dass eine Intervention bei den sowjetischen Behörden den Einkauf neuer Industriemaschinen für die Produktion gefährden könne; siehe hierzu ANLux, AE-AA-311, Wehrer, 26. September 1947, S. 2.

580 ANLux, AE-AA-311, Meyer, 1. Oktober 1947.

Luxemburg verfügte allerdings in diesem Zeitraum über keine offizielle Vertretung in Ungarn. Man hätte sicherlich über die luxemburgischen Vertretungen in Brüssel und anderen Städten Kontakt zu den ungarischen Behörden aufnehmen können, doch scheinen entsprechende Instruktionen nicht erlassen worden zu sein. Und auch über die LMM Berlin oder die luxemburgische Vertretung in Moskau sind zu diesem Zeitpunkt keine Kontaktaufnahmen mit den sowjetischen Behörden zu den offenen Vermögensfragen in Ungarn belegt. Dabei konnte die ARBED-Leitung im Sommer 1948 über interne Kontakte in Erfahrung bringen, dass man sich bei Protesten gegen die Entscheidungen des ungarischen Reparationsamtes nicht an die ungarische Regierung, sondern ausschließlich über diplomatischen Weg an die sowjetische Regierung wenden müsse.[581] Allein der Umstand, dass eine solche Information von der Konzernleitung der ARBED an das MAEL weitergeleitet wurde, belegt, dass die ARBED augenscheinlich besser als die luxemburgische Regierung in Ungarn vernetzt war. So war der Konzern in der Lage, das Ministerium neben Firmeninterna der ungarischen Gesellschaft über die von den Sowjets geforderte diplomatische Vorgehensweise zu unterrichten. Eine Befreiung des Unternehmens rückte allerdings in weite Ferne: Die ARBED hatte in Erfahrung bringen können, dass die ungarische Gesellschaft spätestens zum August 1948 in eine „sowjetische“[582] Aktiengesellschaft umgewandelt worden sei.[583] Zudem hatte man auf Seiten der ungarischen Regierung gerade ab 1948 mit der systematischen Verstaatlichung der Industrie begonnen.

III.2.2 Die Wahrung der ARBED-Beteiligungen im Rahmen der UEBL

Das Globalentschädigungsabkommen

Dass die luxemburgische Diplomatie sich nicht direkt an die ungarischen und sowjetischen Behörden wandte, bedeutet nicht, dass von Seiten des MAEL nichts

581 *„Selon renseignements reçus, le Gouvernement soviétique prétendrait que la Hongrie, vu les dispositions du traité de paix, ne serait pas en droit de faire des réclamations de ce caractère auprès de la Commission mixte hungaro-soviétique, mais qu'il appartiendrait aux Gouvernements alliés de s'adresser directement au Gouvernement soviétique par l'intermédiaire de leurs représentants diplomatiques.“*, ANLux, AE-AA-307, Bericht der ARBED, 6. August 1948, 2 S., hier S. 2 [im Folgenden zitiert als: ANLux, AE-AA-307, Bericht, 6. August 1948].

582 Ob es sich dabei um eine rein sowjetische oder eine gemischt staatliche AG handelte, konnte nicht ermittelt werden. Beide Formen der AG waren in Ungarn zu diesem Zeitpunkt durchaus möglich; siehe oben, S. 155–161.

583 ANLux, AE-AA-307, Bericht, 6. August 1948, S. 1.

in Sachen F&G Kabel-, Draht- und Drahtseilfabrik AG unternommen worden wäre. Neben den Überlegungen, die französischen Behörden für die Verteidigung zu gewinnen, suchte man von Anfang an die Nähe zu Belgien. Brüssel verfügte bereits über einige Erfahrung in Verhandlungen zu offenen Vermögenswerten mit kommunistischen Ländern. So hatte die belgische Regierung unmittelbar nach der russischen Revolution 1917, ein *Comité de défense des intérêts belges en Russie* geschaffen, das vor allem zwischen 1918 und 1922 besonders aktiv um eine Entschädigung für verlorene Vermögenswerte belgischer Eigentümer in Russland bemüht war. Wegen dem grundsätzlichen Verweigern einer solchen Entschädigungsleistung durch Lenin hatten sich die Bemühungen als erfolglos erwiesen.[584] Mit Belgien war Luxemburg bekanntlich in einer gemeinsamen Wirtschaftsunion vereint. Etwaige Handels- und Wirtschaftsabkommen Belgiens oder Luxemburgs mit Drittstaaten konnten nicht einzeln, sondern nur im Rahmen der UEBL geschlossen werden. Die belgische Regierung hatte in Gesprächen mit Drittstaaten die Befugnis, im Namen des Großherzogtums mitverhandeln und unterzeichnen zu können.[585] Unter diese Bestimmung fielen auch die Globalentschädigungsabkommen mit Ostblockstaaten, um die man sich auf belgischer und luxemburgischer Seite verstärkt nach 1948 bemühte. Tatsächlich musste es spätestens nach dem unfreiwilligen Regimewechsel, Anfang 1948, in der Tschechoslowakei, der letzten demokratisch gewählten Regierung Osteuropas, in westeuropäischen Regierungs- und Industriekreisen klar werden, dass die großflächig angelegten Verstaatlichungsmaßnahmen in Osteuropa, die auch vor ausländischem Vermögen nicht Halt machten, nicht zu stoppen seien. Eine einfache Befreiung dieses Vermögens, vor allem im Bereich der Industriegüter, erschien nicht mehr möglich. Doch sahen die verschiedenen Verstaatlichungsgesetze in Osteuropa eine Entschädigung für die Enteignung des ausländischen Vermögens vor.[586] In diesem Kontext suchten die westeuropäischen Staaten den Kontakt mit den jeweiligen Regierungen. Man suchte globale Entschädigungsabkommen zu schließen, welche alle offenen Vermögensfragen über eine pauschale

---

584 Siehe hierzu Moreau J-L., Les archives d'entreprises et la Russie, in: Association pour la valorisation des archives d'entreprises, URL: http://www.avae-vvba.be/PDF/AVAE_archives_entreprises_et_russie.pdf (Stand: 24. Oktober 2013).

585 Siehe hierzu Convention établissant une Union Économique entre le Grand-Duché de Luxembourg et la Belgique, in: Mémorial du Grand-Duché de Luxembourg A/15 (11. März 1922), S. 218–228, hier S. 220: „*Les futurs traités de commerce et accords économiques seront conclus par la Belgique au nom de l'Union douanière.*" Siehe hierzu auch Trausch, Équilibre, S. 161–181.

586 Siehe oben, S. 149–155.

Entschädigungssumme auf einen Schlag klären sollten. An einer solchen Lösung war man in Osteuropa durchaus interessiert. Hier war man gerade darauf bedacht, die durch den Krieg unterbrochenen oder drastisch reduzierten Handelsbeziehungen mit dem Westen wieder zu normalisieren oder auszubauen. Etwaige offene Vermögensfragen konnten dabei nur hinderlich sein. Und in der Tat stellte man im Westen gelegentlich die Lösung der Entschädigungsfrage als Bedingung für einen Ausbau der Wirtschaftsbeziehungen. Da man in Osteuropa weit stärker auf westeuropäische Produkte angewiesen war als umgekehrt, konnte man vom Westen aus Druck auf die einzelnen osteuropäischen Regierungen ausüben.

Die Verknüpfung von Entschädigungs- und Wirtschaftsfragen führte dazu, dass solche Globalentschädigungsabkommen von der belgischen und luxemburgischen Regierung nur im Rahmen der UEBL geschlossen werden konnten. Entschädigungen, die den Wirtschaftsraum der UEBL betrafen, konnten nicht ohne Ausschluss luxemburgischer Interessen erfolgen. Da gerade die Globalentschädigungsabkommen mit osteuropäischen Staaten über Wirtschaftsmodalitäten gelöst wurden, sah man in Luxemburg darin einen geeigneten Hebel, um die Wahrung luxemburgischer Interessen durch belgische Initiativen zu erwirken.

Die Bemühungen um ein Globalentschädigungsabkommen zwischen der UEBL und Ungarn wurden vor allem von Brüssel aus initiiert, als unmittelbare Reaktion auf den Erlass des ungarischen Verstaatlichungsdekretes Nr. 20 vom 28. Dezember 1949. Dieses sah eine Frist für die Übergabe der von Ausländern gehaltenen Aktien an die ungarischen Behörden vor, die dafür im Gegenzug mit einer Entschädigung rechnen konnten. Brüssel drängte darauf, mit Budapest so schnell wie möglich Gespräche bezüglich dieser Entschädigungen zu führen. Im März 1950 konnte der Leiter der luxemburgischen Vertretung in Brüssel, Robert Als, dem MAEL mitteilen, dass im April 1950 im Rahmen der UEBL diesbezüglich Gespräche mit der ungarischen Regierung geführt würden. Die belgischen und luxemburgischen Gläubiger sollten in der Zwischenzeit ihre im Ausland aufbewahrten Aktien in ungarischen Unternehmen der ungarischen Legation in Brüssel übergeben. Einen Bericht schloss Als mit der Bemerkung, dass man auf luxemburgischer Seite bei Aufnahme der Gespräche alle luxemburgischen Beteiligungen in Ungarn kennen müsse.[587] Dem kam man in Luxemburg zum Teil nach und übertrug sowohl dem belgischen Außenministerium (*Ministère des Affaires étrangères belge*/MAEB) als auch der Abteilung für Ungarn der belgischen *Association des intérêts industriels belges à l'étranger* eine Übersicht

587 ANLux, AE-12048, Als (lux. Vertretung in Brüssel) an Bech (MAEL), 30. März 1950, 3 S., hier S. 2–3.

aller ungarischen Aktien, Anleihen und Wertpapiere, die von luxemburgischen Staatsangehörigen in den luxemburgischen Banken aufbewahrt wurden.[588]

Die 1950 begonnenen Verhandlungen zwischen der UEBL und Ungarn wurden auf Seiten der UEBL von einer belgischen Delegation geführt, die auch die luxemburgischen Interessen vertrat. Ein erster belgischer Abkommensentwurf wurde bereits von der ungarischen Delegation angenommen.[589] Lediglich die von der belgischen Delegation vorgeschlagene Höhe der globalen Entschädigungssumme von 400 Millionen FLUX wurde auf ungarischer Seite verworfen. Stattdessen einigte man sich auf eine Summe von lediglich 95 Millionen FLUX.[590] Der Gesamtbetrag war erfolgreich von der ungarischen Delegation mit Verweis auf die vereinbarten Zahlungsmodalitäten gedrückt worden: Tatsächlich war das Entschädigungsabkommen an das zwischen der UEBL und Ungarn abgeschlossene Handelsabkommen vom Februar 1948 und die damit verbundenen Importe der UEBL aus Ungarn gekoppelt.[591] Ende August 1950 kamen die Gespräche zu einem erfolgreichen Abschluss. Doch bevor das Abkommen unterschrieben werden konnte, wurden die Kontakte von Budapester Seite mit Verweis auf die gegenwärtige Wirtschaftspolitik des Westens gegenüber den osteuropäischen Ländern abgebrochen.[592] Damit reagierte man auf den gerade ausgebrochenen Koreakrieg und die von den USA initiierte Errichtung des COCOM[593], das die

588 ANLux, AE-12048, Kremer (lux. Vertretung in Brüssel) an Van Zeeland (Minister für auswärtige Angelegenheiten und Außenhandel in Belgien), 23. Juni 1950, 1 S. Der Hinweis, dass die Übersicht auch an die *Association des intérêts industriels belges à l'étranger* geleitet wurde, ist handschriftlich beigefügt. Zur Liste siehe ANLux, AE-12048, Ungarische Aktien in luxemburgischen Banken, o. D., 3 S. Wie sich später herausstellte, erfüllten die hier aufgeführten Kapitalbeteiligungen nicht die Kriterien des Entschädigungsvertrags vom Januar 1955.

589 ANLux, AE-12048, Als (lux. Vertretung in Brüssel) an Bech (MAEL), 14. Dezember 1950, 1 S.

590 ANLux, AE-12048, Bericht Albert Duhrs betreffend die Entschädigung verstaatlichter belgischer und luxemburgischer Interessen in Ungarn, 26. November 1954, 4 S., hier S. 1. [im Folgenden zitiert als: ANLux, AE-12048, Bericht, 26. November 1954].

591 Der vollständige Text des Abkommens wurde unter anderem abgedruckt in: O. A., Nos accords commerciaux. Nos relations avec la Hongrie, in: Echo de l'Industrie 9 (23. April 1949), S. 5. Siehe auch ANLux, AE-12048, Lux. Vertretung in Brüssel an Bech (MAEL), 15. Februar 1957, 1 S.

592 ANLux, AE-12048, Als (lux. Vertretung in Brüssel) an Bech (MAEL), 9. April 1952, 2 S., hier S. 1.

593 Bei der Cocom (*Coordinating Committee on Multilateral Export Controls*; deutsch: *Koordinationsausschuss für mehrseitige Ausfuhrkontrollen*) handelte es sich ver-

Ausfuhr als strategische Güter deklarierter Produkte vom Westen in die Ostblockstaaten unterbinden sollte.[594]

Die Verhandlungen wurden erst 1954, nach dem Ende des Koreakrieges und dem Tod Stalins, wieder aufgenommen. Zur Delegation der UEBL gehörte nun auch der Luxemburger Albert Duhr[595]. Bei den Verhandlungen wurde der Entwurf von 1950 als Diskussionsgrundlage genutzt und von allen Parteien bestätigt.[596] Gleichzeitig mit einem neuen Zahlungs- und Wirtschaftsabkommen wurde im Januar 1955 in Budapest auch ein Entschädigungsabkommen unterschrieben. Die erhaltenen Quellen belegen allerdings nicht eindeutig, inwiefern die Delegation der UEBL die Klärung der offenen Vermögensfragen tatsächlich an den Abschluss eines neuen Wirtschaftsabkommens geknüpft hatte. Das Entschädigungsabkommen erhielt auf nationaler Ebene auch die Zustimmung des luxemburgischen Parlaments und wurde im September 1955 ratifiziert.[597] Wie schon im Vertragsentwurf 1950, sah das Abkommen eine globale Entschädigung verschiedener enteigneter Vermögenskategorien in Höhe von 95 Millionen BEF vor, die in zehn Jahresraten zu leisten war. Die Verteilung dieser Summe an die Berechtigten sollte über eine belgisch-luxemburgische Sonderkommission erfolgen. Die Entschädigung wurde als Pauschalleistung verstanden und sollte definitiv die Schulden gegenüber den verschiedenen Gläubigerkategorien, welche ins

---

einfacht um eine von den USA initiierte Organisation, welche die Ausfuhr strategischer Produkte in die Ostblockstaaten reglementieren sollte. Das Ziel war die faktische Errichtung eines Waffen- und Spitzentechnologieembargos. Auf sogenannten COCOM-Listen fanden sich Produkte vor allem aus dem Bereich der Rüstung, der Nuklear- und Spitzentechnologie wieder, deren Export in den Ostblock verboten oder streng reglementiert wurde. COCOM trat im Januar 1950 in Kraft und wurde erst im März 1994 aufgelöst; hierzu ausführlich Großfeld Bernhard/Junker Abbo, Das CoCom im Internationalen Wirtschaftsrecht, Tübingen 1991, S. 2–4 und 14–20; Yasuhara Yoko, The Myth of Free Trade: The Origins of COCOM 1945–1950, in: The Japanese Journal of American Studies 4 (1991), S. 127–148.

594 ANLux, AE-12048., Bericht, 26. November 1954, S. 1.

595 Auch *Sécretaire de Légation* in der luxemburgischen Botschaft in Brüssel. Es sei vermerkt, dass es sich bei Duhr nicht um einen „Arbed-Mann" handelte. Ihm konnte keine besondere Nähe zum luxemburgischen Konzern nachgewiesen werden.

596 ANLux, AE-12048., Generaldirektion des Außenhandels des MAEB an die lux. Vertretung in Brüssel, 6. Dezember 1954, 3 S., hier S. 1.

597 Accord entre le Grand-Duché de Luxembourg et la Belgique d'une part, et la République populaire hongroise d'autre part, concernant l'indemnisation des intérêts belges et luxembourgeois nationalisés en Hongrie, in: Mémorial du Grand-Duché de Luxembourg A/51 (6. Dezember 1955), S. 1239–1244 [im Folgenden zitiert als: Accord, 6. Dezember 1955].

Abkommen aufgenommen worden waren, tilgen. Die ungarischen Zahlungen waren an die Importe ungarischer Produkte durch die UEBL gebunden.[598]

Entgegen anfänglicher Befürchtungen kam die ungarische Regierung ihren Zahlungsverpflichtungen nach, und das trotz der schwierigen wirtschaftlichen Entwicklung des Landes in der zweiten Hälfte der fünfziger Jahre.[599]

Die ersten Zahlungen aus Budapest machten die Schaffung einer belgisch-luxemburgischen Sonderkommission, welche für die Verteilung des Geldes verantwortlich sein sollte, unentbehrlich. Der Chef der Abteilung Finanzbeziehungen mit dem Ausland innerhalb des MAEB und Kontaktperson des MAEB für die luxemburgische Vertretung in Brüssel, H. Cambier, teilte den luxemburgischen Behörden die Kriterien der Zusammenstellung dieser Sonderkommission mit:

---

598 *„L'indemnité sera financée par un prélèvement de 3,25 % sur le produit des importations belgo-luxembourgeoises en provenance de Hongrie. A la fin de chaque année il sera procédé à un examen des résultats; si les sommes disponibles pour l'indemnisation n'atteignent pas 9,5 millions de francs belges, le Gouvernement hongrois s'oblige à verser un solde sans cependant que ce supplément puisse dépasser 8 % du montant des importations belgo-luxembourgeoises en provenance de Hongrie."*, ANLux, AE-12048, Bericht H. Cambiers über den Stand der Entschädigungsabkommen, 16. September 1955, 3 S., hier S. 1 [im Folgenden zitiert als: ANLux, AE-12048, Bericht, 16. September 1955].

599 Anfänglich herrschte auf Seiten des UEBL eine gewisse Skepsis, ob die ungarische Regierung ihren Zahlungsverpflichtungen tatsächlich nachkommen werde. Man befürchtete vor allem das geringe Volumen der ungarischen Importe in die UEBL, welches die ungarischen Zahlungen stören könnte; hierzu vgl. ANLux, AE-12048, Bericht, 16. September 1955, S. 1; ANLux, AE-12048, Bericht H. Cambiers über den Stand der Entschädigungsabkommen, 3 Januar 1956, 3 S., hier S. 1 [im Folgenden zitiert als: ANLux, AE-12048, Bericht, 3. Januar 1956]. So war die Überraschung dann auch groß als Budapest seinen Zahlungsverpflichtungen dennoch gewissenhaft nachkam, selbst im wirtschaftlich und innenpolitisch turbulenten Zeitraum zwischen 1955–1957. In einem Bericht von Cambier vom November 1957 an das MAEL merkte dieser an: *„La Hongrie a même versé une somme de FB 500.000 se rapportant à l'exercice 1955 et qu'elle n'était pas obligée, en droit strict, de verser."*, ANLux, AE-12048, Bericht H. Cambiers über den Stand der Entschädigungsabkommen, 5. Februar 1957, 2 S., hier S. 1 [im Folgenden zitiert als: ANLux, AE-12048, Bericht, 5. Februar 1957]. Siehe hierzu auch O. A., Les Relations économiques de la Belgique avec les Pays de l'Est, in: Centre national pour l'étude des pays à régime communiste/Centre anversois d'études et de perfectionnement pour le commerce international (Hg.), Le Commerce avec les pays de l'Est; cycle de conférences pratiques, Brüssel 1960, S. 47–51, hier S. 48 [im Folgenden zitiert als: O. A., Relations].

„la commission devrait avoir un caractère extra-administratif; elle pourrait comprendre 4 à 5 membres dont un Luxembourgeois et pourrait être présidée par un membre du Conseil d'Etat.“[600]

Ein entsprechendes Abkommen zwischen der belgischen und luxemburgischen Regierung wurde schließlich im Juni 1957 unterschrieben, nachdem es durch die Revolten in Budapest von 1956 ins Stocken geraten war. Der zur Durchführung benötigte Gesetzestext wurde im Januar 1958 vom luxemburgischen Parlament gestimmt. Das Gesetz sah die Schaffung einer belgisch-luxemburgischen Sonderkommission vor, die aus vier belgischen Mitgliedern und einem luxemburgischen Vertreter bestehen und in Brüssel tagen sollte. Sie hatte die Aufgabe, die von Budapest erhaltene Summe unter den Berechtigten aufzuteilen.[601] Die Sonderkommission, die regierungsunabhängig agierte, besaß dabei weitreichende Befugnisse.[602]

Die belgisch-luxemburgische Sonderkommission

Neben Ungarn schloss die UEBL auch mit anderen osteuropäischen Regierungen Globalentschädigungsabkommen ab. Doch nur im ungarischen Fall ist die Dokumentation der Umsetzung des Vertrags fast vollständig erhalten geblieben.

---

600 ANLux, AE-12048, Bericht, 16. September 1955, S. 1.

601 Loi du 10 mars 1958 portant approbation de l'Accord signé à Bruxelles, le 6 juin 1957, entre le Grand-Duché de Luxembourg et la Belgique, réglant l'exécution de l'Accord entre le Grand-Duché de Luxembourg et la Belgique d'une part, et la République Populaire Hongroise, d'autre part, concernant l'indemnisation des intérêts luxembourgeois et belges nationalisés en Hongrie, signé à Budapest, le 1er février 1955, in: Mémorial du Grand-Duché de Luxembourg A/17 (28. März 1958), S. 397–399; siehe auch CR, 12. Sitzung (29. Januar 1958), Sp. 337–339, hier Sp. 338.

602 Die möglichen Berechtigten einer Entschädigung haben nach Inkrafttreten des Gesetzes eine sechsmonatige Frist, um ihre Anträge an die Sonderkommission zu überreichen (Art. 3). Die Kompetenzen dieser Kommission sind sehr weitreichend: Sie entscheidet unabhängig und verabschiedet eigenständig die Regeln der Verteilung der Entschädigung sowie die Höhe der im Einzelnen zugewiesenen Entschädigungen (Art. 4 und 5). Nur die Sonderkommission ist berechtigt über die Annahme eines Antrags zu entscheiden. In Einzelfällen kann sie aber die Ansicht des belgischen oder luxemburgischen Außenministers einholen, die jedoch nicht bindend ist (Art. 6). Die Sonderkommission kann zudem zur Unterstützung auch weitere Spezialisten hinzuziehen (Art. 7). Die Aktivitäten der Sonderkommission sollten nach Ablauf der sechsmonatigen Frist exakt nach einem Jahr ihren Abschluss finden (Art. 9). Dadurch ergibt sich eine operative Zeitspanne von anderthalb Jahren.

Dies ermöglicht einen Blick auf die interne Administration sowie die Vorgehens- und Arbeitsweise der belgisch-luxemburgischen Sonderkommission für die Verteilung der Entschädigungssumme.

Wie von Cambier vorgeschlagen, setzte sich die Sonderkommission vollständig aus Juristen zusammen.[603] Luxemburg wurde dabei durch Felix Rosch, *Conseiller* an der *Cour Supérieur de Justice*, vertreten, während die Präsidentschaft vom Belgier Rutsaert, *Conseiller* an der *Cour de Cassation* in Brüssel, wahrgenommen wurde.[604]

Die Sonderkommission tagte erstmals im Oktober 1960 und verabschiedete dann auch ihre interne Dienstordnung.[605] In einem Presseaufruf in Belgien und Luxemburg wurden alle belgischen und luxemburgischen Gläubiger in Ungarn, physische wie juristische Personen, sofern sie eine der im Entschädigungsabkommen vorgesehenen Eigentümerkategorie zugehörten, gebeten, der Sonderkommission eine vollständige Dokumentation ihrer Beteiligungen in Ungarn mitzuteilen.[606] Dem Aufruf kamen auf luxemburgischer Seite über ein Dutzend Eigentümer in Ungarn nach. Dabei handelte es sich überwiegend um physische Personen, die kleinere direkte Aktienanteile in ungarischen Unternehmen hielten. Diese Beteiligungen waren von den verschiedenen ungarischen

---

603 ANLux, AE-12048, Hommel (lux. Vertretung in Brüssel) an E. Schaus (MAEL), 18. Februar 1960, 2 S.

604 ANLux, AE-12048, E. Schaus (MAEL) an Hommel (lux. Vertretung in Brüssel), 18. März 1960, 1 S. [im Folgenden zitiert als: ANLux, AE-12048, E. Schaus, 18. März 1960]. Die juristische Laufbahn Roschs lässt sich anhand des Mémorial du Grand-Duché de Luxembourg zurückverfolgen. Weitere Tätigkeiten im Auftrag der luxemburgischen Regierung sind nicht bekannt.

605 ANLux, AE-12048, Rutsaert (Präsident der belgisch-luxemburgischen Sonderkommission) an E. Schaus (MAEL), 31. Oktober 1960, 2 S.

606 ANLux, AE-12048, Pressekommuniqué hinsichtlich der Entschädigung verstaatlichter Vermögenswerte in Ungarn, 30. September 1960, 1 S. [im Folgenden zitiert als: ANLux, AE-12048, Pressekommuniqué, 30. September 1960]. Dieses Kommuniqué wurde am Folgetag in allen luxemburgischen Zeitungen veröffentlicht. Wie von Rosch angekündigt wurden die bereits bekannten möglichen Berechtigten auch noch einmal persönlich von der Sonderkommission angeschrieben und ihnen ein auszufüllendes Formular überreicht; hierzu ANLux, AE-12048, Rosch (belgisch-luxemburgische Sonderkommission) an E. Schaus (MAEL), 16. August 1962, 2 S., hier S. 1 [im Folgenden zitiert als: ANLux, AE-12048, Rosch, 16. August 1962]. Dank dieses Appels wurden dem MAEL nun, neben der ARBED, auch andere luxemburgische Gläubiger in Ungarn bekannt. Die bereits 1950 bekannten ungarischen Vermögenswerte in luxemburgischen Banken fielen nicht unter die Bestimmungen des Entschädigungsvertrags.

Verstaatlichungsmaßnahmen, darunter vor allem vom Dekret vom 28. Dezember 1949, getroffen worden.[607] Außerdem antworteten auch die luxemburgischen Banken sowie die ARBED auf den Aufruf.[608]

Im März war die Sonderkommission dann in der Lage, erste Entschädigungen auszuzahlen.[609] Die definitive Liste der Personen, die eine Berechtigung auf Entschädigung besaßen, war auf lediglich drei physische Personen und einen Verein ohne Gewinnzweck (frz.: *a.s.b.l.*) zusammengeschrumpft.[610] Viele Gläubiger waren von der Sonderkommission nicht berücksichtigt worden, da ihre Unterlagen entweder unvollständig waren oder es sich um Besitzer verschiedener Vermögenskategorien handelte, die nicht vom Entschädigungsgesetz abgedeckt waren.[611]

---

607 Es handelte sich um den Fall Mohrheng, eines luxemburgischen Staatsangehörigen, der in Besitz von Aktien der ungarischen Gesellschaft UREKANY-ZSILTHALER UNGARISCHE KOHLENBERGWERKE AG. war, hierzu ANLux, AE-12048, Belgisches Finanzministerium an das Belgische Ministerium für Außenhandel und technische Unterstützung, gezeichnet Williot, 10 September 1962, 3 S., hier S. 2. Anzumerken ist, dass der Autor das Datum des Entschädigungsvertrags zwischen der UEBL und Ungarn mit jenem des französisch-ungarischen Entschädigungsvertrags verwechselt.

608 ANLux, AE-12048, Liste der Personen, welche Ansprüche auf eine Entschädigung stellten, o. D., 1 S.

609 ANLux, AE-12048, Belgische Vertretung in Luxemburg an das MAEL, 28. März 1962, 2 S., hier S. 1.

610 ANLux, AE-12048, Lemmer Emile (*Conseiller juridique* bei der lux. Bankenaufsicht) an das luxemburgische Finanzministerium, 11. Mai 1962, 1 S [im Folgenden zitiert als: ANLux, AE-12048, Lemmer, 11. Mai 1962].

611 Dazu bspw. ANLux, AE-12048, Mohreng an das lux. Finanzministerium, 17. November 1955, 2 S.; ANLux, AE-12048, Rosch, 16. August 1962, S. 1. So fielen weder die Interessen der luxemburgischen Banken, noch jene der ARBED unter die für eine Entschädigung vorgesehenen Vermögenskategorien des Globalentschädigungsvertrags; zu den Banken siehe Art. 3.4 des Globalentschädigungsvertrags: „*Le présent accord ne concerne pas les avoirs et comptes en banque appartenant à des ressortissants belges ou luxembourgeois*", Accord, 6 septembre 1955, S. 1240. Vgl. auch ANLux, AE-12048, MAEL an die BANQUE GÉNÉRALE DU LUXEMBOURG, 9. Juni 1961, 2 S. Interessant ist in diesem Zusammenhang auch eine Beschwerde von Finanzminister Werner bei E. Schaus (MAEL) und Rosch (Sonderkommission): „*Je tiens encore à remarquer que plusieurs demandes luxembourgeoises ont été refusées, parce qu'elles n'avaient pas été répétées auprès de la Commission. Toutes ces affaires avaient cependant été introduites auprès du Gouvernement luxembourgeois et il me semble exorbitant de frustrer ainsi les intéressés pour une simple question de procédure. Si les personnes en question avaient été renseignées en due forme, elles*

Den vier Berechtigten wurde insgesamt eine Summe von 12.461 FLUX ausgezahlt, was nur ein winziger Bruchteil, nämlich 0,013 % der gesamten Endsumme von 95 Millionen FLUX. darstellte. Der Rest ging an belgische Eigentümer. Von diesen 12.461 FLUX gingen mehr als 12.000 an einen einzelnen Berechtigten, während die übrigen drei sich mit je 12, 100 und 167 FLUX zufrieden geben mussten.[612]

Man kommt nicht umhin, ein erhebliches Ungleichgewicht zwischen den Bemühungen um eine Entschädigung für die luxemburgischen Besitzer in Ungarn und der tatsächlich ausbezahlten Summe festzustellen. Mit Ausnahme von einem Fall übertraf die zugewiesene Summe nicht einmal die Kosten für die Zustellung der vielen Behördenbriefe, die in diesem Rahmen ausgetauscht werden mussten. Angesichts der allgemeinen, in internationalen Rechtskreisen anerkannten, Interpretation, dass Entschädigungen für verstaatlichten Besitz stets gerecht und angemessen zu sein hatten, stellt sich die Frage, ob die ausgezahlten Summen diesen Ansprüchen gerecht wurden.[613]

Die ARBED gehörte nicht zu den vier Berechtigten, denen eine Entschädigung ausgezahlt worden war. Dabei hatte die Leitung der ARBED ihre Ansprüche angemeldet und den Verhandlungsführern auf Seiten der UEBL zugetragen. Welche Bemühungen wurden von luxemburgischer Seite im Rahmen des Globalentschädigungsabkommens unternommen?

Die Bemühungen um die ARBED-Interessen im Rahmen des Entschädigungsabkommens

Die Verhandlungen zwischen der UEBL und Ungarn um ein Globalentschädigungsabkommen waren in eine ganze Reihe ähnlicher Gespräche mit anderen osteuropäischen Staaten eingebettet. Die luxemburgischen Behörden sowie die Konzernleitung suchten dabei stets die Einbeziehung der ARBED-Interessen in den jeweiligen Entschädigungsvertrag zu erreichen.

Als ersten Schritt intervenierte das MAEL in Brüssel, mit dem Ziel, die Delegationen der UEBL, die sich fast ausschließlich aus belgischen Vertretern

---

n'avaient (sic!) sans doute pas manqué de se conformer également à cette formalité", ANLux, AE-12048, Werner (lux. Finanzministerium) an E. Schaus (MAEL), 19. Juni 1962, 1 S.

612 ANLux, AE-12048, Lemmer, 11. Mai 1962, S. 1.

613 Siehe hierzu weiter oben, S. 152 f.

zusammensetzten, und die mit den osteuropäischen Staaten in Gespräch traten, zur Übernahme der Verteidigung der Interessen der ARBED zu bewegen. Diese Bemühungen wurden Anfang 1948 verstärkt, trafen jedoch in Kreisen des belgischen Außenhandelsministeriums auf eine gewisse Skepsis. Diese Vorbehalte wurden vom belgischen Außenhandelsminister in einem Schreiben ausgeführt: Konkret war man sich in Brüssel nicht sicher, inwiefern man in Gesprächen mit osteuropäischen Delegationen indirekte, über eine deutsche Firma wahrgenommene luxemburgische Aktienbeteiligungen vertreten könnte.[614]

Diesen Standpunkt vertrat die hiervon in Kenntnis gesetzte ARBED-Direktion keineswegs und führte einige Argumente auf, um ihre Position zu stärken: So bezog man sich auf das Kontrollratsgesetz Nr. 5, welches die Übertragung allen deutschen Vermögens im Ausland an eine Kommission für deutsches Auslandsvermögen vorsah. Diese Kommission habe die weitere Entscheidungsgewalt. Außerdem würde das luxemburgische Unternehmen nur den ihr indirekt zustehenden Anteil an dem betroffenen Vermögen einfordern, keineswegs jedoch den gesamten Anteil der deutschen F&G CARLSWERK AG. Schließlich hätten die Westmächte die indirekte Beteiligung der ARBED über die F&G CARLSWERK AG anerkannt, und die UdSSR würde dies immerhin in Erwägung ziehen.[615] Diese Argumentation wurde auch vom MAEL unterstützt. Botschafter Als wurde gebeten, diese auch dem belgischen Außenhandelsministerium mitzuteilen.[616] Doch sollte erst unter dem Nachfolger von

---

614 So teilte etwa der belgische Außenhandelsminister Straten-Waillet, den luxemburgischen Behörden mit: „*A la lecture des notes annexées aux lettres précitées, il ressort que les créances que la Société ARBED possède sont en réalité sur FELTEN et GUILLEAUME, société allemande, et non pas sur les sociétés yougoslave, bulgare et hongroise. En conséquence, nous n'avons pas à intervenir présentement dans ces pays. Ce qui est nationalisé ce ne sont pas des sociétés luxembourgeoises, mais des sociétés yougoslave, bulgare et hongroise dans lesquelles une société allemande a des intérêts. C'est contre cette dernière que doit éventuellement se dresser l'ARBED.*", ANLux, AE-08388, Straten-Waillet (Belgisches Außenhandelsministerium) an Bech (MAEL), 5. April 1948, 1 S. [im Folgenden zitiert als: ANLux, AE-08388, Straten-Waillet, 5. April 1948].

615 ANLux, AE-08388, Konsbruck und Chomé (ARBED) an das MAEL, 28. August 1948, 1 S.

616 ANLux, AE-08388, Bech (MAEL) an Als (lux. Vertretung in Brüssel), 21. Mai 1948, 2 S.

Außenhandelsminister Straten-Waillet[617], De Fernig[618], ein belgischer Positionswechsel stattfinden.[619]

Da die Verhandlungen zwischen der UEBL und der ungarischen Regierung zugunsten eines Globalentschädigungsabkommens erst Anfang 1950 richtig anliefen, spielten die anfänglichen Bedenken des belgischen Außenhandelsministeriums kaum eine Rolle. In den Verhandlungen lag die Initiative zwar in den Händen der belgischen Regierung, doch bedeutete dies keineswegs, dass man auf luxemburgischer Seite die Interessenwahrung der ARBED in Ungarn ruhen ließ. Auf Seiten der ARBED hatte man sich sofort nach Bekanntgabe der Verhandlungen über ein Entschädigungsabkommen an das MAEL gewandt. Die Konzernspitze bat die luxemburgischen Behörden, der belgischen Regierung ihre Forderung auf 2.183.000 Pengö mitzuteilen. Damit begannen jahrelange Bemühungen der ARBED und der luxemburgischen Regierungen, um die Aktienbeteiligungen des luxemburgischen Konzerns von dem Globalentschädigungsabkommen abdecken zu lassen. In der ersten Verhandlungsrunde von 1950 scheiterte die Einbeziehung der ARBED-Beteiligungen in den Entschädigungsvertrag angeblich an einem Verfahrensfehler: So hätte man nach ungarischer Auffassung auf Seiten der ARBED schlichtweg die Frist verpasst, um den ungarischen Behörden über die belgische Delegation ihre Ansprüche auf enteignete Vermögenswerte mitzuteilen. Die festgelegte Entschädigungssumme deckte demnach die Beteiligungen der ARBED nicht ab.[620] Die Argumentation wurde bei Wiederaufnahme der Gespräche

617 Straten-Waillet, Francois-Xavier van der (*22. Januar 1910 in Antwerpen; † 5. Februar 1998); belgischer Politiker und Diplomat. Das Amt des Ministers für Außenhandel hielt er lediglich 1947–1948.

618 Fernig, Georges Florent Marie Auguste Moens de (*28. August 1899 in Lüttich; † 1978 in Halen); Karriere in der Industrie; ab 1946 Minister für Versorgung in Belgien (parteilos); 1948–1949 Minister für Außenhandel; nach seiner politischen Karriere Rückkehr in die Privatwirtschaft als Bankier.

619 Dabei sei vermerkt, dass die eher kritische Position Straten-Waillets gegenüber den indirekten ARBED-Beteiligungen in verschiedenen osteuropäischen Staaten von seinem Nachfolger De Fernig nicht wieder aufgegriffen worden zu sein scheint.

620 Hierzu ANLux, AE-12048, Konsbruck (ARBED) an das MAEL, 10. Oktober 1950, 1 S.; ANLux, AE-12048, Mitteilung Albert Duhrs über die Entschädigung der belgischen und luxemburgischen Interessen in Ungarn, 26. November 1954, 4 S., hier S. 1 [ANLux, AE-12048, Mitteilung, 26. November 1954]. Obwohl diese beiden Dokumente, eines aus dem Kreis des MAEL und eines von Konsbruck selbst, belegen, dass man auf Seiten der ARBED die Frist zum Einreichen der Ansprüche verpasst hatte, scheint dies dennoch sehr ungewöhnlich. Die ARBED war im Allgemeinen genauestens über die belgischen und luxemburgischen Bemühungen

weder von belgischen, noch ungarischen Behörden aufgegriffen. In den Folgejahren drehte sich die Problematik ausschließlich um die Staatszugehörigkeit der indirekten ARBED-Interessen in der Budapester F&G KABEL-, DRAHT- UND DRAHTSEILFABRIK AG.

Bei der Wiederaufnahme der Verhandlungen im Jahr 1954 wurde man auf luxemburgischer Seite erneut aktiv: Die ARBED forderte von den ungarischen Behörden eine Zusage der Abdeckung ihrer Interessen in Ungarn durch das Globalentschädigungsabkommen. Daher sollte auch die bereits 1950 beschlossene Globalentschädigungssumme von 95 Millionen FLUX. entsprechend erhöht werden. Über das luxemburgische Delegationsmitglied Duhr wurde eine diesbezügliche Anfrage von der belgisch-luxemburgischen Delegation an die ungarischen Kollegen übermittelt.[621] Allerdings sah man in Budapest wenig Anlass, die ARBED-Interessen für eine Entschädigung in Betracht zu ziehen: In ihrer Antwort unterstrich die ungarische Delegation, dass die ARBED-Beteiligungen nicht Opfer von ungarischen Verstaatlichungen geworden seien und deshalb auch nicht entschädigt werden könnten. Stattdessen sei die FELTEN & GUILLEAUME KABEL-, DRAHT UND DRAHTSEILFABRIK Budapest als deutsches Vermögen interpretiert und auf Grundlage der Potsdamer Abkommen und des Friedensvertrags zwischen den Alliierten und Ungarn vom Februar 1947 als Reparationsleistungen an die sowjetischen Behörden transferiert worden.[622] Des Weiteren wurde Luxemburg darüber informiert

> *„que toutes les actions de la Felten & Guilleaume n'ont pas été déclarées comme biens allemands par la Commission ad hoc, mais que la totalité des actions appartenant à l'ARBED ont été qualifiées de biens allemands.“*[623]

Auf luxemburgische Nachfrage hin zur rechtlichen Situation des Budapester Unternehmens präzisierte man auf ungarischer Seite, dass die beschlossenen Abkommen zwischen der ungarischen Regierung und der UdSSR bezüglich des deutschen Vermögens keine Drittstaaten anbelangte.[624]

---

um die Wahrung der luxemburgischen Interessen in Osteuropa informiert. Dass man gerade eine solche Frist, die zudem in einem Pressekommuniqué zumindest in Belgien veröffentlicht wurde, verpasst haben soll, ist äußerst zweifelhaft. Mangels anderer Indizien scheint dies dennoch der Fall gewesen zu sein.

621 Ebd., S. 2.

622 ANLux, AE-12048., J. Rooz (ungarische Delegation) an Cambier (belgisch-luxemburgische Delegation), 1. Februar 1955, 2 S.

623 ANLux, AE-12048, Mitteilung, 26. November 1954, S. 3.

624 Ebd., S. 3.

Die ungarischen Behörden bezogen sich demnach nicht auf den vormals erwähnten angeblichen Verfahrensfehler von 1950, sondern auf die gleiche Argumentation wie bereits 1946 und 1947 das ungarische Reparationsamt: Die Beteiligungen der Arbed, welche indirekt über Unternehmen der F&G-Gruppe im ungarischen Unternehmen wahrgenommen wurden, wurden von Budapest als deutsches Vermögen betrachtet. Der luxemburgische Verweis auf die nichtdeutsche Staatsangehörigkeit der betroffenen Wertpapiere wurde von ungarischer Seite verworfen. Daher griffen hier auch keine Bestimmungen zum Schutz des Vermögens alliierter oder neutraler Staaten, welche in den internationalen Verträgen mit Ungarn sowie in den ungarischen Verstaatlichungsgesetzen beschlossen worden waren.[625]

Auf luxemburgischer Seite befand man sich in einer Sackgasse. Zudem sahen auch die belgischen Vertreter der UEBL-Delegation kaum Aussichten auf einen Erfolg. So konstatierte Duhr in einem Bericht an das MAEL: „*Les délégués belges, de leur côté, ont clairement laissé entendre au délégué luxembourgeois que dans l'état actuel des choses il leur paraissait absolument exclu que l'Arbed puisse faire valoir des droits sur les 95 millions de frs belges prévus à l'accord d'indemnisation.*“[626]

Da man keine Möglichkeit fand, die ungarischen Behörden zu einem Einlenken zu bewegen und die Arbed-Interessen nicht in Betracht gezogen werden konnten, musste Luxemburg dem Entschädigungsvertrag zustimmen.

Beim luxemburgischen Einverständnis zum Globalentschädigungsvertrag zeigt sich noch einmal die Bedeutung der Arbed für die luxemburgischen Diplomatie bezüglich der offenen Vermögensfragen: So war die Konzernleitung vor der Unterzeichnung des Globalentschädigungsvertrags von 1955 vom MAEL gebeten worden, sich zum Vertrag zu äußern. Hatte diese noch einige Wochen zuvor – unter der Annahme, dass es sich bei der Arbed um den einzigen luxemburgischen Gläubiger in Ungarn handele – dafür plädiert, den Vertrag auf luxemburgischer Seite nicht oder nur unter Vorbehalt zu unterzeichnen, gab man nun sein Einverständnis und sah kein „*inconvénient à ce que le Luxembourg ratifie l'accord*“.[627] Der Wechsel dieser Position erklärt sich wohl daraus, dass der Arbed zu diesem Zeitpunkt klar geworden war, dass neben der Gesellschaft weitere luxemburgische Gläubiger in Ungarn beteiligt waren, die, im Gegensatz zum Konzern, vom Globalentschädigungsvertrag profitieren

---

625 Zu diesen Bestimmungen siehe oben, S. 151 f.

626 ANLux, AE-12048 Mitteilung, 26 November 1954, S. 3.

627 ANLux, AE-12048, Johann und Konsbruck (Arbed) an das MAEL, 9. April 1955, 2 S., hier S. 1; siehe auch ANLux, AE-12048, Konsbruck (Arbed) an Bech (MAEL), 6. Dezember 1954, 3 S., hier S. 2.

konnten. Das MAEL hatte sich ihrerseits an die ARBED-Führung gewandt, um hier eine Expertenmeinung zu einem bevorstehenden Vertrag einzuholen. Dem kam man auf Seiten der ARBED auch mit Hinblick auf andere luxemburgische Gläubiger nach.

Damit war der Weg für eine Ratifizierung des Globalentschädigungsvertrags geebnet. Allerdings legte man auf Seiten des MAEL die offenen Vermögensfragen der ARBED in Ungarn nicht *ad acta*. Im Zuge der Unterzeichnung und Realisierung des Vertrags suchte man zumindest die Zusicherung einer zukünftigen Entschädigung der ARBED-Beteiligungen zu erreichen: Erst in diesem Rahmen wurden die unterschiedlichen Positionen der ungarischen und luxemburgischen Behörden und der Interpretationsspielraum der internationalen und ungarischen Bestimmungen in ihrer Gesamtheit deutlich.

Ein weiterer Entschädigungsvertrag für die verlorenen ARBED-Interessen in Ungarn

Da die luxemburgische Seite einer kategorischen Weigerung der ungarischen Behörden, die Aktienbeteiligungen der ARBED in den Entschädigungsvertrag vom Januar 1955 mitaufzunehmen, gegenüberstand, suchte man auf Seiten des MAEL nach weiteren Lösungen. Obwohl man den ungarischen Standpunkt keineswegs teilte, kam selbst Bech nicht umhin, die Überlegungen Budapests als *„parfaitement défendable“* zu bezeichnen.[628] Das hielt die luxemburgischen Behörden jedoch nicht davon ab, sich für eine zukünftige Entschädigung der ARBED-Interessen einzusetzen.

So bestanden bereits beim Abschluss des Entschädigungsvertrags vom Januar 1955 die belgische und die luxemburgische Regierung darauf, ein Memorandum an den Vertrag anzuhängen, in welchem sie ihren Wunsch kundgaben,

> *„de voir intervenir, dès que possible, un arrangement visant à l'indemnisation des intérêts et droits cités ci-dessus et non couverts par l'accord conclu ce jour“.*[629]

Dabei wurden auch die

> *„droits conférés à des personnes physiques ou morales belges ou luxembourgeoises par les dispositions des articles 24 et 26 du Traité de Paix, signé à Paris, le 10 février 1947, pour autant que ces droits ne se rapportent pas à des biens, droits ou intérêts touchés par les mesures hongroises de nationalisation“*

---

628 ANLux, AE-12048., Handschriftliche Notiz Joseph Bechs (MAEL), 9. April 1955, 1 S [im Folgenden zitiert als: ANLux, AE-12048, Handschriftliche Notiz, 9. April 1955].

629 Accord, 6 septembre 1955, S. 1243.

genannt.[630] Wenngleich von den luxemburgischen Behörden so gedacht, ist es nicht sicher, ob die hier entwickelte Argumentation und der Rückgriff auf den Friedensvertrag mit Ungarn wirklich die Beteiligungen der ARBED in Ungarn abdecken konnte.[631] Und obwohl man sich dessen auch innerhalb

---

630 Ebd.; siehe auch Treaty of Peace with Hungary, 24, § 1–4: „*1. Hungary accepts the principles of the United Nations Declaration of January 5, 1943, and shall return, in the shortest possible time, property removed from the territory of any of the United Nations. 2. The obligation to make restitution applies to all identifiable property at present in Hungary which was removed by force or duress by any of the Axis Powers from the territory of any of the United Nations, irrespective of any subsequent transactions by which the present holder of any such property has secured possession. 3. If, in particular cases, it is impossible for Hungary to make restitution of objects of artistic, historic or archaeological value, belonging to the cultural heritage of the United Nation from whose territory such objects were removed by force or duress by Hungarian forces, authorities or nationals, Hungary shall transfer to the United Nation concerned objects of the same kind as, and of approximately equivalent value to, the objects removed, in so far' as such objects are obtainable in Hungary. 4. The Hungarian Government shall return the property refered to in this Article in good order and, in this connection, shall bear all costs in Hungary relating to labour, materials and transport.*" sowie 26, § 1 und 4 b: „*1. In so far as Hungary has not already done so, Hungary shall restore all legal rights and interests in Hungary of the United Nations and their nationals as they existed on September 1, 1939, and shall return all property in Hungary of the United Nations and their nationals as it now exists. 4 b. United Nations nationals who hold, directly or indirectly, ownership interests in corporations or associations which are not United Nations nationals within the meaning of paragraph 9 (a) of this Article, but which have suffered a loss by reason of injury or damage to property in Hungary, shall receive compensation in accordance with sub-paragraph (a) above. This compensation shall be calculated on the basis of the total loss or damage suffered by the corporation or association and shall bear the same proportion to such loss or damage as the beneficial interests of such nationals in the corporation or association bear to the total capital thereof.*"

631 Gerade der Paragraph 4 b des Artikels 26 des Friedensvertrags ist hierfür das beste Beispiel: Laut diesem konnten Gläubiger der Vereinten Nationen in Ungarn nur mit einer Entschädigung für enteignete Unternehmen, die nicht als Vermögenswerte der Vereinten Nationen galten, rechnen, sofern die Unternehmen, in denen sie Interessen hielten, Verluste durch Kriegsschäden erfahren hatten. Dies traf streng genommen gar nicht für das Unternehmen mit indirekter ARBED-Beteiligung zu. Zudem setzte dies noch voraus, dass die betreffenden Interessen nicht als deutsches Vermögen angesehen wurden, denn Artikel 28 des Friedensvertrags machte unmissverständlich deutlich, dass für verlorenes deutsches Eigentum mit keiner Entschädigung zu rechnen sei; siehe hierzu DOMAN, Postwar Nationalization, S. 1140.

der UEBL-Delegation bewusst war, ging man der Problematik nicht weiter nach.[632]

In ihrem Memorandum führten die belgische und luxemburgische Regierung demnach den gleichen Friedensvertrag an wie die ungarischen Behörden. Lediglich die Artikel, auf die man sich bezog, wichen voneinander ab.[633] Tatsächlich war dies kein Einzelfall: Im Verlauf der Analyse der Interessenwahrung der ARBED in Ungarn kommt man nicht umhin festzustellen, dass die luxemburgischen Behörden und die ARBED-Leitung auf der einen sowie die ungarischen Obrigkeiten auf der anderen Seite sich in ihrer Argumentation häufig auf die gleichen internationalen und nationalen Bestimmungen bezogen. Dies galt bspw. für das Potsdamer Abkommen, den Friedensvertrag von 1947 oder das Verstaatlichungsgesetz Nr. 20 von 1949. Da diese Bestimmungen sowohl die Transferierung des deutschen Vermögens zu Reparationszwecken an die UdSSR als auch den Schutz alliierten Vermögens vorsahen, dienten sie zur Legitimation beider Seiten. Da die indirekten Beteiligungen in keiner dieser Bestimmungen explizit erwähnt wurden, gaben sie Anlass zu unterschiedlichen Interpretationen. So mussten nach luxemburgischem Verständnis auch die indirekten Beteiligungen den Schutzbestimmungen alliierten Vermögens unterliegen. Die ungarischen Behörden zogen hingegen lediglich die direkten Beteiligungen in Betracht. Letztlich ließ sich Budapest nicht auf einen zukünftigen Entschädigungsvertrag festlegen, sondern beschränkte sich darauf einige Einzelfälle zu überprüfen.[634]

Auf Seiten des MAEL wurde die Möglichkeit eines zukünftigen Entschädigungsvertrags eingehend geprüft. Neben der Form dieses Vertrags wurde auch die Möglichkeit erwogen, nur einen bilateralen Vertrag mit Ungarn bezüglich der ARBED-Interessen zu schließen.[635] Doch beließ man es hier bei einfachen

---

632 Man beschränkte sich darauf, den entsprechenden Passus handschriftlich zu unterstreichen und mit einem Fragezeichen zu versehen; siehe ANLux, AE-12048, Abdruck des Friedensvertrags mit Ungarn.

633 Während man sich auf belgisch-luxemburgischer Seite auf die Artikel 24 und 26 des Friedensvertrags bezog, argumentierte man auf ungarischer Seite mittels des Artikels 28.

634 *„Le Gouvernement hongrois a, d'autre part, exposé que certains éléments d'ordre juridique et technique relatifs aux problèmes visés ci-dessus font encore l'objet d'examen et d'études et que par conséquent, il n'est pas à même à présent de faire une déclaration concernant la date à laquelle il pourra entamer des négociations au sujet des problèmes en cause.*", Accord, 6 septembre 1955, S. 1243.

635 *„Peut-il y avoir un arrangement entre Etats au sujet d'un seul intérêt si important soit-il?*", ANLux, AE-12048, Anonyme handschriftliche Notiz, o. D., 1 S.

Gedankenspielen. Ein Vertrag zwischen Luxemburg oder der UEBL und Ungarn, unter Einbeziehung der ARBED-Interessen, wurde nie geschlossen.

Wegen der unklaren Situation der indirekten Interessen alliierter oder neutraler Staaten in Ungarn suchte man auf Seiten des MAEL nach einem Präzedenzfall im internationalen Recht, auf den man sich beziehen könnte. So durchforstete man die aktuelle Rechtsliteratur und beschäftigte sich daneben vor allem mit der amerikanischen und britischen Position zu dieser Problematik.[636] Direkte Kontakte zwischen den luxemburgischen Behörden und ihren amerikanischen und britischen Kollegen scheint es diesbezüglich nicht gegeben zu haben, doch wurden die vom MAEB übermittelten Positionspapiere Großbritanniens und der USA vom MAEL mit großem Interesse wahrgenommen. Aus diesen Dokumenten ging hervor, dass das britische *Foreign office* sehr reserviert in Bezug auf eine mögliche Entschädigung des zu Unrecht in die UdSSR transferierten alliierten Vermögens war. Demnach bemühte sich London erst gar nicht um eine solche Entschädigung, sondern konzentrierte sich einzig auf die britischen Interessen, die den ungarischen Verstaatlichungsmaßnahmen zum Opfer gefallen seien.[637]

Die amerikanische Position war hingegen weit weniger moderat: Washington behauptete

---

636 In einer handschriftlichen Notiz, welche im MAEL verfasst wurde, ist die Rede davon, die Publikation von Wolfgang Friedmann zu konsultieren, einem anerkannten Experten internationalen Rechts. Der Deutsch-Amerikaner Friedmann, 1907 in Berlin geboren, war zu diesem Zeitpunkt Professor für internationales Recht an der Columbia Universität in New York sowie Direktor des *International Legal Research*, eines Forschungszentrums für Fragen des internationalen Rechts; siehe ANLux, AE-12048, Anonyme handschriftliche Notiz, o. D. (vermutlich zwischen 1955 und 1956), 2 S., hier S. 1.

637 ANLux, AE-12048, Gérard (MAEB) an L. Schaus (Lux. Vertretung in Brüssel), 18. April 1956, 3 S., hier S. 1 f. [im Folgenden zitiert als: ANLux, AE-12048, Gérard, 18. April 1956]. Das *Foreign office* berichtigte gar eine belgische Interpretation der britischen Position, nach der angeblich der Friedensvertrag es ermöglichte eine Entschädigung des zu Unrecht in die UdSSR transferierten Vermögens zu verlangen; siehe hierzu ANLux, AE-12048, Gérard (MAEB) an L. Schaus (lux. Vertretung in Brüssel), 16. Juli 1955, 2 S., hier S. 2 [im Folgenden zitiert als: ANLux, AE-12048, Gérard, 16. Juli 1955]; vgl auch die Berichtigung dieser Interpretation im April 1956 in ANLux, AE-12048, Gérard, 18. April 1956, S. 1: „*Le Gouvernement britannique n'estime pas, en effet, que les traités de paix permettent de réclamer une indemnisation en faveur des ressortissants des Nations Unies qui détenaient des participations dans des sociétés allemandes. Aussi n'a-t-il pas insisté sur les demandes de ce genre qu'il a pu être amené à formuler, lorsque celles-ci avaient rencontré une fin de non recevoir.*"

„les ressortissants des Nations-Unies [...] peuvent prétendre au bénéfice de l'article 26 [du Traité de paix, MB] *dans le cas où ils détiendraient des intérêts dans les avoirs allemands remis à la Russie.*"[638]

Zudem habe die UdSSR angekündigt, dass prinzipiell Interessen der Vereinten Nationen an deutschem Vermögen nicht in die UdSSR transferiert werden können.[639] Nach amerikanischem Verständnis unterlag die Übertragung des deutschen Vermögens in der SBZD und bei den ehemaligen Achsenmächten Osteuropas an die UdSSR nicht der alleinigen Kompetenz der UdSSR, sondern auch der Kontrolle der anderen Unterzeichner des entsprechenden Friedensvertrags, in diesem Fall des mit Ungarn 1947 abgeschlossenen Vertrages.[640] Die USA reklamierten daher ein Interventionsrecht für sich und die anderen Unterzeichner. Daraus konnte man schlussfolgern, dass die ARBED nach amerikanischer Auffassung durchaus Anspruch auf eine Entschädigung hatte. Allerdings konnten sich die USA wegen ihres politischen und wirtschaftlichen Gewichts eine solch rigorose Außenpolitik auch erlauben. Dies führte allerdings zu keinem nennenswerten Erfolg: Soweit bekannt, blieben selbst die amerikanischen Proteste gegen die unrechtmäßige Übertragung amerikanischen Vermögens an die UdSSR zu Reparationszwecken durch Ungarn ohne Erfolg.

Die Suche nach einem Präzedenzfall im internationalen Recht sowie die britische und amerikanische Position konnten die luxemburgischen Behörden nicht befriedigen. Keiner der verfolgten Hinweise bot konkrete Hilfestellungen zu den indirekten Beteiligungen in Ungarn. Die britische und amerikanische Positionen bezogen sich lediglich auf direkte Interessen. Da bereits hier kaum Aussicht auf Erfolg bestand, konnte dies hinsichtlich indirekter Beteiligungen nur noch schwieriger sein.

Da man in Budapest auf taube Ohren stieß und zudem häufig nur indirekt über die UEBL-Delegation intervenieren konnte, suchte man des Weiteren unter Umgehung Budapests über die luxemburgische Vertretung in Moskau Kontakt mit den sowjetischen Behörden aufzunehmen. Immerhin war die UdSSR im Besitz der indirekten ARBED-Beteiligungen, und die betroffene Gesellschaft war laut Informationen der ARBED in ein sowjetisches Unternehmen umgewandelt worden.

---

638 ANLux, AE-12048., Gérard, 16. Juli 1955, S. 2.

639 Ebd.

640 Als Unterzeichner wurden geführt: die UdSSR, Großbritannien, USA, Australien, die Weißrussische Sozialistische Sowjetrepublik, Kanada, die Tschechoslowakei, Indien, Neuseeland, die Ukrainische Sozialistische Sowjetrepublik, die Südafrikanische Union und die Föderative Volksrepublik Jugoslawien.

Interventionen bei den sowjetischen Behörden

Die Botschaft in Moskau spielte eine entscheidende Rolle in der Wahrung der ARBED-Beteiligungen in Ungarn. Sie wurde vor allem 1955 bei Abschluss des Globalentschädigungsvertrags, herangezogen. Da die ARBED-Interessen von einer Entschädigung ausgeschlossen worden waren, überlegte man auf luxemburgischer Seite, sich direkt an die UdSSR zu wenden.[641] Hierzu nutzte man die allgemeine politische Atempause nach dem Tod Stalins und dem Ende des Koreakrieges. Um die Vorgehensweise zu klären, trafen sich hohe Vertreter der ARBED und der luxemburgischen Außenpolitik im September 1955 gleich zweimal in Luxemburg.[642] Nicht alleine die Beteiligungen des Konzerns in Ungarn wurden thematisiert, sondern auch die ungleich bedeutenderen Interessen in der DDR. In beiden Fällen hatte man es mit ARBED-Beteiligungen zu tun, welche an die UdSSR überführt worden waren und deren Schicksal nicht eindeutig klar war. Die Zielvorstellungen der ARBED waren eindeutig und beschränkten sich auf drei Aspekte:

1. die Anerkennung der Vermögenswerte der ARBED in Ungarn und der DDR, sprich der indirekten Beteiligungen, durch die UdSSR,
2. eine Aufklärung der Situation der betroffenen Unternehmen,
3. eine gerechte und angemessene Entschädigung, falls die Unternehmen nicht mehr befreit werden könnten.

Die Realisierung der Ziele der ARBED wurde dabei in enger Zusammenarbeit mit dem MAEL getätigt und bezeugte die Arbeitsteilung zwischen der ARBED-Führung und dem MAEL in dieser Frage: So stellte die ARBED-Direktion ein offizielles Schreiben an die UdSSR auf, welches vom stellvertretenden Minister Blum an Moskau überreicht werden sollte und das die Konzernziele beinhaltete. Blum wurde gebeten, den Druck auf Moskau zu verschärfen und endlich klarere Antworten zu bekommen. Doch führte sowohl die schriftliche Note als auch eine persönliche Unterredung Blums mit einem ranghohen sowjetischen Offizier nicht zum erhofften Erfolg. Wie im Fall der ARBED-Beteiligungen in

---

641 ANLux, AE-12048, Bech (MAEL) an Blum (lux. Vertretung in Moskau), 30. Dezember 1954, 2 S., hier S. 2.

642 ANLux, AE-12048, Interessen der ARBED in Osteuropa. Bericht einer Sitzung bei der ARBED vom Mittwoch, 21. September 1955, um 17 Uhr, 3 S. Die Zusammensetzung der ersten Unterredung vom 16. September 1955 war fast identisch: Auf Seiten der ARBED waren Konsbruck und Johann anwesend, während die luxemburgische Diplomatie von Bech, Blum und Als vertreten wurde; siehe hierzu ANLux, AE-12048, Interessen der ARBED in Osteuropa. Bericht einer Sitzung im Büro von J. Bech, 16. September 1955, 1 S.

der DDR, so blieb man auf sowjetischer Seite hinsichtlich des betroffenen ungarischen Unternehmens mit indirekter ARBED-Beteiligung ausweichend: Man schob jegliche Verantwortung von sich und empfahl den luxemburgischen Behörden, sich an die ungarische Regierung zu wenden. Moskau gab zu diesem Zeitpunkt an, die betroffene Gesellschaft wieder an die ungarischen Behörden rückübertragen zu haben. Daher sei Budapest für eventuelle Entschädigungen verantwortlich.[643] Über die indirekte Beteiligung der ARBED verloren die sowjetischen Behörden kein Wort. Vermutlich wollte man sich in dieser Frage nicht festlegen oder keinen Präzedenzfall schaffen. Die verstärkten Interventionen um 1955 führten zu keinem erfolgreichen Abschluss. Moskau stützte sich weiterhin auf sehr vage Formulierungen und konnte nicht aus der Reserve gelockt werden. Trotz einer Zusage der UdSSR, den Fall ARBED genauer überprüfen zu wollen, befand man sich auf luxemburgischer Seite in einer Sackgasse: Sowohl die ungarischen wie auch die sowjetischen Behörden verneinten jegliche Verantwortung für die Vermögenswerte der ARBED in Ungarn. Budapest zufolge waren diese als Reparationsleistungen an die UdSSR überreicht worden. Daher müsste Moskau im Falle einer unrechtmäßigen Aneignung für eine eventuelle Entschädigung aufkommen. Moskau hingegen behauptete, die betroffene Gesellschaft längst wieder in ungarische Hände rückgeführt zu haben. Demzufolge wären die ungarischen Behörden verantwortlich für die luxemburgischen Einsprüche.

Die Problematik war für die luxemburgische Seite umso vertrackter, als man den aktuellen Status des betroffenen Unternehmens nicht exakt kannte. Seit 1954 war im Westen bekannt, dass deutsches Vermögen von der UdSSR an Ungarn zurückgegeben worden war, doch wusste man in Luxemburg nicht mit Bestimmtheit zu sagen, ob davon auch das Unternehmen mit indirekter ARBED-Beteiligung betroffen war.[644] Moskau und Budapest verweigerten diesbezügliche Klarstellungen.[645] Doch war das Schicksal des betroffenen Unternehmens gerade

---

643 Die Antwort, die der sowjetische Diplomat Arutiunian René Blum in einer persönlichen Unterredung mitteilte, ist hierfür symptomatisch: „*Nous n'avons plus rien à faire avec ses affaires. Adressez-vous aux autorités de Hongrie resp. ALL. Dém., [sic!] qui vous donneront certainement une réponse favorable.*“, ANLux, AE-12048, Blum (lux. Vertretung in Moskau) an Bech (MAEL), 16. Februar 1956, 1 S. [im Folgenden zitiert als: ANLux, AE-12048, Blum, 16. Februar 1956].

644 ANLux, AE-12048, Mitteilung, 26. November 1954, S. 3.

645 Es geht aus den konsultierten Dokumenten nicht hervor, ob solche Informationen bewusst von Budapest und Moskau zurückgehalten wurden oder ob es ihnen aufgrund der wirtschaftlichen Umwälzungen in der zweiten Hälfte der fünfziger Jahre schlichtweg unmöglich war.

für die weitere Verteidigung der ARBED-Beteiligungen in Ungarn ausschlaggebend. Bereits 1954 hatte man auf Seiten der ARBED diesbezüglich drei mögliche Szenarien erwogen:

1. Sollte die UdSSR immer noch in Besitz der Interessen sein, dann müsste Moskau für eine Entschädigung aufkommen.
2. Gleiches galt im Falle einer Rücküberführung des Unternehmens an Budapest ohne Gegenleistung.
3. Sollte die ungarische Regierung der UdSSR im Nachhinein die betroffenen Vermögenswerte abgekauft haben, dann müsste Budapest für eine Kompensation aufkommen.[646]

Diese Szenarien wurden von Seiten des MAEL nicht in Frage gestellt. Da man aber 1955 in dieser Frage nicht vorankam, plädierte Blum dafür, die ungarischen Behörden mit der sowjetischen Argumentation zu konfrontierten, dass Budapest für weitere Fragen verantwortlich sei.

> *„Autrement nous serons condamnés à l'immobilisme, à des discussions stériles avec l'URSS, restant sur ses positions.“*[647]

Blums Vorschlag wurde von luxemburgischer Seite jedoch nie umgesetzt. Gut möglich, dass man diese Vorgehensweise, mit der man starken Druck auf die ungarische Regierung ausgeübt hätte, als zu aggressiv erachtete. Man entschied sich vielmehr dafür, mit Bedacht vorzugehen: So beschloss man spontan, entgegen einer im Vorfeld getroffenen Entscheidung, den ungarischen Botschafter, Joseph Kovacs, in Begleitung des Wirtschaftsrats der ungarischen Gesandtschaft, bei einem Besuch der ARBED-Fabrik in Dudelange nicht mit der Situation der ARBED-Interessen in Ungarn zu konfrontieren. Man wollte zukünftige Wirtschaftsbeziehungen nicht aufs Spiel setzen und ein *„climat favorable“* schaffen.[648]

Diese Vorgehensweise scheint auch bei der ARBED-Spitze Unterstützung gefunden zu haben: In einem Schreiben Konsbrucks an Blum vom Dezember 1955 ließ dieser anklingen, dass von Seiten der ARBED ein gewisser Vorbehalt gegen

646 ANLux, AE-12048, ARBED an Bech (MAEL), 6. Dezember 1954, 3 S. hier S. 3.

647 ANLux, AE-12048, Blum, 16. Februar 1956, S. 1.

648 ANLux, AE-12048, Protokoll eines Telefongesprächs zwischen dem MAEL und Konsbruck (ARBED), 14. Januar 1956, 1 S. [im Folgenden zitiert als: ANLux, AE-12048, Protokoll, 14. Januar 1956]; siehe auch ANLux, AE-12048, Konsbruck (ARBED) an MAEL, 23 Januar 1956, 1 S.; ANLux, AE-12048, Konsbruck (ARBED) an Blum (lux. Vertretung in Moskau), 2. Dezember 1955, 2 S., hier S. 1. [im Folgenden zitiert als: ANLux, AE-12048, Konsbruck, 2. Dezember 1955].

ein zu aggressives Auftreten gegenüber den ungarischen Behörden herrsche. Die Gesellschaft wolle nicht die Möglichkeit wirtschaftlicher Beziehungen mit den Ostblockstaaten aufs Spiel setzen. Eine zu aggressive Interventionspolitik könne möglicherweise den Verzicht Ungarns auf zukünftige Wirtschaftsabkommen mit sich führen.[649]

Nach 1956 wurden die aktiven Bemühungen um die Wahrung der ARBED-Beteiligungen eingestellt. Alle Versuche, doch noch mit Budapest oder Moskau zu einer Einigung zu kommen, waren fehlgeschlagen. Stattdessen sah man in ARBED-Kreisen die Versteifung auf offene Vermögensfragen in Ungarn wohl als Hindernis für die Ausweitung der Wirtschaftsbeziehungen mit dem Land.

Die Wahrung der Aktienbeteiligungen der ARBED in Ungarn scheiterte in erster Linie an der Nicht-Anerkennung der indirekten Aktienbeteiligungen des Konzerns. Die somit als deutsche Vermögenswerte verstandenen Aktien wurden entschädigungslos eingezogen, das Unternehmen konfisziert.

Verschiedene Bemühungen der luxemburgischen Behörden, der Abschluss eines Globalentschädigungsabkommens sowie bilaterale Gespräche mit Moskau verliefen aufgrund dieser unverrückbaren Position ungarischer und sowjetischer Behörden im Sand. Wenn auch die luxemburgische Argumentation von Vertretern westlicher Staaten, allen voran aus Belgien und Frankreich nachvollzogen wurde, so konnten auch sie keine Wende in der Problematik herbeiführen.

III.3 Die Wahrung der ARBED-Beteiligungen in Bulgarien

Neben Ungarn besaß der ARBED-Konzern noch in einem weiteren ehemaligen Satellitenstaat Deutschlands indirekte Beteiligungen: Über die Tochtergesellschaft F&G CARLSWERK AG war die ARBED an der bulgarischen BERGWERKS AG PIRIN in Höhe von 23,89 % beteiligt. Mit der Besetzung des Landes durch die sowjetische Armee Ende des Jahres 1944 und der Kriegserklärung Bulgariens an Deutschland brach der Kontakt zwischen der F&G CARLSWERK AG und dem bulgarischen Unternehmen ab. Er sollte im Verlauf der Interessenwahrung der ARBED in Bulgarien auch nicht wieder zustande kommen. Das Unternehmen wurde als Feindvermögen konfisziert, d. h. als deutsches Vermögen angesehen und an die UdSSR übertragen. Die Gesellschaft wurde später als Staatsbesitz von den bulgarischen Behörden übernommen.[650]

---

649 ANLux, AE-12048, Konsbruck, 2 décembre 1955, S. 1: „*Nous avons jugé de ne pas parler, dès ce premier contact, des intérêts que l'ARBED possède dans la société Felten & Guilleaume à Budapest.*"

650 Siehe hierzu ausführlich unten, S. 416–418.

Auf Seiten der Interessenvertreter der ARBED wurde der Abbruch der Kontakte zum Unternehmen zum Anlass genommen, die Bemühungen zum Schutz der Vermögenswerte der ARBED im Betrieb aufzunehmen. Allgemein ist die Wahrung der Interessen der luxemburgischen Gesellschaft in Bulgarien nur sehr lückenhaft dokumentiert. Vieles ist lediglich rückblickend aus späteren Dokumenten im Rahmen einer parlamentarischen Debatte um die Ratifizierung des Entschädigungsabkommens zwischen der UEBL und Bulgarien von 1969 bekannt.[651] Detailfragen bleiben jedoch offen, und lediglich der Ausgang der Bemühungen wird deutlich. Dies lässt darauf schließen, dass ein Großteil der Dokumentation verloren gegangen bzw. bewußt oder unbewußt zerstört worden ist. Außerdem war das Interesse der Aktieninhaber an der Frage des Schutzes der luxemburgischen Beteiligungen in Bulgarien weit geringer als dies für andere osteuropäischen Staaten der Fall war. Ein geringerer Aktenausstoß ist daher nicht weiter verwunderlich.

Bei der Interessenwahrung wurde auf solche Maßnahmen zurückgegriffen, wie sie bereits aus der Untersuchung der Wahrung der Vermögenswerte der ARBED der SBZD/DDR und in Ungarn beleuchtet werden konnten. So suchte man die Interessen der ARBED im Rahmen einer belgischen Wirtschaftsmission nach Sofia mitvertreten zu lassen, nicht jedoch ohne Bedenken des belgischen Wirtschaftsministers.[652]

Des Weiteren wurde erneut über die luxemburgische Vertretung in Moskau Kontakt zu den sowjetischen Behörden bzw. zur bulgarischen Vertretung vor Ort gesucht.[653] Da anders als in Ungarn und in der SBZD der Kontakt zum Unternehmen der F&G-Gruppe abgebrochen war, suchte man diesen in der Folge wiederherzustellen, um Informationen über das Los der besagten Gesellschaft einholen zu können. Doch scheiterten entsprechende Versuche.[654]

Im Verlauf der vierziger und fünfziger Jahre soll das MAEL mehrmals bei den bulgarischen und sowjetischen Behörden interveniert haben. In den Quellen

---

651 CR, 33. Sitzung (19. Juni 1969), Sp. 2083–2090.

652 Vgl. ANLux, AE-08396, Bech (MAEL) an Als (lux. Vertretung in Brüssel), 25. Februar 1948, 1 S.; ANLUX, AE-8388, Bericht von Steinmetz (lux. Vertretung in Brüssel) an das MAEL, S. 4: „*Il est possible que la délégation belge chargée de négocier à Belgrade poursuive son voyage jusqu'à Sofia pour examiner la situation des intérêts nationalisés de quatre firmes belges.*" Zum Bedenken aus dem Wirtschaftsministerium siehe oben, S. 238 f.

653 ANLux, AE-08396, Bech (MAEL) an Blum (lux. Vertretung in Moskau), 24 Februar 1948, 1 S.

654 ANLux, AE-AA-307, Erklärung der ARBED über ihre Beteiligung an der BERGWERKS AG PIRIN, 1 S.

findet sich hierzu lediglich ein Hinweis in einem Schreiben des luxemburgischen stellvertretenden Ministers in Moskau Blum an Konsbruck, vom Oktober 1955, in dem Blum mitteilte, in Kürze eine Unterredung mit dem bulgarischen Botschafter vor Ort über die ARBED-Interessen in Bulgarien zu führen. Weitere Informationen fehlen jedoch.[655]

Auf luxemburgischer Seite setzte man offenbar in erster Linie auf den Abschluss eines Globalentschädigungsabkommens zwischen der UEBL und Bulgarien. Die diesbezüglichen Verhandlungen zwischen 1947 und 1968 wurden jedoch lediglich passiv begleitet.[656] Die luxemburgische Passivität sowie der geringe Aktenausstoß im Gegensatz zum Fall Ungarn lassen sich vermutlich dadurch erklären, dass in Bulgarien lediglich die Beteiligungen der ARBED zur Diskussion standen. Andere luxemburgische Gläubiger wurden als „*très minimes pour ne pas dire non-existants*" aufgefasst.[657]

Trotz des luxemburgischen Wunsches wurden die Beteiligungen der ARBED im abschließenden Abkommen wie schon im ungarischen Fall nicht berücksichtigt,

---

655 ANLux, AE-12048, Blum (lux. Vertretung in Moskau) an Konsbruck (ARBED), 28. Oktober 1955, 2 S., hier S. 1: „*Quant à votre lettre du 28 septembre dr. relative aux intérêts ARBED en Rép. Pop. Bulgare, j'ai attendu le retour de mon collègue pour lui adresser la lettre dont copie jointe. Je le verrai un de ces jours et aurai l'occasion de l'entretenir personnellement lors des diverses réceptions en l'honneur du Prés. de la Rép. de Birmanie U Nu, actuellement à Moscou.*"

656 Zu den Verhandlungen im Rahmen eines Wirtschaftsabkommens zwischen der UEBL und Bulgarien siehe die entsprechenden Presseartikel in L'Echo de l'Industrie: O. A., Nos relations avec la Bulgarie, in: Echo de l'Industrie 29 (20. Juli 1957), S. 3; O. A., Accords de commerce et de paiement, in: L'Echo de l'Industrie 37 (19. September 1959), S. 3; O. A., Nos accords commerciaux, in: L'Echo de l'Industrie 15 (16. April 1960), S. 3; O. A., Commerce extérieur et changes, in: L'Echo de l'Industrie 37 (12. September 1964), S. 3. Spätestens seit 1958 wurden Zahlungs- und Wirtschaftsabkommen über die Benelux geschlossen, Entschädigungsabkommen jedoch nicht; sie blieben der UEBL überlassen.

657 Zitiert aus einer Intervention des luxemburgischen Außenministers Thorn, in: CR, 33. Sitzung (19. Juni 1969), Sp. 2089. Siehe zudem „*Or, ici il s'est avéré que nous n'avions pas de créances importantes du côté luxembourgeois. Il s'agit d'un accord international et que cet accord soit fait par l'UEBL pour des raisons remontant plus loin d'ordre économique et fiscal ne veut pas dire que forcément le Luxembourg y ait grand intérêt. C'est au nom de l'UEBL, comme pour certains autres traités au nom du BENELUX, qu'on négocie souvent, qu'un pays y ait moins d'intérêt que l'autre est une question secondaire.*", Ebd., Sp. 2088.

da das Unternehmen als deutsche Vermögenskategorie der UdSSR zugefallen war und von einem Entschädigungsvertrag ausgeschlossen war.[658]

Wie im Fall der ARBED-Interessen in Ungarn suchte das MAEL auch hier die Entscheidung der betreffenden Interessen offiziell weiter für offen zu erklären. In einem Schreiben an Sofia äußerte die luxemburgische Regierung, dass diese Frage weiterhin ungeklärt sei und eine Lösung gefunden werden müsse.[659] Doch tauchen nach Abschluss des Entschädigungsvertrags keine weiteren Hinweise mehr in den Quellen des MAEL auf. Die Interessenwahrung der ARBED scheint nach dem Globalentschädigungsvertrag aufgegeben worden zu sein.

III. 4 Die Wahrung der ARBED-Beteiligungen in der SBZÖ

Über die F&G CARLSWERK AG war die ARBED an der F&G DRAHT-, DRAHTSEIL- UND KUPFERFABRIK AG in Wien beteiligt. Wie schon die deutsche KABELWERK WILHELMINENHOF AG verteilte sich das betroffene Unternehmen auf mehrere Besatzungszonen. In den letzten Kriegsmonaten erfuhren alle drei Fabriken der Gesellschaft, sowohl in der späteren britischen wie in der sowjetischen Besatzungszone, Demontagen durch die sowjetischen Beutekommandos. Dabei zollten diese keineswegs der späteren zonalen Gliederung des Landes Respekt, sondern nutzten als erste Okkupationsmacht vor Ort die Gunst der Stunde aus. Nach der zonalen Einteilung Österreichs befand sich lediglich die Wiener Fabrik in der sowjetischen Zone. Das Werk wurde 1947 als deutsches Vermögen beschlagnahmt und unter Verwaltung der USIA gestellt. Dank hartnäckiger Bemühungen um die beschlagnahmte Fabrik gelang es schließlich die österreichische Gesellschaft wieder vom sowjetischen Zugriff zu befreien.[660] Die erfolgreiche Wahrung soll

---

658 Loi du 28 juillet 1969 portant approbation de l'Accord entre la Belgique et le Grand-Duché de Luxembourg, d'une part, et la République Populaire de Bulgarie, d'autre part, concernant l'indemnisation des intérêts belges et luxembourgeois en Bulgarie, signé à Sofia, le 25 février 1965, et de l'Accord signé à Luxembourg le 7 février 1968 entre le Grand-Duché de Luxembourg et la Belgique réglant l'exécution de l'Accord entre la Belgique et le Grand-Duché de Luxembourg, d'une part, et la République Populaire de Bulgarie, d'autre part, concernant l'indemnisation des intérêts belges et luxembourgeois en Bulgarie, signé à Sofia, le 25 février 1965, in: Mémorial du Grand-Duché de Luxembourg A/44 (1. September 1969), S. 1058–1066.

659 Intervention des luxemburgischen Außenministers Thorn, in: CR, 33. Sitzung (19. Juni 1969), Sp. 2089.

660 Siehe hierzu ausführlich weiter unten, S. 418–422.

im Folgenden näher beleuchtet werden. Im Sinne der Thematik dieser Arbeit beschränkt sich die Analyse jedoch auf die Bemühungen zur Wahrung des Werkes im sowjetischen Sektor der Stadt Wien, nicht jedoch der Fabriken in der britischen Zone. In der Tat wurden diese Bemühungen auf einer anderen Ebene geführt, die an dieser Stelle nicht weiter erörtert werden soll.

Vergleicht man die Interessenwahrung der ARBED in der SBZÖ mit parallelen Bemühungen um Konzernbeteiligungen in den osteuropäischen Staaten, so fällt auf, dass hier konkrete Bemühungen vergleichsweise früh, bereits im Oktober 1945, unternommen wurden. Dies mag vor allem daran liegen, dass die ARBED-Leitung auch in der unmittelbaren Nachkriegszeit über einen ausgezeichneten Kontakt zur Direktion der österreichischen Gesellschaft verfügte. In regelmäßigen Abständen wurden persönliche Unterredungen zwischen den Spitzen des ARBED-Konzerns, Chomé und Konsbruck und der Direktion der F&G DRAHT-, DRAHTSEIL- UND KUPFERFABRIK AG Wien geführt. Die hier gewonnenen Erkenntnisse wurden von Seiten der ARBED sofort an die luxemburgischen Behörden weitergeleitet.

Dem luxemburgischen Konzern war spätestens nach der zonalen Einteilung Österreichs bekannt, dass die einzelnen Fabriken der Gesellschaft den sowjetischen Beutekommandos zum Opfer gefallen waren. Auch vor dem Hintergrund der Ereignisse in der SBZD war die Sorge einer endgültigen Enteignung der Gesellschaft, zumindest des Werkes in der sowjetischen Besatzungszone, durchaus berechtigt. Die ersten Maßnahmen, welche auf luxemburgischer Seite ergriffen wurden, hatten dann auch vorsorglichen Charakter und dienten dem Schutz der Interessen des Konzerns vor Ort.

III.4.1 Die französischen Bemühungen um die Wahrung der Konzern-Beteiligungen in Österreich

Bei der Wahrung der indirekten ARBED-Beteiligungen in der SBZÖ gingen die entscheidenden Impulse von der Führungsspitze der ARBED aus: Dies lag, wie in Ungarn, vor allem an den guten Kontakten, die der Konzern in der Region pflegte. Man wandte sich auf Seiten des Unternehmens zur Wahrung der eigenen Interessen in Österreich zunächst nicht an die luxemburgischen Behörden, sondern an die französischen: Im Herbst 1945 trat Direktor Lancrenon, Vertreter der ARBED-Interessen in Frankreich, an den Quay d'Orsay heran und bat das französische Außenministerium, sich der Verteidigung der Beteiligungen des Konzerns in Österreich, vor allem in der SBZÖ, anzunehmen. Die luxemburgische Gesellschaft konnte sich berechtigte Hoffnungen auf Unterstützung durch die französische Diplomatie machen, denn französische Aktionäre waren nicht nur an der ARBED selbst, sondern auch direkt an der Wiener F&G DRAHT-, DRAHTSEIL- UND KUPFERFABRIK AG beteiligt.[661]

In Paris war man nicht grundsätzlich abgeneigt dem Anliegen der ARBED nachzugehen, forderte aber eine offizielle Anfrage der luxemburgischen Regierung, was diese, informiert durch die ARBED, auch sogleich tat.[662]

Die französische Militärverwaltung in Österreich unter Leitung des Generals Antoine Béthouart[663] wurde von Paris damit beauftragt, die Interessen der luxemburgischen Gesellschaft in Österreich zu schützen. Mit dem Dossier wurden schließlich der Colonel Maroy, Leiter der Abteilung *Contrôle des Biens*, sowie General Cherrière betraut. Über den französischen Botschafter in Moskau setzte man die luxemburgischen Behörden in Kenntnis, dass Frankreich die Gesellschaft „beanspruchen" werde.[664]

In Luxemburg war man sich nicht sicher, was man unter „beanspruchen" zu verstehen hatte, hielt sich aber bereit, den französischen Behörden gegebenenfalls jede erdenkliche Hilfe zukommen zu lassen. Tatsächlich erkannte man auf französischer Seite sowohl die direkte französische Beteiligung an der österreichischen Gesellschaft als auch die indirekten Anteile der ARBED in diesem Unternehmen an. Doch hatte man sich nicht dazu geäußert, ob die F&G DRAHT-, DRAHTSEIL- UND KUPFERFABRIK AG Wien nun als deutsches Vermögen aufgefasst wurde oder als österreichische Gesellschaft. Bekanntlich hatten es die Alliierten in den Verhandlungen über die Reparationsbestimmungen versäumt, verbindliche Richtlinien zum deutschen Vermögen in Österreich zu fixieren, woraus sich unterschiedliche Standpunkte unter den Beteiligten entwickelt hatten.[665]

---

661 Vgl. hierzu ANLux, AE-AA-305, Bech (MAEL) an Funck (lux. Vertretung in Paris), 26. Oktober 1945, 2 S.; ANLux, AE-08386, Handschriftliche Notiz von Hommel (MAEL), 29. April 1946, 1 S. [im Folgenden zitiert als: ANLux, AE-08386, Handschriftliche Notiz, 29. April 1946].

662 ANLux, AE-AA-305, Funck (lux. Vertretung in Paris) an Bech (MAEL), 12. November 1945, 1 S.

663 Béthouart, Marie Émile Antoine (*17. Dezember 1889 in Dole; † 17. Oktober 1982 in Fréjus); französischer Militär und Offizier; nach der Befreiung Frankreichs wurde er Kommandeur eines Korps der französischen Armee, die Österreich besetzte; nach Ende des Krieges Kommandant der dort stationierten französischen Truppen und Hochkommissar der französischen Besatzungszone; danach politische Karriere als Senator und Mitglied der Kommission für Auswärtige Angelegenheiten, für Verteidigung und der Armee.

664 ANLux, AE-08386, Telegramm Blums (lux. Vertretung in Moskau) an Bech (MAEL), 29. April 1946, 1 S.

665 Siehe oben, S. 128 f.

Im Frühjahr 1946 erreichten das MAEL über die ARBED konkrete Informationen über Maßnahmen, die von den französischen Besatzungsbehörden in Österreich unternommen worden waren. Davon berichteten zwei österreichische Direktoren der F&G DRAHT-, DRAHTSEIL- UND KUPFERFABRIK AG, die aus Wien nach Luxemburg gereist waren, um der Muttergesellschaft Bericht zu erstatten: Demnach soll die französische Militärverwaltung an allen Fabriken der F&G DRAHT-, DRAHTSEIL- UND KUPFERFABRIK AG Plakate angebracht haben, die kundtaten, dass die Fabriken unter alliiertem Schutz standen. Das Dossier F&G DRAHT-, DRAHTSEIL- UND KUPFERFABRIK AG sowie die französischen und luxemburgischen Forderungen wurden den sowjetischen Behörden der SBZÖ übersandt.[666]

Auf Seiten der luxemburgischen Diplomatie blieb man in dieser Phase äußerst passiv und überließ die Maßnahmen den französischen Behörden vor Ort. Das Großherzogtum verfügte über keine Militärmission in Österreich, wie dies im geteilten Deutschland der Fall war. Erst im Verlauf des Jahres 1946 wurde ein Konsulat in Wien eröffnet, das jedoch nie in die Interessenwahrung der ARBED eingebunden wurde. Das MAEL nahm eine abwartende Haltung ein und wollte gegebenenfalls über die Vertretung in Moskau bei den sowjetischen Behörden aktiv werden, sollten die französischen Bemühungen keinen Erfolg bringen.[667] Die eigentlichen Informationen, die das MAEL in dieser Phase erreichten, stammten fast ausschließlich aus der Hand der ARBED, die eine ungleich aktivere Rolle spielte.[668] Nach Aussagen des Unternehmens standen die französischen Behörden in hartnäckigen Verhandlungen mit ihren sowjetischen Kollegen. Details dieser größtenteils mündlich geführten Verhandlungen sind nicht bekannt, lediglich der Ausgang wurde überliefert. Demnach drehte sich die Problematik erneut um die Anerkennung der indirekten Beteiligungen der ARBED in der SBZÖ. Eine solche Anerkennung würde unmittelbar die Befreiung des Wiener Unternehmens oder aber zumindest eine Entschädigung der alliierten Beteiligung in dieser Gesellschaft nach sich ziehen.[669]

Die sowjetische Position zum Fall F&G DRAHT-, DRAHTSEIL- UND KUPFERFABRIK AG Wien war in den folgenden Monaten äußerst widersprüchlich:

---

666 ANLux, AE-8386, Handschriftliche Notiz, 1 S. Bei einem der Direktoren handelt es sich möglicherweise um Direktor Kimmer; hierzu ANLux, AE-AA-305, Wehrer, 12. März 1946, S. 1.

667 Ebd.

668 Vgl. ANLux, AE-08386, Handschriftliche Notiz von Hommel (MAEL) über eine Telefongespräch zwischen ihm und Chomé (ARBED), 8. Mai 1946, 2 S; ANLux, AE-08386, Funck (lux. Vertretung in Paris) an Bech (MAEL), 17. März 1947, 2 S.

669 Siehe unten, S. 418–422.

Zwischenzeitliche Zusagen, die Beteiligungen der ARBED an der österreichischen Gesellschaft anzuerkennen, wurden kurze Zeit später wieder verworfen. Erfolgsmeldungen machten schnell der Ernüchterung Platz. Zwar war das Wiener Werk noch nicht als Reparationsleistung konfisziert und stand lediglich unter sowjetischer Aufsicht, doch war die Gefahr einer Konfiszierung groß. In den Verhandlungen wurden wiederholt mündliche Zusagen von Seiten sowjetischer Beamten gemacht, die indirekten Aktienbeteiligungen der ARBED von 51,26 % an der betroffenen österreichischen Gesellschaft anzuerkennen.[670] Gleichzeitig wurde diesen Meldungen aber auch widersprochen: Im März 1947 trafen aus Paris beunruhigende Nachrichten ein: Der stellvertretende Direktor der ARBED Konsbruck konnte nach einer Unterredung mit einem Direktor der Wiener Gesellschaft in Paris dem luxemburgischen Gesandten vor Ort Antoine Funck mitteilen, dass die UdSSR beabsichtigte, lediglich direkte alliierte Beteiligungen in den von ihr demontierten und beschlagnahmten Unternehmen in der SBZÖ anzuerkennen und daher auch nur deren Besitzer zu entschädigen.[671]

Bemühungen auf Seiten der luxemburgischen Vertretung, die sowjetische Position auf die Tagesordnung der zeitgleich stattfindenden Moskauer Konferenz zu setzen, scheinen fehlgeschlagen zu sein.[672] Die Konferenz hatte keinerlei Auswirkungen auf die Beteiligungen der ARBED in der SBZÖ.[673] Noch im März 1947

---

670 ANLux, AE-08386, Mitteilung der ARBED an das MAEL über die Aktienbeteiligungen des Konzerns in Österreich, 14. Juli 1947, 2 S. [im Folgenden zitiert als: ANLux, AE-08386, Mitteilung, 14. Juli 1947]. Siehe auch ANLux, AE-08386, Blum (lux. Vertretung in Moskau) an Bech (MAEL), 12. Juni 1946, 1 S. Interessant ist an dieser Stelle die Kritik Blums an einer nicht weiter genannten Argumentation der ARBED. So beschwerte sich dieser bei Außenminister Bech: „*L'argumentation de l'ARBED a été très imprudente et faillit compromettre le tout. Tenez-y la main à l'avenir et contrôlez les arguments invoqués.*" Leider fehlen weitere Angaben zu dieser Aussage. Sie zeigt aber, dass es auf luxemburgischer Seite durchaus zu unterschiedlichen Meinungen zur Vorgehensweise im Rahmen der Wahrung der ARBED-Interessen kommen konnte. Inwiefern die Aussage Blums jedoch ernsthafte Folgen hatte, ist schwer zu ermessen; siehe hierzu auch unten, S. 321 f.

671 Zu den Informationen der luxemburgischen Gesandtschaft siehe ANLux, AE-08386, Funck (lux. Vertretung in Paris) an Bech (MAEL), 17. März 1947, 2 S. [im Folgenden zitiert als: ANLux, AE-08386, Funck, 17. März 1947].

672 Ebd, S. 2.

673 Auf Anraten Konsbrucks wandte sich die luxemburgische Vertretung in Paris an den Quay d'Orsay und suchte die französische Delegation, die für die Moskauer Außenministerkonferenz im April 1947 vorgesehen war, von den Beteiligungen des Konzerns in der SBZÖ und der Position der UdSSR zu unterrichten; siehe ebd. In den beiden Noten, die man dem französischen Außenministerium überreichte, wurden

wurde im Namen des französischen Hohen Kommissars der französischen Besatzungszone Béthouart ein Schreiben an seinen sowjetischen Kollegen verfasst und dieser zu einer Stellungnahme zum Fall ARBED gebeten. Die diesbezügliche Antwort des Hohen Kommissars Kurasov[674], Chef der SBZÖ, sollte einige Wochen später erfolgen und die Befürchtungen vom März 1947 bestätigen: Kurasov bezog sich darin auf das Potsdamer Abkommen sowie das Kontrollratsgesetz Nr. 5 zum deutschen Vermögen im Ausland, die beide die Konfiszierung des als deutsche Gesellschaft definierten Unternehmens als Reparationsleistungen für die UdSSR rechtfertigen sollten.[675]

Gleichzeitig begann man auf sowjetischer Seite mit der Enteignung verschiedener größerer Gesellschaften in der SBZÖ, an denen auch Staatsbürger der

---

zudem die Konzernbeteiligungen in der SBZD erwähnt. In Deutschland hatte sich der GFCC parallel zu den Bemühungen in Österreich dazu bereit erklärt, die Interessen der ARBED in der SBZD zu verteidigen. Im Vorfeld der Moskauer Konferenz fasste man auf luxemburgischer Seite die Problematik der indirekten ARBED-Interessen in den beiden sowjetischen Besatzungszonen zusammen. Die Forderungen an die französische Delegation wurden dabei klar definiert: „*Il serait hautement désirable de contacter les délégués français à la conférence de Moscou pour leur soumettre ces problèmes et les prier d'intervenir afin que les intérêts alliés dans les sociétés autrichiennes en zone russe en Autriche, voir dans des Sociétés allemandes en zone russe en Allemagne soient sauvegardés et que les dommages causés par l'enlèvement de l'outillage soient intégralement compensés en devises par l'U.R.S.S. aussi bien dans les cas de participations alliées indirectes que directes à ces sociétés.*", ANLux, AE-08386, Mitteilung über die Interessen der ARBED in Österreich und Deutschland, verfasst von der lux. Vertretung in Paris, 17. März 1947, 3 S., hier S. 2 f. Bezüglich der Besonderheit der österreichischen Gesellschaft, die auf zwei verschiedene Okkupationszonen aufgeteilt war, wollte man den alliierten Standpunkt hinsichtlich der Beschlagnahmung der ausschließlich deutschen Beteiligungen an der Gesellschaft kennen: Da sich diese insgesamt zwischen 15 und 18 % belaufen würden, sich jedoch nur die Wiener Fabrik in der SBZÖ befinden, wäre es nach luxemburgischer Auffassung nur „normal", wenn die URSS ihr Anrecht nur in der Wiener Fabrik ausüben könnte, was lediglich 5 bis 8 % des Gesamtkapitals ausmachen würde; siehe hierzu ANLux, AE-08386, Mitteilung über die Interessen der ARBED in Österreich, verfasst von der lux. Vertretung in Paris, 17. März 1946, 1 S.

674 Kurasov, Vladimir Vasilevich (*6 Juli 1897 in Sankt Petersburg; 29. November 1973 in Moskau); 1918 Eintritt in die Rote Armee; nach dem Krieg zuerst hochrangiger Mitarbeiter des SMAD; von Mai 1946 bis Mai 1949 sowjetischer Militär-/ Hochkommissar in Österreich und Oberkommandierender der Zentralen Heeresgruppe; danach bis zu seinem Tod mit weiteren Aufgaben im Bereich des Militärs betraut.

675 ANLux, AE-08386, Korasov (sowjetische Militäradministration in Österreich) an Bethouart (französische Militäradministration in Österreich), 17. Juni 1947, 1 S.

Vereinten Nationen Anteile hielten.[676] Vor diesem Hintergrund sollten auf Seiten der Interessenvertreter der ARBED noch einmal die Bemühungen verstärkt werden. Auf Anraten der französischen Militärverwaltung sollte Luxemburg über seine Vertretung noch einmal direkt mit Moskau in Verbindung treten, um die Interessen der ARBED zu schützen und gegebenenfalls eine Entschädigung zu fordern.[677] Dem kam man erfolglos nach.

Auf französischer Seite beschloss man nach einer erneuten Absprache mit einem Vertreter der ARBED, diesmal Konsbruck, sowohl eine schriftliche Reaktion als auch eine Thematisierung der Problematik im Rahmen der alliierten Kommission zum Staatsvertrag. Dabei unterstrich man, die sowjetische Interpretation der zur Rechtfertigung der möglichen Enteignung der ARBED herangezogenen alliierten Bestimmungen keinesfalls zu teilen. Gerade das Kontrollratsgesetz Nr. 5 würde lediglich die Kontrolle deutschen Vermögens unter die Aufsicht einer alliierten Kommission stellen, die über die deutsche Identität erst bestimmen müsse. Die sowjetischen Behörden könnten deshalb nicht einfach frei über das Wiener Werk verfügen, sondern müssten eine Entscheidung der Kommission abwarten.[678] Der französische Standpunkt wurde auch von den anderen Westmächten geteilt. Doch konnten auch diese Anstrengungen die sowjetischen Behörden nicht zum Einlenken bewegen. Auch die persönlichen Beratungen zwischen Konsbruck und den Direktoren des Wiener Werkes vor Ort brachten keine neuen Erkenntnisse.[679] Im August 1947 wurde die F&G DRAHT-, DRAHTSEIL- UND KUPFERFABRIK AG Wien offiziell von den sowjetischen Behörden der USIA unterstellt.[680] Die Interessenwahrung der ARBED diente fortan nicht mehr

---

676 Davon betroffen waren bspw. die Raffinerie in Lobau (50 % indirekte britische Beteiligung und 50 % indirekte amerikanische Beteiligung), die BROWN BOVERI (100 % indirekte schweizerische Beteiligung) sowie eine Fabrik in Abady (100 % direkte französische Beteiligung); hierzu ANLux, AE-08386, Bericht der ARBED über die Entwicklung der F&G DRAHT-, DRAHTSEIL- UND KUPFERFABRIK AG Wien seit dem 1. August 1947, gez. Konsbruck, 6. September 1947, 4 S., hier S. 1 [im Folgenden zitiert als: ANLux, AE-08386, Bericht, 6. September 1947].

677 ANLux, AE-08386, Mitteilung, 14. Juli 1947, S. 2.

678 ANLux, AE-AA-311, Bethouart (französische Militäradministration in Österreich) an Kurasov (sowjetische Militäradministration in Österreich), 26. Juli 1947, 2 S.

679 ANLux, Nicht inventarisierter ARBED-Fonds, M. Konsbruck, Felten & Guilleaume Wien, oct 1946–31.12.1947, 1948–1950, 053, Dossier F&G Vienne 1946–1947, Bericht der Reise Konsbrucks vom 27. bis 30. Mai 1947 in allen 3 in Wien, Diemlach und Bruck, 5. Juni 1947, 2 S.

680 ANLux, AE-AA-311, F&G DRAHT-, DRAHTSEIL- UND KUPFERFABRIK AG Wien, Aktennotiz über die Vorgänge am 14. August 1947, gez. Direktor Kamler, 16. August

dem Schutz der Interessen vor einem sowjetischen Zugriff, sondern in erster Linie der Befreiung des konfiszierten Wiener Werkes.

III.4.2 Die Bemühungen um die Befreiung des Wiener Werkes

Die Unterstellung der Wiener Fabrik der F&G Draht-, Drahtseil- und Kupferfabrik AG Wien unter die USIA brachte für die sowjetische Seite nicht nur Vorteile ein: Da die Gesellschaft in zwei verschiedenen Besatzungszonen beheimatet war und ein tiefer Gegensatz zwischen den Westmächten und der UdSSR bezüglich der indirekten alliierten Beteiligung in lokalen Unternehmen herrschte, konnte die USIA lediglich über die Fabrik im sowjetischen Sektor in Wien verfügen. Ein Zugriff auf die Werke in der britischen Zone blieb ihnen verwehrt. Diese fungierten als Zulieferbetriebe von Halbfertigprodukten für die Hauptfabrik in Wien. Weil die USIA keinen Zugriff auf die Fabriken in der britischen Zone hatte, war sie zumindest auf deren Kooperation angewiesen, um die Gesellschaft am Laufen zu erhalten.

Die Leitung der USIA war deshalb gezwungen, in Verhandlungen mit der Direktion der F&G Draht-, Drahtseil- und Kupferfabrik AG Wien zu treten. Neben verbindlichen Zusagen zu regelmäßigen Lieferungen durch die Zulieferwerke in der britischen Zone forderte man auf Seiten der USIA die Übertragung der Werte der Gesellschaft an die USIA und deutete an, in Zukunft die finanzielle Leitung des Unternehmens durch Errichtung eines Firmenkontos bei der sowjetischen Militärbank zu übernehmen.[681]

Der Direktion der österreichischen Gesellschaft gelang es, auf Zeit zu spielen und erst nach einer Kontaktaufnahme mit den französischen Besatzungsbehörden und einer Unterredung zwischen Konsbruck, General Cherrière und den Herren Laverne und Maroy von der Abteilung *Contrôle des Biens* der französischen Militäradministration, der USIA ein Antwortschreiben auf die sowjetischen Forderungen zu überreichen.[682]

Mit Verweis darauf, dass lediglich eine einzige der drei Fabriken der Gesellschaft in sowjetischer Hand sei und das Unternehmen zu großen Teilen Eigentümern aus einem Land der Vereinten Nationen gehöre, weigerte sich die Direktion der F&G Draht-, Drahtseil- und Kupferfabrik AG Wien, Entscheidungen zugunsten der USIA zu treffen, die die gesamte Gesellschaft betrafen:

1947, 2 S. [im Folgenden zitiert als: ANLux, AE-AA-311, Aktennotiz, 16. August 1947].

681 Ebd., S. 1 f.; ANLux, AE-08386, Bericht, 6. September 1947, S. 2.

682 ANLux, AE-08386, Bericht, 6. September 1947, S. 2 f.

„Mit Rücksicht auf die bekannte Tatsache, dass alliiertes Kapital massgeblich an der Gesellschaft Felten & Guilleaume A.G.-Wien beteiligt ist, und mit Rücksicht auf den Umstand, dass der Vorstand der Gesellschaft für die gesamte Firma verantwortlich ist, sehen sich die Vorstandsmitglieder nicht in der Lage, Werte des Werkes Wien der Sowjet-Verwaltung zu übergeben, bevor nicht die ganze Angelegenheit Felten & Guilleaume im Staatsvertrag einer endgültigen Regelung zugeführt wurde.“[683]

Zudem deutete sie an, die Zulieferung aus den Fabriken der britischen Zone zu stoppen. Tatsächlich hatte man auf Seiten des F&G Draht-, Drahtseil- und Kupferfabrik AG die Zulieferung aus den steirischen Werken während der Verhandlungen heruntergefahren, um so den Druck auf die sowjetischen Behörden zu verstärken.[684] Die unnachgiebige Position der Firmenleitung sowie der gleichzeitig aufgebaute wirtschaftliche Druck brachten schließlich die sowjetischen Behörden zum Einlenken. Zum 1. Dezember 1947 hoben sie die Beschlagnahmung des Wiener Werkes auf und stellten den *Status Quo* der Vorkriegszeit wieder her. Auf Seiten der Interessenvertreter der Arbed kam dies dann doch etwas überraschend. So suchte Konsbruck sofort die Tragweite dieser Entscheidung zu ermessen:

„L'impossible s'était produit; les responsables de l'U.S.I.W.A. avaient cédé. On se demande quel miracle a pu provoquer ce changement de conception dans notre cas spécial, surtout si l'on se rend compte que les autorités militaires de l'U.R.S.S. ont créé par le revirement de leur attitude dans le cas de F. et G. un précédent et montré pour la première fois une certaine faiblesse dans leur système général. Quels ont été les facteurs qui les ont déterminés à revenir sur leurs décisions? Nous sommes persuadés que les efforts combinés du Quai d'Orsay, de ses représentants à Vienne et spécialement de notre Ministre à Moscou ont très certainement contribué dans une large mesure à rétablir la situation de notre affaire à Vienne et à remettre la décision définitive au jour, prochain nous espérons, de la mise au point du Traité de Paix avec l'Autriche.“[685]

Konsbruck erkannte damit das Potenzial der sowjetischen Antwort. Das Einlenken der UdSSR wurde als Präzedenzfall verstanden, den man nun in weiteren offenen Vermögensfragen mit der UdSSR vorlegen konnte. Wie sich noch herausstellen sollte, überschätzte der stellvertretende Direktor der Arbed allerdings die Tragweite der Befreiung des Wiener Werkes: Die UdSSR hatte zwar

683 ANLux, AE-AA-311, F&G Draht-, Drahtseil- und Kupferfabrik AG, Wien an die USIWA, 28. August 1947, 2 S., hier S. 1.

684 Vgl. ANLux, AE-08386, Bericht, 6. September 1947, S. 2; ANLux, AE-AA-311, Gustav Till (F&G Draht-, Drahtseil- und Kupferfabrik AG, Wien) an Konsbruck (Arbed), 1. September 1947, 1. S.

685 ANLux, AE-08386, Bericht, 6. September 1947, S. 3 f.

die Beschlagnahmung zurückgestellt. Doch hatte man dies nicht, wie in ARBED-Kreisen vermutet, aufgrund der Anerkennung der indirekten alliierten Beteiligungen der ARBED gemacht, sondern weil es den sowjetischen Behörden nicht gelungen war, das ganze Unternehmen unter ihre Kontrolle zu bekommen.[686] Ohne die beiden Zulieferbetriebe in der britischen Zone war das Wiener Werk schlichtweg nicht existenzfähig und für die USIA unrentabel. Die Befreiung des Werkes beruhte demnach auf rein pragmatischen wirtschaftlichen Gründen, keineswegs aber auf einer rechtlichen Anerkennung der indirekten Beteiligungen des luxemburgischen Konzerns.

Mit der Maßnahme hatten die USIA-Verantwortlichen lediglich den *Status Quo* der Phase vor der Beschlagnahmung hergestellt. Das bedeutete nicht, dass das Werk damit einer möglichen Gefahr der Enteignung entgangen war. Vielmehr handelte es sich um eine vorläufige Maßnahme. Erst der Friedensvertrag mit Österreich von 1955 konnte endgültig zu einer Klärung der Situation führen.[687] In der Zwischenzeit machten die sowjetischen Behörden jedoch keine weiteren Anstalten, das Wiener Werk oder gar die gesamte Gesellschaft unter Kontrolle zu bekommen. Die Wahrung der Konzerninteressen in der SBZÖ endete mit einem Erfolg zugunsten der Verfechter der ARBED. Nach Unterzeichnung des Friedensvertrages konnte die Gesellschaft ihren gewohnten Geschäftsbetrieb wieder aufnehmen.

Allerdings hatten die sowjetischen Behörden bereits unmittelbar nach der Besetzung Österreichs große Teile des Werkes demontiert. Dieses Guthaben wurde nie rückerstattet. Die ARBED hatte damit zwar ihre Werkshallen wiedererlangt, doch war ein Großteil der Installationen verlorengegangen. Der Erfolg stellte demnach eher einen symbolischen Sieg dar als einen wirtschaftlichen Gewinn.

III.5 Die Wahrung der ARBED-Beteiligungen in Polen

Im nach dem Krieg neu formierten polnischen Territorium war die ARBED indirekt über verschiedene Unternehmen der deutschen F&G-Gruppe an den KABELWERK

686 So wurde eine Aussage Konsbrucks in einem Bericht über eine Unterredung zwischen Vertretern der ARBED und des luxemburgischen Außenministeriums mit folgenden Worten vermerkt: „*Alors qu'en Autriche la question des biens étrangers indirects est réglée depuis 1947 et qu'aucune difficulté n'a été soulevée à propos des propriétés doublement indirectes d'ARBED […]*", ANLux, AE-12048, Bericht, 16. November 1955, 1 S.

687 Dieses provisorischen Zustands war man sich in der ARBED-Direktion durchaus bewusst, hierzu ANLux, AE-AA-311, Meyer, 1. Oktober 1947.

Bromberg AG und Kabelwerk Ożarów AG beteiligt. Beide Gesellschaften erfuhren das gleiche Los: Sie unterlagen erst einer längeren Zeit der Zwangsverwaltung, bevor sie endgültig in Staatsbesitz übergingen.[688] Unterschiedlich verlief hingegen die Interpretation der Besitzverhältnisse durch die polnischen Behörden.

III.5.1 Die luxemburgischen Interventionen bei den polnischen Behörden

Die ersten Bemühungen im Rahmen der Wahrung der Arbed-Beteiligungen in Polen begannen auf luxemburgischer Seite zu einem Zeitpunkt, an dem klar wurde, dass in Polen mit der Verstaatlichung der Industrie begonnen worden war. Das polnische Verstaatlichungsgesetz vom 3. Januar 1946 gab hierfür den Anstoß.[689] Es bestand Gefahr, dass es auch jene Unternehmen treffen könnte, an denen die Arbed indirekt beteiligt war. Darüber wurde das MAEL von der Konzernleitung der Arbed im August 1946 unterrichtet. Woher die Arbed ihre Informationen bezog, teilte sie nicht mit. Doch hatte sie in Erfahrung bringen können, dass für die Kabelwerk Bromberg AG bereits das in Warschau ansässige polnische Energiekonsortium Sila i Swiatlo als Treuhänder vorgesehen war.[690] Die schrittweise Verstaatlichung der polnischen Industrie führte bei der Arbed unweigerlich zur Frage, ob die indirekten Beteiligungen der Gesellschaft anerkannt würden oder nicht.[691] Das polnische Gesetz unterschied klar zwischen Feindvermögen und Vermögen in Händen von polnischen und alliierten Eigentümern. Lediglich für letztere war eine Entschädigung der Eigentümer vorgesehen.[692]

Auf Seiten der Arbed war man sich nicht sicher, wie die polnischen Behörden die Besitzverhältnisse der Arbed, interpretieren würden. Deshalb wandte man sich an das MAEL und bat die luxemburgischen Behörden, bei der polnischen Regierung zugunsten der Interessen des Konzerns zu intervenieren. Ziel war die Anerkennung der indirekten Arbed-Beteiligungen in den beiden polnischen Unternehmen, um dadurch von den Schutzbestimmungen der polnischen Gesetzgebung profitieren zu können.[693]

---

688 Siehe hierzu weiter unten, S. 422–428.

689 Siehe hierzu ANLux AE-08391, Unbekannt und Chomé (Arbed) an Bech (MAEL), 12. August 1946, 1 S. [im Folgenden zitiert als: ANLux, AE-08391, Arbed, 12. August 1946].

690 Ebd.

691 Ebd.

692 Gesetz vom 3. Januar 1946; siehe weiter oben, S. 151.

693 *„Nous prenons la respectueuse liberté de recommander à la sollicitude du gouvernement grand-ducal la protection de nos intérêts en lui demandant de bien vouloir*

Zu diesem Zweck lieferte man von Seiten der ARBED auch gleich ein Memorandum, welches die indirekte Beteiligung der ARBED am polnischen Kabelwerk verdeutlichte und die Forderungen des luxemburgischen Konzerns explizit auflistete. Das Memorandum war bereits als Briefentwurf einer offiziellen diplomatischen Note Luxemburgs an die polnische Regierung verfasst worden und hätte nur noch von offizieller Seite unterzeichnet werden müssen, um es an Warschau zu übersenden.[694] Die Konzernspitze beschränkte sich in diesem Fall also nicht darauf, dem MAEL ihre Forderungen zu unterbreiten, sondern lieferte gleich die dafür benötigten Schriftstücke mit. Dass sich die Direktion der ARBED hier die Freiheit herausnahm, ein angeblich im Namen der luxemburgischen Regierung verfasstes Dokument anzufertigen, zeugt vom großen Selbstbewusstsein der Konzernleitung im Umgang mit dem MAEL oder war das Ergebnis einer mündlichen Aufforderung des MAEL.

Zwar leitete man auf Seiten des MAEL das Dokument der ARBED nicht einfach als Memorandum der luxemburgischen Regierung an Warschau weiter, ging jedoch der Anfrage des luxemburgischen Konzerns nach: So beauftragte man den stellvertretenden Geschäftsträger *ad interim* in Warschau Nicolas Gehlen damit, die polnischen Behörden von der indirekten luxemburgischen Beteiligung der ARBED in Polen zu unterrichten. Zudem sollte er Näheres über das Los, welches die polnischen Behörden den Unternehmen zudachten, sowie die dafür angebrachten Beweggründe und Argumente in Erfahrung bringen.[695]

Da Gehlen plötzlich und unverrichteter Dinge im Herbst 1946 verstarb, wurde auf Anfrage der ARBED der stellvertretende Minister Luxemburgs in Moskau, René Blum, welcher auch für die diplomatische Vertretung in Polen zuständig war, mit dem Dossier betraut.[696] In kürzester Zeit gelang Blum eine erfolgreiche Kontaktaufnahme mit den polnischen Behörden: Aus Moskau anreisend übersandte

saisir, par les voies les mieux appropriées, le gouvernement polonais de notre revendication tendant à voir attribuer au „Kabelwerk Bromberg“ un régime qui tienne compte des intérêts luxembourgeois.“, ANLux, AE-08391, ARBED, 12. August 1946.

694 Bezeichnend ist etwa der letzte Satz des Memoranduns: „*Le gouvernement luxembourgeois prie le gouvernement polonais de se prononcer sur le sort qu'il se propose de réserver au „Kabelwerk Bromberg“, tout en relevant dès-à-présent qu'il ne saurait se déclarer d'accord d'une saisie.*“, ANLux, AE-08391, Memorandum über die Interessen der ARBED an der Kabelwerk Bromberg AG, 12. August 1946, 1 S. Das Memorandum ist abgedruckt im Anhang Nr. V, S. 441.

695 ANLux, AE-08391, Bech (MAEL) an Gehlen (lux. Vertreter in Warschau), 17. August 1946, 1 S.

696 ANLux, AE-08391, Unbekannt und Kipgen (ARBED) an Bech (MAEL), 26. September 1946, 1 S.

er sogleich dem polnischen Außenministerium eine schriftliche Erklärung. In Moskau selbst erhielt er die Möglichkeit, den Fall ARBED einem hohen Beamten der polnischen Vertretung vor Ort darzulegen. In diesem Zusammenhang wurde Blum mitgeteilt, auf polnischer Seite würde man die Angelegenheit als *„compliquée et liée à des questions de principe non encore tranchées"* ansehen.[697]

Trotz dieser Aussagen schufen die polnischen Behörden ab September 1946 Fakten: Die Kommissionen zur Verstaatlichung der polnischen Gesellschaften erließen die ersten Listen der betroffenen Unternehmen. Es stellte sich heraus, dass die polnischen Behörden die beiden polnischen Gesellschaften mit indirekter ARBED-Beteiligung unterschiedlich eingeordnet hatten: Während die KABELWERK BROMBERG AG auf der Liste fungierte, deren Besitzer zu entschädigen waren, fand sich die KABELWERK OŻARÓW AG als Feindvermögen deklariert in der zweiten Liste wieder.[698]

Wie der neue stellvertretende Geschäftsträger *ad interim* in Warschau, Schurmann, in Erfahrung bringen konnte, sahen die polnischen Bestimmungen jedoch die Möglichkeit eines Einspruchs gegen diese Kategorisierung vor.[699]

---

697 ANLux, AE-08391, Blum (lux. Vertretung in Moskau) an Bech (MAEL), 30. September 1946, 1 S.

698 Die Einordnung der KABELWERK BROMBERG AG ist äußerst interessant: Sie bedeutete, dass man auf polnischer Seite die oder den Besitzer des Kabelwerks nicht als Feind betrachtete. Doch machten die polnischen Behörden nicht deutlich, ob sie damit die in Österreich beheimateten F&G DRAHT-, DRAHTSEIL- UND KUPFERFABRIK AG meinte, die Muttergesellschaft F&G CARLWERK AG oder den eigentlichen Hauptaktionär der Kölner Gesellschaft, die ARBED. Auf luxemburgischer Seite ging man allerdings wie selbstverständlich davon aus, dass damit nur die ARBED gemeint sein könnte, welche demnach eine Entschädigung ihrer doppelt indirekten Beteiligungen an einer polnischen Gesellschaft erwarten konnte.

699 *„Si une entreprise qui n'est pas – ou pas entièrement – allemande, paraîtrait sur une liste d'entreprises allemandes, il y aurait lieu pour les intéressées de faire opposition. Cette opposition peut être faite par la Légation, agissant au nom des intéressés, endéans les 30 jours après la publication de la liste en question. Quand l'opposition a été faite, elle est traitée dans un délai assez bref par la Commission. A la séance de la Commission, l'intéressé doit se faire représenter par un avocat polonais muni d'un pouvoir légalisé par la Légation de Pologne au pays de l'intéressé. Cet avocat doit en même temps fournir à la Commission les preuves que l'entreprise dont il s'agit, n'est pas allemande."*, ANLux, AE-08391, Schurmann (lux. Vertretung in Warschau) an das MAEL, 4. Dezember 1946, 1 S. Die gleiche Prozedur war dem MAEL bereits von Blum im November 1946 übermittelt worden, der von seinem amerikanischen Kollegen darüber in Kenntnis gesetzt worden war. Doch hatte man zu diesem Zeitpunkt noch keine Informationen über die polnischen Verstaatlichungslisten

Die Option des Einspruchs wurde auch sofort von der ARBED weiter verfolgt und dank luxemburgischer diplomatischer Vermitttlung konnte ein polnischer Anwalt zur Verteidigung vor Gericht bestellt werden.[700] Just in dem Moment, in dem der betreffende Anwalt Einspruch gegen die Einordnung der KABELWERK OŻARÓW AG einzulegen gedachte, trafen in Luxemburg nach und nach Meldungen zum Schicksal der Einrichtungen des Kabelwerks ein. Tatsächlich waren angesichts der anrückenden Roten Armee die Lagerbestände und Einrichtungen der KABELWERK OŻARÓW AG, auf Anraten der deutschen Behörden von den deutschen Eigentümern der F&G CARLSWERK AG, der AEG und der SIEMENS-SCHUCKERT WERKE AG nach Westen geflüchtet worden. Trotz eines geplanten und durchorganisierten Abtransports der Einrichtungen an verschiedene Bestimmungsorte war die Flucht nicht in geordneten Bahnen verlaufen. In der Nachkriegszeit fand sich das Material deshalb in diversen Depots und Lager verstreut wieder oder galt als verschollen.[701]

Von all dem hatte die ARBED bis zum Herbst 1946 offensichtlich noch keine Kenntnis erhalten. Über ihren engen Kontakt zu ihrer Tochtergesellschaft, der F&G CARLSWERK AG, erfuhr man in Luxemburg nach und nach von verschiedenen Depots des Fluchtguts in Deutschland und Österreich. Als Reaktion hierauf konzentrierte sich die Wahrung der ARBED-Beteiligungen nicht nur auf das eigentliche Werk in Polen, sondern auch auf das ausgelagerte Firmenmaterial.

Zwischen Herbst 1946 und Frühjahr 1947 forderte die polnische Restitutionsmission, die für die Rücküberführung entwendeten Vermögens aus Polen verantwortlich war, die Auslieferung mehrerer Depots der KABELWERK OŻARÓW AG. Sie wurde dabei von den britischen und amerikanischen Besatzungsbehörden unterstützt, in deren Besatzungszone sich die besagten Depots befanden.[702]

---

gehabt; hierzu ANLux, AE-08391, Blum (lux. Vertretung in Moskau) an das MAEL, 18. November 1946, 1 S.; ANLux, AE-08391, Blum (lux. Vertretung in Moskau) an das MAEL, 30. November 1946, 1 S. Vgl. auch die Blum bekannte amerikanische Pressenotiz: ANLux, AE-08391, U. S. queries Poland on nationalization program, 1 S.

700 Siehe ANLux, AE-08391, Kauffmann und Konsbruck (ARBED) an das MAEL, 14. Dezember 1946, 1 S.; ANLux, AE-08392, Schurmann (stellvertr. Geschäftsträger *ad interim* in Warschau) an das MAEL, 20. Januar 1947, 1 S. [im Folgenden zitiert als: ANLux, AE-08391, Schurmann, 20. Januar 1947].

701 RWWA, Felten & Guilleaume, Kartei III 47, Standort 12,1,10, Kabelwerk OŻARÓW, F&G CARLSWERK AG an die Reparations, Deliveries, and Restitution Branch Düsseldorf, 13. September 1946, S., hier S. 2.

702 ANLux, AE-08392, Mitteilung des MAEL an Hommel (lux. Vertretung in Brüssel) betreffend die KABELWERK OŻARÓW AG, 4. Dezember 1946, 1 S; ANLux, AE-08392 Konsbruck und Chomé (ARBED) an das MAEL, 26. Februar 1947, 1 S. Im Anhang

Der polnischen Argumentation zufolge handelte es sich bei dem betreffenden Vermögen um von den Deutschen entwendetes Vermögen, welches rücküberführt werden müsse. Dem wiedersprach man auf Seiten der ARBED vehement: Die Installationen seien auf Veranlassung der rechtmäßigen Eigentümer in den Westen abtransportiert worden. Es würde sich demnach nicht um Vermögen handeln, welches entwendet worden sei.[703] Der Einspruch der ARBED wurde von den luxemburgischen Behörden unterstützt, die sich sowohl an die britischen und amerikanischen Besatzungsbehörden als auch an die polnische Restitutionsmission wandten.[704] Doch sollten die zahlreichen Interventionen ergebnislos ausfallen. Zeitweilig suchte man gar auf Seiten der ARBED, Druck auszuüben und den Abtransport des Depots Arolsen zu unterbinden, um eine Garantie für ihre indirekte Beteiligung in Höhe von 22,75 % an der KABELWERK OŻARÓW AG zu halten.[705]

Warum die amerikanischen und britischen Besatzungsbehörden hier der Argumentation der polnischen Restitutionsmission folgten, geht aus den erhaltenen Dokumenten nicht hervor. Gerade die britische Haltung ist umso unverständlicher als die F&G CARLSWERK AG selbst eine Zeit lang unter britischer Treuhandschaft stand. Die Verknüpfung der ARBED mit dem Kölner Unternehmen musste also den britischen Behörden bestens vertraut gewesen sein. Zudem hatte sich der britische Treuhänder der F&G CARLSWERK AG, Hamers, im Sinne der indirekten ARBED-Beteiligung ausgesprochen und diese auch als alliiertes Vermögen anerkannt.[706] Das angebliche Verhalten der britischen *Restitution and Delivery Branch* stand dem jedoch entgegen. Fehlende Quellenbelege verhindern eine diesbezügliche Aufklärung, führen jedoch zur Vermutung, dass man hier die indirekten ARBED-Beteiligungen nicht anerkannte oder aber die Rolle der ARBED während des Krieges in Frage stellte.

---

dieses Dokumentes befindet sich eine Notiz zur Situation um die KABELWERK OŻARÓW AG, welche an die diversen luxemburgischen Vertretungen in Polen und Deutschland übermittelt wurde.

703 ANLux, AE-08392, Bech (MAEL) an Jean Wolff (Chef der lux. Restitutionsmission in Frankfurt am Main), 4. März 1946, 2 S. [im Folgenden zitiert als: ANLux, AE-08392, Bech, 4. März 1946].

704 Siehe hierzu ANLux, AE-08392, MAEL an den Chef der LMM in Bad Salzuflen, 5. Dezember 1946, 1 S.; ANLux, AE-08392, MAEL an Jean Wolff (lux. Restitutionsmission in Frankfurt am Main), 5. Dezember 1946, 1 S.; ANLux, AE-08392, Jean Wolff (lux. Restitutionsmission in Frankfurt am Main) an Major Wolf (poln. Restitutionsmission in Frankfurt-Höchst), 7. Januar 1947, 1 S.

705 ANLux, AE-08392, Bech, 4. März 1946, S. 2.

706 Siehe hierzu weiter oben, S. 178 f.

Eine polnische Reaktion blieb jedoch aus. In den Quellen wird zudem nicht näher berichtet, ob das in Arolsen von der F&G Carlswerk AG blockierte Vermögen erfolgreich in Deutschland zurückbehalten werden konnte oder ob die polnische Restitutionsmission auch hier die Überführung erreichen konnte.

Die polnischen Behörden wurden erst im Juni 1947 aktiv: In Warschau gaben sie dem im Frühjahr getätigten Einspruch der Arbed, gegen die Kategorisierung der Kabelwerk Ożarów AG als Unternehmen, deren Besitzer nicht zu entschädigen seien, nicht statt.[707] Während die Arbed gegen diese Entscheidung in Appell ging, wurde die Kabelwerk Ożarów AG verstaatlicht.[708] Die zahlreichen Interventionen luxemburgischer Behörden in Moskau, Warschau und Deutschland hatten die Verstaatlichung der beiden polnischen Kabelwerke nicht verhindern können. Immerhin sahen die polnischen Maßnahmen eine Entschädigung für die Verstaatlichung der Kabelwerk Bromberg AG vor. Wie und wann diese ausgezahlt werden sollte, stand jedoch offen.

Da die luxemburgischen Bemühungen in eine Sackgasse geraten waren, wandten sich Arbed und MAEL in der Folge erneut dem belgischen Nachbarn zu. Die Initiative hierzu ging wie so oft von der Arbed aus.

III.5.2 Die Bemühungen um die Vertretung der Arbed-Beteiligungen durch belgische Initiativen

In der Nachkriegszeit unternahmen die belgische Regierung sowie nichtstaatliche Interessensparteien zahlreiche Versuche zur Wahrung belgischer Vermögenswerte. Angesichts der Vielzahl der Bemühungen und der oft nur unzureichenden oder verspätet verfügbaren Informationen hatte man in Luxemburg seine Schwierigkeiten, die diversen belgischen Bemühungen auseinanderzuhalten. Missverständnisse über die belgischen Aktivitäten waren nicht ungewöhnlich. Eine rückblickende eingehende Analyse gestaltet sich daher auch heute noch als schwierig.

Seit 1946 fanden regelmäßige Kontakte zwischen belgischen und polnischen Wirtschaftsdelegationen statt, deren Ziel die Normalisierung und der Ausbau der Beziehungen war. Dabei stand nicht immer fest, ob diese Kontakte nur im belgischen oder auch im Namen der UEBL stattfanden. Da Wirtschafts- und Handelsverträge Belgiens mit Drittstaaten nur im Rahmen der UEBL geschlossen werden konnten, vertrat die belgische Delegation in ihren Gesprächen prinzipiell auch luxemburgische Interessen. Die Kontakte bildeten eine Plattform,

707 ANLux, AE-08392, Schurmann, 20. Januar 1947.

708 ANLux, AE-08392, MAEL an die Arbed, 31. Juli 1947, 1 S.

auf der auch offene Vermögensfragen angesprochen werden konnten. Es fällt jedoch auf, dass die belgischen Behörden ihre luxemburgischen Kollegen nur unzureichend über ihre Wirtschaftsintentionen in Polen und den Inhalt der Verhandlungen mit den polnischen Vertretern informierten, bzw. dass es die luxemburgischen Dienststellen verpassten, sich regelmäßig über im Namen der UEBL laufende Verhandlungen informieren zu lassen. So war es im Oktober 1946 die ARBED und nicht etwa die luxemburgische Vertretung in Brüssel, die das MAEL über eine bevorstehende belgische Wirtschaftsmission nach Polen informierte.[709] Auf Seiten der ARBED bezog man eine klare Position: Jegliche belgischen Initiativen in Polen sollten die Aktienbeteiligungen des Unternehmens mitvertreten. Da offene Vermögensfragen in Polen im Rahmen der belgischen Wirtschaftsmission von 1946 entweder nicht thematisiert wurden oder zu keinem Ergebnis kamen, hatten sie keine Auswirkungen auf die Beteiligungen der ARBED.

In Belgien wurden die Bemühungen zur Klärung belgischer Vermögen in Polen ein Jahr später wiederaufgenommen. Im Unterschied zur offiziellen Wirtschaftsmission vom Oktober 1946, handelte es sich bei dieser neuen Mission um eine Initiative einer Unterabteilung der belgischen *Association des intérêts industriels belges à l'étranger*.[710] Das private Industriekonsortium handelte allerdings in vollem Einverständnis mit der belgischen Regierung. Es versuchte auf einer nichtstaatlichen Ebene mit der polnischen Regierung eine Einigung über eine mögliche Entschädigung ihrer verlorenen Interessen in Polen zu erreichen. Einige der größten belgischen Industrieunternehmen der Nachkriegszeit waren in diesem Konsortium vertreten.[711]

Offenbar hatte man auf Seiten der ARBED von dieser neuen Mission erst erfahren, als die Delegation bereits in Warschau weilte. Die Konzernleitung wandte

---

709 ANLux, AE-08391, Konsbruck und Chomé (ARBED) an Bech (MAEL), 10. Oktober 1946, 1 S.

710 In den luxemburgischen Akten wird diese Interessengemeinschaft meist unter der Bezeichnung „*Consortium des intérêts belgo-polonais*“ geführt.

711 Die Zusammensetzung des Konsortiums für Polen geht aus einem Schreiben der luxemburgischen Vertretung in Brüssel an das MAEL hervor: Arthur Bemelmans (Präsident, SOCIÉTÉ GÉNÉRALE DE BELGIQUE), Somerhausen (Sekretär, TRACTION & ELECTRICITÉ, TRACTEBEL) Destrée (TRACTION & ELECTRICITÉ, TRACTEBEL), Georges Janson und Regout (SOLVAY & CIE), Boulvin (ELECTROBEL), Hoogreist und Demeyer (TRUST MÉTALLURGIQUE), T'Sas (POLINDUS), Lambert (VERRERIES MIDI DE LA POLOGNE); siehe ANLux, AE-08388, Steinmetz (lux. Vertretung in Brüssel) an das MAEL, 3. April 1948, 4 S., hier S. 1 [im Folgenden zitiert als: ANLux, AE-08388, Steinmetz, 3. April 1948].

sich daraufhin an das MAEL und forderte bei einem Treffen einer Delegation des belgischen Konsortiums mit den polnischen Behörden die Beauftragung des luxemburgischen Geschäftsträgers in Warschau mit der Vertretung der Interessen der ARBED.[712]

Offensichtlich hatte die ARBED zwischenzeitlich das Einverständnis des belgischen Industrieverbandes erhalten, mit am Gesprächstisch sitzen zu können. Erneut wird an dieser Stelle das Zusammenspiel zwischen dem luxemburgischen Unternehmen und der luxemburgischen Regierung deutlich: Auf Seiten der ARBED hegte man offenbar keinerlei Bedenken, sich von einem staatlichen Repräsentanten im Ausland innerhalb einer Delegation eines privaten Interessenverbandes vertreten zu lassen. Dieser Umstand beruhte wohl auf einer rein pragmatischen Argumentation: Da die Verhandlungen zwischen dem belgischen Konsortium und den polnischen Behörden schon fortgeschritten waren, wollte man auf Seiten der ARBED offensichtlich keine weitere Zeit verlieren und keinen eigenen Mann nach Warschau entsenden, sondern man suchte sich vom luxemburgischen Geschäftsträger vor Ort vertreten zu lassen.

Interessant ist zudem, dass die luxemburgische Vertretung in Warschau offensichtlich nichts von den laufenden Verhandlungen belgischer Industrieller wusste. Erst durch die ARBED informiert war es möglich, Näheres in Erfahrung zu bringen. Abermals war die ARBED über ihre Firmenkontakte und ihre systematische Auswertung der Presse schneller und besser über die Gesellschaft betreffende Ereignisse in Osteuropa informiert als die offizielle luxemburgische Vertretung vor Ort. Das MAEL kam der Anfrage der ARBED nach und instruierte den Geschäftsträger in Warschau, die ARBED-Interessen in einen möglichen bilateralen Vertrag mit einfließen zu lassen.[713] Dieser konnte jedoch nur noch den provisorischen Abschluss eines Abkommens feststellen.[714]

---

712 ANLux, AE-08393, Johann und Konsbruck (ARBED) an das MAEL, 13. Januar 1948, 2 S.

713 ANLux, AE-08393, Bech (MAEL) an Schurmann (stellvertr. Geschäftsträger *ad interim* in Warschau), 13. Januar 1948, 1 S.

714 ANLux, AE-08393, Schurmann (lux. Vertretung in Warschau) an Bech (MAEL), 21. Januar 1948: Gegen einen Kredit des Konsortiums von 500 Millionen FLUX, unter Garantie der belgischen Regierung, sollten Entschädigungsleistungen von insgesamt 2 Milliarden FLUX in Form von Kohlelieferungen im Zeitraum von 1951 bis 1966 geleistet werden. Die Übernahme der Garantie durch die belgische Regierung stünde noch aus. Da die Verhandlungen bereits beendet seien, sei es zudem nicht mehr möglich, die Beteiligungen der ARBED mit in den Vertrag aufzunehmen. Ein zeitgleich abgeschlossener Entschädigungsvertrag zwischen der französischen und der polnischen Regierung mit identischen Zahlungsmodalitäten verdeutlicht, dass

War die Beteiligung der ARBED an der Gesprächsrunde in Warschau eher einer *ad hoc*-Initiative und dem Entgegengekommen des belgischen Konsortiums geschuldet, suchte man Anfang 1948 auf Seiten des MAEL eine prinzipielle Einigung mit den belgischen Behörden und der *Association des intérêts industriels belges à l'étranger* zu erreichen, damit in zukünftigen Verhandlungen der belgischen Regierung bzw. der belgischen Interessenverbänden die luxemburgischen Interessen mitvertreten werden könnten.

Bei den belgischen Behörden herrschte keine einstimmige Position vor: Während der belgische Außenhandelsminister Straten-Waillet eher zurückhaltend reagierte und das MAEB eine offizielle Stellungnahme herauszögerte, signalisierte der Leiter der parallel stattfindenden Wirtschaftsmissionen in Bulgarien und Jugoslawien, Graeffe, Bereitschaft einen luxemburgischen Vertreter an der belgischen Delegation zu beteiligen.[715]

Auch bei der *Association des intérêts industriels belges à l'étranger* stieß man auf Entgegenkommen. Die Abteilung für Polen hatte eben erst einer Beteiligung eines Vertreters der ARBED in Warschau zugestimmt. Mit Hinblick auf parallel ebenfalls anlaufende Verhandlungsrunden des Konsortiums mit anderen osteuropäischen Regierungen wurde eine prinzipielle Einigung mit dem Konsortium als Priorität eingesehen. Ein erster Durchbruch gelang den luxemburgischen Behörden im April 1948: So erklärte sich Georges Janson, Techniker und Wirtschaftsberater der belgischen SOLVAY & CIE, Mitglied und Wortführer der *Association des intérêts industriels belges à l'étranger*, Experte für Fragen der Verstaatlichung und zudem regelmäßig Teilnehmer sowohl der offiziellen belgischen Delegationen im Rahmen von Wirtschaftsmissionen nach Osteuropa, als auch der Delegationen des belgischen Konsortiums, grundsätzlich und unter Voraussetzung des Einverständnisses der belgischen Regierung dazu bereit, die luxemburgischen Interessen zu vertreten.[716] Damit erhielten das MAEL und die ARBED einen starken Befürworter auf belgischer Seite, der über seine Tätigkeit an einer Schnittstelle des Konsortiums und der belgischen Regierung saß. Auf Wunsch Jansons etablierte sich in der Folge ein direkter Kontakt zwischen ihm

die Entschädigungsleistungen über Kohlelieferungen für die polnischen Behörden nichts Ungewöhnliches waren; hierzu DOMAN, Compensation, S. 329.

715 ANLux, AE-08388, Steinmetz, 3. April 1948, S. 3; siehe auch weiter unten S. 282.

716 ANLux, AE-08388, Steinmetz, 3. April 1948, S. 4. Aufgrund der vielen Funktionen, die Janson ausübte, wird nicht mit Bestimmtheit deutlich, in welchem Rahmen Janson gedachte, die luxemburgischen Interessen zu verteidigen. Aus dem Wortlaut liegt die Vermutung nahe, dass er damit nur die Aktivitäten der privaten *Association des intérêts industriels belges à l'étranger* meinte.

und Konsbruck von der ARBED. Dadurch konnte Janson ausführlich über die Situation der ARBED in Osteuropa in Kenntnis gesetzt werden.[717]

Neben einem starken Befürworter innerhalb des Konsortiums konnte man sich auf luxemburgischer Seite zudem auf ein starkes Argument stützen: So sahen die getroffenen Entschädigungsmodalitäten zwischen der polnischen Regierung und dem belgischen Konsortium im vorläufigen Abkommensentwurf eine Entschädigung in Form von Kohlelieferungen nach Belgien vor. Damit sei aber nicht ausschließlich der belgische Markt gemeint, sondern auch der über die UEBL verbundene, luxemburgische Wirtschaftsraum. Daher müssten in diesem konkreten Fall auch die Aktienbeteiligungen der ARBED vom belgischen Konsortium mit vertreten werden.[718]

Die Bedenken, die aus Kreisen des belgischen Außenhandelsministeriums gegen die Übernahme der Vertretung indirekter luxemburgischer Interessen in Osteuropa geäußert wurden, wurden von der ARBED und der luxemburgischen Regierung zurückgewiesen. Zudem lässt sich gerade mit Blick auf den polnischen Fall eine Veränderung der von luxemburgischer Seite in den Dokumenten benutzten Sprache feststellen: War bisher zumeist die Rede von Beteiligungen der ARBED, so sprach man in der Folgezeit verstärkt von luxemburgischen Vermögenswerten. Tatsächlich hatte man auf Seiten des MAEL mittlerweile Kenntnis über die Ausmaße der luxemburgischen Vermögenswerte in Polen, die sich zwischen neun und 20 Millionen FLUX belaufen haben sollen.[719] Es hat aber auch den Anschein, als wollte man Bedenken Brüssels gegen die Vertretung der indirekten ARBED-Beteiligungen zerstreuen, indem man sie mittels eines stilistischen Kniffs allgemein in luxemburgische Interessen einbettete. Eine mögliche belgische Regelung mit der polnischen Regierung, ob von einer privaten Interessengemeinschaft oder der belgischen Regierung ausgehandelt, sollte diese Interessen mit abdecken.

---

717 Ebd.

718 „*Par ailleurs, l'économie générale de l'Union Economique belgo-luxembourgeoise sera affectée par l'accord à conclure, tant au point de vue financier et monétaire, qu'au point de vue commercial et économique, de sorte qu'il se recommande que l'accord porte sur les intérêts des deux partenaires de l'U.E.B.L. en Pologne.*", Ebd., S. 1.

719 ANLux, AE-06397, Bech (MAEL) an Als (lux. Vertretung in Brüssel), 5. Januar 1949, 2 S., hier S. 1. Es geht aus dem Bericht nicht hervor, woher das MAEL seine Angaben bezog. Offensichtlich hatte es in der Zwischenzeit Kenntnis über weitere luxemburgische Unternehmen neben der ARBED erhalten, die ebenfalls über Beteiligungen in Polen verfügten. Diesbezügliche Unterlagen fehlen allerdings in den erhaltenen Dossiers.

Mit Verweis auf die Unabhängigkeit und Struktur des belgischen Industriekonsortiums sowie der polnischen Position gegenüber der Nichtberücksichtigung indirekter ausländischer Beteiligungen in sämtlichen bisherigen Verhandlungen hegte man auf belgischer Seite allerdings weiterhin gewisse Zweifel daran, ob das Konsortium die Aktienbeteiligungen der ARBED einfach so übernehmen könne.[720]

Trotz der Zurückhaltung der belgischen Regierung erklärte man sich schließlich auf Seiten des Konsortiums bereit, die Beteiligungen der ARBED an der KABELWERK BROMBERG AG, nicht jedoch jene an der KABELWERK OŻARÓW AG in den weiteren Verhandlungen mit den polnischen Behörden

---

720 Brüssel wollte dem privaten Industriekonsortium nicht vorschreiben, welche Interessen dieser Interessensverbund vertreten sollte. Sollten luxemburgische Unternehmen mit in das Konsortium aufgenommen werden, dann mussten diese auch hier als vollwertige Mitglieder ihren Teil der Verantwortung tragen und für einen Teil der Kreditleistungen sowie der weiteren Ausgaben des Konsortiums aufkommen. Am schwersten zu gewichten war schließlich der Umstand, dass die polnischen Behörden in ihren Verhandlungen mit dem belgischen Konsortium sich dagegen ausgesprochen hatten auch indirekte Beteiligungen für eine Entschädigung zu berücksichtigen. Doch gerade die ARBED besaß in Polen nur indirekte Interessen. Eine Vertretung ihrer Interessen durch das Konsortium war deshalb sinnlos, da sich Warschau beharrlich weigerte indirekte Interessen zu berücksichtigen. Die Argumente wurden von einem luxemburgischen Geschäftsträger in Brüssel nach einer Unterredung mit seinem belgischen Kollegen zusammengetragen. Sie wurden dann in einen Bericht des Botschafters Als an das MAEL integriert. Eine offizielle belgische Stellungnahme fehlt hingegen. Siehe ANLux, AE-06397, Als (Lux. Vertretung in Brüssel) an Bech (MAEL), 1. Februar 1949, S. 1–6 [im Folgenden zitiert als: ANLux, AE-06397, Als, 1. Februar 1949]. Der luxemburgische Botschafter in Brüssel, Als, bemerkte folgerichtig, dass Brüssel das Argument vom Januar 1948, in welchem die luxemburgischen Interessen nicht in den Vertrag zwischen dem Konsortium und der polnischen Regierung aufgenommen werden konnten, da der Vertrag schon abgeschlossen worden war, nicht wieder anführte. Rückblickend kann nicht mit Bestimmtheit gesagt werden, inwiefern es sich beim Argument vom Januar 1948 um eine fadenscheinige Begründung handelt und in welchem Ausmaß das belgische Konsortium sich der Vertretung der luxemburgischen Interessen widersetzte; hierzu Ebd., S. 3 f. Dagegen führte Botschafter Als an, dass zwar der Abschluss von Entschädigungsabkommen auf bilateraler Ebene stattfinden konnte, die Verhandlungen über die Zahlungsmodalitäten allerdings nur im Rahmen der UEBL stattfinden konnten, da diese für den gesamten Wirtschaftsraum Auswirkungen hätten. Damit verwies er direkt auf die von den polnischen Behörden bevorzugte Lösung einer Entschädigungsleistung in Form von Kohlelieferungen. Ebd., S. 5.

zu vertreten.[721] Das Konsortium konzentrierte sich ausschließlich auf die Realisierung der Entschädigungsleistungen und der Zahlungsmodalitäten für solche Unternehmen, die von der polnischen Verstaatlichungskommission für eine Entschädigung vorgesehen waren. Damit war klar, dass das belgische Industriekonsortium einer möglichen Entschädigung von Beteiligungen an einem Unternehmen, das von den polnischen Behörden als Feindvermögen klassiert worden war, kaum Chancen einräumte. Bereits vor der definitiven Unterzeichnung eines Vertrags hatte die ARBED die Zusage des Brüssler TRUST MÉTALLURGIQUE ÉLECTRIQUE ET INDUSTRIEL

> *„suivant lequel il sera rétrocédé, en temps utile, à l'ARBED un montant de fr. 2.654.544 à titre de quote part dans l'indemnité à attribuer par le Gouvernement polonais au Consortium belge du chef de la nationalisation d'entreprises"*.[722]

Weitere Informationen zum Statut der ARBED innerhalb des Konsortiums sowie seiner Verpflichtungen gehen aus der erhaltenen Dokumentation nicht hervor. Letztlich ermöglichten es die Verhandlungen der ARBED nicht, von einer Entschädigung ihrer Beteiligungen an der KABELWERK OŻARÓW AG zu profitieren.

Im Februar 1949 wurden die wiederaufgenommenen und fast zum Abschluss gebrachten Verhandlungen jedoch auf Initiative der belgischen Regierung unterbrochen. Die UEBL hätte dem Vertrag zufolge über 3,6 Millionen Tonnen polnische Kohle importieren müssen

> *„rien que pour compenser les fournitures de matériel que les Polonais demandent afin de procéder à l'extraction du charbon que le consortium touchera comme dédommagement pour les nationalisations"*.[723]

Doch sah sich der belgisch-luxemburgische Wirtschaftsraum außerstande, eine solche Menge an Kohle aufzunehmen, ohne verheerende Auswirkungen auf die lokale Schwerindustrie befürchten zu müssen. Damit scheitere ein möglicher Vertrag zwischen dem belgischen Konsortium und der polnischen Regierung, der der ARBED zumindest eine Entschädigung ihrer Beteiligungen an der KABELWERK BROMBERG AG zugesichert hätte.

---

721 ANLux, AE-AA-307, Johann (ARBED) an das MAEL, 24. Februar 1949, 2 S., hier S. 2: *„Pour ce qui concerne nos intérêts en Pologne, nous venons de conclure un arrangement par l'intermédiaire du Consortium belgo-polonais, Bruxelles."*

722 ANLux, AE-AA-307, Bericht der ARBED über die Interessen des Konzerns in Polen, 17. Februar 1949, 1 S.

723 ANLux, AE-06397, Als (lux. Vertretung in Brüssel) an Bech (MAEL), 8. April 1949, 3 S., hier S. 3.

III.5.3 Das Entschädigungsabkommen zwischen der UEBL und Polen

Nachdem das Entschädigungsabkommen zwischen dem belgischen Konsortium und der polnischen Regierung nicht zustande gekommen war, suchte sich die belgische Regierung nun ihrerseits stärker für die staatlichen Interessen in Polen einzusetzen und ein Entschädigungsabkommen mit Warschau zu erreichen. In den regelmäßigen Verhandlungsrunden, im Rahmen der Normalisierung und des Ausbaus der Handelsbeziehungen zwischen der UEBL und Polen, sollten auch offene Vermögensfragen in Polen angesprochen werden.[724] Diese waren verantwortlich für das Stocken der Verhandlungen zu einem neuen Handelsvertrag im Sommer 1947.[725]

In den neuen Verhandlungsrunden zwischen der belgischen und polnischen Regierung, die sich in den fünfziger Jahren auch mit offenen Vermögensfragen beschäftigten, wurden die luxemburgischen Interessen ebenfalls von der belgischen Delegation übernommen. Details der Verhandlungen wurden nicht bekannt, allerdings informierte der Vorsitzende der belgisch-luxemburgischen Delegation, H. Cambier, das MAEL regelmäßig über die Fortschritte der Verhandlungen der ausschließlich mit Belgiern besetzten Delegation. Dabei suchte diese den von Warschau geforderten Ausbau der Wirtschaftsbeziehungen an ein Entschädigungsabkommen zu knüpfen.[726]

Auf luxemburgischer Seite hielt man sich zu diesem Zeitpunkt zurück und wartete den Ausgang der Verhandlungen ab. Diese erwiesen sich als langwierig: Hegte Cambier noch im Januar 1956, im Anschluss an eine Visite belgischer Parlamentarier in Polen die Hoffnung auf einen baldigen Abschluss eines Entschädigungsvertrags, so drückte er ein Jahr später desillusioniert sein Bedauern

---

724 ANLux, AE-12048, Bech (MAEL) an Blum (lux. Vertretung in Moskau), 30. Dezember 1954: „*L'U.E.B.L. envisage de négocier dès le début du mois de mars un accord commercial avec la Pologne. Des pourparlers seront entamés à la même occasion au sujet de l'indemnisation des intérêts belges et luxembourgeois touchés par les mesures polonaises de nationalisation.*"

725 Siehe hierzu den Kommentar zu den Verhandlungen in: O. A., Nos relations avec la Pologne, in: Echo de l'Industrie 16 (1948), S. 4 [im Folgenden zitiert als: O. A., Nos relations avec la Pologne]: „*La conclusion d'un nouvel accord commercial se complique apparemment quelque peu du fait que le problème du paiement d'une indemnité pour la nationalisation des biens belges en Pologne s'y trouve lié.*" Es sei vermerkt, dass luxemburgische Vermögenswerte nicht explizit erwähnt werden.

726 Siehe ANLux, AE-12048, Bericht, 16. September 1955, S. 2: „*Il paraît d'ailleurs que le refus de la Belgique de négocier un accord commercial si satisfaction ne lui est pas donné en matière d'indemnité, a impressionné les Polonais.*"

aus, dass der Vertrag zwischen dem Konsortium und der polnischen Regierung von 1948 nicht abgeschlossen worden war.[727]

Die Delegation der UEBL sah sich zudem dem Druck des belgischen Konsortiums ausgesetzt, welches hier auf zwei teilweise widersprüchliche Forderungen pochte: Zum einen verlangten die geschädigten Unternehmen weiterhin eine Kompensation für die verlorenen Interessen in Polen. Zum anderen jedoch forderte man einen schnellen Abschluss eines neuen Handelsvertrags mit Polen, um die Wirtschaftsbeziehungen mit polnischen Unternehmen weiter auszubauen. Man hatte festgestellt, dass französische und amerikanische Unternehmen bereits stark auf dem polnischen Markt aktiv waren, und die belgische Industrie befürchtete, hier weiter ins Hintertreffen zu gelangen. Für die belgische Regierung war die Forderung eines schnellen Abschlusses nur schwer mit der verfolgten Strategie vereinbar, über das Hinauszögern eines Handelsabschlusses die polnische Regierung zum Abschluss eines Entschädigungsvertrages zu zwingen.[728] Die Forderungen der belgischen Industrie zeigen die Zwickmühle, in der sich die Unternehmen befanden: Einerseits konnte eine Entschädigung nur über langwierige Verhandlungen erzielt werden, andererseits wollte man so schnell wie möglich Wirtschaftsbeziehungen mit Polen aufnehmen und ausdehnen.

Erst Ende der fünfziger Jahre konkretisierte sich ein Abkommen: 1958 wurde ein Basisvertrag zwischen der UEBL und Polen abgeschlossen, der die Prinzipen eines Entschädigungsmodells festlegte, ohne jedoch auf Zahlungsmodalitäten und eine Gesamtsumme einzugehen: Die polnische Regierung rückte von ihrer Position ab, die Entschädigungen in Form von Kohlelieferungen zu leisten. Dadurch wurde der Weg frei für eine neue Lösung.[729] Ein Entschädigungsvertrag wurde schließlich im November 1963 in Warschau unterzeichnet und von der luxemburgischen Abgeordnetenkammer im Juli 1966 angenommen.[730] Artikel

727 ANLux, AE-12048, Bericht von H. Cambier (Vorsitzender der belgo-luxemburgischen Delegation) an das MAEL, 3. Januar 1956, 3 S., hier S. 3; ANLux, AE 12048, Bericht, 5. Februar 1957, S. 2.

728 ANLux, AE-12048, Note, 5. Februar 1957, S. 2.

729 Zum Fortgang der Verhandlungen gegen Ende der fünfziger Jahre siehe ANLux, AE-12048, Bericht J. P. Mergen über die Problematik der Entschädigung verstaatlichter luxemburgischer Interessen, 26. Juli 1962, 4 S., hier S. 3.

730 Zum Vertrag siehe Loi du 16 août 1966 portant approbation: 1) de l'Accord, signé à Varsovie, le 14 novembre 1963, entre le Gouvernement du Grand-Duché de Luxembourg et le Gouvernement de la Belgique, d'une part, et le Gouvernement de la République Populaire de Pologne, d'autre part, concernant l'indemnisation de certains intérêts belges et luxembourgeois en Pologne; 2) de l'Accord, signé à Luxembourg, le 14 janvier 1965, entre le Grand-Duché de Luxembourg et la Belgique

1 bestimmte die Vermögenskategorien die mit einer Entschädigung rechnen konnten:

> „(...) *les biens, droits et intérêts belges et luxembourgeois touchés par les mesures polonaises de nationalisation, ainsi que par d'autres mesures polonaises de caractère général prises avant la signature du présent Accord, affectant des droits de propriétés.* (...)"[731]

Des Weiteren sollten auch indirekte Vermögenswerte von einer Entschädigung profitieren können (Art. 2). Demnach konnte nach dieser Definition die ARBED sowohl mit einer Entschädigung für eine indirekte Beteiligung an der KABELWERK BROMBERG AG als auch an der KABELWERK OŻARÓW AG rechnen. Im Fall der KABELWERK OŻARÓW AG war dies jedoch nur unter der Voraussetzung möglich, dass die polnischen Behörden das Werk nicht als rein deutsche Gesellschaft auffassten, sondern die indirekte Beteiligung der ARBED anerkannten. Eine solche Anerkennung ist aber nirgends überliefert. Und generell gilt, dass nach der Ratifizierung des Abkommens im Januar 1967 die tatsächliche Ausführung des abgeschlossenen Abkommens im Gegensatz etwa zum ganz ähnlichen Vertrag in Ungarn nur mangelhaft dokumentiert ist.[732]

So fehlen etwa Belege für polnische Zahlungsleistungen. Immerhin zeugen mehrere belgische königliche Beschlüsse von der Nominierung einzelner Personen

---

réglant l'exécution de l'Accord, signé à Varsovie, le 14 novembre 1963, entre le Gouvernement du Grand-Duché de Luxembourg et le Gouvernement de la Belgique, d'une part, et le Gouvernement de la République Populaire de Pologne, d'autre part, concernant l'indemnisation de certains intérêts belges et luxembourgeois en Pologne, in: Mémorial du Grand-Duché de Luxembourg A/52 (23. September 1966), S. 964–970, hier S. 964–969; zur betreffenden Parlamentsdebatte siehe CR, 61. Sitzung (13. Juli 1966), Sp. 326–340.

731 Ebd., S. 965 f.

732 Accord entre le Gouvernement du Grand-Duché de Luxembourg et le Gouvernement de la Belgique, d'une part, et le Gouvernement de la République Populaire de Pologne, d'autre part, concernant l'indemnisation de certains intérêts belges et luxembourgeois en Pologne, signé à Varsovie, le 14 novembre 1963. – Entrée en vigueur, in: Mémorial du Grand-Duché de Luxembourg A/4 (25. Januar 1967), S. 30; Accord entre le Grand-Duché de Luxembourg et la Belgique réglant l'exécution de l'Accord signé à Varsovie le 14 novembre 1963, entre le Gouvernement du Grand-Duché de Luxembourg et le Gouvernement de la Belgique d'une part, et le Gouvernement de la République Populaire de Pologne d'autre part, concernant l'indemnisation de certains intérêts belges et luxembourgeois en Pologne, signé à Luxembourg, le 14 janvier 1965, approuvé par la loi du 16 août 1966. Ratification et entrée en vigueur, in: Mémorial du Grand-Duché de Luxembourg A/6 (9. Februar 1967), S. 54.

in die belgisch-luxemburgische Sonderkommission zur Verteilung der Entschädigungssumme an die betroffenen Gläubiger.[733] Zudem wurde 1970 im Rahmen der parlamentarischen Abstimmung in Luxemburg über einen Entschädigungsvertrag zwischen der UEBL und Rumänien auf den inhaltlich fast identischen Vertrag mit Polen hingewiesen. Ein mögliches Scheitern des Vertrags zwischen der UEBL und Polen wäre in diesem Kontext sicherlich nicht unkommentiert geblieben.[734] Eine ähnliche Aussagekraft haben spätere Kontakte zwischen luxemburgischen und polnischen Diplomaten: Auch hier wurde nirgends auf die Frage der Entschädigungen eingegangen, so dass man davon ausgehen kann, dass die Zahlungen nach den Richtlinien des Abkommens tatsächlich auch geleistet wurden.[735] Die ARBED

733 Arrêté royal du 3 mars 1967 portant nomination des membres de la Commission spéciale Belgo-Luxembourgeoise prévue à l'accord signé à Bruxelles, le 14 janvier 1965 entre la Belgique et le Grand-Duché de Luxembourg, réglant l'exécution de l'accord d'indemnisation avec la Pologne, in: Moniteur belge, (14. März 1967); Arrêté royal du 21 mai 1968 portant nomination des membres de la Commission spéciale belgo-luxembourgeoise, prévue à l'accord signé à Bruxelles, le 14 janvier 1965 entre la Belgique et le Grand-Duché de Luxembourg réglant l›exécution de l›Accord d›indemnisation avec la Pologne, in: Moniteur belge, (30. Mai 1968); Arrêté royal du 6 septembre 1968 portant nomination d'un membre de la Commission spéciale belgo-luxembourgeoise prévue à l'Accord signé à Bruxelles, le 14 janvier 1965 entre la Belgique et le Grand-Duché de Luxembourg, réglant l'exécution de l'Accord d'indemnisation avec la Pologne, in: Moniteur belge (27. Septembre 1968).

734 Projet de loi n° 1486 portant approbation 1) de l'Accord entre le Gouvernement du Grand-Duché de Luxembourg et le Gouvernement du Royaume de Belgique, d'une part, et le Gouvernement de la République Socialiste de Roumanie, d'autre part, concernant le règlement des problèmes financiers en suspens, signé à Bruxelles, le 13 novembre 1970; 2) Projet de loi portant approbation de l'Accord de répartition, signé à Luxembourg le 7 décembre 1970 entre le Luxembourg et la Belgique en vue de l'exécution de l'Accord entre le Gouvernement du Grand-Duché de Luxembourg et le Gouvernement du Royaume de Belgique, d'une part, et le Gouvernement de la République Socialiste de Roumanie, d'autre part, concernant le règlement des problèmes financiers en suspens, signé à Bruxelles, le 13 novembre 1970, in: Dokumente der luxemburgischen Abgeordnetenkammer, J-1970-O-0064.

735 Siehe hierzu ANLux, AE-AP-503, Lux. Vertretung in Warschau an das MAEL, 10. Juli 1971, S. 1–12, besonders S. 5–7; ANLux, AE-AP-504, Lux. Vertretung in Moskau an das MAEL, 31. Dezember 1974, S. 1–13, besonders S. 9–12. Und auch für den Zeitraum der prekären politischen und wirtschaftlichen Lage in Polen in den Jahren zwischen 1968 und 1970 sind keine Hinweise in den erhaltenen Akten des MAEL bekannt, die auf einen Abbruch der Entschädigungszahlungen hinweisen. Die Besetzung der Tschechoslowakei durch den Warschauer Pakt,

war also wohl zumindest für ihre Beteiligungen an der Kabelwerk Bromberg AG entschädigt worden.

Bei ihren Bemühungen um die Beteiligungen der Arbed in Polen konnte das MAEL und die Direktion des luxemburgischen Konzerns demnach einen Teilerfolg verbuchen: Zumindest die verlorene Beteiligung der Arbed in einer der beiden Gesellschaften wurde entschädigt.

Die luxemburgischen Behörden wandten sich zu keinem Zeitpunkt an die sowjetische Regierung. Dabei war gerade die UdSSR die nach dem Potsdamer Abkommen für die Reparationsleistungen in Polen verantwortlich. Im Fall der Kabelwerk Ożarów AG, welches offensichtlich von den polnischen Behörden als deutsches Feindvermögen eingestuft worden war, hätte man eine Intervention in Moskau durch René Blum erwarten können. Erstaunlicherweise scheint dies nie eingetreten zu sein.

III.6 Die Wahrung der Arbed-Beteiligungen in Jugoslawien

Im nach dem Krieg wiederhergestellten Vielvölkerstaat Jugoslawien hielt die luxemburgische Arbed indirekte Beteiligungen an der Novisadska Fabrika Kabela. Die Beteiligung der Arbed wurde über verschiedene Unternehmen der F&G-Gruppe realisiert. Sie belief sich auf insgesamt 47,31 % des Gesamtkapitals. Wie in Bulgarien war auch hier der Kontakt zu der Gesellschaft während des Krieges abgebrochen. Das Unternehmen fiel ebenfalls einer Verstaatlichung zum Opfer, wobei die Gesellschaft als Feindvermögen entschädigungslos eingezogen wurde.[736]

III.6.1 Die luxemburgischen Interventionen bei den jugoslawischen Behörden

Die Interessenwahrung der Arbed in Jugoslawien wurde in dem Moment aufgenommen, in dem die jugoslawischen Behörden sich für das deutsche Vermögen in Jugoslawien zu interessieren begannen: Über die deutsche Presse ließ die jugoslawische Wiedergutmachungsmission am 6. März 1947 verlautbaren, dass sämtliche deutsche Aktieninhaber in Jugoslawien ihre Aktienanteile den jugoslawischen Behörden bekannt zu machen hätten. Die dafür festgelegte Frist

---

an der Polen ebenfalls teilnahm, provozierte zwar eine Welle der Entrüstung in Westeuropa, berührte aber nicht die wirtschaftlichen Beziehungen zwischen der UEBL und Polen.

736 Siehe hierzu ausführlich unten, S. 428–432.

betrug lediglich eine Woche. Bis zum 12. März hatten alle Informationen vorzulegen. Ansonsten würden die Anteile automatisch an den jugoslawischen Staat fallen.[737] Da aufgrund der knappen Frist eine Rücksprache mit Luxemburg nicht möglich war, teilte die Direktion der F&G Carlswerk AG den jugoslawischen Behörden ihre Beteiligung an der Novisadska Fabrika Kabela mit.[738] Gleichzeitig setzte man in Köln jedoch die LMM in Bad Salzuflen über die Vorgänge in Kenntnis und bat um eine Intervention der luxemburgischen Behörden bei ihren jugoslawischen Kollegen zugunsten der Arbed-Beteiligungen.[739]

Nachdem das MAEL von den Ereignissen erfahren hatte, kam es der Bitte der F&G Carlswerk AG nach. Dies wurde auch von der Arbed begrüßt. Eine offizielle Erklärung über das Beteiligungsverhältnis der Arbed an der Novisadska Fabrika Kabela, gegengezeichnet vom Premierminister Dupong, wurde sogleich an die jugoslawischen Behörden gesandt.[740] Die LMM in Berlin und Bad Salzuflen wurden gebeten, bei den jugoslawischen Kollegen vor Ort zu intervenieren und festzustellen, welches Schicksal man den alliierten Beteiligungen zudachte.[741] Im Juni 1947 konnte die LMM in Bad Salzuflen ein vollständiges Dossier einreichen. Doch sahen sich die jugoslawischen Kollegen außerstande, eine sofortige Antwort zu geben *„à défaut d'un service juridique"*.[742]

In den Folgejahren meldeten gleich mehrere Behörden aus unterschiedlichen Staaten ihren Anspruch auf die Aktienbeteiligungen der F&G-Gruppe an der jugoslawischen Gesellschaft an. So meldeten im August 1947 das jugoslawische und im Januar 1948 das ungarische Reparationsamt Ansprüche auf die Aktien der luxemburgischen Electro Holding Company, einer Tochtergesellschaft der F&G Carlswerk AG, die 1/3 der Aktien am jugoslawischen Unternehmen besaß, die in der Budapester Pester Ungarische Commercial Bank aufbewahrt wurden.

Beide Reparationsämter interpretierten diese Aktienbeteiligungen als deutsches Vermögen. Für die jugoslawischen Behörden galt es das Vermögen als

---

737 Ebd.

738 ANLux, AE-AA-310, F&G Carlswerk AG an die jugoslawische Militärmission bei der Kontrollmission für Deutschland (britischer Teil), 11. März 1947, 1 S.

739 ANLux, AE-AA-310, F&G Carlswerk AG an die LMM Bad Salzuflen, 12. März 1947, 2 S.

740 ANLux, AE-AA-310, Erklärung der Arbed über ihre Beteiligung an der Novisadska Fabrika Kabela, 19. Mai 1947, 1 S.

741 ANLux, AE-08395, Bech (MAEL) an die LMM Bad Salzuflen, 24. Mai 1947, 1 S.

742 ANLux, AE-AA-310, LMM Bad Salzuflen an die jugoslawische Mission bei der Kontrollkommission für Deutschland (britischer Teil), 12. Juni 1947, 2 S., hier S. 1.

Feindbeteiligung an der jugoslawischen Industrie zu verstaatlichen, während die ungarischen Behörden es als Feindvermögen auf ungarischem Territorium an die UdSSR zu überführen suchten.[743] Dass zwei unterschiedliche Reparationsämter um die Vermögenswerte der ELECTRO HOLDING COMPANY stritten, zeigt, dass selbst unter der Prämisse, dass es sich bei den indirekten ARBED-Beteiligungen um deutsches Vermögen handelte, unterschiedliche Standpunkte über den eigentlichen Nutznießer bestehen konnten.

Das Aktienpaket wurde schließlich von der ungarischen Bank an die jugoslawischen Behörden übertragen. Ob eine nachträgliche Einigung mit den ungarischen Behörden zustande kam, geht aus den Quellen nicht hervor. Die Aktien sollten jedoch nicht wieder an die ELEKTRO HOLDING COMPANY zurückerstattet werden. Weiterhin unbekannt blieb das Schicksal der Aktienbeteiligungen der F&G KABEL-, DRAHT UND DRAHTSEILFABRIK, BUDAPEST, einer weiteren Tochtergesellschaft der F&G CARLSWERK AG, die ebenfalls Aktien an der jugoslawischen NOVISADSKA FABRIKA KABELA hielt.

Mit diesen beunruhigenden Nachrichten konfrontiert, wandte man sich auf Seiten der ARBED an das MAEL, legte einen Situationsbericht vor und verlangte ein Einschreiten der luxemburgischen Regierung zugunsten der Unternehmensinteressen in Jugoslawien. Dabei forderte man die übliche Wiederherstellung der Vorkriegssituation oder aber eine gerechte und angemessene Entschädigung für den Fall, dass die Gesellschaft definitiv verstaatlicht worden sei. Die Höhe dieser Summe müsse von Experten festgelegt werden und sie müsse frei transferierbar sein.[744] Die vorläufige Forderung der ARBED belief sich auf 1.147.300 FLUX. Einige Monate später konnte Konsbruck dann mit Gewissheit bekanntgeben:

> *„Il résulte de renseignements reçus que notre filiale yougoslave a été confisquée et nationalisée par le Gouvernement de Belgrade; l'usine, qui n'a pas subi de dommages, a pu continuer à travailler après la libération du territoire."*[745]

---

743 Während sich die ungarischen Behörden auf das Potsdamer Abkommen bezogen, führte das jugoslawische Reparationsamt das Gesetz Nr. 345 der jugoslawischen Föderativen Volksrepublik an, welches die Aushändigung der deutschen Aktienbeteiligungen an jugoslawischen Unternehmen bestimmte; siehe hierzu ANLux, AE-08395, PESTER UNGARISCHE COMMERCIAL BANK an die F&G CARLSWERK AG, 16. Dezember 1947, unterzeichnet von Unbekannt, 2 S.

744 ANLux, AE-08395, ARBED, Mitteilung an das MAEL, 21. Februar 1948, 2 S.

745 ANLux, AE-08395, Konsbruck (ARBED) an Janson (*Association des intérêts industriels belges à l'étranger*), 30. Juli 1948, 1 S. [im Folgenden zitiert als: ANLux, AE-08395, Konsbruck, 30. Juli 1948].

Auf Vorschlag der ARBED wurde auch die luxemburgische Vertretung in Moskau eingebunden und der Versuch unternommen, von Moskau aus Kontakt mit den jugoslawischen Behörden aufzunehmen. Doch sollte auch diese Initiative fehlschlagen.[746]

Wieder einmal kam man in Luxemburg über eigene isolierte Interventionen bei den verschiedenen verantwortlichen Behörden nicht weiter. Man wandte sich deshalb an den belgischen Nachbarn.

III.6.2 Die Verteidigung der ARBED-Beteiligungen durch das belgische Industriekonsortium

In dem Moment, als sich die Anzeichnen einer definitiven Verstaatlichung der Novisader Kabelfabrik verdichteten, suchte man auf Seiten des MAEL die Beteiligungen der ARBED in der Gesellschaft über die UEBL zu verteidigen. Die Vorgehensweise der luxemburgischen Behörden unterschied sich nicht von den simultan stattfindenden Bemühungen um die Beteiligungen in Polen.

Wie schon in Polen nahm 1948 nicht die belgische Regierung, sondern die Abteilung Jugoslawien der *Association des intérêts industriels belges à l'étranger* die Verhandlung mit der jugoslawischen Regierung hinsichtlich offener Vermögensfragen auf. Der Verband genoss die volle Unterstützung der belgischen Regierung und verhandelte mit den jugoslawischen Behörden über die Befreiung der belgischen Beteiligungen in Jugoslawien bzw. über eine Entschädigung der verstaatlichten Vermögenswerte.[747]

Das Konsortium verlangte jedoch, dass sowohl die luxemburgische Regierung als auch die ARBED sich weiterer Interventionen bei den jugoslawischen Behörden enthielten. Außerdem forderte der Interessensverband die volle Befugnis, die Interessen der ARBED verteidigen zu können und stellte die ARBED damit auf die gleiche Stufe wie die anderen belgischen Unternehmen des Konsortiums.[748] Die Assoziation hatte keine Bedenken, die Beteiligungen der ARBED

---

746 ANLux, AE-08395, Johann und Konsbruck (ARBED) an das MAEL, 20. Februar 1948, 1 S.; ANLux, AE-08395, Bech (MAEL) an Blum (lux. Vertretung in Moskau), 24. Februar 1948, 1 S.

747 ANLux, AE-08395, Konsbruck, 30. Juli 1948, S. 1. Die Abteilung taucht in den Quellen im weiteren Verlauf fast ausschließlich unter dem Begriff Konsortium auf.

748 *„Suivant le désir exprimé par vous-même et par votre collègue, l'ARBED s'abstiendra d'intervenir directement ou indirectement auprès des autorités yougoslaves compétentes en vue de la sauvegarde des ses intérêts; le consortium belge, de son côté, assurera au mieux les intérêts luxembourgeois en traitant les revendications de l'ARBED sur un pied d'égalité avec celles des sociétés belges intéressées. Le Gouvernement grand-ducal*

zu übernehmen, da die jugoslawischen Behörden indirekte ausländische Beteiligungen nicht von einer Entschädigung ausschlossen. Damit konnten, anders als etwa im Fall Polen, die indirekten Eigentumstitel auf eine Stufe mit den direkten Beteiligungen der belgischen Unternehmen des Konsortiums gestellt werden.[749]

Im Oktober 1948 fanden die Verhandlungen zwischen dem Interessenverband und den jugoslawischen Behörden ihren Abschluss: Die Gesamtsumme der Entschädigungen belief sich auf 365 Millionen BEF. Ursprünglich hatte das Konsortium 700 Millionen BEF gefordert. Die Auszahlung sollte an eine eigens hierfür geschaffene belgische Gesellschaft namens VIBETRA erfolgen. Die Entschädigung sollte über Aktienanteile der Geschädigten an dieser Gesellschaft erfolgen.[750]

Im Verlauf der Verhandlungen äußerte sich Belgrad zum ersten Mal auch zum Kabelwerk in Novisad: Die jugoslawischen Behörden erkannten die indirekte Beteiligung an dem jugoslawischen Werk nicht an und interpretierten diese Beteiligung als rein deutsches Vermögen.[751]

Die belgischen Delegation hatte zudem versucht, die Beteiligung der ARBED über die direkten Aktionäre des jugoslawischen Werkes, sprich der ELECTRO HOLDING COMPANY und der ungarischen F&G KABEL-, DRAHT- UND DRAHTSEILFABRIK anerkennen zu lassen, doch scheiterte dies ebenfalls am Widerstand der jugoslawischen Behörden, die diese Gesellschaften als Tochterunternehmen der F&G CARLSWERK AG interpretierten.[752] Die jugoslawischen Behörden waren zwar

---

a été mis au courant de nos conversations et de l'arrangement préconisé; il s'abtiedra [sic!] également de toute démarche.", ANLux, AE-08395, Konsbruck, 30. Juli 1948.

749 ANLux, AE-06397, Als, 1. Februar 1949, S. 3.

750 ANLux, AE-08395, Janson (*Association des intérêts industriels belges à l'étranger*) an Konsbruck (ARBED), 18. Dezember 1948, 3 S., hier S. 1 [im Folgenden zitiert als: ANLux, AE-08395, Janson, 18. Dezember 1948].

751 Ebd., S. 1 f.

752 Zu diesem Vorgehen siehe Ebd., S. 2. So wurde die Beteiligung der ELECTRO HOLDING COMPANY nicht anerkannt, da für Janson „*il est impossible de nier qu'il s'agit, au sens de la loi yougoslave, d'une participation allemande, puisque la Société Felten et Guilleaume à Cologne a été officiellement informée, le 16 décembre 1947, que les 1000 actions déposées pour compte de l'Electro-Holding, ont été remises en avril 1947 à la Délégation yougoslave à Budapest.*" In einem Schreiben an das belgische Außenhandelsministerium beschrieb Janson die jugoslawische Position gegenüber den Beteiligungen anderer Staatsangehöriger als die der UEBL wie folgt: „*le Gouvernement yougoslave a exigé que soient exclues de l'indemnisation les actions appartenant à des ressortissants autres que belges lorsque l'identité d'actionnaires étrangers de la société de droit belge était notoirement connue du*

prinzipiell dazu bereit, verlorene indirekte Aktienbeteiligungen zu entschädigen, doch mussten diese Beteiligungsverhältnisse erst von den Behörden anerkannt werden. Im Fall der ARBED fand diese Anerkennung nicht statt. Man erkannte lediglich das Beteiligungsverhältnis der deutschen F&G CARLSWERK AG an. Damit wurde auch eine Entschädigung hinfällig.

Trotz der Weigerung der jugoslawischen Behörden, die indirekten Beteiligungen der ARBED an der NOVISADSKA FABRIKA KABELA zu berücksichtigen, entschied sich das belgische Konsortium in Eigenregie dazu, der ARBED eine Entschädigung von 2 % der Gesamtsumme zu überlassen. Die zugestandene Summe belief sich auf 12.904.000 BEF und war somit höher als die im Juli 1948 bei der MAEL geforderte Entschädigungssumme der ARBED.[753]

Dabei bedeutete das Zugeständnis des Konsortiums, dass die übrigen belgischen Gesellschaften der Gruppe auf einen Teil ihrer von den jugoslawischen Behörden legitim zugestandenen Entschädigung zugunsten der ARBED verzichten mussten.

Hinweise zum Auszahlen der Entschädigungszahlung fehlen in den Akten. Da jedoch die Problematik auf Seiten der ARBED nicht erneut angesprochen wurde, kann davon ausgegangen werden, dass die Zahlung tatsächlich erfolgte.

Gouvernement yougoslave.", ANLux, AE-08395, Janson (*Association des intérêts industriels belges à l'étranger*) an Smets (Leiter der Balkan-Abteilung im belgischen Ministerium für Außenhandel), 4. Dezember 1948, 1 S. Da die Beteiligung der ungarischen FELTEN & GUILLEAUME KABEL-, DRAHT- UND DRAHTSEILFABRIK, Budapest, den jugoslawischen Behörden bekannt gemacht worden war, kam hierfür auch keine Entschädigung in Frage. Paradoxerweise war die ARBED demnach Opfer der strikten Befolgung der Anordnungen aus Belgrad geworden.

753 Aufgrund dieses Entgegenkommens des Verbandes war man auf Seiten des Konsortiums mehr als überrascht als die ARBED statt der zugestandenen 2 %, 3,5 % verlangte. Das Konsortium weigerte sich die „*proposition amicale*" zu erhöhen. ANLux, AE-08395, Janson, 18. Dezember 1948, S. 1. Die erstaunliche Anfrage auf Seiten der ARBED war allerdings einem Rechnungsfehler geschuldet, den man in Luxemburg begangen hatte. Der Fehler beruhte tatsächlich auf einer Fehlinterpretation des Begriffs „Koeffizient 2", der in den Verhandlungen auftauchte: Während man in Luxemburg annahm, der Koeffizient sei tatsächlich ein Multiplikator auf Seiten des Konsortiums, um den aktuellen Wert der Interessen in Jugoslawien zu bewerten, handelte es sich tatsächlich jedoch um einen Dividenden, der von Belgrad genutzt wurde, um die ursprünglich geforderte Entschädigungssumme des Konsortiums zu verringern; hierzu ANLux, AE-08395, Konsbruck und Chomé (ARBED) an Janson (*Association des intérêts industriels belges à l'étranger*), 31 Dezember 1948, 1 S.

Einzig dem guten Willen des Industrieverbandes war es demnach zu verdanken, dass die ARBED vom Konsortium in Eigenregie entschädigt wurde. Ob dieser Entscheidung möglicherweise eine Regelung zwischen der ARBED und den belgischen Gesellschaften vorausging oder nach sich zog, geht aus den Akten nicht hervor. Interessanterweise war die letztlich zugestandene Entschädigungssumme des Konsortiums höher als die eingangs von der ARBED geforderte Summe.

III.7 Die Wahrung der ARBED-Beteiligungen in der Tschechoslowakei

Die Tschechoslowakei bildet in dieser Untersuchung einen Sonderfall. Tatsächlich besaß die ARBED über die F&G CARLSWERK AG offiziell keine Aktienbeteiligungen in dem Land. Doch wurden 1944, während des Krieges, Teile der durch alliierte Fliegerangriffe bedrohten deutschen Tochtergesellschaft der F&G CARLSWERK AG, der SÜDDEUTSCHEN TELEFON-APPARATE-, KABEL- UND DRAHTWERKE AG „TEKADE", aus Nürnberg nach Asch in die spätere Tschechoslowakei verlagert.[754] So befand sich nach dem Krieg der Sitz der TEKADE zwar in der amerikanischen Besatzungszone Deutschlands, Firmenmaterialien im Gesamtwert von 363.000 RM waren jedoch nach Asch ausgelagert worden. Da die deutsche F&G CARLSWERK AG einziger Aktionär der TEKADE war, standen nach Ansicht der ARBED dem Konzern insgesamt 68,27 % zu.[755] Das verlagerte Material wurde in der Nachkriegszeit jedoch von den tschechoslowakischen Behörden als deutsches Feindvermögen zu Reparationszwecken beansprucht und konfisziert.[756]

Gegen die Beanspruchung des verlagerten Materials durch tschechoslowakische Behörden legte die ARBED sofort Protest ein und forderte von der LMM Berlin

> *„d'intervenir, par le canal des autorités américaines d'occupation, auprès du Gouvernement de Prague afin que les droits légitimes du Grand-Duché de Luxembourg soient sauvegardés."*[757]

---

754 Mitte des 19. Jahrhunderts gegründet, wurde die Firma 1904 von der FELTEN & GUILLEAUME CARLSWERK AG aufgekauft und mit anderen Fabriken der rheinischen Gesellschaft in Nürnberg zur SÜDDEUTSCHEN TELEFON-APPARATE-, KABEL- UND DRAHTWERKE AG „TEKADE" zusammengefasst; hierzu: DÖRENBERG, The RV 12 P 4000 Tube.

755 ANLux, AE-08397, Konsbruck und Chomé (ARBED) an das MAEL, 16. Juli 1947, 1 S. [im Folgenden zitiert als: ANLux, AE-08397, Konsbruck, 16. Juli 1947].

756 Siehe Ebd.; DÖRENBERG, The RV 12 P 4000 Tube.

757 ANLux, AE-08397, Konsbruck, 16. Juli 1947.

Dank des im Krieg nicht unterbrochenen engen Kontakts zur süddeutschen TEKADE, konnte die ARBED das MAEL bereits einige Tage nach den Ereignissen darüber informieren, dass die tschechoslowakischen Behörden die Firmenmaterialien in Asch verstaatlicht hätten, allerdings eine Entschädigung der alliierten Besitzer vorsähen.[758]

Die weitere Dokumentation ist recht spärlich. Die luxemburgischen Behörden wandten sich sehr wahscheinlich an ihre tschechoslowakischen Kollegen. Ein Erfolg blieb jedoch aus so dass man man sich erneut an die belgischen Behörden wandte.[759] Brüssel bevorzugte eine Globalentschädigungslösung seiner Staatsangehörigen. Die Verhandlungen wurden wahrscheinlich auf Druck der *Association des intérêts industriels belges à l'étranger* von der belgischen Regierung initiiert.[760]

Ein 1953 abgeschlossenes Abkommen wurde schließlich von tschechoslowakischer Seite gestoppt.[761] Die Verhandlungen wurden erst 1962 wiederaufgenommen

---

758 ANLux, AE-08397, Konsbruck und Chomé (ARBED) an das MAEL, 22. Juli 1947, 1 S. [im Folgenden zitiert als: ANLux, AE-08397, Konsbruck, 22. Juli 1947].

759 ANLux, AE-06400, Bech (MAEL) an Carton de Wiart (stellvert. Minister bei der belg. Vertretung in Prag), 23. September 1948, 1 S.

760 Dies geht aus Artikel VI des Protocole sur l'accord entre l'Union Economique Belgo-Luxembourgeoise et le Gouvernement tchécoslovaque au sujet de l'institution d'un acompte sur la partie transférable des indemnités pour l'année 1949 pour la propriété belge et luxembourgeoise nationalisée, confisquée ou encore sous l'administration nationale en Tchécoslovaquie, vom 30. November 1949 hervor, unterzeichnet von Siroky und Carton de Wiart, 3 S., unter anderem in AMAEB, Dossier n° 12078, Luxembourg Dossier Général, 1948–1949: „*Le présent Protocole constitue un additif à la lettre du 19 mars 1947 échangée entre Plénipotentiaires des deux Gouvernements à Bruxelles.*"

761 Die Verhandlungen waren aufgrund der Schwierigkeiten zwischen der tschechoslowakischen Regierung und der belgischen Gesellschaft SOLVAY & CIE, einem großen belgischen Aktionär in der Tschechoslowakei, hinsichtlich der Beteiligung der SOLVAY & CIE und der tschechoslowakischen Regierung an der österreichischen EBENSEER-SOLVAY-WERKE gestoppt worden. Erst nachdem die tschechoslowakische Regierung auf die Ansprüche an den EBENSEER-SOLVAY-WERKE verzichtete, fanden die Verhandlungen ihren Abschluss. Siehe hierzu Projet de loi n° 119 (1153) portant approbation 1. de l'Avenant, signé à Prague, le 6 juillet 1964, à l'Accord entre le Grand-Duché de Luxembourg et la Belgique, d'une part, et la République Tchécoslovaque, d'autre part, concernant l'indemnisation de certains intérêts luxembourgeois et belges en Tchécoslovaquie et du Protocole Annexe, signés à Bruxelles, le 30 septembre 1952; 2. de l'Accord, signé à Luxembourg, le 28 février 1965, entre le Grand-Duché de Luxembourg et la Belgique réglant l'exécution de

und fanden im August 1966 ihren Abschluss. Das Abkommen von 1953 wurde dabei nur geringfügig angepasst. Doch wurde allem Anschein nach die bereits in den 50er Jahren vereinbarte Globalentschädigungssumme von 500 Millionen FLUX, von denen zwischen 4 und 5 Millionen an luxemburgische Anteilseigner entfallen sollten, nach unten revidiert.[762]

Neben einer Entschädigung für direkte Beteiligungen war auch eine Kompensation für indirekte Vermögenswerte vorgesehen, vorausgesetzt bei den Eigentümern handelte es sich um belgische oder luxemburgische Staatsbürger bzw. juristische Personen, die ihren Sitz in Luxemburg oder Belgien hatten und die über maßgebliche luxemburgische und belgische Beteiligungen verfügten (Art. II). Diese zweite Kategorie wurde in einem Zusatzprotokoll, das integraler Bestandteil des Vertrags war, weiter ausformuliert:

> *„Sont à considérer comme comportant „un intérêt luxembourgeois ou belge prépondérant", les personnes morales ayant leur siège au Luxembourg ou en Belgique, dont le capital est à raison de 45 pour cent au moins dans des mains luxembourgeoises ou belges, dont les organes sont en majorité composés de ressortissants luxembourgeois ou belges désignés par les détenteurs luxembourgeois ou belges du capital et dont la dette éventuelle envers des créanciers n'est pas disproportionnée à l'importance du dit capital."*[763]

---

l'Accord entre le Grand-Duché de Luxembourg et la Belgique, d'une part, et la République Tchécoslovaque, d'autre part, concernant l'indemnisation de certains intérêts luxembourgeois et belges en Tchécoslovaquie et du Protocole Annexe, signés à Bruxelles, le 30 septembre 1952 et modifiés par l'Avenant signé à Prague le 6 juillet 1964, in: Dokumente der luxemburgischen Abgeordnetenkammer, J-1964-O-0119, S. 1336–1342, hier S. 1337 [im Folgenden zitiert als: Projet de loi n° 119 (1153)].

762 Siehe hierzu die Bemerkungen von Außenminister Bech im Rahmen der parlamentarischen Ratifizierung des Abkommens in: Loi du 26 juin 1953 portant approbation de l'Accord entre le Grand-Duché de Luxembourg et la Belgique, d'une part, et la République Tchécoslovaque, d'autre part, concernant l'indemnisation de certains intérêts luxembourgeois et belges en Tchécoslovaquie et le Protocole annexe, signés à Bruxelles le 30 septembre 1952, in: Mémorial du Grand-Duché de Luxembourg A/44 (11. Juli 1953), S. 849–855 [im Folgenden zitiert als: Loi du 26 juin 1953], hier Sp. 1618. Die Archivfonds des MAEL innerhalb der ANLux enthalten keine Informationen zu den von Bech gemachten Angaben. Es ist sehr wahrscheinlich, dass der Minister seine Informationen von der Delegation der UEBL erhielt, wie dies in anderen Fällen belegt ist.

763 Diese Vereinbarung war bereits 1953 geschlossen worden: Loi du 26 juin 1953 portant approbation de l'Accord entre le Grand-Duché de Luxembourg et la Belgique, d'une part, et la République Tchécoslovaque, d'autre part, concernant l'indemnisation de certains intérêts luxembourgeois et belges en Tchécoslovaquie

Nach dieser Definition konnte die ARBED mit einer Entschädigung ihrer verlorenen Vermögenswerte in der Tschechoslowakei rechnen. Der Vertrag erwähnte jedoch nur indirekte Beteiligungen, er schwieg hingegen zur Problematik indirekter, über deutsche Aktienbeteiligungen wahrgenommene Vermögenswerte.

Obwohl eindeutige Belege einer eingegangenen Entschädigungsleistung für verlorene Vermögenswerte der ARBED in der Tschechoslowakei fehlen, beweist zumindest der Globalentschädigungsvertrag, dass die Vermögenswerte der ARBED nach luxemburgischer Auffassung dafür in Frage kamen. Demzufolge deckte das unterzeichnete Globalentschädigungsabkommen die verlorenen Vermögenswerte der ARBED im Verlagerungsbetrieb TEKADE mit ab. Da eindeutige Belege einer Auszahlung der tschechoslowakischen Behörden an die ARBED fehlen und mit Blick auf ähnliche Globalentschädigungsabkommen zwischen der UEBL und den osteuropäischen Nachbarstaaten der Tschechoslowakei, darf eine tatsächliche Auszahlung einer Entschädigungssumme angezweifelt, kann jedoch nicht komplett ausgeschlossen werden.

Bei der Analyse der Wahrung der Beteiligungen der ARBED in Jugoslawien und in der Tschechoslowakei fällt auf, dass die luxemburgischen Behörden nicht aktiv innerhalb der IARA für die verlorenenen Vermögenswerte der ARBED in beiden Ländern eintraten. Dabei waren bekanntlich sowohl Jugoslawien als auch die Tschechoslowakei Mitglieder der IARA. Doch stellte sich innerhalb der IARA schnell heraus, dass die jugoslawischen und tschechoslowakischen Behörden kaum gewillt waren, indirekte alliierte Vermögenswerte in deutschen Beteiligungen über die IARA zu entschädigen. In Kenntnis dieser Entwicklungen scheinen die luxemburgischen Behörden einer zwischenstaatlichen Lösung größere Chancen eingeräumt zu haben.[764]

III.8 Die Evaluierung der Interessenwahrung

Die in den vorherigen Unterkapiteln getätigten Einzeluntersuchungen auf mikroökonomischer Ebene erlauben im folgenden Unterkapitel eine globale Evaluierung der Wahrung der Interessen der ARBED. Dabei interessieren vor allem drei Aspekte:

---

et le Protocole annexe, signés à Bruxelles le 30 septembre 1952, in: Mémorial du Grand-Duché de Luxembourg A/44 (11. Juli 1953), S. 849–855, hier S. 854 [im Folgenden zitiert als: Loi du 26 juin 1953].

764 Siehe hierzu ANLux, AE-08395, Bericht über die Position der jugoslawischen Regierung hinsichtlich deutscher Gesellschaften in Jugoslawien, an denen alliierte oder neutrale Staatsangehörige beteiligt sind, 13. Dezember 1946, 1 S.

- die Vorgehensweise der Interessenwahrer,
- die herangezogene Argumentation, sowie
- die Ergebnisse der Bemühungen.

Über einen komparativen Ansatz sollen wiederkehrende Aspekte identifiziert und bewertet werden. Eventuelle Muster sollen herausgearbeitet und ihre Entwicklung beleuchtet werden.

III.8.1 Die Vorgehensweise

Die wichtigsten Forderungen der Verteidiger der ARBED-Interessen lassen sich auf zwei Aspekte kondensieren: die Wiederherstellung des *Status quo* der Vorkriegszeit oder alternativ eine gerechte, frei transferierbare und von Experten festgelegte Entschädigung für den Fall, dass eine Restitution der Vermögenswerte nicht möglich sein sollte. Bei der Forderung nach einer Entschädigung setzte rasch ein Wandel ein: Forderte man noch im Dezember 1947 eine „komplette" Entschädigung (Orig.: *„compensation complète"*), benutzte man ab 1948 eine geradezu formelhafte Forderung nach einer gerechten und angemessenen Entschädigung (Orig.: *„compensation équitable et adéquate"*).

Um ihre Ziele zu erreichen, griffen die Leitung der ARBED und das MAEL auf eine Vielzahl von Maßnahmen zurück. Aus den Einzeluntersuchungen ließ sich entnehmen, dass in den einzelnen Ländern und Besatzungszonen des Untersuchungsraums wiederholt die gleiche Vorgehensweise von Seiten der Interessenwahrer angewandt wurde. Trotz der im Detail unterschiedlichen Rahmenbedingungen der einzelnen osteuropäischen Volkswirtschaften bei Ausgang des Krieges waren die Industrien im Untersuchungsraum doch allgemein sehr ähnlichen Verstaatlichungsmaßnahmen unterworfen. Die Ähnlichkeiten des Schicksals der Unternehmen, an denen die ARBED im Untersuchungsraum beteiligt war, führte als Konsequenz auch zu einer ähnlichen oder gar identischen Vorgehensweise des MAEL und der ARBED bei der Wahrung der Aktienbeteiligungen des Konzerns.

Diese Bemühungen lassen sich in verschiedene Einzelschritte aufteilen:

- die Bemühungen um Informationen,
- die Benachrichtigung der lokalen Behörden,
- Forderungen nach Schutz und Proteste,
- die Intervention bei den französischen Besatzungsbehörden,
- die Bemühungen im Rahmen der Globalentschädigungsabkommen der UEBL,
- das Bemühen um die Vertretung der ARBED-Interessen durch nicht-staatliche Industriekonsortien, sowie
- Drohungen und offene Konfrontation.

Diese Einzelschritte finden sich in den meisten Länderstudien wieder, so dass ein allgemeiner Ablauf bei der Wahrung der Interessen der ARBED zu erkennen ist:

Generell gilt, dass den Bemühungen zumeist Informationen über das Los der jeweiligen Gesellschaften vorausgingen. Diese Informationen wurden zum Teil bewusst von der ARBED bzw. den luxemburgischen Behörden eingeholt, zum Teil wurden sie auch spontan aus dem Umkreis der geschädigten Unternehmen selbst übermittelt. Es folgte meist eine Intervention bei den verantwortlichen Behörden vor Ort, indem man auf die Beteiligung der luxemburgischen Gesellschaft an dem betroffenen Unternehmen hinwies. Gleichzeitig unterstrich man, dass die ARBED als Eigentümer aus einem Mitgliedsstaat der Vereinten Nationen stammte und ihre indirekten Beteiligungen daher als alliiertes Vermögen gelten müssten. Dieses sei gewissen Schutzbestimmungen unterstellt. Führte selbst eine Multiplikation der Interventionen zu keinem Erfolg, suchte man auf Seiten der ARBED und des MAEL nach weiteren Möglichkeiten. Man bemühte sich, die Aktienbeteiligungen der ARBED durch ausländische Initiativen mitvertreten zu lassen. So wandte man sich in mehreren Fällen an die französische Regierung und erbat die Unterstützung der französischen Besatzungsbehörden in Österreich und Deutschland. Häufiger wandte man sich an den belgischen Nachbarn. Hier diente die UEBL als Instrument, um die Beteiligungen der ARBED durch belgische Wirtschaftsdelegationen mitverteidigen zu lassen. Dem luxemburgischen Konzern gelang es zudem, die Mitvertretung ihrer Interessen in dem belgischen Industriekonsortium zu erwirken. Die abgeschlossenen Globalentschädigungsabkommen beendeten meist die Bemühungen um die Beteiligungen der ARBED durch die luxemburgischen Behörden, auch wenn diese die indirekten Kapitalbeteiligungen des luxemburgischen Konzerns zumeist nicht berücksichtigten.

Die Bemühungen lassen sich kaum untereinander gewichten. Die Interessenwahrung folgte kaum einem diplomatischen Kalkül. Die Bemühungen um die Aktienbeteiligungen der ARBED im Ostblock folgten rein pragmatischen Ansätzen und suchten keinen zuvor ausgearbeiteten Plan umzusetzen. Die Vorgehensweise passte sich den jeweils aktuellen Gegebenheiten an. So intervenierte das MAEL bspw. häufig bei den lokalen osteuropäischen Behörden zugunsten der Interessen der ARBED, wandte sich aber bei Bekanntwerden belgischer Bemühungen mit der Bitte an Brüssel, die Vermögenswerte der ARBED bei den Verhandlungen der belgischen Delegtionen mit den osteuropäischen Behörden mitzuvertreten. Das führte auch dazu, dass häufig verschiedene Bemühungen simultan durchgeführt wurden.

Die Maßnahmen sind in erster Linie als reaktiv zu bezeichnen, das heißt sie wurden zumeist als Reaktion auf eine eintretende oder bevorstehende Entwicklung ausgeführt. Der drohende oder bereits eingetretene Verlust der

Vermögenswerte führte zu einer luxemburgischen Reaktion. Unmittelbar nach Ankündigung oder Umsetzung einer Maßnahme im Untersuchungsraum, welche die Gesellschaften mit ARBED-Beteiligungen tangierte, nahmen die Bemühungen um diese Interessen zu. Sich bietende Gelegenheiten, wie etwa belgische Wirtschaftsdelegationen in den Untersuchungsraum, wurden beim Schopf gefasst, um die Wahrung der Konzernbeteiligungen zu sichern.

Wenn auch die Maßnahmen den aktuellen politischen und wirtschaftlichen Gegebenheiten angepasst wurden, so galt dies nur bedingt für die Forderungen von Seiten des MAEL und der ARBED. Daran wurde, mit Ausnahme des raschen Wandels der Forderung nach einer kompletten hin zu einer gerechten und angemessenen Entschädigung, im gesamten Verlauf nicht gerüttelt. Man stellt lediglich fest, dass nach Durchsetzung der Verstaatlichungswellen in Osteuropa ab 1948 die Bemühungen sich auf eine Entschädigung konzentrierten. Man hegte auf luxemburgischer Seite kaum noch Hoffnung, eine Reprivatisierung der Unternehmen zu erreichen, an denen die ARBED Aktienanteile hielt, sondern trug den politisch-wirtschaftlichen Gegebenheiten in Osteuropa Rechnung.

Im Vergleich zum Beginn der Bemühungen ist das Ende der Interessenwahrung der ARBED weit schwerer zu fassen. Die Bemühungen ließen Ende der fünfziger Jahre langsam nach. Sie konzentrierten sich fast nur noch auf die einzelnen, vor dem Abschluss stehenden Globalentschädigungsabkommen. Nach deren Realisierung wurden die Anstrengungen zumeist eingestellt bzw. verlieren sich die Spuren in den Akten. Da sich ab den sechziger Jahren ein Ausbau der Handels- und Wirtschaftsbeziehungen zwischen Ost und West abzeichnete, liegt die Vermutung nahe, dass die Bemühungen um die Beteiligungen des Konzerns bewusst heruntergefahren wurden, um zukünftigen Wirtschaftsbeziehungen mit den osteuropäischen Ländern und Investitionen der ARBED im Ostblock nicht zu gefährden. Hierauf soll mit Blick auf die Beweggründe der einzelnen Akteure in Kapitel IV noch einmal explizit eingegangen werden.

III.8.2 Argumentation und Resultate

Die Besitzverhältnisse der Gesellschaften mit indirekter ARBED-Beteiligung im Untersuchungsraum waren zum einen von den internationalen Reparationsbestimmungen und den dadurch bedingten nationalen Entscheidungen betreffend Feindvermögen, zum anderen von der Umwälzung der Wirtschaftssysteme im Untersuchungsraum betroffen. Daher verwundert es nicht, dass die Argumentation auf Seiten der Interessenwahrer ebenfalls Bezug auf beide Entwicklungen nahm.

Damit die Vermögenswerte der ARBED geschützt oder die Verluste kompensiert werden konnten, bedurfte es einer Anerkennung der indirekten Beteiligungen des

Konzerns in den diversen Gesellschaften des Ostblocks als alliiertes Vermögen. Eine erste Maßnahme beruhte in der Regel auf Interventionen bei den osteuropäischen Behörden, um diese über die Beteiligung der ARBED in Kenntnis zu setzen. Dabei verhehlte man auf luxemburgischer Seite keineswegs, dass die Aktienbeteiligungen der ARBED im Untersuchungsraum indirekt über eine deutsche Gesellschaft realisiert wurden, hob diese Tatsache aber auch nicht besonders hervor.

Auf luxemburgischer Seite bezog man sich in erster Linie auf internationale wie nationale Verordnungen, die Schutz- bzw. Entschädigunsklauseln für alliiertes Vermögen enthielten. Die ARBED war in der Nachkriegszeit als alliiertes Unternehmen allgemein anerkannt – auch von der UdSSR. Die luxemburgische Argumentation zielte darauf, auf die alliierte Zugehörigkeit der ARBED und die dadurch zu aktivierenden Schutz- bzw. Entschädigungsklauseln zu verweisen. Generell gilt: Die Leitung der ARBED und das MAEL vertraten eine identische Position und bezogen sich zumeist auf die gleiche Argumentation.

Da es für den gesamten Untersuchungsraum Gültigkeit besaß, bezog man sich auf Seiten der ARBED und des MAEL mehrfach auf das auf dem Potsdamer Abkommen aufbauende alliierte Kontrollratsgesetz Nr. 5 zur Übernahme und Erfassung des deutschen Vermögens im Ausland vom 30. Oktober 1945.[765] Dieses übertrug alle *„Rechte und Ansprüche jeglicher Art auf irgendwelches außerhalb Deutschlands befindliches Vermögen"* im Besitz deutscher Gesellschaften auf eine eigens geschaffene Kommission für das deutsche Auslandsvermögen. Es wurde explizit festgehalten, dass Vermögenswerte, die Eigentümern aus Staaten der Vereinten Nationen gehörten, von den Bestimmungen ausgenommen waren. Zudem war auch die Möglichkeit einer Entschädigung der Besitzer vorgesehen, doch wurde die Festlegung von Form und Kriterien der Kompensation auf einen späteren Zeitpunkt verschoben. Mit Verweis auf dieses Gesetz argumentierten ARBED und MAEL auf zwei Ebenen: Zum einen bemerkte man, dass die UdSSR in ihrer Einflusszone nicht einfach über das deutsche Auslandsvermögen verfügen dürfe, sondern dieses erst unter die Kontrolle der alliierten Kommission für deutsches Auslandsvermögen falle. Zum anderen fügte man an, da das betroffene Vermögen wegen der indirekten Beteiligungsverhältnisse im Grunde gar kein deutsches Vermögen sei, müsse der Verlust des Anteils der ARBED, einer Gesellschaft aus einem Mitgliedsstaat der Vereinten Nationen, auch für den Verlust entschädigt werden. Auf diese Argumentation wurde dort zurückgegriffen, wo man auf Seiten der ARBED und des MAEL vermutete oder mit Sicherheit zu sagen wusste, dass

765 Zum Wortlaut des Gesetzes siehe ABl des Kontrollrats in Deutschland 2 (20. November 1945), S. 27–31.

die Gesellschaften mit indirekten Aktienbeteiligungen der ARBED, Reparationsmaßnahmen der UdSSR zum Opfer gefallen waren, so etwa in Ungarn.[766]

Mit dieser Position stand Luxemburg nicht allein: So bezogen sich die französischen Behörden bei der Vertretung der Interessen der ARBED in ihren Gesprächen und Kontakten mit den sowjetischen Kollegen ebenfalls auf das Kontrollratsgesetz Nr. 5 und teilten die Argumentation der luxemburgischen Behörden.[767]

Das alliierte Kontrollratsgesetz Nr 5. bezog sich ganz allgemein auf das deutsche Auslandsvermögen. In ihrer Argumentation passten sich ARBED und MAEL jedoch auch den jeweiligen Gegebenheiten in den einzelnen Ländern und Besatzungszonen an. Exemplarisch soll hier der gut dokumentierte Fall Ungarn angeführt werden: Bei Aufnahme der Interessenwahrung der ARBED zeichnete sich ab, dass das deutsche Vermögen der UdSSR als Reparationsleistung zufallen würde. In ihren Interventionen bei den ungarischen Behörden verwiesen ARBED und MAEL daher auf die Restitutions- und Schutzbestimmungen alliierten Vermögens in Ungarn im Potsdamer Abkommen sowie im Waffenstillstandsabkommen und anschließendem Friedensvertrag mit Ungarn. Die Argumentation bewegte sich auf der Ebene der Reparationsleistungen und vertrat die Ansicht, dass alliiertes Vermögen von den Reparationsbestimmungen in Ungarn ausgeschlossen und daher geschützt oder restituiert werden müsse.[768]

Im Rahmen der späteren Verhandlungen über ein Globalentschädigungsabkommen änderte sich die Argumentation. Nun argumentierte man im Hinblick auf die Verstaatlichungen und bezog sich auf die ungarische Verstaatlichungsgesetzgebung und die vorgesehene Entschädigung für ausländisches Eigentum. Zu diesem Zeitpunkt war klar geworden, dass die betroffenen Unternehmen in ungarischen Staatsbesitz gelangt waren.[769] Da die Unternehmen, an denen die ARBED Aktien hielt, verstaatlicht seien, und es sich hierbei um alliiertes Vermögen handele, müsse es auch nach den Verstaatlichungsgesetzen eine entsprechende Entschädigungsleistung geben.

Ähnlich wie in Ungarn verfuhr man auch in den anderen Ländern und Besatzungszonen des Untersuchungsraums, wobei man, abhängig vom jeweiligen Los der betroffenen Unternehmen, mal stärker auf der Ebene der Reparationsbestimmungen argumentierte, wie in der SBZD, oder, wie in Polen, stärker auf der Ebene der Verstaatlichungsgesetzgebung.

---

766 Siehe hierzu weiter oben, S. 248–250.

767 Siehe oben, S. 259.

768 Siehe oben, S. 224–226.

769 Siehe oben, S. 237–250.

Bei der Interessenwahrung der ARBED wechselte man argumentativ demnach zwischen den einzelnen Ebenen hin und her und passte die Begründung den jeweiligen Gegebenheiten an. So versuchte man über verschiedene Ansätze zum Erfolg zu kommen.

Eine Analyse der von der ARBED-Leitung und dem MAEL angewandten Argumentation lässt neben der Fokussierung auf die Schutz- und Entschädigungsklauseln noch andere Beobachtungen zu:

So fällt auf, dass man sich auf Seiten der luxemburgischen Verteidiger oft auf die gleiche Gesetzgebung bezog wie die osteuropäische und sowjetische Gegenseite. Einziger Unterschied war häufig der zur Argumentation herangezogene Artikel. So bezog sich die luxemburgische Regierung etwa in einem Memorandum, das dem Globalentschädigungsabkommen mit Ungarn beigefügt wurde, auf Restitutions- und Entschädigungsbestimmungen für Eigentümer aus Mitgliedsstaaten der Vereinten Nationen, welche im Friedensvertrag zwischen den Alliierten und Ungarn fixiert worden waren. Doch auch die ungarische Regierung argumentierte anhand dieses Friedensvertrages, allerdings mit einem ganz anderen Artikel. Sie bezog sich auf die Bestimmungen, die eine Entschädigung für eingezogenes deutsches Vermögen ausschlossen.[770]

Neben dem Rückgriff auf unterschiedliche Artikel der gleichen Gesetze traten zum Teil unterschiedliche Interpretationen der gleichen Bestimmungen auf. So etwa beim bereits erwähnten alliierten Kontrollratsgesetz Nr. 5: Während dieses für die UdSSR zum Anlass genommen wurde, deutsches Auslandsvermögen direkt als Reparationsleistung einzuziehen, durfte das besagte Vermögen nach luxemburgischer Auffassung des Gesetzes sowie nach genereller Meinung der Westmächte lediglich beschlagnahmt und unter Kontrolle einer speziellen Kommission gestellt werden, bevor eine endgültige Entscheidung gefällt werden konnte.[771]

Der Rückgriff auf unterschiedliche Artikel eines gleichen Abkommens sowie die unterschiedliche Interpretation des gleichen Artikels verweisen auf die gleiche Problematik: Sowohl die alliierten Reparationsbestimmungen als auch die zeitgleich dekretierten Verstaatlichungsverordnungen waren unklar formuliert. Dies bildete den Nährboden für unterschiedliche Interpretationen und Standpunkte. Die ein Höchstmaß an Konsens erfordernden alliierten Reparationsbestimmungen konnten, bedingt durch die grundlegend divergierenden

770 Hierzu eingehend, S. 240 f.

771 Siehe hierzu etwa die sowjetische Reaktion auf eine französische Anfrage zu den ARBED-Beteiligungen in der SBZÖ, oben S. 258 f.

Positionen der großen Vier, nur äußerst vage ausfallen.[772] Und auch die einzelnen Verstaatlichungsmaßnahmen, die zum Teil auf den Reparationsbestimmungen fußten, zum Teil aber auch Produkt der wirtschaftlichen Umwälzungen waren, wurden bewusst zweideutig gehalten, um den verstaatlichenden Akteuren einen möglichst großen Handlungsspielraum einzuräumen.[773] Es verwundert demnach nicht, dass es zwischen den Verteidigern auf luxemburgischer Seiten und den osteuropäischen Behörden angesichts des sehr spezifischen Falls der Beteiligungsstruktur der ARBED immer wieder zu Interpretationsdivergenzen kam, die letztendlich nicht befriedigend zugunsten der luxemburgischen Verteidiger gelöst werden konnten.

Angesichts dieser vagen allgemeinen Gesetzgebung hatten die indirekten Beteiligungen der ARBED einen besonders schweren Stand: Weder in den alliierten Reparationsbestimmungen noch in den nationalen Verstaatlichungsgesetzen wurden indirekte alliierte Beteiligungen systematisch erwähnt. Hinzu kommt, dass die ARBED-Beteiligungen über eine deutsche Gesellschaft ausgeübt wurden. Wurde die luxemburgische Beteiligung in den betroffenen Gesellschaften nicht anerkannt, handelte es sich bei den Beteiligungen folglich um deutsche Aktien. Das deutsche Vermögen konnte je nach nationaler bzw. internationaler Reparationsbestimmung von verschiedenen osteuropäischen und sowjetischen Behörden entschädigungslos eingezogen werden. Die hiervon profitierenden Behörden hatten deshalb ein Interesse daran, die indirekte luxemburgische Beteiligung an den Unternehmen im Untersuchungsraum nicht anzuerkennen. Aufgrund der vagen Gesetzgebung standen sich Wahrer der ARBED-Interessen und die osteuropäischen und sowjetischen Behörden mit unterschiedlichen Positionen gegenüber. Dabei konnte man den osteuropäischen und sowjetischen Dienststellen nicht immer ein Fehlverhalten vorwerfen. Nicht umsonst charakterisierte Bech die ungarische Position zu den ARBED-Interessen als *„parfaitement défendable“*.[774]

Divergierende Interpretationen und Auslegungen eines gleichen Gesetzes in Ost und West waren aufgrund des ungenauen Wortlautes nicht ungewöhnlich. Im Falle der Konzernleitung der ARBED kam es jedoch hinsichtlich der Interessenwahrung auch zu Fehlinterpretationen: Im Kontext der SBZD bezog man sich häufig auf die Resolution zum Schutz alliierten Vermögens in Deutschland, die der Schlussakte des Pariser Reparationsabkommens angehängt war. Die

772 Als frappierendes Beispiel etwa die mangelnde Definition des deutschen Eigentums hinsichtlich der Reparationsbestimmungen in Österreich; siehe oben, S. 128 f.

773 Als Beispiel sei hier der Sequesterbefehl Nr. 124 der SMAD genannt.

774 ANLux, AE-12048., Handschriftliche Notiz, 9. April 1955, 1 S.

Resolution bestimmte, dass Gesellschaften in Deutschland, welche zu mehr als 48 % einem oder mehreren Besitzern eines Mitgliedsstaates der Vereinten Nationen gehörten, nicht als Reparationsleistung herangezogen werden konnten. Zudem konnte der Kontrollrat die Staatsangehörigkeit von Minderheitsbeteiligungen festlegen. Sollten die Unternehmen dennoch zu Reparationszwecken eingezogen werden, sollte eine angemessene Entschädigung den vollen Wert des Verlustes kompensieren. Auf diese Resolution verwies die ARBED regelmäßig in ihren Kontakten mit den lokalen deutschen Behörden der SBZD. Man unterstrich wenn möglich, dass die indirekte Beteiligung der ARBED in den betroffenen Unternehmen mehr als die 48 % betragen würde *„die seitens des Kontrollrats als Mindestgrenze für die Verleihung eines besonderen Schutzes vorgeschrieben sind.“*[775]

Die Argumentation war in doppeltem Sinn zweifelhaft: So war weder die Schlussakte der Pariser Reparationskonferenz noch die Resolution zum Schutz alliierten Vermögens von der UdSSR unterzeichnet worden. Folglich konnten die in Paris getroffenen Entscheidungen lediglich die drei Westzonen betreffen. Des Weiteren hatte auch der Alliierte Kontrollrat nie eine gemeinsame Mindestgrenze einer alliierten Beteiligung für die Inschutznahme festgelegt.

Angesichts dieser doch recht zweifelhaften und wenig erfolgversprechenden Argumentation verwundert es nicht, dass Albert Wehrer von Berlin aus Bedenken an ihr erhob.[776] Folglich vermied es die luxemburgische Regierung, sich der Beweisführung des luxemburgischen Unternehmens anzuschließen.

Im Unterschied zur UdSSR und den osteuropäischen Staaten hatten die drei Westmächte das Pariser Reparationsabkommen unterzeichnet. Während die Argumentation des Konzerns also für dic Westzonen angewandt werden konnte, war dies für den Untersuchungsraum kaum möglich.

Aus den wenigen konkreten Angaben über ausländische Bemühungen um die Vermögenswerte der eigenen Staatsangehörigen in Osteuropa lässt sich schließen, dass sich die luxemburgische Argumentation nicht von derjenigen anderer westeuropäischer Regierungen und Gesellschaften unterschied. So zeigte etwa der Fall der Verteidigung der Vermögenswerte der niederländischen NV PHILIPPS GLOEILAMPENFABRIEKEN, dass die niederländischen Behörden exakt das gleiche Vorgehen an den Tag legten wie ihre luxemburgischen Kollegen.[777] Im Gegensatz

775 ANLux, AE-AA-307, Konsbruck und Chomé (ARBED) an den Beauftragten für die Abwicklung des Befehls 124 der SMAD beim Minister des Innern für die Provinz Sachsen-Anhalt, 30. Januar 1948, 1 S.

776 Siehe oben, S. 199.

777 Siehe oben, S. 192.

zur ARBED, handelte es sich bei den Kapitalbeteiligungen der niederländischen Gesellschaft allerdings um direkte Beteiligungen, welche außerdem zu 100 % von einem einzigen Unternehmen wahrgenommen wurde.

Gerade mit Blick auf die besondere Beteiligungsstruktur der ARBED stellt man bei der Analyse der von der luxemburgischen Verteidigung angeführten Argumentation fest, dass die Rolle der ARBED während des Zweiten Weltkrieges an keiner Stelle thematisiert oder auch nur erwähnt wird. MAEL und ARBED verstanden von Beginn an den luxemburgischen Konzerns als alliierte Gesellschaft. Die ARBED galt als luxemburgische Gesellschaft. Luxemburg hatte sich auf Seiten der Alliierten eingeordnet, demnach galt auch die ARBED als alliierte Gesellschaft. Eine solche Interpretation, die zum Teil auch von alliierten Partnern geteilt wurde, ignorierte dabei völlig die Rolle der F&G-Gruppe während des Krieges. So waren Unternehmen der F&G-Gruppe an der deutschen Rüstungsindustrie beteiligt, während Verdachtsmomente nahelegen, dass die F&G-Gruppe sich auf Kosten der polnischen Industrie während des Krieges erweitert hatte. In Kapitel I konnte bereits dargelegt werden, dass man in Luxemburg von diesen Aktivitäten gewusst haben muss. In den Kontakten mit den osteuropäischen und sowjetischen Behörden wurden die Handlungen der F&G-Gruppe jedoch nicht thematisiert. Im Gegenteil, man insistierte auf die luxemburgische und demnach alliierte Staatsangehörigkeit der ARBED und achtete peinlich genau darauf, lediglich diesen „luxemburgischen" Anteil an den verstaatlichten Unternehmen zu wahren. Über eine solche Argumentation suchte man sich auf luxemburgischer Seite so weit wie möglich von den Aktivitäten der F&G-Gruppe während des Krieges zu distanzieren. Diese Vorgehensweise wurde freilich in den internen Kontakten zwischen ARBED-Leitung und Außenministerium in dieser Form nie angesprochen, sie eröffnet sich einem jedoch bei der Durchsicht der entsprechenden Akten zur Wahrung.

Lässt sich die luxemburgische Vorgehensweise erklären? Da sich die Problematik lediglich über ein Fehlen der Thematisierung der Aktivitäten der F&G-Gruppe und der Rolle der ARBED während des Krieges erschließt, kann entsprechenden Antworten lediglich ein hypothetischer Stellenwert beigemessen werden.

1. Möglicherweise fehlte auf luxemburgischer Seite schlicht das Verständnis dafür, dass man die ARBED als nicht-alliierten Konzern begreifen könnte. In den Kontakten mit ausländischen Behörden wurde die Argumentation der ARBED als luxemburgischer und demnach alliierter Konzern von luxemburgischer Seite mit einer Selbstverständlichkeit angeführt, die darauf schließen lässt, dass eine anderweitige Interpretation nicht einmal in Erwägung gezogen wurde. Die Verbindung zwischen ARBED und F&G-Gruppe wurde lediglich über Kapitalbeteiligungen

verstanden. Beide wurden als unterschiedliche Entitäten aufgefasst, so auch ihre Rolle und ihr Verhalten während des Krieges.

2. Unterstellt man der luxemburgischen Haltung nicht diese tiefe Überzeugung von der ARBED als eines alliierten Konzerns, dann müsste man davon ausgehen, dass das Bild der ARBED als allierter Konzern konstruiert wurde, um jegliche Auslegung des Konzerns als germanisierte Gesellschaft, die über die F&G-Gruppe während des Krieges bestens im Bilde war und in den Aufsichtsräten der F&G-Gruppe vertreten war, zu verhindern. Eine solche Konstruktion der ARBED als handlungsarme Gesellschaft unter deutscher Zwangskontrolle, bar jeglicher zweifelhafter Beteiligungen an der deutschen Kriegswirtschaft, würde sich nebenbei nahtlos in den luxemburgischen *Master narrative* einer sich der deutschen Besatzung insgeheim widersetzenden ARBED einfügen.

Dass eine solche Sicht der ARBED in den Auslandskontakten im Rahmen ihrer Interessenwahrung von luxemburgischer Seite bewusst hervorgehoben wurde, mag angesichts des Zieles einer Rückgewinnung oder Entschädigung der Beteiligungen der ARBED nicht weiter verwundern. Dass diese mögliche Konstruktion jedoch nicht einmal intern im MAEL thematisiert worden zu sein scheint, wirft dann doch Fragen auf. Ein entsprechender Erklärungsversuch kann nicht vollständig überzeugen: Mit Blick auf die bereits in der Zwischenkriegszeit gemachten Beobachtungen über die Zusammenarbeit zwischen ARBED und MAEL wird man annehmen müssen, dass auch in dem Fall der Wahrung der ARBED-Beteiligungen in Mittel- und Osteuropa der Konzern die maßgeblichen Impulse setzte und als Außenwirtschaftsexperte die Argumentation bestimmte. Im folgenden Kapitel soll diese Möglichkeit über eine nähere Untersuchung des Verhältnisses zwischen ARBED und MAEL näher beleuchtet und um weitere Elemente ergänzt werden.

Westliche verantwortliche Dienststellen folgten in ihren Kontakten mit den luxemburgischen Behörden zumeist der luxemburgischen Argumentation hinsichtlich der ARBED. So bereitete es dann auch französischen und belgischen Behörden sowie Vertretern eines belgischen Industriekonsortiums keine größeren Schwierigkeiten, die Aktienbeteiligungen der ARBED im Ausland zu vertreten.[778]

Doch führten etwa die französischen und britischen Behörden im Austausch mit Luxemburg zumeist an, dass die Chancen einer Befreiung oder Entschädigung indirekter Beteiligungen im Untersuchungsraum äußerst unwahrscheinlich

778 Die anfängliche Skepsis des belgischen Außenwirtschaftsministers Straten-Waillet bildete dagegen nur eine Episode; siehe oben, S. 237–239.

sein dürften.[779] Die Skepsis fußte zumeist auf eigenen Erfahrungen: Die ausländischen Behörden erfuhren aus erster Hand, wie langwierig und schwierig es war, direkte nationale Beteiligungen im Ostblock zu befreien oder eine Kompensation für das verlorene Vermögen zu erhalten. Wenn schon Verhandlungen über direkte Beteiligungen so kompliziert waren, wie erfolgversprechend mussten dann erst Initiativen zugunsten indirekter Beteiligungen, die auch noch über eine deutsche Gesellschaft ausgeübt wurden, sein?

Dass auch westliche Behörden mitunter den Standpunkt der luxemburgischen Behörden nicht teilten, zeigt sich im Fall der polnischen Kabelwerk Ozarow AG, deren nach Deutschland geflüchtetes Firmenmaterial von den amerikanischen Behörden als zu restituieren galt. In diesem Fall schlossen sich die amerikanischen und britischen Behörden der Argumentation der polnischen Restitutionsmission an und handelten entgegen den Interessen der Arbed, die dieses Material als Entschädigung für das wohl verlorene Kabelwerk einziehen wollte.[780]

Die Episode zeigt aber auch, dass die von der luxemburgischen Seite angeführte Argumentation im Westen durchaus angenommen, jedoch nicht immer als alleinige Sichtweise betrachtet wurde. Ob diese Divergenzen auf eine andere Interpretation der Rolle der Arbed während des Krieges zurückzuführen sind, kann anhand der wenigen Quellenbelege nicht eindeutig geklärt werden. Hauptgrund für diese Interpretationsvielfalt war auch hier nicht zuletzt die im Wortlaut sehr undeutliche internationale und nationale Gesetzgebung hinsichtlich indirekter, über eine deutsche Gesellschaft ausgeübter Kapitalbeteiligungen, auf die sich die Arbed zumeist bezog. Die Entscheidung hing von der Interpretation dieser Beteiligungen ab. Die Beteiligungen der Arbed konnten im Osten ohne größere Anstrengungen anders ausgelegt werden. Aus dieser diplomatischen Sackgasse suchte man auf luxemburgischer Seite auszubrechen.

In ihren Verhandlungen mit der Gegenseite hatten die Interessenwahrer der Arbed kaum Möglichkeiten, Druck auf die osteuropäischen und sowjetischen Behörden auszuüben. Eine der wenigen Trumpfkarten, die sie in Händen hielten und auch konsequent ausspielten, war der wachsende Wunsch der Ostblockstaaten nach einer Erweiterung der Wirtschaftsbeziehungen mit dem Westen. Die Verhandlungen bezüglich der Arbed-Interessen wurden auch in allgemeine Verhandlungen zu offenen Vermögensfragen eingebettet. Ihre Lösung wurde für den Ausbau der Handels- und Wirtschaftsbeziehungen vorausgesetzt.

---

779 Siehe oben, S. 181 und 245.

780 Siehe oben S. 266 f. und ausführlich unten S. 426 f.

Dies führt zur Frage nach den Resultaten der Interessenwahrung der ARBED. Waren die über Jahrzehnte andauernden Bemühungen von Erfolg gekrönt oder verliefen alle Anstrengungen im Sand? Allein eine Gegenüberstellung der Zahlen spricht Bände: Von den 14 Unternehmen mit Beteiligungen der ARBED konnte letztendlich nur eines befreit und das *Status-quo* der Vorkriegszeit wiederhergestellt werden. Für die Verluste der ARBED über ihre indirekte Beteiligung an zwei weiteren Unternehmen und möglicherweise einem Verlagerungsbetrieb konnte der luxemburgische Konzern entschädigt werden.

Abb. 4: Übersicht der erzielten Resultate bei der Wahrung der ARBED-Beteiligungen in Osteuropa

Gesellschaft	**Das endgültige Los der Gesellschaft im Untersuchungsraum**	**Entschädigung ja/nein**
SBZD/DDR		
KABELWERK WILHELMINENHOF AG	Unbekannt, vermutlich Verstaatlichung (VEB)	nein
BTA	Verstaatlichung (VEB)	nein
BLEICHERT FAHRZEUGANLAGEN GMBH	Unbekannt, vermutlich Verstaatlichung und Auflösung	nein
A.W. MACKENSEN MASCHINENFABRIK & EISENGIEẞEREI GMBH	Verstaatlichung (VEB)	nein
GUMMIWERKE BALLENSTEDT GMBH	Verstaatlichung (VEB)	nein
GUMMIWERKE „ELBE“ AG	Verstaatlichung (VEB)	nein
MESSAPPARATEFABRIK SCHLOTHEIM (Verlagerungsbetrieb)	Verstaatlichung (VEB)	nein
Ungarn		
F&G KABEL-, DRAHT- UND DRAHTSEILFABRIK AG	Unbekannt, wahrscheinlich Verstaatlichung	nein
Bulgarien		
Bergwerks AG Pirin	Unbekannt, wahrscheinlich Verstaatlichung	nein
SBZÖ		
F&G DRAHT-, DRAHTSEIL- UND KUPFERFARBIK AG	Befreit, *Status-quo* der Vorkriegszeit	/

Gesellschaft	Das endgültige Los der Gesellschaft im Untersuchungsraum	Entschädigung ja/nein
Tschechoslowakei		
TEKADE (Verlagerungsbetrieb)	Beschlagnahmung und Verstaatlichung ?	?
Polen		
KABELWERK BROMBERG AG	Verstaatlichung	ja
KABELWERK OŻARÓW AG	Verstaatlichung	nein
Jugoslawien		
NOVISADSKA FABRIKA KABELA	Verstaatlichung	ja (durch ein belgisches Konsortium)

Die Bilanz der Bemühungen um die Aktienbeteiligungen der ARBED fällt demnach sehr bescheiden aus. Die erzielten Resultate standen in keinem Verhältnis zum erbrachten Aufwand. Trotz unterschiedlichster Maßnahmen, Interventionen bei den verschiedensten osteuropäischen und sowjetischen Dienststellen sowie der Unterstützung vor allem durch die französische und belgische Regierung gelang es in den meisten Fällen nicht, die Vermögenswerte der ARBED zurückzugewinnen oder eine Entschädigung zu erhalten. Die Gründe hierfür lagen in erster Linie in der schwachen Argumentationsbasis der Verteidiger der Beteiligungen der ARBED, die sich meist auf vage und zweideutige Regelungen beziehen mussten. Die osteuropäischen und sowjetischen Gesprächspartner hingegen operierten aus einer Position der Stärke heraus. Zwar bezogen sie sich ihrerseits häufig auf die gleichen Regelungen wie die Interessenwahrung, legten diese aber anders aus, verwiesen die Interessenvertreter an Dritte oder vertrösteten sie mit dem Hinweis auf eine Lösung der Frage zu einem unbestimmten Zeitpunkt. Die größte Hürde zur Lösung der Problematik war die Beteiligungsstruktur der ARBED in Osteuropa. Angesichts des geringen Erfolgs der Wahrung der ARBED-Interessen im Untersuchungsraum sind daher besonders die drei Fälle interessant, in denen das Unternehmen befreit bzw. für die eine Entschädigung geleistet wurde. Wieso endeten gerade diese Fälle erfolgreich, während die Vermögenswerte in elf weiteren Fällen für die ARBED verloren gingen?

Im Fall der SBZÖ wurde die betroffene Fabrik aufgrund des wirtschaftlichen Drucks der F&G-Gruppe mit der Unterstützung der ARBED erreicht. Tatsächlich konnten die sowjetischen Behörden wegen der zonalen Teilung Österreichs nur ein Werk der ansonsten in der britischen Besatzungszone lokalisierten F&G DRAHT-, DRAHTSEIL- UND KUPFERFABRIK AG WIEN beschlagnahmen. Da aber als Reaktion die Versorgungswerke in der britischen Zone die Belieferung der Fabrik in der SBZÖ einstellten, war diese nicht existenzfähig und folglich für die sowjetischen Besatzungsbehörden unrentabel.[781]

Über ein Globalentschädigungsabkommen wurde die ARBED für ihre verlorene indirekte Beteiligung an der polnischen KABELWERK BROMBERG AG entschädigt. Nachdem die verantwortlichen polnischen Behörden über das Beteiligungsverhältnis der ARBED im polnischen Kabelwerk informiert worden waren, wurden die indirekten Beteiligungen der ARBED anerkannt. Da die polnische Gesetzgebung für verstaatlichten Besitz ausländischer indirekter Anteilseigner eine Entschädigung vorsah, wurde das eingezogene Vermögen vom Globalentschädigungsabkommen berücksichtigt.[782]

Dem Wortlaut des Entschädigungsabkommens zufolge hätte auch die Beteiligung am Verlagerungsbetrieb der TEKADE in der Tschechoslowakei einer Kategorie zugerechnet werden müssen, die es zu entschädigen galt. Da aber jedwede weiterführende Information fehlt, darf eine tatsächliche Berücksichtigung bezweifelt, kann aber nicht ausgeschlossen werden.[783]

Sicher entschädigt wurde die ARBED für ihre verlorenen Vermögenswerte in der jugoslawischen Kabelfabrik NOVISADSKA FABRIKA KABELA. Allerdings wurde hier die Entschädigung nicht von den jugoslawischen Behörden anerkannt. Tatsächlich hatte das belgische Industriekonsortium einen Entschädigungsvertrag mit der jugoslawischen Regierung ausgehandelt, in dessen Rahmen zwar auch die ARBED-Interessen im Kabelwerk von Novi Sad thematisiert worden waren, diese aber wegen der Nichtanerkennung der indirekten ARBED-Beteiligungen durch die jugoslawischen Behörden nicht für eine Entschädigungszahlung vorgesehen waren. Nach Zahlung der Entschädigung durch Belgrad entschied das Konsortium eigenmächtig, der ARBED einen Teil der ihm zugestandenen Entschädigungssumme zu übertragen. In diesem Fall beruhte die Entschädigung einzig auf einer Entscheidung belgischer Industrieller.[784]

Angesichts des „positiven Ausgangs" in diesen drei, möglicherweise vier, Einzelfällen ist zu klären, ob die zum Erfolg führenden Maßnahmen nicht auch bei den anderen elf Unternehmen hätten angewandt werden können. Ähnliche Überlegungen wurden auch auf Seiten der Interessenvertreter angestellt. So sah etwa der stellvertretende Direktor der ARBED, Konsbruck, in der Befreiung des österreichischen Werks in der SBZÖ durch die sowjetischen Behörden einen

781 Siehe oben, S. 261 f.

782 Siehe oben, S. 278 f.

783 Dazu oben, S. 286–288.

784 Siehe oben, S. 284 f.

Präzedenzfall. Doch handelte es sich erwiesenermaßen um eine Fehlinterpretation. Tatsächlich konnte der Fall keine Vorreiterrolle in der weiteren Interessenwahrung spielen, da die strukturelle Zusammensetzung des österreichischen Betriebes mit indirekter ARBED-Beteiligung einzigartig war. Das Unternehmen war ohne die in der britischen Zone gelegenen Zuliefererwerke unrentabel und kaum von Wert. Die Werksinstallationen waren zudem bereits zuvor von den sowjetischen Behörden demontiert worden. Anders als von Konsbruck angenommen, war demnach nicht die Anerkennung indirekter Beteiligungen der Grund für die Rücküberführung des Werkes, sondern wirtschaftlicher Pragmatismus.[785]

Die Maßnahmen, die zur Leistung einer Entschädigungszahlung der KABELWERK BROMBERG AG führten, unterscheiden sich keineswegs von jenen der übrigen Fälle. Hier ist der Unterschied allein auf die Anerkennung der indirekten ARBED-Beteiligung durch die polnischen Behörden zurückzuführen. Was die verantwortlichen Dienststellen letztendlich zur Anerkennung bewog, ist wegen fehlender Einsicht in eventuelle osteuropäische Quellen nicht eindeutig geklärt. Die indirekte Beteiligung der ARBED an der KABELWERK OŻARÓW AG wurde von den gleichen polnischen Dienststellen nicht anerkannt. Auf welcher Grundlage diese Unterscheidung beruht, geht nicht aus den Quellen hervor. Eine Möglichkeit wäre die Höhe der indirekten Beteiligungen, welche in der KABELWERK BROMBERG AG mit 51,37 % immerhin über 18 % mehr ausmachte als am Unternehmen in OŻARÓW, und die Vermutung, dass die polnischen Behörden einen bestimmten Prozentsatz der Beteiligungen als Voraussetzung einer Entschädigung nahmen.

Bei der Entschädigung der ARBED für ihre verlorenen Vermögenswerte an der NOVISADSKA FABRIKA KABELA kann man nur von einem Teilerfolg sprechen. Der luxemburgische Konzern wurde zwar entschädigt, allerdings nicht von den eigentlich verantwortlichen jugoslawischen Behörden, sondern in Eigenregie von einem belgischen Industriekonsortium. Diese Option stellte sich in den anderen Fällen nicht, da lediglich mit der jugoslawischen Regierung von dem belgischen Industrieverband ein Abschluss erreicht werden konnte. Der fast zum Abschluss gekommene Vertrag mit Warschau scheiterte letztlich an der belgischen Regierung. Es ist allerdings möglich, dass die ARBED auch in diesem Fall vom Konsortium entschädigt worden wäre. Aus solchen eigenmächtigen Entschädigungen zog das Konsortium keinerlei sichtbaren Nutzen. Es ist denkbar, dass es zwischen der ARBED und dem Konsortium oder Mitgliedern des Verbandes zu einer geschäftlichen Vereinbarung kam, die die Zahlung der Entschädigung ermöglichte.

785 So schon oben, S. 261 f.

Die „Erfolge" waren demnach nicht auf unterschiedliche Maßnahmen bei den osteuropäischen und sowjetischen Behörden zurückzuführen.

Fazit von Kapitel III

Der Fokus des vorliegenden Kapitels war auf die Entscheidungen der Interessenwahrer der ARBED, ihre Argumentation sowie die erzielten Resultate gerichtet. Dafür wurde das Kapitel methodisch in zwei Teile gegliedert:

In einem ersten, sieben Unterkapitel umfassenden Teil wurde die Wahrung der ARBED-Beteiligungen in Einzeluntersuchungen für jedes Land und jede Besatzungszone des Untersuchungsraumes separat behandelt. Dabei wurden die einzelnen Schritte in den jeweiligen Ländern und Besatzungszonen jeweils vor dem Hintergrund der Leitfragen dieses Kapitels hinsichtlich der angewandten Strategie, der ihr zugrundeliegenden Argumentation und der erzielten Resultate beleuchtet. Die Einzeluntersuchungen konnten die ganze Diversität der Verteidigungsbemühungen darstellen. Zudem wurden die Argumentation der jeweils unternommenen Schritte beleuchtet und die erzielten Resultate bewertet.

In einem zweiten Teil, bestehend aus dem achten Unterkapitel, wurde die Interessenwahrung unter einem komparativen Blickwinkel beleuchtet und allgemeine Erkenntnisse abgeleitet.

Die Bemühungen um die Beteiligungen der ARBED im Untersuchungsraum waren in erster Linie reaktiv und antworteten auf die Bedrohungen, denen die Vermögenswerte des Konzerns ausgesetzt waren. Lediglich bei der Zielsetzung wurden klare Richtlinien definiert, die es zu erreichen galt und die im Verlauf der Interessenwahrung nicht abgeändert wurden. Dabei handelte es sich um die Wiederherstellung des *Status Quo* der Vorkriegszeit oder alternativ die Übertragung einer kompletten bzw. in einem zweiten Schritt einer gerechten und angemessenen Entschädigungsleistung für verlorene Vermögenswerte. Um diese Ziele zu erreichen, wurde auf eine Vielzahl unterschiedlicher Maßnahmen zurückgegriffen. Dank eines komparativen Ansatzes kristallisierten sich einige Schritte heraus, die in den einzelnen Ländern und Besatzungszonen des Untersuchungsraums häufig Verwendung fanden. Dies ist nicht weiter verwunderlich, konnte doch im vorherigen Kapitel festgestellt werden, dass die Beteiligungen der ARBED in den einzelnen Ländern und Besatzungszonen des Untersuchungsraum häufig identischen oder ähnlichen Maßnahmen zum Opfer fielen und die ihnen zugrundeliegenden Verordnungen sich oft ebenfalls auf mehrere Länder bezogen.

Die Maßnahmen variierten von einfachen Interventionen bei den lokalen Behörden vor Ort bis hin zur Ausübung wirtschaftlichen Drucks. So geben die

Einzeluntersuchungen Auskunft über die Entscheidungs- und Handlungsprozesse der beiden Hauptakteure ARBED und MAEL. Anhand der Einzeluntersuchung der Maßnahmen konnte auch ein typisches Muster der Interessenwahrung herausgearbeitet werden:

Nachdem durch ein aktives Nachforschen über das Los der betroffenen Gesellschaften erste Informationen in Luxemburg eintrafen, intervenierte das MAEL zumeist nach Vorschlag der ARBED-Leitung bei den lokalen Behörden im Untersuchungsraum und verwies auf die indirekte luxemburgische Beteiligung in den besagten Unternehmen. Man verwies auf die alliierte Staatszugehörigkeit der indirekten Beteiligungen und die damit bedingten Schutzbestimmungen für alliiertes Auslandsvermögen. Blieben Erfolge aus, suchte man auf Seiten der ARBED und des MAEL die Interessen des Konzerns über ausländische Initiativen mitvertreten zu lassen. So wandte man sich diesbezüglich an die französischen Besatzungsverwaltungen in Österreich und Deutschland, an die belgische Regierung oder an belgische Industrieverbände. Nach Abschluss von Globalentschädigungsabkommen zwischen der UEBL und den einzelnen osteuropäischen Staaten, die jedoch nur vereinzelt die Beteiligungen der ARBED entschädigten, sah man zumeist von weiteren Bemühungen ab.

Es konnte keine besondere Gewichtung der einzelnen Maßnahmen untereinander festgestellt werden. Die Interessenwahrung war in erster Linie von einer pragmatischen Herangehensweise geprägt. Bot sich eine bestimmte Vorgehensweise an, wurde sie übernommen. Teilweise wurde bei verschiedenen Behörden gleichzeitig interveniert, um die Erfolgsaussichten zu erhöhen. ARBED-Leitung und MAEL arbeiteten gelegentlich nebeneinander. Die Bemühungen waren folglich nicht nur reaktiv sondern auch pragmatisch.

Hauptargument der Verteidiger war in erster Linie der Verweis auf die Schutz- und Entschädigungsklauseln für alliiertes Vermögen in den zahlreichen internationalen wie nationalen Verordnungen, welche die Besitzverhältnisse im Untersuchungsraum berührten. Damit wurde die ARBED eindeutig als alliierte Gesellschaft aufgefasst und ihre mögliche Verwicklung in der deutschen Rüstungsindustrie über die F&G-Gruppe nicht thematisiert. Das größte Problem beim Verweis auf die Klauseln zum alliierten Vermögen war jedoch neben einer generell vagen Formulierung dieser Bestimmungen auch der Umstand, dass die Problematik indirekter Aktienbeteiligungen nur vereinzelt explizit erwähnt wurde. Der besondere Fall indirekter, über deutsche Gesellschaften ausgeübter alliierter Aktienbeteiligungen fand dagegen gar keine Erwähnung.

Dies führte zu einer unterschiedlichen Auslegung der entsprechenden Abkommen durch die luxemburgischen und osteuropäischen bzw. sowjetischen Behörden. Angelpunkt war zumeist die Anerkennung der indirekten

Aktienbeteiligungen der ARBED. Da die sowjetischen und osteuropäischen Behörden ein Interesse daran hatten, möglichst viel Industrievermögen unter staatliche Kontrolle zu bekommen, erkannten sie die indirekten Interessen der ARBED zumeist nicht an. Das so als deutsches Vermögen interpretierte Guthaben konnte ohne Entschädigungsleistung eingezogen werden.

Nimmt man die Wiederherstellung des *Status quo* der Vorkriegszeit bzw. die Auszahlung einer gerechten Entschädigung als Maßstab einer erfolgreichen Interessenwahrung, dann offenbarten die aus den Einzeluntersuchungen gewonnenen Beobachtungen bereits, dass die Bemühungen kaum von Erfolg gekrönt waren. Die osteuropäischen und sowjetischen Behörden gaben die Vermögenswerte der ARBED lediglich dann frei oder leisteten eine Entschädigung, wenn es sich hierbei um nicht relevante Vermögenswerte handelte. Generell saß man in Osteuropa am längeren Hebel.

Lediglich ein Werk konnte den Status der Vorkriegszeit wiedererlangen, doch sah es sich fast seiner gesamten Installationen beraubt. Für zwei, möglicherweise drei weitere Unternehmen wurde eine Entschädigungsleistung gezahlt, deren Summe jedoch nur ein Bruchteil des verlorenen Wertes ausmachte. In einem Fall schließlich erfolgte die Entschädigungsleistung nicht einmal durch die verantwortliche Regierung sondern durch private belgische Hand.

Der Erfolg stand damit in keinem Verhältnis zum betriebenen Aufwand. Der kaum befriedigende Abschluss muss auf Seiten der Verteidigung bereits vor der endgültigen Aufgabe der Bemühungen klar geworden sein. Dass man sich trotzdem über einen solch langen Zeitraum so vehement für die Vermögenswerte des luxemburgischen Konzerns einsetzte, zeugt auch vom großen Einfluss der ARBED in dieser Frage. Mit Blick auf die Akteure gilt generell, dass die in diesem Kapitel gewonnenen Ergebnisse als unvollständig zu betrachten sind, da Entscheidungs- und Handlungsprozesse nur begrenzt losgelöst von den Entscheidungs- und Handlungsträgern betrachtet werden können. Die Beweggründe der beteiligten Akteure haben einen nicht unerheblichen Einfluss auf die eigentlichen Entscheidungen und Maßnahmen. Erst ein erweiterter Blickwinkel unter Hinzuziehung der Entscheidungs- und Handlungsträger sowie unter Berücksichtigung ihres Verhältnisses untereinander erlaubt es, die bisher gewonnenen Ergebnisse zu vervollständigen. Diese Problematik soll im folgenden Kapitel explizit aufgegriffen werden.

IV. Die Akteure

„Nous vous serions reconnaissants de bien vouloir également accepter d'intervenir auprès des autorités soviétiques […]"

G. Konsbruck (ARBED)[786]

Einleitung zu Kapitel IV

Anknüpfend an die Untersuchung der Entscheidungs- und Handlungsprozesse auf Mikroebene unter einem komparatistischen Blickwinkel beleuchtet das vorliegende Kapitel die zuvor identifizierten Handlungs- und Entscheidungsträger. Damit konzentriert sich die Untersuchung auf die zweite Ebene der einleitend definierten Fragenkomplexe. Für die Entscheidungs- und Handlungsprozesse waren Motivation und Beweggründe der Akteure ausschlaggebend. Ein erstes Unterkapitel widmet sich deshalb diesen Aspekten und sucht die Ergebnisse des vorherigen Kapitels zu vervollständigen.

So soll zum Beispiel überprüft werden, welche Ziele die Beteiligten in ihren Bemühungen verfolgten und wieso sie sich zu den vorgestellten Schritten entschieden. Welche Rolle spielten die Beweggründe der Akteure bei der Beendigung der Interessenwahrung? Die Beobachtungen lassen Rückschlüsse auf die Gewichtung der Problematik bei den einzelnen Beteiligten sowie auf das Verhältnis der Akteure untereinander zu.

Gerade dieses Verhältnis, die dritte Ebene der einleitend definierten Fragenkomplexe zur Interessenwahrung, bildet den Untersuchungsgegenstand eines zweiten Unterkapitels. Hier soll erforscht werden, welche Charakteristika dieses Verhältnis ausmachten. Dabei orientiert sich das Unterkapitel an einer Kernfrage dieser Studie: Welche Rolle übernahm die ARBED in der Außenwirtschaftspolitik?

Um diese Leitfragen beantworten zu können, geht das Unterkapitel in drei Schritten vor. In zwei Schritten soll das Verhältnis zwischen MAEL und ARBED zuerst auf institutioneller und dann auf individueller Ebene behandelt werden. Die so gewonnenen Erkenntnisse erlauben eine Beantwortung der Kernfrage dieser Studie. Getreu der Leitidee dieses Kapitels, die Wahrung der Interessen der ARBED aus einem erweiterten chronologischen Blickwinkel zu betrachten, soll in einem dritten Schritt die Frage des Einflusses der ARBED auf die Außenwirtschaftspolitik einer diachronen Analyse unterzogen und mit den

786 ANLux, AE-12034, Johann (ARBED) an das MAEL, 9. November 1951, 2 S., hier S. 2.

Ergebnissen aus Kapitel I verglichen werden. Dies erlaubt eine differenziertere Antwort.

Die Untersuchung beruht auf den zuvor gewonnenen Beobachtungen aus den Einzelstudien des vorangegangenen Kapitels.

IV.1 Die Beweggründe und Motivation der Arbed und der luxemburgischen Regierung

IV.1.1 Arbed

Die Arbed hatte als Eigentümer der verlorenen Vermögenswerte ein natürliches Interesse an der Wahrung ihrer Beteiligungen im Untersuchungsraum. Das Unternehmen befand sich bei Ausgang des Krieges in schlechter wirtschaftlicher Verfassung. Zwar hatten die Werke in Luxemburg keine Kriegsschäden zu beklagen, allerdings führten strukturelle Probleme der Nachkriegszeit, wie der Mangel an Arbeitskräften, Versorgungsengpässe bei Rohmaterialien und Strom, zusammengebrochene Transportmöglichkeiten sowie Kollaborationsverdächtigungen, nur zu einer langsamen Erholung der Firma.[787]

Aus den Akten des MAEL geht hervor, dass man sich auf Seiten des Arbed-Konzerns bereits sehr früh, unmittelbar nach Wiederaufnahme der Produktionstätigkeit im August 1945, mit den ausländischen Firmeninteressen beschäftigte. Im September 1945 überreichte die Firma dem MAEL eine erste Liste, in der ein Großteil der Firmeninteressen mit dem Prozentsatz des jeweiligen Aktienanteils akribisch aufgezählt wurde.[788] Die Absicht hinter dieser Liste war eindeutig: Der Konzern suchte die Hilfe der luxemburgischen Regierung bei der Wiederherstellung seiner bis zum Ausbruch des Krieges wahrgenommenen Unternehmensstruktur. Konkret suchte die Gesellschaft, den *Status quo* der Vorkriegszeit wieder zu etablieren und zu alter Stärke zurückzufinden.

Mit fortschreitender Erkenntnis über die geopolitische und wirtschaftliche Entwicklung in Osteuropa passte man auf Seiten der Arbed die Forderungen an. Als langsam klar wurde, dass die indirekten Beteiligungen des Unternehmens über eine deutsche Firma von den sowjetischen und lokalen Behörden tendenziell nicht anerkannt würden und die Unternehmen, in denen die Arbed Aktienanteile hielt, schrittweise verstaatlicht wurden, forderte man vermehrt eine finanzielle Entschädigung für den Verlust der Beteiligungen. Die Forderungen des Unternehmens trugen den wirtschaftspolitischen Entwicklungen im

787 Hierzu bereits oben, S. 1 f. und 98–102.

788 ANLux, AE-AA-883, Bericht, 14. September 1945.

Untersuchungsraum Rechnung. Bezeichnend hierfür war, dass man konsequent den genauen Prozentsatz der indirekten ARBED-Beteiligungen angab, und lediglich für diese Beteiligungen eine Entschädigung verlangte.

Obwohl es in den Quellen nicht eindeutig thematisiert wurde, bedeutete dieser Schritt wohl, dass man dem ehemaligen Unternehmensgeflecht im sich konsolidierenden Ostblock wenig Zukunftsperspektive beimaß. Eine finanzielle Entschädigung sollte zumindest bei der Neustrukturierung des Unternehmens helfen. Die Forderungen nach Befreiung der Unternehmen und alternativ nach einer angemessenen und gerechten Entschädigung sollten sich im Laufe der Bemühungen auch nicht weiter wandeln.

Die ARBED wandte sich nie an die eigene Regierung, um von dieser eine Kompensation zu verlangen, sondern suchte stets den Weg über eine zwischenstaatliche Lösung. Die Beweggründe hierfür gehen aus den Quellen nicht hervor, weshalb nur Vermutungen angestellt werden können: Zum einen sah man es möglicherweise auf Seiten der ARBED als abwegig, bei der eigenen Regierung eine Entschädigung zu verlangen, obwohl sie den Verlust der Vermögenswerte gar nicht verursacht hatte. Zum anderen hegte der Konzern vermutlich mit der Forderung nach einer zwischenstaatlichen Lösung immer noch die Hoffnung auf eine Befreiung der verstaatlichten Unternehmen im Osten und die Wiederherstellung des ehemaligen Unternehmensgeflechts. Des Weiteren suchte die ARBED die Problematik nicht einer größeren Öffentlichkeit nahezubringen und so etwa Druck auf die luxemburgische Regierung auszuüben. Die Problematik wurde als eine private geschäftliche Angelegenheit betrachtet, über die nur mit einzelnen Eingeweihten der Regierung kommuniziert wurde. Zum einen erhoffte man sich über ein diskretes Vorgehen bessere Erfolgsaussichten, zum anderen folgte man damit aber auch der bereits in der Zwischenkriegszeit herausgebildeten Praxis einer durch einige hohe Persönlichkeiten in den politischen Hinterzimmern betriebenen Außenwirtschaftspolitik.[789] Sowohl bei der gemeinsamen Konzertierung mit den luxemburgischen Behörden als auch in den Kontakten mit ausländischen Dienststellen wurden die Rolle der ARBED während des Krieges und ihre Beziehungen zur F&G-Gruppe nie wirklich thematisiert. Entweder wurde dies als für die Interessenwahrung irrelevant empfunden, oder aber man suchte diese Aspekte bewusst nicht zu kommentieren, um die Erfolgsaussichten einer Rückerstattung oder Entschädigung der verlorenen Vermögenswerte nicht zu schmälern.

Es gilt festzuhalten, dass die Rückgewinnung oder die Entschädigung der Vermögenswerte der ARBED im Untersuchungsraum zu keinem Zeitpunkt von

789 Siehe hierzu bereits oben, S. 70 f.

Bedeutung für die eigentliche Existenzsicherung des luxemburgischen Konzerns war. Dennoch hatte man über Jahre hinweg die Interessenwahrung nicht ruhen lassen. Außer dem Wunsch einer Wiederherstellung der Vorkriegssituation und dem Eindruck zutiefst im Recht zu sein, schweigen die Quellen über weitere Gründe dieser hartnäckigen Verteidigung.

In der zweiten Hälfte der fünfziger Jahre ist nach Abschluss vieler Globalentschädigungsabkommen ein deutlicher Rückgang der Aktivitäten aus den Akten erkennbar. Neben einem immer möglichen Aktenschwund liegt die Vermutung nahe, dass die ARBED-Leitung ganz konkrete Beweggründe für die Aufgabe ihrer Forderungen hatte. So fällt dieser Rückgang mit einer Zunahme der Wirtschafts- und Handelsbeziehungen zwischen Ost und West zusammen. Die UEBL bildete hierbei keine Ausnahme. Wenn auch das Handelsvolumen nicht bedeutend anstieg, so traf dies jedoch auf die Kontakte und den Austausch zu.[790] Die ARBED hegte wohl den Wunsch im Untersuchungsraum wieder stärker unternehmerisch aktiv zu werden. Da entsprechende Akten der ARBED weiterhin nicht zugänglich sind und statistische Serien über Ausmaß und Form des luxemburgischen Außenhandels im Bereich der Industrie fehlen, kann lediglich vermutet werden, dass die Investitionen der Gesellschaft in dieser Zeit im Osten zunahmen.[791]

Etwaige offene Vermögensfragen konnten sich hingegen für den Ausbau der Handels- und Wirtschaftsbeziehungen der ARBED als schädlich erweisen. In den eingesehenen Akten finden sich mehrmals Hinweise darüber, dass man sich auf Seiten der ARBED genau überlegte, zu welchem Zeitpunkt und ob man sich überhaupt noch wegen offener Vermögensfragen an die osteuropäischen Behörden wenden sollte. Solche Kontakte sollten zum Zeitpunkt eines *„climat favorable“* stattfinden.[792] Offenbar sah die ARBED ein zu starkes Pochen auf Entschädigungen als nachteilig an. Neben der Einsicht, dass weitere Bemühungen wohl kaum

790 Einer Note du Ministère du Commerce extérieur belge, S. 40 zufolge, betraf der Außenhandel der UEBL mit den Ostblockstaaten Anfang der fünfziger Jahre lediglich 3 % des gesamten Außenhandels. In der Zwischenkriegszeit hatte der Handel immerhin noch 7 % ausgemacht. Vgl. auch CLAEYS Maurice, Le commerce extérieur de l'UEBL avec les pays de l'Europe orientale, in: Annales de sciences économiques appliquées 37/3 (1981), S. 23–33.

791 Zum Fehlen relevanter statistischer Daten über das Volumen des luxemburgischen Außenhandels bereits SCHULLER Guy, Les relations économiques extérieures du Luxembourg, in: STATEC (Hg), L'économie du Luxembourg au 20e siècle, Luxemburg 1999, S. 426–447 hier S. 426.

792 ANLux, AE-12048, Protokoll, 14. Januar 1956, S. 1.; siehe oben, S. 249.

noch zu einem positiven Resultat führen würden, spielten nun auch unternehmenspolitische Überlegungen der ARBED eine Rolle.

Von dem Wunsch nach Wiederherstellung der alten Unternehmensstruktur über die Forderung nach Entschädigungen war man nun in einer Phase der Intensivierung der Wirtschafts- und Handelsbeziehungen angekommen. Ein Blick auf die individuellen Protagonisten lässt zudem noch einen weiteren Schluss zu. Dazu weiter unten mehr.[793]

IV.1.2 Die luxemburgische Regierung

Die luxemburgische Regierung in Form des MAEL bildete den zweiten Hauptprotagonisten der Bemühungen um die Konzerninteressen der ARBED. Während bei der Gesellschaft ganz klar unternehmerische Beweggründe mit dem Ziel vorherrschten, die ehemaligen Beteiligungen zurückzuerlangen bzw. eine Entschädigung zu bekommen, handelte die luxemburgische Regierung aus einer anderen Motivation heraus.

Wie noch weiter unten eingehend behandelt werden soll, gingen die maßgeblichen Impulse der Interessenwahrung von der ARBED aus. Die luxemburgische Regierung setzte daraufhin alle Hebel in Bewegung, um die Aktienbeteiligungen des Konzerns im Ausland zu schützen. Dabei wurde sie von verschiedenen Beweggründen geleitet:

Einer der Beweggründe der luxemburgischen Regierung, die Interessen der ARBED im Ostblock zu verteidigen, lag sicherlich darin, dass man die Forderungen des luxemburgischen Konzerns als berechtigt ansah. Man vertrat demnach die Interessen des Unternehmens, weil es sich nach luxemburgischer Auffassung im Recht befand. Auf Seiten des MAEL wurde das Anrecht der ARBED auf ihre indirekten Beteiligungen im Untersuchungsraum zu keinem Zeitpunkt kritisiert oder gar angezweifelt. Im Gegensatz zu den osteuropäischen und sowjetischen Behörden vertrat die luxemburgische Regierung stets die Ansicht, dass indirekte Beteiligungen eines Mitgliedsstaates der Vereinten Nationen Anrecht auf Entschädigung ihrer Interessen hatten, selbst wenn diese über eine deutsche Gesellschaft wahrgenommen wurden. Auch wenn die Argumentation der ARBED vereinzelt innerhalb der luxemburgischen Diplomatie angezweifelt wurde, so änderte dies nichts an der Unterstützung der Gesellschaft durch das MAEL.[794]

---

793 Siehe unten, S. 355.

794 So etwa die von Albert Wehrer aus der LMM Berlin geäußerten Vorbehalte gegen eine Argumentation der ARBED auf Grundlage der Beschlüsse der Reparationskonferenz von Paris, die von der UdSSR nie unterzeichnet worden war; hierzu S. 296. Zur Argumentation ausführlich weiter oben, S. 297.

Zu einer Auseinandersetzung mit der Rolle der ARBED oder gar der F&G-Gruppe während des Krieges ist es dabei nie gekommen.

Die Wiederherstellung der Vermögenswerte der ARBED im Ostblock und des damit verbundenen *Status-quo* der Vorkriegszeit bedeutete auch die Rückkehr zur Normalisierung des Unternehmens bzw. die Wiedergewinnung alter Stärke. Daran konnte die luxemburgische Regierung nur interessiert sein. Bekanntlich hatte die Gesellschaft eine immanent wichtige volkswirtschaftliche Bedeutung für den luxemburgischen Staat. Daran hatte sich in der unmittelbaren Nachkriegszeit kaum etwas geändert. Die Bemühungen, die unternommen wurden, um die Wirtschaft des Landes breiter aufzustellen, trugen nur langsam erste Früchte.[795] Nach wie vor ruhte die luxemburgische Wirtschaft geradezu monolithisch auf der luxemburgischen Schwerindustrie. Eine Unterstützung der bedeutendsten luxemburgischen Gesellschaft durch die luxemburgische Regierung erscheint daher nicht ungewöhnlich. Interessant ist aber, dass man die ARBED nicht alleine darin unterstützte, ihre verlorenen Vermögenswerte zurückzuerlangen, sondern auch noch zu einem Zeitpunkt, als klar wurde, dass lediglich eine finanzielle Entschädigung, die nur einen Bruchteil des eigentlichen Wertes ausmachen sollte, erzielt werden konnte. Die Intensität der Bemühungen des MAEL nahm zu diesem Zeitpunkt keineswegs ab. Diese Beobachtung leitet direkt zu einem dritten Beweggrund über:

Die Bemühungen um die ARBED-Interessen reihen sich in eine lange Liste der engen Zusammenarbeit zwischen der luxemburgischen Schwerindustrie – allen voran der ARBED – und dem luxemburgischen diplomatischen Dienst ein, die seit der Zwischenkriegszeit nachweisbar ist. Die Unterstützung der ARBED in Außenwirtschaftsfragen, die nicht im Widerspruch mit den staatlichen Interessen standen, hatte sich bereits in den 20er Jahren herauskristallisiert und wurde auch in der Nachkriegszeit unverändert fortgeführt.[796] Die Motivation des MAEL zur Unterstützung der ARBED fußte daher zu einem gewissen Grad auch auf einer sich seit den 20er Jahren etablierten „Tradition" sowie auf einer von den

---

795 Als Ausdruck dieser Diversifierung kann die Niederlassung großer ausländischer Firmen in bis dato in Luxemburg unbekannten Industriebereichen angeführt werden. 1949 etablierte sich der amerikanische Reifenhersteller GOODYEAR im luxemburgischen Bissen. Fünf Jahre später wurde die amerikanische DUPONT DE NEMOURS in Luxemburg ansässig. Hierzu und zur Diversifiziering der luxemburgischen Industrie allgemein: SCHMIT Georges, La diversification industrielle: un succès?, in: STATEC (Hg.), L'économie luxembourgeoise au 20e siècle, Luxemburg 1999, S. 332–347.

796 Siehe hierzu ausführlich Kap. I.1.2., S. 49–72 und Kap. IV.2., S. 323–355.

Außenministern Reuter und Bech umgesetzten Außenwirtschaftspolitik mittels einiger hochgestellten Vertreter aus Politik und Wirtschaft. Den von der ARBED eingereichten Bitten um Unterstützung wurde ohne große interne Beratungen vom MAEL sogleich entsprochen.

Die Motivation und Beweggründe des MAEL und damit der luxemburgischen Regierung lagen wohl in einer Kombination der drei genannten Aspekte. Damit unterschieden sie sich zum Teil von der Motivation der ARBED, was wenig überraschend ist. Gerade die Motivation auf Seiten des MAEL war in hohem Maße auch von der Bedeutung und dem Stellenwert der ARBED für die luxemburgische Wirtschaft im Land sowie von ihrem dadurch bedingten Einfluss auf die luxemburgische Diplomatie abhängig. Dabei spielte vor allem das Verhältnis zwischen der ARBED und dem MAEL eine entscheidende Rolle. Dieses soll im Folgenden eingehender behandelt werden.

IV.2 Das Verhältnis zwischen ARBED und MAEL

IV.2.1 Das Verhältnis auf der Ebene der institutionellen Akteure

Der Informationsaustausch

Aus der erhaltenen Korrespondenz der beteiligten Akteure wird der Umfang der übersandten Informationen deutlich: Man stellt fest, dass das MAEL und die Direktion der ARBED ihrem Gegenüber systematisch und kontinuierlich jede Neuigkeit und Information übermittelten, welche in Bezug zur Wahrung der Konzerninteressen im Ostblock stand, wie etwa die von der ARBED an das MAEL weitergeleitete Korrespondenz zwischen ihr, ihrer Tochtergesellschaft F&G CARLSWERK AG in Köln und den Gesellschaften im Untersuchungsraum oder die umgekehrt vom MAEL an die ARBED übermittelte Kommunikation mit luxemburgischen und ausländischen Vertretungen und Kontakten im Ausland. Der Austausch von Informationen erfolgte nicht allein über den Postweg. In regelmäßigen Abständen fanden Telefonate zwischen der Spitze des MAEL und der Direktion der ARBED statt.[797] Zusätzlich wurden persönliche Treffen zwischen Vertretern beider Seiten abgehalten, bei denen Informationen ausgetauscht und

797 Verwiesen sei an dieser Stelle auf die zahlreichen Belege telefonischer Gespräche, welche die Direktoren der ARBED Guillaume Konsbruck und Félix Chomé in regelmäßigen Abständen mit Nicolas Hommel aus dem MAEL führten; siehe bspw. ANLux, AE-08386, Unbekannt (MAEL) an Chomé (ARBED), 3. August. 1946, 1 S.; AE-08389, Bech (MAEL) an Konsbruck (ARBED), 13. Dezember 1947, 1 S.; AE-08389, Johann und Konsbruck (ARBED) an Hommel (MAEL), 3. Januar 1948, 1 S.

über das weitere Vorgehen beraten wurde.[798] Der Informationsaustausch verlief geradezu automatisch und lässt dadurch auf eine sehr enge Zusammenarbeit von ARBED und MAEL schließen.

Diese Zusammenarbeit wird jedoch nicht nur aus dem Umfang des Informationsaustauschs deutlich, sondern erschließt sich auch über die Art der übermittelten Informationen: Die luxemburgischen Behörden setzten stets die Direktion der ARBED über ihre Verhandlungen mit den osteuropäischen Behörden hinsichtlich der Beteiligungen der ARBED in Kenntnis. Daneben zögerte das MAEL auch nicht, die ARBED über den Fortlauf seiner Gespräche zu unterrichten, die in einem vertraulichen Rahmen innerhalb der ständigen Kommission der BTO geführt wurden.[799] Die Konzernleitung der ARBED gab ihrerseits Informationen über ihre Besitzverhältnisse im Ausland, die Höhe ihrer Investitionen und weitere Vermögenswerte preis. Damit war klar, dass beide Protagonisten ihr Gegenüber mit teilweise recht brisanten Informationen vertraut machten.

Weist die Übermittlung vertraulicher Angaben auf eine enge Zusammenarbeit hin, so geben die überreichten Mitteilungen auch indirekt Auskunft über den Zugang der Protagonisten zu relevanten Informationen:

So lässt sich beobachten, dass es in der Regel die ARBED war, die die luxemburgischen Behörden über das Los der Unternehmen im Untersuchungsraum informierte. Dies ist nicht weiter verwunderlich, handelte es sich doch hierbei um interne Konzerninformationen, die an eine staatliche Behörde weitergeleitet wurden. Doch reichten die Informationen der ARBED noch weiter: Häufig wusste man auch über konkrete Maßnahmen, welche ihre Besitzverhältnisse betrafen, sowie über die allgemeine wirtschaftliche Situation im Untersuchungsraum zu berichten.

Die Informationen, die bei der ARBED eingingen, zeugen von der guten Vernetzung des Konzerns im Untersuchungsraum in der Nachkriegszeit. Angesichts der allgemein desaströsen Lage der Wirtschaft, der Transportwege und der Kommunikationsmöglichkeiten in der unmittelbaren Nachkriegszeit, ist dies umso bemerkenswerter. So wusste der Konzern innerhalb kürzester Zeit große Teile seiner Kommunikation mit den Tochtergesellschaften, die in den letzten Kriegsmonaten zusammengebrochen war, wieder aufzubauen. Bereits im Herbst 1945

798 Für Belege zu Treffen bzw. Berichte über solche Zusammenkünfte siehe unter anderem ANLux, AE-12048, Beteiligungen, 16. September 1955; AE-12048, Sitzung, 21. September 1955.

799 Dies geht etwa aus einem Schreiben Konsbrucks an das MAEL hervor; siehe hierzu ANLux, AE-12034, Konsbruck, 30. Januar 1952, S. 1.

bestand wieder Kontakt zur F&G Carlswerk AG.[800] Schrittweise wurde über das Kölner Unternehmen der Kontakt zu Gesellschaften im Untersuchungsraum wieder hergestellt oder gar erstmals wahrgenommen. Tatsächlich sind für die Zwischenkriegszeit kaum direkte Kontakte zwischen der Arbed und den Gesellschaften im Untersuchungsraum, an denen sie indirekt beteiligt war, überliefert. Es liegt die Vermutung nahe, dass solche Kontakte gar nicht erst aufgebaut wurden, da kein wirklicher Grund dafür bestand. Über die Sitze im Aufsichtsrat der F&G Carlswerk AG und den beiden Tochtergesellschaften in Wien und Budapest war man über die Struktur der F&G-Gruppe gut informiert. Erst in der Nachkriegszeit, als es um die konkrete Wahrung der Interessen des Konzerns in den einzelnen Gesellschaften ging, bestand von Seiten der Arbed ein wirkliches Bedürfnis, sich direkt an die verschiedenen Gesellschaften der F&G-Gruppe zu wenden. Dies gelang in der Regel auch sehr gut. So unterstützen in der Folgezeit eine Vielzahl von Personen in hohen Positionen der F&G-Gruppe, zumeist Direktoren einzelner Unternehmen der F&G-Gruppe, die luxemburgische Muttergesellschaft bei der Wahrung ihrer Interessen. Dies taten sie nicht zum Wohl der luxemburgischen Gesellschaft, sondern in erster Linie zur Wahrung der eigenen beruflichen Existenz, die durch die sowjetischen und osteuropäischen Übernahmebemühungen stark bedroht war. Ihnen kam der in einer ersten Phase von der Arbed geforderte *Status quo* der Vorkriegszeit nur entgegen.[801]

Angesichts dieser Beobachtung stellt sich unweigerlich die Frage, ob die Arbed im Untersuchungsraum möglicherweise besser vernetzt war als der luxemburgische diplomatische Apparat. Tatsächlich finden sich einige Fälle, in denen die Arbed schneller als das MAEL über Abläufe informiert war, obwohl die betreffenden Informationen eigentlich bereits dem MAEL hätten bekannt sein müssen. So hatte die Arbed vor dem MAEL sowie vor der luxemburgischen Vertretung in Warschau Kenntnis über Verhandlungen zu offenen Vermögensfragen zwischen belgischen Industriellen und der polnischen Regierung.[802] Die Konzernleitung in Luxemburg war offenbar besser informiert gewesen als die luxemburgische Vertretung vor Ort. Trotz diesem und ähnlichen Beispielen ist die Frage nach

---

800 Der früheste Beleg in den Akten findet sich zum November 1945; siehe ANLux, AE-03648, Bericht, 27. November 1945. Die Vermutung liegt jedoch nahe, dass der Kontakt bereits früher wieder aufgenommen werden konnte. Der fehlende Zugang zu entsprechenden Akten der Arbed verhindert ein genaueres Datieren.

801 Als Beispiel soll hier etwa auf die Bemühungen des Direktors der Kabelwerk Wilhelminenhof AG, Spennemann verwiesen werden; hierzu ausführlich oben, S. 174–178.

802 Siehe oben, S. 268 f.

der besseren Vernetzung pauschal kaum zu beantworten. Beispiele geben immer nur eine Momentaufnahme wieder. Zudem, und dies ist ungleich schwerer zu gewichten, kann man aufgrund der engen Kollaboration der ARBED und des MAEL, nicht von zwei klar abgegrenzten Netzwerken sprechen.

Gerade anhand der Kommunikationswege und der Kontakte im Untersuchungsraum lässt sich das Verhältnis zwischen dem luxemburgischen Konzern und dem MAEL besonders deutlich nachweisen: So nutzen Konzernleitung und MAEL Kontakte bzw. Kommunikationswege des Gegenüber wenn es die eigenen Ressourcen nicht zuließen. Der Kontakt zwischen einem für die ARBED arbeitenden polnischen Anwalt in Warschau und der Konzernspitze in Luxemburg erfolgte bspw. über die luxemburgische Vertretung in Warschau.[803] Im Gegenzug wurden Schreiben der luxemburgischen Behörden an die Gesellschaften mit ARBED-Beteiligungen im Untersuchungsraum gerne von der ARBED übermittelt.

Dank der Vermittlung der ARBED bzw. des MAEL etablierten sich zudem neue Kontakte. Die LMM Berlin konnte z. B. einer anreisenden ARBED-Delegation ein persönliches Treffen mit Vertretern der GFCC organisieren.[804] Gerade Kontakte zwischen der ARBED und staatlichen ausländischen Behörden wurden öfters von der Konzernleitung beim MAEL angefragt und von den luxemburgischen Behörden umgesetzt.[805] Bei der Aufnahme der Kontakte wurde auch keine Rücksicht auf eine mögliche Hierarchie innerhalb des luxemburgischen diplomatischen Dienstes sowie des ARBED-Konzerns genommen. Luxemburgische Auslandsvertretungen standen z. B. in direktem Kontakt zu Direktoren der F&G-Gruppe. Umgekehrt etablierte sich eine direkte Verbindung zwischen der ARBED und der LMM Berlin, ohne dass zuerst das MAEL eingeschaltet werden musste.

Allgemein stellt man fest, dass der Zugriff auf das Kommunikationsnetzwerk und einzelne Kontakte des Gegenübers von Seiten der ARBED und des MAEL so geläufig war, dass man hier nicht von zwei strikt voneinander getrennten Netzwerken sprechen kann, sondern vielmehr von einem großen Gesamtnetzwerk. Das Verhältnis zwischen beiden Protagonisten wurde demnach auch über eine Ressourcenteilung bestimmt. Angesichts der allgemeinen Ressourcenknappheit auf allen Gebieten in der unmittelbaren Nachkriegszeit, der nur geringen personellen und materiellen Ausstattung des luxemburgischen diplomatischen Dienstes sowie der prekären wirtschaftlichen Lage der ARBED griffen die beiden Protagonisten demnach auf eine pragmatische Lösung zurück.

---

803 Siehe oben, S. 265–268.

804 ANLux, AE-AA-305, Reisebericht, 16. Dezember 1946, S. 4.

805 So etwa ANLux, AE-AA-305, Meyers (ARBED) an Wehrer (LMM Berlin), 25 Oktober 1947, 1 S.

Abb. 5: Vereinfachte Darstellung des wichtigsten direkten Schriftverkehrs im Rahmen der Wahrung der Arbed*-Beteiligungen im Untersuchungsraum.*[806]

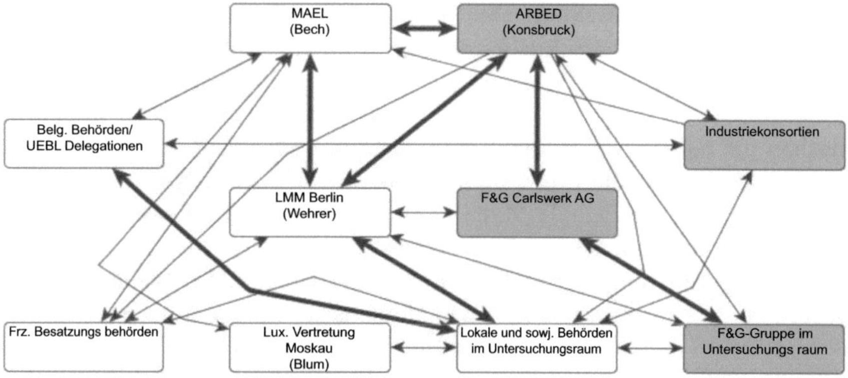

Ein fast vollständiger Informationsaustausch sowie eine völlige Transparenz der diesbezüglichen Handlungen gelten als erste sichtbare Belege der engen Zusammenarbeit zwischen dem luxemburgischen Konzern und dem MAEL.

Die Arbed *als Impulsgeber*

Die von der Arbed an das MAEL übermittelten Hinweise initiierten in der Regel die Wahrung der Beteiligungen des Konzerns. Tatsächlich informierte der Konzern die luxemburgischen Behörden über seine Beteiligungen und die Gefahr, welcher die Beteiligungen des Konzerns ausgesetzt waren. Vor dem Hintergrund einer groben Aufteilung der Wahrung der Arbed-Interessen in zwei Phasen, einem Entscheidungsprozess und einem darauf aufbauenden Realisierungsprozess, lösten diese Informationen zumeist den eigentlichen Entscheidungsprozess aus. Die Arbed trat als Impulsgeber auf. Diese Impulse beschränkten sich nicht alleine auf das Informieren der luxemburgischen Behörden über Besitzverhältnisse und deren Schicksal im Untersuchungsgebiet. Allgemein waren diese Informationen stets an ein offizielles Hilfegesuch an das MAEL gebunden, in dem die Direktion der Arbed die Unterstützung der luxemburgischen Behörden bei der Wahrung ihrer Interessen erbat.

806 Nichtstaatliche Akteure sind grau unterlegt. Zahlenmäßig bedeutender Schriftverkehr wird über stärker betonte Pfeile hervorgehoben. Die Darstellung basiert lediglich auf der inhaltlichen Auswertung der eingesehenen Quellen. Ihr liegt keine wissenschaftlich-quantitative Auswertung einer Netzwerkanalyse zugrunde.

Das MAEL wurde gebeten, die Aktienbeteiligungen der ARBED bei den verantwortlichen Stellen zu verteidigen. Solche Bittgesuche finden sich zuhauf in den betreffenden Archivfonds. Der Tonfall dieser offiziellen, meist an den Außenminister gerichteten Schreiben war sehr formal gehalten und erlaubt keine Rückschlüsse auf einen möglichen Druck von Seiten der Gesellschaft auf die luxemburgischen Behörden zur Übernahme der Interessenvertretung. Allerdings machen die repetitiven Anfragen zum gleichen Sachverhalt und das ständige ungefragte Mitteilen der Informationen über das Schicksal der betroffenen Gesellschaften im Osten deutlich, dass die ARBED eine Aufnahme der Verteidigung ihrer Interessen durch das MAEL erwartete.[807]

Die Konzernleitung begnügte sich nicht einfach damit, die luxemburgischen Behörden zu informieren und um diplomatische Interventionen im Untersuchungsraum zu bitten, sondern machte zusätzlich konkrete Vorschläge zur weiteren Vorgehensweise der luxemburgischen Regierung, um die Aktienbeteiligungen des Konzerns zu verteidigen. Diese Vorschläge variierten von einfachen Angaben möglicher Adressaten luxemburgischer Initiativen bis hin zu konkreten „Strategieplänen".[808]

Den Vorschlägen wurden die benötigten Dokumente von der ARBED bereits vorausschauend beigefügt. So überreichte sie dem MAEL teilweise notariell beglaubigte Erklärungen ihrer Interessen, welche nur noch vom MAEL an die osteuropäischen oder sowjetischen Behörden weitergeleitet werden mussten. Zum Teil handelte es sich aber auch um ausgereifte Memoranden, welche ausführlich auf den Rechtsstandpunkt der ARBED eingingen. Zudem nahm man sich heraus, selbst Vordrucke zu verfassen, die den Anschein erweckten, im

---

807 So wandte sich die ARBED bspw. zwischen August und Dezember 1946 viermal mit einer Bitte um Intervention zugunsten der polnischen KABELWERK BROMBERG AG an das MAEL. Anlass der Intervention war jedes Mal ein neues Gerücht oder eine neue Information zum Schicksal des Unternehmens, die ein Handeln der luxemburgischen Diplomatie immer dringlicher machte; siehe ANLux, AE-08381, Konsbruck und Chomé (ARBED) an Bech (MAEL), 12. August 1946, 1 S.; AE-08381, Konsbruck und Chomé (ARBED) an Bech (MAEL), 26. September 1946, 1 S.; AE-08381, Konsbruck und Chomé (ARBED) an Bech (MAEL),10. Oktober 1947, 1 S.; AE-08381, Konsbruck und Chomé (ARBED) an das MAEL, 1 S.

808 Als Beispiel eines vorgeschlagenen möglichen Adressaten siehe ANLux, AE-08389, Konsbruck und Chomé (ARBED) an Bech (MAEL), 19. Dezember 1947, 1 S. Als Beispiel eines ausgefeilten Memorandums siehe ANLux, AE-AA-305, Memorandum über die Beteiligungen der ARBED in den Filialen der F&G CARLSWERK AG in der SBZD, 13. Dezember 1946, 4 S. [im Folgenden zitiert als: ANLux, AE-AA-305, Memorandum, 13. Dezember 1946].

Namen der luxemburgischen Regierung geschrieben worden zu sein, und in denen die Argumentation der ARBED als Argumentation des Staates dargestellt wurde. Theoretisch brauchte das MAEL diese Papiere lediglich zu unterschreiben, um sie in offizielle Regierungsdokumente umzuwandeln.[809] Freilich unterzeichnete das MAEL diese Vordrucke nicht einfach, aber übernahm die in den Vordrucken gemachten Vorschläge und vertretenen Positionen. Die Vordrucke provozierten nie eine kritische Reaktion auf Seiten des MAEL. Sie wurden unkommentiert angenommen.

Die Bemühungen der ARBED im Rahmen des Entscheidungsprozesses gingen also weit über die einfache Darlegung der Probleme und die Bitte um Hilfe hinaus. Allgemein lässt sich festhalten, dass die ARBED hier elementare diplomatische Aufgaben erfüllte: So sammelte sie Informationen im Ausland und reichte sie an das MAEL weiter. Dabei handelte es sich um ein systematisches Informieren der luxemburgischen Behörden mittels regelmäßiger Berichte hinsichtlich der Beteiligungen des Konzerns im Untersuchungsraum. Zudem schlug man spezifische Vorgehensweisen vor und lieferte die diesbezüglichen Dokumente gleich mit.

Angesichts der Rolle, die die ARBED übernahm, muss die Frage nach der Reaktion der luxemburgischen Behörden aufgeworfen werden. Anhand der in Kapitel III dieser Arbeit gewonnenen Erkenntnisse, konnte festgestellt werden, dass die luxemburgischen Behörden konsequent den Anfragen der ARBED nachgingen. Unmittelbar nachdem die Firmenleitung dem MAEL von den Gefahren für ihren Beteiligungen im Untersuchungsraum zu berichten wusste, leitete das MAEL Schritte ein, um die Aktienbeteiligungen der ARBED zu schützen. Dabei folgte man in der Regel auch den Vorschlägen der Firmenleitung hinsichtlich der Behörden, bei denen man intervenieren wollte.[810] Bei ihrer Ausführung stützten sich die luxemburgischen Beamten nicht allein auf Dokumente, die ihnen die ARBED aus eigener Initiative zugesandt hatte, sondern sie fragten auch aktiv beim luxemburgischen Unternehmen nach solchen Positionspapieren und Erklärungen.[811]

Gerade dieses Anfragen nach Dokumenten der ARBED war mit einem weiteren Charakteristikum der luxemburgischen Diplomatie verbunden: Im Rahmen

---

809 Siehe Anhang Nr. V, S. 441.

810 Siehe als Beispiel etwa den Vorschlag der ARBED: ANLux, AE-08395, Johann und Konsbruck (ARBED) an das MAEL, 20. Februar 1948, 1 S. Zur unmittelbaren Ausführing dieses Vorschlags siehe AE-8395, Bech (MAEL) an Blum (lux. Vertretung in Moskau), 25. Februar 1948, 1 S.

811 ANLux, AE-AA-311, Wehrer (LMM Berlin) an Meyer (ARBED), 26. September 1946, 2 S.

der Wahrung der Konzerninteressen in Osteuropa wurde die Leitung der ARBED im Vorfeld einer luxemburgischen Maßnahme stets um ihre Meinung und Einschätzung gebeten. Offenbar hütete man sich in den luxemburgischen Diplomatiekreisen davor, Schritte zur Interessenwahrung der ARBED zu unternehmen, ohne die ARBED vorher davon unterrichtet und gegebenenfalls ihre Einschätzung eingeholt zu haben.

Dieses aktive Hinzuziehen des luxemburgischen Konzerns in allen Angelegenheiten, die diesen direkt oder auch nur indirekt betrafen, führte gar soweit, dass selbst vertrauliche Gespräche, welche die luxemburgische Delegation im Rahmen der ständigen Kommission des Brüsseler Paktes führte, an die ARBED weitergeleitet wurden: Das MAEL zog die ARBED zu Beratungen hinzu und legte dem Konzern Entwürfe diplomatischer Protestnoten vor, welche innerhalb der BTO beschlossen worden waren.[812] Im Vorfeld der Ratifizierung solcher Noten wollte man innerhalb des MAEL wohl die Meinung des bedeutendsten luxemburgischen Gläubigers im Ausland einholen. Die ARBED galt hier als externer Experte, dessen Standpunkt in spezifischen Fragen erörtert und über dessen Kopf hinweg keine Entscheidung gefällt werden sollte. Angesichts der Beteiligung der ARBED an der Interessenwahrung im Osten kann von einem „externen" Experten aber kaum die Rede sein. Vielmehr fungierte die Leitung in gewisser Weise als Bestandteil des MAEL. Diese Zusammenarbeit erinnert sehr stark an die Kooperation zwischen luxemburgischer Schwerindustrie und MAEL in der Zwischenkriegszeit.[813]

Wie bereits im vorherigen Kapitel angeschnitten, nahm das MAEL in Bezug auf die Interessenwahrung der ARBED im Untersuchungsraum zu keinem Zeitpunkt eine andere Position ein als der Konzern. Die Argumentation der Firmenleitung wurde bis auf den Verweis der Konzernleitung auf das nicht von der UdSSR unterzeichnete Pariser Reparationsabkommen von 1947 vollständig mitgetragen.[814] Den Dokumenten zufolge scheint es diesbezüglich auch nie eine interne Beratung innerhalb des MAEL gegeben zu haben, welche die Vorschläge einer genaueren Prüfung unterzogen hätte. Stattdessen leitete man Schritte in die Wege, um die Vorschläge sogleich in die Tat umzusetzen. Längere Beratungen hinsichtlich der ARBED-Interessen wurden stets nur unter Hinzuziehen von Vertretern der ARBED getätigt.

Die Impulsgebung der ARBED und ihre Heranziehung als externer Experte mag erklären, wieso man auf luxemburgischer Seite die NS-Vergangenheit der

---

812 Siehe oben, S. 206 f.

813 Siehe unten Kap. IV.2.3., S. 356–358.

814 Siehe oben, S. 198 f.

F&G-Gruppe sowie die Rolle der ARBED während des Zweiten Weltkrieges zu keinem Zeitpunkt im Rahmen der Interessenwahrung thematisierte. Der Konzern hatte berechtigte Gründe dies nicht hervorzuheben, wollte er die ohnehin schon schwierige Ausgangslage zur Rückgewinnung oder Entschädigung ihrer Vermögenswerte nicht durch zusätzliche Verdachtsmomente der sowjetischen und osteuropäischen Behörden gegen den Mutterkonzern gefährden. Da die entscheidenden Impulse von der ARBED ausgingen, verwundert es nicht, dass auch die luxemburgischen Behörden in den zwischenstaatlichen Kontakten diese Aspekte nicht weiter ansprachen.

Der Realisierungsprozess

Auch bei der eigentlichen Realisierung der getroffenen Entscheidungen ergeben sich einige interessante Erkenntnisse über das Verhältnis zwischen der ARBED-Spitze und dem MAEL. Die Transparenz der unternommenen Schritte sowie der Informationsaustausch wurden beibehalten. Beide Seiten suchten möglichst ihre Adressaten abzustimmen und ihre Schritte im Vorfeld zu koordinieren.[815] Bei der Vertretung vor Ort griff man auf den nächsten Kontakt zurück: So vertrat auf Wunsch der Konzernleitung der stellvertretende luxemburgische Geschäftsträger in Warschau die ARBED bei einem Treffen belgischer Industrieller mit der polnischen Regierung. Da die Gesellschaft nicht über die Mittel verfügte, persönlich anwesend zu sein, übernahm ein Repräsentant des Staates die Aufgabe als Vertreter der Gesellschaft im Ausland.

Die Realisierung der beschlossenen Schritte wurde in vollstem gegenseitigem Einverständnis geführt. Lediglich in einem Fall beschwerte sich der in Moskau weilende *Envoyé extraordinaire et Ministre plénipotentiaire*, René Blum über die parallel laufenden Interventionen seitens der ARBED, welche sich gegenteilig auf seine eigenen Bemühungen auswirkten.[816] Dass diese Kritik gerade von Blum ausging, scheint angesichts der im nachfolgenden Unterkapitel getätigten Untersuchung der individuellen Akteure nicht erstaunlich: So war Blum gerade derjenige

---

815 So berieten sich etwa der Leiter der LMM Berlin, Wehrer, und der zugunsten der ARBED handelnde Direktor der KABELWERK WILHELMINENHOF AG, Spennemann, im Vorfeld einer Intervention beim ZDK, welcher der Beiden sich am besten an die deutsche Verwaltung wenden sollte; hierzu ANLux, AE-AA-305, Wehrer (LMM Berlin) an das MAEL, 29. August 1947, 1 S., siehe auch eine Koordinierung der Maßnahmen zwischen Bech und Chomé in: ANLux, AE-08389, Bech (MAEL) an Chomé (ARBED), 26. Februar 1948, 2 S. [im Folgenden zitiert als: ANLux, AE-08389, Bech, 26. Februar 1948].

816 Siehe oben, S. 257, Anm. 670.

Akteur mit der größten ideologischen und geographischen Distanz zur ARBED. Darauf soll weiter unten noch einmal explizit eingegangen werden.

Der Einfluss der ARBED auf die Bemühungen zur Wahrung ihrer Aktienbeteiligungen durch das MAEL führt auch zur Feststellung, dass die diplomatischen Bemühungen in keinem Verhältnis zu den eigentlichen Resultaten standen. Trotz allen Bemühungen konnte lediglich ein einziges Unternehmen dem Zugriff der sowjetischen bzw. osteuropäischen Behörden entzogen werden. Die zugestandenen Entschädigungssummen, soweit bekannt, entsprachen nur einem Bruchteil des eigentlichen Wertes.[817] Es stellt sich die Frage, ob es sich überhaupt um eine angemessene Entschädigung handelte, deren Definition in der Rechtswissenschaft bekanntlich kontrovers diskutiert wurde.[818] Es darf bezweifelt werden, dass die Summe den Kriterien einer von der ARBED-Leitung geforderten „gerechten und angemessenen" Entschädigung entsprach.

Mit Blick auf das eigentliche Resultat der Bemühungen stellt sich angesichts des doch eklatanten Ungleichgewichts von Aufwand und Ergebnis die Frage, wieso man innerhalb des MAEL beharrlich an der Wahrung der Aktienbeteiligungen der ARBED festhielt, obwohl dies offenbar kaum zu dem erhofften Erfolg führte? Die Wahrung der Beteiligungen und die Bemühungen um eine Entschädigung hatten weder Auswirkungen auf innenpolitische und soziale Entwicklungen im Großherzogtum, noch waren sie für den luxemburgischen Staat oder gar das Unternehmen selbst von essentieller wirtschaftlicher Bedeutung.[819] Bekanntlich war das Ministerium strukturell und personell äußerst begrenzt aufgestellt. Angesichts des zeitgleich stattfindenden europäischen Integrationsprozesses, wurden diese Ressourcen dringend an anderer Stelle benötigt. Als Erklärung für den vom MAEL betriebenen Arbeitsaufwand kann der starke Einfluss der ARBED in dieser außenwirtschaftspolitischen Problematik geltend gemacht werden. Gegen diese Behauptung ließe sich anführen, dass man auf Seiten des MAEL im Vorfeld nicht gewusst haben kann, dass die Bemühungen größtenteils erfolglos verlaufen würden. Dieser Einwand lässt sich leider nicht über Quellenbelege widerlegen. Hier helfen lediglich Vermutungen weiter: Die Bemühungen des MAEL hielten

---

817 Siehe oben, S. 222–225.

818 Hierzu bereits S. 152, Anm. 372.

819 Zu den sozialen und innenpolitischen Herausforderungen hinsichtlich der Entwicklung großer Unternehmen siehe exemplarisch BARJOT Dominique, Industrie et politique à la lueur de l'économie (XIXe–XXe siècles), in: DERS/DARD Olivier/GARRIGUES Jean u. a. (Hg.), Industrie et politique en Europe occidentale et aux Etats-Unis (XIXe–XXe siècles), Paris 2006 (= Collection Roland Mousnier 26), S. 29–46, hier S. 40 f.

über eine Dekade lang an. Auch wenn entsprechende Aktenbelege fehlen, muss es zumindest einigen Beteiligten klar geworden sein, dass die Bemühungen des diplomatischen Dienstes offenbar nicht zu dem von der ARBED erhofften Resultat führten und in keinem Verhältnis zum betriebenen Aufwand standen. Und dennoch intervenierte man beharrlich zugunsten der ARBED bei den sowjetischen und osteuropäischen Behörden weiter. Als Erklärung bleibt demnach in erster Linie der Einfluss der ARBED auf die Politik des MAEL, der zu einem Weiterführen der Bemühungen führte, auch wenn die Aussichten auf Erfolg gering waren. Die Anstrengungen wurden erst zu einem Zeitpunkt eingestellt, als die ARBED gedachte, ihre Handelsaktivitäten im Untersuchungsraum wieder zu intensivieren. Das Einstellen der Bemühungen von Seiten der luxemburgischen Behörden gerade zu diesem Zeitpunkt entsprach dabei wohl nicht zufällig einem Wunsch des luxemburgischen Konzerns und wird wohl auf seine Veranlassung erfolgt sein. Daneben endeten, wie noch zu sehen sein wird, gerade in diesem Zeitraum die Amtszeiten der wichtigsten individuellen Entscheidungsträger, die sich fast 15 Jahre lang mit der Problematik auseinandergesetzt hatten. Auch dies wird eine Rolle gespielt haben.

IV.2.2 Die individuellen Akteure

In Kapitel I wurde im Rahmen der Analyse der Zusammenarbeit zwischen luxemburgischer Schwerindustrie und dem diplomatischen Apparat des Großherzogtums auf die Bedeutung individueller Akteure hingewiesen, welche häufig dem gleichen sozialen Milieu entstammten und eine große horizontale Mobilität aufwiesen. So stammten viele Mitarbeiter des luxemburgischen Auswärtigen Amtes in der Zwischenkriegszeit aus Industriekreisen. Mit dieser Thematik hat sich bereits BARTHEL auseinandergesetzt.[820] Bei der Analyse der individuellen Akteure stellt sich auch die Frage nach den persönlichen Beziehungen zwischen den handelnden Personen.

Vor dem Hintergrund des Verhältnisses zwischen dem MAEL und der ARBED lassen sich fünf Hauptakteure identifizieren, die näher betrachtet werden sollen. Ausschlaggebend für ihre Auswahl waren die Häufigkeit der Nennung in den Akten sowie ihre aktive Beteiligung am Entscheidungsprozess. Zudem beschränkt sich die Untersuchung auf Protagonisten der ersten zehn Nachkriegsjahre. Wie aus der Analyse der Interessenwahrung hervorging, wurden gerade in diesem Zeitraum die meisten Entscheidungen getroffen. Spätere Bemühungen gründeten zumeist auf den in der unmittelbaren Nachkriegszeit formulierten

---

820 BARTHEL, Aspect, S. 246 f.

Argumenten sowie auf den bereits zuvor angewandten Maßnahmen. Da demnach die nachfolgenden Entscheidungsträger kaum neue Handlungsmuster aufnahmen, können sie an dieser Stelle vernachlässigt werden.

Da es sich beim MAEL und der ARBED um hierarchisch gegliederte Strukturen handelt, verwundert es nicht, dass die Entscheidungsgewalt in erster Linie in den oberen Hierarchiestufen zu finden ist. Als wichtigste Entscheidungsträger lassen sich daher ausschließlich Mitglieder der Führungsspitze des luxemburgischen diplomatischen Apparates und der ARBED ausmachen. Die Beschäftigung mit den entscheidenden Personenkreisen innerhalb größerer Strukturen wirft aber drei Hauptprobleme auf:

Als erstes Problem stellt sich die Frage nach der Entscheidungsgewalt des Individuums innerhalb einer größeren Struktur. Dazu sollte auch die Möglichkeit jeweils verschiedener Interessen der einzelnen Personen als individuelle Akteure und als Akteure innerhalb einer größeren Struktur erwogen werden. Schließlich gilt es zu beachten, dass in größeren Strukturen häufig nur wenige Personen als sichtbare Akteure zu identifizieren sind, während die breite Masse der Mitarbeiter in der Anonymität verharrt.[821]

Diese Schwierigkeiten lassen sich zum Teil jedoch aufgrund des Archivbefundes, der Organisationsstruktur der ARBED und des MAEL und der eigentlichen Fragestellung zum Verhältnis zwischen ARBED und MAEL relativieren. Aus der erhaltenen Dokumentation ergibt sich, dass ein sehr kleiner Personenkreis auf Seiten des MAEL und der ARBED-Gruppe an der Interessenwahrung beteiligt war. Persönliche Treffen, Telefonate und handschriftliche Notizen der Beteiligten zeigen, wer als Akteur involviert war. Auch wenn verschiedene Handlungen von anonymen Mitarbeitern durchgeführt wurden, ging diesen doch immer eine Anordnung der hier analysierten Akteure voraus. Aufgrund der geringen Größe des luxemburgischen Behördenapparates und der Unternehmensleitung der ARBED ist die Mitarbeiterzahl zudem als sehr gering zu erachten. Anhand der ausgedehnten Korrespondenz lassen sich zudem Interessenskongruenzen und Gegensätze der einzelnen Beteiligten erkennen. Die Interaktion erlaubt demnach Aussagen über die Entscheidungs- und Handlungsfreiheit der Akteure.

Im Folgenden werden neben dem beruflichen Werdegang der individuellen Akteure, auch ihre Funktionen und Position im Rahmen der Interessenwahrung

821 Hier sei auf die in der Einführung gemachten Literaturangaben zu den Entscheidungsträgern und Entscheidungsprozessen in der Diplomatie verwiesen, oben S. 26 f.

sowie die Interaktion mit anderen Entscheidungsträgern beleuchtet. Vor dem Hintergrund des Verhältnisses zwischen der ARBED und dem MAEL gilt es auch auf persönliche Verbindungen zur ARBED und zum luxemburgischen Behördenapparat zu achten. Sofern belegt, soll auch auf die persönliche Sichtweise der Akteure auf den Ostblock, die UdSSR, die geopolitischen Entwicklungen im Osten und allgemein auf den Kommunismus eingegangen werden, da die Perzeption des Anderen in der Entscheidungsfindung durchaus eine Rolle gespielt haben könnte. Erneut erfolgt der Fokus auf diese Aspekte vor dem Hintergrund der Kernfrage dieser Untersuchung nach dem Ausmaß des Einflusses der ARBED auf die luxemburgische Außenwirtschaftspolitik.

*Joseph Bech (*17. Februar 1887 in Diekirch; † 8. März 1975 in Luxemburg-Stadt)*

Über den langjährigen luxemburgischen Außenminister wurde bereits an verschiedenen Stellen dieser Arbeit berichtet.[822] Eine eingehende Analyse seiner Rolle im Zusammenhang mit der Wahrung der indirekten ARBED-Beteiligungen erlaubt jedoch weitere Erkenntnisse. Zudem liefert die Untersuchung Informationen über Bechs Haltung und aktives Handeln gegenüber der UdSSR und den osteuropäischen Staaten.

Bekanntlich gilt Joseph Bech als einer der Initiatoren des außenpolitischen Kurswechsels Luxemburgs während des Krieges. Seit 1926 stand er an der Spitze des luxemburgischen diplomatischen Dienstes. Auch den Zweiten Weltkrieg sollte er auf diesem Posten überdauern. Dabei stand er einem nur rudimentär ausgebildeten Apparat vor, den es in der Folgezeit erst einmal über Gesetze und Reformen zu reglementieren und auszubauen galt. Erst 1947 wurde die Behörde, der Bech vorstand, zu einem Ministerium ausgebaut. Es war nicht nur für auswärtige Angelegenheiten verantwortlich, sondern auch für Außenwirtschaftsfragen. Im Gegensatz etwa zu Belgien war die Gestaltung außenpolitischer Fragen viel stärker an die Person des Außenministers gebunden. Kompetenzstreitigkeiten, wie sie in Brüssel ausgetragen wurden, fanden in Luxemburg nicht statt, bzw. sind nicht aktenkundig geworden. Dies ist nicht weiter verwunderlich, bewegten sich doch im Vergleich zu Belgien lediglich eine Handvoll luxemburgischer Akteure auf der außenpolitischen Bühne.[823]

---

822 Siehe hierzu oben, S. 66–72.

823 COOLSAET Rik, La politique extérieure de la Belgique: au coeur de l'Europe, le poids d'une petite puissance, Brüssel 2002 [Übersetzung aus dem Niederländischen], S. 63 [im Folgenden zitiert als: COOLSAET, Politique].

Von 1945 bis 1959 war Bech auf Seiten des MAEL mit dem Dossier der offenen luxemburgischen Vermögenswerte im Ausland betraut, so lange wie keiner seiner Nachfolger. Als Außenminister nahm Bech dabei eine zentrale Rolle ein: Er war der Empfänger der Schreiben, die die ARBED an das MAEL richtete. In seiner Funktion als Leiter des diplomatischen Dienstes erließ er die Anordnungen an die luxemburgischen Auslandsvertretungen, für die Beteiligungen der ARBED einzutreten. Diese Anordnungen enthielten meist den Brief der ARBED oder aber sie paraphrasierten die Bitten und Vorschläge des Konzerns.[824] Die Anordnungen Bechs wurden unmittelbar nach dem Erhalt der Informationen von Seiten der ARBED erlassen; meist noch am gleichen oder nächsten Tag. Dies bestärkt die im vorherigen Kapitel geäußerte Vermutung, dass die Vorschläge des Unternehmens innerhalb des MAEL kaum einer längeren Analyse unterzogen wurden. Bech war demnach persönlich an der Koordinierung der Maßnahmen mit der Leitung der ARBED beteiligt.[825]

Von der ARBED gingen die entscheidenden Impulse aus. Bech war sich dessen vollends bewusst und trug dies auch mit. Symbolischen Charakter gewinnt etwa ein Rundschreiben Bechs vom Februar 1948 an die Leiter der luxemburgischen Auslandsvertretungen, in dem diese pauschal gebeten wurden, bei einer sich bietenden Gelegenheit für die Aktienbeteiligungen der ARBED einzutreten „*conformément au voeu exprimé par Arbed*".[826]

Persönliche Notizen sowie Berichte über Treffen zwischen Bech und Vertretern der ARBED und des luxemburgischen Außendienstes verdeutlichen jedoch auch, dass Bech keineswegs nur über Stellvertreter agierte, sondern aktiv mit dem Dossier be- und vertraut war.[827] Seine Tätigkeit ging demnach über das bloße Absegnen von Maßnahmen, die innerhalb des MAEL getroffen wurden, bzw. das Unterzeichnen von Briefen hinaus. In der Regel war Bech bei den Treffen

---

824 Siehe etwa ANLux, AE-08395, Bech (MAEL) an LMM Bad Salzuflen, 24. Mai 1947, 1 S.; AE-AA-305, Bech (MAEL) an Wehrer (LMM Berlin), 21. Februar 1948, 1 S.; AE-08389, Bech (MAEL) an Blum (lux. Vertretung in Moskau), 27. Feburar 1948, 1 S. jeweils mit dem Brief oder Dossier der ARBED im Anhang.

825 ANLux, AE-08389, Bech, 26. Februar 1948, 2 S.

826 ANLux, AE-08389, Bech (MAEL) an Als (lux. Vertretung in Brüssel), an Blum (lux. Vertretung in Moskau), an Collart (lux. Vertretung in Den Haag), Le Gallais (lux. Vertretung in Washington), an Clasen (lux. Vertretung in London) und an Wehrer (LMM Berlin), 12. Februar 1948, 1 S.

827 So etwa ANLux, AE-12048., Handschriftliche Notiz, 9. April 1955, 1 S. AE-12048, Beteiligungen, 16. September 1955.

von Vertretern der ARBED und des MAEL persönlich anwesend.[828] Im Rahmen des europäischen Integrationsprozesses, der Deutschland-Frage, des Beitritts Luxemburgs zu BTO und NATO fand der Außenminister offenbar noch genügend Zeit, sich persönlich der Problematik offener Vermögenswerte der ARBED im Ostblock anzunehmen. Auch dies kann als Indiz für den Stellenwert gewertet werden, den Bech der Problematik einräumte.

Wie bereits erwähnt, folgte man auf Seiten des MAEL zumeist den Vorschlägen der ARBED über die weitere Vorgehensweise. Aus den wenigen Notizen und Berichten über persönliche Bemerkungen Bechs im Rahmen der Wahrung der ARBED-Interessen geht hervor, dass dieser die Argumentation der ARBED vollständig unterstützte. Es lässt sich aber auch erkennen, dass der luxemburgische Außenminister durchaus auch die osteuropäische Argumentation nachvollziehen konnte und eine Lösung des Konflikts als äußerst schwierig einstufte.[829]

Die engen Beziehungen zwischen dem Außenminister und der luxemburgischen Schwerindustrie, insbesondere der ARBED, hat BARTHEL bereits ausführlich dargelegt. Angesichts der in dieser Arbeit gewonnenen Erkenntnisse können seine Überzeugungen nur bestätigt werden: Die luxemburgische Schwerindustrie übernahm außenpolitische Dossiers und Bech schien sich daran nicht zu stören. Im Gegenteil: der luxemburgische Außenminister unterstützte die Bemühungen des Konzerns nach besten Kräften.

Zwar wird über die eingesehenen Quellen keine persönliche Motivation des Außenministers erkennbar, doch lassen sich eindeutig Parallelen zur Arbeitsweise Bechs aus der Zwischenkriegszeit belegen. Wie bereits vor dem Krieg griff Bech bei der Lösung außenwirtschaftlicher Probleme auf einen begrenzten Personenkreis zurück, in dem auch die Leitung der ARBED eine wichtige Rolle spielte.

Der Beistand des Außenministers bedeutete jedoch keineswegs, dass dieser etwa zum reinen Befehlsempfänger der ARBED geworden wäre. Der Leiter der luxemburgischen Diplomatie traf durchaus eigene Entscheidungen und gab Anordnungen an den Außendienst weiter.[830] Die Unterstützung beruhte eher darauf, dass die von der ARBED gemachten Vorschläge zur Vorgehensweise in keinem Konflikt mit den Interessen der Regierung standen. Hierauf soll weiter unten noch näher eingegangen werden.

Neben den Funktionen, die Bech im Rahmen der Wahrung der Beteiligungen der ARBED im Untersuchungsraum erfüllte, soll der Frage nachgegangen

---

828 ANLux, AE-12048, Interesse, 16. September 1955.

829 ANLux, AE-12048., Handschriftliche Notiz, 9. April 1955,1 S.

830 So etwa ANLux, AE-AA-305, Bech (MAEL) an Wehrer (LMM Berlin), 6. Mai 1946, 2 S.

werden, welche Haltung der Außenminister gegenüber der UdSSR und den osteuropäischen Ländern einnahm, welche Auswirkungen diese Haltung auf die eigentliche Verteidigung hatte und welchen Stellenwert in beiden Fällen die politischen ideologischen Überzeugungen Bechs einnahmen.

Ein Blick auf die luxemburgische Historiographie zeigt, dass kaum ein anderer luxemburgischer Politiker des 20. Jahrhunderts so häufig in der Forschung behandelt wurde wie Joseph Bech. So unterschiedlich die Beurteilungen auch sind – die Charakterisierungen variieren je nach Autor und dessen eigenen politischen und ideologischen Überzeugungen von Bech als führendem Mitglied einer *„profaschistischen Regierung"* bis hin zu Bech als Hüter der Demokratie –, so einig ist sich die Forschung jedoch beim Verweis auf Bech als notorischen Antikommunisten.[831] Die Hervorhebung von Bechs lebenslanger antikommunistischer Haltung ist gerade deshalb wichtig, weil in der Forschung bisweilen die Ideologie Bechs als Entscheidungsfaktor der luxemburgischen Außenpolitik gegenüber der UdSSR und dem Ostblock verstanden wird, zum anderen Bech selber im öffentlichen Diskurs der Nachkriegszeit immer wieder Kommunismus und Osteuropa in einen kausalen Zusammenhang setzte. Es gilt daher zu überprüfen, ob die Außenpolitik Bechs tatsächlich von persönlichen antikommunistischen Vorstellungen geleitet wurde.

Die Historiographie bezieht sich zur Unterstreichung von Bechs notorischem Antikommunismus und davon abgeleiteten politischen Entscheidungen zumeist auf Bechs Regierungszeit in den dreißiger Jahren. Damals suchten Bech und konservative Regierungsmitglieder, die erstmals auf einige hundert Mitglieder

---

831 Die Unterstellung eines *„profaschistischen Kurses"* der Bech-Regierung stammt aus dem linkspolitischen Lager von Wehenkel Henri, Die Maulkorbkampagne, in: 1921–1981. Beiträge zur Geschichte der Kommunistischen Partei Luxemburgs, Luxemburg 1981, S. 83–109, hier S. 88. Relativierend Ders., Gilbert Trausch, historien du vingtième siècle, in: Argumenter. Cahiers du Centre Jean Kill 2 (1982), S. 57–73, hier S. 66. Engel, Krier und Trausch hingegen sahen in den politischen Entscheidungen Bechs den Ausdruck seiner Bemühungen, die Demokratie des Landes in einer zunehmend politisch radikalisierten Umgebung zu schützen; vgl. Engel Frank, Loi de défense de l'ordre constitutionnel ou loi muselière? Une appréciation politique 70 ans après le dépôt du projet de loi, in: Cercle Joseph Bech (Hg.), Joseph Bech. Mélanges présentés à l'occasion du 30e anniversaire du décès du père fondateur de l'Europe, Luxemburg 2005 (= Publications du Cercle Joseph Bech), S. 58–92 [im Folgenden zitiert als: Engel, Loi]; Krier Emile, Joseph Bech, in: 1969–1989. Lycée Technique Joseph Bech, Grevenmacher 1990, S. 35–44, hier S. 38; Trausch Gilbert, Joseph Bech – un homme dans son siècle, Luxemburg 1978, S. 39 [im Folgenden zitiert als: Trausch, Homme].

angewachsene kommunistische Partei Luxemburgs zu verbieten. Verschiedene Maßnahmen, wie die Kassierung eines bei den Legislativwahlen 1934 errungenen Abgeordnetenmandats der KPL, das Berufsverbot für zwei kommunistische Lehrer sowie ein Gesetzesentwurf „*zum Schutz der sozialen und politischen Ordnung*“, das konkret gegen die KPL gerichtet war und ihr Verbot bedeutet hätte, sollten die Ausbreitung des Kommunismus in Luxemburg verhindern.[832]

Die Aussage Bechs im Zusammenhang des allgemein als „Maulkorbgesetz“ bekannten Gesetzesentwurfs verdeutlicht den Grund hinter diesen Maßnahmen:

> „*Si même avec des chefs incapables le parti communiste dans notre pays a réussi à recueillir dans une seule circonscription 70.000 voix, que serait-ce donc si demain l'homme capable, le chef surgissait et s'emparait du mouvement? Et qui vous dit que cela ne sera pas le cas? L'histoire la plus récente dans d'autres pays est donc là pour nous apprendre ce que peut l'ascendant d'un seul homme sur les masses. Car n'oubliez pas, Messieurs, que malgré l'absurdité de l'application du régime communiste dans nos pays occidentaux de haute civilisation et malgré son évidente faillite ailleurs, le communisme a conservé une grande force d'expansion et une dangereuse puissance de prosélytisme.*“[833]

Die KPL sollte verboten werden, da von ihr die Gefahr einer radikalisierten Masse ausging, so Bech. Dabei spielte er vor allem auf die Arbeiterschaft an, die gerade im Zuge der erschwerten Voraussetzungen durch die Weltwirtschaftskrise, verbesserte Arbeitsbedingungen forderte. Bech muss dabei die Streikwelle der Arbeiterschaft Anfang der zwanziger Jahre vor Augen gestanden haben. Neben seinen eigenen antikommunistischen Überzeugungen war Bech dabei auch von den im rechten Flügels seiner Partei aufkommenden Vorstellungen eines katholischen und konservativen Ständestaates nach österreichischem Vorbild geprägt, der mit den linkspolitischen Entwicklungen unvereinbar war.[834]

Das einem Referendum unterworfene Gesetzesprojekt wurde nach einer breiten politischen Mobilisierung schließlich von einer knappen Mehrheit abgelehnt.

---

832 Vgl. hierzu Bové Alfred, Die Rechtspartei in der Zwischenkriegszeit (1919–1940), in: Trausch Gilbert (Hg.), CSV Spiegelbild eines Landes und seiner Politik? Geschichte der Christlich-Sozialen Volkspartei Luxemburgs im 20. Jahrhundert, Luxemburg 2008, S. 185–240, hier S. 216–221 und 229–236 [im Folgenden zitiert als: Bové, Rechtspartei]; Engel, Loi; Pauly, Geschichte, S. 91–93.

833 Intervention Bechs in der luxemburgischen Abgeordnetenkammer vom 20. April 1937, abgedruckt in: Engel, Loi, S. 69.

834 Vgl. Bové, Rechtspartei, S. 223–227; Blau Lucien, Idéologie et discours politique de la Droite et de l'Extrême-Droite au Luxembourg au cours des années 30 et 40, in: ANLux (Hg.), Les courants politiques et la résistance. Continuités ou ruptures? Colloque international Esch-sur-Alzette 24.–26. April 2002, Luxemburg 2003 (= Collection Sources), S. 37–63, hier S. 47.

Bech legte das Amt des Staatsministers nieder, hielt aber weiterhin das Ressort der Auswärtigen Angelegenheiten.

Unter Berücksichtigung der politischen Entwicklungen in Luxemburg sowie des öffentlichen Diskurses wird demnach deutlich, dass sich Joseph Bechs antikommunistische Haltung in den dreißiger Jahren sowohl in der Rhetorik als auch in seinem politischen Handeln niederschlug. Lassen sich diese Merkmale jedoch auch in der unmittelbaren Nachkriegszeit unter gänzlich veränderten politischen Rahmenbedingungen nachweisen?

Parteipolitisch stellte diese Epoche den Wiederaufbau bzw. die Neugründung politischer Parteien dar. Lediglich die nach der Besatzung des Landes im Untergrund operierende KPL hatte während des Krieges durchgehend weiterbestanden. Die konservative Rechtspartei vollzog 1944 den ersten Schritt von einer Honoratiorenpartei zu einer Volkspartei unter dem Namen der Christlich Sozialen Volkspartei (CSV). Die sozialdemokratische Arbeiterpartei hingegen benannte sich in Luxemburgische sozialistische Arbeiterpartei (LSAP) um. Ehemalige Widerstandsgruppen suchten ebenfalls am politischen Geschehen der Nachkriegszeit beteiligt zu werden und gründeten den *„Groupement patriotique et démocratique“* (GPD), aus dem 1951 die Demokratische Partei (DP) hervorging.[835]

Bei den Legislativwahlen im Oktober 1945 verfehlte die CSV nur knapp die absolute Mehrheit. Da die LSAP aufgrund von Stimmenverlusten die Vorkriegskoalition zwischen Rechtspartei und Arbeiterpartei nicht wieder aufnehmen wollte, bildete sich eine Allparteienregierung, die von Oktober 1945 und März 1947 regierte. Ein Ministerposten fiel dabei auch an die KPL. Sie hielt die Ressorts der Sozialversicherungen, Gesundheit und Repatriierung. Die KPL hatte im Oktober mit knapp 14 % ihr bisher höchstes Wahlergebnis eingefahren.[836]

---

835 Zur neuen Parteilandschaft in der unmittelbaren Nachkriegszeit siehe FAYOT Ben, Repères historiques, in: LSAP 1902–2002. Le LSAP hier et aujourd’hui, Luxemburg 2003, S. 9–77, hier S. 30 f.; SCHOENTGEN Marc, Von der Rechtspartei zur CSV. Gründung, Konsolidierung und Generationswechsel (1940–1959), in: TRAUSCH Gilbert (Hg.), CSV Spiegelbild eines Landes und seiner Politik? Geschichte der Christlich-Sozialen Volkspartei Luxemburgs im 20. Jahrhundert, Luxemburg 2008, S. 241–328, hier S. 241–255 [im Folgenden zitiert als: SCHOENTGEN, Rechtspartei]; DERS., Die Resistenzorganisationen in Luxemburg nach dem 2. Weltkrieg, in: ANLux (Hg.), Les courants politiques et la résistance. Continuités ou ruptures? Colloque international Esch-sur-Alzette 24.–26. April 2002, Luxemburg 2003 (= Collection Sources), S. 519–551, hier S. 527–531.

836 Zu den Legislativwahlen von 1945 und der Regierung der nationalen Einheit siehe THEWES, Gouvernements, S. 122 f. Speziell zur KPL innerhalb der Regierung vgl. KOVACS, Extrême gauche, S. 99–160 und 203–255; WEHENKEL Henri, 1945–1947:

Wegen ihrer Untergrundaktivitäten während des Krieges hatte sie viele Sympathien gewonnen. Joseph Bech verblieb weiterhin Außenminister des Landes. Gerade im Bereich der Außenpolitik und der damit stark zusammenhängenden Militärreform herrschten fundamental gegensätzliche Positionen zwischen KPL und CSV, aber auch mit dem GPD. Anfang des Jahres 1947 löste sich die Regierung aufgrund der unüberbrückbaren Differenzen auf. Die KPL war fortan in der parlamentarischen Opposition.[837]

Die Regierung der nationalen Einheit hielten die CSV und Bech auch in der unmittelbaren Nachkriegszeit nicht davon ab, auf rhetorischer und publizistischer Ebene einen antikommunistischen Kurs zu fahren. In den Wahlkampagnen der CSV wurde das Schreckgespenst einer kommunistischen Regierung heraufbeschworen, in dem der einzelne Bürger seine persönliche Freiheit riskieren würde. In diesem Zusammenhang wurde mehr oder weniger offen auf die Entwicklungen in Osteuropa angespielt und die Bedrohung einer kommunistischen „Flut" ins Gedächtnis gerufen. Gleichzeitig wurde jedoch auch der Wille zu freundschaftlichen Beziehungen mit der UdSSR als alliiertem Verbündeten unterstrichen. Publizistisch nahm die CSV somit in Bezug auf die Entwicklungen im Osten eine ambivalente Haltung ein: Einerseits fürchtete man eine Ausbreitung des Kommunismus, andererseits hob man die Sowjetunion als alliierten Verbündeten hervor.[838] In erster Linie zielten die Aussagen gegen die heimische KPL. Eine anti-sowjetische Politik wurde weder thematisiert noch explizit verworfen.

Die politische Auseinandersetzung mit den luxemburgischen Kommunisten fand nach dem Zusammenbruch der Regierung der nationalen Einheit vor allem in Bezug auf die luxemburgische Außenpolitik statt. Joseph Bech nahm hierbei als Leiter des diplomatischen Dienstes eine zentrale Rolle ein. Regelmäßig kam es in parlamentarischen Debatten zu heftigen verbalen Auseinandersetzungen zwischen der KPL und Bech, aber auch zwischen den Kommunisten und Vertretern anderer Parteien, die alle eine antikommunistische Position vertraten.

Es verwundert nicht, dass die Auseinandersetzungen gerade in den Jahren 1948–1949 vor dem Hintergrund der geopolitischen Entwicklungen in Europa ihren vorläufigen Höhepunkt erreichten. Tatsächlich führten die tschechoslowakischen Kommunisten Anfang des Jahres 1948 einen Regierungsumsturz herbei.

---

les communistes aux portes du pouvoir, in: Forum für Politik, Gesellschaft und Kultur in Luxemburg 299 (September 2010), S. 23–28.

837 Thewes, Gouvernements, S. 125 f.

838 Dazu ausführlich mit Nennung verschiedener Wahlwerbungen und Presseartikel Schoentgen, Rechtspartei, S. 294 f.

Damit fiel auch das letzte mitteleuropäische Land unter direkten sowjetischen Einfluss. In Berlin zog sich die sowjetische Delegation aus einer Sitzung des Alliierten Kontrollrates zurück und läutete damit das Ende der alliierten Viermächte-Verwaltung Deutschlands ein. Im Sommer des gleichen Jahres blockierte die Rote Armee die Zufahrtswege nach Westberlin. Die Entwicklungen hatten vor allem psychologische Bedeutung und ließen in der westeuropäischen Öffentlichkeit die Besorgnis von einem möglichen sowjetischen Angriff aufkommen.[839] Unter anderem auch als Reaktion auf die angespannte internationale Lage wurde Anfang des Jahres 1948 der Brüsseler Pakt als Verteidigungsbündnis geschlossen und die Idee eines transatlantischen Bündnisses in Form der Nato nahm erste Konturen an.

In den parlamentarischen Debatten zur luxemburgischen Außenpolitik führte Bech mit Blick auf die UdSSR und den Ostblock einige Aspekte auf, die sich regelmäßig wiederholten:

So sah er die rein auf den Westen konzentrierten wirtschaftlichen und sicherheitspolitischen Bündnisse als Resultat einer Verweigerung der osteuropäischen Staaten.

> *„Il a été dit avec raison, je pense, que, si les pays de l'Ouest et de l'Est s'étaient rencontrés dans l'organisation de l'aide Marshall, le Pacte Atlantique n'aurait jamais vu le jour. Or, ce sont les pays de l'Est, qui, malgré l'invitation pressante qui leur fut adressée, ont refusé de participer au Plan Marshall qu'ils attaquent avec la même violence que le Pacte de Bruxelles et le Pacte Atlantique. Ils attaquent d'ailleurs ainsi toutes les tentatives de créer l'organisation de l'Europe fédérée.“*[840]

Daneben verwies Bech angesichts des sich konsolidierenden Ostblocks gerne auf ein Ungleichgewicht der Kräfte in Europa. Dieses Ungleichgewicht würde zu einer regionalen Destabilisierung führen, der man nur mit einer entsprechenden Aufrüstung und internationalen Sicherheitspolitik begegnen könne:[841]

> *„Mais quelles que soient les intentions du monde communiste, pacifiques ou agressives, – et je n'hésite pas à dire que pour ma part je ne crois pas que la Russie veuille déclencher une guerre générale – […] mais quoi qu'il en soit, le seul fait de l'existence même d'une puissance formidable, armée jusqu'aux dents, en face de l'Occident désarmé, constitue*

---

839 Siehe etwa am Beispiel Belgiens: BRÜLL Christoph, Belgien im Nachkriegsdeutschland. Besatzung, Annäherung, Ausgleich (1944–1958), Essen 2009, S. 159–161.

840 Intervention von Joseph Bech im Rahmen einer parlamentarischen Debatte, in: CR, 27. Sitzung (22. März 1949), Sp. 1077.

841 *„La Paix ne peut être réalisée que par l'équilibre des forces en présence.“*, BECH Joseph, De la naissance et de l'abandon de la neutralité du Grand-Duché de Luxembourg, in: Revue de l'Académie des Sciences Morales et Politiques (1951), S. 96–108, hier S. 107.

un danger perpétuel de guerre générale et une menace permanente de la paix qui ne peut être sauvée que par l'établissement de l'équilibre des forces en présence. Le désarmement unilatéral laisserait les nations trop confiantes, trop naïves, exposées aux pires menaces. L'intention des alliés, en forgeant de nouvelles armes, ne peut être et n'est, en réalité, que de consolider la paix."[842]

Bei der zitierten Bemerkung Bechs sind noch zwei weitere Aspekte interessant, die ebenfalls in regelmäßigen Abständen Eingang in seinen öffentlichen Diskurs fanden: So unterstrich der Außenminister die Möglichkeit einer friedlichen Koexistenz mit der UdSSR und die Überzeugung, dass die UdSSR keine aggressiven Absichten gegenüber Westeuropa verfolgen würde. Der Ostblock würde demnach keine Expansionsabsichten verfolgen, jedoch aufgrund seines dem Westen weit überlegenen Militärpotentials eine Gefahr für den Frieden in Europa mit sich bringen. Wie schon in den publizistischen Bemühungen der CSV stellt man hier erneut eine ambivalente Haltung gegenüber dem Osten fest. Die Bemerkungen Bechs spiegeln sowohl den Glauben an ein friedliches Zusammenleben als auch an eine mögliche Bedrohung wieder.[843]

Und schließlich findet sich in der Bemerkung ein letztes wichtiges Element, das vor allem auf Seiten der KPL Reaktionen provozierte: Bech selbst verband gerne in seinen Diskursen auf subtile Art und Weise Kommunismus und Ostblock. Osteuropa wurde als *„monde communiste"* dargestellt. Indem er in einem weiteren Schritt indirekt auf eine mögliche Gefahr aus dem Osten verwies, verband er unterschwellig auch den Kommunismus mit dieser Gefahr. Diskurse zur luxemburgischen Außenpolitik wurden damit zu einem innenpolitischen Seitenhieb auf die KPL. Der Kritik eines Abgeordneten der KPL zu seinem angeblichen antikommunistischen außenpolitischen Kurs begegnete er dann auch offen:

„M. Grandgenet ne s'attendait tout de même pas à me voir proclamer que je n'étais pas anticommuniste."[844]

---

842 Intervention von Joseph Bech im Rahmen einer parlamentarischen Debatte, in: CR, 27. Sitzung (11. März 1952), Sp. 830.

843 Dass Bech fernab des öffentlichen Diskurses stärker an eine friedliche Koexistenz als an eine sowjetische Bedrohung glaubte, geht aus einem Bericht des belgischen Gesandten in Luxemburg an den belgischen Außenminister van Zeeland im März 1952 hervor: *„Il ne m'a pas caché que d'une manière générale, il ne croit d'ailleurs pas à une volonté permanente d'agression de la part de l'URSS. Il est de ceux qui croient à l'intérêt d'un dialogue Est-Ouest.*", AMAEB, Dossier n° 11416, Vanheerswynghels (belg. Vertretung in Luxemburg) an Van Zeeland (MAEB), 11. März 1952, 4 S., hier S. 2.

844 Intervention von Joseph Bech im Rahmen einer parlamentarischen Debatte, in: CR, 26. Sitzung (17. März 1949), Sp. 1069.

In seinen öffentlichen Aussagen nahm Bech also eine ambivalente Haltung gegenüber der UdSSR und Osteuropa ein und spielte stets auch auf die kommunistische Ideologie an. Dies führte dazu, dass sowohl in einigen Publikationen der luxemburgischen Historiographie als auch weit stärker im öffentlichen Diskurs der KPL die luxemburgische Außenpolitik unter Bech in kausaler Nähe zu seinen antikommunistischen Überzeugungen gesehen wurde.[845] Dabei sind öffentliche Aussagen ohne weitere Hinweise keineswegs als Beleg einer tatsächlichen Politik zu verstehen.

Mit Blick auf die in der vorliegenden Untersuchung gewonnenen Ergebnisse kann die Gleichsetzung von Bechs antikommunistischer Haltung und einer etwaigen aktiven antisowjetischen Politik widerlegt werden. Bech wurde von der KPL verstärkt ab 1948 eine antisowjetische Außenpolitik vorgeworfen. Dabei bezog sich die KPL neben der bereits aufgeführten Rhetorik Bechs in der Nachkriegszeit vor allem auf zwei Argumente:

Abgeordnete der KPL verwiesen im Rahmen parlamentarischer Debatten auf Bechs lebenslangen Antikommunismus und sahen antikommunistische Episoden der politischen Karriere Bechs aus der Zwischenkriegszeit in direkter Verbindung zu einem scheinbar antisowjetischen Kurs der luxemburgischen Diplomatie in der Nachkriegszeit.[846] Eine natürliche Kontinuität einer innenpolitischen Entscheidung aus der Zwischenkriegszeit mit einer außenpolitischen Entscheidung in der Nachkriegszeit, also über eine thematische und chronologische Distanz hinweg, kann als Argument jedoch kaum geltend gemacht werden.

Daneben wurden in den parlamentarischen Debatten die von der luxemburgischen Regierung abgeschlossenen Verträge zum Marschall-Plan und zu den sicherheitspolitischen Beteiligungen am Brüsseler Pakt und der Nato von der KPL

---

845 So schreibt Brouwer, Sillage, S. 82 etwa: „*Du reste, il est remarquable que l'hostilité de Bech vis-à-vis de l'Allemagne se combine avec son anti-communisme croissant. Déjà très vite après la guerre, le ministre ne se fait guère d'illusion sur les chances d'un règlement avec l'Union Soviétique sur le problème allemand.*" Damit folgt Brouwer Trausch, der einige außenpolitische Einschätzungen Bechs hinsichtlich der UdSSR mit den Worten kommentierte: „*Ses analyses témoignent de sa profonde méfiance à l'égard du monde communiste qui lui est toujours resté mystérieux et fermé.*", Trausch, Homme, S. 123.

846 So schon Kovacs, Extrême gauche, S. 76: „*La lecture des comptes rendus des séances à l'Assemblée consultative permet de dégager une constante dans la démarche des communistes, à savoir la propension à instrumentaliser à leurs fins certaines épisodes de la carrière politique d'avant-guerre de Bech.*"

als antisowjetischen Kurs angesehen.[847] Diese Organisationen waren mehr oder weniger direkt gegen den Ostblock bzw. eine sowjetische Bedrohung gerichtet. In diesem Zusammenhang stellt sich jedoch auch die Frage, ob es für die luxemburgische Außenpolitik reale Alternativen gab? Angesichts der zur Leitlinie erhobenen Bündnispolitik zur Gewährleistung der Unabhängigkeit des Landes konnte sich Luxemburg kaum den politischen, wirtschaftlichen und militärischen Zusammenschlüssen entziehen, wollte es eine erneute politische und wirtschaftliche Isolation vermeiden. Luxemburg war von Ländern umgeben, die sich der westeuropäischen Integration und einer transatlantischen Sicherheitspolitik anschlossen. Allein schon aus geopolitischen Gründen war eine Annäherung an den Ostblock utopisch, von ideologischen Beweggründen ganz zu schweigen. Angesichts fehlender Alternativen kann die luxemburgische Bündnispolitik demnach nicht als ein von Bech initiierter antisowjetischer Kurs verstanden werden.

Bech war sich der Kritik aus den Reihen der KPL und deren Gleichstellung von einer antikommunistischer Überzeugung und antisowjetischer Außenpolitik durchaus bewusst. Eine bereits erwähnte Aussage erweiterte er mit dem Satz:

> *„M. Grandgenet ne s'attendait tout de même pas à me voir proclamer que je n'étais pas anticommuniste. Mais pour qu'il n'y ait pas de malentendu possible, j'ai hâte d'ajouter que cela n'a rien à faire avec notre politique vis-à-vis des pays de l'Est à régime communiste.“*[848]

Zumindest nach eigenem Verständnis unterschied Bech klar zwischen Kommunismus und kommunistischen Staaten.

Der Vorwurf eines antisowjetischen Kurses von Seiten der KPL ist demnach über die Argumentation der KPL nicht begründbar. Die vorliegende empirische Falluntersuchung bietet die Möglichkeit, Bechs Handlungen im Rahmen der Wahrung der ARBED-Beteiligungen im Untersuchungsraum auch vor dem Hintergrund der Kritik der KPL, der antikommunistischen Überzeugungen des Außenministers und seiner öffentlichen Aussagen zur UdSSR und zum Ostblock zu beleuchten.

Bezeichnenderweise findet sich in den zahlreichen Akten des MAEL zur Problematik der Interessen der ARBED im Ostblock an keiner einzigen Stelle eine etwaige antisowjetische oder gegen die osteuropäischen Länder gerichtete Aussage Bechs.

Ein Quellenhinweis weiß zudem Interessantes zu berichten: Zu einem Zeitpunkt als die offizielle internationale Position der westeuropäischen Staaten

---

847 Siehe die jährlichen Haushaltdebatten speziell zur luxemburgischen Außenpolitik zwischen 1948 und 1951.

848 CR, 26. Sitzung (17. März 1949), Sp. 1069.

hinsichtlich der DDR auf der Nichtanerkennung des ostdeutschen Staates beruhte, ließ Bech als Außenminister die Vertretung in Bonn überprüfen, wie man mit den Behörden der DDR in Kontakt treten könne, um die Interessen der ARBED zu wahren.[849] Auch wenn bis zur Anerkennung der DDR kein offizieller Kontakt stattfand, verdeutlicht die Episode trotz allem, dass Bech zugunsten der Firmeninteressen der ARBED bereit war, sich über ideologische Barrieren hinwegzusetzen, sofern dies den internationalen Vereinbarungen nicht zuwiderlief.

Die ideologische Position Bechs verhinderte keineswegs ein Ausschöpfen möglichst vieler Optionen, um die Aktienbeteiligungen der ARBED in Osteuropa wahren zu können. Auch an der guten Zusammenarbeit mit Blum, einem offensichtlichen Befürworter der sowjetischen Politik, schien sich Bech nicht zu stören. Dabei hätte sich gerade die Problematik verstaatlichter Vermögenswerte durch Behörden des kommunistischen Ostblocks besonders gut für eine publizistische Ausschlachtung geeignet. Diese fand jedoch nicht statt. Stattdessen beschränkte man sich auf disktrete diplomatische Bemühungen.

Ein Blick über die Landesgrenzen hinaus zeigt, dass auch hier, abhängig von den geopolitischen Entwicklungen im Osten, die Angst vor einem möglichen sowjetischen Angriff bisweilen real war, führende Diplomaten allgemein jedoch kaum von echten Angriffsabsichten der UdSSR ausgingen.[850] Die Angst vor der UdSSR wurde auch hier gerne als Mittel gegen die kommunistischen Kräfte im eigenen Land instrumentalisiert.[851] Die Handlungen Bechs lassen sich insofern

---

849 „*Transmis en copie avec les annexes à Monsieur le Ministre de Luxembourg en Allemagne avec prière de me faire savoir s'il est possible de saisir de cette affaire la Mission luxembourgeoise de Berlin en la chargeant d'intervenir auprès des autorités compétentes de la D.D.R. aux fins voulues par les intéressés.*“, ANLux, AE-12034, Bech, 29. Mai 1952, S. 1.

850 So verdeutlicht die berühmte Angst-Rede des belgischen Außenministers Spaak bei der dritten UN-Generalvollversammlung in Paris im September 1948 ein zu diesem Zeitpunkt tatsächlich empfundenes Angst-Gefühl vor einem sowjetischen Angriff mancher westeuropäischer Politiker. Siehe hierzu Discours de la peur, in: SMETS Paul-F. (Hg.), La pensée européenne et atlantique de Paul-Henri Spaak (1942–1972), Bd. 1., Brüssel 1980. Vgl. auch die biographischen Angaben in SPAAK Paul-Henri, Combats inachevés, Bd. 1: De l'indépendance à l'alliance, Paris 1969, S. 210–219. Anders jedoch COOLSAET, Politique, S. 99, der Spaak unterstellt, im Diskurs bewusst ein falsches Bild der UdSSR zu zeichnen. Zur belgischen Angst vor einem sowjetischen Angriff siehe auch LIBOIS Gérard/LEWIN Rosine, La Belgique entre dans la Guerre Froide et l'Europe (1947–53), Bruxelles 1992 (= Politique et Histoire 9), S. 109.

851 So verwies COOLSAET, Politique, S. 97–99, dass der belgische Außenminister Spaak keineswegs von einem sowjetischen Angriff ausging. Dennoch zog er über

in einen internationalen Kontext einbetten. Bech betrieb keine aktive antisowjetische Außenpolitik. Der Kontakt mit dem Ostblock und der UdSSR war ausschließlich in realpolitische und pragmatische Überlegungen eingebunden. Persönliche Überzeugungen und ideologische Vorstellungen spielten keine Rolle.

*Albert Wehrer (*30. Januar 1895; † 31. Oktober 1967 jeweils in Luxemburg-Stadt)*

Innerhalb des diplomatischen Apparates nahm Albert Wehrer neben Bech die zweite gewichtige Rolle im Rahmen des Entscheidungsprozesses zur Wahrung der luxemburgischen Interessen in Osteuropa ein.

Über Wehrer wurde bereits weiter oben ausführlich berichtet:[852] Sein Aufstieg innerhalb des MAEL erfolgte parallel zu Bechs politischer Karriere. So trat er in dem Moment in den diplomatischen Dienst ein, als Bech die Leitung der Auswärtigen Angelegenheiten Luxemburgs übernahm. Aufgrund seiner juristischen Ausbildung und seiner bisherigen Karriere als Rechtsanwalt in Belgien, der Schweiz und Frankreich, fungierte Wehrer zuerst als juristischer Berater. 1930 ernannte ihn Bech zum *Conseiller de Gouvernement*. Faktisch stieg Wehrer zur rechten Hand Bechs und zu seinem engsten Vertrauten innerhalb des diplomatischen Dienstes auf.[853] Zu seinen Aufgaben zählte auch die ständige Vertretung Luxemburgs im Völkerbund. Mit Bech bildete er das luxemburgische Tandem, welches an den Versammlungen des Völkerbundes teilnahm. 1937 übernahm er den Posten des luxemburgischen Geschäftsträgers in Berlin. Wie bereits erwähnt, übte er diese Funktion zumeist von Luxemburg aus aus und fand sich nur gelegentlich in Berlin ein. Zusätzlich übernahm er 1938 die Funktion des Generalsekretärs der luxemburgischen Regierung.[854]

1940 wurde er nach der Flucht der luxemburgischen Regierung zum Leiter einer provisorischen Verwaltungskommission, die bei den Besatzern die

die Gleichsetzung der belgischen Kommunisten mit KGB-Agenten eine direkte Verbindung zwischen Kommunismus und sowjetischer Aggression und initiierte einen Prozess, der von Dujardin und Dumoulin als *„Maccarthysme à la belge"* bezeichnet wurde; Dujardin Vincent/Dumoulin Michel, Nouvelle Histoire de Belgique 1950–1970. L'Union fait-elle toujours la force?, Brüssel 2008, S. 22.

852 Siehe oben, S. 50, 70, 113 f.

853 Vgl. Haag/Krier, Grande-Duchesse, S. 51; Mary Julien, La politique du Luxembourg au sein de la Société des Nations, in: Hémecht. Zeitschrift für Luxemburger Geschichte 63/4 (2011), S. 405–450.

854 Hierzu weiter oben, S. 50.

luxemburgischen Interessen vertreten sollte.[855] Diese Aufgabe erfüllte er nur kurz: Von den deutschen Besatzern verhaftet und in Trier interniert, wurde er später nach Leipzig zwangsumgesiedelt, wo er dank der Unterstützung der Arbed und der F&G Carlswerk AG in einer Tochtergesellschaft des rheinischen Unternehmens unterkam. Hier soll er auch Kontakt mit deutschen Widerständlern gepflegt haben.[856]

Im Rahmen der Wahrung der Arbed-Beteiligungen im Untersuchungsraum galt Wehrer unbestreitbar als die am besten vernetzte Person. Dies lag zum einen an der Verortung der Behörde, der er vorstand, zum anderen aber auch an der persönlichen Vergangenheit des Akteurs selbst.

Wehrer leitete die LMM Berlin, die als Brückenkopf zu den Kontakten im Untersuchungsraum diente. In Berlin befand sich die luxemburgische Militärmission in unmittelbarer Nähe zu den Hauptquartieren der vier Besatzungsmächte Deutschlands. Zudem waren in der Stadt neben der luxemburgischen noch viele andere alliierte Militärmissionen vertreten, darunter auch jene der osteuropäischen Staaten Polen, Jugoslawien und Tschechoslowakei. Außerdem befanden sich hier wichtige Kontakte der F&G-Gruppe: So unterhielt der Mutterkonzern F&G Carlswerk AG im amerikanischen Sektor eine Zweigstelle, und die vor allem im sowjetischen Sektor der Stadt angesiedelte Kabelwerk Wilhelminenhof AG war ebenfalls hier verortet.[857]

Es verwundert demnach nicht, dass Wehrer und seine Behörde den maßgeblichen Kontakt zu den osteuropäischen und sowjetischen Behörden im Untersuchungsraum und in Berlin gewährleisteten. Als solcher stand er auch mit dem Leiter des Berliner Zweigbüros der F&G Carlswerk AG, Saffran, und dem Direktor der Kabelwerk Wilhelminenhof AG und Prokurist der F&G Carlswerk AG in der SBZD, Spennemann, in regelmäßigem Kontakt und koordinierte die aus Luxemburg eingegangenen Anordnungen. Allgemein

855 Zur Rolle dieser Verwaltungskommission in der ersten Phase der deutschen Besetzung des Landes sei auf die Dissertation von Vincent Artuso sowie das daran anknüpfende Forschungsprojekt an der Universität Luxemburg verwiesen, siehe Artuso, Collaboration.

856 Carbonell Mauve, Victors and Vanquished of WWII. Europe in Common? The Members of the High Authority of the ECSC, in: Affinito Michele/Migani Guia/Wenkel Christian (Hg.), Les deux Europes. Actes du IIIe colloque international RICHIE (The Two Europes. Proceedings of the 3rd international RICHIE Conference), Brüssel 2009 (= Euroclio. Etudes et documents 46), S. 133–148, hier S. 133–135.

857 Hierzu bereits oben, S. 175 f.

galt der den Titel des Major tragende Wehrer als Kontaktperson des MAEL zur F&G-Gruppe. Zudem garantierte er den Kontakt zwischen der ARBED und den Verantwortlichen der F&G-Gruppe vor Ort.[858]

Neben seinen Kontakten, die in erster Linie auf die der Verortung der luxemburgischen Vertretung in Berlin zurückzuführen waren, begünstigte auch die persönliche Vergangenheit Wehrers weitere Kontakte, die die Wahrung der Konzernbeteiligungen der ARBED im Untersuchungsraum erleichterten. Nach seiner Zwangsumsiedlung nach Leipzig während des Krieges war Wehrer, dank der Intervention Aloyse Meyers', in der juristischen Abteilung der Leipziger BTA, die bekanntlich zur F&G-Gruppe gehörte, untergekommen.[859] In der Nachkriegszeit wurde Wehrer von einem ehemaligen Kollegen der BTA mit streng vertraulichen Informationen über die Entwicklung des Unternehmens versorgt. Diese Informationen konnte der Chef der luxemburgischen Militärmission an das MAEL und die ARBED weiterleiten.[860] Aus der persönlichen Vergangenheit Wehrers lässt sich entnehmen, dass dieser eine überzeugter Anhänger der Interessen der ARBED war. Sicherlich wird dies auch bei der Wahrung der ARBED-Beteiligungen eine Rolle gespielt haben. Hierbei ist weniger der Inhalt der erhaltenen Dokumentation von Belang als vielmehr die Natur der Kontakte, die Wehrer mit den Vertretern der ARBED unterhielt: So stand er mit dem luxemburgischen Konzern in direktem Kontakt. Dieser Austausch verlief nicht erst über das MAEL, sondern fand auf direktem Weg statt. Die Kontakte dienten keineswegs dem Zweck, das MAEL bewusst zu umgehen, sondern waren zum einen den engen Verbindungen zwischen Wehrer und der Leitung der ARBED, zum anderen einer pragmatischen Arbeitsweise geschuldet. Über den direkten Kontakt konnten Missverständnisse vermieden und Entscheidungen schneller getroffen werden. Der Nachteil war jedoch, dass das MAEL darüber teilweise mit zeitlichen Verzögerungen von Wehrer unterrichtet wurde.[861] Die Kontakte, die Wehrer im Rahmen der Wahrung der Konzernbeteiligungen der ARBED unterhielt, verliefen sowohl auf schriftlicher wie auf mündlicher Ebene.

---

858 ANLux, AE-08389, Wehrer (LMM) an Bech (MAEL), 2. April 2 S.

859 ARBED, Demi-siècle, S. 352.

860 ANLux, AE-AA-305, Voigt (BTA), 27. Mai 1946; AE-AA-305, Voigt (BTA) an Wehrer (LMM Berlin), 13. August 1946, 1 S.

861 Siehe etwa die Anfrage Wehrers an Aloyse Meyer, den geschäftsführenden Direktor der ARBED bezüglich einer weiteren Vorgehensweise im Falle der Budapester F&G KABEL-, DRAHT- UND DRAHTSEILFABRIK AG, ANLux, AE-AA-311, Wehrer (LMM Berlin) an Meyer (ARBED), 26. September 1947, 2 S.

Gerade wegen der Brückenfunktion der LMM Berlin verliefen die schriftlichen Anfragen und diplomatischen Noten aus Luxemburg, aber auch die Proteste der ARBED-Leitung zumeist über die Berliner Vertretung. Die Brückenfunktion seiner Behörde nutzte er nicht nur für den schriftlichen Austausch mit dem Osten. Sie erlaubte ihm auch persönliche Kontakte zwischen Vertretern der ARBED und den ostdeutschen Behörden herzustellen.[862] Daneben unterhielt Wehrer ausgezeichnete Kontakte zu Vertretern der F&G-Gruppe in Deutschland.

Aufgrund der Vielzahl an möglichen Kontakten avancierte die LMM Berlin unter der Leitung Albert Wehrers schnell zur wichtigsten luxemburgischen Auslandsvertretung im Rahmen der Wahrung der ARBED-Interessen. Wehrer setzte dabei die Anordnungen Bechs konsequent um.

Nach der Schaffung der beiden deutschen Staaten wurde Wehrer Leiter der luxemburgischen Vertretung in Bonn. Bereits 1951 übernahm er die Direktion in Paris. In dieser Zeit kam er zwar noch mit dem Dossier der Aktienbeteiligungen der ARBED in Berührung, doch kann er nicht mehr als einer der Hauptakteure gelten. Seine Bemühungen konzentrierten sich vor allem auf die Schaffung der Montanunion, bei der er zwischen 1952 und 1967 luxemburgischer Delegierter werden sollte.[863]

Während seiner beruflichen Laufbahn verfasste Wehrer eine ganze Reihe von Publikationen, die sich mit dem internationalen Statut, der wirtschaftlichen und historischen Entwicklung des Großherzogtums Luxemburg sowie dem europäischen Einigungsprozess auseinandersetzten.[864] Die sehr stark aus der persönlichen

---

862 ANLux, AE-AA-305, Reisebericht, 16. Dezember 1946; AE-AA-311, Meyers (ARBED) an Wehrer (LMM Berlin), 25. Oktober 1947, 1 S.

863 Allgemein zu Wehrer siehe DOSTERT Paul, Albert Wehrer 1895–1967, in: 400 Joer Kolléisch, Luxemburg 2003, Bd. 2, S. 375 f.; CARBONELL Mauve, Des hommes à l'origine de l'Europe. Biographies des membres de la haute Autorité de la CECA, Aix-en-Provence 2008 (= Le temps de l'histoire), S. 231 f.; O. A., Wehrer, Albert, in: Munzinger Online, Personen – Internationales Biographisches Archiv, URL: http://www.munzinger.de/document/00000004025 (Stand: 7. März 2013)

864 Siehe hier die wichtigsten Werke in chronologischer Reihenfolge: WEHRER Albert, Le Luxembourg au tournant de l'histoire: Foi et reconnaissance d'un petit peuple libre, Luxemburg 1919; DERS., Pour l'indépendence du Luxembourg: Une petite nation dans le cadre de grands problèmes, Lausanne 1919; DERS., Statut; DERS., Les livres scolaires d'après Guerre dans le Grand-Duché de Luxembourg, Rennes/Paris 1926; DERS. The Grand Duchy of Luxembourg, Paris 1933; DERS., La politique de sécurité et d'arbitrage du Grand-Duché de Luxembourg. Sa politique de neutralité, Brüssel 1933; DERS., L'histoire du Luxembourg dans une Europe divisée, 963–1945. Notre politique étrangère d'une Guerre mondiale à l'autre, Luxemburg 1957.

Erfahrung Wehrers genährten Schriften erwähnen jedoch an keiner Stelle die Problematik der Wahrung der Aktienbeteiligungen der ARBED im Osten.

Aus den eingesehenen Dokumenten geht kaum etwas über Wehrers persönliche Wahrnehmung und Einstellung gegenüber dem Ostblock hervor. Es fällt auf, dass er sich sehr gut mit den legislativen Rahmenbedingungen auskannte und die Möglichkeiten des luxemburgischen Handelns häufig im Rahmen der alliierten bzw. internationalen Verordnungen überprüfte. Diese Fixierung auf den legislativen Rahmen lag sicherlich in seiner eigenen Ausbildung und früheren Tätigkeit als Anwalt begründet. So war es gerade Wehrer, der die ARBED von ihrer falschen Argumentation mittels Berufung auf ein nicht von der UdSSR unterzeichnetes Gesetz unterrichtete.[865] Wehrer war es auch, der die Möglichkeit einer Kontaktaufnahme zu den Behörden der DDR überprüfte, ohne die diplomatische Nichtanerkennung der DDR durch den Westen zu untergraben. Negative wie positive Bemerkungen zu den osteuropäischen Staaten, den geopolitischen Ereignissen im Ostblock oder der kommunistischen Ideologie gehen aus den Dokumenten nicht hervor. Und auch seine öffentlichen Reden offenbaren hierzu keine relevanten Aspekte.

Wehrer kann eindeutig als ARBED-Mann auf Seiten des MAEL angesehen werden. Zur Zeit seiner beruflichen Laufbahn hielt er engsten Kontakt zum luxemburgischen Konzern. Er verteidigte stets die Interessen des Unternehmens.[866] 1952 übernahm er den luxemburgischen Sitz innerhalb der Hohen Behörde der CECA und galt wegen seines diplomatischen Gespürs und seinen exzellenten Kontakten zur ARBED als idealer Kandidat bei Politik und Schwerindustrie. Seine engen Verbindungen zur ARBED im Rahmen der Wahrung der Konzernbeteiligungen in Osteuropa fügen sich harmonisch in dieses Gesamtbild ein.

*René Blum (*17. Februar 1889 in Esch-Alzette; † 25. Dezember 1967 in Bridel)*

Der langjährige luxemburgische Vertreter in Moskau gilt als weitere Schlüsselfigur der Wahrung der luxemburgischen Interessen im Ostblock. In der Industriehochburg Esch-Alzette geboren, war René Blum der Sohn von Louis Blum, dem Laborleiter der luxemburgischen METZ & CIE, später der ARBED.[867] René Blum sollte allerdings nicht den Weg in die Schwerindustrie einschlagen: Nach seinem

865 ANLux, AE-08389, Wehrer, 5. Dezember 1949.

866 So etwa in den Verhandlungen zur Gründung der EGKS; siehe hierzu BARTHEL, Sturm, S. 13.

867 SCUTO, Nationalité, S. 177 f.

Jurastudium arbeitete er zunächst als Anwalt in Luxemburg. Bereits seit 1909 Mitglied der sozial-demokratischen Arbeiterpartei wurde er 1918 zum Abgeordneten des Kantons Esch gewählt. Sehr aktiv war er unter anderem zwischen November 1925 und Juni als 1926 Vorsitzender der Abgeordnetenkammer. Zwischen 1926 und 1940 hatte er den Vorsitz der Partei inne.[868]

Blum war für seinen außerordentlichen Schaffensdrang und seine Rhetorik bekannt. Er galt als Freidenker und übernahm zwischen 1926–1933 und 1935–1937 den Vorsitz des luxemburgischen Freidenkerbundes. Gerade die innenpolitische Entwicklung von 1937 sollte einen entscheidenden Einschnitt in seiner beruflichen Laufbahn bedeuten: Tief enttäuscht über die Weigerung großer Teile seiner Partei, sich der gerade gegründeten Liga für die Verteidigung der Demokratie anzuschließen und die Zusammenarbeit mit den Kommunisten zu suchen, trat er im April 1937 von seinen politischen Funktionen zurück. Das Scheitern des von Joseph Bech angestrengten „Maulkorbgesetzes" läutete seine Rückkehr ein: Nach dem Rücktritt der Regierung Bech wurde Blum Minister der Ressorts Justiz, Arbeit und Verkehr. Hier fiel er vor allem durch seine großzügige Einreiseerlaubnis für aus Deutschland kommende Flüchtlinge auf. Kurz vor der deutschen Besetzung Luxemburgs demissionierte Blum allerdings von seinem Ministerposten. Er flüchtete ins französische, dann ins englische Exil.

Während des Krieges wurde Blum von dem ebenfalls in England weilenden Joseph Bech im Mai 1944 zum *Envoyé extraordinaire et Ministre plénipotentiare* ernannt und nach Moskau entsandt. Für den Posten hatte sich Blum aktiv beworben: Bereits im März 1942 hatte er den Regierungschef Dupong kontaktiert und seine Dienste als luxemburgischer Geschäftsträger in Moskau angeboten. Dafür hatte er bereits mit dem Erlernen des Russischen begonnen.[869] Die Bestellung Blums zum luxemburgischen Vertreter in Moskau hatte sich 1944 zu einer dringenden Notwendigkeit gewandelt: Seit der Kriegswende in Stalingrad waren zahlreiche luxemburgische Zwangsrekrutierte an der Ostfront in russische Gefangenschaft geraten. Die luxemburgische Exilregierung suchte in der Folge die Befreiung der luxemburgischen Zwangsrekrutierten zu erreichen. In London hatte sich die luxemburgische Exilregierung bereits an die lokalen sowjetischen Vertreter gewandt, jedoch ohne Erfolg. Man sah es als dringend notwendig an, in der UdSSR direkten Kontakt mit den Gefangenen aufzunehmen und ihre

---

868 Zu den biographischen Angaben Blums siehe auch Fayot Ben/Hoffmann Serge/Maas Jacques u. a. (Hg.), 100 Joër sozialistesch Deputéiert an der Lëtzebuerger Chamber. Dictionnaire biographique des députés socialistes à la Chambre des Députés, Luxemburg 1997, S. 22–24.

869 Heisbourg, Gouvernement 4, S. 232.

Befreiung zu erwirken. Die Berufung Blums schien geradezu zwingend. Im Juni 1944 brach er nach Moskau auf. Sein beschwerlicher Reiseweg führte ihn über Gibraltar, Nordafrika und den Iran. Erst im August gelangte er in der sowjetischen Metropole an.

In Moskau war Blum in seiner Anfangszeit vor allem damit betraut, die gefangenen luxemburgischen Zwangsrekrutierten zu befreien. Dabei schlug er den sowjetischen Gesprächspartnern auch die Aufstellung einer Einheit aus luxemburgischen Kriegsgefangenen vor, welche an der Seite der Roten Armee agieren sollten. Zu einem solchen Schritt war Blum jedoch nie von Bech instruiert worden.[870] Die Episode verdeutlicht, dass sich der ehemalige Minister im Ausland gewisse Freiheiten herausnahm, die über die Funktion des diplomatischen Vertreters hinausgingen.

Blum selber rechnete nicht mit einem längeren Verbleib in Moskau. Seiner Frau in New York hatte er noch von London aus geschrieben, sie solle in den USA auf seine Rückkehr warten. Nach der Rückkehr plante er, eine gewichtige Rolle in der luxemburgischen Justiz zu spielen. Offenbar kokettierte er mit dem Posten des Generalstaatsanwaltes. Dazu war man auf Seiten der Exilregierung jedoch wenig geneigt. Blum, der mittlerweile seine Rückberufung aus Moskau wünschte, wurde mitgeteilt, dass eine solche Anordnung kurz nach seiner Beauftragung beim Kreml sicher auf wenig Verständnis stoßen und die Rückkehr der luxemburgischen Zwangsrekrutierten gefährden würde.[871] Eine erste Gruppe solcher Gefangenen konnte erst im August 1945 ihre Rückreise antreten. Die Rückkehr weiterer Gefangener sollte sich über Monate hinziehen.

Während dieser Zeit blieb Blum in Moskau. Bis 1959 war er hier als Leiter der luxemburgischen Vertretung verantwortlich. Seinem Wunsch nach Rückkehr war von Regierungsseite nicht stattgegeben worden. Die Korrespondenz zwischen Bech und Blum lässt keine Ressentiments erkennen. Die Briefe geben den Eindruck eines höflichen, respektvollen Umgangs miteinander. Gelegentlich duzten sich die beiden Männer auch in den Briefen.[872] Trotz allem gewinnt man den Eindruck, dass Bech und Dupong Blum bewusst in Moskau belassen wollten. In weiter Ferne zu Luxemburg war der ehemalige Minister politisch kaltgestellt. Dafür spricht auch die lange Amtszeit Blums bis Ende 1959. Kein anderer Botschafter Luxemburgs stand über einen so langen Zeitraum der gleichen diplomatischen Vertretung vor.

---

870 Ebd. S. 240 f.

871 Ebd., S. 243–245.

872 ANLux, AE-4062, Blum (lux. Vertretung in Moskau) an Bech (MAEL), 16. August 1952 der mit *„Cher Joseph“* beginnt.

Nach dem Krieg wurde Blum von Luxemburg aus mit dem Dossier der ARBED-Interessen in Osteuropa betraut. Seine Aufgabe war es in erster Linie, in Moskau und in Warschau – Blum übernahm auch die luxemburgische Vertretung in Polen – bei der sowjetischen und polnischen Regierung zu intervenieren. Er übermittelte Schreiben der luxemburgischen Regierung und der ARBED an die dortigen Behörden und konnte zudem persönlich mit Vertretern der sowjetischen Regierung in Kontakt treten.[873]

Angesichts der Problematik der ARBED-Beteiligungen in Osteuropa zeichnete sich Blum durch denselben Arbeitseifer aus, der ihn bereits zu Zeiten seiner politischen Laufbahn ausgezeichnet hatte. So sammelte und wertete er systematisch die sowjetische Presse aus und sandte fast täglich Berichte über die aktuelle wirtschaftliche und politische Lage in der UdSSR nach Luxemburg.[874]

Aus den Informationen, die von Blum in Luxemburg eingingen, lässt sich ein erstaunlicher Wandel in der politischen Perzeption des luxemburgischen *Envoyé extraordinaire et Ministre plénipotentiaire* erkennen: In unmittelbarer Nähe zum Kreml wandelte sich Blum langsam vom Freidenker zu einem überzeugten Anhänger des sowjetischen Regimes. Immer wieder sandte er Berichte von Moskau nach Luxemburg, die diesen Wandel erkennen lassen. Dabei störte er sich vor allem an den „anti-sowjetischen" und „anti-stalinistischen" Äußerungen in der luxemburgischen Öffentlichkeit. Regelmäßig beschwerte er sich über das vor allem vom *Luxemburger Wort* gezeichnete Bild der UdSSR und Stalins. Die Bezeichnung der UdSSR als *„totalitären Musterstaat"* und die Karikaturisierung Stalins als *„geniales* Väterchen" löste bei Blum *„tristesse et dégoût"* aus.[875] Aber auch die Gleichstellung Stalins mit Hitler im luxemburgischen Parlament durch den Abgeordneten Antoine Krier (LSAP) löste im entfernten Moskau eine sofortige Beschwerde Blums bei Bech aus und die Forderung, solche Äußerungen in der luxemburgischen Abgeordnetenkammer nicht mehr zu dulden.[876] Interessant ist,

873 ANLux, AE-12048, 16. Februar 1956, 1 S.

874 Siehe den nicht unbedeutenden Archivbestand in den ANLux: ANLux, AE-04058-04064, der die Jahre 1945–1956 abdeckt.

875 ANLux, AE-4062, Blum (lux. Vertretung in Moskau) an Bech (MAEL), Datum unleserlich, 2 S.

876 ANLux, AE-4062, Blum (lux. Vertretung in Moskau) an Bech (MAEL), 7. Oktober 1952, 2 S, hier S. 2: *„Aussi sur la base de cet incident, je vous supplie d'informer le président de la Chambre de ne plus tolérer de pareilles déclarations resp. de les sanctionner."* Blum spielte hier auf eine Aussage Antoine Kriers (LSAP) in der Sitzung vom 12. März 1952 im Rahmen der jährlichen Budgetdebatte an: *„Dierf en haut froen, wat wär aus Letzeburg an aus alle Länner vun Europa gin, wann England*

dass sich Blum hier über einen Abgeordneten der LSAP beschwerte, für die er selber vor dem Krieg politisch stark aktiv war. Zwischen Blum und Mitgliedern der LSAP der Nachkriegszeit bestanden nunmehr starke ideologische Gegensätze.

Gegen die UdSSR-kritischen Stimmen aus Luxemburg führte Blum drei Argumente an: Sie würden von den sowjetischen Behörden durchaus wahrgenommen und könnten das diplomatische Klima stören. Dadurch wäre auch die Zukunft der sich noch immer in der UdSSR aufhaltenden ehemaligen luxemburgischen Zwangsrekrutierten in Gefahr und schließlich würde man auch dadurch die der UdSSR zustehende Dankbarkeit des luxemburgischen Volkes für die Befreiung des Landes (!) nicht aufbringen.[877]

Blum beschränkte sich nicht auf die Kritik der luxemburgischen Presse. Er sah diese in einem Boot mit der westlichen, vom amerikanischen Journalismus beeinflussten Berichterstattung, die er als *„gangstérisme littéraire“* brandmarkte.[878] Interessant sind aber auch Blums Interpretationen und seine persönliche Sichtweise der geopolitischen Ereignisse im Ostblock, bei denen er vollständig die Argumentation des Kremls übernahm: So sah er in der, seiner Meinung nach in der westlichen Presse übertrieben dargestellten militärischen Niederschlagung des Juni-Aufstandes in der DDR ein legitimes Mittel der sowjetischen Besatzungsmacht.[879] Der UdSSR wurde korrektes Handeln in der Iran-Krise zugeschrieben.[880] Generell verband er die Sowjetunion systematisch mit dem Begriff des *„Pazifismus“*. Gegen die Deutschen, die er auch als *„Borussen“* bezeichnete, hegte er eine tiefe Antipathie.[881] Blum wurde nach seiner diplomatischen Karriere 1965 erster Ehrenvorsitzender der luxemburgischen Gesellschaft „Luxembourg-URSS“, deren Ziel vom sowjetischen Botschafter für Luxemburg,

---

*démols den Hitler-Stalin-Virschlag ugeholl hätt. Kann en sech dat virstellen, wat entstane wir wann zwe barbaresch Diktatoren sech Europa opgedelt hätten?“ [*deutsche Übersetzung: *Darf man heute fragen, was aus Luxemburg und allen europäischen Länder geworden wäre, wenn England damals den Hitler-Stalin-Vorschlag angenommen hätte. Kann man sich vorstellen, was entstanden wäre, wenn sich zwei barbarische Diktatoren Europa aufgeteilt hätten?],* CR (12. März 1952), Sp. 875.

877 ANLux, AE-04962, Blum (lux. Vertretung in Moskau) an Bech (MAEL), 5. Mai 1951, 2 S., hier S. 2.

878 ANLux, AE-4060, Blum (lux. Vertretung in Moskau) an Bech (MAEL), 5. Oktober 1952, 3 S., hier S. 2.

879 ANLux, AE-4060, Blum (lux. Vertretung in Moskau) an Bech (MAEL), 19. Oktober 1953, 1 S. [im Folgenden zitiert als: ANLux, AE-4060 Blum, 19. Oktober 1953].

880 ANLux, AE-4058, Blum (lux. Vertretung in Moskau) an Bech (MAEL), 30. April 1952, 1 S.

881 ANLux, AE-4060 Blum, 19. Oktober 1953.

Melnik, auf einem Nationalkongress der Gesellschaft mit folgenden Worten umschrieben wurden:

> „*L'activité de la société „Luxembourg-URSS" constitue une contribution importante à la cause du renforcement de l'amitié et de la coopération. L'édition d'une revue mensuelle, la distribution de la littérature soviétique, la projection des films, l'organisation des rapports et des conférences sur l'Union Soviétique, l'organisation du cours de la langue russe aident les simples gens du Luxembourg à mieux connaître la vie de notre peuple, son amour du travail, son caractère humain.*"[882]

Auf dem gleichen Kongress hielt Blum ebenfalls eine Rede, in der er unter anderem zur angeblich in Luxemburg verbreiteten Angst vor der UdSSR mit Blick auf vermeintlich historische Gegebenheiten kommentierte:

> „*Wenn also heute von der „Russischen Gefahr" gesprochen wird, dann kann man dem entgegnen: Die Geschichte beweist doch, dass jede europäische Grossmacht hierher kam und unsere Jugend zum Militärdienst einzog, mit Ausnahme Russlands. Auch die Russen hätten dies tun können. Aber sie wollten es nicht. Denn Russland war und bleibt immer ein uneigennütziger Freund unseres Landes.*"[883]

Den politischen Wandel hat Blum selber nie kommentiert. Die Sympathie eines Vertreters staatlicher Interessen im Ausland für die Regierung Staates, in dem er akkreditiert ist, erscheint doch sehr erstaunlich und kaum mit dem *Credo* diplomatischer Vertretung vereinbar.[884]

Innerhalb der Akten des MAEL finden sich keine Hinweise darauf, dass die Äußerungen und Haltungen Blums Anlass zu internen Beratungen oder Nachprüfungen geführt hätten.

---

882 Extrait de l'intervention de I.A. Melnik, Ministre de l'URSS au Luxembourg au 7ᵉ Congrès National de l'Association „Luxembourg-URSS" à Kayl, in: Luxembourg-URSS, S. 112 f., hier S. 113. Das Informationsblatt der Gesellschaft war stark prosowjetisch ausgerichtet. Siehe auch AMAEB, Dossier n° 19698, Belg. Legation an das MAEB, November 1965, 1 S.

883 Blum, Freundschaft, S. 4. Auszüge der Rede finden sich auch im Quellenband Luxembourg-Russie, S. 114. Bezeichnenderweise fehlt hier aber dieser Auszug.

884 So etwa Bailey Thomas Andrew: Qualities of American Diplomats, in: Plischke Elmer, Modern Diplomacy: The Art and the Artisans, Washington 1979 (= Studies in Foreign Policy/American Enterprise Institute for Public Policy Research 247), S. 211–222, hier S. 215 f.; Ders., Advice for Diplomats, in: Plischke Elmer, Modern Diplomacy. The Art and the Artisans, Washington 1979 (= Studies in Foreign Policy/American Enterprise Institute for Public Policy Research 247), S. 223–236, hier S. 225 f.; Clark Eric, Corps Diplomatic, London 1973, S. 85.

Dabei hatte die im Vergleich zu den übrigen Entscheidungsträgern sehr außergewöhnliche Haltung Blums Auswirkungen auf die Wahrung der ARBED-Interessen im Ostblock: So machte er im Rahmen des Austauschs zwischen Vertretern der ARBED und des MAEL immer wieder sehr eigene Vorschläge zum weiteren Vorgehen: Bereits in den fünfziger Jahren trat Blum für die Anerkennung der DDR durch die luxemburgische Regierung ein, um die Verhandlungen mit den ostdeutschen Behörden wieder aufnehmen zu können. Er erkannte sofort die diplomatische Einengung bei der Verteidigung der dort bestehenden offenen Vermögensfragen und setzte sich für ein bewusstes Ignorieren dieser Doktrin ein.[885]

Diese Vorschläge wurden aber in Luxemburg weder von Seiten des übrigen luxemburgischen diplomatischen Apparates, noch von der Leitung der ARBED in irgendeiner Form kommentiert. Es hat den Anschein, als habe man auf luxemburgischer Seite gerne auf Blum zurückgegriffen, weil er in Moskau gerade im Rahmen der Befreiung der luxemburgischen Zwangsrekrutierten recht erfolgreich war, seine politischen Ansichten jedoch suchte man bewusst zu ignorieren.

Obwohl Blum immer wieder mit abweichenden Meinungen und Vorschlägen aufwartete, hielt er sich an die Anordnungen aus Luxemburg. Gerade auf Seiten der ARBED, war man durchaus zufrieden mit der von Blum geleisteten Arbeit. In den Firmenunterlagen finden sich an keiner Stelle Spuren der Kritik an Blum.

Wie mit Wehrer unterhielt die Leitung der ARBED auch direkte Kontakte mit Blum. Der Briefaustausch lief jedoch, anders als zwischen der ARBED und der LMM Berlin, immer über das MAEL. Dies wird wohl auf den langen Postweg und die Gefahr des Briefverlustes über den herkömmlichen Postweg zurückzuführen sein. Das MAEL war dadurch stets im Bilde über den Informationsaustausch zwischen der luxemburgischen Vertretung in Moskau und der ARBED.

*Guillaume Konsbruck (*3. September 1909 in Hostert; † 3. Oktober 1983 in Luxemburg)*

Guilleaume oder Guill Konsbruck gilt ohne Zweifel als der wichtigste Entscheidungsträger auf Seiten der ARBED. Sein persönlicher Lebenslauf ist gerade im Rahmen des Verhältnisses zwischen dem Konzern und der luxemburgischen Regierung besonders interessant:

Geboren in Hostert schlug Konsbruck zunächst eine militärische Laufbahn ein. Wegen seiner Position als Adjutant am großherzoglichen Hof begleitete Konsbruck mit seiner gesamten Familie – seine Frau Nelly Konsbruck-Hartmann

885 Siehe oben, S. 203 f.

war Hofdame – 1940 die Großherzogin ins kanadische Exil. Während dieser Zeit hielt er engen Kontakt zu den ebenfalls geflüchteten Ministern und dem luxemburgischen Vertreter in Washington, Hugues le Gallais.[886]

Es wird wohl diese Nähe zur Exilregierung Luxemburgs gewesen sein, die Konsbruck in der unmittelbaren Nachkriegszeit einen Ministerposten in der Regierung der nationalen Einheit einbrachte.[887] Zwischen dem 23. Februar bis zum 21. April 1945 hielt er die Ressorts Versorgung, Wirtschaft, Handwerk und Berufe sowie Landwirtschaft. Nach einer Umverteilung hielt er von April 1945 bis zu seinem freiwilligen Ausscheiden, am 29. August 1946, nur noch die Ressorts Wirtschaft und Versorgung. Er gehörte keiner politischen Partei an.[888]

Unmittelbar nach seinem persönlichen Rücktrittsgesuch übernahm Konsbruck einen hohen Managerposten bei der ARBED. So war er vom 14. Oktober 1946 und dem 25. April 1947 Direktor des *Service administratif et social* sowie des *Service des participations* des Konzerns. Gerade als Direktor der Abteilung für die Firmenbeteiligungen fielen die offenen Vermögensfragen der ARBED im Ausland in seinen Zuständigkeitsbereich.[889] Im April 1947 wurde Konsbruck zum beigeordneten Generaldirektor ernannt und weiterhin mit der Überwachung der Konzernbeteiligungen beauftragt. Am 1. März 1958 wurde er schließlich Generaldirektor der ARBED. Aufgrund der Größe des Konzerns wurde die Direktion in zwei Abteilungen aufgeteilt, wobei Konsbruck Generaldirektor der Gruppe ARBED-Participations wurde.[890]

Während seiner Laufbahn innerhalb der ARBED war Konsbruck demnach immer mit den Auslandsbeteiligungen des Konzerns betraut. Dies erweckt den Eindruck, dass der Konzern den Minister 1946 bewusst für diesen Posten rekrutiert haben könnte. Konsbruck hatte keine spezifische Ausbildung für einen Posten innerhalb der Schwerindustrie, doch hatte er sich während seiner Zeit als

---

886 Siehe hierzu die entsprechenden Aktenbestände im ANLux: ANLux, AE-AW-2124–2125.

887 Arrêté grand-ducal du 23 février 1945, portant nomination de MM. Robert Als et Guill Konsbruck aux fonctions de Ministres, in: Mémorial A/8 (27. Februar 1945), S. 66.

888 THEWES, Gouvernements, S. 115–122.

889 Es sei vermerkt, dass laut Informationen Chomés, René Wagner zwischen 1921 und 1957 der eigentliche Abteilungsleiter des *Service des Participations* gewesen sein soll. Sein Name taucht aber in keiner der durchgesehenen Akten auf, im Gegensatz zu Konsbruck. Siehe hierzu ARBED, Demi-siècle, S. 239.

890 Zur Karriere Konsbrucks innerhalb der ARBED, siehe ARBED, Demi-Siècle, S. 233, 235 und 237.

Versorgungsminister als großer Organisator erwiesen.[891] Dies und die gleichzeitige Nähe zur luxemburgischen Politik und zum luxemburgischen Hof könnten die ARBED veranlasst haben, Konsbruck für das Unternehmen zu gewinnen und ihn mit den Auslandsbeteiligungen zu betrauen.

Mit Blick auf die Wahrung der Aktienbeteiligungen der ARBED im Ostblock ist Guillaume Konsbruck eindeutig als zentraler Entscheidungsträger zu identifizieren. So war er als Verantwortlicher für die offenen Vermögenswerte des Konzerns im Ausland von allen Akteuren am besten über die Vorgänge im Ostblock im Bilde. Bei ihm bzw. seiner Abteilung liefen die im Namen des Konzerns gesammelten Informationen über die Beteiligungen zusammen. Zudem galt er auch als Hauptansprechpartner der luxemburgischen Behörden. Konsbruck war als Vertreter der ARBED bei allen Treffen mit Repräsentanten des luxemburgischen diplomatischen Dienstes persönlich anwesend. Er unternahm mehrere Reisen unter anderem nach Berlin und nach Paris, um sich vor Ort mit lokalen Behörden, den luxemburgischen Auslandsvertretungen und der Geschäftsführung der F&G-Gruppe zu treffen.[892]

Mit der deutschen und vor allem der belgischen Schwerindustrie stand die ARBED in der Nachkriegszeit in engem Kontakt. An die 1948 ins Leben gerufenen *Association pour la sauvegarde des biens et intérêts alliés en Allemagne* schloss sich auch ein luxemburgischer Verband, die *Association Luxembourgeoise pour la défense des droits, biens et intérêts alliés en Allemagne*, an, deren Vorsitz Guillaume Konsbruck übernahm.[893] Offiziell vertrat der luxemburgische Ableger die Interessen aller luxemburgischen Gläubiger aus dem Bereich der Industrie in Deutschland, doch hat es den Anschein, als diente der Verband in erster Linie als Vehikel der ARBED, um im Rahmen eines privaten Interessensverbandes eine neue Front bei der Wahrung ihrer Vermögenswerte in Deutschland aufzumachen. Konsbruck übernahm dann auch sogleich den Vorsitz und intervenierte in der Folgezeit abwechselnd, mal in der Funktion eines Direktors der ARBED mal als Vorsitzender des luxemburgischen Verbandes, beim MAEL. Daneben wurde

---

891 Zur Sicherstellung der Versorgung und der wirtschaftlichen Normalisierung Luxemburgs in der unmittelbaren Nachkriegszeit siehe KRIER Emile, Luxemburg am Ende der Besatzungszeit und der Neuanfang, in: DÜWELL Kurt/MATHEUS Michael (Hg.), Kriegsende und Neubeginn. Westdeutschland und Luxemburg zwischen 1944 und 1947, Stuttgart 1997 (= Geschichtliche Landeskunde 46), S. 69–95, hier S. 90–93.

892 ANLux, AE-AA-305, Reisebericht, 16. Dezember 1946; ANLux, AE-08386, Funck (lux. Vertretung in Paris) an Bech (MAEL), 17. März 1947, 2 S.

893 Siehe oben, S. 210–212.

Konsbruck kurz nach seinem Amtsantritt in der ARBED zum Mitglied des Aufsichtsrates der Kölner F&G CARLSWERK AG sowie der Wiener Tochtergesellschaft der F&G FABRIK ELEKTRISCHER KABEL-, STAHL- UND KUPFERWERKE AG designiert.[894]

Über die F&G CARLSWERK AG war die ARBED überhaupt indirekt im Osten beteiligt. Die Wiener Gesellschaft war eine der größeren Tochtergesellschaften des Kölner Unternehmens und zugleich ebenfalls Aktionär im Osten.[895] Die Berufung Konsbrucks in den Aufsichtsrat war sicherlich kein Zufall. Über diese Posten unterhielt er nun engeren Kontakt zu den deutschen Mitgliedern des Aufsichtsrates und hatte einen besseren Zugang zu Informationen über die Beteiligungen des Unternehmens.

Allgemein lässt sich festhalten, dass Konsbruck für die Hilfsgesuche der ARBED an das MAEL und die Vorschläge zu verschiedenen Maßnahmen verantwortlich zeichnete. Er wandte sich dabei nicht nur an das MAEL, sondern suchte auch direkt Kontakt zu den luxemburgischen Vertretungen im Ausland.

Die erhaltene Korrespondenz und die Berichte über die Treffen zwischen Konsbruck und Vertretern der luxemburgischen Diplomatie geben keinerlei Hinweise über die persönliche Beziehung zwischen Konsbruck und seinen Gesprächspartnern. Der Informationsaustausch wurde in einem höchst neutralen behördensprachlichen Ton vollzogen. Dies kann erstaunen, waren Bech und Konsbruck doch ehemalige Kollegen im Regierungskabinett gewesen. Generell zeigte sich Konsbruck mit den Bemühungen der luxemburgischen Behörden, die Aktienbeteiligungen der ARBED zu vertreten, sehr zufrieden und beeilte sich stets seinen Dank im Namen der ARBED auszusprechen, sobald ein kleiner Erfolg vermeldet werden konnte. Lediglich im Oktober 1949 ließ er sich zu einer versteckten Kritik am MAEL hinreißen.[896] Dies war jedoch eine Ausnahme, generell war der Ton immer höflich. Allerdings stellen die repetitiven An- und Nachfragen zu dem immer gleichen Sachverhalt in einer recht kurzen Zeitspanne dann doch ein Indiz dar, dass Konsbruck versuchte, Druck auf die luxemburgischen Behörden auszuüben.

Mit Konsbruck hatte sich die ARBED die Dienste eines Mannes gesichert, der sowohl am großherzoglichen Hof als auch in der luxemburgischen Politik über beste Kontakte verfügte. Sein Talent beim Konfliktmanagement hatte er wohl gerade als Wirtschafts- und Versorgungsminister in der unmittelbaren Nachkriegszeit

894 ARBED, Demi-siècle, S. 70 und 72.
895 Ebd., S. 70.
896 ANLux, AE-AA-308, Konsbruck, 14. Oktober 1949.

unter Beweis stellen können. Der neue Manager innerhalb der ARBED nahm sich gleich nach Arbeitsantritt der Problematik der Aktienbeteiligungen der ARBED im Ostblock an. Bis zu seiner Berufung als Generaldirektor der 1958 gegründeten ARBED-PARICIPATIONS sollten seine Bemühungen nicht nachlassen.[897]

Die außenpolitische Vorstellung Konsbrucks vom Ostblock geht aus den Dokumenten nicht hervor. Dort finden sich weder positive noch negative Bemerkungen zu den osteuropäischen Regierungen oder der UdSSR. Aufgrund seiner Position innerhalb des Unternehmens aber auch anhand der erhaltenen Korrespondenz wird vielmehr der Eindruck erweckt, dass es sich bei Konsbruck um einen reinen Geschäftsmann handelte, der in erster Linie mit der Wahrung der Aktienbeteiligungen der ARBED im Ostblock betraut war. Dabei legte er eine rein pragmatische Haltung an den Tag und ließ sich nicht zu Bemerkungen über die geopolitische Entwicklung im Osten verleiten.

*Félix Chomé (*23. Oktober 1888 in Brüssel, † 6. Januar 1972 in Luxemburg)*

Félix Chomé gehörte neben Konsbruck zu den wichtigsten Entscheidungsträgern innerhalb des ARBED-Konzerns. Anders als Konsbruck konnte Chomé in der unmittelbaren Nachkriegszeit bereits auf eine langjährige Karriere innerhalb des Stahlkonzerns zurückblicken.

Nach einem Ingenieurstudium im belgischen Gent trat er 1911, unmittelbar nach der Gründung der ARBED, in das Unternehmen ein. Hier machte er schnell Karriere: 1920 übernahm er den Posten des Generalsekretärs der MÉTALLURGIE DES TERRES ROUGES, einem Unternehmen der ARBED-Gruppe. In der nach dem Ersten Weltkrieg besetzten Ruhr leitete er ein besetztes Hüttenwerk der ROTHE ERDE AG. Nach seiner Rückkehr nach Luxemburg wurde Chomé Direktor des Hüttenwerkes in Düdelingen, bevor er in die Zentralverwaltung berufen wurde. Hier war er ab 1930 als beigeordneter Generaldirektor im Unternehmen beschäftigt und unterstützte dabei vor allem den Generaldirektor Meyer. Am 25. April 1947 übernahm er dessen Amt, welches er bis zum 13. Juni 1952 ausübte. Danach war er bis zum 28. April 1961 Vorsitzender des Verwaltungsrates der ARBED.[898]

Durch seine Funktion innerhalb der ARBED war Chomé langjähriges Mitglied des Aufsichtsrates der deutschen F&G CARLSWERK AG. Diese Funktion übernahm er zwischen 1931 und 1942 sowie zwischen 1946–1957. Weil er am landesweiten Streik gegen die von *Gauleiter* Simon eingeführten Wehrpflichtbestimmungen beteiligt war, wurde Chomé 1942 seiner Funktionen entbunden

897 ARBED, Demi-siècle, S. 233.

898 Idem.

und nach Deutschland deportiert. Auf Betreiben Meyers gelang es ihm, bei der Wiener Tochtergesellschaft der F&G Carlswerk AG unterzukommen. Die dortigen Direktoren Franz Klimmer und Gustav Thill organisierten seine Rückkehr nach Luxemburg kurz vor der Befreiung des Landes durch die Alliierten.[899] Nach dem Krieg wurde Chomé auch Mitglied des Aufsichtsrates der Wiener F&G Fabrik elektrischer Kabel-, Stahl- und Kupferwerke AG (1948–1960).

In der erhaltenen Korrespondenz zur Wahrung der Aktienbeteiligungen der Arbed im Ostblock findet sich neben Konsbruck häufig die Signatur Chomés. Vor allem nach April 1947, als Chomé den Posten des Generaldirektors übernahm, mehrten sich die von ihm unterzeichneten Schreiben.[900]

Wie schon Wehrer, so konnte auch Chomé auf eine Vergangenheit innerhalb der F&G-Gruppe zurückblicken, welche ihm gerade die Zeit der Verbannung erleichtert hatte. So empfing er 1946 zwei aus Österreich anreisende Direktoren der Wiener F&G persönlich und ließ sich von ihnen über die Situation vor Ort informieren.[901]

Über die tatsächliche aktive Beteiligung Chomés an der Interessenwahrung des Konzerns lassen sich nur sehr schwer konkrete Aussagen machen. Chomé stand dank der gemeinsamen Vergangenheit und seiner Posten in den Aufsichtsräten des Unternehmens und der Kölner Muttergesellschaft in sehr gutem Kontakt mit Vertretern der F&G-Gruppe. Zudem trägt die erhaltene Korrespondenz der Arbed gerade in den Jahren 1947–1949 häufig die Signatur des Generaldirektors. Doch inwiefern es sich hierbei lediglich um eine rein formale Unterschriftsprozedur handelt, ist nur schwer zu ermitteln. Aus den Akten gehen keine persönlichen Gespräche oder Telefonate zwischen Chomé und den luxemburgischen Behörden hervor. Offenbar war in erster Linie Guillaume Konsbruck mit der Wahrung der Aktienbeteiligungen der Arbed betraut. Chomé begnügte

899 Ebd., S. 359.

900 Siehe bspw. ANLux, AE-AA-305, Konsbruck und Chomé (Arbed) an die Deutsche Treuhandverwaltung des sequestrierten und beschlagnahmten Vermögens im sowjetischen Besatzungssektor der Stadt Berlin, 15. Mai 1948, 2 S.; ANLux, AE-08391, Konsbruck und Chomé (Arbed) an Bech (MAEL), 12. August 1946, 1 S. [im Folgenden zitiert als: ANLux, AE-08391, Konsbruck, 12. August 1946]; ANLux, AE-08392, Konsbruck und Chomé (Arbed) an Bech (MAEL), 28. November 1946, 1 S. [im Folgenden zitiert als: ANLux, AE-08392, Konsbruck, 28. November 1946]; ANLux, AE-AA-310., Konsbruck und Chomé (Arbed) an das MAEL, 19. Mai 1947, 2 S.[im Folgenden zitiert als: ANLux, AE-AA-310, Konsbruck, 19. Mai 1947].

901 ANLux, AE-08386, Bech, 3. Mai 1946.

sich als Generaldirektor mit dem Unterzeichnen offizieller Dokumente des Unternehmens an ausländische Behörden.

Bezeichnenderweise fehlen daher auch nähere Informationen über die persönliche Motivation des Generaldirektors sowie über seine Ansichten zu den politischen Entwicklungen und den verantwortlichen Behörden im Untersuchungsraum.

Allgemeine Beobachtungen zu den individuellen Akteuren

Natürlich waren neben diesen fünf genannten Akteuren noch weitere Personen an der Wahrung der Aktienbeteiligungen der ARBED im Untersuchungsraum beteiligt. Direktoren der F&G-Gruppe, Vertreter der französischen Besatzungsbehörden, belgische Industrielle und Mitarbeiter des MAEL setzten sich aktiv für die Interessen des Konzerns ein. Doch standen sie in ihrer Beteiligung den fünf aufgeführten Personen nach. Die Identifizierung des beruflichen Werdegangs, des familiären Hintergrundes, der Arbeitsweise und Argumentation der fünf beleuchteten Personen sowie ihre Interaktion untereinander lassen einige weiterführende Beobachtungen zu.

Die Wahrung der Aktienbeteiligungen der ARBED war Chefsache. Die fünf genannten Akteure befanden sich an der Spitze der jeweiligen Institution. Die Akten enthalten Hinweise, dass die Beteiligten es nicht bei dem einfachen Unterzeichnen von Dokumenten beließen, sondern eine aktive Rolle bei der Interessenwahrung der ARBED einnahmen. Sie beteiligten sich an direkten persönlichen Unterredungen oder traten mit osteuropäischen oder sowjetischen Behörden in direkten Kontakt, teilweise auch vor Ort. Diesbezügliche Hinweise fehlen lediglich zu Félix Chomé.

Gerade mit Blick auf die Akteure des luxemburgischen diplomatischen Apparates, Bech, Wehrer und Blum, lässt diese Beobachtung weitere Schlüsse zu. Die Behandlung der Problematik durch führende Leiter des diplomatischen Dienstes verdeutlicht den Stellenwert, den man ihr auf Seiten des MAEL beimaß. Statt nur zu delegieren, nahmen sich die genannten Akteure auf Seiten des MAEL der Problematik persönlich an. Vor dem Hintergrund des sich gerade erst im Ausbau befindlichen diplomatischen Apparates des Großherzogtums in der unmittelbaren Nachkriegszeit erlaubt die Beobachtung aber noch einen weiteren Schluss: Wie bereits erwähnt, ließ die geringe Personaldichte des luxemburgischen diplomatischen Apparates kaum Spielraum für das Delegieren der Problematik an Mitarbeiter zu. Gerade die Auslandsvertretungen bestanden oftmals nur aus zwei Personen. Der *Envoyé extraordinaire et Ministre plénipotentiaire* musste sich der Angelegenheiten in der Regel persönlich annehmen. Vor diesem

Hintergrund wäre die erste Feststellung zu relativieren. Lediglich die direkte Beteiligung Bechs kann demnach als Indiz für die Bedeutung gewertet werden, die der Außenminister dem Konzern beimaß.

Die prospographische Annäherung an die individuellen Akteure verdeutlicht zudem den Stellenwert der Netzwerke und Kontakte, die diese pflegten und die im Rahmen der Verteidigung eine bedeutende Rolle spielten. Zwei der Akteure, Chomé und Wehrer, konnten auf eine mit der F&G-Gruppe verwurzelte Vergangenheit zurückblicken. Beide waren im Krieg bei Filialen der F&G Carlswerk AG untergekommen. Die dadurch etablierten Kontakte waren auch für die spätere Problematik um die offenen Vermögenswerte der Arbed im Untersuchungsraum von Relevanz. So wurde Wehrer bspw. von einem Mitarbeiter der Bta unter höchster Geheimhaltung kontaktiert.

Auch die Berufung Konsbrucks, der über exzellente Kontakte zur luxemburgischen Regierung und zum großherzoglichen Hof verfügte, als Quereinsteiger in just die Abteilung innerhalb der Arbed, die eng mit der luxemburgischen Regierung zusammenarbeiten musste, kann kaum aus Zufall erfolgt sein, sondern beruhte vielmehr auf dem Kalkül der Arbed.

Trotz der guten Kontakte, welche die Akteure zu Vertretern der F&G-Gruppe bzw. untereinander hegten, stellt man fest, dass in den eingesehenen Akten in der Regel auf eine rein neutrale Behördensprache zurückgegriffen wurde. Bech und Blum konnten auf eine miteinander verknüpfte politische Vergangenheit zurückblicken, Konsbruck und Bech befanden sich eine Zeit lang zusammen in der gleichen Regierung. Wehrer galt als langjährige rechte Hand Bechs. Obwohl diese Beobachtungen eine größere Nähe unter den Beteiligten vermuten lassen, ist hiervon in den Akten kaum etwas nachzuweisen. Der Rückgriff auf behördensprachliche Floskeln zeugt einerseits davon, dass die Akteure davon ausgehen mussten, dass ihre Korrespondenz von Dritten eingesehen wurde, könnte andererseits aber auch ein Indiz dafür sein, dass ihre Beziehungen untereinander rein geschäftlicher Natur waren und sich trotz Überschneidungen in der Vergangenheit nie persönlichere Bindungen gebildet hatten.

Dass ideologische Vorstellungen durchaus das Handeln außenpolitischer Akteure beeinflussen können, zeigten Renouvin und Duroselle.[902] Mit Blick auf die für die Korrespondenz benutzte Sprache lässt sich jedoch beobachten, dass die persönliche politische Glaubenswelt keinen größeren Einfluss auf die Wahrung der Aktienbeteiligungen der Arbed hatte. Lediglich René Blum erwähnte wiederholt seine Sympathie für die UdSSR und den von ihr verfolgten politischen Kurs.

---

902 Renouvin/Duroselle, Introduction, S. 300–303.

Die von ihm gemachten Vorschläge zur Verteidigung, die maßgeblich von seiner persönlichen ideologischen Vorstellung geprägt waren, wurden jedoch in Luxemburg ignoriert. Letztlich hatten sie keine Auswirkungen auf die Entscheidungsprozesse. Ideologische Hinweise fehlen bei den anderen vier vorgestellten Akteuren. Interessanterweise auch bei Bech, dessen antikommunistische Haltung und dessen Wahrnehmung des Ostblocks als mögliche Bedrohung des Friedens kein Geheimnis war. Doch zeigt sich, dass persönliche ideologische Überzeugungen keine Auswirkungen auf die Interessenwahrung der ARBED hatten. Bis auf Blum stützten sich die Akteure vor allem auf pragmatische realpolitische Lösungsvorschläge.

Aus den Quellen gehen keinerlei persönliche Beweggründe der individuellen Akteure hervor. Sie Akteure waren aufgrund ihrer Position mit der Wahrung der Konzerninteressen betraut; eine etwaige persönliche Motivation spielte keine Rolle.

Bei der Differenzierung einer institutionellen und individuellen Ebene wurde deutlich, dass das Verhältnis zwischen ARBED und MAEL auf beiden Ebenen übereinstimmte. Der Einfluss der ARBED auf das MAEL spiegelt sich auch auf einer individuellen Ebene über die Interventionen Konsbrucks und Chomés bei Bech und seinen Mitarbeitern wieder. Es ließen sich keine persönlichen Beweggründe oder Positionen erkennen, die im Widerspruch zum institutionellen Verhältnis standen. Die guten Kontakte auf privater Ebene ermöglichten die Form der Zusammenarbeit auf institutioneller Ebene.

Das langsame Abklingen der Bemühungen um die ARBED-Beteiligungen in der Nachkriegszeit ist auch vor dem Hintergrund der Tätigkeiten der genannten fünf individuellen Hauptakteure zu sehen. Alle fünf schieden im Verlauf der fünfziger bzw. Anfang der sechziger Jahre aus Funktionen aus, die maßgeblich an der Wahrung beteiligt waren. Wehrer wechselte bereits 1949 nach der Gründung der BRD in die luxemburgische Vertretung nach Bonn und war nur mehr noch vereinzelt mit der Problematik der offenen Vermögenswerte der ARBED im Osten betraut. Bech und Blum schieden Ende der fünfziger Jahre aus ihren Ämtern aus. Konsbruck und Chomé übernahmen innerhalb der ARBED neue Funktionen. Der fast gleichzeitige Wegfall der vier wichtigsten individuellen Entscheidungsträger, die das Dossier der ARBED-Beteiligungen fast 15 Jahre begleitet hatten, führte unweigerlich zu einem Rückgang der Bemühungen. Auch wenn unter den jeweiligen Nachfolgern die Problematik weiterhin behandelt wurde, so sollte sie nicht wieder den gleichen Stellenwert erhalten.

IV.2.3 Eine differenzierte Antwort auf die Kernfrage

Während die beiden vorherigen Unterkapitel die Kernfrage anhand einer Analyse des Verhältnisses zwischen MAEL und ARBED auf institutioneller und individueller Ebene beleuchteten, sollen die gewonnenen Ergebnisse anhand eines diachronen Forschungsansatzes weiter ausdifferenziert werden. Wie lässt sich der Einfluss der ARBED auf die luxemburgische Außenwirtschaftspolitik aus diachroner Perspektive definieren? Anhand dieser empirischen Falluntersuchung konnte festgestellt werden, dass Außenwirtschaftspolitik, sofern sie die ARBED betraf, auch von der ARBED gemacht wurde. Über eine historische Einordnung der Ereignisse gilt es die Kernthese jedoch weiter auszudifferenzieren.

Mit Bezug auf die Forschungsergebnisse Charles BARTHELS stellt man fest, dass die Dominanz der ARBED in Außenwirtschaftsfragen, die sie selbst berührten, eine historische Konstante seit der Zwischenkriegszeit darstellt. Die Zusammenarbeit zwischen dem luxemburgischen diplomatischen Apparat und der luxemburgischen Schwerindustrie beruhte bereits in der Zwischenkriegszeit auf dem Ausnutzen personeller und materieller Ressourcen der Schwerindustrie durch die luxemburgischen Behörden. In Außenwirtschaftsfragen wurde die Meinung der Schwerindustrie, allen voran der ARBED, vorab eingeholt, quasi als Expertenmeinung. Gleiches konnte in der vorliegenden Untersuchung beobachtet werden. Es zeigt sich, dass der Einfluss der ARBED auf die luxemburgische Außenwirtschaftspolitik auch nicht von den politischen und institutionellen Veränderungen in Luxemburg getroffen wurde: So wirkten sich die Verfassungsänderung des Großherzogtums, der vergrößerte außenpolitische Handlungsspielraum, der Ausbau des diplomatischen Dienstes, eine neugestaltete politische Landschaft und die sich ablösenden Regierungen nicht maßgeblich auf das Verhältnis zwischen Unternehmen und MAEL aus. Die von BARTHEL aufgestellte These, dass der Einfluss der ARBED auf die luxemburgische Außenpolitik auch in der Zwischenzeit und selbst nach dem Zweiten Weltkrieg noch bestanden haben dürfte, kann anhand der in dieser Untersuchung gemachten Ergebnisse noch stärker unterstrichen werden: Der Einfluss der ARBED auf die luxemburgische Außenwirtschaftspolitik lässt sich geradezu unverändert bis Ende der fünfziger Jahre nachweisen. Der zweite Weltkrieg und die folgenden politischen und institutionellen Veränderungen bildeten dabei keine Zäsur. Damit stehen die Ergebnisse im Widerspruch zu Historikern wie Gilbert TRAUSCH oder Marc SCHOENTGEN, der mit Verweis auf die unmittelbare Nachkriegszeit behauptete:

> *„Die Zeit, als die Stahlbarone die Wirtschafts- und Außenpolitik entscheidend mitbestimmen konnten, neigte sich in Europa langsam aber sicher ihrem Ende entgegen."*[903] Anhand der empirischen Untersuchung, konnte diese Aussage widerlegt werden.

Die Unveränderlichkeit des Verhältnisses scheint in erster Linie von zwei Voraussetzungen begünstigt:

---

903 SCHOENTGEN, Heim ins Reich, S. 34.

So konnte eine Kontinuität der Führungsspitze des MAEL festgestellt werden, die über die Zeit des Kriegs bis in die Nachkriegszeit hinein weiterbestand. Auch an der Spitze der ARBED tat sich wenig. An der Wahrung der Aktienbeteiligungen der ARBED war eine beschränkte Gruppe von Akteuren beteiligt, die bereits in der Zwischenkriegszeit in Außenwirtschaftsfragen zusammengearbeitet hatten. Sie änderten dabei auch nicht die Form ihrer Zusammenarbeit. Gerade der Leiter des MAEL, Bech, bevorzugte weiterhin eine Leitung der Geschäfte unter Beteiligung einer begrenzten Anzahl von Vertrauten und band dabei gerade in Außenwirtschaftsfragen weiterhin führende Akteure der Industrie ein. Er behielt damit die Form einer Leitung durch Notabeln bei und suchte auch weiterhin die luxemburgische Abgeordnetenkammer zu umgehen. Bezeichnenderweise wurden die offenen Vermögensfragen der ARBED im Ostblock nie in der Abgeordnetenkammer behandelt, sondern lediglich beiläufig bei der Ratifizierung der Globalentschädigungsabkommen erwähnt.

Neben der Kontinuität auf Ebene der Akteure stellt man aber auch eine Beständigkeit der Motivation dieser Handlungsträger fest. Diese Kontinuität war zum einen dadurch bedingt, dass die Akteure an der Spitze der ARBED und des MAEL sich nicht grundlegend gewandelt hatten, zum anderen aber auch, dass weiterhin die gleichen wirtschaftspolitischen Rahmenbedingungen in Luxemburg vorherrschten, wie sie bereits in der Zwischenkriegszeit vorhanden waren, so dass sich daher die Beweggründe der Akteure auch nicht verändert hatten. Nach wie vor war die luxemburgische Wirtschaft und damit der luxemburgische Staat stark von der ARBED abhängig. Auf Seiten der luxemburgischen Regierung hatte man also ein großes Interesse daran, dass die ARBED ihre Stellung aus der Vorkriegszeit wiedererlangte. Daran war aus unternehmerischen Beweggründen natürlich auch der luxemburgische Konzern interessiert. Da also MAEL und ARBED ein gemeinsames Interesse an der Wiederherstellung der Firmenverflechtung der ARBED im Untersuchungsraum hatten, verwundert es nicht, dass beide eine enge Kooperation eingingen.

Wie aufgezeigt werden konnte, war dieses Verhältnis nicht ausbalanciert, sondern war geprägt durch eine Dominanz des Konzerns. Diese Beobachtung isoliert betrachtet, erweckt den Eindruck einer Kontrolle der außenwirtschaftspolitischen Geschicke des Landes durch die ARBED. Über den Vergleich zu anderen außenwirtschaftspolitischen Entwicklungen des Großherzogtums kann dieser Eindruck jedoch differenziert werden:

So konnte BARTHEL aufzeigen, dass im Unterschied zur Wahrung der ARBED-Interessen die Position der ARBED bei der Gründung der europäischen Montanunion in klarem Widerspruch zur luxemburgischen Regierung stand. Konkret sprach sich die ARBED gegen eine luxemburgische Beteiligung in der EGKS aus.

Dieser Kurs wurde jedoch nicht von Außenminister Bech verfolgt. Die Unterzeichnung des Pariser Vertrages und der Eintritt des Großherzogtums Luxemburg in die EGKS zeigen damit, dass die luxemburgische Regierung in Außenwirtschaftsfragen durchaus gegen die Position der ARBED entscheiden konnte und von ihr nicht kontrolliert wurde. BARTHEL kommentierte die gegensätzlichen Positionen der ARBED und des MAEL unter einem komparativen Blick zu weiteren Außenwirtschaftsfragen mit den Worten:

> *„Chaque fois que l'intérêt supérieur du pays entre en conflit avec l'intérêt de sa principale branche d'activités, le choix de Bech est vite fait. Il opte toujours en faveur de l'Etat.“*[904]

Wie lässt sich die Beobachtung BARTHELS nun mit den Erkenntnissen dieser Untersuchung in Einklang bringen?

Vergleicht man das Verhältnis zwischen ARBED und MAEL beim Beitritt Luxemburgs in die Montanunion mit der Wahrung der Aktienbeteiligungen der ARBED in Osteuropa, dann ergibt sich ein großer Unterschied beim Verhältnis zwischen den Interessen des Staates und des Unternehmens. Während in der Frage des EGKS-Beitritts gegensätzliche Interessen vorherrschten, war dies im Rahmen der offenen Vermögenswerte des Konzerns im Ausland nicht der Fall. Es zeigt sich, dass das MAEL sich der Position der ARBED widersetzte, falls die Interessen des Konzerns nicht mit jenen des Staates vereinbar waren. Im Falle der offenen Vermögenswerte der ARBED vertraten MAEL und ARBED die gleiche Position. Gerade deshalb konnte die luxemburgische Firma auch entscheidende Impulse bei der Wahrung setzen. Das MAEL übertrug der ARBED damit in gewisser Weise inoffiziell die Leitung dieser außenwirtschaftspolitischen Problematik, da hier klare Interessenskongruenzen vorherrschten.

Die in der Untersuchung aufgestellte Kernthese konnte demnach bewiesen werden, es gilt sie jedoch zu relativieren: Demnach erstreckte sich die Dominanz der ARBED in Außenwirtschaftsfragen Luxemburgs zumindest bis Ende der fünfziger Jahre auf solche Aspekte, die sie direkt betrafen, sofern die Interessen des Konzerns nicht den staatlichen Interessen zuwiderliefen.

Fazit von Kapitel IV

Im Fokus des Kapitels standen die Entscheidungs- und Handlungsträger. Als Grundlage hierfür dienten die Einzeluntersuchungen aus Kapitel III.

---

904 BARTHEL, Aspect, S. 255. Siehe auch DERS., Sturm, S. 36 f.

In einem ersten Schritt wurden die Beweggründe der beiden Hauptprotagonisten ARBED und MAEL eingehend betrachtet. Über die Einzeluntersuchungen konnte nachgewiesen werden, dass die Firmenleitung eindeutig unternehmerische Motive zum Anlass der Wahrung ihrer Aktienbeteiligungen im Ostblock nahm. Ziel war die Wiederherstellung der ehemaligen Vorkriegsstruktur des Unternehmens. Als ersichtlich wurde, dass dieses Ziel nicht erreicht werden konnte, setzte man sich für eine Entschädigung der verlorenen Vermögenswerte ein. Ende der fünfziger Jahre setzte jedoch ein Wandel der Motivation ein. Obwohl aus den Quellen nur schwer nachweisbar, hat es den Anschein, als ob man auf Seiten der ARBED bewusst auf eine Wahrung der Konzerninteressen im Ostblock verzichtete, um zukünftige unternehmerische Aktivitäten im Untersuchungsraum nicht zu kompromittieren.

Im Rahmen der Verteidigung wurde die Gesellschaft von der luxemburgischen Regierung, in erster Linie vom MAEL unterstützt. Die luxemburgische Regierung hatte alleine schon aus volkswirtschaftlichen Überlegungen einen entscheidenden Beweggrund, das wirtschaftlich bedeutendste Unternehmen Luxemburgs bei der Wiedergewinnung alter Stärke zu unterstützen. Man teilte zudem die Interpretation der ARBED von der Rechtmäßigkeit ihrer Ansprüche. Nicht zuletzt wird auch der starke Einfluss des Konzerns innerhalb des MAEL sicherlich dazu beigetragen haben, die Wahrung der Aktienbeteiligungen zu unterstützen.

In vorliegendem Kapitel wurde zudem das Verhältnis zwischen ARBED und MAEL sowohl auf institutioneller als auch individueller Ebene eingehend untersucht. Es konnte festgestellt werden, dass ARBED und MAEL im Rahmen der Verteidigung der Vermögenswerte eine sehr enge Kooperation eingingen, die zu einer quasi vollständigen Zusammenlegung materieller und personeller Ressourcen führte. Im Rahmen des Entscheidungsprozesses gingen die maßgeblichen Impulse jedoch fast ausschließlich von der ARBED aus. Die ARBED übernahm elementare diplomatische Aufgaben.

Die Kernfrage dieser Studie über die Rolle und Bedeutung der ARBED im Rahmen der luxemburgischen Außenwirtschaftspolitik konnte dahingehend beantwortet werden, dass Außenwirtschaftspolitik, sofern sie die ARBED betraf, auch von dieser betrieben wurde. Unter Berücksichtigung einer diachronen Perspektive fiel dabei auf, dass sich die Zusammenarbeit zwischen ARBED und MAEL kaum von derjenigen der Zwischenkriegszeit unterschied. Die Rolle der ARBED in der Außenwirtschaftspolitik bildete damit eine historische Konstante von der Zwischenkriegszeit bis mindestens Ende der fünfziger Jahre.

Doch diese Kernthese erfuhr im Laufe der Untersuchung eine Präzisierung: So trifft diese Behauptung nur in solchen Fällen zu, in denen die Interessen des

Konzerns den staatlichen Interessen nicht zuwiderliefen. Das MAEL war demnach durchaus in der Lage, eine Außenwirtschaftspolitik gegen die Position der ARBED zu betreiben. In Fällen der Interessenskongruenz, wie im hier vorgestellten Beispiel der Wahrung der Vermögenswerte der ARBED im Ostblock, übernahm die ARBED aber inoffiziell die Leitung des Dossiers.

V. Die Wahrung der ARBED-Beteiligungen im internationalen Kontext

„Le Gouvernement néerlandais pense que l'adoption d'une attitude commune permettrait de défendre au mieux les intérêts en cause et suggère que la Commission examine si une démarche conjointe à Moscou ou de nouvelles protestations aux autorités soviétiques de Berlin seraient opportunes"

Niederländische Delegation der Ständigen Kommission der BTO[905]

Einleitung zu Kapitel V

Das letzte Kapitel dieser Untersuchung beleuchtet die Wahrung der ARBED-Beteiligungen in seinem internationalen Kontext.

Ein erstes Unterkapitel geht der Frage nach, wie die Wahrung der ARBED-Beteiligungen im Kontext des Ost-West-Konfliktes einzuordnen ist. Da die Rolle Luxemburgs im Kalten Krieg weiterhin ein Forschungsdesiderat bleibt, liefert die Analyse einige interessante Beobachtungen, die Ansätze späterer Untersuchungen bilden können. Hier soll auch eine weitere eingangs geschilderte Leitfrage überprüft werden. So erlaubt das Kapitel die Beantwortung der Frage über Existenz und Natur der Kontakte zwischen luxemburgischen und osteuropäischen Institutionen und individuellen Personen vor dem Hintergrund des sich zuspitzenden Ost-West-Gegensatzes.

Die Behandlung der Problematik um die Aktienbeteiligungen der ARBED wirft die Frage auf, wie diese im Verhältnis zu ähnlichen Bemühungen zu gewichten ist. Dieser Frage soll in einem zweiten Unterkapitel nachgegangen werden. Dabei geht die Untersuchung in zwei Schritten vor:

So soll die Problematik zuerst anhand eines Vergleichs des Verhältnisses MAEL-ARBED mit dem Verhältnis von MAEL und anderen luxemburgischen Gläubigern beleuchtet werden. Gab es neben der ARBED noch andere luxemburgische Gläubiger im Untersuchungsraum, für deren Interessen sich das MAEL einsetzte? Lassen sich hier Unterschiede zwischen der Wahrung der Aktienbeteiligungen der ARBED und jener anderer luxemburgischer Gläubiger feststellen?

Danach soll die Wahrung der Beteiligungen der ARBED im Untersuchungsraum mit der Verteidigung der Gesellschaften anderer westlicher Staaten im

905 ANLux, AE-12034, Ständige Kommission der BTO, 16. Juni 1951, S. 2.

selben Raum verglichen werden.[906] Wie bereits erwähnt, war man nicht nur in Luxemburg damit beschäftigt, die Vermögenswerte der eigenen Staatsbürger im Ostblock wiederzugewinnen bzw. eine Entschädigung zu erzielen. Wie lassen sich die luxemburgischen Bemühungen im Verhältnis zu den Bemühungen anderer Regierungen einordnen? Welche Gemeinsamkeiten und Unterschiede lassen sich ausmachen? Gab es möglicherweise luxemburgische Besonderheiten?

Der komparative Ansatz stößt aufgrund des geringen Vergleichsmaterials schnell an seine Grenzen. Generell gilt, dass viele Beobachtungen lediglich zu thesenhaften Ergebnissen führen. Die Einordnung der Problematik in den internationalen Kontext ist demnach unter einem gewissen Vorbehalt zu sehen. Dies ermöglicht jedoch auf bestehende Forschungsdesiderate aufmerksam zu machen und weitere Forschungsansätze zu definieren.

Die Voraussetzung für die Untersuchung bilden erneut die Einzelstudien des vorangegangenen Kapitels.

V.1 Die Bemühungen um die ARBED-Beteiligungen vor dem Hintergrund des Ost-West-Konfliktes

Die Wahrung der ARBED-Beteiligungen erfolgte vor dem Hintergrund des sich zuspitzenden Ost-West-Gegensatzes. Die Einbettung der Problematik in diesen internationalen Kontext bildet den Untersuchungsgegenstand des folgenden Unterkapitels.

Allgemein sind die Auslöser der Wahrung der Interessen der ARBED in Osteuropa in direktem Zusammenhang mit dem sich zuspitzenden Ost-West-Konflikt zu sehen. Da die meisten Vermögenswerte der ARBED von den osteuropäischen bzw. sowjetischen Behörden als deutsches Vermögen interpretiert wurden, unterlagen sie den alliierten Reparationsbestimmungen. Gerade diese Bestimmungen waren das Resultat unterschiedlicher reparationspolitischer Auffassungen, vor allem der USA und der UdSSR. Die geschlossenen Vereinbarungen stellten oftmals nur den kleinsten gemeinsamen Nenner dar, ihre schriftliche Ausfertigung war äußerst schwammig und ließ Spielraum für divergierende Interpretationen zu.[907] Die allgemeinen Verstaatlichungsmaßnahmen im Untersuchungsraum waren

---

906 Auf eine weitere komparative Möglichkeit, nämlich den Vergleich der Interessenwahrung der ARBED im Untersuchungsraum mit der Wahrung der Interessen dieser Gesellschaft in anderen Räumen wurde verzichtet, da dieser Vergleich den geographischen Rahmen dieser Arbeit sprengen würde.

907 Hierzu ausführlich oben, Kap. II.1., S. 122–133.

auf die schrittweise Übernahme der kommunistischen Kräfte in den einzelnen Ländern und den sowjetischen Einfluss zurückzuführen und bildeten damit einen integralen Bestandteil des Kalten Krieges.

Als Konsequenz mussten sich die ARBED und das MAEL bei ihren Bemühungen ständig den Gegebenheiten des Kalten Krieges stellen. Die Maßnahmen, welche die Eigentumsverhältnisse der ARBED im Untersuchungsraum trafen, bestimmten auch die Vorgehensweise auf Seiten der Verteidiger. Waren Vermögenswerte aufgrund alliierter Reparationsbestimmungen an die UdSSR übertragen worden, beeilte man sich bei den sowjetischen Behörden zu intervenieren.[908] Waren hingegen nationale Verstaatlichungsmaßnahmen für den Wechsel der Eigentumsverhältnisse verantwortlich, so wandte man sich an die jeweiligen nationalen Behörden. Die Entscheidungs- und Handlungsträger im Rahmen der Wahrung der Beteiligungen der ARBED mussten deshalb die wirtschafts- und reparationspolitischen Veränderungen im Untersuchungsraum stets im Auge behalten und ihre Vorgehensweise dementsprechend anpassen.[909]

Gerade über die Kontakte mit den osteuropäischen und sowjetischen Behörden lässt sich eine Vielzahl neuer Erkenntnisse über die Rolle Luxemburgs in der Ost-West-Beziehung gewinnen. Zudem kann ein Beitrag zur allgemeinen Erforschung der Ost-West-Kontakte geleistet werden. Die luxemburgischen Kontakte mit den Behörden und Verantwortlichen aus dem Ostblock lassen sich in erster Linie in den Bereich der Wirtschaftsbeziehungen einordnen. Offene Vermögensfragen waren bekanntlich stark an die Wirtschafts- und Handelsbeziehungen gekoppelt, so dass die Problematik in einen außenwirtschaftspolitischen Kontext einzuordnen ist. Tatsächlich wurden gerade Wirtschaftskontakte in der internationalen Forschung mehrfach untersucht. Wie bereits erwähnt konzentrieren sich die Untersuchungen zumeist auf die Zeit ab der zweiten Hälfte der sechziger Jahre. Diese Zeit galt allgemein als Phase der *Détente* des Kalten Krieges, in der die Handelsbeziehungen „wiederaufgenommen“ wurden. Die unmittelbare Nachkriegszeit und die fünfziger Jahre wurden hingegen bisher kaum behandelt. Allgemein beschränkten sich die Untersuchungen zu diesen Jahren auf die sowjetischen Bemühungen einer Durchsetzung ihres Wirtschaftssystems in ihrem Einflussbereich im Osten. Da die Studien sich zumeist auch mit den allgemeinen sowjetischen Bemühungen um eine stärkere Abschottung des Ostblocks vor einem westlichen Zugriff beschäftigten, wurde jedoch ungewollt aber fälschlicherweise der Eindruck vermittelt, zwischen Ost und West hätte bis in

---

908 So etwa oben, S. 247 f.

909 Siehe hierzu auch oben, S. 293 f.

die 60er Jahre eine geradezu vollständige Kontaktsperre im Bereich der Wirtschaft bestanden.[910]

Erst in der jüngeren Zeit beschäftigte sich die Forschung intensiver mit dem Wirtschaftsaustausch zwischen Ost und West in den ersten Nachkriegsjahren.[911] Es handelte sich dabei jedoch zumeist um punktuelle Untersuchungen aus dem deutschen Raum, die sich vor allem mit dem besonderen Phänomen des deutsch-deutschen Wirtschaftsaustauschs beschäftigten. Die internationale Forschung steht lediglich an ihrem Anfang.

Die hier gewonnenen Erkenntnisse decken sich mit dem Forschungsbefund dieser jüngeren Untersuchungen. Die Analyse konnte belegen, dass unmittelbar nach Bekanntwerden der Maßnahmen, welche die Vermögenswerte der ARBED im Untersuchungsraum berührten, die luxemburgischen Behörden mit ihren osteuropäischen und sowjetischen Kollegen in Kontakt traten. Diese Kontakte verliefen über die wenigen luxemburgischen Auslandsvertretungen im Untersuchungsraum, verstärkt jedoch über die LMM Berlin, welche sich aufgrund ihrer Lage in Berlin in unmittelbarer Nähe zu einer Vielzahl osteuropäischer Militärmissionen und Auslandsvertretungen befand. Gerade die LMM Berlin wandelte sich für die luxemburgische Diplomatie zu einer Kommunikationsbrücke mit dem Osten.[912]

Die Existenz der Kontakte liefert keinerlei Aussagen über die Qualität des Austauschs. Ein Blick in die Akten offenbarte, dass die osteuropäischen und stärker noch die sowjetischen Behörden sich nur selten zu konkreten Aussagen zu offenen Vermögensfragen verleiten ließen. Generell nahmen sie eine ausweichende Haltung ein.[913] Hartnäckig blieben sie bei der Interpretation der Vermögenswerte der ARBED als deutsches Guthaben.

Auf der Ebene privater Geschäftskontakte blockierten weder die osteuropäischen noch die sowjetischen Behörden Kontakte zwischen der ARBED und den Unternehmen, in denen sie indirekt vertreten war. Der Befund deckt sich mit dem Verweis SCHLARPS zum innerdeutschen Handel:

---

910 Siehe hierzu bereits oben, S. 11 f. Eine Ausnahme dieses Eindrucks bildeten zwei Konferenzen aus den Jahren 1959 und 1960, welche sich in erster Linie an belgisch-luxemburgische Unternehmen richtete, die im Ostblock wirtschaftlich aktiv zu werden suchten; siehe hierzu: Centre national pour l'étude des pays à régime communiste/Centre anversois d'études et de perfectionnement pour le commerce international (Hg.), Le Commerce avec les pays de l'Est; cycle de conférences pratiques, Brüssel 1960.

911 So etwa SCHLARP, Konfrontation. Hierzu bereits oben, S. 12.

912 Zu den Kontakten siehe oben, S. 174–178.

913 Siehe oben, S. 184 und 247 f.

„Dennoch brachen in diesen „Notjahren des deutschen Osthandels" die Kontakte nie ganz ab, und es war selbst nach der Entstehung zweier deutscher Staaten noch keineswegs ausgemacht, daß die politisch-militärische Blockbildung ihren Niederschlag auch in den außenwirtschaftlichen Strukturen finden mußte."[914]

Zu einem Zeitpunkt, als politische Kontakte zwischen Ost und West heruntergefahren wurden und die unüberbrückbaren ideologischen Barrieren hervorgehoben wurden, konnten westliche Unternehmen, offenbar unabhängig von ihrem Herkunftsland, weiterhin Wirtschaftskontakte aufrechterhalten.

Die Schwierigkeiten der Kontaktaufnahme resultierten hier vor allem auf dem in der Nachkriegszeit nur langsam wiederhergestellten Postweg.[915] Zudem hatte, wie bereits angeführt wurde, die ARBED in der Zwischenkriegszeit nur punktuell Kontakt mit den einzelnen Unternehmen der F&G-Gruppe im Untersuchungsraum gehalten. Dazu bestand auch kein direkter Anlass, funktionierte doch der Kontakt zwischen der ARBED und der F&G CARLSWERK AG sowie ihren Budapester und Wiener Tochtergesellschaften tadellos. Über ihre Vertretung im Aufsichtsrat der rheinischen Firma sowie in ihren Budapester und Wiener Tochtergesellschaften war die Leitung der ARBED zudem über ihre Investitionen im Osten bestens informiert.[916]

In der Nachkriegszeit waren die Bedingungen denkbar ungünstig, um bisher fehlende Firmenkontakte zu etablieren. Trotzdem hielt die ARBED Kontakt zu einer Vielzahl von Unternehmen im Untersuchungsraum, nicht zuletzt über die F&G CARLSWERK AG oder die LMM Berlin. Über komplizierte Wege war auch die Möglichkeit persönlicher Treffen zwischen Vertretern der ARBED und Direktoren der F&G-Gruppe möglich. So reisten Generaldirektor Meyer und der beigeordnete Generaldirektor Konsbruck im Dezember 1946 zusammen nach Berlin, um sich vor Ort mit Vertretern der F&G-Gruppe zu treffen. Dabei kam sogar ein Kontakt zwischen ihnen und Vertretern der ostdeutschen ZDK zustande.[917] Der aus Budapest angereiste Direktor der dortigen F&G KABEL-, DRAHT- UND DRAHTSEILFABRIK AG, Besenbach, konnte sich in Berlin mit Albert Wehrer treffen und so Informationen über das Los des Unternehmens an die ARBED weiterleiten.[918]

Man stellt allerdings fest, dass die direkten Kontakte zu den Unternehmen im Ostblock schrittweise abbrachen, wenn diese Unternehmen in Staatshände

914 SCHLARP, Konfrontation, S. 14.

915 So bestand etwa bis weit ins Jahr 1947 hinein kein Briefverkehr zwischen Jugoslawien und Luxemburg, siehe unten, S. 429 f.

916 Hierzu oben, S. 107 und 315.

917 Zu dieser Reise siehe oben Kap. III.1.4., S. 185–187.

918 Hierzu oben, S. 227, Anm. 579.

gelangten. Dies geschah verstärkt im Zuge der großen Verstaatlichungswellen ab 1948. Die neuen, von den staatlichen Behörden eingesetzten Firmenleiter reagierten nicht mehr auf etwaige Anfragen aus Luxemburg oder Köln. Hielten ehemalige Firmenleiter weiterhin über private Kanäle Kontakt mit dem rheinischen Mutterkonzern, wurden sie wegen Wirtschaftsspionage angeklagt.[919]

Bei der Behandlung offener Vermögenswerte konnte man sich von Luxemburg aus nur mehr an staatliche Kontakte wenden. Nach dem Verständnis der Behörden in Osteuropa war dies nur logisch, da die Unternehmen mittlerweile in Staatshände gelangt waren. Dieser Kontaktabbruch auf direkter geschäftlicher Basis kann durchaus im Zusammenhang mit den Bemühungen einer wirtschaftlichen Abschottung des Ostblocks im Zuge der stalinistischen Konsolidierungsphase verstanden werden. Die weiterhin bestehenden Kontakte auf staatlicher Ebene verdeutlichen jedoch, dass man aus luxemburgischer Perspektive keineswegs vor verschlossenen Türen stand. Über den gesamten Untersuchungszeitraum hatte die luxemburgische Diplomatie durchaus die Möglichkeit, bei den einzelnen osteuropäischen und sowjetischen Behörden zu intervenieren. Lediglich die SMAD sah sich zu einem gewissen Zeitpunkt veranlasst, Anfragen ausschließlich über die Vermittlung einer anderen Besatzungsmacht stattzugeben. Da die luxemburgische Regierung hier Unterstützung durch die französischen Besatzungsbehörden fand, stellte sich diese Verordnung kaum als hinderlich dar.[920]

Interventionen luxemburgischer Vertretungen bei ihren osteuropäischen und sowjetischen Kollegen bildeten nicht die einzige Möglichkeit der Kontaktaufnahme im Rahmen der Wahrung der Beteiligungen der ARBED. Parallel zu diesen Bemühungen stand die luxemburgische Regierung über Delegationen der UEBL in Kontakt mit den diversen osteuropäischen Regierungen. Wie bereits erwähnt, wurden Verhandlungen über offene Vermögensfragen in Osteuropa im Namen der UEBL zumeist von belgischen Delegationen geführt. Eine luxemburgische Beteiligung war jedoch nicht ausgeschlossen.[921] Die UEBL wurde aktiv, da eine mögliche Entschädigungsleistung dem gesamten Wirtschaftsraum zugute kommen sollte. Die zu verhandelnden Entschädigungsabkommen standen häufig in direkter Beziehung zu Verhandlungen über Handelsabkommen, deren Abschluss oft als Vorbedingung oder Konsequenz der Lösung offener Vermögensfragen galt.

---

919 So etwa ehemalige Mitarbeiter der BTA, im Sepember 1947, siehe hierzu unten, S. 402–405.

920 Siehe hierzu ausführlich oben, S. 187–191.

921 So etwa Albert Duhr; siehe oben, S. 231.

Handelsabkommen zwischen der UEBL und den osteuropäischen Staaten wurden bereits in der unmittelbaren Nachkriegszeit, mit den einzelnen osteuropäischen Ländern geschlossen oder wiederaufgenommen. Die osteuropäischen Staaten, die sich zum Teil mitten in einer schweren Inflationskrise befanden, suchten die Handelsbeziehungen zu normalisieren, um den wirtschaftlichen Aufschwung zu fördern. Als Grundlage dienten häufig die Abkommen der Vorkriegszeit. Die zumeist zeitlich eng begrenzten Abkommen mussten oft im jährlichen Rhythmus erneuert bzw. erweitert werden. Die ersten Verträge, die in der Nachkriegszeit geschlossen wurden, waren zum Teil noch vor der kommunistischen Machtübernahme in den jeweiligen osteuropäischen Ländern zustande gekommen und wurden über die wirtschaftlichen und geopolitischen Veränderungen hinweg jährlich erneuert. Dies setzte demnach regelmäßige zwischenstaatliche Verhandlungen voraus, wobei auch offene Vermögensfragen angesprochen wurden.

Stellvertretend für solche Verhandlungen sollen hier die Handelsabkommen zwischen der UEBL und Polen in der Nachkriegszeit beleuchtet werden:

Ein erstes Abkommen mit einer einjährigen Vertragsdauer wurde am 14. August 1946 geschlossen. Der Vertrag stellte die Nichtigkeit der Handelsverträge aus der Zwischenkriegszeit fest und etablierte einen neuen Vertrag auf Grundlage des Meistbegünstigungsprinzips. Der Handel war auf Produkte beschränkt, die sich auf Listen befanden, die gemeinsam erstellt worden waren und von einer gemischt-staatlichen Kommission überwacht wurden. An den Vertrag war zudem ein Zahlungsabkommen gekoppelt, das den Handelsaustausch vereinfachen sollte. Im Sommer 1947 mussten die Verhandlungen zu einer Verlängerung des Vertrages wieder aufgenommen werden. Da die belgische Regierung die Verlängerung von der Lösung der offenen Vermögenswerte abhängig machen wollte, gerieten die Verhandlungen aber ins Stocken. Schließlich wurde das Abkommen ohne Lösung der Vermögensfragen und ohne Erweiterung der Produktlisten einfach verlängert.[922] Im November 1948 wurde schließlich ein neuer Handelsvertrag geschlossen, der den Handel auf weitere Produkte ausdehnte. Auch dieser Vertrag hatte eine Laufzeit von einem Jahr, verlängerte sich aber automatisch um ein weiteres Jahr.[923] Ein neuer Vertrag wurde schließlich im April 1950 geschlossen. Dieser Vertrag sollte sich nun ohne Begrenzung jährlich um jeweils ein Jahr verlängern.[924] Erst im Winter 1953 trat die gemischte

922 O. A., Nos relations avec la Pologne, in Echo de l'Industrie 16 (1948), S. 4.
923 O. A., Nos relations avec la Pologne, in Echo de l'Industrie 25 (1948), S. 6.
924 O. A., Nos relations avec la Pologne, in Echo de l'Industrie 11 (1950), S. 6.

Kommission zu Verhandlungen zusammen und entschied eine Aktualisierung der Produktlisten zum Jahr 1954. Der Handel sollte nun ein Volumen von 1,54 Milliarden FLUX. betragen. Interessant war hier der vorgesehene Export von Erzeugnissen der belgisch-luxemburgischen Eisen- und Stahlindustrie in Höhe von 90 Millionen t.[925] Die Aktualisierung trat als Zusatzprotokoll des bestehenden Vertrags in Kraft. Dieser wurde regelmäßig verlängert.[926] Ab 1958 wurden Handelsverträge mit Drittstaaten nicht mehr über die UEBL abgeschlossen, sondern über die Benelux.[927]

Ähnlich verliefen auch die Verhandlungen mit den anderen osteuropäischen Regierungen. Von einem Abbruch der Handelsbeziehungen vor dem Hintergrund des wachsenden Ost-West-Gegensatzes kann also keine Rede sein. Und da bekanntlich auch offene Vermögensfragen im Rahmen dieser Verhandlungen angesprochen werden konnten, boten sich hier im jährlichen Rhythmus Gelegenheiten der Wahrung der Beteiligungen der Arbed. Obwohl nur vereinzelt luxemburgische Vertreter an den UEBL-Delegationen beteiligt waren, änderte dies nichts an der Tatsache, dass die luxemburgischen Interessen auch von einer rein belgischen Delegation im Namen der UEBL mitvertreten wurden. Auch wenn diese Handelsbeziehungen zwischen der UEBL und den Ostblockstaaten vor allem aufgrund struktureller Probleme nicht das Volumen der Zwischenkriegszeit erreichten, so belegten sie bestehende Beziehungen zwischen Luxemburg und den osteuropäischen Staaten in einer Zeit, in der im öffentlichen Diskurs von einem unüberwindbaren Ost-West-Gegensatz die Rede war und politische Kontakte stark eingeschränkt waren.[928] Die geopolitischen und wirtschaftlichen Veränderungen hatten die Handelskontakte demnach zwar auf der Ebene des Handelsvolumens getroffen, weniger jedoch im Bereich zwischenstaatlicher Handelskontakte.[929]

---

925 O. A., Nos relations avec la Pologne, in Echo de l'Industrie 1 (1954), S. 3.

926 O. A., Les relations commerciales de l'Union Economique belgo-luxembourgeoise avec l'Europe orientale, in Echo de l'Industrie 49 (1956), S. 2.

927 Siehe Note du Ministère du Commerce extérieur, S. 35.

928 Betrug der Handel mit den osteuropäischen Staaten vor dem Krieg 7 % des gesamten Außenhandels der UEBL, nahm dieser in der Nachkriegszeit lediglich 3 % ein; siehe hierzu ebd., S. 40.

929 Allerdings gilt es zu unterstreichen, dass die Form der Handelskontakte sich sehr wohl wandelte. Die Kontrolle der Außenwirtschaft durch den Staat erlaubte keine direkten Handelsvereinbahrungen zwischen Unternehmen aus Ost und West, sondern bedurfte einer staatlichen Vermittlung. Da für die vorliegende Untersuchung Handelskontakte lediglich vor dem Hintergrund der Erörterung offener Vermögensfragen von Interesse sind, spielt dies jedoch keine Rolle.

Da die Handelsbeziehungen, auch unter Berücksichtigung der offenen Vermögensfragen, demnach häufig den einzigen geregelten Kontakt zwischen Ost und West darstellten, waren sie hochgradig politisiert. Handel stellte für die sich konsolidierenden Machtblöcke eine der wenigen, teilweise auch die einzige Form der Kommunikation zwischen Ost und West dar. Dadurch ersetzten sie fehlende diplomatische Kontakte. In diesem Zusammenhang wuchs auch die Bedeutung der Wirtschaftsdiplomatie. Im Bereich des Handels standen sich die unterschiedlichen ideologisch aufgeladenen Wirtschaftskonzepte von Ost und West direkt gegenüber. Dass ein Handel über komplizierte Ausgleichsleistungen und Zahlungsverfahren dennoch zustande kam, zeugt vom politischen Willen beider Seiten, den aus wirtschaftlicher Perspektive zu vernachlässigenden Handel aufrecht zu erhalten. Bisweilen hegte man beiderseits des Eisernen Vorhangs die Hoffnung, der Handel könne sich positiv auf die allgemeinen Ost-West-Beziehungen auswirken.[930] Das tatsächliche Volumen des Handels spielte dabei eine eher untergeordnete Rolle. Durch eine Embargo-Politik gewannen Handel bzw. Handelsbeschränkungen eine noch stärkere Politisierung. Hier ging der Kalte Krieg in einen Wirtschaftskrieg über.[931]

Angesichts der Politisierung des Handels verwundert es nicht, dass die im Rahmen der Handelsbeziehungen geführten Gespräche über die offenen Vermögenswerte der UEBL auch den geopolitischen Gegebenheiten unterworfen waren und stark von diesen beeinflusst wurden. So wurden etwa die Verhandlungen über einen Globalentschädigungsvertrag zwischen der UEBL und der ungarischen Regierung aufgrund des im Osten bekannt gewordenen westlichen Embargos des COCOM und des ausgebrochenen Korea-Krieges im April 1952 unterbrochen.[932] Die Verhandlungen wurden erst 1955 wiederaufgenommen. Diese zeitweilige Unterbrechung war durch eine Krise im Rahmen des Ost-West-Konfliktes bedingt. Der Abbruch der Kontakte stellte einen Sonderfall dar. Eine Ausnahme bildeten die Kontakte zwischen luxemburgischen und ostdeutschen Behörden, die über einen längeren Zeitraum hinweg unterbrochen waren. Tatsächlich übernahm die luxemburgische Regierung die von den Westmächten 1949 ausformulierte Position der Nichtanerkennung der DDR. Diese Nichtanerkennung bedeutete konkret, dass staatliche Behörden des Großherzogtums keinen Kontakt mit den ostdeutschen Behörden aufnehmen konnten, da dies

---

930 Schlarp, Konfrontation, S. 15.

931 Hiezu ausführlich Adler-Karlsson Gunnar, Western Economic Warfare 1947–1967. A Case Study in Foreign Economic Policy, Stockholm 1968.

932 Hierzu oben, S. 231.

einer Anerkennung gleichgekommen wäre.[933] Durch die Übernahme dieser Position schränkte die luxemburgische Regierung ihren Handlungsspielraum ein. Doch konnte sie aufgrund ihrer Bündnispolitik keinen Sonderweg eingehen. Den Quellen zufolge war man innerhalb des MAEL über diesen außenpolitischen Kurs wenig erfreut, konnte ihn aber auch nicht ignorieren. Bech ließ gar überprüfen, in welcher Form man mit den ostdeutschen Behörden in Kontakt treten könnte, ohne die Bündnispolitik zu hintergehen.[934] Tatsächlich unterhielten auch in dieser Zeit viele westeuropäische Regierungen über nichtstaatliche Organisationen Kontakt zu Ostberlin.[935] Bereits einen Tag nach der Unterzeichnung des deutschen Grundlagenvertrags zwischen den beiden deutschen Staaten, am 21. Dezember 1972, welche die gegenseitige staatliche Anerkennung festlegte, war das Großherzogtum eines der ersten Länder, die die DDR offiziell anerkannten.[936]

Die geopolitischen Entwicklungen im Rahmen des Kalten Krieges hatten demnach durchaus Einfluss auf die Kontakte zwischen dem Großherzogtum und den osteuropäischen und sowjetischen Behörden, die zumeist im Rahmen von Wirtschaftskontakten erfolgten. Nicht zuletzt durch die Politisierung war der Ost-West-Handel selbst ein Produkt des Kalten Krieges und kann ohne diese Berücksichtigung kaum verstanden werden.

Über die Untersuchung zur Wahrung der ARBED-Beteiligungen konnte auch ein Einblick in die Tätigkeiten der luxemburgischen Delegation innerhalb der ständigen Kommission des Brüsseler Paktes sowie der COCOPO gewonnen werden. Hier zeigte sich, dass Luxemburg durchaus eine vollwertige und eigenständige Außenpolitik vertrat und sich auch nicht scheute, eine von den Großmächten abweichende Position zu übernehmen. So sprachen sich die luxemburgische und belgische Regierung im Rahmen eines Treffens der ständigen politischen Kommission der BTO-Staaten als einzige gegen ein zweites gemeinsames Memorandum zu offenen Vermögenswerten in der SBZD aus. Obwohl die luxemburgische Vertretung innerhalb der BTO in der Regel abwartend und passiv agierte, zögerte sie nicht vor dem Hintergrund nationaler Interessen gelegentlich eine von der Mehrheit abweichende Position einzunehmen. Auch dies liefert Hinweise auf das luxemburgische Selbstverständnis gegenüber den Bündnispartnern im außenpolitischen Kontext des Kalten Krieges.

---

933 Siehe hierzu bereits oben, S. 201–204.

934 ANLux, AE-AA-305, Bech, 3. Mai 1946, S. 2.

935 PFEIL Ulrich, Die „anderen" deutsch-französischen Beziehungen. Die DDR und Frankreich 1949–1990, Köln 2004 (= Zeithistorische Studien), S. 395.

936 Siehe oben, S. 215.

V.2 Die Wahrung der Vermögenswerte der ARBED im Untersuchungsraum, ein Sonderfall?

Die ARBED war nicht der einzige luxemburgische Gläubiger mit Vermögenswerten im Untersuchungsraum. In den Quellen zu den Bemühungen um die Aktienbeteiligungen der ARBED im Ostblock tauchen sporadisch auch Vermögenswerte anderer luxemburgischer Gläubiger auf.

Dadurch drängt sich geradezu die Frage auf, ob es sich bei der Wahrung der ARBED-Beteiligungen um einen Sonderfall handelte oder nicht. Die Frage soll auf zwei verschiedenen Ebenen beleuchtet werden. Zum einen soll der Frage auf nationaler Ebene nachgegangen werden, sprich: Ist ein Unterschied der Behandlung der Beteiligungen der ARBED und der Vermögenswerte anderer luxemburgischer Gläubiger erkennbar? Zum anderen soll der Fall der ARBED auch im internationalen Vergleich untersucht werden und überprüft werden, ob es sich im hier untersuchten Fall um einen spezifischen luxemburgischen Sonderfall handelt oder nicht.

Die Quellenbelege erlauben erste Beobachtungen: Obwohl andere luxemburgische Gläubiger in den Quellen erwähnt werden, werden sie lediglich vereinzelt aktenkundig.[937] Dabei stellt man fest, dass es sich bei den wenigen bekannten luxemburgischen Gläubigern in erster Linie um Privatpersonen handelte, welche Aktienbeteiligungen in Unternehmen im Untersuchungsraum hielten, deren Eigentumsverhältnisse verstaatlicht worden waren.[938] Häufig fehlten jedoch nähere Informationen. Die wenigen Hinweise deuten darauf hin, dass anders als im Fall der ARBED andere luxemburgische Gläubiger allesamt direkte Aktienanteile im Untersuchungsraum hielten.

Im Gegensatz zum Fall ARBED existierten nur wenige Vermögenswerte anderer luxemburgischer Gläubiger. Die wenigen Belege anderer Gläubiger in den Archivfonds des MAEL deuten darauf hin, dass zwischen ihnen und dem MAEL kaum ein solch intensiver Informationsaustausch vonstatten ging, wie zwischen ARBED und MAEL. Tatsächlich musste das MAEL wiederholt über Zeitungsannoncen Informationen zu anderen luxemburgischen Gläubigern einholen.[939]

---

937 ANLux, AE-12048, Liste der Personen, welche Ansprüche auf eine Entschädigung stellten, o. D., 1 S.

938 So hielt eine Privatperson Beteiligungen an einer Kohlegesellschaft im ungarischen Urinary; siehe hierzu ANLux, AE-12048, Mohreng an MAEL, 17. November 1955, 2 S.

939 So etwa ANLux, AE-12048, Pressekommuniqué, 30. September 1960.

Geht man davon aus, dass die wenigen erhaltenen Belege anderer luxemburgischer Gläubiger nicht auf einen Aktenverlust zurückzuführen sind, dann zeigt die Untersuchung auf eklatante Weise die unterschiedliche Behandlung der ARBED und anderer Eigentümer durch die luxemburgischen Behörden. Neben der wirtschaftlichen Bedeutung der ARBED wird auch der Einfluss des Konzerns eine maßgebliche Rolle gespielt habe. Die Aktienbeteiligungen der ARBED übertrafen die wenigen bekannten Guthaben anderer luxemburgischer Gläubiger um ein Vielfaches. Die Regierung war in erster Linie daran interessiert, die Vermögenswerte seines größten Unternehmens zu schützen. Die geringfügigen Beteiligungen anderer Gläubiger bewegten die luxemburgischen Behörden nicht zu Interventionen bei den osteuropäischen und sowjetischen Behörden. Damit stimmen einige Aussagen überein, die im Rahmen der Debatten in der luxemburgischen Abgeordnetenkammer zu den Globalentschädigungsabkommen mit osteuropäischen Ländern, in denen mehrmals die sehr geringen luxemburgischen Vermögenswerte unterstrichen wurden.[940]

Die Bemühungen der Regierung sind aber auch vor dem Hintergrund des Einflusses der ARBED auf die Entscheidungs- und Handlungsprozesse zur Wahrung luxemburgischer offener Vermögenswerte im Untersuchungsraum zu erklären. So gingen die Impulse zur Aufnahme der Interessenwahrung der ARBED eindeutig vom Konzern selbst aus. Die Interventionen der Gesellschaft beim luxemburgischen Außenminister leiteten die Bemühungen um die Konzerninteressen auf Regierungsseite ein. Der Fall Rumänien verdeutlicht dabei den Stellenwert der ARBED innerhalb der luxemburgischen Gläubiger:

Rumänien war neben Albanien der einzige osteuropäische Staat, in dem die ARBED bei Ende des Krieges über keinerlei Vermögenswerte verfügte.[941] Obwohl das Großherzogtum bis Ende 1947 über einen Gesandten in Bukarest verfügte, der zudem von drohenden Verstaatlichungen luxemburgischer Vermögenswerte in Rumänien zu berichten wusste, kam es zu keinem Zeitpunkt zu einer direkten luxemburgischen Intervention bei den rumänischen oder sowjetischen

940 CR, 33. Sitzung (19. Juni 1969), Sp. 2088.

941 Die F&G-Gruppe hatte sich in den 30er Jahren aus einem rumänischen Unternehmen, der INDUSTRIA CLUJ KABELFABRIK zurückgezogen, weil das Unternehmen nicht gewinnbringend produzierte; hierzu ANLux, Nicht inventarisierter ARBED-Fonds, Felten & Guilleaume Budapest 1928–1934, 054, N° 113, Entwurf eines Protokolls des Direktionsrates 12. April., 1934 (17. April 1934), 4 S.; ANLux, Nicht inventarisierter ARBED-Fonds, M. Kipgen, Felten-Guilleaume, 050001, N° 110, Dossier F&G Participations 1929/1930, Rechenschaftsbericht der F&G KABEL-, DRAHT- UND DRAHTSEILFABRIK AG von 1930, S. 4.

Behörden.[942] Die Verteidigung der luxemburgischen Vermögenswerte in Rumänien wurde schließlich von der belgischen Regierung im Rahmen der Globalentschädigungsabkommen sowie von einem belgischen Interessensverband geschädigter Industrieller übernommen.[943]

Die Beobachtung steht damit im krassen Widerspruch zu den Bemühungen der luxemburgischen Behörden in anderen osteuropäischen Ländern.

Angesichts der Rolle der ARBED als Impulsgeber bei der Wahrung ihrer Aktienbeteiligungen im Ostblock ist eine Erklärung augenfällig: Im Fall Rumänien intervenierte die ARBED nie bei den luxemburgischen Behörden, da sie über keine Aktienbeteiligungen im osteuropäischen Land verfügte. Ohne die Intervention von Seiten der ARBED, wurde das MAEL jedoch offenbar überhaupt nicht aktiv. Der Wahrung offener luxemburgischer Vermögenswerte, die nicht der ARBED gehörten, wurde offenbar weniger Bedeutung beigemessen als der Verteidigung der Vermögenswerte der ARBED.

---

942 Bis Ende 1947 verfügte das Großherzogtum über einen Gesandten in Bukarest, der jedoch formal nie bei der rumänischen Regierung akkreditiert und dessen Spielraum daher stark eingeschränkt war. Zudem wurde René Blum von Moskau aus ebenfalls offiziell mit der Vertretung luxemburgischer Interessen in Rumänien betraut. Nichtsdestotrotz beauftragte das MAEL im April 1946 den Gesandten Yvan Cahen Franck *„de la défense des intérêts luxembourgeois en collaboration avec les agents belges chargés de la défense des intérêts luxembourgeois conformément à l'article 26 du Traité d'Union économique belgo-luxembourgeoise du 25.7.1921.“*; ANLux, AE-09593: Anordnung des MAEL vom 10. Mai 1946, unterzeichnet von Bech, 1 S.; siehe auch AE-09593, Bech (MAEL) an Hubert Clement (President der *Association des journalistes luxembourgeois*), 18. November 1947, 1 S. Der luxemburgische Vertreter sollte seine Funktionen demnach über die belgische Gesandtschaft ausüben. Aus einem Bericht Francks nach Luxemburg vom September 1947 geht hervor, dass darunter auch offene Vermögenswerte zu verstehen waren, die kurz vor der Übertragung in Staatshände standen: *„Je crains que l'on aie* [sic!] *pas bien compris à Bruxelles la gravité et l'importance des dommages causés à nos compatriotes ici qui sans aucune discrimination d'avec les roumains, se voient au jour du lendemain ruinés et dans la presque impossibilité de maintenir leurs entreprises créées avec des capitaux luxembourgeois.“*, AE-09593, Bericht von Yvan Cahen Franck (lux. Vertretung in Bukarest) an das MAEL, 1. September 1947, 4 S., hier S. 2. Franck intervenierte jedoch nicht bei den rumänischen Behörden. Ende des Jahres wurde er aus unbekannten Gründen des Landes verwiesen; siehe hierzu AE-09593, Bech (MAEL) an Als (lux. Vertretung in Brüssel), 18. November 1947, 1 S.

943 ANLux, AE-09593, Als (lux. Vertretung in Brüssel) an das MAEL, 21. Januar 1949, 2 S. Zu den Verhandlungen siehe auch DUMOULIN Michel, Petrofina. Un groupe pétrolier international et la gestion de l'incertitude. Band I: 1920–1979, Neu-Löwen 1997, S. 118–119, Anm. 42.2.

Die ARBED hatte demnach nicht allein Einfluss auf die Wahrung ihrer eigenen Interessen im Ostblock durch das MAEL, sondern beeinflusste damit indirekt und allgemein die Bemühungen des diplomatischen Apparates um die Klärung offener luxemburgischer Vermögenswerte im Ausland.

Innerhalb der luxemburgischen Gläubiger nahm die ARBED eine hervorgehobene Stellung ein. Offenbar wurde das MAEL in erster Linie dann aktiv, wenn Vermögenswerte der ARBED betroffen waren. Die Vertretung der Guthaben anderer luxemburgischer Gläubiger wurde den Delegationen der UEBL überlassen. Zu einer Intervention wären die luxemburgischen Behörden bisweilen aufgrund der wenigen Informationen auch gar nicht in der Lage gewesen. Anders als die ARBED intervenierten andere Gläubiger kaum zu ihren Gunsten beim MAEL.

Dabei handelte es sich bei den Vermögenswerten der anderen luxemburgischen Gläubiger nachweislich um direkte Beteiligungen.[944] In diesen Fällen konnten die osteuropäischen Behörden nicht auf eine angebliche deutsche Staatsbürgerschaft indirekter Aktienbeteiligungen verweisen. Interventionen des MAEL hätten demnach durchaus eine größere Aussicht auf Erfolg gehabt als im Fall der ARBED. Trotzdem nahmen die luxemburgischen Behörden eine eher abwartende Haltung ein und leiteten die Angelegenheit schließlich an die UEBL weiter.

Informationen über das Selbstverständnis der ARBED im Verhältnis zu den anderen luxemburgischen Gläubigern lassen sich auf wenige, widersprüchliche Hinweise reduzieren, die kaum eine profunde Aussage zulassen: So findet sich ein Indiz in einem von der ARBED verfassten Memorandum, das dem MAEL zugeschickt wurde und angeblich im Namen der luxemburgischen Regierung verfasst worden war. Das Memorandum bedurfte nur noch einer Unterschrift des Regierungschefs, um es rechtsgültig zu machen. In dem an die Regierung der UdSSR gerichteten Memorandum war nicht mehr von Aktienbeteiligungen der ARBED die Rede, sondern allgemein von luxemburgischen Interessen.[945]

Verwiesen werden kann auch auf die Gründung der *Association Luxembourgeoise pour la défense des droits, biens et intérêts alliés en Allemagne*, deren Leitung Konsbruck, einer der führenden Direktoren der ARBED, übernahm und die wohl auf Initiative der ARBED zurückging.[946] Beide Hinweise deuten darauf hin, dass nach Selbstverständnis des Konzerns die ARBED sich als eine Art Speerspitze luxemburgischer Gläubiger im Untersuchungsraum ansah. Es fällt auf, dass

---

944 Siehe oben, S. 235–237.

945 „*Le Gouvernement du Grand-Duché tient à relever qu'il continue à rendre le Gouvernement de l'U.R.S.S. responsable de la protection des intérêts luxembourgeois en zone soviétique en Allemagne.*", ANLux, AE-12034, Vorschlag, März 1950, S. 1.

946 Siehe hierzu oben, S. 210–212.

die ARBED bis auf den genannten Verband, nicht mit anderen Gläubigern auf breiter Front beim MAEL intervenierte. Die Interventionen des Konzerns waren stets Einzelaktionen. Das Unternehmen bedurfte keines koordinierten Handelns zusammen mit anderen Gläubigern, sondern war aufgrund seines Gewichts und seiner hervorgehobenen Stellung innerhalb eines sehr kleinen Wirtschaftsraumes dazu ohne Problem alleine in der Lage.

Dem MAEL war die hervorgehobene Stellung der ARBED unter den luxemburgischen Gläubigern im Untersuchungsraum natürlich bewusst. Dies wusste man gelegentlich aus rein pragmatischen Gründen auszunutzen: So wurde bspw. die Expertenmeinung der ARBED vor der Unterzeichnung eines Globalentschädigungsabkommens zwischen der UEBL und Ungarn eingeholt. Zuvor hatten die ungarischen Behörden bereits klargestellt, dass die ARBED von diesem Abkommen nicht profitieren könne. Das MAEL bat in diesem Fall um eine Einschätzung des Abkommens durch die ARBED, von dem andere luxemburgische Gläubiger durchaus profitieren konnten.[947] Erneut werden an dieser Stelle der tragende Einfluss und die Impulse des luxemburgischen Konzerns auf die Wahrung der Konzerninteressen und sogar allgemein der luxemburgischen Vermögenswerte deutlich. Ohne die Initiativen der ARBED verharrte das MAEL in einer abwartenden Haltung.

Wie lässt sich nun die Wahrung der Aktienbeteiligungen der ARBED mittels Vergleich mit der Wahrung ähnlicher Industrieinteressen durch andere westliche Regierungen einschätzen? Handelt es sich im internationalen Vergleich bei den Bemühungen um die Vermögenswerte der ARBED etwa um einen Sonderfall?

Wie eingangs erläutert, bleiben die Bemühungen westlicher Behörden zugunsten der Vermögenswerte ihrer Staatsbürger im Untersuchungsraum weiterhin ein Desiderat der Forschung. Bisherige Untersuchungen, vor allem der Rechtswissenschaft, erlauben es immerhin einige grobe Vergleiche zu ziehen.

Neben der ARBED war eine ganze Reihe anderer westlicher Gesellschaften von dem Verlust ihrer Vermögenswerte im Rahmen der alliierten und nationalen Reparationsbestimmungen sowie der allgemeinen Wirtschaftsumwandlung im sowjetisch dominierten Ostblock betroffen. Wie die ARBED wandten sich auch im Ausland Gläubiger an ihre jeweilige Regierung und baten um Interventionen zugunsten ihrer Beteiligungen in Osteuropa. Da sich die rechtswissenschaftlichen Untersuchungen in erster Linie auf die juristischen Konsequenzen konzentrierten, fehlen nähere Informationen zur Form der Anfragen der Gläubiger bei ihren Regierungen. Diese wandten sich ähnlich wie das MAEL an die verantwortlichen

947 Siehe hierzu oben, S. 241.

Behörden in Osteuropa.[948] Aus den Akten des MAEL werden auch ausländische Bemühungen sichtbar: So findet sich in den Akten ein Brief des Direktors der niederländischen Firma NV PHILIPPS GLOEILAMPENFABRIEKEN an die Leitung der ARBED, der auf Interventionen der niederländischen Militärmission bei den osteuropäischen und sowjetischen Behörden verweist.[949] Ähnliche Bemühungen sind auch von der belgischen Militärmission in Berlin zugunsten der belgischen SOLVAY & CIE in der SBZD belegt.[950] Bemühungen westlicher Regierungen zugunsten offener Vermögenswerte einzelner Unternehmen stellten demnach keine Ausnahme dar. Allerdings bedürfte es weiterer Untersuchungen um hier allgemeinere Schlüsse ziehen zu können.

Zum weiteren Verlauf gibt es eine Reihe von Gemeinsamkeiten, auch wenn Details fehlen: So führten auch in anderen westlichen Ländern die Bemühungen um die Interessen ihrer Gläubiger in der Regel nur über Globalentschädigungsabkommen zum Erfolg. Die folgende Liste solcher Globalentschädigungsabkommen zwischen westlichen und osteuropäischen Staaten zwischen 1945 und 1955 bietet einen Überblick über diese Abkommen.

Abb. 6: Globalentschädigungsabkommen zwischen Ost und West (1945–1955)[951]

Datum	**Vertragsabschluss zwischen**
24. April 1946	Polen-USA
13. April 1947	Jugoslawien-Schweden
31. Oktober 1947	Polen-Großbritannien
19. März 1948	Polen-Frankreich
19. Juli 1948	Jugoslawien-USA

948 Bspw. zur Situation in Frankreich, siehe WESTON Burns H., International Claims: Postwar French Practice, New York 1971 (=Procedural Aspects of International Law Series 9), S. 13 f. [im Folgenden zitiert als: WESTON, Claims].

949 Hierzu ausführlich oben, S. 192 f.

950 ANLux, AE-AA-308, Konsbruck, 14. Oktober 1949, S. 8 f. Siehe auch oben, S. 198.

951 Die Abbildung basiert auf den Daten aus DRUCKER, Compensation; DERS., Nationalisation; BINDTSCHEDLER, Protection; BROOKS E.A.S., Registration of International Claims under the Foreign Compensation Act, 1950, in: Transactions of the Grotius Society 44 (1958), S. 187–198. Aufgenommen wurden lediglich Entschädigungsabkommen, die eine pauschale und globale Entschädigungsleistung vorsahen. Die Schweiz wird hier der Riege der westlichen Staaten hinzugezählt, da sie ebenfalls verlorene Vermögenswerte im Untersuchungsraum zu beklagen hatte und Globalentschädigungsabkommen abschloss.

Datum	Vertragsabschluss zwischen
27. September 1948	Jugoslawien-Schweiz
30. Oktober 1948	Jugoslawien-UEBL (Industriekonsortium)
23. Dezember 1948	Jugoslawien-Großbritannien
14. Januar 1949	Polen-Großbritannien
25. Juni 1949	Polen-Schweiz
28. September 1949	Tschechoslowakei-Großbritannien
16. November 1949	Polen-Schweden
22. Dezember 1949	Tschechoslowakei-Schweiz
26. Dezember 1949	Jugoslawien-Großbritannien
2. Juni 1950	Tschechoslowakei-Frankreich
12. Juni 1950	Ungarn-Frankreich
19. Juli 1950	Ungarn-Schweiz
31. März 1951	Ungarn-Schweden
14. April 1951	Jugoslawien-Frankreich
31. Mai 1951	Ungarn-Schweden
3. August 1951	Rumänien-Schweiz
30. September 1952	Tschechoslowakei-UEBL
26. Februar 1953	Polen-Dänemark
9. Juni 1954	Jugoslawien-Israel
11. November 1954	Polen-Großbritannien
26. November 1954	Bulgarien-Schweiz
1. Februar 1955	Ungarn-UEBL
28. Juli 1955	Bulgarien-Frankreich
22. September 1955	Bulgarien-Großbritannien

In einem Zeitraum von zehn Jahren wurden 29 Globalentschädigungsabkommen geschlossen, welche eine pauschale und globale Entschädigung für verlorene Vermögenswerte westlicher Staaten in den diversen Ländern des Ostblocks vorsahen. Dank der rechtswissenschaftlichen Literatur zu den Globalentschädigungsabkommen lässt sich feststellen, dass sich die Abkommen der UEBL in Form, Inhalt und prozentualem Volumen der Entschädigung nicht von denen anderer westlicher Staaten mit Staaten des Ostblocks unterschieden.[952] Bei den

952 Hier sei auf die Untersuchung von Bindtschedler, Protection, verwiesen, der die genannten Globalentschädigungsabkommen auch unter Berücksichtigung der Abkommen der UEBL einem eingehenden Vergleich unterzog.

Globalentschädigungsabkommen konnte kein Unterschied zwischen der UEBL und anderen westlichen Staaten festgestellt werden. Dies trifft auch auf die Behandlung indirekter Aktienbeteiligungen zu. So wurden diese in Abkommen anderer westlicher Staaten mit Ostblockstaaten ebenfalls in der Regel nicht entschädigt.

Die ARBED war mit Sicherheit nicht die einzige Gesellschaft mit einer indirekten Aktienverflechtung über eine deutsche Gesellschaft. In der Literatur finden sich hierzu vereinzelt Hinweise. Aus den wenigen Indizien lässt sich der Eindruck gewinnen, dass auch in diesen Fällen die Gläubiger keine Entschädigung erhielten.[953] Das britische *Foreign Office* brachte zudem zum Ausdruck, dass es kaum Chancen dafür sah, von der UdSSR zu Unrecht zu Reparationszwecken eingezogene alliierte Vermögenswerte wiederzugewinnen. Hier bemühte man sich erst gar nicht um solche Vermögenswerte, ganz im Gegensatz zum MAEL.[954]

Der komparative Ansatz dieser Untersuchung ermöglicht es demnach, die Problematik der ARBED in eine ganze Reihe ähnlicher Bemühungen zu verorten, die auch von anderen westlichen Regierungen in ihren Kontakten unternommen wurden. Aus den wenigen Indizien, die sich zusammentragen ließen, geht hervor, dass sich die Wahrung der luxemburgischen Vermögenswerte in Form, Vorgehensweise und Resultat nicht von parallelen Bemühungen im Ausland unterschieden. Weitere Vergleichsuntersuchungen sind jedoch dringend erforderlich, um stichhaltigere Aussagen treffen zu können. Ein Desiderat der Forschung bleibt weiterhin die Form der Zusammenarbeit zwischen Regierung und Gläubigern im Rahmen dieser Problematik. Ohne entsprechende Vergleichsuntersuchungen können die Beobachtungen in Luxemburg nur schwer international verglichen werden.

Es konnte lediglich festgestellt werden, dass nur im luxemburgischen Fall eine Regierung sich geradezu ausschließlich mit den Vermögenswerten einer einzigen Gesellschaft beschäftigte. Aufgrund der geringen Größe des Landes ist es nicht weiter verwunderlich, dass weit weniger luxemburgische Gläubiger Vermögenswerte im Untersuchungsraum besaßen als Eigentümer anderer westlicher Staaten. Dies führte unweigerlich dazu, dass die Interessen der ARBED innerhalb der luxemburgischen Bemühungen eine hervorgehobene Stellung einnahmen.

In der Historiographie und Politikwissenschaft existiert eine hohe Anzahl an Untersuchungen, die sich gerade mit dem Verhältnis und der Interaktion zwischen Staat und Unternehmen auf einer außenpolitischen Bühne beschäftigen. Angesichts der geo- und wirtschaftspolitischen Entwicklungen seit dem

953 WESTON, Claims, S. 170 f.; LILLICH, International Claims, S. 43 f. und S. 49 f.

954 Siehe hierzu oben, S. 245.

Zusammenbruch der UdSSR und der zunehmenden Globalisierung gewann und gewinnt die Wirtschaftsdiplomatie eine immer stärkere Bedeutung in den staatlichen internationalen Beziehungen.[955] Damit einher ging auch ein zunehmender Ausstoss an entsprechender Forschungsliteratur. Als Vergleichsuntersuchungen für die vorliegende Arbeit eignen sich diese Studien jedoch kaum. Das Verhältnis zwischen Unternehmen und Staat in Sachen Außenwirtschaftspolitik lässt sich über einen komparativen Ansatz kaum auf einer internationalen Ebene untersuchen. Gerade strukturelle Unterschiede wie der jeweilige politische und wirtschaftliche Aufbau, der historische Kontext sowie weitere Charakteristika verhindern eine echte Vergleichbarkeit über die Landesgrenzen hinweg.

Allgemein galt und gilt die internationale Geschäfts- und Finanzwelt als stark mit der internationalen Politik verzahnt. Die Entwicklungen in den drei sich verwischenden Bereichen beeinflussen maßgeblich die jeweils anderen Bereiche. Es verwundert daher nicht, dass die Akteure innerhalb dieser Bereiche über eine ähnliche Ausbildung sowie einen ähnlichen sozialen und kulturellen Hintergrund verfügen. Dies fördert zudem den Karrierewechsel innerhalb der drei Bereiche.[956] Die enge Verflechtung der internationalen Politik mit der Geschäfts- und Finanzwelt führt unweigerlich dazu, dass sich bisweilen gemeinsame Interessen ergeben. In solchen Fällen konnten die vorliegende Untersuchung sowie auch vorausgehende Studien stets eine pragmatische Zusammenarbeit zwischen dem die nationale Politik vertretenden diplomatischen Apparat und Vertretern der Geschäfts- und Finanzwelt beobachten. Diese Zusammenarbeit schlug sich etwa in der Vertretung staatlicher Interessen durch Unternehmen oder umgekehrt der Vertretung von Firmeninteressen durch Diplomaten auf internationaler Bühne nieder.[957]

Die vorliegende Untersuchung bildet diesbezüglich keine Ausnahme. Über einen vorsichtigen Vergleich kann man allerdings die Vermutung aufstellen,

---

955 Exemplarisch hier nur: Trunkos Judit, Changing Diplomacy Demands New Type of Diplomats, in: Institute of Cultural Diplomacy, International Conference on the Future of U.S. Foreign Policy: "The Revival of Soft Power and Cultural Diplomacy?", Konferenz in Washington DC vom 4.–6. Januar 2011, URL: http://www.cultural-diplomacy.org/europeanamericanrelationship/content/articles/events/2010foufp/participant-papers/Changing_Diplomacy_Demands_New_Type_of_Diplomats.pdf (Stand: 30. Oktober 2013).

956 Siehe hierzu ausführlich oben, S. 64 f.

957 Siehe etwa Perrenoud, Banquiers, S. 129–138; Rudolph, Wirtschaftsdiplomatie, S. 20; Steen, Neutrality. Verwiesen sei auch auf den Ostausschuss der BRD als organisatorisches Resultat der engen Zusammenarbeit zwischen Wirtschaft und Regierung im Bereich der Außenwirtschaftspolitik; siehe hierzu Jüngerkes, Diplomaten.

dass in Luxemburg die Zusammenarbeit zwischen der ARBED und MAEL intensiver war, als dies für das Ausland beobachtet wurde. In den zum Vergleich herangezogenen Untersuchungen erfolgte die Zusammenarbeit lediglich punktuell und führte bspw. nicht zu einem kompletten Informationsaustausch wie in Luxemburg.[958]

Der mögliche Unterschied in der Intensität der Zusammenarbeit ließe sich zum einen über ein engeres Verhältnis zwischen ARBED und MAEL erklären, zum anderen aber auch aufgrund der Tatsache, dass im Ausland die Anzahl der auf internationaler Bühne aktiven Akteure weit größer war als im Großherzogtum und daher konkurrierende Meinungen und Interessensgegensätze eine engere Zusammenarbeit erschwerten. Freilich bedürfte es weiterer Untersuchungen, um hier allgemeine Schlüsse ziehen zu können.

Es bleibt die Erkenntnis, dass die Zusammenarbeit zwischen Finanz- und Geschäftswelt und dem diplomatischen Apparat maßgeblich von der jeweiligen Problematik abhängig ist. So bemerkten bereits RENOUVIN und DUROSELLE mit Verweis auf das Verhältnis zwischen Finanzwelt und Außenpolitik:

> *„Il est donc impossible, dans ce jeu d'influences réciproques, d'établir une explication dont la valeur puisse être permanente ou même d'essayer de dessiner, entre ces explications, une sorte d'hiérarchie: ni la finance, ni la politique ne peuvent prétendre à une relative primauté.“*[959]

Immerhin erlauben die Ergebnisse der vorliegenden Untersuchung sowie die gewonnenen Erkenntnisse aus der Sekundärliteratur die Formulierung einer Hypothese, die möglicherweise eine historische Konstante darstellt: Je stärker die Bedeutung eines Wirtschaftszweigs für die staatliche Wirtschaft ist, umso grösser gestalten sich seine Einflussmöglichkeiten auf die staatliche Außenwirtschaftpolitik bis hin zur Übernahme der Außenwirtschaftpolitik. Die Überprüfung dieser Hypothese bedarf jedoch weiterführender Untersuchungen, die diese Arbeit nicht leisten kann.

Fazit von Kapitel V

Die Berücksichtigung des internationalen Kontextes im Zusammenhang mit der Wahrung der ARBED-Beteiligungen führte zu weiteren Erkenntnissen. Die Wahrung der Beteiligungen der ARBED war fest im internationalen Kontext des

958 *„Certes, les collaborations se nouent de manière pragmatique, mais il ne s'agit pas d'une coordination étroite et constante entre ces acteurs des relations internationales de la Suisse.“*, PERRENOUD, Banquiers, S. 138, und S. 463 f.

959 RENOUVIN/DUROSELLE, Introduction, S. 168 f.

Kalten Krieges verankert. Die Maßnahmen, die die Vermögenswerte des Konzerns betrafen, waren ein Produkt des Ost-West-Gegensatzes. Die allgemein in der Literatur formelhaft wiedergegebene Annahme eines Rückgangs der Kontakte zwischen Ost und West trifft nicht auf die hier behandelte Problematik zu. Private und institutionelle luxemburgische Personen hielten Kontakt mit osteuropäischen Stellen über den Eisernen Vorhang hinweg. Sowohl auf der Ebene des Konzerns als auch im Rahmen diplomatischer Bemühungen bestanden Kontakte zwischen luxemburgischen Stellen und Adressaten in Osteuropa weiterhin fort, ja wurden zum Teil ausgebaut. Erst mit dem festen sowjetischen Zugriff auf Osteuropa nach dem Regierungssturz in der Tschechoslowakei 1948 verringerten sich die Kontakte auf privater Ebene. Auf zwischenstaatlicher Ebene kam es hingegen zu keinem Zeitpunkt zu einem Abbruch der Wirtschaftskontakte. Eine Brücke bestand weiterhin dank der Handelsverbindungen, die an politischer Bedeutung gewannen. Im Rahmen der Verhandlungen zum Ausbau der Handelsbeziehungen konnten auch in regelmäßigen Abständen offene Vermögensfragen aufgeworfen werden.

Aufgrund der zunehmenden Politisierung der Handelsbeziehungen waren die Gespräche jedoch verstärkt von internationalen Entwicklungen beeinflusst. Diesbezügliche Kontaktabbrüche stellten sich jedoch immer als provisorisch heraus. Kontakt zwischen luxemburgischen und osteuropäischen Stellen bestand also über den gesamten Zeitraum dieser Untersuchung.

Über die Analyse konnten zudem Erkenntnisse über die Rolle Luxemburgs im Kalten Krieg gewonnen werden. Das kleinste europäische Gründungsmitglied der BTO und der NATO war durchaus in der Lage, eigenständig bei osteuropäischen Staaten zu intervenieren. Innerhalb des BTO vertrat die luxemburgische Delegation eigene Interessen. Der außenpolitische Spielraum hatte sich im Vergleich zur Zwischenkriegszeit grundlegend gewandelt.

Schließlich wurde der Frage nachgegangen, ob die Wahrung der Aktienbeteiligungen der ARBED einen Sonderfall darstellte. Das war eindeutig auf landesweiter Ebene der Fall. Innerhalb der luxemburgischen Gläubiger im Untersuchungsraum nahm die ARBED eindeutig eine hervorgehobene Stellung ein. Die Bemühungen des MAEL konzentrierten sich in erster Linie auf die offenen Vermögenwerte des größten luxemburgischen Gläubigers. Ein Grund hierfür ist in der wirtschaftlichen Bedeutung des Gläubigers sowie in seinem Einfluss auf die luxemburgische Diplomatie zu suchen.

Aufgrund der wenigen bekannten Quellenhinweise und vor dem Hintergrund fehlender Vergleichsuntersuchungen konnte die Frage der Sonderrolle der Bemühungen um die ARBED im internationalen Vergleich nur teilweise beantwortet werden. Die Bemühungen um die Vermögenswerte der ARBED scheinen sich in Struktur, Form und Resultat nicht von ausländischen Bemühungen unterscheiden zu haben.

Obwohl zum Verhältnis zwischen Geschäftswelt und Regierung eine Reihe von Untersuchungen vorliegen, ergab sich bei ihrer Durchsicht schnell die Erkenntniss der mangelnden Vergleichbarkeit wegen starker kontextueller und struktureller Unterschiede. Immerhin erlaubte die Durchsicht der vorhandenen Literatur sowie der vorliegenden Forschungsergebnisse die Aufstellung einer nicht näher überprüfbaren Hypothese, derzufolge der Einfluss eines Wirtschaftszweiges auf die staatliche Außenwirtschaftspolitik mit der Bedeutung dieses Zweiges für die staatliche Wirtschaft steigt und zur Kontrolle der Außenwirtschaftspolitik führen kann.

Ergebnisse und Forschungsperspektiven

Diese Studie hat gezeigt, dass der Kampf um die Kapitalbeteiligungen der ARBED in hohem Maße von der starken Internationalisierung dieses bedeutendsten luxemburgischen Industrieunternehmens in den zwanziger Jahren geprägt war. Über Aktienbeteiligungen in international operierenden Verarbeitungsgesellschaften erhielt der luxemburgische Konzern Zugang zu ausländischen Märkten. Die Aktienbeteiligung der ARBED an der deutschen F&G CARLSWERK AG führte dazu, dass sie indirekt an den Tochtergesellschaften und Unternehmen der F&G-Gruppe in Osteuropa beteiligt war.

Dieses indirekte Beteiligungsverhältnis drohte im Laufe des Zweiten Weltkrieges verloren zu gehen. So übernahm zeitweise ein deutsches Verwaltungsgremium die Kontrolle über die deutschen Beteiligungen der ARBED. Der Konzern selbst weckte beständig Begehrlichkeiten bei diversen miteinander konkurrierenden deutschen Unternehmen, Ministerien und Verwaltungen. Letztlich sollten sich jedoch alle Maßnahmen der deutschen Besatzer, welche die Beteiligungsverhältnisse der ARBED im Untersuchungsraum in Gefahr brachten, als von kurzer Dauer erweisen. Die ARBED war weiterhin indirekter Aktieninhaber in den Unternehmen der F&G-Gruppe im Untersuchungsraum.

Erst mit der Befreiung bzw. Besetzung dieses Untersuchungsraumes durch die Rote Armee, ab Sommer 1944, wurde der Verlust der Vermögenswerte der ARBED in hohem Maße wahrscheinlich. Die europäische Nachkriegsordnung sowie das sich herausbildende sowjetische Streben nach einem sie umgebenden *Cordon Sanitaire* befreundeter Staaten führten zu tiefgreifenden geopolitischen und wirtschaftlichen Veränderungen in Osteuropa, von denen auch die Unternehmen, an denen die ARBED indirekt beteiligt war, betroffen waren. Konkret wurden die Industrien im Untersuchungsraum mit der Besetzung und Befreiung durch die UdSSR von zwei verschiedenen Maßnahmenkategorien getroffen, die in einem engen Wechselverhältnis zueinander standen.

Zwischen Reparationspolitik und Konsolidierung des Ostblocks

Noch während des Krieges einigten sich die Alliierten darauf, über Reparationsforderungen an die besiegten Achsenmächte den Wiederaufbau der Wirtschaften der alliierten Siegermächte zu gewährleisten. Besondere Begehrlichkeiten weckten hier die Industrien des Untersuchungsraumes. Daneben suchte die UdSSR das von ihr militärisch dominierte Osteuropa schrittweise ihrem Einflussbereich einzugliedern. Dazu gehörte die Förderung der Etablierung kommunistischer Regime in den einzelnen osteuropäischen Staaten. Damit einher ging die Übernahme des stalinistischen Planwirtschaftsmodells durch die einzelnen osteuropäischen Regierungen. Diese Umwandlung wurde von einer systematischen Verstaatlichung der Industrien begleitet.

Sowohl die alliierten und nationalen Reparationsbestimmungen im Untersuchungsraum als auch die dortigen planwirtschaftlichen Verstaatlichungsverordnungen sahen Schutz- bzw. Entschädigungsmaßnahmen für Vermögenswerte von Eigentümern aus Mitgliedsstaaten der Vereinten Nationen vor, zu denen auch die ARBED zählte.

Allerdings gab es gerade hinsichtlich der Beteiligungsverhältnisse der ARBED im Untersuchungsraum divergierende Ansichten von Ost und West. Während man auf luxemburgischer Seite die indirekten Beteiligungen der ARBED als alliiertes Vermögen ansah – eine Ansicht, die von den Westmächten geteilt wurde – erkannten die UdSSR sowie die osteuropäischen Behörden diese indirekten Beteiligungen in der Regel nicht an. Ihre Anerkennung beschränkte sich zumeist auf direkte Aktienbeteiligungen. Da die indirekten Aktienbeteiligungen über die deutsche F&G CARLSWERK AG wahrgenommen wurden, wurden die Vermögenswerte des Konzerns im Untersuchungsraum gerne als deutsches Guthaben interpretiert. Dadurch fiel es zumeist den alliierten und nationalen Reparationsbestimmungen zum Opfer und wurde entschädigungslos eingezogen.

Gegen die Behandlung der Unternehmen, an denen die ARBED indirekt beteiligt war, setzte man sich auf Seiten der luxemburgischen Konzernleitung zusammen mit dem MAEL vor dem Hintergrund des sich immer weiter zuspitzenden Ost-West-Gegensatzes zur Wehr. Die drohende Gefahr eines Wandels der Eigentumsverhältnisse der ARBED in Osteuropa löste die Verteidigung dieser Vermögenswerte durch das Unternehmen und die luxemburgische Regierung aus. Diese Bemühungen, denen sich der Großteil der vorliegenden Arbeit widmete, wurden unmittelbar nach Ende des Zweiten Weltkrieges aufgenommen und aktiv bis Ende der fünfziger, Anfang der sechziger Jahre angestrengt, bevor sich die Spuren in den Quellen langsam verwischen.

In ihren Anstrengungen um die Aktienbeteiligungen des Konzerns griffen die luxemburgischen Behörden zusammen mit der Direktion der ARBED auf unterschiedliche Maßnahmen zurück. Diese reichten vom Informieren der verantwortlichen Behörden über die indirekte alliierte Beteiligung des Konzerns in den von einem Wechsel der Eigentumsverhältnisse betroffenen Unternehmen im Untersuchungsraum bis hin zu Drohungen eines Investitionsstopps der luxemburgischen Gesellschaft in Osteuropa. Gefordert wurde entweder der *Status quo* der Vorkriegszeit oder, mit zunehmender Verstaatlichung der Industriezweige in Osteuropa, eine Entschädigung der verlorenen Vermögenswerte.

Bei ihren Bemühungen um den Schutz der Beteiligungen der ARBED im Untersuchungsraum, bezogen sich ARBED und MAEL auf eine relativ schwache Argumentationsbasis: Die entsprechenden Schutz- und Entschädigungsklauseln in den Reparations- und Verstaatlichungsverordnungen, auf die man verwies, waren in der Regel sehr vage in Bezug auf indirekte Vermögenswerte. Bei den Aktienbeteiligungen der ARBED handelte es sich zudem nicht einfach nur um indirekte über eine Gesellschaft der Vereinten Nationen ausgeübte Aktienbeteiligungen, sondern um Vermögenswerte, die indirekt über eine deutsche Gesellschaft ausgeübt wurden. Gerade deutsches Vermögen hatte einen sehr schlechten Stand im Untersuchungsraum der Nachkriegszeit. Den Wahrern der Vermögenswerte der ARBED gelang es daher kaum, auch ohne Thematisierung der Rolle der ARBED sowie der F&G-Gruppe während des Krieges, die Beteiligungen des luxemburgischen Konzerns von den osteuropäischen und sowjetischen Behörden anerkennen zu lassen. Gerade die Nichtanerkennung dieser indirekten Beteiligungen erlaubte die Übernahme der Vermögenswerte ohne Entschädigungsleistung.

Aufgrund der schwachen Argumentationsbasis scheiterten zumeist die Befreiung oder Entschädigung der Vermögenswerte der ARBED, trotz Unterstützung westlicher Regierungen, vor allem aus Paris und Brüssel. Die Bilanz der Interessenwahrung fiel daher aus luxemburgischer Sicht sehr dürftig aus: Lediglich ein einziges Unternehmen konnte aus sowjetischer Kontrolle befreit werden. Da hier jedoch zuvor der Großteil der Anlagen demontiert und abtransportiert worden war und fast nur die leere Fabrikhalle erstattet wurde, hat diese Entschädigung eher symbolischen Charakter. Über Globalentschädigungsabkommen konnte der Verlust indirekter Beteiligungen an einem weiteren Unternehmen in Polen und möglicherweise einem Verlagerungsbetrieb in der Tschechoslowakei entschädigt werden. Die entsprechenden Entschädigungssummen wurden nicht bekannt, dürften aber, wie allgemein in Globalentschädigungsabkommen üblich, nur einen Bruchteil des eigentlichen Wertes dargestellt haben. Der Verlust des Betriebes in Jugoslawien wurde über ein abgeschlossenes Entschädigungsabkommen eines belgischen Industrieverbandes mit der jugoslawischen Regierung in Eigeninitiative kompensiert, obwohl von jugoslawischer Seite die Vermögenswerte der ARBED nicht anerkannt worden waren.

Die empirische Detailanalyse der diplomatischen Anstrengungen, die auf luxemburgischer Seite unternommen wurden, erlaubte, neben Ausmaß, Vorgehensweise, Argumentation und Resultaten, unter Hinzuziehen eines erweiterten diachronen und internationalen Betrachtungswinkels, die Überprüfung der eingangs aufgestellten Leitfragen, die sowohl in der luxemburgischen als auch in der internationalen Historiographie nur unzureichend bzw. noch gar nicht behandelt wurden.

Der Einfluss der ARBED auf die luxemburgische Außenwirtschaft

Die Wahrung der ARBED-Beteiligungen im Untersuchungsraum wurde in erster Linie von zwei institutionellen Akteuren bestimmt: dem MAEL und der ARBED. Das Untersuchungsfeld bot die Gelegenheit das Verhältnis dieser beiden Akteure zu analysieren. So war das Verhältnis zwischen ARBED und MAEL in erster Linie von einer sehr engen Zusammenarbeit bestimmt. Diese Kooperation zeichnete sich durch einen fast vollständigen und systematischen Informationsaustausch aus, der auch vor streng vertraulichen Hinweisen nicht Halt machte. Neben dieser Informationstransparenz ließ sich auch ein quasi vollständiges Zusammenlegen materieller wie personeller Ressourcen zwischen beiden Institutionen in Bereichen der Informationsbeschaffung oder der Kontaktaufnahme beobachten. Die Zusammenarbeit beider Protagonisten ging dabei so weit, dass nicht von zwei unterschiedlichen Kommunikationsnetzwerken der ARBED und des MAEL gesprochen werden kann.

Ein näherer Blick auf den Entscheidungsprozess offenbarte, dass maßgebliche Impulse der Verteidigung häufig von Seiten der ARBED ausgingen. So schlug das Unternehmen zumeist, gleichzeitig mit der Darlegung der Vermögenswerte, eine bestimmte Vorgehensweise vor. Die Aktivitäten der ARBED beinhalteten die Darlegung der verfolgten Argumentation, Vorschläge der geeigneten Adressaten einer möglichen Intervention luxemburgischer Behörden, Vordrucke dafür benötigter Unterlagen, sowie in Eigenregie eingezogene Informationen. Der Konzern übernahm damit unaufgefordert elementare diplomatische Aufgaben.

Auf Seiten des MAEL folgte man systematisch und ohne aktenkundig gewordene interne Beratungen den Vorschlägen der ARBED. Die Argumentation des Konzerns wurde dabei übernommen. Kritik an der Vorgehensweise der ARBED lässt sich anhand der Quellen nicht nachweisen. Die ARBED gab die maßgeblichen Impulse zur Entscheidungsfindung und daran schien man sich auf Seiten des MAEL keineswegs zu stören. Im Gegenteil, die ARBED galt allgemein als Experte offener luxemburgischer Vermögensfragen und wurde von den luxemburgischen Behörden auch dann zu Rate gezogen, wenn die Interessen des Konzerns gar nicht berührt wurden. Die Untersuchung konnte zeigen, dass die ARBED tatsächlich die Strategie zur Wahrung ihrer Vermögenswerte im Untersuchungsraum bestimmte. Das Verhältnis auf institutioneller Ebene wurde durch eine nähere Analyse der

Beziehungen auf individueller Ebene mittels eines prosopographischen Ansatzes bestätigt. Die wichtigsten Entscheidungsträger auf Seiten der ARBED und des MAEL unterhielten engste Beziehungen. Gegenseitige Unterstützung wurde dabei zu einer Normalität, die nicht hinterfragt wurde.

Die Untersuchung konnte somit belegen, dass die ARBED in einer empirisch dargestellten Außenwirtschaftsfrage, die sie direkt betraf, die luxemburgische Außenwirtschaftspolitik bestimmte. Dies erklärt auch wieso die Interessenwahrung trotz relativ aussichtsloser Situation über einen solch langen Zeitraum wahrgenommen wurde. Wie aufgezeigt, standen die Resultate der Bemühungen in keinem Verhältnis zum betriebenen Aufwand. Dennoch setzte man sich auf Seiten der luxemburgischen Behörden weiterhin für die Beteiligungen des Konzerns ein. Dieser wollte sich nicht mit den verlorenen Vermögenswerten abfinden und war erst zur Aufgabe der Verteidigung bereit, als die offenen Vermögensfragen zukünftige Wirtschaftsgeschäfte des Unternehmens im Untersuchungsraum zu gefährden schienen.

In der Historiographie wurde bereits auf den Einfluss der ARBED auf die luxemburgische Außen- und Außenwirtschaftspolitik hingewiesen. Die Voruntersuchungen stützten sich dabei jedoch vor allem auf die Zwischenkriegszeit und punktuelle Ereignisse der Nachkriegszeit. Die vorliegende Untersuchung konnte erstmalig anhand einer fast vollständigen Korrespondenz der einzelnen Protagonisten detailliiert das genauere Ausmaß sowie die Formen des Einflusses der ARBED auf die luxemburgische Außenwirtschaftspolitik während eines längeren Zeitraums in der Nachkriegszeit aufzeigen. Die gewonnenen Ergebnisse knüpfen dabei an die Forschungsresultate von Charles BARTHEL an, führen diese mit Blick auf einen bisher nur episodenhaft untersuchten Untersuchungszeitraum weiter aus. Anhand des hier beleuchteten Fallbeispiels konnte ein ungebrochener, in Form und Charakteristika unveränderter Einfluss des luxemburgischen Konzerns auf die luxemburgische Außenwirtschaftspolitik bis Ende der fünfziger, Anfang der sechziger Jahre nachgewiesen werden. Die Unterbrechung ist zudem eher auf den Rückgang der Quellen als auf einen wahren Rückgang des Einflusses zu verstehen.

Die in der Literatur zum Teil pauschalisierten Aussagen eines generellen Rückgangs des Einflusses der ARBED auf die luxemburgische Politik nach Ende des Ersten Weltkrieges (TRAUSCH) oder des Zweiten Weltkrieges (SCHOENTGEN) sind zu revidieren.

Kontinuität und Wandel

Dem diachronen Blickwinkel kommt in der vorliegenden Untersuchung eine entscheidende Rolle zu. Die Einordnung der Problematik in einen größeren zeitlichen

Rahmen erlaubte Aussagen über Kontinuitäten, Evolutionen und Wandel. Gerade den Begriffen der Kontinuität und Wandel wurde in dieser Studie eine besondere Rolle beigemessen.

Im Rahmen der Untersuchung konnten Kontinuitäten auf sehr verschiedenen Ebenen festgestellt werden:

Neben der bereits kommentierten Kontinuität des Einflusses der ARBED auf die luxemburgische Außenwirtschaftspolitik konnten anhand einer Erweiterung des Blickwinkels um eine historische Dimension und unter Berücksichtigung bestehender Forschungsergebnisse noch weitere Kontinuitäten ausgemacht werden:

So ließen sich die Konstante des Verhältnisses zwischen ARBED und MAEL sowie des Einflusses der ARBED auf luxemburgische Außenwirtschaftsfragen dadurch erklären, dass auch die wichtigsten Rahmenbedingungen dieses Verhältnisses zu einem Großteil von der Zwischenkriegszeit bis in die zweite Hälfte der 40er Jahre unverändert blieben.

Eine dieser Rahmenbedingungen war die Funktionsweise des luxemburgischen diplomatischen Apparates. Bis zum Ausbruch des Krieges bestanden die wenigen ausländischen Vertretungen zumeist lediglich auf dem Papier oder nur zeitweilig. Das Auswärtige Amt Luxemburgs verfügte nur über eine Handvoll Mitarbeiter, die häufig mehrere Aufgaben gleichzeitig wahrnehmen mussten. Die materiellen wie personellen Ressourcen waren demnach sehr begrenzt. Aufgrund des von außen auferlegten Neutralitätsstatuts des Landes beschränkten sich die diplomatischen Bemühungen des Großherzogtums zu einem Großteil auf Außenwirtschaftsfragen. In solchen Fragen griff die luxemburgische Regierung gerne auf die Ressourcen der luxemburgischen Schwerindustrie, allen voran die ARBED, zurück. Das Unternehmen war über seine Beteiligungs- und Verkaufsstruktur international besser vertreten und vernetzt als die luxemburgische Regierung. Gerade in Außenwirtschaftsfragen bestand hier ein größeres *Knowhow* als im personell stark limitierten luxemburgischen Auswärtigen Amt. Die ARBED verfügte demnach über die benötigten personellen wie materiellen Ressourcen, um Außenwirtschaftsfragen des Großherzogtums international effektiv zu vertreten.

Nach dem Krieg wurde die administrative Verankerung und Vergrößerung der Behörde nur sehr langsam vollzogen. Nach wie vor bestand ein Bedarf des MAEL, in bestimmten Angelegenheiten eine externe Expertenmeinung einzuholen, bzw. verschiedene Außenwirtschaftsdossiers an Vertreter der ARBED abzugeben.

Das Beibehalten der Zusammenarbeit zwischen MAEL und ARBED nach dem Zweiten Weltkrieg wurde auch durch den Fortbestand der Interessenskongruenzen zwischen dem Unternehmen und der luxemburgischen Regierung über den Zweiten Weltkrieg hinaus gefördert. Die Wirtschaft des Großherzogtums beruhte in der ersten Hälfte des 20. Jahrhunderts geradezu monolithisch auf seiner Schwerindustrie, deren größter Vertreter die ARBED war. Bedingung für das Wachstum dieser Schwerindustrie war ein erleichterter Zugang zu einem erweiterten Wirtschaftsraum, da die Produktion zu einem Großteil auf Importe von Rohstoffen, in erster Linie Kohle, angewiesen war und des Weiteren eines ausländischen Absatzmarkts bedurfte. Von einem Wachstum der luxemburgischen Schwerindustrie profitierte auch der luxemburgische Staat, dessen Haushalt zu einem Großteil auf Steuern und Abgaben dieser Konzerne ruhte. Die luxemburgische Regierung und die Schwerindustrie des Landes vertraten demnach zumeist die gleiche Position in Außenwirtschaftsfragen und dies über den Zweiten Weltkrieg hinaus.

Eine Kontinuität von der Zwischenkriegszeit bis in die Nachkriegszeit hinein konnte auch in der Leitung der beiden institutionellen Protagonisten ARBED und MAEL festgestellt werden. So waren über diesen Zeitraum hinweg zu einem großen Teil die gleichen Entscheidungsträger zu finden. Führende ARBED-Leiter der Zwischenkriegszeit wie Chomé und Meyer hatten auch nach Ende des Zweiten Weltkrieges herausragende Posten innerhalb des Konzerns inne. Auf Seiten der luxemburgischen Regierung leitete Joseph Bech den diplomatischen Apparat zwischen 1926 und 1959 ohne Unterbrechung. Als seine rechte Hand übernahm Albert Wehrer in Bechs Amtszeit wichtige Funktionen. Die Kontinuität im Bereich der Spitzen von ARBED und MAEL förderte auch die Kontinuität der Form der Zusammenarbeit, die sich bereits in der Zwischenkriegszeit bewährt hatte. Bech bevorzugte eine Behandlung der Außenpolitik und der Außenwirtschaftsfragen durch einen begrenzten Personenkreis aus Wirtschaft und Politik. Die Politik wurde gerne im Verborgenen und unter Umgehung einer parlamentarischen Kontrolle ausgeübt. Bech griff dabei geradezu auf ein anachronistisches Führungsmodell luxemburgischer Politik zurück.

Kontinuitäten der Rahmenbedingungen des Verhältnisses zwischen ARBED und MAEL, wie die Funktionsweise des diplomatischen Apparates, die Interessenskongruenz zwischen ARBED und MAEL in Außenwirtschaftsfragen sowie die Personalien der Führungsspitze begünstigten den Fortbestand des Verhältnisses zwischen ARBED und MAEL in der Nachkriegszeit.

Die Rahmenbedingungen hatten in der Zwischenkriegszeit dazu geführt, dass Vertreter der Schwerindustrie, allen voran die ARBED, Dossiers der luxemburgischen Wirtschaftsdiplomatie übernahmen. Dies sollte sich auch in der Nachkriegszeit fortsetzten, wie die empirische Untersuchung der Wahrung der Vermögenswerte der ARBED belegen konnte.

Doch bedeutete dies keine Kontrolle der luxemburgischen Außenwirtschaftspolitik durch die ARBED. Tatsächlich stellt man fest, dass in Fällen, wo zwischen Regierung und ARBED keine gemeinsamen Interessen in Außenwirtschaftsfragen bestanden, die Regierung sehr wohl gegen die Position der ARBED entscheiden konnte, wie etwa im Fall der Mitgliedschaft Luxemburgs in der Montanunion. Angesichts dieser Beobachtung galt es die eingangs formulierte Antwort auf die Kernfrage zur Rolle der ARBED in der luxemburgischen Außenwirtschaftspolitik über einen Zusatz stärker zu differenzieren: Die luxemburgische Außenwirtschaftspolitik wurde in Fragen, die sie direkt betrafen, von der Zwischenkriegszeit bis in die unmittelbare Nachkriegszeit maßgeblich von der ARBED dominiert, sofern die Interessen des Konzerns nicht den staatlichen Interessen zuwiderliefen.

Kontinuitäten ließen sich aber nicht nur in Bezug auf die Kernfrage dieser Arbeit hinsichtlich des Einflusses der ARBED auf die luxemburgische Außenwirtschaftspolitik erkennen, sondern sie durchzogen die Analyse wie ein roter Faden. Gerade im Bereich der bilateralen Staatskontakte lassen sich ebenfalls Kontinuitäten feststellen: In der Zwischenkriegszeit bestanden Kontakte zwischen Luxemburg und den osteuropäischen Staaten in erster Linie über Handels- und Wirtschaftsabkommen, die im Rahmen der UEBL geschlossen worden waren. Diese Abkommen wurden im Laufe des Zweiten Weltkrieges eingestellt. Unmittelbar nach Ende des Krieges setzten allerdings neue Verhandlungen zur Wiederaufnahme des Handels zwischen UEBL und den osteuropäischen Ländern ein. Der Wandel der osteuropäischen Länder zu Staatshandelsländer mit einer stalinistisch geprägten Planwirtschaft änderte lediglich die Form der Abkommen, er führte jedoch nicht zu einem Abbruch der Handelsbeziehungen. Der Abbruch der Handelsbeziehungen durch den Zweiten Weltkrieg stellte sich demnach als vorübergehend heraus. Die vielfach thematisierte totale Kontaktsperre zwischen Ost und West im Rahmen des Kalten Krieges unter Verwendung der symbolischen Begrifflichkeit des „*Eisernen Vorhangs*" trifft demnach nicht auf Handels- und Wirtschaftsbeziehungen zu. Ein europäischer Kleinstaat wie Luxemburg stellte diesbezüglich keine Ausnahme dar. Die Untersuchung reiht sich damit in eine Reihe jüngerer, vor allem aus Deutschland stammender Studien ein, die sich intensiver mit Wirtschaftskontakten der unmittelbaren Nachkriegszeit beschäftigen, wie etwa RUDOLPH oder SCHLARP.

Auch die Kontakte zwischen der ARBED und der F&G-Gruppe im Untersuchungsraum stellten sich als Kontinuität heraus. Es zeigte sich, dass weder die politisch-wirtschaftlichen Entwicklungen des Zweiten Weltkriegs, noch die zeitweilige Zwangsumsiedlung ehemaliger ARBED–Spitzen oder die Internierung einiger Direktoren der F&G-Gruppe durch die Alliierten zu einem Kontaktabbruch zwischen den Leitern oder ehemaligen Leitern der ARBED und der F&G-Gruppe führten. Diese Ergebnisse fügen sich damit in ausländische Untersuchungen ein, welche sich intensiver mit Industriekontakten über die Ländergrenzen hinweg beschäftigten, so etwa die Studien von BERGER.

Für den speziellen Fall solcher Industriekontakte über den sogenannten Eisernen Vorhang hinweg in der unmittelbaren Nachkriegszeit liegen bisher lediglich vereinzelte Untersuchungen vor. Die vorliegende Studie übernimmt hier eine Vorreiterrolle.

In der unmittelbaren Nachkriegszeit wurden die Industriekontakte in einer ersten Phase wieder aufgenommen, normalisiert oder wie im Fall der Kontakte zwischen der ARBED und den Unternehmen, an denen sie im Untersuchungsraum indirekt beteiligt war, stellenweise sogar ausgebaut. Erst in einer zweiten Phase, mit der Durchsetzung der Verstaatlichungen im Untersuchungsraum, konnte ein Wandel dieser Industriekontakte festgestellt werden. Dies führte zum Abbruch der bewährten Kontakte. Da die betroffenen Unternehmen nun in erster Linie in Staatshänden waren, konnte ein Kontakt nur noch über die osteuropäischen bzw. sowjetischen Behörden führen. Die Verstaatlichung der Unternehmen mit ARBED-Beteiligungen bedurfte einer verstärkten aktiven Beteiligung der luxemburgischen Regierung an der Interessenwahrung, da nun ausländische Behörden als Adressaten eventueller Interventionen galten. Kontakte zwischen luxemburgischen und osteuropäischen Kontaktstellen wurden demnach über den gesamten Untersuchungszeitraum wahrgenommen. Allerdings wandelten sich die Adressaten der Kontakte. Diese Beobachtung ist damit Sinnbild der beobachteten Kontinuitäten und Wandel.

Der beobachtete Wandel einiger Entwicklungen war vor allem durch die grundlegenden geopolitischen und wirtschaftlichen Veränderungen im Untersuchungsraum bedingt. Dieser wurde besonders hart vom Kriegsgeschehen des Zweiten Weltkriegs getroffen und geriet gegen Ende des Zweiten Weltkriegs in den Einflussbereich der UdSSR. Im weiteren Verlauf suchte die Sowjetunion ihre Interessensphäre zu konsolidieren. Die auf Moskau ausgerichteten Regierungen Osteuropas führten grundlegende planwirtschaftliche Veränderungen durch. Gleichzeitig suchte die UdSSR ihren Einflussbereich im sich immer stärker zuspitzenden Ost-West-Gegensatz weitestgehend der westlichen Beeinflussung zu entziehen.

Der tiefe wirtschaftliche und geopolitische Wandel im Untersuchungsraum machte erst die Konzernbeteiligungen der ARBED in Osteuropa zum Problem. Er sollte aber letztlich keine Auswirkungen auf die Zusammenarbeit zwischen Unternehmen und luxemburgischer Regierung in der Außenwirtschaftspolitik haben.

Lediglich in Bezug auf die Forderungen der ARBED konnte ein sehr nuancierter Wandel festgestellt werden. So forderte man von Beginn an die Befreiung der Unternehmen, an denen die ARBED indirekt beteiligt war, oder alternativ eine gerechte Entschädigung der verlorenen Vermögenswerte. Nach dem Februarputsch 1948 in der Tschechoslowakei passte man auf luxemburgischer Seite die Forderungen an. Die Befreiung der Unternehmen wurde nur mehr vereinzelt verlangt. Zu diesem Zeitpunkt stand fest, dass die von den neuen kommunistischen Regierungen durchgeführten systematischen Verstaatlichungen kaum rückgängig gemacht werden konnten. Die Forderungen verlagerten sich daraufhin verstärkt auf Entschädigungsleistungen.

Angesichts der grundlegenden geopolitischen und wirtschaftlichen Veränderungen in Europa von der Zwischen- zur Nachkriegszeit sind die beobachteten Kontinuitäten, wie die unveränderte Zusammenarbeit zwischen ARBED-Konzern und luxemburgischer Regierung, umso bemerkenswerter. Vermeintlich relevante Entwicklungen wie der radikale Wandel der außenpolitischen Ausrichtung des Großherzogtums während des Krieges, der schrittweise administrative Ausbau des diplomatischen Apparates oder institutionelle Entwicklungen hatten hierauf kaum Auswirkungen.

Historiker wie KAYSER oder BROUWER, die sich mit der luxemburgischen Außenpolitik der vierziger Jahre beschäftigten, haben sich stark auf den Wandel und die Entwicklungen der luxemburgischen Außenpolitik und ihrer Rahmenbedingungen konzentriert. Die Hervorhebung einer ganzen Reihe von Kontinuitäten über den zumeist als Zäsur verstandenen Zweiten Weltkrieg wurde bisweilen vernachlässigt. Die vorliegende Untersuchung konnte diese Kontinuitäten stärker akzentuieren.

Pragmatismus und Realpolitik

Obwohl die Problematik der verlorenen Aktienbeteiligungen im Ostblock im wachsenden Ost-West-Gegensatz des Kalten Krieges verwurzelt war, spielten ideologische Vorstellungen in diesem Rahmen auf Seiten des MAEL und der Leitung der ARBED kaum eine Rolle.

Bei der Wahrung der Aktienbeteiligungen der ARBED durch Vertreter des Konzerns und des MAEL wurde in erster Linie auf eine pragmatische Herangehensweise zurückgegriffen. Dies spiegelte sich vor allem bei der gemeinsamen Nutzung materieller und personeller Ressourcen der beiden Hauptprotagonisten, des MAEL und der ARBED wieder, welche darauf abzielte, die Wahrung der ARBED-Beteiligungen im Ausland zu erleichtern, Informationen einzuholen und Vertretungen zu garantieren.

Daneben wurde dies aber auch mit Blick auf die individuellen Entscheidungsträger im Rahmen ihrer Wahrnehmung des Anderen sowie auf die äußeren Einflüsse, die sich auf ihr Handeln niederschlugen, deutlich:

Weder Bechs offener Antikommunismus, noch Blums ebenso offene Sympathie zur UdSSR hatten Auswirkungen auf die Wahrung der Aktienbeteiligungen der ARBED im Untersuchungsraum. Diese Verteidigung war fester Bestandteil luxemburgischer Realpolitik. Ideologische Vorstellungen spielten bei den Entscheidungen des Außenministers keine Rolle. René Blums Vorschläge zur luxemburgischen Vorgehensweise in den Verhandlungen trugen zwar seiner persönlichen Sympathie Rechnung, doch wurden diese Vorschläge von der Leitung des MAEL und der ARBED ignoriert.

In der erhaltenen Korrespondenz der Entscheidungsträger finden sich bis auf die Bemerkungen Blums an keiner Stelle Hinweise zu einer Bewertung der UdSSR und der osteuropäischen Staaten. Der Problematik wurde mit bürokratischer Sachlichkeit begegnet. Dabei hätte man auf luxemburgischer Seite die Thematik sicherlich unter ideologischen Aspekten behandeln können. Das überwiegend juristische Problem der indirekten Vermögenswerte der ARBED hätte sich dazu geeignet, auf nach luxemburgischem Verständnis unrechtmäßige osteuropäische und sowjetische Ansprüche auf luxemburgische Vermögenswerte hinzuweisen und die Problematik vor dem Hintergrund des sich zuspitzenden Ost-West-Konflikts öffentlich auszuschlachten. Doch trat dies nicht ein. Stattdessen wählte man, ohne dies argumentativ zu rechtfertigen, den Weg einer besonnenen realpolitischen Herangehensweise.

Die realpolitische Ausrichtung gerade des MAEL wurde vor allem angesichts der Problematik um die Anerkennung der DDR deutlich. Die westlichen Staaten entschlossen sich nach Ausrufung der DDR im Oktober 1949 diese nicht anzuerkennen. Diese Position wurde bis zur Unterzeichnung des deutsch-deutschen Grundlagenvertrags beibehalten. Aufgrund ihrer Bündnisverpflichtungen wurde die Position des Westens auch von der luxemburgischen Regierung mitgetragen. Dennoch ließ Bech innerhalb des MAEL überprüfen, ob und in welcher Form man mit den ostdeutschen Behörden in Kontakt treten könne, ohne die Bündnisverpflichtungen zu unterlaufen, um dennoch die Problematik offener Vermögenswerte in der DDR zu klären. Nach der Unterzeichnung des Grundlagenvertrags war die luxemburgische Regierung eine der ersten, die die DDR offiziell anerkannten.

Der in der Historiographie bisher gerne gemachte Verweis auf Bechs generelle antikommunistische Haltung und sein damit zusammenhängendes „natürliches" Misstrauen gegenüber der kommunistischen UdSSR und dem Ostblock (TRAUSCH, BROUWER) spielte demnach im Falle der Wahrung der ARBED-Beteiligungen überhaupt keine Rolle. Die Wahrung der indirekten ARBED-Beteiligungen im sich konsolidierenden Ostblock der Nachkriegszeit wurde von der ARBED dominiert und war von einer realpolitischen, pragmatischen und zumeist reaktiven Herangehensweise geprägt. Dabei wurde auf Instrumente zurückgegriffen, die sich bereits in der Zwischenkriegszeit bewährt hatten. Die grundlegenden geopolitischen Veränderungen hatten hierauf kaum Einfluss.

Forschungsperspektiven

Aus den in der Untersuchung gewonnenen Ergebnissen sowie dem Verweis auf weiterhin offene Forschungsfragen ergeben sich einige interessante Forschungsperspektiven, die es abschließend kurz zu erwähnen gilt.

Zwar existieren zahlreiche Untersuchungen zum Verhältnis zwischen Staat und Wirtschaft, auch im Bereich der Außenwirtschaftspolitik, doch verhindern unterschiedliche strukturelle, kontextuelle und institutionelle Rahmenbedingungen eine wirkliche Vergleichbarkeit. Zum Verhältnis zwischen Regierung und Unternehmen im Rahmen offener Vermögenswerte in Osteuropa fehlt bisher eine umfassende Vergleichsuntersuchung. Dies grenzt die internationale Verortung der in der vorliegenden Untersuchung gewonnenen Ergebnisse stark ein. Dank der Erkenntnisse der vorliegenden Untersuchung sowie der aus der Forschungsliteratur gewonnenen Beobachtungen ließ sich eine offene Hypothese aufstellen: Je wichtiger ein Unternehmen bzw. ein Wirtschaftsbereich für die Wirtschaft seines Staates ist, desto größer ist auch sein Einfluss auf außenwirtschaftliche Entscheidungen, bis hin zur Kontrolle der Außenwirtschaftspolitik eines Landes. Die Hypothese bedarf zur Überprüfung jedoch umfassender weiterführender Untersuchungen.

Anders als bei der internationalen Verortung der Problematik stellte sich die Einordnung der Ergebnisse in der nationalen Historiographie weniger problematisch dar. Gerade hier kann die vorliegende Studie als Referenzuntersuchung weiterführender Analysen zum Verhältnis zwischen ARBED und MAEL und generell zwischen Unternehmen und Regierung in Luxemburg herangezogen werden. Mit Blick auf die jüngere Geschichte stellt sich die Frage, wann sich die in dieser Arbeit von der Zwischenkriegszeit bis Anfang der sechziger Jahre nachweisbare besondere Kooperation zwischen ARBED und MAEL wandelte und ob sich in der heutigen luxemburgischen Außenwirtschaftspolitik Spuren dieser Zusammenarbeit nachweisen lassen. Hier würde die Fragestellung fließend in politikwissenschaftliche und wirtschaftsdiplomatische Untersuchungen münden.

Ausgehend von der komplexen Beteiligungsstruktur der ARBED im Untersuchungsraum und der Behandlung der luxemburgischen Schwerindustrie während der deutschen Besetzung und faktischen Angliederung des Großherzogtums an das Deutsche Reich bietet die Untersuchung zudem einen ersten Einblick auf die besondere Opfer-Täter-Rolle der luxemburgischen und deutschen Industrie im Untersuchungsraum während des Krieges und der Nachkriegszeit. Diese komplexe und vielschichtige Problematik der Opfer-Täter-Rolle des luxemburgischen Konzerns und seiner Beteiligungen bedürfen einer eigenen weiterführenden Untersuchung. Damit einhergehen müsste auch die Aufarbeitung der F&G-Gruppe während des Krieges, die weiterhin ein Desiderat der Forschung ist.

Anhang

I. Kleine Geschichte der Unternehmen der F&G-Gruppe[960]

1. SBZ/DDR

Kabelwerk Wilhelminenhof AG

Das Kabelwerk Wilhelminenhof gelangte 1900 durch Ankauf der in Berlin-Oberschöneweide gelegenen und 1898 gegründeten Telegraphenbauanstalt R. Stock & Co in den Besitz der F&G Carlswerk AG.[961] Im Februar 1938 konnte das rheinische Unternehmen die Beteiligung an der nun als Aktiengesellschaft geführten Firma auf 100 % ausbauen.[962] Die Kabelwerk Wilhelminenhof AG bestand aus einer Drahtzieherei, die sich im späteren russischen Sektor Berlins in Oberschöneweide befand, und einem Bürogebäude im späteren amerikanischen Sektor in Kreuzberg. 1941 stockte die Gesellschaft ihr Kapital von 2.000.000 RM auf 3.000.000 RM auf, um den Ausbau des Unternehmens voranzutreiben.[963] Im gleichen Jahr wurde das Kapital ein weiteres Mal auf 4.500.000 RM erhöht. Die Fabrik in Oberschöneweide, dem industriellen Zentrum Berlins, wurde durch die alliierten Bombenangriffe im Sommer 1944 stark verwüstet. Daraufhin entschloss sich der Vorstand einen Teil seiner Installationen nach Bad Arolsen, in

960 Dargestellt werden soll die Geschichte der Unternehmen vom Zeitpunkt der indirekten Beteiligung der Arbed bis hin zum Verlust dieser Vermögenswerte. An dieser Stelle sollen alle Unternehmen aufgelistet werden, in denen die Arbed über die F&G Carlswerk AG vor Ausbruch des Krieges indirekt beteiligt war. Daneben wird mit der Messapparatefabrik Schlotheim ein Verlagerungsbetrieb genannt, der keine eigenständige Gesellschaft war, sondern ein in den Osten verlagertes Werk der F&G Carlswerk AG. Mit der Verlagerung sollte das Werk vor alliierten Fliegerangriffen geschützt werden. Depot- und Maschinenlager, die zum Teil in den turbulenten Kriegsjahren angelegt wurden und die aufgrund der Kriegswirren teilweise unbekannt blieben, werden nicht berücksichtigt. In der folgenden Auflistung werden die bei der Arbed-Leitung gebräuchlichen Firmenbezeichnungen benutzt.

961 Buschmann, Felten & Guilleaume, S. 8.

962 Siehe Rheinisch-Westfälisches Wirtschaftsarchiv (RWWA), Felten & Guilleaume, Kartei I/A, Standort A/II/1 No. 1/16, Aufstellung der Firma Felten und Guilleaume von 1938, 3 S.; ANLux, AE-AA-305, Treuhandschaft der Alliierten Militärregierungen für jüdische und polnische Vermögen in Groß-Berlin an die Kabelwerk Wilhelminenhof AG, 27. Mai 1948, 1 S.

963 RWWA, Felten & Guilleaume, Aufsichtsrat 1941, Kapitalerhöhung der Kabelwerk Wilhelminenhof AG, 31. Januar 1941, 1 S.

die spätere amerikanische Besatzungszone, sowie in das sächsische Lichtenstein zu verlegen, das später der sowjetischen Besatzungszone angehören sollte.[964]

Das Werk in Berlin wurde 1945 Opfer einer der ersten sowjetischen Demontagewellen. 95 % der Fabrikanlagen in Berlin-Oberschöneweide wurden abmontiert und in die Sowjetunion beziehungsweise auf unterschiedliche deutsche Unternehmen verteilt, wie die Berliner AEG, das KABELWERK VOGEL oder die Firma EITNER.[965] Von der Werksleitung wurde eine Aufstellung der entnommenen Materialien und Maschinen unternommen. Demnach sollen sich zwischen Juli 1945 und April 1946 die Verluste durch Demontagen auf etwas mehr als 2 Millionen RM belaufen haben.[966] *„Im Anschluß an die Demontage wurde das Werk von Militärkommandanten des Bezirks Köpenick, dem Magistrat übergeben."*[967] Nach Angabe der Direktoren der KABELWERKS WILHELMINENHOF AG wurde nach Verhandlungen mit dem Berliner Magistrat das Werk, mit der Auflage die ursprüngliche Fertigung wieder aufzunehmen, an die Besitzer zurückgegeben.[968] Gleichzeitig wurde auch der Verlagerungsbetrieb in Lichtenstein von der SMAD freigegeben und die Maschinen wieder nach Berlin zurückgebracht.[969] Die sowjetischen und ostdeutschen Maßnahmen betrafen lediglich das Fabrikgebäude in Oberschöneweide. Das im amerikanischen Sektor gelegene Bürogebäude in Kreuzberg war dem sowjetischen Zugriff entzogen. Dies hatte jedoch für die Produktion keinerlei Auswirkungen, da hier lediglich für die industrielle Produktion irrelevante Verwaltungseinrichtungen vorhanden waren.

---

964 Vgl. RWWA, Felten & Guilleaume, Kartei II/B/b, Standort 13,2,2/12, Aufsichtsrat 1944/45 [im Folgenden zitiert als: RWWA, Felten & Guilleaume, Aufsichtsrat 1944/45], Protokoll der Sitzung vom 8. Februar 1944, 5 S., hier S. 5; ANLux, AE-03648, Bericht, 27. November 1945, S. 12.

965 ANLux, AE-AA-305, Memorandum, 13. Dezember 1946, S. 2.

966 Siehe ANLux, AE-AA-305, Aufstellung und Bewertung der Materialien und Maschinen welche in der Zeit vom 13. Juli 1945–15. April 1945 von der russischen Verwaltung in der KABELWERK WILHELMINENHOF AKTIENGESELLSCHAFT, Berlin-Oberschöneweide, Tabberstrasse 6/7 entnommen wurden, o. D., 17 S., hier S. 17; ANLux, AE-AA-305, Philipps und Horatz (F&G CARLSWERK AG) an ARBED, 1. Oktober 1947, 2 S., hier S. 1 [im Folgenden zitiert als: ANLux, AE-AA-305, Philipps und Horatz, 1. Oktober 1947].

967 ANLux, AE-AA-305, Spennemann und Saffran (KABELWERK WILHELMINENHOF AG) an Kressmann (Stadtdirektor Abt. Wirtschaft des Magistrats von Gross-Berlin), 26. April 1948, 2 S., hier S. 1.

968 Ebd., S. 1 f.

969 ANLux, AE-AA-305, Wehrer (LMM Berlin) an Bech (MAEL), 18. September 1946, 2 S., hier S. 2.

Um existenzfähig zu bleiben, unterhielt die Fabrik in Oberschöneweide einen Notbetrieb und beschränkte sich auf die Produktion von kleinen Juteprodukten wie Damenhandtaschen, Sandalen und Schuhen. Ende 1946 beschäftigte die Gesellschaft um die 40 Personen, davon überwiegend Frauen.[970] Das Unternehmen in Berlin war an Walz- und Vorziehdraht aus Kupfer von der Muttergesellschaft in Mühlheim angewiesen. Die Verschlechterung der Beziehungen zwischen den einzelnen Besatzungsmächten führte zu erschwerten Materiallieferungen aus dem Rheinland.[971]

Am 12. April 1948 wurde die Fabrik erneut beschlagnahmt, diesmal von der *Deutschen Treuhandverwaltung des sequestrierten und beschlagnahmten Vermögens im sowjetischen Besatzungssektor der Stadt Berlin* und auf Basis des Befehls Nr. 124 der SMAD.[972] Als Begründung machten die deutschen Behörden die ehemalige Parteizugehörigkeit einiger Vorstandsmitglieder des Unternehmens zur NSDAP geltend.[973] Damit konnte das Unternehmen als Feindvermögen interpretiert und beschlagnahmt werden.

Gegen die Beschlagnahmung legte die LMM Berlin nachdrücklich Widerspruch ein, und tatsächlich wurde das Unternehmen in den darauffolgenden Wochen aus der Treuhandschaft gelöst und an die Besitzer zurückgegeben.[974] Die Begründung für die Rückgabe lautete wörtlich: *„weil das Kabelwerk Wilhelminenhof A.G. nach starker Demontage mit Hilfe ausländischer Geldgeber aufgebaut wurde. Die Belastungen, die zur Sequester führten, richteten sich lediglich gegen die früheren*

---

970 Siehe ANLux, AE-AA-05, Bericht einer Reise nach Berlin vom 10. bis 14. Dezember 1946, von Konsbruck und Meyers, 16. Dezember 1946, 7 S., hier S. 5; ANLux, AE-AA-305, Wehrer, 12. März 1946, S. 2.

971 ANLux, AE-AA-305, Wehrer, 12. März 1946, S. 2.

972 Vgl., ANLux, AE-AA-305, Beschlagnahmebescheid der Deutschen Treuhandverwaltung des sequestrierten und beschlagnahmten Vermögens im sowjetischen Besatzungssektor der Stadt Berlin betreffend Kabelwerk Wilhelminenhof, Berlin-Oberschöneweide, 12. April 1948, 1 S. [im Folgenden zitiert als: ANLux, AE-AA-305, Beschlagnahmebescheid]; ANLux, AE-AA-305, Konsbruck und Chomé (Arbed) an die Deutsche Treuhandverwaltung des sequestrierten und beschlagnahmten Vermögens im sowjetischen Besatzungssektor der Stadt Berlin, 15. Mai 1948, 2 S.

973 Vgl. ANLux, AE-AA-305, Beschlagnahmebescheid, S. 1; ANLux, AE-AA-305, Erklärung der LMM Berlin an die Deutsche Treuhandverwaltung des sequestrierten und beschlagnahmten Vermögens im sowjetischen Besatzungssektor der Stadt Berlin, 23. April 1948, unterzeichnet von Nicolas Hommel, 2 S.

974 ANLux, AE-AA-305, Spennemann (Kabelwerk Wilhelminenhof AG) an die LMM Berlin, 21. Mai 1948, 1 S.

Eigentümer des Werkes."[975] Ein ähnlicher Versuch der Beschlagnahmung war bereits kurz zuvor durch die *Treuhandschaft der alliierten Militärregierungen für jüdische und polnische Vermögen in Groß-Berlin* unternommen worden. Um eine Beschlagnahmung zu erreichen hatte diese vergeblich auf eine angebliche Verdrängung früherer jüdischer Eigentümer aus der Gesellschaft hingewiesen.[976] Dem auf die SBZD beschränkten Ableger der *Treuhandschaft der Alliierten Militärregierungen für jüdische und polnische Vermögen in Groß-Berlin*, der *Deutschen Treuhandstelle zur Verwaltung des polnischen und jüdischen Vermögens im Sowjetischen Besatzungssektor der Stadt Berlin* sollte es allerdings im September 1949 gelingen, das Kabelwerk zu beschlagnahmen. Als Begründung wurden nicht mehr die NSDAP-Mitgliedschaft einiger Angehöriger des Vorstands der KABELWERK WILHELMINENHOF angeführt, sondern der Umstand, dass es sich bei der Gesellschaft um *„ausländisches Vermögen*" handele.[977] Damit gab man vor an, das Werk schützen zu wollen.

Mit der Umwandlung der SBZD in die DDR verlieren sich die Hinweise und Spuren über das weitere Schicksal des Unternehmens sowie seiner Fabriken in Berlin und Lichtenstein. Aufgrund der fast vollständigen Demontage und der starken Zerstörung der Fabrik in Oberschöneweide scheint das Werk nicht in einen VEB umgewandelt worden zu sein. Vielmehr deutet alles darauf hin, dass das verbleibende Material und die Werkshallen an die VEB KABELWERK OBERSPREE, die sich in unmittelbarer Nähe befand, übertragen wurden. Jene Installationen der Gesellschaft, die nach Bad Arolsen verlegt worden waren, dienten 1948 dazu, ein neues Werk zu gründen.[978]

---

975 AE-AA-307, Spennemann und Saffran (KABELWERK WILHELMINENHOF AG) an die ARBED, 21. Mai 1948, 1 S.

976 Siehe ANLux, AE-AA-305, Treuhandschaft der Alliierten Militärregierungen für jüdische und polnische Vermögen in Groß-Berlin an die KABELWERK WILHELMINENHOF AG, 29. April 1948, 1 S. Als Begründung wurde eine angebliche Klage eines früheren Teilhabers der Gesellschaft, W. Neimann angeführt, in welcher der Verdacht geäußert wurde, dass es sich beim Kaufvertrag der Gesellschaft vom Februar 1938 um einem Zwangsverkauf gehandelt haben könnte, da es sich bei den früheren Eigentümern um Juden gehandelt habe.

977 Siehe ANLux, AE-AA-312, Deutsche Treuhandstelle zur Verwaltung des polnischen und jüdischen Vermögens im Sowjetischen Besatzungssektor der Stadt Berlin an die KABELWERK WILHELMINENHOF AG, 21. September 1949, 1 S.; ANLux, AE-AA-308, Bericht für das MAEL über die Interessen der ARBED in der SBZD, Ungarn und Bulgarien, unterzeichnet von Konsbruck, 14. Oktober 1949, 9 S., hier S. 2 f. [im Folgenden zitiert als: ANLux, AE-AA-308, Bericht, 14. Oktober 1949].

978 Siehe Dipl. Ing. Architekten BDA Müntinga und Puy, Stadt Bad Arolsen. Bebauungsplan Bad-Arolsen-Helsen Nr. 8 „Korbacher Straße". Begründung 18.05.2011, S. 5;

Bleichert Transportanlagen GmbH (Bta)

Die Bleichert Transportanlagen GmbH wurde 1932 kurz nach der Übernahme der seit 1874 bestehenden Adolf Bleichert & Co AG durch die F&G Carlswerk AG als Auffanggesellschaft gegründet.[979] Das Unternehmen hatte seine Fertigungsanlagen in Leipzig und war auf die Produktion von Seilbahnen spezialisiert. Während des Krieges war das Unternehmen jedoch eng in die deutsche Rüstungsindustrie integriert und stellte vor allem Granathülsen her. Trotzdem versuchte es weiterhin, auch die zivile Industrie zu beliefern.[980] Das Werk war nur geringfügig von den alliierten Bombenangriffen betroffen.[981]

In den ersten Wochen nach Kriegsende war der Leitung der F&G Carlswerk AG das Schicksal der Leipziger Bta noch völlig unbekannt. Erst unmittelbar nach Öffnung des Postweges zwischen der britischen und der sowjetischen Zone, Mitte 1945, konnten die Verantwortlichen der Bta einen Lagebericht nach Köln senden. Daraus ging hervor, dass in der sowjetischen Zone die Konten des Unternehmens, auf denen sich im Dezember 1944 noch 4.300.000 RM befanden, blockiert seien.[982] Zudem wurde gemeldet, dass das Unternehmen noch über genügend Produktionsaufträge verfüge, diese aber aus Mangel an zur Produktion

---

URL: http://www.bad-arolsen.de/stadtportal/files/bbplan_korbacher_stra_e_begr_ndung.pdf (Stand: 4. April 2013); ANLux, AE-AA-305, Wehrer (LMM), 12. März 1946, S. 2.

979 Soénius, Unternehmer, S. 293. Zur Vorgeschichte des Unternehmens und zur ausführlich zur Übernahme des Betriebes durch die F&G Carlswerk AG vgl. Krieg Stefan W., Die Gebäude des Bleichert-Werkes in Gohlis. Ihre Entwicklung und Bedeutung, in: Hötzel Manfred/Krieg Stefan W. (Hg.), Adolf Bleichert und sein Werk. Unternehmerbiografie, Industriearchitektur, Firmengeschichte, Beucha 2002 (= Gohliser Historische Hefte 8), S. 52–98, hier S. 90 [im Folgenden zitiert als: Krieg, Gebäude]; Werner Oliver, Das Familienunternehmen Adolf Bleichert 1874 bis 1932, in: Hötzel Manfred/Krieg Stefan W. (Hg.), Adolf Bleichert und sein Werk. Unternehmerbiografie, Industriearchitektur, Firmengeschichte, Beucha 2002 (= Gohliser Historische Hefte 8), S. 99–111.

980 Hierzu Schulz, Frank U., Von der SAG zum VEB. Die Transportanlagenfabrik Bleichert 1945 bis Mitte der 50er Jahre, in: Hötzel Manfred/Krieg Stefan W. (Hg.), Adolf Bleichert und sein Werk. Unternehmerbiografie, Industriearchitektur, Firmengeschichte, Beucha 2002 (= Gohliser Historische Hefte 8), S. 113–134, hier S. 113 f. [im Folgenden zitiert als: Schulz, SAG].

981 Krieg, Gebäude, S. 93; Schulz, SAG, S. 114 f.

982 ANLux, AE-AA-29, F&G Carlswerk AG, Übersicht der Geschäftsbedingungen (Stand 31. Oktober 1945), 27. November 1945, 13 S., hier S. 12.

benötigten Mittel, häufig nicht angenommen werden könnten.[983] Der Großteil der ehemaligen Leitung hatte sich zudem nach Köln zum Mutterkonzern abgesetzt. Erst durch die geheime Kontaktaufnahme eines Mitarbeiters der BTA, Otto Voigt, mit der LMM Berlin, im Mai 1946, wurden weitere Einzelheiten bekannt:

So soll sich die BTA während des Krieges nicht in den Dienst der Rüstungsindustrie gestellt haben, sondern durch die Weitsicht des damaligen Leiters Rubin weiterhin ihre bisherige Produktion beibehalten haben. Dadurch seien ihr aber von den Behörden viele Arbeitskräfte entzogen worden. Da die BTA in Kriegszeiten exklusiv Aufträge der zivilen Wirtschaft erfüllt habe, sei sie bisher von den sowjetischen Behörden nicht demontiert worden. Sie werde aktuell vor allem mit Reparationslieferungen beauftragt, könne diese aber nicht immer erfüllen, da die Firma aufgrund einer Kontensperre in der SBZD nicht über die benötigten finanziellen Mittel verfüge.[984] Der Wahrheitsgehalt des Berichts muss jedoch in Frage gestellt werden: Untersuchungen konnten belegen, dass die BTA sehr wohl in die Rüstungsindustrie eingebettet gewesen war.[985]

Seit dem 4. Februar 1946 befand sich die Firma unter Treuhandschaft der Stadt Leipzig, die als kommissarischen Treuhänder einen der früheren Direktoren, Theodor Schmidt, eingesetzt hatte. Aufgrund der angespannten finanziellen Situation forderte der von der Belegschaft gewählte Betriebsrat unter Schmidt die Verstaatlichung der BTA.[986] Dadurch erhoffte man sich eine Gewährleistung der Arbeitsplätze und eine Steigerung der mittlerweile knapp gewordenen Arbeitsaufträge.

Offenbar erfolgte diese Annäherung an die sächsischen Behörden ohne Kenntnis der Muttergesellschaft F&G CARLSWERK AG und der ARBED. In Luxemburg und Köln erfuhr man hiervon erst über die geheime Kontaktaufnahme Voigts mit Albert Wehrer von der LMM Berlin.[987] Der Kontakt wurde wohl vor allem deshalb möglich, weil sich Wehrer und Voigt seit Längerem kannten. Sehr wahrscheinlich rührte diese Bekanntschaft aus der Zeit von Wehrers Anstellung

983 Ebd., S. 12.

984 ANLux, ANLux, AE-AA-306, Situationsbericht, 27. Mai 1947, S. 1.

985 Siehe hierzu unten, S. 403.

986 Siehe LINDERT Brigitte, Geschichte der Seilbahnfirma Bleichert Leipzig, Vom schweren Neubeginn 1945 bis zum bitteren Ende 1991, URL: http://www.alpinforum.com/forum/viewtopic.php?p=124415 (Stand: 3. November 2013) [im Folgenden zitiert als: LINDERT, Neubeginn]; ANLux, AE-AA-306, Situationsbericht, S. 1.

987 ANLux, AE-AA-305, Voigt (BTA) an Wehrer (LMM Berlin), 27. Mai 1946, 2 S. [im Folgenden zitiert als: ANLux, AE-AA-305, Voigt, 27. Mai 1946].

bei der Bta während des Krieges.[988] Ohne diese personellen Verknüpfungen wäre eine geheime Kontaktaufnahme wohl nicht zustande gekommen.[989] Voigt warnte dann auch deutlich: *„Damit ich keine Unannehmlichkeiten bekomme, darf die Geschäftsleitung, als auch der Betriebsrat, der Firma Bleichert nicht erfahren, dass ich Ihnen zu Gunsten des ARBED-Konzerns diesen Bericht übermittle."*[990]

Der Mitarbeiter der Bta wusste noch mehr zu erzählen: Die sächsische Landesverwaltung wolle die Bta offenbar nicht überstürzt verstaatlichen, sondern erst den Ausgang des sächsischen Referendums über die Zukunft der unter den SMAD-Befehl Nr. 124 fallenden Unternehmen abwarten. Nach diesem Befehl sollten alle Unternehmen, die aktiv an der Rüstungsindustrie teilgenommen oder sich in den Händen von Kriegsverbrechern oder Mitgliedern der NSDAP befunden haben sollen, in Treuhandschaft geraten.[991] Die Bta befand sich ebenfalls in Treuhandschaft, allerdings nicht auf Grundlage des SMAD-Befehls Nr. 124, sondern um angeblich die Produktion des Unternehmens zu gewährleisten. Da man jedoch auf Seiten der sächsischen Landesverwaltung erst noch das Referendum abwarten wollte, ist anzunehmen, dass man zu diesem Zeitpunkt einen konkreten Verdacht gehabt haben muss, dass die Bta auch unter den Sequesterbefehl Nr. 124 fallen könnte. Eine solche Mutmaßung stimmte so gar nicht ins Bild einer ausschließlich für die zivile Wirtschaft arbeitenden Bta, das Voigt in seinem Situationsbericht zeichnete.

Voigt zufolge hätte der Betriebsrat der Bta vor der Durchführung des Referendums der Landesverwaltung Sachsen eine Erklärung abgegeben, dass die Firma nicht unter den SMAD-Befehl Nr. 124 fallen würde. Die Landesverwaltung soll aber anderer Ansicht gewesen sein. Interessanterweise verwiesen die Behörden nicht auf etwaige Vergehen der Bta, sondern auf solche der Muttergesellschaft F&G Carlswerk AG und vor allem auf ihren Generaldirektor Lehmann, die als Kriegsverbrecher gelten würden.[992]

Nach dem positiven Ausgang des Referendums überschlugen sich dann die Ereignisse: Den mit der Angelegenheit betrauten luxemburgischen Behörden lagen zu diesen Abläufen nur bruchstückhafte Informationen vor. Zwar hatten sie meist Kenntnis über den wechselnden Status der Bta, jedoch waren ihnen die Abläufe und Begründungen dieser Wechsel nur unzureichend bekannt.

Im Anschluss an das Referendum wurde die Bta als Unternehmen geführt, welches weder konfisziert noch an die früheren Besitzer zurückgegeben werden

988 Hierzu bereits weiter oben, S. 113 f.
989 Siehe dazu weiter oben S. 179.
990 ANLux, AE-AA-305, Voigt, 27. Mai 1946, S. 1.
991 ANLux, AE-AA-306, Situationsbericht, 27. Mai 1947, S. 1.
992 Ebd., S. 2.

sollte.[993] Schließlich wurde es durch den Befehl Nr. 210 der SMAD in Sachsen vom 19. Juli 1946 in eine SAG umgewandelt.[994] Die Leitung des Unternehmens übernahm ein sowjetischer Generaldirektor. Theodor Schmidt wurde kaufmännischer Direktor. Das Unternehmen operierte nun offiziell unter dem Namen Bleichert Transportanlagenfabrik der SAG für den Maschinenbau Leipzig beziehungsweise Bleichert Transportanlagenfabrik der SAG Podjomik, später (1950) der SAG Transmasch.[995]

Die Umwandlung in eine SAG soll wohl von der Landesverwaltung Sachsen initiiert worden sein, die den sowjetischen Behörden den Betrieb als Reparationsleistung angeboten habe.[996] Unter die Verfügung der SAG fiel die *„Fabrik mit sämtlichen Filialen und dem gesamten Vermögen und den Werten."*[997] Zudem wurde die Grundschuld zugunsten der F&G Carlswerk AG in einer Gesamthöhe von 250.000 RM zwangsweise gelöscht und das Grundstück an die UdSSR übertragen.[998] Der Bta blieb einzig noch die Erfüllung der vor dem 1. Juli 1946 angenommenen Aufträge.

1949, zum Zeitpunkt der Gründung der DDR, war die Bta immer noch Teil der SAG für den Maschinenbau. Erst 1953, wurde das Unternehmen als eine der letzten SAG von der UdSSR an die Regierung der DDR übergeben, unter der sie dann als VEB Bleichert Transportanlagen-Fabrik Leipzig und später als VEB Schwermaschinenbau Verlade- und Transportanlagen vorm. Bleichert Leipzig unter staatlicher Kontrolle weitergeführt wurde.[999]

Bereits seit 1946, hatte die F&G Carlswerk AG die Unternehmensteile der Bta im Westen zu einer neuen Gesellschaft unter dem Namen Bleichert Transportanlagen GmbH, Köln ausgebaut. Solche Neugründungen im Westen wurden auch Spaltgesellschaften genannt. Leiter wurde der ehemalige

993 Lindert, Neubeginn.

994 Vgl. ANLux, AE-AA-305, BTA an Wehrer (LMM Berlin), 30. Juli 1946, 1 S.; ANLux, AE-AA-305, Voigt (Bta) an Wehrer (LMM Berlin), 13. August 1946, 1 S.

995 Hötzel Manfred, Offizielle Firmennamen, Firmen- und Warenzeichen von Bleichert und VTA, in: Ders, Adolf Bleichert & Co. Leipzig – Gohlis. Kleine Beiträge zu einer großen Geschichte Leipzig, 2010 (= Gohlis-Forum, Sonderausgabe 12, Dezember 2010), S. 17–18, hier S. 17 [im Folgenden zitiert als: Hötzel, Firmennamen].

996 ANLux, AE-08389, Bech (MAEL) an Chomé (Arbed), 17. September 1946, 2 S.

997 ANLux, AE-AA-305, Bekanntmachung Nr. 576 der SAG für Maschinenbau, unterzeichnet vom neuen sowjetischen Generaldirektor Iwanoff, 30. Juli 1946, 1 S.

998 Siehe ANLux, AE-AA-305, Benachrichtigung des Amtsgerichts Leipzig an die F&G Carlswerk AG, 7. Oktober 1947; ANLux, AE-AA-305, Horatz und Hamers (F&G Carlswerk AG) an Johann (Arbed), 4. November 1947, 1 S.

999 Hötzel, Firmennamen, S. 18.

Generaldirektor der BTA Rubin.[1000] Das Unternehmen kannte einen raschen Aufstieg und sollte den Verlust der BTA Leipzig kompensieren. Sehr wahrscheinlich als direkte Reaktion auf die Verlagerung der BTA nach Westen wurden im September 1947 die Mitglieder der ehemaligen Direktion der BTA, die sich noch in der SBZD aufhielten, ohne offizielle Begründung festgenommen. Auf Seiten der F&G CARLSWERK AG mutmaßte man eine Verhaftung unter einem Scheinvorwand, da die Personen wohl noch mit Mitarbeitern der Spaltgesellschaft im Westen Kontakt gehalten hatten.[1001] Die Maßnahme ist dann wohl eher als personelle „Befreiung" des ehemaligen BTA Unternehmens von der früheren Werksleitung und als wirtschaftliche Abschottung von der Spaltgesellschaft durch die sowjetischen Behörden zu sehen.

BLEICHERT FAHRZEUGANLAGEN GMBH

Bei der Übernahme des alten Bleichert-Konzerns wurde neben der BLEICHERT TRANSPORTANLAGEN GMBH auch die BLEICHERT FAHRZEUGANLAGEN GMBH ins Leben gerufen. Das Unternehmen hatte seinen Sitz im späteren sowjetischen Sektor Berlins. Ende 1941 betrug das Kapital der Firma 50.000 RM. Sie war in Besitz zweier Unternehmen aus der F&G-Gruppe: 70 % gehörten der BLEICHERT TRANSPORTANLAGEN GMBH und die restlichen 30 % der AW MACKENSEN MASCHINENFABRIK & EISENGIEẞEREI GMBH aus Magdeburg.[1002]

Über die BLEICHERT FAHRZEUGENANLAGEN GMBH lagen dem ARBED-Konzern in der Nachkriegszeit nur spärliche Informationen vor. In den wenigen Auskünften über das Unternehmen, die Luxemburg erreichten, schien nichts darauf hinzudeuten, dass die Gesellschaft unter fremder Kontrolle stehe.[1003] Dies mag vor allem an der Ausrichtung der Gesellschaft gelegen zu haben, die in erster Linie damit betraut war, die von der BTA hergestellten Produkte zu vertreiben. Informationen über das Schicksal des Unternehmens nach der Gründung der DDR fehlen. Es

---

1000 ANLux, AE-AA-199, Rubin (BTA-West) an F&G CARLSWERK AG, 4. Juni 1948, 1 S.

1001 ANLux, AE-AA-313, Bericht über eine Aussprache zwischen Herrn Wirtschaftsprüfer Sonntag (Leiter der Liquidations-Kommission in Sachen Mackensen G.m.b.H.) und unserem Herrn Saffran, 25. September 1947: *„Eingangs erzählte Herr Sonntag, daß die ganze Direktion der früheren Bleichert Transportanlagen G.m.b.H. vor etwa 8 Tagen verhaftet wurde. Gründe seien ihm nicht direkt bekannt; man nimmt aber an, daß den Herren Konspirationen entweder mit F&G oder mit der Neugründung von Bleichert vorgeworfen wird."*

1002 RWWA, Felten Guilleaume, Kartei IA 24.2.11, Gliederung des Felten und Guilleaume Konzerns nach dem Stand vom 31. Dezember 1941, o. D., 1 S.

1003 So bspw. ANLux, AE-AA-308, Notiz, S. 3.

stellt sich die Frage, ob das Unternehmen das gleiche Schicksal ereilte wie die Bta oder ob sie nach der Verstaatlichung der Bta einfach aufgelöst wurde.

AW Mackensen Maschinenfabrik & Eisengießerei GmbH

Die AW Mackensen Maschinenfabrik & Eisengießerei GmbH wurde 1876 vom Unternehmer Mackensen gegründet. Der Sitz des Unternehmens wurde 1921 nach Magdeburg verlegt, wo es dann in einem ersten Schritt zu 50 % von der F&G Carlswerk AG übernommen wurde.[1004] Das Kapital des Unternehmens betrug Ende 1941 750.000 RM, von denen die Bleichert Transportanlagen GmbH 98 %, die F&G Carlswerk AG 2 % besaßen.[1005] Dies blieb auch im weiteren Verlauf des Krieges unverändert. Das Unternehmen wurde nur sehr leicht von Kriegsschäden betroffen. Es entging zudem auch nach dem Krieg den ersten sowjetischen Demontageaktionen.[1006] Nähere Informationen aus dieser ersten Phase sind nur den Aussagen des späteren kaufmännischen Direktors der Firma Vollmar zu entnehmen: So soll die Leitung nach dem Krieg quasi unverändert fortbestanden haben. Illegale Veräußerungen von Firmenmaterial eines Mitglieds der Direktion sollen dann aber dazu geführt haben, dass die gesamte Leitung des Unternehmens von der Kriminalpolizei näher in Augenschein genommen wurde. Daraufhin soll auch der Generaldirektor Lippelt festgenommen und Vollmar selber mit dem Posten des kaufmännischen Direktors betraut worden sein.[1007]

Anfang des Jahres 1946 wurden insgesamt 800 t Kupfer beschlagnahmt. Bei diesem Kupfer handelte es sich allerdings nicht um Firmeneigentum, sondern um dort lagernde Bestände der Muttergesellschaft F&G Carlswerk AG.[1008] Von diesem Vorrat wurde ein Teil Anfang des Jahres 1946 auf Grund einer Anordnung der Provinzialverwaltung Sachsen an die deutsche Gesellschaft Mansfeld Kupfer- und Bergbau AG, Eisleben zwangsverkauft. Das Geld wurde der AW Mackensen Maschinenfabrik & Eisengießerei GmbH übertragen. Da das Guthaben von 601.267,50 RM wegen des generellen Überweisungsverbots in die Westzonen

---

1004 Förderanlagen Magdeburg (Hg.), Prospekt „Unternehmensprofil", URL: http://fam.de/deutsch/Mediathek/Prospekte/Unternehmensprofil/index.html (Stand: 3. November 2013).

1005 RWWA, Felten & Guilleaume, Gliederung 1941.

1006 ANLux, AE-AA-029, Übersicht, 27. November 1945, S. 12.

1007 ANLux, AE-AA-305, Besuchsbericht, Betrifft: Reise zur Maschinenfabrik Mackensen, o. D., 4 S., hier S. 1 f.

1008 ANLux, AE-AA-305, Hamers (Treuhänder der F&G Carlswerk AG) an die *Military Property Control*, Cologne, 8. Mai 1946, 1 S.

nicht an die F&G Carlswerk AG überwiesen werden konnte, wurde ein Sonderkonto bei der Stadtbank Magdeburg eröffnet, welches die AW Mackensen Maschinenfabrik & Eisengießerei GmbH treuhänderisch verwalten sollte.[1009]

Genau wie bei der Bta sollte auch das Referendum in Sachsen im Juni 1946 den weiteren Werdegang der AW Mackensen Maschinenfabrik & Eisengießerei GmbH maßgeblich beeinflussen. Durch die Verordnung vom 30. Juni 1946 wurde die Gesellschaft in eine SAG umgewandelt.[1010] Unter dem neuen Generaldirektor Enenco firmierte das Unternehmen unter dem Namen Maschinenfabrik Magdeburg Sowjetische AG des Maschinenbaues vorm. A. W. Mackensen. Zudem wurde auch das von der AW Mackensen Maschinenfabrik & Eisengießerei GmbH treuhänderisch verwaltete Sonderkonto der F&G Carlswerk AG, welches sich zu diesem Zeitpunkt noch auf 470.665.09 RM belief, beschlagnahmt.[1011] Die Liquidation der Gesellschaft wurde von der sächsischen Landesverwaltung übernommen.[1012] Das Grundstück, auf dem sich die Fabrikanlagen befanden, wurde im August 1947 an die URSS übertragen und die Grundschuld zugunsten der F&G Carlswerk AG in Höhe von 200.000 RM gestrichen.[1013]

Seit dem Übergang in eine SAG arbeitete die Firma zu mehr als 90 % zugunsten von Reparationsleistungen, so dass die Auftragsbücher gut gefüllt waren.[1014] Anfang des Jahres 1948 hoben die sowjetischen Behörden die Beschlagnahmung des Sonderkontos der F&G Carlswerk AG auf.[1015]

1009 Siehe ANLux, AE-AA-305, Kieser und Hamers (F&G Carlswerk AG) an Enenco (Maschinenfabrik Magdeburg Sowjetische AG des Maschinenbaues vorm. A. W. Mackensen), 17. Oktober 1947, 2 S.; Horatz und Hamers (F&G Carlswerk AG) an Wehrer (LMM Berlin), 22. November 1947, 3 S., hier S. 1. [im Folgenden zitiert als: ANLux, AE-AA-305, Horatz und Hamers, 22. November 1947].

1010 ANLux, AE-AA-305, Bericht der Arbed für das MAEL über die AW Mackensen Maschinenfabrik und Eisengiesserei GmbH, Magdeburg, unterzeichnet von Johann und Konsbruck, 21. Oktober 1947, 1 S. [im Folgenden zitiert als: ANLux, AE-AA-305, Bericht, 21. Oktober 1947].

1011 Siehe ANLux, AE-AA-305, Horatz und Hamers, 22. November 1947, S. 1 f.; Bericht über die Interessen der Arbed in der SBZD, 3. Januar 1948, 4 S., hier S. 2.

1012 ANLux, AE-AA-305, Philipps und Horatz (F&G Carlswerk AG) an die Arbed betreffend: Unsere Beteiligungen in der russischen Zone Deutschland, 1. Oktober 1947, 3 S., hier S. 1.

1013 ANLux, AE-AA-305, Anordnung des Amtsgerichtes Magdeburg vom 6. August 1947, 1 S.; Bericht, 21. Oktober 1947, 1 S.

1014 ANLux, AE-AA-305, Reisebericht, 16. Dezember 1946, S. 3.

1015 ANLux, AE-AA-305, Horatz und Hamers (F&G Carlswerk AG) an die Arbed, 4. November 1947, 1 S.

Bei der Gründung der DDR war die Gesellschaft fest in sowjetischer Hand. Zusammen mit der BTA der SAG PODJOMIK/TRANSMASCH wurde sie 1953 als eine der letzten SAG an den ostdeutschen Staat überführt, wo das Unternehmen als VEB FÖRDERANLAGEN „7. OKTOBER“ MAGDEBURG geführt wurde. Wie die VEB BLEICHERT TRANSPORTANLAGEN-FABRIK LEIPZIG gehörte der VEB dem Kombinat TAKRAF an.[1016]

Gummiwerke Ballenstedt GmbH

Die Gummiwerke Ballenstedt GmbH wurden 1936 von zwei Unternehmen der F&G-Gruppe ins Leben gerufen. Im Entwurf des Geschäftsberichtes der F&G CARLSWERK AG von 1937 steht vermerkt: *„Das Unternehmen (Franz Clouth) hat sich mit der Land- und Seekabelwerke A.-G. an der Neuerrichtung der „Gummiwerke Ballenstedt G.m.b.H.“ in Ballenstedt beteiligt und dieser Gesellschaft seine Fabrikationserfahrung zur Verfügung gestellt.“*[1017] Die FRANZ CLOUTH RHEINISCHE GUMMIWARENFABRIK AG sowie F&G LAND UND SEE KABELWERKE AG in Köln-Nippes waren Tochterunternehmen der F&G CARLSWERK AG, die selbst zu 100 % dem Konzern gehörten.[1018] Beide besaßen bei der Gründung des

---

1016 Hierzu ausführlich GOLLASCH Dieter, TAKRAF, ein Kombinat des DDR-Schwermaschinenbaus, Leipzig 2006 (= Mensch und Werk. Schriftenreihe zur Entwicklung der Industrie in der Stadt Leipzig 1945 bis 1990 1).

1017 RWWA, Felten & Guilleaume, Kartei II/B/b, Standort 13,2,2/5 Aufsichtsrat 1937, Entwurf des Geschäftsberichtes, 8 S., hier S. 8.

1018 Das nach dem Gründungsvater Franz Clouth benannte Unternehmen wurde 1862 gegründet und bot eine breite Palette an Kautschuk-Produkten an. Des Weiteren wurde eine eigen Kabelproduktion errichtet, die eigenständig unter dem Namen LAND- UND SEEKABEL operierte. Das Kabelwerk konnte sich auf Dauer aber nicht gegen die übermächtige Konkurrenz der F&G behaupten, die das Unternehmen 1905 aufkaufte und als F&G LAND UND SEE KABELWERKE AG in die Gruppe integrierte. 1920 wurde die Gummifabrik dann in eine offene Aktiengesellschaft umgewandelt. Keine drei Jahre später sollte das gesamte Aktienpaket vollständig in die Hände der F&G CARLSWERK AG fallen. Unter seinem neuen Besitzer wurde die FRANZ CLOUTH RHEINISCHE GUMMIWARENFABRIK AG dann komplett erneuert und erweitert. Während des Krieges sah sich das Werk mehreren Bombenangriffen durch die Alliierten ausgesetzt. Vor allem die Angriffe 1944, sollten die Werksanlagen fast vollständig vernichten. Siehe zur Geschichte der FRANZ CLOUTH RHEINISCHE GUMMIWARENFABRIK AG und der F&G LAND- UND SEEKABEL AG mit weiterführender Literatur BUSCHMANN Walter, Rheinische Gummiwarenfabrik Franz Clouth in Köln, URL: http://www.rheinische-industriekultur.de/objekte/koeln/Clouth/clouth.html (Stand: 3. November 2013).

Unternehmens 50 % des Kapitals der Gummiwerke in Ballenstedt bei Magdeburg. Der Geschäftsbericht von 1937 vermeldet jedoch eine weitere 1/5 Beteiligung des deutschen Luftfahrtkontors, das in den folgenden Monaten wieder an den F&G-Konzern zurückfiel.[1019] In der Gesamtübersicht der Beteiligungen vom Jahresende 1941 beschränkte sich die Beteiligung wieder auf eine 50 zu 50-Aufteilung zwischen der F&G Land und Seekabelwerke AG und der Franz Clouth Rheinische Gummiwarenfabrik AG.[1020] Das Unternehmen besaß zu diesem Zeitpunkt ein Kapital von 500.000 RM. Dieses wurde in den folgenden Jahren weiter aufgestockt. So nennt das Protokoll der Aufsichtsratssitzung vom 19. Juli 1944 eine Kapitalerhöhung von 2.500.000 auf 3.000.000 RM.[1021] Gleichzeitig wurden die 50 % Aktienbeteiligungen der Franz Clouth Rheinische Gummiwarenfabrik AG auf weitere Gesellschaften der F&G-Gruppe verteilt: 25 % gelangten an die Dialektra AG, eine weitere 100 %-Tochtergesellschaft der F&G Carlswerk AG.[1022]

Die von Kriegsschäden weitgehend unbehelligte Gesellschaft sah sich kurz nach Ende des Krieges ihrer Leitung beraubt. Im Juni 1945 wurde Direktor Sander durch die amerikanischen Besatzungsbehörden, welche die Stadt vor den sowjetischen Truppen erreichten, verhaftet.[1023]

Die als führerlos geltende Firma rückte bald in das Blickfeld lokaler Behörden: Noch im Sommer 1945 beabsichtigte die Stadtverwaltung Ballenstedt die Gesellschaft mit der Begründung zu konfiszieren, *„dasselbe sei ein Konzernwerk und Rüstungsbetrieb“*.[1024] Dieser Versuch konnte von Seiten der F&G Carlswerk AG verhindert werden. Jedoch wurde die Firma in die Obhut der Provinzialverwaltung gestellt. Als Treuhänder fungierte nun der Wirtschaftsprüfer Baues. Dieser handelte aber gleichzeitig verdeckt einen Deal mit der F&G Carlswerk AG aus, um im Falle der deutschen Wiedervereinigung oder des sowjetischen Rückzugs

---

1019 RWWA, Felten & Guilleaume, Kartei II/B/b Standort 13,2,2/6, Aufsichtsrat 1938, Entwurf des Geschäftsberichtes, 8 S., hier S. 8.

1020 RWWA, Felten & Guilleaume, Gliederung 1941.

1021 RWWA, Felten & Guilleaume, Aufsichtsrat 1944/45, Protokoll der Sitzung vom 19. Juli 1944.

1022 ANLux, AE-03648, Gliederung 1944.

1023 Die amerikanischen Besatzungstruppen erreichten Ballenstedt vor der Roten Armee und räumten die Stadt erst nach dem Eintreffen der sowjetischen Truppen; siehe ANLux, AE-AA-305, Aktenvermerk, von Baues (Gummiwerke Ballenstedt GmbH), 7. August 1946, 4 S., hier S. 1. [im Folgenden zitiert als: ANLux, AE-AA-305, Aktenvermerk, 7. August 1946].

1024 Ebd., S. 1.

aus der SBZD öffentlich als „F&G-Mann" auftreten zu können und die Interessen der Kölner Gesellschaft zu vertreten.[1025] Um die Firma vor dem drohenden Konkurs zu retten, wurde *„für die Neufertigung eine Betriebsgesellschaft, das Harzer Gummiwerk, gegründet, an dem die Stadtverwaltung mit 25 % und die Provinz Sachsen mit 75 % beteiligt war."*[1026] Die Harzer Gummiwarenfabrik war mit einem Kapital von 20.500 RM ausgestattet. Diese Maßnahmen waren der F&G Carlswerk AG zunächst nicht bekannt.[1027] Die Sequestrierung des Werkes wurde nachträglich durch den SMAD-Befehl Nr. 124 im Dezember 1945 legitimiert.

Zudem wurden die Gummiwerke Ballenstadt das Opfer sowjetischer Demontagen: Im März 1946 wurden Teile der Maschinen und der Lagerbestände, unter anderem 290 t Kupfer, die der Muttergesellschaft F&G Carlswerk AG gehörten, konfisziert und abtransportiert.[1028] Eine Sprengung der Hallen des Unternehmens auf Anordnung der SMAD und unter Verweis auf eine angebliche Rüstungstätigkeit der Gesellschaft während des Krieges konnte durch den Treuhänder Baues und den Leiter der Berliner Zweigstelle der F&G Carlswerk AG Saffran verhindert werden.[1029] In der Folgezeit setzte die Provinzialverwaltung Sachsen dann auch ihre Bemühungen fort, die Gesellschaft zu verstaatlichen. Diese erfolgte erst nach der Gründung der DDR. Die Gummiwerke wurden in einen VEB umgewandelt. Ähnlich wie im Fall der Bta und der Kabelwerk Wilhelminenhof AG wurde mit dem in den Westzonen gelegenen Kapital der Gesellschaft eine sogenannte Spaltgesellschaft in Köln unter dem Namen Gummiwerke Ballenstedt GmbH, Köln gegründet.

Gummiwerke „Elbe" AG

Die Gummiwerke „Elbe" AG in Priesteritz bei Klein-Wittenberg wurden erst 1939 mehrheitlich von der F&G Carlswerk AG erworben. Hierbei handelte es

---

1025 Hierzu ANLux, AE-AA-305, Aktennotiz über eine Reise nach Ballenstedt vom 27.–29. Mai 1947, gezeichnet Saffran, 4 S. [im Folgenden zitiert als: ANLux, AE-AA-305, Aktennotiz, 27.–29. Mai 1947].

1026 Ebd., S. 1.

1027 *„The Gummiwerke Ballenstedt G.m.b.H., Ballenstedt, has been put into operation, without our knowledge, by a newly founded factory of rubber goods, the Harzer Gummiwarenfabrik, with a capital of RM 20.500,--. The buildings as well as the plant are practically undamaged."*, ANLux, AE-AA-029, Übersicht, 27. November 1945, S. 13.

1028 Siehe ANLux, AE-AA-305, Hamers (F&G Carlswerk AG) an die *Military Government Property Control*, Köln, 8. Mai 1946, 1 S.; ANLux, AE-AA-305, Aktenvermerk, S. 1.

1029 ANLux, AE-AA-305, Aktennotiz von Saffran (F&G Carlwerk AG, Zweigbüro Berlin), 17. März 1947, 2 S.

sich um ein Unternehmen, das unter unterschiedlichen Namen bereits seit 1894 bestand und verschiedene Gummiprodukte herstellte.[1030] Bei Erwerb der Mehrheit der Aktien der Gesellschaft besaß die F&G Carlswerk AG 94,22 % des auf 3.600.000 festgelegten Kapitals, während sich der Rest in Fremdbesitz befand.[1031] Während des Krieges scheint der Betrieb fest in der deutschen Rüstungsindustrie verankert gewesen zu sein. So lieferte das Unternehmen verschiedenste gummierte Stoffe an das Heer, die Luftwaffe und die Marine. Gawenus zufolge, der sich laut eigenen Angaben auf Betriebsunterlagen der Gummiwerke „Elbe" AG bezieht, konnte das Unternehmen gerade dank der Rüstung ihren Jahresumsatz zwischen 1941 und 1944 jährlich ausbauen.[1032] Darüber hinaus beschäftigte das Unternehmen Zwangsarbeiter und unterhielt auf seinem Gelände ein von der SS bewachtes Erziehungslager. Der Direktor Pajung galt nach Gawenus als *„eine Art Schlüsselfigur zwischen Konzern und faschistischem Staat"*. Er war Mitglied in diversen Wirtschaftsgremien des Dritten Reiches.[1033]

Die Gummiwerke „Elbe" AG wurde Opfer der ersten sowjetischen Demontagewellen in der SBZD. Im November 1945 stellte der Treuhänder der F&G Carlswerk AG Hamers in seinem Bericht fest: *„The Gummiwerke „Elbe" A.G., Klein-Wittenberg, however, had had nearly all their machines removed."*[1034] Unter Direktor Pajung unternahm die Firma alle Anstrengungen, um die Produktion wenigstens auf einem Minimum laufen zu lassen, doch stellten Versorgungsengpässe bei den Rohmaterialien das Unternehmen immer wieder vor größere

---

1030 Ein historischer Abriss der Elbit Berufs- und Freizeitstiefel GmbH findet sich in: Elbit Berufs- und Freizeitstiefel GmbH, URL: http://www.elbit.de/ (Stand: 3. November 2013).

1031 RWWA, Felten & Guilleaume, Gliederung 1941.

1032 Gawenus Fritz, Die Ausbeutung ausländischer Arbeitskräfte unter besonderer Berücksichtigung deportierter Sowjetbürger durch die deutschen Monopolisten, vorwiegend dargestellt am Beispiel der Bayerischen Stickstoffwerke AG Werk Piesteritz und der Gummi-Werke „Elbe" AG Piesteritz von 1939 bis 1945, Dissertation, Halle-Wittenberg 1971, S. 91 [im Folgenden zitiert als Gawenus, Ausbeutung]. Es handelt sich hierbei um eine stark marxistisch geprägte Arbeit, die sehr darum bemüht ist, Kontinuitätslinien zwischen dem Dritten Reich und der BRD zu ziehen. Der wissenschaftliche Gehalt der Arbeit ist daher fragwürdig. Allerdings konnte der Autor auf mittlerweile verschollene Unterlagen des Betriebsarchivs zurückgreifen, die zur Zeit der DDR weiterhin im Unternehmen in Piesteritz lagerten.

1033 Ebd. S. 93, 110, 116 und 195 f.

1034 ANLux, AE-AA-029, Review, S. 13. Ein Bericht der Arbed-Leitung an das MAEL vom Oktober 1949 spricht von 75 % demontierter Installationen, siehe ANLux, AE-AA-308, Bericht, 14. Oktober 1949, S. 4.

Schwierigkeiten.[1035] Anfang des Jahres 1946 befand sich die Firma unter treuhänderischer Kontrolle.[1036] Der bisherige Direktor Pajung wurde entlassen.[1037] Bei der Umsetzung des Befehls Nr. 124 wurde die Gummiwerke „Elbe" AG, wie die Bta, auf die Liste der Werke gesetzt, deren Schicksal noch offen war. Die sich in Treuhandschaft befindende Gesellschaft arbeitete in gleicher Form weiter, wie dies Pajung bereits 1945 eingeleitet hatte. Dieser meldete Horatz im Juli 1947: *„Ausser Einkochringen, Sohlenplatten, technischen Artikeln werden monatlich 75.000 Paar Schuhe hergestellt. In diesem Umfange und mit der gleichen Kopfzahl [1300] habe ich im vorigen Jahr den Betrieb an den Treuhänder abgegeben."*[1038]

1948 wurde die Treuhandschaft schließlich aufgelöst und das Unternehmen von der *Provinzialverwaltung* verstaatlicht und in einen VEB gleichen Namens umgewandelt.[1039]

Messapparatefabrik Schlotheim

Hierbei handelt es sich nicht um eine eigenständige Gesellschaft, sondern um eine nach Schlotheim verlagerte Produktionsstätte der F&G Carlswerk AG.[1040] Aus den Quellen geht hervor, dass das Werk ursprünglich Teil der F&G Carlswerk AG war und Ende 1944 auf Anordnung des Rüstungskommandos nach Thüringen verlegt wurde, um es vor drohenden Bombenangriffen zu schützen.[1041] Die Fabrik gehörte vollständig der F&G Carlswerk AG.

Die Messapparatefabrik blieb lange Zeit von den sowjetischen und deutschen Behörden unangetastet.[1042] Im Oktober 1947 teilte die Leitung der F&G Carlswerk AG der Arbed mit, dass die Fabrik bereits einen *„bescheidenen Ertrag"*

1035 Ebd., S. 13.

1036 ANLux, AE-AA-305, Pajung (Gummiwerke „Elbe" AG) an die F&G Carlswerk AG, Berlin, 29. März 1946, 2 S.

1037 ANLux, AE-AA-305, Philipps und Hamers (F&G Carlswerk AG) an den Präsidenten der Provinz Sachsen, 2. April 1946, 1 S.

1038 ANLux, AE-AA-305, Pajung (Gummiwerke „Elbe" AG) an Horatz (F&G Carlswerk AG), 22 Juli 1947, 1 S.

1039 ANLux, AE-AA-308, Bericht, 14. Oktober 1949, S. 4.

1040 Die Messapparatefabrik wird in dieser Arbeit trotzdem gesondert aufgeführt, da ihr auch von Seiten der F&G Carlswerk AG und der Arbed eine gesonderte Stellung zukam.

1041 RWWA, Felten & Guilleaume, Kartei II/A/a Standort: A/II/2 No.3/13, Bericht über die Messapparatefabrik Schlotheim, 21. Februar 1951, unterzeichnet vom Direktor Hülsberg, 1 S.; ANLux, AE-12034, Konsbruck (Arbed) an das MAEL, 23. Mai 1952, 2 S.

1042 ANLux, AE-AA-305, Memorandum, 13. Dezember 1946, S. 2.

abwerfen konnte.[1043] Ende der 40er Jahre verschlechterte sich die allgemeine Situation des Unternehmens aufgrund der wirtschaftlichen Umwälzungen in der SBZD/DDR rapide. Anfang 1951 wurde die Situation so kritisch, dass sich der Leiter der Fabrik Hülsberg dazu entschloss, seinen Posten zu quittieren und mit drei Mitarbeitern die DDR zu verlassen. In Westberlin angekommen, wurden Hülsberg und seine Mitarbeiter nachträglich vom ostdeutschen Oberlandesgericht Erfurt *„wegen Wirtschaftsverbrechen und Verstoß gegen SMAD-Befehl Nr. 160“* angeklagt.[1044] Das Urteil führte eine ganze Reihe von Vergehen auf, unter anderem die nicht getätigte polizeiliche Abmeldung vor der Ausreise nach Westdeutschland, Veräußerung von Firmeneigentum, Ein- und Ausfuhr von Zahlungsmitteln aus und in die DDR sowie die Entwendung von Betriebsunterlagen. Hülsberg wurde in Abwesenheit zu einer Zuchthausstrafe von einem Jahr und sechs Monaten verurteilt.[1045] Gegen diese Entscheidung erhoben sowohl der Angeklagte als auch die Staatsanwaltschaft Einspruch wegen *„Verletzung formellen und materiellen Rechts“*.[1046] Nach einem Urteil der Großen Strafkammer von Mühlhausen vom 25. April 1952 wurde schließlich auch die Einziehung der Messapparatefabrik angeordnet.[1047]

Das Urteil scheint stark überzogen gewesen zu sein. Es hat den Anschein als habe die Verurteilung des Betriebsleiters eine gute Gelegenheit geboten, das ganze Werk unter staatliche Kontrolle zu bekommen. Gegen diese Entscheidung protestierten die F&G Carlswerk AG, die Arbed sowie die luxemburgischen Behörden. Vergeblich. Das Werk wurde in der Folgezeit verstaatlicht und vermutlich einem VEB einverleibt.

2. Ungarn

In der Donaumonarchie investierte das rheinische Unternehmen F&G in Wien und Budapest. In Budapest wurde 1893 eine Handelsgesellschaft gegründet, die

---

1043 ANLux, AE-AA-305, Philipps und Horatz, 1. Okt. 1947, S. 3.

1044 ANLux, AE-AA-346, Urteil des Oberlandesgerichtes Erfurt vom 18. Januar 1952, Ausfertigung vom 4. März 1952, 3 S., hier S. 1 [im Folgenden zitiert als: ANLux, AE-AA-346, Urteil, 18. Januar 1952]. Gemeint war der Befehl Nr. 160 des Obersten Chefs der SMAD vom 3. Dezember 1945 über die Bestrafung von Attentaten und Sabotage; inventarisiert bei Foitzik Jan, Inventar der Befehle des Obersten Chefs der Sowjetischen Militäradministration in Deutschland (SMAD) 1945–1949, München u. a. 1995 (= Texte und Materialien zur Zeitgeschichte 8), Nr. 0222, S. 83.

1045 ANLux, AE-AA-346, Urteil, 18. Januar 1952, S. 2.

1046 Ebd., S. 2.

1047 ANLux, AE-AA-346, Arbed an das MAEL, 23. Mai 1952, 2 S., hier S. 2.

man 1901 als F&G Kabel-, Draht- und Drahtseilfabrik AG zu einer Aktiengesellschaft aufwertete.[1048] Das Unternehmen bestand aus einem einzigen Kabelwerk in Budapest. Hauptanleger war die F&G-Gruppe, die über die Muttergesellschaft F&G Carlswerk AG, die F&G Fabrik elektrischer Kabel-, Stahl- und Kupferwerke AG sowie eine luxemburgische Holding namens Elektro Holding Company AG[1049] im Verlauf der Jahre bis zu 70,14 % der Aktien hielt. Die restlichen Aktienanleger werden in der Buchhaltung der F&G Carlswerk AG nicht aufgeführt.[1050] Das Gesamtkapital der Firma belief sich auf 5.625.000 Pengö. Diese Beteiligung blieb auch während des Krieges unverändert. 1943 vermeldete der Geschäftsbericht noch eine Umsatzsteigerung aufgrund des Werteverfalls des Pengö, danach wird das Werk erst in der Nachkriegszeit wieder Diskussionsgegenstand im Aufsichtsrat.[1051]

Die erhaltenen Quellen auf luxemburgischer Seite geben keine Auskunft über etwaige Demontagen oder Beuteaktionen durch die sich zurückziehenden Deutschen oder die vorstoßende Rote Armee in den letzten Kriegswochen. Doch konnte Borhi mit Hilfe ungarischer Dokumente belegen, dass das Unternehmen, ein *„Aushängeschild der ungarischen Wirtschaft“*, sehr wohl Opfer sowjetischer Demontagen als Kriegsbeute wurde. Der Abtransport der demontierten Installationen des Unternehmens, dessen Wert von Borhi auf sechs Millionen Pengö beziffert wurde, soll in der Folge die Reparationslieferungen über den Schiffsweg behindert haben.[1052]

1048 Schulz, Arbeiter, S. 264.

1049 Die Elektro Holding Company AG wurde am 20. Dezember 1929 von der F&G Carlswerk AG ins Leben gerufen, um die ausländischen Beteiligungen des Konzerns zu verwalten. Die Holding hatte Beteiligungen an der F&G Kabel-, Draht- und Drahtseilfabrik in Budapest, der Kabelwerk Ożarów AG bei Warschau, der jugoslawischen Gesellschaft Novisadska Fabrika Kabela sowie in der Sociedad Electro-Metalúrga Argentina S. A. in Buenos Aires. Sie war vollständig in der Hand des Mutterkonzerns. Siehe hierzu Pohl, Vorgeschichte, S. 251.

1050 RWWA, Felten & Guilleaume, Gliederung 1941.

1051 RWWA, Felten & Guilleaume, Aufsichtsrat 1944/45, Geschäftsbericht.

1052 Siehe Borhi László, Sowjetische Hegemonial- und Wirtschaftspolitik in Ungarn 1945–1956, in: Iber Walter M./Ruggenthaler Peter (Hg.), Stalins Wirtschaftspolitik an der sowjetischen Peripherie. Ein Überblick auf der Basis sowjetischer und osteuropäischer Quellen, Innsbruck/Wien/Bozen 2011 (= Veröffentlichungen des Ludwig Boltzmann-Instituts für Kriegsfolgen-Forschung Graz-Wien-Klagenfurt 19), S. 111–126, hier S. 121; Ders., Hungary, S. 150 mit Anm. 53, in der er auf eine von ungarischen Behörden erstellte Liste von Unternehmen, die demontiert wurden und nicht auf den Reparationslisten auftauchen, verweist.

Das Unternehmen bestand weiterhin fort und rückte 1946 erneut ins Visier der sowjetischen Behörden: Aus einem internen Bericht des Vorstandes der F&G Carlswerk AG, der 1946 auf einem Treffen des Aufsichtsrates unter Beteiligung der Arbed vorgestellt wurde, ging hervor, dass die sowjetischen Behörden das Ziel verfolgen würden, 14 % des Budapester Unternehmens zu übernehmen.[1053]

Zwischen 1946 und 1947 wurde die F&G Kabel-, Draht- und Drahtseilfabrik AG zweimal Opfer von Beschlagnahmungen ihres vermeintlich deutschen Aktienanteils und seiner Überführung an die sowjetischen Behörden. Eine erste Beschlagnahmung wurde im September 1946 realisiert und betraf 53,96 % des gesamten Betriebskapitals. Auf Beschluss des ungarischen Wirtschafts-Oberrates übertrug das ungarische Reparationsamt diesen Teil zu Reparationszwecken an die UdSSR, die dadurch das Unternehmen in Treuhandschaft nehmen konnte.[1054]

Ein Jahr später erfolgte ein weiterer Zugriff auf angeblich deutsches Aktienkapital des Unternehmens: Im Oktober 1947 forderte ein gemischt sowjetisch-ungarischer Ausschuss, dessen Aufgabe unter anderem die Auffindung deutscher Aktien in Ungarn war, die Auslieferung eines Aktienpakets, das die luxemburgische Elektro Holding Company AG, einer 100 %-Tochtergesellschaft der F&G Carlswerk AG, an der F&G Kabel-, Draht- und Drahtseilfabrik AG Budapest hielt. Diese 5.070 Aktien mit einem Nominalwert von 760.500 Pengö hatten bis zu jenem Zeitpunkt in Budapest bei einer ungarischen Bank gelagert und mussten von dieser an das Reparationsamt ausgeliefert werden, welches das Aktienpaket als Reparationsleistungen an die UdSSR übertrug.[1055]

Damit war in zwei Schritten die Arbed ihrer indirekten Beteiligung im ungarischen Unternehmen beraubt. Die Argumentation der ungarischen Behörden war dabei stets die gleiche: Die indirekte Beteiligung des luxemburgischen Unternehmens wurde bewusst oder unbewusst ignoriert und als deutsches Vermögen der F&G Carlswerk AG interpretiert. Gemäß dem Protokoll von Potsdam, das deutsches Vermögen in Ungarn der UdSSR zusprach, wollten die ungarischen Behörden die Beteiligungen der F&G Carlswerk AG der UdSSR übertragen.[1056]

1053 RWWA, Felten & Guilleaume, Aufsichtsrat 1946, Bericht des Vorstandes erstattet in der Sitzung des Aufsichtsrates am 2. Oktober 1946, 16 S., hier S. 12.

1054 ANLux, AE-AA-307, F&G Kabel-, Draht- und Drahtseilfabrik AG an Meyer (Arbed), 13. September 1946, 2 S.

1055 ANLux, AE-AA-307, Pester Ungarische Commerical Bank an die Elektro Holding Company AG, 7. Oktober 1947, 1 S.

1056 Siehe weiter oben, S. 224 f.

Der Betrieb geriet erst in sowjetische Treuhandschaft, bevor er in eine sowjetische Gesellschaft umgewandelt wurde.[1057] Der bisherige Direktor Besenbach wurde seines Postens enthoben. Danach verlieren sich die Spuren: Die damals übliche Praxis in Ungarn sah zwei Möglichkeiten vor:

1. Das Unternehmen blieb unter sowjetischer Kontrolle bestehen und wurde zu einem späteren Zeitpunkt von der ungarischen Regierung als Staatsbetrieb übernommen.

2. Das Unternehmen wurde als deutsches Vermögen in eine gemischt staatliche *Joint Venture* eingebracht. Beide Szenarien sind denkbar.

3. Bulgarien

Die Erweiterung des Geschäftsbereichs der F&G-Gruppe in Bulgarien erfolgte erst Ende der 30er Jahre. 1937 wurde durch den Mitteleuropäischen Wirtschaftstag[1058] eine vielversprechende Prospektion der Rhodophen-Gebirge durchgeführt, die Zink-und Bleivorkommen nachweisen konnte. Dies gab einer deutschen Unternehmer-Gruppe bestehend aus der F&G Carlswerk AG und dem Otto Wolff-Konzern den Anstoß in die dortigen Gruben zu investieren. Mit dem bulgarischen Unternehmen Granitoid einigte man sich darauf, 50 % der Aktien der Bergwerks AG Pirin zu übernehmen.[1059] Die F&G Carlswerk

1057 ANLux, AE-AA-307, Bericht der Arbed, 6. August 1948, S. 2.

1058 Es handelt sich um einen Interessensverband bestehend aus Industrie, Banken und unterschiedlichen deutschen Wirtschaftsgruppen, der zwischen 1931 und 1944 versuchte, die Wirtschaftshegemonie in Osteuropa zu erlangen und dadurch eine indirekte politische Kontrolle auszuüben; vgl. unter anderem Krüger Peter, Wirtschaftliche Mitteleuropapläne in Deutschland zwischen den Weltkriegen. Anmerkungen zu ihrer Bewertung., in: Plaschka Richard G./Haselsteiner Horst/Suppan Arnold, u. a. (Hg.), Mitteleuropa-Konzeptionen in der ersten Hälfte des 20. Jahrhunderts, Wien 1995, S. 283–303; Schönfeld Roland, Deutsch-südosteuropäische Wirtschaftsbeziehungen in der Zwischenkriegszeit. Der Mitteleuropäische Wirtschaftstag, in: Südosteuropa-Mitteilungen 28 (1988), S. 28–140; Seckendorf Martin, Entwicklungshilfeorganisation oder Generalstab des deutschen Kapitals? Bedeutung und Grenzen des Mitteleuropäischen Wirtschaftstages, in: 1999. Zeitschrift für Sozialgeschichte des 20. und 21. Jahrhunderts 8/3 (1993), S. 10–33; Ders., Der Mitteleuropäische Wirtschaftstag – Zentralstelle der Großwirtschaft zur Durchdringung Südosteuropas, in: Röhr Werner/Berlekamp Brigitte/Roth Karl Heinz (Hg.), Der Krieg vor dem Krieg. Politik und Ökonomik der „friedlichen" Aggressionen Deutschlands 1938/39, Hamburg 2001, S. 118–140.

1059 Zur deutschen Beteiligung in der Bergwerks AG Pirin vgl. Radandt Hans, Ein mittleres kapitalistisches Unternehmen in Bulgarien im Dienste deutscher

AG übernahm 25 % der Aktienanteile. Die Gruben wurden dabei kontinuierlich vergrößert: 1941 wurden die Grubenanlagen ausgebaut, eine 42 km lange Seilbahn aus dem Bleichert-Werk sowie eine Flotationsanlage errichtet. In Kirdjali wurde zudem ein Kraftwerk errichtet. Dabei wurde das Gesamtkapital des Unternehmens auf 25.000.000 bulgarische Lewa aufgestockt.[1060] Zwei Jahre später befand sich die Gesellschaft jedoch in Schwierigkeiten: Die bulgarische Regierung begann, immer mehr Arbeiter für den Kriegsdienst einzuziehen.[1061]

Ende 1944, mit der Besetzung des Landes durch die Rote Armee und der Kriegserklärung Bulgariens an Deutschland, stellte man sich in der Rechtsabteilung der F&G Carlswerk AG die Frage, inwieweit diese Vorkommnisse Auswirkungen auf die Beteiligungen des rheinischen Unternehmens in Bulgarien hätten.[1062] Hier trat die Sorge zu Tage, dass die politischen Verhältnisse in Bulgarien zu einem Verlust der Beteiligungen führen könnten. Die Sorge sollte sich als nicht unbegründet erweisen.

Mit der Besetzung Bulgariens durch die Rote Armee brach der Kontakt der F&G Carlswerk AG mit der bulgarischen Tochtergesellschaft Bergwerks AG Pirin ab. Die Verbindung blieb auch in der Nachkriegszeit unterbrochen und jeglicher Versuch einer Kontaktaufnahme von luxemburgischer Seite blieb ohne Erfolg.[1063] Tatsächlich ist die Quellenlage zum weiteren Geschehen lückenhaft und wohl auf Archivverluste bzw. Zerstörungen der Dokumente zurückzuführen. Das Unternehmen wurde wohl als deutsches Feindvermögen von den sowjetischen Behörden beschlagnahmt und in eine gemischt-staatliche Gesellschaft eingebracht: Dem luxemburgischen Außenminister Thorn zufolge

---

Konzerne während des Zweiten Weltkriegs, in: Jahrbuch für Wirtschaftsgeschichte 1980/II, S. 249–264, hier S. 254; Wien Markus, Markt und Modernisierung. Deutsch-bulgarische Wirtschaftsbeziehungen 1918–1944 in ihren konzeptionellen Grundlagen, München 2007 (= Europäisches Hochschulinstitut Florenz), S. 270–274.

1060 RWWA, Felten & Guilleaume, Kartei II/B/b, Standort 13,2,2/10, Aufsichtsrat 1942 [im Folgenden zitiert als: RWWA, Felten & Guilleaume, Aufsichtsrat 1942], Bericht über das Geschäftsjahr 1941 gegenüber dem Aufsichtsrat, 21 S., hier S. 8 und 11.

1061 RWWA, Felten & Guilleaume, Aufsichtsrat 1944/45, Protokoll der Sitzung vom 8 Februar 1944, S. 5.

1062 RWWA, Felten & Guilleaume, Kartei III/20, Standort 16,1,15, Pirin, Kriegsschäden und Entschädigungsverhandlungen, Personalrückführungen, Bericht vom September 1944, unterzeichnet von Wimmer, juristische Abteilung F&G Carlswerk AG, 12 S.

1063 ANLux, AE-AA-307, Erklärung zur Beteiligung der Arbed an der Bergwerks AG Pirin, 5. November 1947, unterzeichnet von Konsbruck, Chomé (beide Arbed) und Dupong (lux. Regierung), 1 S.

soll die Firma später von der UdSSR an die bulgarische Regierung verkauft worden sein.[1064]

4. SBZÖ

Noch vor der Umwandlung in eine Aktiengesellschaft suchte die Geschäftsleitung der F&G Ende des 19. Jahrhunderts ihre Interessen auch auf die Donaumonarchie auszuweiten.

Als Initialjahr galt das Jahr 1893. In Wien wie in Budapest wurden von den Brüdern Max und Theodor Guilleaume, den Leitern der Felten & Guilleaume, Handelsgesellschaften gegründet. Neben dem Vertrieb wollten die Gebrüder Guilleaume jedoch auch eine eigene Produktion in der Habsburgermonarchie initialisieren. Zu diesem Zweck wurden die Kabelfabriken der Gesellschaft August Jacott & Co in Wien und Budapest erworben, sowie eine Drahtzieherei der Firma Obach in Wien. Die Werke in Wien wurden zu einem neuen Unternehmen zusammengefasst. Um die Jahrhundertwende eignete sich das Wiener Werk zudem die beiden Werke der Friedrich Bruno Andrieu's Söhne in Bruck an der Mur und Diemlach an und fasste alle Werke unter dem neuen Gesellschaftsnamen F&G Fabrik elektrischer Kabel-, Stahl- und Kupferwerke AG zusammen. Die Gesellschaft wurde ein Tochterunternehmen der F&G Carlswerk AG, die sich auf die Herstellung von Kabel für den österreichischen Raum konzentrierte.[1065]

1064 Hierzu a) Projet de loi portant approbation de l'Accord entre la Belgique et le Grand-Duché de Luxembourg d'une part, et la République Populaire de Bulgarie, d'autre part, concernant l'indemnisation des intérêts belges et luxembourgeois en Bulgarie, signé à Sofia, le 25 février 1965; b) Projet de loi portant approbation de de l'Accord signé à Luxembourg le 7 février 1968, entre le Grand-Duché de Luxembourg et la Belgique, réglant l'exécution de l'Accord entre la Belgique et le Grand-Duché de Luxembourg d'une part, et la République Populaire de Bulgarie, d'autre part, concernant l'indemnisation des intérêts belges et luxembourgeois en Bulgarie, signé à Sofia, le 25 février 1965, in: CR, 33. Sitzung (19. Juni 1969), Sp. 2084–2089, hier Sp. 2088. Die Belege, auf die sich der Außenminister bezog, wurden in der Rede nicht erwähnt und waren zudem nicht auffindbar. Vermutlich ging die Dokumentation verloren oder aber wurde zerstört. So konnte nicht ermittelt werden, unter welchem Namen die vermeintliche Bergwerks AG Pirin weitergeführt wurde bzw. ob die Gruben von anderen Firmen übernommen wurden.

1065 Zur Geschichte der F&G Kabel-, Draht- und Drahtseilfabrik AG Budapest ausführlich Mathis Franz, Big Business in Österreich. Österreichische Großunternehmen in Kurzdarstellungen, München 1987, S. 109 ff. [im Folgenden zitiert als: Mathis, Big Business].

Im Verlauf der Jahre stiegen andere Aktionäre, wie die AEG, in die F&G FABRIK ELEKTRISCHER KABEL-, STAHL- UND KUPFERWERKE AG mit ein, doch erwiesen sich diese Beteiligungen als vorläufig bzw. als Minderheitsbeteiligungen. Der Großteil der Aktienanteile wurde von Unternehmen der F&G-Gruppe getragen. Die Beteiligung der Muttergesellschaft F&G CARLSWERK AG an der Wiener Tochtergesellschaft ist nur schwer verfolgbar. 1938 besaß das rheinische Unternehmen 63 % der Aktienanteile.[1066] Der Anschluss Österreichs an das Reich und die damit verbundene Eingliederung der österreichischen in die deutsche Wirtschaft führte zu einer Vergrößerung des Geschäftsumfangs und einer Steigerung des Absatzes des Unternehmens.[1067] Aufgrund des gesteigerten Geschäftsumfangs entschloss sich die F&G CARLSWERK AG 1941 zu einer Aufstockung des Kapitals auf 15 Millionen RM.[1068] Ende 1941 war die Beteiligung des rheinischen Unternehmens auf 69,89 % angewachsen. Die ungarische Tochtergesellschaft der F&G CARLSWERK AG, die F&G KABEL-, DRAHT- UND DRAHTSEILFABRIK AG BUDAPEST, besaß weitere 10,76 % der Aktien.[1069]

Hervorzuheben ist die geographische Verteilung der Wiener Gesellschaft: Das Unternehmen verfügte über drei Werke, einen Verarbeitungsbetrieb in Wien selbst und zwei Zulieferbetriebe in Diemlach und in Bruck an der Mur.[1070] Die Alliierten entschieden sich dafür Österreich ebenfalls in vier Besatzungszonen aufzuteilen. Während das Wiener Werk somit im sowjetischen Sektor der Stadt Wien lag, wurde die Steiermark von den britischen Besatzungsbehörden verwaltet. Die österreichische Gesellschaft befand sich demnach nach Ende des Zweiten Weltkrieges auf zwei unterschiedliche Besatzungszonen verteilt. Dies sollte noch entscheidende Konsequenzen für die Wahrung der Beteiligungen der ARBED am Unternehmen mit sich bringen.

1066 RWWA, Felten und Guilleaume, Aufstellung 1938.

1067 RWWA, Felten und Guilleaume, Kartei II/B/b Standort 13,2,2/7 Aufsichtsrat 1939 [im Folgenden zitiert als: RWWA, Felten & Guilleaume, Aufsichtsrat 1939], F&G Carlswerk AG Köln-Mühlheim, Geschäftsbericht 1938, Korrektur, 10 S., hier S. 6.

1068 RWWA, Felten und Guilleaume, Aufsichtsrat 1941, Protokoll der Sitzung vom 31.1.1941, 12 S., hier S. 8.

1069 RWWA, Felten & Guilleaume, Gliederung 1941. In einem Bericht, den das MAEL der französischen Delegation in der Alliierten Kommission für Österreich sandte, wird vermerkt, dass die F&G CARLSWERK AG bereits vor dem Anschluss Mehrheitseigner des Wiener Unternehmens gewesen sein soll; siehe hierzu ANLux, AE-AA-311, Bericht zum Fall des Unternehmens F&G, o. D., 6 S., hier S. 1.

1070 Ein weiteres Werk in Graz war bereits 1935 aufgegeben worden; hierzu MATHIS, Big Business, S. 110.

Im Krieg scheint es zu keinen nennenswerten Beschädigungen des Unternehmens gekommen zu sein. Im Frühjahr 1945 besetzte die Rote Armee sowohl den sowjetischen Sektor Wiens als auch den Großteil der Steiermark. Bevor diese im Juli 1945 an die britische Besatzungsmacht übergehen konnte, hatten die sowjetischen Behörden bereits zahlreiche Fabriken demontiert und abtransportiert. Unter diese Demontagewelle fielen auch die Fabriken der F&G Fabrik elektrischer Kabel-, Stahl- und Kupferwerke AG. So wurden die Werke des Unternehmens zwischen April und Juni 1945 von einer sowjetischen Beutekommission beschlagnahmt und demontiert. Nach einem Bericht der Betriebsleitung, sollen in Wien etwa 75 % der Installationen teilweise gar mit Sprengstoff abgebaut worden sein, in der Steiermark sogar 80 %. Die Demontagen sollen sich auf insgesamt 4,5 Millionen $ (Anschaffungswert vor Ausbruch des Krieges) belaufen haben.[1071] Derart beschnitten, war das Unternehmen kaum funktionsfähig, bestand aber weiterhin fort. Die Firmenleitung hegte dabei die Hoffnung, dass die sowjetischen Behörden die alliierte Beteiligung an der Gesellschaft anerkennen und eine Entschädigung für die verlorenen Installationen und Produktionsmaterialien leisten würden. Diese wurden für den Neuanfang des Unternehmens dringend benötigt. Statt der erhofften Kompensation erhielt die Wiener Betriebsleitung am 14. August 1947 aber die Meldung, dass die USIA, die *Verwaltung des sowjetischen Eigentums in Österreich*, das Wiener Werk beschlagnahmen würde. Die USIA forderte eine Auflistung und Übertragung aller Werte. Zum neuen Generaldirektor wurde Major Wassilenko, der bisherige Kontrolloffizier des Unternehmens, ernannt.[1072] Da die Werke in der britisch besetzten Steiermark mittlerweile dem sowjetischen Einfluss entzogen waren bezog sich die Beschlagnahmung allerdings lediglich auf das Werk in Wien. Den sowjetischen Behörden war jedoch bewusst, dass das Wiener Werk maßgeblich von der Lieferung von Halbfertigprodukten aus seinen steirischen Werken abhing. So suchten sie den Vorstand der Gesellschaft zur Kooperation zu bewegen.[1073] Das unterbreitete Angebot war jedoch kaum verlockend:

1071 Zur Demontage der F&G Fabrik elektrischer Kabel-, Stahl- und Kupferwerke AG siehe ANLux, AE-AA-311, Bericht über die Aktivitäten der sowjetischen Beutekommission mit Blick auf die Werke der F&G Fabrik elektrischer Kabel-, Stahl- und Kupferwerke AG in Wien und der Steiermark, 21. April 1946, 3 S.

1072 ANLux, AE-08386, Entwicklung der Gesellschaft seit dem 1. April 1947, unterschrieben von Konsbruck, 6. September 1947, 4 S., hier S. 2 [im Folgenden zitiert als: ANLux, AE-08386, Entwicklung, 6. September 1947].

1073 Das Wiener Werk wurde aus den Werken der Steiermark vor allem mit Halbfertigprodukten beliefert, welche in Wien weiterverarbeitet wurden; hierzu Ebd., S. 2.

Der Gesprächspartner der USIA und Chef der sowjetischen Verwaltung für die Elektroindustrie, Oberst Egeroff erklärte dem weiterhin im Amt weilenden Vorstand, *„dass er auf die Mitarbeit des Herrn Dr. Knaur als technischen Direktor und des Hr. Dr. Kamler als kommerziellen Direktor, absoluten Wert legt. Es soll sich in der Organisation und in der Verwaltung bis auf den Umstand, dass den Anordnungen des russischen Generaldirektors Folge zu leisten ist, nichts verändern. Allerdings können in Zukunft diese Anordnungen das gesamte technische und kommerzielle Gebiet vom Standpunkt der Führung des Wiener Werkes aus treffen…"*[1074]

Direktor Kamler hatte bereits in der Unterredung erklärt, dass eine *„Überantwortung der finanziellen Gestion an die Usiwa für die Mitarbeit des Vorstandes nicht akzeptabel wäre."*[1075] Und auch sonst waren die Verantwortlichen des Wiener Unternehmens nicht bereit Kompetenzen an die USIA abzutreten. Lediglich eine freie Zusammenarbeit mit der USIA kam in Frage.[1076] Fast in täglichem Rhythmus sahen sich nun Vorstandsmitglieder mit Vertretern der USIA. Darüber wurden auch die luxemburgische und österreichische Regierung, die französische Militärverwaltung als auch die ARBED durch die Wiener Gesellschaft benachrichtigt.[1077] Es kam der Wiener Leitung zugute, dass sie mit Verweis auf die Abwesenheit Knaurs, der zu diesem Zeitpunkt in den USA weilte, auf Zeit spielen konnte.[1078]

Ende des Monats lenkten die sowjetischen Behörden zur Überraschung der Wiener Direktion ein und stellten den alten Zustand wieder her. In seinem Schreiben an Konsbruck vermerkte Till triumphierend: *„Dank unserer unverrückbaren Einstellung ist es aber dennoch zu dem vorerwähnten Ergebnis gekommen, nicht zuletzt aber auch, weil die Gegenseite sich ausser aller Frage doch darüber klar war, dass das Wiener Werk ohne die steirischen Werken auf die Dauer nicht produktionsfähig ist…"*[1079]

1074 ANLux, AE-AA-311, Aktennotiz, 16. August 1947, S. 1.

1075 Ebd.

1076 ANLux, AE-AA-311, F&G FABRIK ELEKTRISCHER KABEL-, STAHL- UND KUPFERWERKE AG, Aktennotiz über die Besprechung zwischen Major Wassilenko, Gustav L. Till und Dr. Kamler am 18. August im Werk Wien X. Gudrunstrasse Nr. 11, (Dolmetscher: Dr. Krumpholz), unterschrieben von Kamler, 20. August 1947, 1 S.

1077 Zu den zur Verteidigung der ARBED-Interessen hervorgebrachten Argumenten siehe weiter oben, S. 260–262.

1078 ANLux, AE-08386, Entwicklung, 6. September 1947, S. 2.

1079 ANLux, AE-AA-311, Till (F&G FABRIK ELEKTRISCHER KABEL-, STAHL- UND KUPFERWERKE AG) an Konsbruck (ARBED), 1. September 1947, 1 S.

Neben den wirtschaftlichen Aspekten sah Till hier aber auch einen *„politischen Erfolg.“*[1080] Die Übernahmebemühungen von Seiten der USIA konnten erfolgreich abgewendet werden. Im weiteren Verlauf unternahmen die sowjetischen Behörden auch keinen weiteren Versuch mehr, das Unternehmen doch noch unter Kontrolle zu bekommen. Mit dem Staatsvertrag 1955 waren auch letzte Zweifel an der Zukunft des Wiener Werkes aus dem Weg geräumt.

5. Polen

Innerhalb der Grenzen des neugebildeten polnischen Staates besaß der F&G-Konzern Beteiligungen in zwei Unternehmen.

Kabelwerk Bromberg AG

Die Beteiligung der F&G Carlswerk AG in diesem Werk ist nicht immer eindeutig. Erste Anteile wurden 1928 von der F&G Carlswerk AG erworben, wobei auch andere Unternehmen der Gruppe, wie die F&G Fabrik elektrischer Kabel-, Stahl- und Kupferwerke AG beteiligt waren.[1081] Das Unternehmen hieß zu diesem Zeitpunkt noch Bydgoskie Kable und produzierte verschiedene Drahtprodukte. Die Beteiligung des Wiener Unternehmens am polnischen Kabelwerk sollte auf ein Drittel anwachsen. Unter anderem trat die ungarische F&G Kabel-, Draht- und Drahtseilfabrik AG ihre Beteiligungen am polnischen Unternehmen an die Wiener Schwestergesellschaft ab.[1082]

In einer Aufsichtsratssitzung der F&G Carlswerk AG aus dem Jahr 1941, in der eine Entscheidung zur weiteren Beteiligung am polnischen Kabelwerk getroffen werden sollte, wurde die Entwicklung des Unternehmens mit folgenden Worten geschildert:

„Das Aktienkapital des Kabelwerks Bromberg befand sich vor dem Krieg in den Händen von Polen und zur Hälfte in den Händen der Felten-Krizik-Gruppe.

1080 Ebd.

1081 ANLux, Nicht inventarisierter Arbed-Fonds, M. Kipgen, Felten et Guilleaume, Participations 1927–1929, 050001, N°112, Rechenschafts-Bericht (1928): *„Die Kabel Polski A.-G. in Bydgoszcz hat ihr Aktienkapital auf 5,000.000 Zloty erhöht, wovon wir gemeinsam mit unseren Freunden in Polen, Ungarn und in der Tschechoslowakei einen namhaften Teil erworben haben. Die technische und organisatorische Ausgestaltung dieses Werkes, welche uns obliegt, schreitet günstig vorwärts.“*

1082 ANLux, Nicht inventarisierter Arbed-Fonds, M. Kipgen, Felten-Guilleaume, 050001, N° 110, Dossier F&G Participations 1929/1930, Rechenschaftsbericht der F&G Kabel-, Draht- und Drahtseilfabrik AG von 1930, S. 7.

30 % des Kapitals besaß F & G Wien. Zufolge der nationalistischen Bestrebungen in Polen vor Kriegsausbruch sollten die Aktien der Felten-Krizik-Gruppe an einen polnischen Partner verkauft werden. Bevor der Vertrag perfekt wurde, brach der Krieg aus und der Vertrag fand sodann nicht die erforderliche devisenrechtliche Genehmigung sodass die Beteiligung von F & G Wien noch besteht. Inzwischen ist das Werk als herrenlos der Verwaltung der Treuhandstelle Ober-Ost unterstellt worden. Für F & G Köln besteht ein Interesse daran, das Werk zu erwerben, da es eine günstige regionale Abrundung bietet. Die Verhandlungen über den Erwerb, die von Wien aus geführt werden, stießen zunächst auf Schwierigkeiten, die nunmehr jedoch im Wesentlichen bereinigt sind. Gekauft werden soll das Werk, nicht das Aktienkapital. F&G Wien besitzt nicht die erforderlichen Mittel, den Kaufpreis, der etwa RM 3-4.000.000. —betragen soll, aufzubringen. F & G Köln beabsichtigt daher, F&G Wien das Geld zur Verfügung zu stellen.“[1083]

Der Vorstand der F&G Carlswerk AG gab sein Einverständnis, und im März konnte die Wiener F&G Fabrik elektrischer Kabel-, Stahl- und Kupferwerke AG für rund 3.200.000 RM das Werk, das zwischenzeitlich unter die Kontrolle der Hermann-Göring-Werke gestellt worden war, aufkaufen.[1084] Entgegen den Angaben aus dem Protokoll der Aufsichtsratssitzung der F&G Carlswerk AG von 1941, wurden auch die restlichen Aktienanteile aufgekauft. Das unter dem Namen Kabelwerk Bromberg AG „eingedeutschte“ Unternehmen war fortan in der alleinigen Hand der Wiener F&G Draht-, Drahtseil- und Kupferfabrik AG. Ihr Gesamtkapital belief sich auf 4.500.000 RM.[1085]

1083 RWWA, Felten & Guilleaume, Aufsichtsrat 1941, Protokoll der Sitzung des Aufsichtsrats vom 31 Januar 1941, 12 S., hier S. 8. Anders Redakcją Pod/Grobickiego Jana, Polski Przemysł Kablowi, Bydgoszcz: Stowarzyszenie Producentów Kabli, 2007, in: Polish economic chamber of electrotechnics, URL: http://www.elektrotechnika.org.pl/index.php?id=publikacje (Stand: 3. November 2013), S. 161 [im Folgenden zitiert als: Redakcją/Grobickiego, Polski Przemysł Kablowi], die behaupten das polnische Unternehmen Siła i Światło habe zwischen 1938 und 1939 bis zu 95 % der Aktien aufgekauft: *„Na przełomie lat 1938–1939 zmianie uległa struktura finansowa fabryki, Spółka Akcyjna „Siła i Światło“ zwiększyła swoje udziały w spółce „Kabel Polski“ do 95 % poprzez wykup akcji od inwestorów zagranicznych.*“ Doch stimmt diese Bemerkung nicht mit den Angaben aus dem Protokoll der Aufsichtsratssitzung überein. Siehe auch zu den Verhandlungen die von Wien aus geführt wurden RWWA, Felten & Guilleaume, Aufsichtsrat 1941, Protokoll der Sitzung vom 27. Juni 1940, 18 S., hier S. 6.

1084 Redakcją/Grobickiego, Polski Przemysł Kablowi, S. 161.

1085 RWWA, Felten & Guilleaume, Aufsichtsrat 1941, Protokoll vom 31. Januar 1941, S. 8.

Die KABELWERK BROMBERG AG schien den Quellen zufolge nicht unmittelbar von Kriegszerstörungen betroffen gewesen zu sein. Auch lassen sich keine sowjetische Demontagen beim Betrieb ausmachen. Erste Hinweise über das Schicksal des Kabelwerks teilte die ARBED-Leitung im August 1946 dem MAEL mit. Woher die Informationen genau stammen, blieb dabei unerwähnt.[1086]

Informationen der ARBED zufolge wäre auch das Kabelwerk in Bromberg von den gerade realisierten Verstaatlichungsmaßnahmen betroffen. Dabei stünde zu befürchten, dass das Kabelwerk womöglich als deutsches Eigentum betrachtet werde, was eine Verstaatlichung ohne Entschädigung nach sich ziehen würde.[1087] Die ARBED-Leitung oder vielmehr ihr Informant scheinen also bestens mit der polnischen Gesetzgebung zu den Verstaatlichungen vertraut gewesen zu sein. Die Befürchtung über das Schicksal des Unternehmens sollte sich als nicht unbegründet erweisen. Zum Zeitpunkt der Umsetzung der Verstaatlichungsbestimmungen befand sich die KABELWERK BROMBERG AG bereits unter polnischer Treuhandschaft. Als Treuhänder fungierte den Informationen der ARBED zufolge die polnische SILA I SWIATLO[1088].

Nach Übermittlung der Informationen über die indirekten luxemburgischen Beteiligungen im Kabelwerk an die polnischen Behörden und Aufnahme der Interessenwahrung der ARBED durch die luxemburgische Regierung befand sich das Unternehmen schließlich auf der Liste der Unternehmen wieder, die nur mit einer Entschädigung der ausländischen Eigentümer zu verstaatlichen waren.[1089]

KABELWERK OŻARÓW AG

Gleichzeitig mit dem Einstieg der F&G-Gruppe in das spätere KABELWERK BROMBERG im Jahre 1929 gründete die F&G CARLSWERK AG gemeinsam mit den deutschen Gesellschaften AEG und der SIEMENS-SCHUCKERT WERKE AG über

1086 Im Brief wird lediglich auf die Formel „*d'après nos informations*" zurückgegriffen; siehe hierzu ANLux, AE-08391, Konsbruck, 12. August 1946, S. 1.

1087 Ebd.

1088 Hierbei handelt es sich um eine polnische Gesellschaft, deren Hauptzweig im Bereich der Energie tätig war; siehe hierzu DRÓŻDŻ Grzegorz, Siła i Światło – biznes i patriotyzm, URL: http://www.parkiet.com/artykul/1160812.html (eingesehen am 23. Mai 2012); siehe auch ANLux, AE-08391, Bericht über die Interessen der ARBED in der KABELWERK BROMBERG AG, 12. August 1946, 1 S.

1089 ANLux, AE-08392: Schurmann (Legation in Warschau) an MAEL, 20. Januar 1947, 1 S.: „*En ce qui concerne les Kabelwerke Bromberg A.G. à Bydgoszcz, le Ministère des Affaires Etrangères m'a fait savoir que cette entreprise sera nationalisée mais que le propriétaire sera indemnisé par le Trésor d'Etat.*"

den Schweizer Holding ELWERTA das polnische Unternehmen POLSKIE FABRYKI KABLI I WALCOWNI MIEDZI W OŻAROWIE nahe Warschau. Wie schon das Unternehmen in Bydgosz sollte auch das Werk in OŻARÓW Kabel und Drahterzeugnisse produzieren. Nach der Besetzung des Landes durch das Deutsche Reich wurde das Unternehmen 1940 in KABELWERK OŻARÓW AG umbenannt.[1090] Die Beteiligung der F&G CARLSWERK AG blieb dabei unvermindert auf 1/3 beschränkt. Zu diesem Zeitpunkt betrug das Gesamtkapital des Unternehmens 4.500.000 polnische Zloty. Im Verlauf des Krieges blieb die Beteiligung der F&G CARLSWERK AG unverändert. Vor dem Warschauer Aufstand im Sommer 1944 sowie dem Herannahen der Roten Armee sah sich die Firmenleitung gezwungen, das Werk aufzugeben und ihre Einrichtungen und die vorhandenen Güter ins Reich zu flüchten.[1091] Um den Transport zu organisieren, wurde ein Gremium eingesetzt, das aus Vertretern der drei deutschen Anteilseigner der KABELWERK OŻARÓW AG bestand. Doch aufgrund der sich beschleunigenden Kriegsereignisse sowie der allgemeinen chaotischen Situation der letzten Kriegsmonate ging ein Großteil des Materials beim Transport verloren und erreichte seinen Bestimmungsort in den Depothallen der SIEMENS-SCHUCKERTWERKE AG sowie der F&G-Gruppe nicht.[1092]

Wie bereits erwähnt, wurden unmittelbar bei Ausbrauch der Revolten in Warschau und vor dem Herannahen der Roten Armee, ein Großteil der Installationen

---

1090 RWWA, Felten & Guilleaume, Kartei III.22, Standort A/I/9-0443, Mappe 4/1, Entwurf an das Hauptquartier *Military Government*, Düsseldorf, 6. Dezember 1945, 2 S., hier S. 1.

1091 Vgl. RWWA, Felten & Guilleaume, Kartei III.22, Standort 16,5,57, OŻARÓW, Brief von der Geschäftsstelle Ożarów an Lehmann, 10. Oktober 1944, 2 S.; RWWA, Felten & Guilleaume, Mappe 4/1, Vorbemerkung, o. D. (wahrscheinlich vom Mai 1946), unterzeichnet von Meerbeck und Berthold, 2 S., hier S. 1.

1092 RWWA, Felten & Guilleaume, Mappe 4/1, Aktennotiz vom 21. Juni 1946, 2 S. Als Adressaten werden die Fabriken der SIEMENS & HALSKE AG in Berlin Gartenfeld (für die Rohmaterialien) und in Neustadt bei Coburg (für den Großteil der Maschinen) angegeben. Die SIEMENS UND HALSKE AG war sehr eng mit der SIEMENS-SCHUCKERTWERKE AG verbunden. Den Hauptteil des Roh- und Betriebsmaterials sollte nach Köln-Mühlheim zu F&G CARLSWERK AG transportiert werden. Einen weiteren Teil davon, zur Tochtergesellschaft in Wien. In den Depots des rheinischen Konzerns in Aschaffenburg und in Gmünd sollten schließlich Fertigfabrikate und Maschinen gelagert werden. Siehe auch ANLux, Nicht inventarisierter ARBED-Fonds, Felten-Guilleaume Köln, du 1.1.1920 au 31.12.1927, 1934–1943, Dr. Horatz – Corr. 1931–1933, 050001, N° 109, Entwurf einer Niederschrift über eine Besprechung in Sachen Kabelwerk Ozarow AG. am 29.11.1944–16.00 Uhr im Carlswerkhaus Berlin. 4 S.

des Kabelwerks in Eile nach Deutschland und Österreich abtransportiert. Doch aufgrund der Wirren des Krieges erreichte das Material nur teilweise seine Bestimmungsorte in verschiedenen Depots der SIEMENS-SCHUCKERTWERKE AG und der F&G Gruppe.[1093] Über die F&G CARLSWERK AG besaß die ARBED 22,75 % der Aktienanteile im polnischen Kabelwerk.[1094]

Beim Schicksal der ARBED-Beteiligungen im Kabelwerk OŻARÓW gilt es zwischen dem nach Deutschland und Österreich geflüchtetem Material und der eigentlichen Fabrik in Polen zu unterscheiden. Beide wurden Ziel der Verstaatlichungsmaßnahmen.

Verschiedenste Behörden machten in der Nachkriegszeit Jagd auf das geflüchtete Material des Kabelwerkes:

Da sich die F&G CARLSWERK AG bekanntlich in der britischen Besatzungszone befand, interessierten sich in einem ersten Stadium gerade die *Restitution and Delivery Branch* der britischen Militäradministration für das nach Deutschland geflüchtete Material.[1095] Die F&G CARLSWERK AG kam dieser Bitte nach und teilte den britischen Behörden im September 1946 mit, dass nur ein Teil der geflüchteten Installationen Köln-Mühlheim erreicht habe und davon das Meiste entweder bereits verbraucht oder durch Luftangriffe zerstört worden sei.[1096]

1093 RWWA, Felten & Guilleaume, Mappe 4/1, Aktennotiz vom 21. Juni 1946, 2 S. Als Empfänger wurden angegeben: Die eng mit den SIEMENS SCHUCKERTWERKE AG verbundene SIEMENS & HALSKE AG, in Berlin-Gartenfeld für Roh- und Betriebsmaterial sowie in Neustadt bei Coburg für den größten Teil der Maschinen; die F&G CARLSWERK AG, Köln-Mühlheim, für den größeren Teil an Roh- und Betriebsmaterial; die Filiale in Wien für Roh- und Betriebsmaterial sowie Ausweichlager der Gesellschaft in Aschaffenburg und Gmünd für Fertigfabrikate und einen Teil der Maschinen.

1094 Vgl. ANLux, AE-08391, Bericht über die Interessen der ARBED in der KABELWERK OŻARÓW AG, 4. Dezember 1946, unterzeichnet von Konsbruck und Chomé, 1 S.; ANLux, AE-AA-309, Notiz für das MAEL über die Interessen der ARBED in Polen, 14. August 1947, 1 S. Das Kapital sowie die Eigentumsverhältnisse der polnischen Gesellschaft waren durch den Krieg unverändert geblieben. Nach wie vor hielt die F&G CARLSWERK AG 1/3 des auf 4,5 Millionen Zloty fixierten Gesamtkapitals. Die indirekte Beteiligung der ARBED belief sich demnach auf 22,75 % sprich 1.023.750 Zloty. Zudem hatte die F&G CARLSWERK AG die KABELWERK OŻARÓW AG mit einem Darlehen in Höhe von 2.198.011,69 Zloty ausgestattet, an dem die ARBED-Beteiligung sich demnach indirekt auf 1500582,58 Zloty belief.

1095 RWWA, Felten & Guilleaume, Ożarów, Kieser und Philips (F&G CARLSWERK AG) an Wolff (KABELWERK OŻARÓW AG im Hause TEKADE Nürnberg), 30. August 1946, 1 S.

1096 RWWA, Felten & Guilleaume, Ożarów, Brief der F&G CARLSWERK AG an die *Restitution and Delivery Branch* der britischen Militärregierung in Düsseldorf, 13. September 1946, 2 S.

Die nach Neustadt bei Coburg transportierten Güter wurden von den britischen Behörden beschlagnahmt und an die *Polish restitution mission* in Frankfurt übergeben, deren Aufgabe es war, im Namen der polnischen Regierung, die aus Polen geflüchteten bzw. geraubten Güter wiederzubeschaffen. Per Zug wurde das Material wieder nach Ożarów abtransportiert.[1097]

Im Februar 1947 schließlich forderten die polnischen Behörden mit Zustimmung der amerikanischen Militäradministration zudem die Herausgabe eines weiteren Materialdepots des Kabelwerks in Bad Arolsen/Waldeck in Hessen.[1098] Ob man diesen Forderungen auf Seiten der ARBED auch nachkam oder das Depot als Pfand in den Verhandlungen um eine Entschädigung für die Verstaatlichung des Kabelwerks zurückbehielt, kann nicht eindeutig geklärt werden. Vieles spricht aber dafür, dass die Lagerbestände in Bad Arolsen auch wieder nach Ożarów zurückgesandt wurden. Ähnlich wird es sich mit weiteren Restbeständen in der britischen Zone zugetragen haben.[1099]

Bei der Übertragung des geflüchteten Materials stellte sich zudem die Frage, ob dieser Transport auf Grundlage der Reparationsbestimmungen oder auf Basis der Restitutionen erfolgte. Je nach Interpretation konnten hier Entschädigungsansprüche geltend gemacht werden. Dies war dann auch Gegenstand ausführlicher Beratungen innerhalb der F&G CARLSWERK AG, der ARBED und des MAEL.[1100]

Das eigentliche Kabelwerk in Polen befand sich im September 1946 auf der Liste der zu verstaatlichenden Unternehmen. Im Gegensatz zur KABELWERK BROMBERG AG befand sich die Warschauer Fabrik allerdings auf der Liste der

---

1097 ANLux, AE-08392, Bech (MAEL) an Hommel (lux. Gesandtschaft in Brüssel) betreffend die KABELWERK OŻARÓW AG, 4. Dezember 1946, 1 S.

1098 ANLux, AE-08392, ARBED an den Major Jean B. Wolff (LMM Frankfurt-Hoechst), 26. Februar 1947, 2 S.

1099 In den Archivbeständen der RWWA ist ein Brief der F&G CARLSWERK AG an die britische Militäradministration vom Juni 1948 erhalten, der von einem nicht näher definierten Materialbestand der KABELWERKS OŻARÓW AG spricht, der bereits im Mai 1948 nach Ożarów zurückgesandt worden war: „*In view of the letter of the Restitutions Branch RDR-Division dated 6th February 1948 addressed to Machine-Tool-Subsection Land Nordrhein-Westfalen 714 H.Q. C.C.G. (BE) and which has been submitted to us, we should like to inform you, that by order of the Finanzminister des Landes Nordrhein-Westfalen, Deutsches Rückerstattungsamt, Düsseldorf, and the Polish R.D.&R. Mission, Düsseldorf, on 15th May 1948 the materials as per enclosed list have been loaded and forwarded. The goods thus sent forward came from the stocks of Kabelwerk Ozarow AG., Warsaw.*“

1100 ANLux, AE-08392, Konsbruck, 28. November 1946; Bech, 4. Dezember 1946.

Unternehmen, die zu konfiszieren, also ohne Entschädigung zu verstaatlichen waren.[1101] Im Anschluss an die Veröffentlichung der Listen wurde die Kabelwerk Ożarów AG schließlich verstaatlicht.

6. Jugoslawien

Das Kabelwerk in Novi Sad wurde bereits 1922 von der F&G Carlswerk AG gegründet. Ende 1941 gehörte es zu 100 % zwei Gesellschaften der Gruppe. Die Budapester F&G Kabel-, Draht- und Drahtseilfabrik AG besaß 2/3, die luxemburgische Elektro Holding Company AG, 1/3 der Aktien. Das Gesamtkapital des Unternehmens belief sich seit November 1928 auf 3.000.000 Denar.[1102] Nach der Invasion Jugoslawiens durch die Achsenmächte wurde die Region um Novi Sad Ungarn zugeschrieben. Das Kabelwerk in Novi Sad wurde magyarisiert und unter dem Namen Ujvideki Kabelgyar r. A. geführt. Der Beteiligungsstruktur tat dies aber keinen Abbruch. Doch führte die Eingliederung in die ungarische Wirtschaft zu einem Rückgang der Geschäftstätigkeiten.[1103]

Je nach Berechnung war die Arbed entweder mit 47,31 oder 50,27 % indirekt an dem jugoslawischen Kabelwerk beteiligt.[1104] Allerdings wurde von den

---

1101 Die Liste der zu nationalisierenden Unternehmen ohne Entschädigung wurde veröffentlicht in Zarządzenie Ministra Przemysłu z dnia 30 listopada 1946 roku. O ogłoszeniu piatego wykazu przedsicbiorstw, przechodzących na własność panstwa, in: Monitor Polski 146 (Dezember 1946), S. 6 ff., hier S. 7.

1102 Siehe ANLux, Nicht inventarisierter Arbed-Fonds, M. Kipgen, Felten et Guilleaume, Participations 1927–1929, 050001, N° 112, Rechenschafts-Bericht (1928); ANLUX, AE-08395, Meldung der F&G Carlswerk AG an die LMM Berlin über den Aktienbesitz an Jugoslawien, 12. März 1947, 2 S., hier S. 2.

1103 RWWA, Felten & Guilleaume, Aufsichtsrat 1944/45, Geschäftsbericht über das Jahr 1943, 21 S., hier S. 12.

1104 Die Besitzverhältnisse in der Novisadska Fabrika Kabela sind aufgrund der Verflechtung der Firmen innerhalb der F&G-Gruppe besonders kompliziert und führten auch innerhalb der Arbed und der F&G Carlswerk AG zu unterschiedlichen Berechnungen: Die Arbed-Beteiligungen in dem jugoslawischen Kabelwerk wurden erneut über die F&G Carlswerk AG realisiert. Zwei Filialen des Carlswerks, nämlich die luxemburgische Electro Holding Company bzw. die ungarische F&G Kabel-, Draht- und Drahtseilfabrik AG besaßen 1/3 bzw. 2/3 des Aktienkapitals der jugoslawischen Gesellschaft, das sich auf 3 Millionen Denar belief. Die Electro Holding Company war dabei eine 100% Tochter der F&G Carlswerk AG, während das Kapital des ungarischen Unternehmens auf verschiedene Gesellschaften der F&G-Gruppe sowie auf externe Eigentümer verteilt war. Die unterschiedliche Interpretation dieses externen Kapitals führte

luxemburgischen Behörden im Rahmen der Interessenwahrung immer nur auf Grundlage der 47,31 %, sprich 141.930.000 Denar des Gesamtkapitals, argumentiert. Weitere 14 % der Aktien wurden zudem von anderen Besitzern aus einem Mitgliedsland der Vereinten Nationen gehalten, ohne dass dazu jedoch nähere Angaben gemacht wurden.[1105]

Das Schicksal des Unternehmens blieb in der unmittelbaren Nachkriegszeit erst einmal unbekannt. Die Kriegswirren der letzten Wochen vor Ende des

---

zu abweichenden Endrechnungen: Die ARBED zog die externen Beteiligungen ab und kam daraufhin auf eine direkte und indirekte Firmenbeteiligung der F&G CARLSWERK AG in der F&G KABEL-, DRAHT- UND DRAHTSEILFABRIK AG von 54 %. Nach Auskunft der Leitung der F&G CARLSWERK AG jedoch hielten die gleichen externen Eigentümer verschiedene Aktienanteile sowohl der F&G Wien als auch der F&G KABEL-, DRAHT- UND DRAHTSEILFABRIK AG in Budapest, so dass sich das Quotenverhältnis bei der Berechnung zugunsten der F&G CARLSWERK AG verschob. Dadurch wurde eine indirekte Beteiligung von 73,63 % möglich. Je nach Berechnung belief sich also die indirekte Beteiligung der ARBED im jugoslawischen Kabelwerk auf 47,31 oder 50,27 % der 3 Millionen Denar. Vgl. dazu ANLux, AE-AA-310, F&G CARLSWERK AG an die LMM Berlin, 12 März 1947, 4 S.; ANLux, AE-08395, Johann und Konsbruck (ARBED) an das MAEL, 21. Februar 1948, 2 S. Auf Seiten der ARBED war man ebenfalls auf diese divergierende Berechnung aufmerksam geworden, doch hatte man das auf eine falsche Ursache geschoben: So glaubte man die Differenz sei au seiner unterschiedlichen Berechnung der Aktienbeteiligung der F&G CARLSWERK AG an der ELECTRO HOLDING COMPANY zustande gekommen. Diese Erklärung ist aber falsch: Sowohl die F&G CARLSWERK AG als auch die ARBED berechneten den Aktienanteil der F&G CARLSWERRK AG an der ELEKTRO HOLDING COMPANY auf 100 %. Siehe hierzu ANLux, AE-AA-310, Konsbruck, 19. Mai 1947, S. 1: „*Vous constaterez que notre filiale de Cologne renseigne un pourcentage de participation de 50,27 %. La différence résulte notamment du fait que, à l'encontre de l'avis de F. & G., la société Electro Holding, actionnaire d'un tiers de la société de Novisad, est entièrement propriété luxembourgeoise.*" Stattdessen zog man auf Seiten der ARBED die Verflechtung des externen Aktienkapitals in den Filialen des Carlswerks in Wien und Budapest nicht in Betracht. Dies war auch nicht ungewöhnlich, wenn man bedenkt, dass diese Verflechtung bestenfalls eingeweihten Experten bekannt gewesen sein dürfte. Auf Seiten der ARBED wurden die externen Eigentümer nie identifiziert, weshalb ihre Verflechtung innerhalb der F&G-Gruppe unbekannt blieb. Diesbezüglich wurden auch zu keinem Zeitpunkt Bemühungen unternommen.

1105 ANLux, AE-AA-310, Konsbruck, 19. Mai 1947. Dadurch belief sich die alliierte Beteiligung im Kabelwerk auf 61,327 %. Bei diesen zusätzlichen 14 % könnte es sich auch um jugoslawische Beteiligungen gehandelt haben; Jugoslawien war bekanntlich Mitglied der Vereinten Nationen.

Krieges, der generelle Zusammenbruch der Kommunikationswege sowie andere Prioritäten des ARBED-Konzerns scheinen plausible Gründe gewesen zu sein. Erst im Zuge der Nationalisierungsbestimmungen in Jugoslawien wurde auch die Frage der ARBED-Beteiligungen in diesem Land aufgegriffen. Im März 1947 publizierte die jugoslawische Militärmission bei der britischen Militärregierung in Bad Salzuflen eine Nachricht, in der alle deutschen Aktienbesitzer in Jugoslawien dazu aufgerufen wurden, eine vollständige Auskunft über ihre Beteiligungen in Jugoslawien zu geben. Alle nicht deklarierten Beteiligungen sollten automatisch in Staatshand übergehen.[1106] Das Zeitfenster war dabei besonders eng gefasst: Lediglich eine Woche blieb den Eigentümern, um ihre Beteiligungen anzugeben. Aufgrund dieses engen Zeitfensters konnte die F&G CARLSWERK AG keine Meinung bei der ARBED und den luxemburgischen Behörden einholen, sondern musste eigenmächtig Auskunft über die Firmenbeteiligungen in der NOVISADSKA FABRIKA KABELA geben.[1107] Erst mit einigen Monaten Verspätung, im Juni 1947, sah sich die ARBED im Stande, den jugoslawischen Behörden mittels der luxemburgischen Militärmission in Bad Salzuflen ein vollständiges Dossier zur Beteiligungsstruktur im jugoslawischen Kabelwerk einzureichen. Eine juristische Entscheidung zugunsten der ARBED konnte aber von der jugoslawischen Mission in Bad Salzuflen nicht getroffen werden, da diese laut eigener Aussage nicht über eine dafür zuständige juristische Abteilung verfügte.[1108] So blieb die weitere Zukunft des Unternehmens ungewiss.

Im Dezember 1947 trafen dann weitere beunruhigende Nachrichten ein. Diese betrafen die Aktienbeteiligungen der ELECTRO HOLDING COMPANY im jugoslawischen Unternehmen, welche in der ungarischen Bank PESTER UNGARISCHE

1106 „*Die Jugoslawische Mission bei der Kontrollkommission für Deutschland (britischer Teil) verständigt alle Inhaber von Aktien jugoslawischer Gesellschaften, dass auf Grund der in Jugoslawien bestehenden Gesetze: a) alle Aktieninhaber dieselben der Mission zu übergeben oder die Mission über die Aktien zu verständigen haben. Die Durchführungsfrist läuft am 12. März ab. b) die Inhaber müssen mitteilen, wie, wann und von wem sie die Aktien erworben haben. Es sind alle wichtigen Daten anzuführen (Serien-Nr., Titel usw.). c) Falls sie die Aktien nicht persönlich innehaben, ist die Mission zu verständigen, wo sich dieselben befinden.*“, Jugoslawische Mission bei der Kontrollkommission für Deutschland (britischer Teil), Bekanntmachung, in: Die Volksstimme 18 (6. März 1947).

1107 ANLux, AE-AA-310, F&G CARLSWERK AG an die Jugoslawische Militärmission bei der Kontrollmission für Deutschland (britischer Teil) in Bad Salzuflen, 11. März 1947, 1 S.

1108 ANLux, AE-AA-310, LMM Berlin an die Jugoslawische Militärmission bei der Kontrollkommission für Deutschland in Berlin, 21. Juli 1947, 2 S., hier S. 1.

Commercial Bank aufbewahrt wurden. So teilte die Bank dem Kölner Unternehmen mit, *„dass wir die früher in Ihrem Depot verwalteten 1000 Aktien Neusatzer Kabelfabrik im Zuge der Durchführung des Gesetzes No. 345 der Jugoslawischen Föderativen Volksrepublik zwecks Umtausch in auf Namen lautende Titres am 6. April 1947 bei der Jugoslawischen Delegation in Budapest deponiert und registrieren haben lassen"*.[1109]

Doch kam es dabei zu einem Interessenskonflikt mit den ungarischen Behörden. In der Tat war auch das ungarische Reparationsbüro an den Aktien interessiert. Das ungarische Reparationsamt verlangte nun seinerseits, im Januar 1948, die Auslieferung an die ungarische Handelsvertretung der Sowjetunion. Doch war bereits zu diesem Zeitpunkt die Pester Ungarische Commercial Bank nicht mehr im Besitz des Aktienpakets, da man es den jugoslawischen Behörden überlassen hatte. Den sowjetischen Behörden konnte man lediglich die kumulative Quittung der jugoslawischen Delegation überreichen. [1110]

Die Intention der ungarischen Behörden wird hier deutlich: man wollte die auf ungarischem Territorium gelagerten Aktien als deutsches Vermögen ganz nach den Potsdamer Bestimmungen als Reparationsleistungen an die UdSSR übergeben.[1111]

Im Gegensatz zum Aktienpaket der Electro Holding Company fehlten der Arbed nähere Angaben zur Beteiligung der Budapester Felten & Guilleaume Kabel-, Draht und Drahtseilfabrik.[1112]

Über das Schicksal des Unternehmens in Jugoslawien fehlten weiterhin nähere Auskünfte. Im Februar 1948 hatte man auf Seiten der Arbed die berechtigte Befürchtung, der Betrieb könnte bereits verstaatlich worden sein.[1113] Wenige Wochen später traf die Meldung ein, die Novisadska Fabrika Kabela hätte

---

1109 ANLux, AE-08395, Pester Ungarische Commercial Bank an die F&G Carlswerk AG, 16. Dezember 1947, 2 S.

1110 ANLux, AE-08395, Pester Ungarische Commercial Bank an die F&G Carlswerk AG, 13. Januar 1948, 2 S.

1111 Hier handelt es sich jedoch nicht wirklich um deutsches Vermögen auf ungarischem Boden sondern eher um deutsches Vermögen in Jugoslawien, welches lediglich in Ungarn verwahrt wurde.

1112 ANLux, AE-08395, Notiz der Arbed an das MAEL betreffend die Interessen des Konzerns in Jugoslawien, 21. Februar 1948, 2. S., hier S. 2.

1113 ANLux, AE-08395, Notiz, 21. Februar 1948, S. 2: *„Mais nous croyons savoir que le Gouvernement de la République Yougoslave a procédé à la nationalisation de l'entreprise [...]."*

keine Kriegsschäden erlitten und habe auch nach der Befreiung des Territoriums weiterhin den Betrieb aufrechterhalten können.[1114]

Im Zuge der Verhandlungen zwischen einem belgischen Industriekonsortium und der jugoslawischen Regierung wurde im Dezember 1948 schließlich deutlich, dass das Kabelwerk in Jugoslawien tatsächlich von den dortigen Behörden verstaatlicht worden war. Da die Eigentümer als deutsche Besitzer eingestuft wurden, wurde zudem jegliche Entschädigung verweigert.[1115]

7. Sonderfall Tschechoslowakei

In der Tschechoslowakei besaß die ARBED keine direkten oder indirekten Beteiligungen. Trotzdem waren einige ihrer Interessen direkt von den in der Tschechoslowakei getroffenen Maßnahmen hinsichtlich des deutschen Vermögens betroffen.

Tatsächlich hatte die F&G CARLSWERK AG eine Tochtergesellschaft in Nürnberg namens SÜDDEUTSCHE TELEFON-APPARATE-, KABEL- UND DRAHTWERKE AG „TEKADE".[1116] Die indirekten ARBED-Beteiligungen an dieser in der amerikanischen Zone gelegenen Gesellschaft beliefen sich auf 68,27 % des Gesamtkapitals von 6 Millionen, sprich 4.096.200 RM.[1117]

Aufgrund der verstärkten alliierten Luftangriffe auf Industriekomplexe süddeutscher Städte, im Jahre 1944, entschloss sich die Leitung der TEKADE dazu, einen Teil der Installationen und Produktion in einem Gesamtwert von 363.000 RM als Verlagerungsbetrieb ins böhmische Asch zu verlegen. Nach dem Krieg fiel das Territorium wieder an die Tschechoslowakei. Der Verbleib

1114 ANLux, AE-08395, Konsbruck (*Association des intérêts industriels luxembourgeois à l'étranger*) an Janson (*Association des intérêts industriels belges à l'étranger*), 30. Juli 1948, 1 S.

1115 ANLux, AE-80395, Janson (*Association des intérêts industriels belges à l'étranger*) an Konsbruck (ARBED), 18. Dezember, 3 S., hier S. 1 f.

1116 Mitte des 19. Jahrhunderts gegründet, wurde das Unternehmen 1904 von der FELTEN & GUILLEAUME CARLSWERK AG aufgekauft. Der Betrieb, wurde mit weiteren Produktionsstätten im Raum Nürnberg zur SÜDDEUTSCHEN TELEFON-APPARATE-, KABEL- UND DRAHTWERKE AG „TEKADE" zusammengefasst; hierzu DÖRENBERG Frank, *The RV 12 P 4000 Tube*, URL: http://www.nonstopsystems.com/radio/hellschreiber-tubes.htm#tekade (Stand: 3. November 2013) [im Folgenden zitiert als: DÖRENBERG, The RV 12 P 4000 Tube].

1117 ANLux, AE-08397, Notiz der ARBED an das MAEL betreffend den Interessen des Konzerns in der Tschechoslowakei, 16. Juli 1947, unterzeichnet von Konsbruck und Chomé, 1 S.

des Verlagerungsbetriebes in Asch blieb lange Zeit in den Quellen unerwähnt. Dies deutet darauf hin, dass ihr Schicksal über einen größeren Zeitraum nicht bekannt war. Erst im Juli 1947 konnte die ARBED-Direktion dem luxemburgischen Außenministerium nähere Informationen liefern: So soll der Betrieb von den tschechoslowakischen Behörden konfisziert und entwendet worden sein mit der Begründung *„qu'il s'agirait de propriété ennemi"*.[1118] Wenige Tage später konnte die ARBED-Leitung, informiert durch die TEKADE, dem Ministerium weitere Informationen liefern. Demnach sei nach Angaben eines tschechoslowakischen Beamten der Betrieb definitiv verstaatlicht worden. Die tschechoslowakischen Bestimmungen würden allerdings eine Entschädigung aller betroffenen Besitzer alliierter Staaten vorsehen.[1119]

Neben dem Schicksal des Verlagerungsbetriebes in der Tschechoslowakei war die in der amerikanischen Zone befindliche TEKADE mit weiteren Forderungen osteuropäischer Behörden konfrontiert. Hierbei handelte es sich nicht um die Wahrung indirekter ARBED-Beteiligungen in Osteuropa, sondern um die Verteidigung der Konzerninteressen in Deutschland vor dem Zugriff osteuropäischer Behörden.

So besuchte im Frühjahr 1948 mit dem Einverständnis der amerikanischen Besatzungsbehörden eine tschechoslowakische und eine jugoslawische Reparations- bzw. Rückgabekommission die TEKADE in Nürnberg. Die jugoslawische Kommission beschlagnahmte daraufhin aus dem TEKADE-Lagerbestand einen Vorrat von 5,7 t Blei, der aus dem jugoslawischen Unternehmen TEPCA stammte. Die tschechoslowakische Kommission entwendete eine in der Tschechoslowakei gebaute Fräsmaschine. Beide Kommissionen ignorierten die luxemburgische indirekte Beteiligung in der TEKADE und machten ihre Rückgabeansprüche geltend.[1120] Dabei wurden beide Kommissionen auch von den amerikanischen Behörden unterstützt.[1121]

1118 Ebd.

1119 *„Der Wert der Betriebe deutscher Staatsangehöriger soll nach dessen Angaben über Reparationskosten verrechnet werden, während Angehörige alliierter Länder auf Grund eines Sozialisierungsgesetzes eine Entschädigung unmittelbar vom tschechischen Staats erhalten sollen"*; ANLux, AE-08397, Konsbruck und Chomé (ARBED) an das MAEL, 22. Juli 1947, 1 S.

1120 ANLux, AE-08399, Notiz von Konsbruck (ARBED) an Nicolas Hommel (MAEL), 13. August 1948, 1 S.

1121 ANLux, AE-08399, Mc Junkins (*Reparations and Restitution Branch*) an Wehrer (LMM Berlin), 10 November 1948, 1 S.

II. Die Beteiligungsstruktur der ARBED über die F&G CARLSWERK AG im Untersuchungsraum (Stand: 31. Dezember 1944)

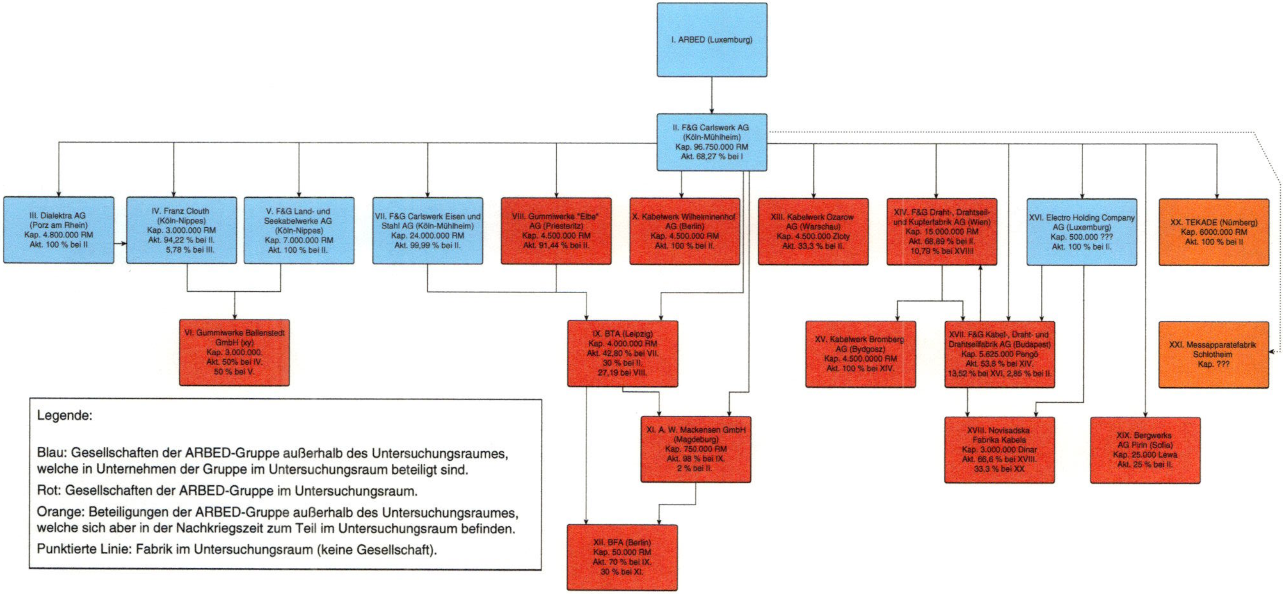

Legende:

Blau: Gesellschaften der ARBED-Gruppe außerhalb des Untersuchungsraumes, welche in Unternehmen der Gruppe im Untersuchungsraum beteiligt sind.

Rot: Gesellschaften der ARBED-Gruppe im Untersuchungsraum.

Orange: Beteiligungen der ARBED-Gruppe außerhalb des Untersuchungsraumes, welche sich aber in der Nachkriegszeit zum Teil im Untersuchungsraum befinden.

Punktierte Linie: Fabrik im Untersuchungsraum (keine Gesellschaft).

III. Befehl Nr. 124 des Obersten Chefs der Sowjetischen Militärverwaltung und Oberbefehlshabers der Gruppe der sowjetischen Besatzungstruppen in Deutschland den 30. Oktober 1945, Berlin

Über die Beschlagnahme und provisorische Übernahme einiger Eigentumskategorien in Deutschland.

Um den Raub und anderen Mißbrauch des Eigentums, das früher dem Hitlerstaat, den Militärbehörden, den durch das Sowjetische Militärkommando verbotenen und aufgelösten Gesellschaften, Klubs und Vereinigungen gehört hat, zu verhindern, sowie um dieses Eigentum am rationellsten für die Bedürfnisse der örtlichen Bevölkerung und der Besatzungstruppen auszunutzen, befehle ich:

1. Das Eigentum, das sich auf dem von den Truppen der Roten Armee besetzten Territorium Deutschlands befindet und
   a) dem deutschen Staat und seinen zentralen und örtlichen Behörden;
   b) den Amtsleitern der Nationalsozialistischen Partei, deren führenden Mitgliedern und einflußreichen Anhängern;
   c) den deutschen Militärbehörden und Organisationen;
   d) den von dem Sowjetischen Militärkommando verbotenen und aufgelösten Gesellschaften, Klubs und Vereinigungen;
   e) den Regierungen und Staatsangehörigen (physische und juristische Personen) der auf seiten Deutschlands am Krieg beteiligten Länder;
   f) Personen, die von dem Sowjetischen Militärkommando durch besondere Listen oder auf eine andere Weise bezeichnet werden, gehört, als beschlagnahmt zu erklären.
2. Das herrenlose Gut, das sich auf dem von den Truppen der Roten Armee besetzten Territorium Deutschlands befindet, in provisorische Verwaltung der Sowjetischen Militärverwaltung zu nehmen.
3. Sämtliche deutschen Ämter, Organisationen, Firmen, Unternehmen und sämtliche Privatpersonen, in deren Nutzung sich gegenwärtig das in den Punkten 1 und 2 dieses Befehls aufgezählte Eigentum befindet oder die von einem solchen Eigentum Kenntnis haben, sind verpflichtet, nicht später als binnen 15 Tagen vom Tage der Veröffentlichung dieses Befehls an eine schriftliche Erklärung über dieses Eigentum an die örtlichen Selbstverwaltungsorgane (Stadt-, Bezirks-, Kriesverwaltung) einzureichen. In der Erklärung ist genau anzugeben: Art des Eigentums, sein genauer Standort, Besitzverhältnis und sein Zustand am Tage der Erklärungsabgabe.

4. Die örtlichen Selbstverwaltungsorgane sind verpflichtet, die Richtigkeit der eingereichten Erklärungen über das in den Punkten 1 und 2 dieses Befehls bezeichnete Eigentum nachzuprüfen und die notwendigen Maßnahmen zur Erfassung und Sicherstellung sämtlichen Eigentums, das sich im betreffenden Bezirk oder Ort befindet und der Beschlagnahme oder der provisorischen Verwaltung unterliegt, zu ergreifen. Die örtlichen Selbstverwaltungsorgane setzen auf Grund der eingereichten Erklärungen und des Materials über das unmittelbar aufgenommene Eigentum eine Gesamtliste des Eigentums auf, das der Beschlagnahme oder provisorischen Verwaltung unterliegt, und reichen diese Liste nicht später als am 20. November 1945 dem entsprechenden Militärkommandanten ein.
5. Die Militärkommandanten haben eine Kontrolle über die Arbeit der örtlichen Organe bei der Aufnahme und dem Sammeln der Mitteilungen über das in den Punkten 1 und 2 dieses Befehls aufgezählte Eigentum auszuüben und nach Prüfung der von den Selbstverwaltungsorganen eingereichten Listen diese an die Chefs der Sowjetischen Militärverwaltung der entsprechenden Provinzen oder Länder nicht später als am 25. November 1945 weiterzuleiten.
6. Die Chefs der Sowjetischen Militärverwaltung der Provinzen und Länder haben die Vollständigkeit und Richtigkeit der Mitteilungen über die Aufnahme des der Beschlagnahme oder der provisorischen Verwaltung unterliegenden Eigentums in den Provinzen und Ländern nachzuprüfen und die von den Militärkommandanten erhaltenen Listen mit ihren eigenen Vorschlägen über eine weitere Ausnutzung dieses Eigentums an den Chef des Wirtschaftsamtes der Sowjetischen Militärverwaltung in Deutschland nicht später als am 10. Dezember 1945 zu richten.
7. Der Chef des Wirtschaftsamtes der Sowjetischen Militärverwaltung in Deutschland, Generalmajor Schabalin, hat nicht später als am 25. Dezember 1945 die Vorschläge über die weitere Ausnutzung des als beschlagnahmt oder unter provisorische Verwaltung stehend erklärten Eigentums zu unterbreiten.
8. Ich mache alle Ämter, Organisationen, Firmen und Unternehmen sowie alle Privatpersonen, in deren Nutzung sich das in den Punkten 1 und 2 aufgezählte Eigentum befindet, darauf aufmerksam, daß sie die volle Verantwortung für dessen Erhaltung und die Sicherung einer reibungslosen Ausnutzung dieses Eigentums, entsprechend seiner wirtschaftlichen Bestimmung tragen.
   Sämtliche Abmachungen über dieses Eigentum, ohne die Einwilligung der Sowjetischen Militärverwaltung getroffen, werden als ungültig erklärt.
9. Die Präsidenten der Provinzen und Länder sind verpflichtet, eine Erfassung (Registrierung) sämtlicher herrenloser Handels-, Industrie- und

landwirtschaftlicher Unternehmen, die nicht unter Punkt 1 und 2 dieses Befehls fallen, durchzuführen und die notwendigen Maßnahmen zur Sicherung und Erhaltung dieser Unternehmen und zur Organisierung einer provisorischen Verwaltung für diese zu ergreifen.
Mitteilungen über die wie oben erfaßten Unternehmen richten die Präsidenten der Provinzen und Länder nicht später als am 1. Dezember 1945 an die Chefs der Sowjetischen Militärverwaltung entsprechender Provinzen oder Länder.

10. Die anliegende Instruktion über die Beschlagnahme und provisorische Verwaltung einiger Eigentumskategorien in Deutschland wird hiermit bestätigt.
Der Oberste Chef der Sowjetischen Militärverwaltung Oberbefehlshaber der Gruppe der Sowjetischen Besatzungstruppen in Deutschland, Marschall der Sowjetunion
G. Shukow

Quelle: Berlin, Büro für Gesamtberliner Fragen, Berliner Schicksal 1945–1952. Amtliche Berichte und Dokumente, Berlin 1952, S. 172 f.

IV. Final Act of the Paris Conference on Reparation, Resolution regarding Property in Germany belonging to United Nations or their Nationals

The Delegates of Albania, Belgium, Czechoslovakia, France, Greece, Luxembourg, the Netherlands, Norway and Yugoslavia, taking into account the fact that the burden of reparation should fall on the German people, recommend that the following rules be observed recording the allocation as reparation of property (other than ships) situated in Germany:

(a) To determine the proportion of German property available as reparation, account shall be taken of the sum total of property actually constituting the German economy, including assets belonging to a United Nation or to its nationals, but excluding looted property, which is to be restored.
(b) In general, property belonging legitimately to a United Nation or to its nationals, whether wholly owned or in the form of a share holding of more than 48 per cent., shall so far as possible be excluded from the part of German property considered to be available as reparation.
(c) The Control Council shall determine the cases in which minority share holdings of a United Nation or its nationals shall be treated as forming part of the property of a German juridical person and therefore having the same status as that juridical person.

(d) The foregoing provisions do not in any way prejudice the removal or destruction of concerns, controlled by interests of a United Nation or of its nationals, when this is necessary for security reasons.

(e) In cases where an asset which is the legitimate property of one of the United Nations or its nationals has been allocated as reparation, or destroyed, particularly in the cases referred to in paragraphs (b), (c), and (d) above, equitable compensation to the extent of the full value of this asset shall be granted by the Control Council to the United Nation concerned as a charge on the German economy. This compensation shall, when possible, take the form of a share holding of equal value in German assets of a similar character which have not been allocated as reparation.

(f) In order to ensure that the property in Germany of persons declared by one of the United Nations to be collaborators or traitors shall be taken from them, the Control Council shall give effect in Germany to legislative measures and juridical decisions by courts of the United Nation concerned in regard to collaborators or traitors who are nationals of that United Nation or were nationals of that United Nation at the date of its occupation or annexation by Germany or entry into the war. The Control Council shall give to the Government of such United Nation facilities to take title to and possession of such assets and to dispose of them.

Quelle: Majesty's Stationery Office (Hg.), Final Act of the Paris Conference on Reparation with annex (Paris 21st December 1945). London 1946, 18 S. (= Miscellaneous (Great Britain, Foreign office 1))

V. ANLux, AE-08391, Memorandum über die Interessen der ARBED an der Kabelwerk Bromberg AG, 12. August 1946, 1 S

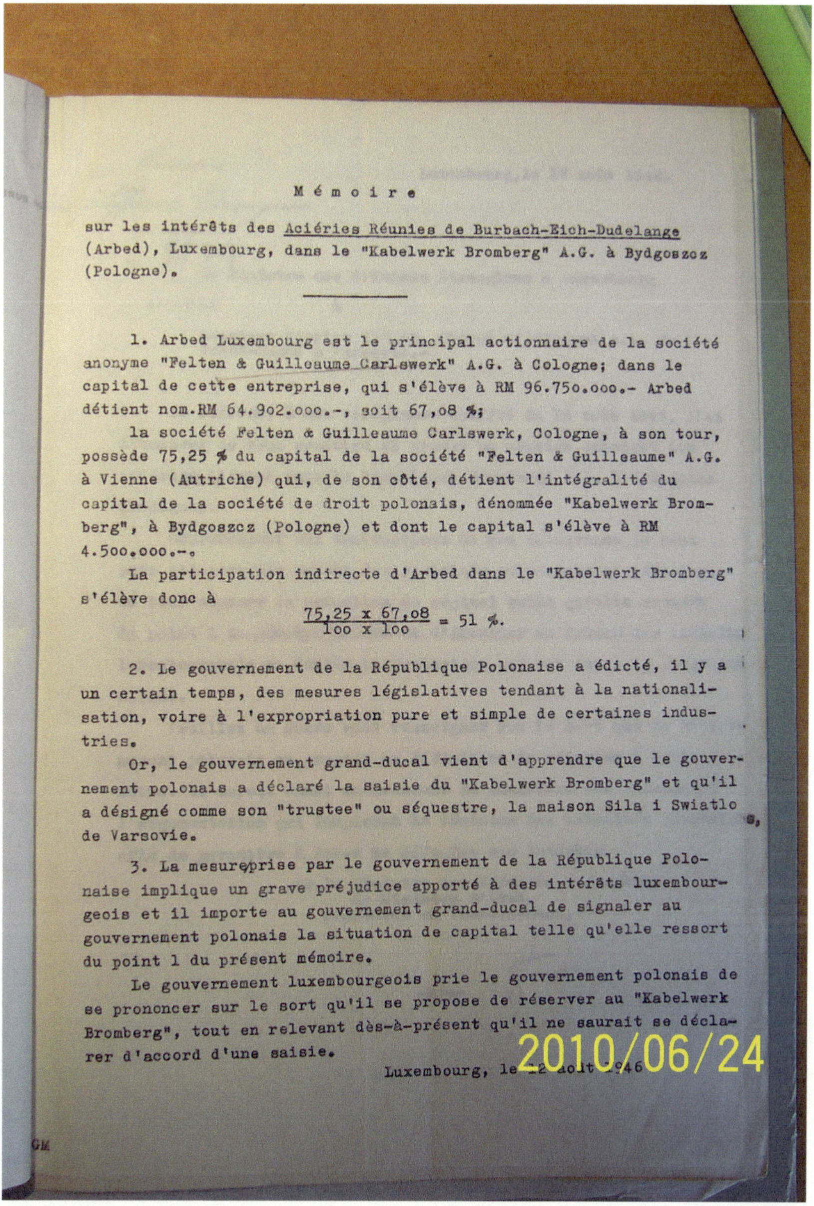

M é m o i r e

sur les intérêts des Aciéries Réunies de Burbach-Eich-Dudelange (Arbed), Luxembourg, dans le "Kabelwerk Bromberg" A.G. à Bydgoszcz (Pologne).

---

1. Arbed Luxembourg est le principal actionnaire de la société anonyme "Felten & Guilleaume Carlswerk" A.G. à Cologne; dans le capital de cette entreprise, qui s'élève à RM 96.750.000.- Arbed détient nom.RM 64.902.000.-, soit 67,08 %;

la société Felten & Guilleaume Carlswerk, Cologne, à son tour, possède 75,25 % du capital de la société "Felten & Guilleaume" A.G. à Vienne (Autriche) qui, de son côté, détient l'intégralité du capital de la société de droit polonais, dénommée "Kabelwerk Bromberg", à Bydgoszcz (Pologne) et dont le capital s'élève à RM 4.500.000.-.

La participation indirecte d'Arbed dans le "Kabelwerk Bromberg" s'élève donc à

$$\frac{75,25 \times 67,08}{100 \times 100} = 51\ \%.$$

2. Le gouvernement de la République Polonaise a édicté, il y a un certain temps, des mesures législatives tendant à la nationalisation, voire à l'expropriation pure et simple de certaines industries.

Or, le gouvernement grand-ducal vient d'apprendre que le gouvernement polonais a déclaré la saisie du "Kabelwerk Bromberg" et qu'il a désigné comme son "trustee" ou séquestre, la maison Sila i Swiatlo de Varsovie.

3. La mesure prise par le gouvernement de la République Polonaise implique un grave préjudice apporté à des intérêts luxembourgeois et il importe au gouvernement grand-ducal de signaler au gouvernement polonais la situation de capital telle qu'elle ressort du point 1 du présent mémoire.

Le gouvernement luxembourgeois prie le gouvernement polonais de se prononcer sur le sort qu'il se propose de réserver au "Kabelwerk Bromberg", tout en relevant dès-à-présent qu'il ne saurait se déclarer d'accord d'une saisie.

Luxembourg, le 12 août 1946.

GM

VI. ANLux, AE-AA-305, Erklärung zur Beteiligung der ARBED an der BTA, 5. November 1947, unterzeichnet von Konsbruck, Chomé (beide ARBED) und Dupong (lux. Regierung), 1 S

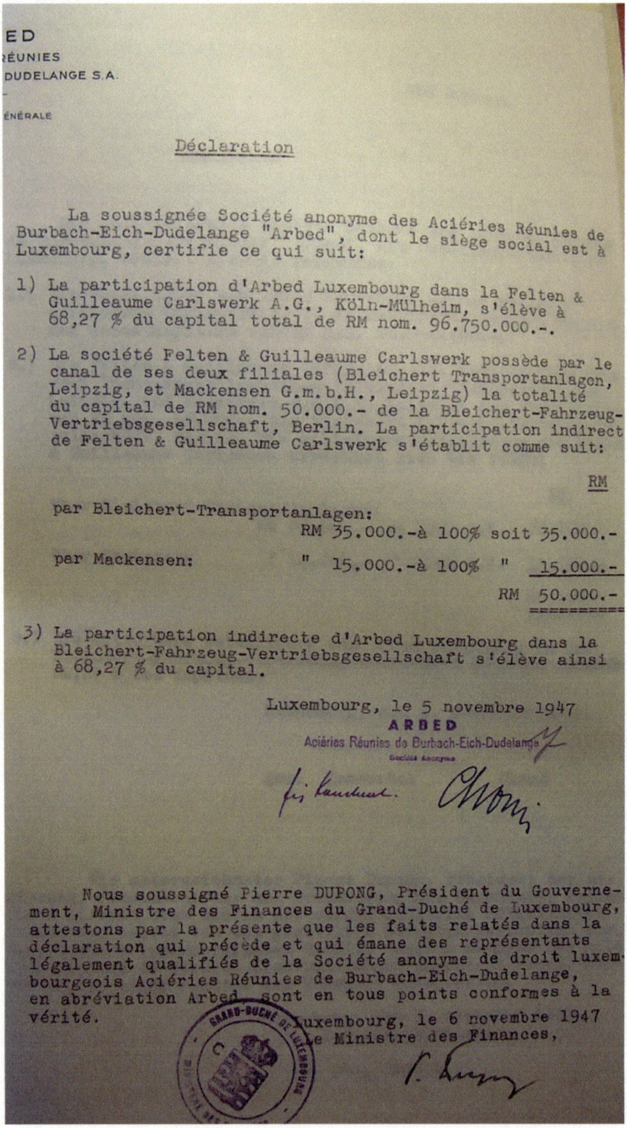

ED
RÉUNIES
DUDELANGE S.A.

ÉNÉRALE

Déclaration

La soussignée Société anonyme des Aciéries Réunies de Burbach-Eich-Dudelange "Arbed", dont le siège social est à Luxembourg, certifie ce qui suit:

1) La participation d'Arbed Luxembourg dans la Felten & Guilleaume Carlswerk A.G., Köln-Mülheim, s'élève à 68,27 % du capital total de RM nom. 96.750.000.-.

2) La société Felten & Guilleaume Carlswerk possède par le canal de ses deux filiales (Bleichert Transportanlagen, Leipzig, et Mackensen G.m.b.H., Leipzig) la totalité du capital de RM nom. 50.000.- de la Bleichert-Fahrzeug-Vertriebsgesellschaft, Berlin. La participation indirect de Felten & Guilleaume Carlswerk s'établit comme suit:

		RM
par Bleichert-Transportanlagen:		
	RM 35.000.-à 100% soit	35.000.-
par Mackensen:	" 15.000.-à 100% "	15.000.-
	RM	50.000.-

3) La participation indirecte d'Arbed Luxembourg dans la Bleichert-Fahrzeug-Vertriebsgesellschaft s'élève ainsi à 68,27 % du capital.

Luxembourg, le 5 novembre 1947
ARBED
Aciéries Réunies de Burbach-Eich-Dudelange
Société Anonyme

Nous soussigné Pierre DUPONG, Président du Gouvernement, Ministre des Finances du Grand-Duché de Luxembourg, attestons par la présente que les faits relatés dans la déclaration qui précède et qui émane des représentants légalement qualifiés de la Société anonyme de droit luxembourgeois Aciéries Réunies de Burbach-Eich-Dudelange, en abréviation Arbed, sont en tous points conformes à la vérité.

Luxembourg, le 6 novembre 1947
Le Ministre des Finances,

Bibliographie

1. Quellenverzeichnis

1.1 Unveröffentlichte Quellen

1.1.1 Archives nationales du Luxembourg (ANLux)

Nicht inventarisierter ARBED-Fonds[1122]

Felten-Guilleaume Köln, du 1.1.1920 au 31.12.1927, 1934–1943, Dr. Horatz – Corr. 1931–1933, 050001, N° 109.

Felten & Guilleaume, M. Al Meyer, N° 989.

Felten & Guilleaume Budapest 1928–1934, 054, N° 113.

M. Kipgen, Felten-Guilleaume, 050001, N° 110.

M. Kipgen, Felten et Guilleaume, Participations 1927–1929, 050001, N° 112,

M. Konsbruck, Felten & Guilleaume Wien, oct 1946–31.12.1947, 1948–1950, 053.

Bestand Columeta

ARBED-02-0413; ARBED-02-0440.

Bestand „Luxemburgisches Außenministerium"

Bestand aus dem Mutterhaus

AE-03115; AE-03648; AE-04058-AE-04062; AE-06397; AE-06400; AE-08386; AE-08388- AE-08393; AE-08395; AE-08397; AE-08413; AE-08399; AE-12034; AE-12048; AE-12968; AE-16068; AE-17602.

Bestand: Luxemburgische diplomatische Vertretungen in Deutschland

AE-AA-029; AE-AA-129; AE-AA-199; AE-AA-305-AE-AA-313; AE-AA-340; AE-AA-346; AE-AA-658; AE-AA-743-AE-AA-744; AE-AA-883.

Bestand: Luxemburgische Vertretung in Paris

AE-AP-503-AE-AP-504.

1122 Angegeben wurde die jeweilige Beschriftung der einzelnen Aktenordner. Eine Archivsignatur erfolgt erst nach Inventarisierung des Bestandes.

Bestand: Luxemburgische Vertretung in Washington
AE-AW-2124-AE-AW-2125

Nicht edierter Bestand der luxemburgischen Vertretung in Moskau
AE-AMO-003

Bestand: Société des Nations
AE-LBR-06; AE-SdN-514.

1.1.2 Rheinisch-Westfälisches Wirtschaftsarchiv Köln (RWWA)

Bestand Felten und Guilleaume
Kartei I/A, Standort A/II/1 No. 1/16; Kartei IA 24.2.11; Kartei II/A/a Standort: A/II/2 No. 3/13; Kartei II/B/b, Standort 13,2,2/5-Kartei II/B/b, Standort 13,2,2/12; Kartei III/20, Standort 16,1,15; Kartei III/22, Standort A/I/9-0443, Mappe 4/1; Kartei III.22, Standort 16,5,57; Kartei III 47, Standort 12,1,10.

1.1.3 Service public fédéral Affaires étrangères, Commerce extérieur et Coopération au développement. Direction des archives. Archives diplomatiques et archives africaines, Brüssel

Dossier n° 7062/8; Dossier n° 11416; Dossier n° 12078 ; Dossier n° 17078 ; Dossier n° 19698.

1.1.4 Archives du Secrétariat Général du Benelux, Brüssel

Fonds: Commission permanente de la Coordination politique commercial néerlando-belgo-luxembourgeoise, 21/8–21/15 (18.04.1956–21.12.1961).

1.1.5 Online Archive

Online Archiv der Luxemburgischen Abgeordnetenkammer, URL: http://www.chd.lu (Stand 3. November 2013)

DODIS, Diplomatische Dokumente der Schweiz, 1848 ff., URL: http://www.dodis.ch/de (Stand 3. November 2013)

1.2 Gedruckte Quellen (Dokumente, zeitgenössische Literatur und Memoiren Zeitungen und Zeitschriften)

1.2.1 Amtsblätter

The Department of State Bulletin (1929–1989)

Amtsblatt des Kontrollrats in Deutschland (1945–1948)

Bundesgesetzblatt für die Republik Österreich (1945–)

Compte-rendu des séances de la Chambre des députés du Grand-Duché de Luxembourg (1851–)

Dziennik Ustaw. Rzeczypospolitej Polskiej (1944–)[= Gesetzblatt der Republik Polen]

Dŭrzhaven Vestnik (–1950)[= ABl. der Republik Bulgarien]

Journal officiel de la Société des Nations (1920–1946)

Mémorial du Grand-Duché du Luxembourg (1816–)

Monitorul Oficial I. [= ABl. der Volksrepublik Rumänien]

Monitor Polski (1918–) [= ABl. der Republik Polen]

Službeni list Demokratske Federative Narodne Republike Jugoslavije (1945–1963) (danach von 1963–1992: Službeni list Socijalističke Federativne Republike Jugoslavije) [ABl. der Demokratischen Jugoslawischen Föderation]

1.2.2 Zeitschriften

Luxemburgische Zeitschriften und Zeitungen
Informationen [hg. von der Gesellschaft „Luxemburg-DDR"]

L'Echo de l'Industrie [hg. von der FEDIL]

Der Landwirt

d'Lëtzebuerger Land

(Luxemburger) Tageblatt

Luxemburger Wort

Luxembourg-URSS. Zeitschrift zur Information über die Sowjetunion [hg. von der Gesellschaft „Luxembourg-URSS"]

Woxx

Deutsche Zeitungen
Berliner Zeitung

Frankfurter Allgemeine Zeitung

Kölner Stadt-Anzeiger

Die Volksstimme

Schweizer Zeitungen
Neue Zürcher Zeitung

Amerikanische Zeitungen
The World Today

1.2.3 Pressemitteilungen

Cour Internationale de Justice, Requête introductive d'instance enregistrée au greffe de la cour, le 1er juin 2001, concernant certains biens (Liechtenstein contre Allemagne)", URL: http://www.icj-cij.org/docket/files/123/7076.pdf (Stand 3. November 2013).

Dipl. Ing. Architekten BDA Müntinga und Puy, Stadt Bad Arolsen. Bebauungsplan Bad-Arolsen-Helsen Nr. 8 „Korbacher Straße", Begründung 18. Mai 2011, URL: http://www.bad-arolsen.de/stadtportal/files/bbplan_korbacher_stra_e_begr_ndung.pdf (Stand 3. November 2013).

O. A., Verkaufsprogramm der Stahlwerk Thüringen, CSN Steel Sections, 2012.

1.2.4 Quellensammlungen, Dokumente

Berlin, Büro für Gesamtberliner Fragen, Berliner Schicksal 1945–1952. Amtliche Berichte und Dokumente, Berlin 1952.

Bundesamt für zentrale Dienste und offene Vermögensfragen, Das Recht der offenen Vermögensfragen, URL: http://www.badv.bund.de/003_menue_links/e0_ov/a2_vermoegensgesetz/index.html (Stand 3. November 2013).

Dekret des Präsidenten der Republik Nr. 100/1945 über die Nationalisierung der Bergwerke und einiger Industriebetriebe, 24. Oktober 1945 *[dekret prezidenta republiky o znárodnění dolůa některých průmyslových podniků]*, u. a. URL: http://www.rozhlas.cz/radiozurnal/publ_izurnal/_zprava/33352 (Stand 3. November 2013).

Department of State (Hg.). A Decade of American Foreign Policy, Basic Documents 1941–1949, Washington 1985.

– (Hg.), Foreign Relations of the United States: diplomatic papers. The Conferences at Malta and Jalta, 1945, Washington 1955.

Deutschland (DDR), Ministerium für Auswärtige Angelegenheiten (Hg.), Um ein antifaschistisch-demokratisches Deutschland. Dokumente aus den Jahren 1945–1949, Berlin 1968.

Die Friedensverträge von 1947 mit Italien, Ungarn, Bulgarien, Rumänien und Finnland, Oberursel 1948 (= Quellen für Politik und Völkerrecht 1).

Foitzik Jan, Inventar der Befehle des Obersten Chefs der Sowjetischen Militäradministration in Deutschland (SMAD) 1945–1949, München u. a. 1995 (= Texte und Materialien zur Zeitgeschichte 8).

Gesamtdeutsches Institut – Bundesanstalt für gesamtdeutsche Aufgaben (Hg.), Bestimmungen der DDR zu Eigentumsfragen und Enteignungen, Bonn 1971.

Grand-Duché de Luxembourg. Ministère des affaires étrangères/Ministère des affaires culturelles/Archives de l'État/Union des Républiques socialistes soviétiques. Ministère des affaires étrangères/Direction centrale des archives auprès du Conseil des ministres (Hg.), Luxembourg-URSS (Russie), pages de l'histoire: 1867–1984, Luxemburg 1985.

His Majesty's Stationery Office (Hg.), Final Act of the Paris Conference on Reparation (with annex) (Paris 21st December 1945), 1946. (= Miscellaneous (Great Britain, Foreign office 1).

(Keesings) Archiv der Gegenwart, Jahrgänge 15–24 (1945–1954).

La nationalisation de l'industrie et des banques en Bulgarie, Sofia, 1948.

Ministerium für Auswärtige Angelegenheiten und Institut für Internationale Beziehungen (Hg.), Dokumente zur Außenpolitik der Deutschen Demokratischen Republik, Jahresbände 1949–1987, Berlin-Ost, 1954–1986.

Schieder Theodor/Bundesministerium für Vertriebene, Flüchtlinge und Kriegsgeschädigte (Hg.), Die Vertreibung der deutschen Bevölkerung aus der Tschechoslowakei, 2 Bde., Bonn 1957 (=Dokumentation der Vertreibung der Deutschen aus Ost und Mitteleuropa 4/1–2).

Traité de Londres, 11 Mai 1867, u. a. URL: http://mjp.univ-perp.fr/constit/lu1867.htm (Stand: 3. November 2013).

1.2.5 Reden und Texte zeitgenössischer hoher Persönlichkeiten, Memoiren

Als Georges, Rapports d'un diplomate, Luxemburg 2003.

Als Georges, Robert Als (1897–1991) au service de son pays. A la recherche du temps perdu, Luxemburg 2003 (= Mémoires 3).

Bech Joseph, De la naissance et de l'abandon de la neutralité du Grand-Duché de Luxembourg, in: Revue de l'Académie des Sciences Morales et Politiques (1951), S. 96–108.

Blum René, Die Russisch-Sowjetisch-Luxemburgische Freundschaft im Laufe der Geschichte. Tonbandaufnahme eines Vortrages gehalten am 7. Nationalkongreß der Gesellschaft „Luxembourg-URSS" in Kayl, am 5. Mai 1957 vom Ehrenpräsidenten von „Luxembourg-URSS", René Blum, Esch-Alzette o. D.

Churchill Winston S., The Sinews of Peace. Rede Winston Churchills am Westminster College in Fulton, Missouri vom 5. März 1946, in: Nato On-line Library, URL: http://www.nato.int/docu/speech/1946 (Stand 3. November 2013).

Engels Friedrich, Die Entwicklung des Sozialismus von der Utopie zur Wissenschaft, in: Karl Marx/Friedrich Engels – Werke 19, Berlin [4]1973, S. 177–228.

Morgenthau Henry, Germany is our problem, New York/London 1945.

Schaus Lambert, Les fondements du statut international du Luxembourg 1944–1957, in: Le Conseil d'Etat du Grand-Duché de Luxembourg. Livre jubilaire publié à l'occasion du centième anniversaire de sa création, 27 novembre 1856–27 novembre 1956, Luxemburg 1957, S. 241–298.

Smets Paul-F. (Hg.), La pensée européenne et atlantique de Paul-Henri Spaak (1942–1972). Bd. 1., Brüssel 1980.

Spaak Paul-Henri, Combats inachevés, Bd. 1: De l'indépendance à l'alliance, Paris 1969.

Wehrer Albert, Le Luxembourg au tournant de l'histoire: Foi et reconnaissance d'un petit peuple libre, Luxemburg 1919.

–, Pour l'indépendence du Luxembourg: Une petite nation dans le cadre de grands problèmes, Lausanne 1919.

–, Le statut international du Luxembourg et la Société des Nations, in: Revue Générale de Droit International Public 31 (1924), S. 169.

–, Les livres scolaires d'après Guerre dans le Grand-Duché de Luxembourg, Rennes/Paris 1926.

–, The Grand Duchy of Luxembourg, Paris 1933.

–, La politique de sécurité et d'arbitrage du Grand-Duché de Luxembourg. Sa politique de neutralité, Brüssel 1933.

–, En Exil: 1941–1945, o. O. 1945.

–, L'histoire du Luxembourg dans une Europe divisée, 963–1945. Notre politique étrangère d'une Guerre mondiale à l'autre, Luxemburg 1957.

1.2.6 Quellenverzeichnisse, Untersuchungen zu Quellenfonds

Eyll Klara van/Duda Ulrike (Hg.), Deutsche Wirtschafts-Archive, 3 Bde, Stuttgart [3]1994.

Grosbois Thierry, Inventaire des archives du Secrétariat général de Benelux = Inventaris van het archief van de Secretariaat generaal van Benelux, 1946–1986, Bruxelles 1988.

Moreau J-L., Les archives d'entreprises et la Russie, in: Association pour la valorisation des archives d'entreprises, URL: http://www.avae-vvba.be/PDF/AVAE_archives_entreprises_et_russie.pdf (Stand 3. November 2013).

REGENER Gilles, Der Bestand der ARBED im Nationalarchiv. Ein vergessenes Stück Luxemburger Geschichte?, in: Forum für Politik, Gesellschaft und Kultur in Luxemburg 304 (Februar 2011), S. 24 f.

2. Literaturverzeichnis

Académie royale des sciences, des lettres et des beaux-arts de Belgique (Hg.), Biographie nationale, 27 Bde. und 16 Zusatzbde., Brüssel 1866–1986.

Adler-Karlsson Gunnar, Western Economic Warfare 1947–1967. A Case Study in Foreign Economic Policy, Stockholm 1968.

AHLBORN Henri, Le château de Colpach. Féodalité champêtre, oasis culturelle, lieu de rencontres européennes, centre de convalescence thérapeutique, in: Nos Cahiers 32/3, S. 217–229.

AHRENS Hanns D., Demontage. Nachkriegspolitik der Alliierten, München 1982.

AICHINGER Wilfried, Die Sowjetunion und Österreich 1945–1949, in: BISCHOF Günther/LEIDENFROST Josef (Hg.), Die bevormundete Nation. Österreich und die Alliierten 1945–1949, Innsbruck 1988, S. 275–292.

ALLISON Graham T., Conceptual Models and the Cuban Missile Crisis. American Political Science Review 63/3 (1969), S. 689–718.

–, Essence of Decision. Explaining the Cuban Missile Crisis, New York 1971.

–, MORTON H. Halperin, Bureaucratic Politics. A Paradigm and Some Policy Implications, in: World Politics 24 (Supplement) (1972), S. 40–79.

–, ZELIKOW, Philipp, Essence of Decision. Explaining the Cuban Missile Crisis, New York u. a. ^{2}1999.

ANDERSEN Steen, Neutrality, trade and diplomacy – Danish-British relations during the First World War, in: EUROPEAN BUSINESS HISTORY ASSOCIATION – BUSINESS HISTORY SOCIETY OF JAPAN, Business enterprises and the tensions between local and global, Konferenz in Paris vom 30. August bis 1. September 2012, URL: http://ebha-bhsj-paris.sciencesconf.org/4374 (Stand: 25. Oktober 2013).

ANIĆ Tomislav, Nationalization of the French Capital in Croatia 1945. An Example of the Sodoad Company, in: Review of Croatian History II,1 (2006), S. 141–152.

ANTOINE Joseph/CAPIAU-HUART Marie-Claire (Hg.), Dictionnaire des marchés financiers. plus de 2000 termes et expressions expliqués et traduits en cinq langues, anglais, allemand, espagnol, italien, néerlandais, Bruxelles 2006.

ANTON Michael, Internationales Kulturgüterprivat- und Zivilverfahrensrecht, Berlin/New York 2010.

ARBED (Hg.), Un demi-siècle d'histoire industrielle 1911–1964, Luxemburg 1964.

ARTUSO Vincent, Double jeu, in: Forum für Politik, Gesellschaft und Kultur in Luxemburg 304 (Februar 2011), S. 26–28.

–, La collaboration au Luxembourg durant la Seconde Guerre mondiale (1940–1945) accommodation, adaptation, assimilation. Frankfurt 2013 (= Etudes luxembourgeoises 4).

BAAR Lothar/KARLSCH Rainer/MATSCHKE Werner, Kriegsschäden, Demontagen und Reparationen, in: Deutscher Bundestag (Hg.), Materialien der Enquete-Kommission „Aufarbeitung von Geschichte und Folgen der SED-Diktatur in Deutschland", Bd. II/2: Machtstrukturen und Entscheidungsmechanismen im SED-Staat und die Frage der Verantwortung, Baden-Baden/Frankfurt-am-Main 1995, S. 868–988.

BADEL Laurence, Diplomatie et Grands Contrats. L'Etat français et les marchés extérieurs au XXe siècle, Paris 2010.

BÄHR Johannes, Der Wettlauf um Belgien und das Scheitern der anfänglichen Expansionspläne für das besetzte Westeuropa, in: WIXFORTH Harald, Die Expansion der Dresdner Bank in Europa, München 2006, S. 665–681.

–, Unternehmens und Kapitalmarktrecht im „Dritten Reich": Die Aktienrechtsreform und das Anleihestockgesetz, in: DERS./BANKEN Ralf (Hg.), Wirtschaftssteuerung durch Recht im Nationalsozialismus. Studien zur Entwicklung des Wirtschaftsrechts im Interventionsstaat des „Dritten Reichs", Frankfurt-am-Main 2009 (= Das Europa der Diktatur 9), S. 35–69.

BAILEY Thomas Andrew: Qualities of American Diplomats, in: PLISCHKE Elmer, Modern Diplomacy: The Art and the Artisans, Washington 1979 (= Studies in Foreign Policy/American Enterprise Institute for Public Policy Research 247), S. 211–222.

–, Advice for Diplomatis, in: PLISCHKE Elmer, Modern Diplomacy. The Art and the Artisans, Washington 1979 (= Studies in Foreign Policy/American Enterprise Institute for Public Policy Research 247), S. 223–236.

BARIÉTY Jacques., Le rôle d'Emile Mayrisch entre les sidérurgies allemande et française après la première guerre mondiale, in: Relations internationales 1 (1974), S. 123–134.

–, Le sidérurgiste luxembourgeois Emile Mayrisch, promoteur de l'Entente internationale de l'acier après la Première guerre mondiale, in: POIDEVIN Raymond/

Trausch Gilbert (Hg.), Les Relations franco-luxembourgeoises de Louis XIV à Robert Schuman. Actes du colloque de Luxembourg, 17–19 novembre 1977, Metz 1978 (= Publications du Centre de recherches relations internationales de l'Université de Metz 11), S. 245–257.

Barjot Dominique, Industrie et politique à la lueur de l'économie (XIXe–XXe siècles), in: Ders/Dard Olivier/Garrigues Jean u. a. (Hg.), Industrie et politique en Europe occidentale et aux Etats-Unis (XIXe–XXe siècles), Paris 2006 (= Collection Roland Mousnier 26), S. 29–46.

Barthel Charles, Sturm im Wasserglas, Das Streben der Stahlkocher nach einer Gangbarmachung des Schuman-Plans, in: CERE (Hg.), Le Luxembourg face à la construction européenne – Luxemburg und die europäische Einigung, Luxembourg 1996, S. 119–146.

–, Emile Mayrisch et le pacte international de l'acier des années vingt, in: Journal of European Integration History = Revue d'Histoire de l'Intégration Européenne = Zeitschrift für Geschichte der Europäischen Integration 21/2 (2003), S. 211–256.

–, Bras de fer: les maîtres de forges luxembourgeois, entre les débuts difficiles de l'UEBL et le Locarno sidérurgique des cartels internationaux; 1918–1929, Luxembourg 2006.

–, Un aspect particulier de la culture politique internationale luxembourgeoise: Joseph Bech et l'art de concilier les affaires étrangères avec la diplomatie du grand capital sidérurgique, in: Robert Schuman et les pères de l'Europe: Cultures politiques et années de formation: Actes du colloque de Metz du 10 Au 12 Octobre 2007 organisé par la Maison de Robert Schuman et le Réseau des maisons des pères de l'Europe, Brüssel 2008, S. 235–256.

–, Die Stunde des Herrn Mayrisch: neue Erkenntnisse und offene Fragen zur Mitwirkung des luxemburgischen Stahlindustriellen an der wirtschaftlichen Entspannung in Europa (1925/26), in: Galerie: revue culturelle et pédagogique 25/3 (2008), S. 403–482.

–, La formation du Benelux et la conquête du marché néerlandais par les maîtes de forges luxembourgeois (1944–1949), in: ALEH (Hg.), Du Luxembourg à l'Europe. Hommages à Gilbert Trausch à l'occasion de son 80e anniversaire, Luxemburg 2011, S. 445–473.

–, La fusion des groupes sidérurgiques Arbed-Terres Rouges. Le reflet de la nouvelle diplomatie d'affaires en l'Europe des années vingt, URL: irhis.recherche.univ-lille3.fr/dossierPDF/EMERENO-Textes/Barthel.pdf (Stand: 3. November 2013), S. 1–20. (= Eck Jean-François/Chélini Michel-Pierre (Hg.), PME et grandes entreprises en Europe du Nord-Ouest XVIIIe–XXe siècle. Activités, stratégies, performances, Presses universitaires du Septentrion, Villeneuve d'Ascq, 2012, S. 61–78)

Bastian Paul, Le redressement. économique et financier du Grand-Duché de Luxembourg depuis la libération, Brüssel 1950.

Bayne Nicholas/Woolcock Stephen (Hg.), The New Economic Diplomacy. Decision-Making and Negotiation in International Economic Relations, London 2003.

Benz Wolfgang (Hg.), Deutschland unter alliierter Besatzung 1945–1949/55. Ein Handbuch, Berlin 1999.

Berger Françoise, Les patrons de l'acier en France et en Allemagne face à l'Europe (1930–1960), in: Bussière Eric/Dumoulin Michel (Hg.), Milieux économiques et intégration européenne en Europe occidentale au XXe siècle, Arras 1998, S. 179–195.

–, La France et l'Allemagne au cœur de l'Europe industrielle en construction: des ententes privées à la CECA, in: Matériaux pour l'histoire de notre temps 47 (1997), S. 37–46.

–, La France, l'Allemagne et l'acier (1932–1952): de la stratégie des cartels à l'élaboration de la CECA, Dissertation, Paris 2000.

–, Die Beziehung zwischen der französischen und deutschen Eisen- und Stahlindustrie während des Krieges, in: ZUG 50/2 (2005), S. 159–180.

–, Les relations entre les sidérurgies françaises et allemande de 1870 à la CECA, in: Revue d'Allemagne et des Pays de langue allemande 39/2 (2007), S. 163–199.

Biographie nationale du pays de Luxembourg depuis ses origines jusqu'à nos jours, 11 Bde., Luxemburg 1947–1975.

Bindtschedler Rudolf, La protection de la propriété privée en droit international public, Leyden 1957 (=Hague. Academy of International Law. Recueil des cours 1956, II/90 (1957)).

Birden Patrick/Santer Jacques, Joseph Bech, l'homme qui a mis le Luxembourg sur la carte politique, in: Cercle Joseph Bech (Hg.), Joseph Bech. Mélanges présentés à l'occasion du 30e anniversaire du décès du Père fondateur de l'Europe, Luxemburg 2005 (= Publications du Cercle Joseph Bech), S. 93–126.

Blanken Ivo J., Een industriële wereldfederatie, Zaltbommel 2002 (= Geschiedenis Van De N.V. Philips' Gloeilampenfabrieken 5 (1950–1970)).

Blau Lucien, Idéologie et discours politique de la Droite et de l'Extrême-Droite au Luxembourg au cours des années 30 et 40, in: ANLux (Hg.), Les courants politiques et la résistance. Continuités ou ruptures? Colloque international Esch-sur-Alzette 24.–26. April 2002, Luxemburg 2003 (= Collection Sources), S. 37–63.

Blumenwitz Dieter (Hg.), Flucht und Vertreibung. Vorträge eines Symposiums, Köln 1987.

–, Das Offenhalten der Vermögensfrage in den deutsch-polnischen Beziehungen, Bonn 1992.

–, Die Liechtenstein-Entscheidung des Europäischen Gerichtshofs für Menschenrechte, in: Archiv des Völkerrechts 40/2 (2002), S. 215–242.

Boch Rudolf/Karlsch Rainer (Hg.), Uranbergbau im Kalten Krieg: Die Wismut im sowjetischen Atomkomplex. Band 1: Studien, Berlin 2011.

Bock Hans Manfred, Der Colpacher Kreis als unsichtbares Netzwerk der Eliten zwischen Luxemburg und Deutschland in der Zwischenkriegszeit, in: Actes du Colloque interational (Ell, 13–14 juillet 2007): Colpach, un petit noyau de la future Europe, (= Galerie. Revue culturelle et pédagogique 25/2 (2007)), S. 333–388.

Böhme Ute, Die Enteignung von Großbetrieben und der Aufbau einer sozialistischen Planwirtschaft in der Sowjetischen Besatzungszone von 1945 bis 1949 am Beispiel der Firma Siemens, Berlin 2006.

Boldorf Marcel, Neue Wege zur Erforschung der Wirtschaftsgeschichte Europas unter nationalsozialistischer Hegemonie, in: Buchheim Christoph/Boldorf Marcel, Europäische Volkswirtschaften unter deutscher Hegemonie 1938–1945, München 2012 (= Schriften des Historischen Kollegs, Kolloquien 77), S. 1–24.

Bopf Britta, „Arisierung“ in Köln. Die wirtschaftliche Existenzvernichtung der Juden 1933–1945, Köln 2004 (= Schriften des NS-Dokumentationszentrums der Stadt Köln 10).

Borhi László, Hungary in the Cold War, 1945–1956. Between the United States and the Soviet Union, New York 2004.

–, Sowjetische Hegemonial- und Wirtschaftspolitik in Ungarn 1945–1956, in: Iber Walter M./Ruggenthaler Peter (Hg.) Stalins Wirtschaftspolitik an der sowjetischen Peripherie. Ein Überblick auf der Basis sowjetischer und osteuropäischer Quellen, Innsbruck/Wien/Bozen 2011 (= Veröffentlichungen des Ludwig Boltzmann-Instituts für Kriegsfolgen-Forschung Graz-Wien-Klagenfurt 19), S. 111–126.

Bové Alfred, Die Rechtspartei in der Zwischenkriegszeit (1919–1940), in: Trausch Gilbert (Hg.), CSV Spiegelbild eines Landes und seiner Politik?

Geschichte der Christlich-Sozialen Volkspartei Luxemburgs im 20. Jahrhundert, Luxemburg 2008, S. 185–240.

BRAM Bernhard, Le Luxembourg face aux crises de l'Europe de l'Est au cours de 1953–1969, Masterarbeit, Luxemburg 2009.

BRODESSER Hermann-Josef/FEHN Bernd Josef/FRANOSCH Tilo u. a., Wiedergutmachung und Kriegsfolgenliquidation. Geschichte – Regelungen – Zahlungen, München 2000.

BRÖLL Werner, Die Wirtschaft der DDR. Lage und Aussichten, München/Wien 1973 (= Gegenwartsfragen der Ost-Wirtschaft 6).

BROOKS E.A.S., Registration of International Claims under the Foreign Compensation Act, 1950, in: Transactions of the Grotius Society 44 (1958), S. 187–198.

BROSZAT Martin/WEBER Hermann (Hg.), SBZ-Handbuch: Staatliche Verwaltungen, Parteien, gesellschaftliche Organisationen und ihre Führungskräfte in der Sowjetischen Besatzungszone, München 1993.

BROUWER J. W. L., Dans le sillage de la France? Quelques remarques sur la politique étrangère du Grand-Duché de Luxembourg. 1945–1950, in: Hémecht, Zeitschrift für Luxemburger Geschichte 45,1 (1993), S. 67–86.

BRÜLL Christoph, Belgien im Nachkriegsdeutschland. Besatzung, Annäherung, Ausgleich (1944–1958), Essen 2009.

BÜHLER Pierre, Histoire de la Pologne communiste. Autopsie d'une imposture, Paris 1997.

BUDDE Gunilla/CONRAD Sebastian/JANZ Oliver (Hg.), Transnationale Geschichte. Themen, Tendenzen und Theorien, Göttingen 2006.

Bundesamt für zentrale Dienste und offene Vermögensfragen, Das Recht der offenen Vermögensfrage, URL: http://www.badv.bund.de/003_menue_links/e0_ov/a0_allgemeines/index.html (Stand 3. November 2013).

BUSCHMANN Walter, Felten & Guilleaume in Köln. Über die Ursprünge des modernen Brückenbaus und des IT-Zeitalters, in: Denkmalpflege im Rheinland 26,1 (2009), S. 2–14.

–, Rheinische Gummiwarenfabrik Franz Clouth in Köln, URL: http://www.rheinische-industriekultur.de/objekte/koeln/Clouth/clouth.html (Stand: 3. November 2013).

CAIRNCROSS Alec, The Price of War. British policy on German Reparations 1941–1949, Oxford/New York 1986.

CALMES Christian, 1867 – L'affaire du Luxembourg, Luxemburg 1967.

–, Le Luxembourg au centre de l'annexionnisme belge, Luxemburg 1976 (=Histoire contemporaine du Grand-Duché de Luxembourg 10).

–, 1919, l'étrange référendum du 28 septembre, Luxemburg 1979 (= Histoire contemporaine du Grand-Duché de Luxembourg 11).

–, Bossaert Danielle, Histoire du Grand-Duché de Luxembourg. De 1815 à nos jours, Luxemburg 1994.

Carbonell Mauve, Des hommes à l'origine de l'Europe. Biographies des membres de la haute Autorité de la CECA, Aix-en-Provence 2008 (= Le temps de l'histoire).

Carbonell Mauve, Victors and Vanquished of WWII. Europe in Common? The Members of the High Authority of the ECSC, in: Affinito Michele/Migani Guia/Wenkel Christian (Hg.), Les deux Europes. Actes du IIIe colloque international RICHIE (The Two Europes. Proceedings of the 3rd international RICHIE Conference), Brüssel 2009 (= Euroclio. Etudes et documents 46), S. 133–148.

Castillon Richard, Les réparations allemandes. Deux expériences (1919–1932, 1945–1952), Paris 1953.

Centre national pour l'étude des pays à régime communiste/Centre anversois d'études et de perfectionnement pour le commerce international (Hg.), Le Commerce avec les pays de l'Est; cycle de conférences pratiques, Brüssel 1960.

CERE (Hg.), Le Luxembourg face à la construction européenne – Luxemburg und die europäische Einigung, Luxembourg 1996.

Cerf Paul, De l'épuration au Grand-Duché de Luxembourg après la seconde guerre mondiale, Luxemburg 1980.

–, „L'épuration, ou la difficulté de laver en famille du linge sale éclaboussé de taches tenaces", in: ...et wor alles net sou einfach. Questions sur le Luxembourg et la Deuxième Guerre mondiale, Luxemburg 2002 (= Publications scientifiques du Musée d'histoire de la Ville de Luxembourg 10), S. 282–293.

Claeys Maurice, Le commerce extérieur de l'UEBL avec les pays de l'Europe orientale, in: Annales de sciences économiques appliquées 37/3 (1981), S. 23–33.

Clark Eric, Corps Diplomatic, London 1973.

Collart Auguste, Der Krieg von 1870/71 und Luxemburg, Luxemburg 1939.

Conrad Gisela Johanna, Die Wirtschaft Jugoslawiens, Berlin 1952 (Deutsches Institut für Wirtschaftsforschung (Institut für Konjunkturforschung), Sonderhefte neue Folge 17, Reihe A: Forschung).

–, Die Wirtschaft Rumäniens von 1945 bis 1952, Berlin 1953 (= Deutsches Institut für Wirtschaftsforschung (Institut für Konjunkturforschung), Sonderhefte neue Folge 23, Reihe A: Forschung).Conze Eckhart/Lappenküpper Ulrich/Müller Guido (Hg.), Geschichte der internationalen Beziehungen. Erneuerung und Erweiterung einer historischen Disziplin, Köln 2004.

Coolsaet Rik, La politique extérieure de la Belgique: au coeur de l'Europe, le poids d'une petite puissance, Brüssel 2002 [Übersetzung aus dem Niederländischen].

Creuzberger, Stefan, Die sowjetische Militäradministration in Deutschland (SMAD) 1945–1949, Melle 1991 (= Deutschland-Report 15).

–, Die sowjetische Besatzungsmacht und das politische System der SBZ, Weimar 1996.

D'Almeida Fabrice, Hakenkreuz und Kaviar. Das mondäne Leben im Nationalsozialismus, Düsseldorf 2007 [Orig.: La vie mondaine sous le nazisme, Paris 2006].

Dauster Christel, Der Solvay Prozeß, Dissertation, Stuttgart 2004.

Davies Norman, Im Herzen Europas. Geschichte Polens, München [2]2001.

Dawson Frank G/Weston Burns H., „Prompt, Adequate and Effectivev: A Universal Standard of compensation, in: Fordham Law Review 30/4 (1962), S. 727–758.

De Launay Jacques, Emile Mayrisch et la politique du patronat européen 1926–1933, Bruxelles 1965 (= Collection Portraits 9).

De Nova Rodolfo, Völkerrechtliche Betrachtungen über Konfiskation und Enteignung, in: Friedenswarte 52 (1954), S. 116–141.

Diepenthal Wolfgang, Drei Volksdemokratien. Ein Konzept kommunistischer Machtstabilisierung und seine Verwirklichung in Polen, der Tschechoslowakei und der Sowjetischen Besatzungszone Deutschlands 1944–1948, Köln 1974 (= Abhandlungen des Bundesinstituts für ostwissenschaftliche und internationale Studien 29).

Doehring Karl, Die allgemeinen Regeln des völkerrechtlichen Fremdenrechts und das deutsche Verfassungsrecht, Köln 1963.

–, Völkerrechtswidrige Konfiskation eines Gemäldes des Fürsten von Liechtenstein als „deutsches Eigentum": Ein unrühmlicher Schlusspunkt, in: IRPax (1998), S. 465 ff.

Dörenberg Frank, The RV 12 P 4000 Tube, URL: http://www.nonstopsystems.com/radio/hellschreiber-tubes.htm – tekade (Stand: 3. November 2013).

DOLLAR Jacques/KAYSER Robert, Histoire de la „Luxembourg battery“, Luxemburg 1982.

DOMAN Nicholas R., Postwar Nationalization of Foreign Property in Europe, in: Columbia Law Review 48/8 (Dezember 1948), S. 1125–1161.

–, Compensation for Nationalised Property in Post-War Europe, in: The International Law Quarterly 3/3 (Juli 1950), S. 323–342.

DOSTERT Paul: Luxemburg zwischen Selbstbehauptung und nationaler Selbstaufgabe. Die deutsche Besatzungspolitik und die Volksdeutsche Bewegung 1940–1945, Luxemburg 1985.

–, Albert Wehrer 1895–1967, in: 400 Joer Kolléisch, Luxemburg 2003, Bd. 2, S. 375 f.

–, Norbert Le Gallais 1860–1934, in: 400 Joer Kolléisch, Luxemburg 2003, Bd. 2, S. 309 f.

–, Victor Bodson 1902–1984, in: 400 Joer Kolléisch, Luxemburg 2003, Bd. 2, S. 387 f.

DRÓŻDŻ Grzegorz, Siła i Światło – biznes i patriotyzm, URL: http://www.parkiet.com/artykul/1160812.html (Stand: 3. November 2013).

DRUCKER Alfred, The Nationalisation of United States Property in Europe, in: Transactions of the Grotius Society 36: Problems of Public and Private International Law (1950), S. 75–114.

–, Compensation for Nationalized Property: The British Practice, in: The American Journal of International Law 49/4 (Oktober 1955), S. 477–486.

DUJARDIN Vincent/DUMOULIN Michel, Nouvelle Histoire de Belgique 1950–1970. L'Union fait-elle toujours la force?, Brüssel 2008.

DUMOULIN Michel, Petrofina. Un groupe pétrolier international et la gestion de l'incertitude. Band I: 1920–1979, Neu-Löwen 1997.

–, „J'ai fait quelque chose qui peut être grand“. Paul-Henri Spaak et l'Europe jusqu'aux Traités de Rome, in: DUJARDIN Vincent/DUMOULIN Michel/PLASMAN, Pierre-Luc (Hg.), Jean-Charles Snoy, Paul-Henri Spaak. Signataires des Traités de Rome, Brüssel 2007, S. 34–49.

ECK Jean-François, Les entreprises françaises face à l'Allemagne de 1945 à la fin des années 1960, Paris 2003 (= Comité pour l'histoire économique et financière de la France. Etudes générales).

ECKART Erich, Völkerrechtliche Aspekte des deutsch-polnischen Verhältnisses, in: UNVERRICHT Hubert/KEIL Gundolf (Hg.), De Ecclesiea Silesiae. Festschrift zum 25-jährigen Bestehen der Apostolischen Visitatur Breslau, Sigmaringen 1997, S. 117 ff.

Enderle-Burcel Gertrude u. a. (Hg.), Gaps in the Iron Curtain. Economic Relations between Neutral and Socialist Countries in Cold War Europe, Krakau 2009.

Engel Frank, Loi de défense de l'ordre constitutionnel ou loi muselière? Une appréciation politique 70 ans après le dépôt du projet de loi, in: Cercle Joseph Bech (Hg.), Joseph Bech. Mélanges présentés à l'occasion du 30e anniversaire du décès du père fondateur de l'Europe, Luxemburg 2005 (= Publications du Cercle Joseph Bech), S. 58–92.

Erker Paul, Industrie-Eliten in der NS-Zeit. Anpassungsbereitschaft und Eigeninteresse von Unternehmern in der Rüstungs- und Kriegswirtschaft 1936–1945, Passau 1993.

Ermacora Felix, Das deutsche Vermögen in Polen. Ein Rechtsgutachten, München 1996.

Externbrink Sven, Internationale Politik in der Frühen Neuzeit. Stand und Perspektiven der Forschung zu Diplomatie und Staatensystem, in: Kraus Hans-Christof/Nicklas Thomas (Hg.), Geschichte der Politik. Alte und neue Wege, München 2007 (= HZ Beiheft 44), S. 15–39.

Fäßler Peter E., Durch den „Eisernen Vorhang". Die deutsch-deutschen Wirtschaftsbeziehungen 1949–1969, Köln/Weimar/Wien 2006 (= Wirtschafts- und sozialhistorische Studien 14).

Faridi Alexander, Von der AEG zur ARBED. Das gescheiterte Stahlwerksprojekt der Felten & Guilleaume Carlswerk AG 1910–1920, in: Thomes Paul (Hg.), Rohstoffbasis und Absatzmarkt. Die Schwerindustrie des Großherzogtums Luxemburg und das Aachener Revier, Aachen 2005 (= Aachener Studien zur Wirtschafts- und Sozialgeschichte 2), S. 143–177.

Fassbender Bardo, Klageausschuß bei Enteignungen zu Reparationszwecken: das Gemälde des Fürsten von Liechtenstein, in: NJW (1999), S. 1445–1448.

–, Der Fürst, ein Bild und die deutsche Geschichte – Anmerkung zur Entscheidung des Europäischen Gerichtshofs für Menschenrechte im Fall Fürst Hans-Adam II. von und zu Liechtenstein gegen Deutschland, in: EuGRZ (2001), S. 459–466.

Fayot Ben, Repères historiques, in: LSAP 1902–2002. Le LSAP hier et aujourd'hui, Luxemburg 2003, S. 9–77.

–, Hoffmann Serge/Maas Jacques u. a. (Hg.), 100 Joër sozialistesch Deputéiert an der Lëtzebuerger Châmber. Dictionnaire biographique des députés socialistes à la Chambre des Députés, Luxemburg 1997.

Feider Judith, Les enrôlés de force luxembourgeois dans les camps soviétiques 1943–1953, Masterarbeit, Paris 2001.

–, Les prisonniers de guerre luxembourgeois en URSS, in: ...et wor alles net sou einfach. Questions sur le Luxembourg et la Deuxième Guerre mondiale, Luxemburg 2002 (= Publications scientifiques du Musée d'histoire de la Ville de Luxembourg 10), S. 262–270.

Feldenkirchen Wilfried, Fernostgeschäfte der Felten & Guilleaume Carlswerk AG. zum Beginn des Zweiten Weltkrieges, in: ZUG 22 (1977), S. 91–108 und 161–182.

Felten & Guilleaume Carlswerk AG. (Hg.), 75 Jahre Carlswerk, Köln 1949.

Feltes Paul, La stratégie de l'Arbed dans l'entre-deux-guerres, in: Association Luxembourgeoise des Enseignants d'Histoire (ALEH) (Hg.), Du Luxembourg à l'Europe. Festschrift Gilbert Trausch, Luxemburg 2011, S. 219–233.

Fetjö François, Histoire des démocraties populaires. Band 1: L'ère de Staline 1945–1953, Paris 1992.

–, Le coup de Prague: 1948, Paris 1976.

Fink Sebastian, Das Stahl- und Walzwerk Riesa in beiden deutschen Diktaturen 1933 bis 1963. Ein Vergleich, Leipzig 2012 (= Geschichte und Politik in Sachsen 29).

Fisch Jörg, Reparationen nach dem Zweiten Weltkrieg, München 1992.

Förderanlagen Magdeburg (Hg.), Prospekt „Unternehmensprofil", URL: http://fam.de/deutsch/Mediathek/Prospekte/Unternehmensprofil/index.html (Stand: 3. November 2013).

Folscheid Lex (Hg.), Neutralität, in: Forum für Politik, Gesellschaft und Kultur in Luxemburg 257 (Juni 2006), S. 17–43.

Foscaneanu Lazar, Les conséquences internationales des nationalisations, in: Politique étrangère 1 (1953), S. 35–50.

Foschepoth Josef, Britische Deutschlandpolitik zwischen Jalta und Potsdam, in: VJHZ 30 (1982) S. 675–714.

Franz Norbert, Nation oder Partikularismus. Die Revolution von 1848/49 in Luxemburg, in: Dühr Elisabeth, „Der schlimmste Punkt in der Provinz". Demokratische Revolution 1848/49 in Trier und Umgebung. Katalog-Handbuch zur Ausstellung des Städtischen Museums Simeonsstift Trier vom 4.10.1998–30.4.1999, Trier 1998, S. 644–661.

Frei Norbert (Hg.), Unternehmen im Nationalsozialismus: zur Historisierung einer Forschungskonjunktur. Göttingen, 2010.

FUCHS Angelika, Kulturgüterschutz im Kulturgutsicherungsgesetz, in: IPRax (2000), S. 281–286.

GATTINI Andrea, A Trojan Horse for Sudeten Claims? On Some Implications of the Prince of Liechtenstein v. Germany, in: EJIL 13/2 (2002), S. 513–544.

GAWENUS Fritz, Die Ausbeutug ausländischer Arbeitskräfte unter besonderer Berücksichtigung deportierter Sowjetbürger durch die deutschen Monopolisten, vorwiegend dargestellt am Beispiel der Bayerischen Stickstoffwerke AG Werk Piesteritz und der Gummi-Werke „Elbe" AG Piesteritz von 1939 bis 1945, Dissertation, Halle-Wittenberg 1971.

GEHLEN Boris, Paul Silverberg (1876–1959). Ein Unternehmer, Stuttgart 2007 (=Vierteljahrschrift für Sozial- und Wirtschaftsgeschichte, Beihefte 194).

GIESEKE Jens, Die hauptamtlichen Mitarbeiter der Staatssicherheit. Personalstruktur und Lebenswelt 1950–1989/90, Berlin 2000 (= Analysen und Dokumente; Wissenschaftliche Reihe des Bundesbeauftragten für die Unterlagen des Staatssicherheitsdienstes der ehemaligen Deutschen Demokratischen Republik 20).

GILLINGHAM John, Industry and politics in the Third Reich: Ruhr coal, Hitler and Europe, Stuttgart 1985.

–, Zur Vorgeschichte der Montanunion, in: VfZ 34 (1986), S. 381–405.

GOLLASCH Dieter, TAKRAF. Ein Kombinat des DDR-Schwermaschinenbaus, Leipzig 2006 (= Mensch und Werk. Schriftenreihe zur Entwicklung der Industrie in der Stadt Leipzig 1945 bis 1990 1).

GOSCHLER Constantin, Schuld und Schulden. Die Politik der Wiedergutmachung für NS-Verfolgte seit 1945, Göttingen 2005.

GRÉGOIRE Pierre, Vie et Carrière de Pierre Dupong, Ministre d'Etat, Luxemburg 1985.

GROSBOIS Thierry, Les négociations de Londres pour une Union Douanière Benelux (1941–1944), in: POSTMA A. u. a. (Hg.), Regards sur le Benelux. 50 ans de coopérations, Brüssel 1994, S. 39–68.

GROSBOIS Thierry, Joseph Bech et le parcours européen d'un petit pays, in: Les pères de l'Europe: cinquante ans après. Perspectives sur l'engagement européen, Bruxelles 2001, S. 144–160.

–, Le rôle du Luxembourg dans la naissance du Benelux, in: …et wor alles net sou einfach. Questions sur le Luxembourg et la Deuxième Guerre mondiale, Luxemburg 2002 (= Publications scientifiques du Musée d'histoire de la Ville de Luxembourg 10), S. 190–196.

–, Les relations belgo-luxembourgeoises au XXe siècle, in: Transilvania (Sibiu) 8–9 (2007), S. 109–110.

–, Idées, réseaux et politiques européennes dans la résistance et en exil 1940–1945 en Belgique, au Luxembourg et aux Pays-Bas, Dissertation, 3 Bde., Luxemburg 2010.

Grosbusch André, La question des réparations dans l'opinion luxembourgeoise 1945–1949, in: Hémecht. Zeitschrift für Luxemburger Geschichte 36/4 (1984), S. 569–591.

Großfeld Bernhard/Junker Abbo, Das CoCom im Internationalen Wirtschaftsrecht, Tübingen 1991.

Gutmann Gernot, Die Wirtschaft der DDR, in: Albers Willi u. a., Handwörterbuch des Wirtschaftswissenschaft (HdWW) (= gleichzeitig neue Ausgabe des Handwörterbuch der Sozialwissenschaften), Bd. 8: Ter-Wir, Stuttgart/New York/Tübingen u. a. 1980, S. 735–762.

Gutmann Gernot/Klein Werner, Probleme der sichtbaren Hand bei der Herstellung von Wettbewerb: Zur Rolle der Treuhandschaft, in: Delhaes Karl von/Fehl Ulrich (Hg.), Dimensionen des Wettbewerbs, Stuttgart 1997 (= Schriften zu Ordnungsfragen der Wirtschaft 52), S. 499–520.

Gutteridge Joyce, Expropriation and Nationalisation in Hungary, Bulgaria and Roumania, in: The International and Comparative Law Quarterly 1/1, Januar 1952, S. 14–28.

Haag Emile, Emile Reuter *1874 †1973 et Pierre Dupong *1885 †1953: deux personnalités politiques hors pairs, in: Ders. (Hg.), Une réussite originale. Le Luxembourg au fil des siècles, Luxemburg 2011, S. 352–361.

–, Victor Bodson *1902 †1984, l'homme d'action tous azimuts, in: Ders. (Hg.), Une réussite originale. Le Luxembourg au fil des siècles, Luxemburg 2011, S. 466–471.

–, Krier Emile, La grande-duchesse et son gouvernement pendant la Deuxième Guerre mondiale. 1940 l'année du dilemme, Luxemburg 1987.

Hacker Jens, Die Stellung der DDR gegenüber den westlichen Ländern, in: Brunner Georg (Hg.), Die innere und äußere Lage der DDR, Berlin 1982 (= Der Göttinger Arbeitskreis 429), S. 89–122.

–, Der Ostblock. Entstehung, Entwicklung und Struktur 1939–1980, Baden-Baden 1983.

Harnisch Sebastian, Vergleichende Außen- und Sicherheitspolitik, in: Schmidt Manfred G./Wolf Frieder/Wurster Stefan (Hg.), Studienbuch

Politikwissenschaft, Wiesbaden (im Druck), Rohfassung verfügbar unter URL: http://www.uni-heidelberg.de/md/politik/harnisch/person/publikationen/harnisch-studienbuch_vgl-asp_2012_-_web.pdf (Stand 3. November 2013).

Hartmann Jürgen, Politik und Gesellschaft in Osteuropa. Eine Einführung, Frankfurt/New York 1983 (= Campus Studium: Kritische Sozialwissenschaft 555).

Heintz Gregory, La défense des intérêts de l'Arbed en Allemagne après la Deuxième Guerre mondiale, Studienarbeit, Brüssel 2004.

Heisbourg Georges, CD et CC, in: Hémecht. Zeitschrift für Luxemburger Geschichte 37/3 (1985), S. 369–382.

–, Le gouvernement luxembourgeois en exil, Luxemburg 1986–1991, 4 Bde.

Helle Matthias, Nachkriegsjahre in der Provinz. Der brandenburgische Landkreis Zauch-Belzig 1945–1952, Berlin 2011 (= Studien zur brandenburgischen und vergleichenden Landesgeschichte 4).

Herman Samuel, War Damage and Nationalization in Eastern Europe, in: Law and Contemporary Problems 16/3: War Claims (1951), S. 498–518.

Heyl Friedrich von, Der innerdeutsche Handel mit Eisen und Stahl 1945–1972. Deutsch-Deutsche Beziehungen im Kalten Krieg, Köln/Weimer/Wien 1997 (= Münsterische Historische Forschungen).

Hipp Anette, Schutz von Kulturgütern in Deutschland, Berlin 2000 (= Schriften zum Kulturgüterschutz).

Hirsch Mario, L'ouverture sur l'extérieur, in: Wey Claude (Hg.), Le Luxemborug des années 50. Une société de petite dimension entre tradition et modernité – Luxemburg in den 50er Jahren. Eine kleine Gesellschaft im Spannungsfeld von Tradition und Modernität, Luxemburg 1999 (= Publications scientifiques du Musée d'Histoire de la Ville de Luxembourg 3), S. 148–156.

Hötzel Manfred/Krieg Stefan W. (Hg.), Adolf Bleichert und sein Werk. Unternehmerbiografie, Industriearchitektur, Firmengeschichte, Beucha 2002 (= Gohliser Historische Hefte 8).

Hötzel Manfred, Offizielle Firmennamen, Firmen- und Warenzeichen von Bleichert und VTA, in: Ders., Adolf Bleichert & Co. Leipzig – Gohlis. Kleine Beiträge zu einer großen Geschichte Leipzig, 2010 (= Gohlis-Forum, Sonderausgabe 12, Dezember 2010), S. 17–18.

Hoffmann Serge, Le G-D de Luxembourg pendant la seconde guerre mondiale, in: Prispevki za novejšo zgodovino/Inštitut za zgodovino delavskega gibanja. – Ljubljana. – Letnik XLVIII, Stevilka 1(2008), S. 105–122.

Hohengarten André, Vom Halbmond zum Ziegenkopf: die Geschichte der Luxemburger Häftlinge in Lublin, 1942–1945. Luxemburg 1991.

Horel Catherine, La restitution des biens juifs et le renouveau juif en Europe centrale: Hongrie, Slovaquie, République Tchèque, Frankfurt am Main/New York 2002 (= Wiener Osteuropastudien 13).

Horowitz David/Domhoff George William, Corporations and the Cold War, New York 1969.

Hudson Valerie, Foreign Policy Analysis. Classic and Contemporary Theory, Lanham 2007.

–, The history and evolution of foreign policy analysis, in: Smith Steve/Hadfield Amelia/Dunne Tim (Hg.), Foreign Policy. Theories- Actors- Cases, Oxford 2008, S. 11–30.

Hüttenberger Peter, Die Gauleiter. Studie zum Wandel des Machtgefüges in der NSDAP, Stuttgart 1967 (= Schriftenreihe der Vierteljahreshefte für Zeitgeschichte 19).

Iber Walter M./Ruggenthaler Peter (Hg.), Stalins Wirtschaftspolitik an der sowjetischen Peripherie. Ein Überblick auf der Basis sowjetischer und osteuropäischer Quellen, Innsbruck/Wien/Bozen 2011 (= Veröffentlichungen des Ludwig Boltzmann-Instituts für Kriegsfolgen-Forschung Graz-Wien-Klagenfurt 19).

Institut national de la statistique et des études économiques du Luxembourg, Statec, in: URL: http://www.statistiques.public.lu/en/ (Stand: 22. September 2014).

Irmscher Tobias H./Sandorski Jan (Hg.), Ansprüche? Die Eigentumsfrage in den deutsch-polnischen Beziehungen, Potsdam 2007 (= WeltTrends-Papiere 3).

Jajeśniak-Quast Dagmara, Polen, die ČSSR und die Europäische Wirtschaftsgemeinschaft während des Kalten Krieges, in: Greiner Bernd/Müller Christian Th./Weber, Claudia (Hg.), Ökonomie im Kalten Krieg, Hamburg 2010 (= Studien zum Kalten Krieg 4), S. 370–394.

Jaun Rudolf, Management und Arbeiterschaft: Verwissenschaftlichung, Amerikanisierung und Rationalisierung der Arbeitsverhältnisse in der Schweiz 1873–1959, Zürich 1986.

Jedruszczak Hannah, Die Verstaatlichung der Industrie in der Volksrepublik Polen nach dem zweiten Weltkrieg (1944–1948), in: Jahrbuch für Wirtschaftsgeschichte 4 (1969), S. 89–98.

Jüngerkes Sven, Diplomaten der Wirtschaft. Die Geschichte des Ost-Ausschusses der deutschen Wirtschaft, Osnabrück 2012.

Junod Marcel, Die Neutralität des Großherzogtums Luxemburg von 1867 bis 1948, Luxemburg 1951 (= Publications de la Section historique de l'Institut grand-ducal 72).

Karlsch Rainer, Allein bezahlt? Die Reparationsleistungen der SBZ/DDR 1945–1953, Berlin 1993.

–, Laufer Jochen unter Mitarbeit von Friederike Sattler (Hg.), Sowjetische Demontagen in Deutschland 1944–1949: Hintergründe, Ziele und Wirkungen, Berlin 2002 (= Zeitgeschichtliche Forschungen 17).

Kartheiser Fernand, Le Luxembourg et la guerre de Corée, 25 juin 1950–27 juillet 1953, Dissertation, Montpellier/Lille 1992.

Kaser Michael C., An Economic History of Eastern Europe 1919–1975, 3 Bde. (Bde. 1–2 zusammen mit E. A. Radice), Oxford/New York 1985–1986.

Kayser Steve, La politique étrangère du Luxembourg de 1944 à 1954: de l'abandon de la neutralité à l'engagement dans un réseau d'alliances, Studienarbeit, Luxemburg 1997.

–, De la neutralité à l'engagement (1926–1949). L'impact de la Seconde Guerre mondiale sur le statut international du Grand-Duché de Luxembourg, in: ... et wor alles net sou einfach. Questions sur le Luxembourg et la Deuxième Guerre mondiale, Luxemburg 2002 (= Publications scientifiques du Musée d'histoire de la Ville de Luxembourg 10), S. 178–189.

–, La société des „Hauts Fourneaux et Aciéries de Steinfort" (1910–1962) – Regards sur un demi-siècle d'une histoire mouvementée, in: Nos cahiers 3/4 (2003), S. 47–73.

–, La neutralité du Luxembourg de 1918 à 1945, in: Forum für Politik Gesellschaft und Kultur in Luxemburg 257 (Juni 2006), S. 36–39.

–, 1940–1944. L'occupation nazie: vers la redéfinition du statut international du Grand-Duché de Luxembourg, in: Collaboration: nazification? – le cas du Luxembourg à la lumière des situations française, belge et néerlandaise. Actes du colloque international, Centre culturel de rencontre Abbaye de Neumünster, mai 2006, Luxembourg 2008, S. 20–62.

Kersten Albert E, Les aspects politiques de la coopération Benelux: L'interaction entre la construction interne et les rapports de force internationaux 1944–1958, in: Postma A. u. a. (Hg.), Regards sur le Benelux. 50 ans de coopérations, Brüssel 1994, S. 79–90.

KIESEWETTER Bruno (unter Benutzung der Vorarbeiten von Ch. SEITNER), Die Wirtschaft der Tschechoslowakei seit 1945, Berlin 1954 (Deutsches Institut für Wirtschaftsforschung (Institut für Konjunkturforschung), Sonderhefte neue Folge 30, Reihe A: Forschung).

–, Der Ostblock. Außenhandel des östlichen Wirtschaftsblockes einschließlich China, Berlin 1960.

KLAUCK Hans Peter, Gustav Simon, der Satrap aus Saarbrücken. Gauleiter des Mosellandes, in: Saarbrücker Hefte 95 (2006).

KLEE Ernst, Das Personenlexikon zum Dritten Reich. Wer war was vor und nach 1945, Frankfurt-am-Main 2005 (aktualisierte Ausgabe).

KLINGE Katharina, Die deutschen Bankiers im Nationalsozialismus. Kurt Freiherr von Schröder – repräsentatives Beispiel oder Einzelfall?, Studienarbeit, München 2008.

KNEBELER Christoph/SCUTO Denis, Belval. Passé, présent et avenir d'un site luxembourgeois exceptionnel (1911–2011), Esch/Alzette 2010.

KÖHLER Ingo, Die „Arisierung" der Privatbanken im Dritten Reich. Verdrängung, Ausschaltung und die Frage der Wiedergutmachung, München 2005 (= Schriftenreihe zur ZUG 14).

KOPPER Christopher, Bankiers unterm Hakenkreuz, München/Wien 2005.

KOVACS Stéphanie, L'extrême gauche au pouvoir. Stratégie et politique du Parti Communiste Luxembourgeois de la fin de la Seconde Guerre Mondiale au début de la Guerre Froide (1945–1947), Paris 2009.

KOVRIG Bennett, Communism in Hungary, Stanford, Kalifornien 1979 (= Hoover Institution publications 211 – Histories of ruling communist parties).

KREINS Jean-Marie, La réception du plan Marshall au Grand-Duché de Luxembourg: 1947–1951, in: Hémecht. Zeitschrift für Luxemburger Geschichte 61 (2009), S. 309–343, 437–465.

KRIEG Stefan W., Die Gebäude des Bleichert-Werkes in Gohlis. Ihre Entwicklung und Bedeutung, in: HÖTZEL Manfred/KRIEG Stefan W. (Hg.), Adolf Bleichert und sein Werk. Unternehmerbiografie, Industriearchitektur, Firmengeschichte, Beucha 2002 (= Gohliser Historische Hefte 8), S. 52–98.

KRIER Emile, Deutsche Kultur- und Volkstumspolitik von 1933–1940 in Luxemburg, Dissertation, Bonn 1978.

–, Die deutsche Volkstumspolitik in Luxemburg und ihre sozialen Folgen, in: DŁUGOBORSKI Wacław (Hg.), Zweiter Weltkrieg und sozialer Wandel: Achsenmächte und besetzte Länder, Göttingen 1981 (= Kritische Studien zur Geschichtswissenschaft 47), S. 224–241.

–, Die Luxemburger Wirtschaft im Zweiten Weltkrieg, in: Hémecht. Zeitschrift für Luxemburger Geschichte 39/3 (1987), S. 393–409.

–, La sidérurgie au Luxembourg pendant la Seconde Guerre mondiale, in: Les cahiers lorrains 1 (März 1989), S. 59–68.

–, Joseph Bech, in: 1969–1989. Lycée Technique Joseph Bech, Grevenmacher 1990, S. 35–44.

–, Luxemburg am Ende der Besatzungszeit und der Neuanfang, in: Düwell Kurt/Matheus Michael (Hg.), Kriegsende und Neubeginn. Westdeutschland und Luxemburg zwischen 1944 und 1947, Stuttgart 1997, S. 69–95.

Krüger Peter, Wirtschaftliche Mitteleuropapläne in Deutschland zwischen den Weltkriegen. Anmerkungen zu ihrer Bewertung, in: Plaschka Richard G./ Haselsteiner Horst/Suppan Arnold, u. a. (Hg.), Mitteleuropa-Konzeptionen in der ersten Hälfte des 20. Jahrhunderts, Wien 1995, S. 283–303.

Kruse Michael, Politik und deutsch-deutsche Wirtschaftsbeziehungen von 1945–1989, Berlin 2005 (= Schriftenreihe Wirtschaftswissenschaften 23).

Kuklick Bruce, American Policy and the Division of Germany. The Clash with Russia over Reparations, Ithaca 1972.

Kumetat Dennis, Das Scheitern deutscher Unternehmen und deutscher Auswärtiger Politik im Nahen Osten: Irak, Ägypten, Saudi-Arabien 1933–39, Berlin 2008.

Kurtz Michael J., America and the return of Nazi contraband: the recovery of Europe's cultural treasures, Cambridge/New York 2006.

La Pradelle Albert Geouffre de, Les effets internationaux des nationalisations. Rapport et projet de résolutions, in: Annuaire de l'Institut de Droit international 43 (1950), S. 42–132 (Teil 1) und 44 (1952), S. 251–323 (Teil 2).

Laufer Johann, Pax Sovietica: Stalin, die Westmächte und die deutsche Frage 1941–1945 Köln/Weimar/Wien 2009 (= Zeithistorische Studien 46).

Lauterpracht Herscht, International Law and Human Rights, New York 1953.

Lavigne Marie, Les économies socialistes soviétiques et européennes, Paris 1970 (= Collection U).

–, Les relations économiqes Est-Ouest, Paris 1979 (= Economie d'aujourd'hui).

–, Economie internationale des pays socialistes, Paris 1985 (= Collections U).

–, L'Europe de l'Est. Du plan au marché, Paris 1992.

LEMAIRE Philippe, Le Luxembourg et la crise de Suez en 1956: problèmes économiques et politique internationale, in: Hémecht. Zeitschrift für Luxemburger Geschichte 63/1 (2011), S. 117–136.

LIBOIS Gérard/LEWIN Rosine, La Belgique entre dans la Guerre Froide et l'Europe (1947–53), Bruxelles 1992 (= Politique et Histoire 9).

LIEẞ Otto R., Planwirtschaft und Sozialismus in Rumänien, in: JAHN Georg (Hg.), Die Wirtschaftssysteme der Staaten Osteuropas und der Volksrepublik China, Berlin 1962, S. 93–188.

LILLICH Richard B., DERS., The Protecion of Foreign Investment: Six Procedural Studies, Syracuse 1965 (= Procedural Aspects of International Law Series 5).

–, International Claims: Postwar British Practice, New York 1967 (= Procedural Aspects of International Law Series 6).

–, The Valuation of Nationalized Property in International Law, Charlottesville 1972 (= Virginia Legal Studies).

LILLICH Richard B./WESTON Burns H., International Claims: their Settlement by Lump Sum Agreements, 2 Bde., Charlottesville 1975 (= Procedural Aspects of International Law Series 12).

LINDNER Stephan R., Das Reichskommissariat für die Behandlung feindlichen Vermögens im Zweiten Weltkrieg. Eine Studie zur Verwaltungs-, Rechts- und Wirtschaftsgeschichte des nationalsozialistischen Deutschlands, Stuttgart 1991 (= ZUG, Beiheft 67).

LINDERT Brigitte, Geschichte der Seilbahnfirma Bleichert Leipzig, Vom schweren Neubeginn 1945 bis zum bitteren Ende 1991, URL: http://www.alpinforum.com/forum/viewtopic.php?p=124415 (Stand: 5. September 2013).

LISSE Albert, Handlungsspielräume deutscher Verwaltungsstellen bei den Konfiskationen in der SBZD 1945–1949, Stuttgart 2003 (= Beiträge zur Wirtschafts- und Sozialgeschichte 99).

LÖBACH, Joachim/KREUER Wilhelm, Das Lastenausgleichsrecht und offene Vermögensfragen. Gesetzestexte mit Kommentierung, Bornheim 1992.

LORENTZ Claude, La France et les restitutions allemandes au lendemain de la Seconde guerre mondiale, (1943–1954), Paris 1998 (= Diplomatie et histoire).

LOTH Wilfried/OSTERHAMMEL Jürgen (Hg.), Internationale Geschichte. Themen – Ergebnisse – Aussichten, München 2000 (= Studien zur Internationalen Geschichte 10).

LÜTHI Anouk, L'indemnisation de personnes spoliées, Abschlussarbeit, Freiburg 1999.

Luxracines.lu (Hg.), Familljefuerschung. Jang Thoma-Genealogy, URL: http://thomafamill.lu/genealogy/surnames.php (Stand 3. November 2013).

Maas Jacques, Walther Rathenau et les hauts fourneaux de Steinfort (1911–1919), in: Hémecht. Zeitschrift für Luxemburger Geschichte 43/2 (1991), S. 141–183.

–, La révolution de 1848 n'a pas eu lieu – L'historiographie de tradition orangiste et l'oeuvre d'Albert Calmes; in: Forum für Politik, Gesellschaft und Kultur in Luxemburg 185 (Juli 1998), S. 52 f.

–, Le groupe sidérurgique ARBED face à l'hégémonie nazie – Collaboration ou résistance?, in: Collaboration: nazification? – le cas du Luxembourg à la lumière des situations française, belge et néerlandaise. Actes du colloque international, Centre culturel de rencontre Abbaye de Neumünster, Mai 2006, Luxemburg 2008, S. 340–373.

Mai Gunther, Der Alliierte Kontrollrat in Deutschland 1945–1948. Alliierte Einheit – deutsche Teilung?, München 1995 (= Quellen und Darstellungen zur Zeitgeschichte 37).

Majerus Benoít, Generalstreik, in: Kmec Sonja u. a., Lieux de mémoire au Luxembourg. Usages du passé et construction nationale, Luxemburg [2]2008, S. 153–158.

–, Besetzte Vergangenheiten. Erinnerungskulturen des Zweiten Weltkrieges in Luxemburg – eine historiographische Baustelle, in : Hémecht. Zeitschrift für Luxemburger Geschichte 64/3 (2012), S. 23–43.

Mansfield Don L., The Evolution of United States Policy torward German Reparations: an Examination of Incremental Decision-Making, Dissertation, Denver 1973.

Marcowitz Rainer, Von der Diplomatiegeschichte zur Geschichte der internationalen Beziehungen. Methoden, Themen, Perspektiven einer historischen Teildisziplin, in: Francia. Forschungen zur westeuropäischen Geschichte 32/3 (2005), S. 75–10.

Marks Sally, The Luxembourg Question at the Paris Peace Conference and After, in: Revue belge d'histoire contemporaine 2,1 (1970), S. 1–20.

Martin Bernd, Friedens-Planungen der multinationalen Großindustrie (1932–1940) als politische Krisenstrategie, in: Schieder Wolfgang (Hg.), Außenwirtschaft und Außenpolitik im ‚Dritten Reich', Göttingen 1976 (= Geschichte und Gesellschaft 2, 1976/1), S. 66–88.

Mary Julien, La politique du Luxembourg au sein de la Société des Nations, in: Hémecht. Zeitschrift für Luxemburger Geschichte 63/4 (2011), S. 405–450.

MATHIS Franz, Big Business in Österreich. Österreichische Großunternehmen in Kurzdarstellungen, München 1987.

MCKAY John P., Foreign Enterprise in Russian and Soviet Industry: A Long Term Perspective, in: The Business History Review 48/3 (1974), S. 336–356.

MEYER Ulfilas, F&G. Entwicklung und Bedeutung, Köln 1959.

MÖLLER Horst/TSCHUBARJAN Alexandr O. (Hg.), SMAD-Handbuch. Die sowjetische Militäradministration in Deutschland 1945–1949., München 2009.

MOLLIN Gerhard Th., Montankonzerne und „Drittes Reich". Der Gegensatz zwischen Monopolindustrie und Befehlswirtschaft in der deutschen Rüstung und Expansion 1936–1944, Göttingen 1988 (= Kritische Studien zur Geschichtswissenschaft 78).

MUELLER Wolfgang, Die sowjetische Besatzung in Österreich 1945–1955 und ihre politische Mission, Wien/Köln/Weimar 2005.

MÜLLER-ENBERGS Horst/WIELGOHS Jan/HOFFMAN Dieter (Hg.), Wer war wer in der DDR. Ein biographisches Lexikon, Berlin 2000.

Munzinger Online, Personen – Internationales Biographisches Archiv, URL: http://www.munzinger.de (Stand 3. November 2013).

MUREŞAN Maria/NICOLAE Mariana, Die Sowjetisierung Rumäniens und die Folgen für die Wirtschaft des Landes, in: IBER Walter M./RUGGENTHALER Peter (Hg.) Stalins Wirtschaftspolitik an der sowjetischen Peripherie. Ein Überblick auf der Basis sowjetischer und osteuropäischer Quellen, Innsbruck/Wien/Bozen 2011 (= Veröffentlichungen des Ludwig Boltzmann-Instituts für Kriegsfolgen-Forschung Graz-Wien-Klagenfurt 19), S. 127–152.

MUSIAL Bogdan, Stalins Beutezug. Die Plünderung Deutschlands und der Aufstieg der Sowjetunion zur Weltmacht, Berlin 2010.

MUßNUG Dorothee, Alliierte Militärmissionen in Deutschland 1946–1990, Berlin 2001 (= Zeitgeschichtliche Forschungen 9).

NAIMARK Norman M., The Russians in Germany: A History of the Soviet Zone of Occupation, 1945–1949, Cambridge ²1996.

Neue Deutsche Biographie, 25 Bde., Berlin 1953.

NGUYEN QUOC Dinh/DAILLER Patrick/PELLET Alain, Droit international public. Librairie générale de Droit et de Jurisprudence, Paris ³1987.

NIEDBALSKI Bernd, Deutsche Zentralverwaltungen und Deutsche Wirtschaftskommission (DWK), in: Vierteljahreshefte für Zeitgeschichte 33 (1985), S. 456–477.

Nocken Ulrich, Das internationale Stahlkartell und die deutsch-französischen Beziehungen 1924–1932, in: Konstellationen internationaler Politik 1924–1932. Politische und wirtschaftliche Faktoren in den Beziehungen zwischen Westeuropa und den Vereinigten Staaten. Referate und Diskussionsbeiträge eines Dortmunder Symposions 18.–21. September 1981, Bochum 1983, S. 165–202.

Note du Ministère de Commerce extérieur belge sur les relations entre l'U.E.B.L. et les pays de l'Est, in: Centre national pour l'étude des pays à régime communiste/Centre anversois d'études et de perfectionnement pour le commerce international (Hg.), Le Commerce avec les pays de l'Est; cycle de conférences pratiques, Brüssel 1960, S. 31–41.

Nübel Otto, Die amerikanische Reparationspolitik gegenüber Deutschland 1941–1949, Frankfurt-am-Main 1980 (= Dokumente zur Deutschlandpolitik, Beihefte 4).

O. A., Les relations économiques de la Belgique avec les pays de l'Est, in: Centre national pour l'étude des pays à régime communiste/Centre anversois d'études et de perfectionnement pour le commerce international (Hg.), Le Commerce avec les pays de l'Est; cycle de conférences pratiques, Brüssel 1960, S. 47–51.

O. A., Chronologie der Neutralität., in: Forum für Politik, Gesellschaft und Kultur in Luxemburg 257 (Juni 2006), S. 20.

O. A., Western European Union, History of the WEU, URL: http://www.weu.int/index.html (Stand: 3. November 2013).

O. A., Gustav Koenigs, in: Gedenkstätte Deutscher Widerstand, Biographien, URL: http://www.gdw-berlin.de/bio/ausgabe_mit.php?id=147 (Stand: 20. Mai 2013).

O. Hg., A la mémoire d'Emile Mayrisch 1862–1928, Luxembourg 1928.

O. Hg., A la mémoire de Gaston Barbanson, maître des forges. 26 juin 1876–4 mai 1946, Luxemburg 1947.

Pauly Michel, Geschichte Luxemburgs, München 2011.

Patel Kiran Klaus, Nach der Nationalfixiertheit. Perspektiven einer transnationalen Geschichte, Berlin 2004.

Péporté Pit u. a., Inventing Luxembourg. Representations of the Past, Space and Language from the Nineteenth to the Twenty-First Century, Leiden/Boston 2010 (= National Cultivation of Culture 1)

Perrenoud Marc, Banquiers et diplomates suisses (1938–1946), Lausanne 2011.

PETERSON Birgit, Die amerikanische Reparationspolitik in Deutschland 1945–1949 im Spannungsfeld der deutschlandpolitischen Zielsetzungen der vier Mächte, Dissertation, Würzburg 1993.

PFEIL Ulrich, Die „anderen“ deutsch-französischen Beziehungen. Die DDR und Frankreich 1949–1990, Köln 2004 (= Zeithistorische Studien).

PIERENKEMPER Toni, Unternehmensgeschichte. Eine Einführung in ihre Methoden und Ergebnisse, Stuttgart 2000.

PLUMPE Werner, Unternehmen, in: AMBROSIUS Gerald/u. a. (Hg.), Moderne Wirtschaftsgeschichte, München 2006, S. 61–94.

POHL Hans, Zur Vorgeschichte des ersten deutschen Überseekabels nach Südamerika, in: Jahrbuch für Geschichte von Staat, Wirtschafts und Gesellschaft Lateinamerikas 11 (1974), S. 238–308.

–, Wirtschaft, Unternehmen, Kreditwesen, soziale Probleme. Ausgewählte Aufsätze, Bd. 2, Stuttgart 2005 (= VSWG-Beihefte 178/1-2).

POIDEVIN Raymond, Les relations franco-luxembourgeoises, 1945–1954, in: DERS./TRAUSCH Gilbert (Hg.), Les Relations franco-luxembourgeoises de Louis XIV à Robert Schuman. Actes du colloque de Luxembourg, 17–19 novembre 1977, Metz 1978 (= Publications du Centre de recherches relations internationales de l'Université de Metz 11), S. 267–277.

POLONSKY Antony/DRUKIER Boleslaw, The Beginnings of Communist Rule in Poland, London/Boston/Henley 1980.

RADANDT Hans, Ein mittleres kapitalistisches Unternehmen in Bulgarien im Dienste deutscher Konzerne während des Zweiten Weltkriegs, in: Jahrbuch für Wirtschaftsgeschichte 1980/II, S. 249–264.

RADO Alan R., Czechoslovak Nationalization Decrees: Some International Aspects, in: The American Journal of International Law 41/4 (Oktober 1947), S. 795–806.

RASCHOFER Hermann, Die deutsche Reparationsregelung und die Reparationsposition der Tschechoslowakei, in: Um Recht und Freiheit, Festschrift für Friedrich August Freiherr von der Heydte, Berlin 1977, S. 495–514.

READER, William Joseph, Fifty Years of Unilever, 1930–1980, London 1980.

REDAKCJĄ Pod/GROBICKIEGO Jana, Polski Przemysł Kablowi, Bydgoszcz: Stowarzyszenie Producentów Kabli, 2007, in: Polish economic chamber of electrotechnics, URL: http://www.elektrotechnika.org.pl/index.php?id=publikacje (Stand: 3. November 2013).

Redecker Niels von, Die polnischen Vertreibungsdekrete und die offenen Vermögensfragen zwischen Deutschland und Polen, Frankfurt am Main 2003.

Regener Gilles, L'industrie luxembourgeoise au lendemain de la Seconde Guerre mondiale (1944–1948), Magisterarbeit, Nancy 2004.

Renouvin Pierre/Duroselle Jean Baptiste, Introduction à l'histoire des relations internationales, Paris 1991.

Reuter Raymond/Calmes Christian, Jean, Grossherzog von Luxemburg, Luxemburg 1986.

Rey Marie-Pierre, Diplomatie et diplomates soviétiques à l'ère du dégel 1953–1964, in: Cahiers du monde russe 44, Nr. 2/3: Les pratiques administratives en Union soviétique, 1920–1960, (April–September 2003), S. 309–322.

Rochlin Peter R., Die Wirtschaft Polens von 1945 bis 1952, Berlin 1953 (= Deutsches Institut für Wirtschaftsforschung (Institut für Konjunkturforschung), Sonderhefte neue Folge 20, Reihe A: Forschung)

–, Die Wirtschaft Bulgariens seit 1945, Berlin 1957 (= Deutsches Institut für Wirtschaftsforschung (Institut für Konjunkturforschung), Sonderheft neue Folge 38, Reihe A: Forschung).

Roper Stephen D., Romania: The Unfinished Revolution, Amsterdam 2000.

Rozmaryn Stefan, La Pologne, Paris 1963 (= Comment ils sont gouvernés 8).

Rudolph Karsten, Wirtschaftsdiplomatie im kalten Krieg. Die Ostpolitik der westdeutschen Großindustrie 1945–1991, Frankfurt/New York 2004.

–, Wüstenhagen Jana, Große Politik, kleine Begegnungen. Die Leipziger Messe im Ost-West-Konflikt, Berlin 2006.

Sacharow Wladimir W., Uran für das strategische Gleichgewicht. Die SAG/SDAG Wismut im sowjetischen Atomkomplex, in: Boch Rudolf/Karlsch Rainer (Hg.), Uranbergbau im Kalten Krieg. Die Wismut im sowjetischen Atomkomplex. Bd. 1: Studien, Berlin 2011, S. 37–98.

Saner Raymond/Yiu Lichia, International Economic Diplomacy. Mutations in Post-modern Times, in: Discussion Papers in Diplomacy 84 (2003), S. 1–37.

–, Varinia Michalun, Negotiations between State Actors and Non-State Actors. Case Analyses from Different Parts of the World, Dordrecht 2009 (= International Negoziation Series 9).

Sattler Friederike, Wirtschaftsordnung im Übergang. Politik, Organisation und Funktion der KPD/SED im Land Brandenburg bei der Etablierung der zentralen Planwirtschaft in der SBZ/DDR 1945–52, Teilband 1, Münster 2002 (= Diktatur und Widerstand 5).

Schäfer Gerrit, Zwangsmigrationen und Vertreibungen im Europa des 20. Jahrhunderts, in: FES-Netz-Quelle Geschichte und Politik, URL: http://library.fes.de/library/netzquelle/zwangsmigration/intro.html (Stand: 3. November 2013).

Schlarp Karl-Heinz, Zwischen Konfrontation und Kooperation. Die Anfangsjahre der deutsch-sowjetischen Wirtschaftsbeziehungen in der Ära Adenauer, Münster 2000.

Schmit Georges, La diversification industrielle: un succès?, in: Statec (Hg.), L'économie luxembourgeoise au 20e siècle, Luxemburg 1999, S. 332–347.

Schönfeld Roland, Deutsch-südosteuropäische Wirtschaftsbeziehungen in der Zwischenkriegszeit. Der Mitteleuropäische Wirtschaftstag, in: Südosteuropa-Mitteilungen 28 (1988), S. 28–140.

Schoentgen Marc, Die Resistenzorganisationen in Luxemburg nach dem 2. Weltkrieg, in: ANLux (Hg.), Les courants politiques et la résistance. Continuités ou ruptures? Colloque international Esch-sur-Alzette 24.–26. April 2002, Luxemburg 2003 (= Collection Sources), S. 519–551.

–, „Heim ins Reich"? Die Arbed-Konzernleitung während der deutschen Besatzung zwischen 1940–1944: zwischen Kollaboration und Widerstand, in: Forum für Politik, Gesellschaft und Kultur in Luxemburg 304 (Februar 2011), S. 29–35.

Schuller Guy, Les relations économiques extérieures du Luxembourg, in: Statec (Hg), L'économie du Luxembourg au 20e siècle, Luxemburg 1999, S. 426–447.

Schulz, Frank U., Von der SAG zum VEB. Die Transportanlagenfabrik Bleichert 1945 bis Mitte der 50er Jahre, in: Hötzel Manfred/Krieg Stefan W. (Hg.), Adolf Bleichert und sein Werk. Unternehmerbiografie, Industriearchitektur, Firmengeschichte, Beucha 2002 (= Gohliser Historische Hefte 8), S. 113–134.

Schulz Günther, Die Arbeiter und Angestellten bei Felten & Guilleaume. Sozialgeschichtliche Untersuchung eines Kölner Industrieunternehmens im 19. und beginnenden 20. Jahrhunderts, Wiesbaden 1979 (= ZUG, Beiheft 13).

Schwarz Walter/Bundesministerium der Finanzen (Hg.), Die Wiedergutmachung nationalsozialistischen Unrechts durch die Bundesrepublik Deutschland, 7 Bde., München 1974–1986.

Schweitzer Michael, Dauernde Neutralität und europäische Integration Wien/New York: Springer, 1977 (= Forschungen aus Staat und Recht 40).

SCUTO Denis, Mémoire et histoire de la Seconde Guerre mondiale au Luxembourg. Réflexions sur une cohabitation difficile, in: Hémecht. Zeitschrift für Luxemburger Geschichte 58/4 (2006), S. 499–513.

–, La nationalité luxembourgeoise (XIXe–XXIe siècles), Brüssel 2012.

SECKENDORF Martin, Entwicklungshilfeorganisation oder Generalstab des deutschen Kapitals? Bedeutung und Grenzen des Mitteleuropäischen Wirtschaftstages, in: 1999. Zeitschrift für Sozialgeschichte des 20. und 21. Jahrhunderts 8/3 (1993), S. 10–33.

–, Der Mitteleuropäische Wirtschaftstag – Zentralstelle der Großwirtschaft zur Durchdringung Südosteuropas, in: RÖHR Werner/BERLEKAMP Brigitte/ROTH Karl Heinz (Hg.), Der Krieg vor dem Krieg. Politik und Ökonomik der „friedlichen" Aggressionen Deutschlands 1938/39, Hamburg 2001, S. 118–140.

SEIBOLD Gerhard, Röchling. Kontinuität im Wandel. Stuttgart 2001.

SEIDL-HOHENVELDERN Ignaz, Extraterritorial Effects of Confiscations and Expropriations, in: Michigan Law Review 49/6 (April 1951), S. 851–868.

–, Das Globalentschädigungsabkommen zwischen Österreich und der CSSR, in: DIEZ Emanuel u. a. (Hg.), Festschrift für Rudolf Bindschedler. Botschafter, Professor Dr. Jur. zum 65. Geburtstag am 8. Juli 1980, Berlin 1980, S. 299–313.

–, Völkerrechtswidrigkeit der Konfiskation eines Gemäldes des Fürsten von Liechtenstein als angeblich „deutsches Eigentum", in: IPRax (1996), S. 410–412.

SHARP Samuel L., Nationalization of Key Industries in Eastern Europe, Washington D. C. 1946.

SIPKOV Ivan, Postwar Nationalizations and Alien Property in Bulgaria, in: The American Journal of International Law 52/3, Juli 1953, S. 469–494.

SMITH Steve, Allison and the Cuban Missile Crisis: A Review of the Bureaucratic Politics Model of Foreign Policy Decision Making, in: Millennium 9/1 (1980), S. 21–40.

SNYDER Richard C./BRUCK H.W./SAPIN Burton, Decision-Making as an Approach to the Study of International Politics, Princeton 1954 (= Foreign Policy Analysis Project Series 3).

SOÉNIUS, Ulrich S., Die Zeit des Nationalsozialismus (1933–1945), in: Rheinisch-Westfälisches Wirtschaftsarchiv zu Köln (Hg.), Die Geschichte der unternehmerischen Selbstverwaltung in Köln 1914–1997, herausgegeben aus Anlass des 200jährigen Bestehens der Industrie- und Handelskammer zu Köln am 8. November 1997, Köln 1997, S. 120–215.

–, Bankier und „Geburtshelfer" – Kurt von Schröder, in: Bewegen – Verbinden – Gestalten. Unternehmer vom 17. bis zum 20. Jahrhundert. Festschrift für Klara von Eyll, Köln 2003, S. 335–350.

–, Ein Unternehmer im NS-Staat – Fritz Lehmann, in: Dülffer Jost/Szölloösi-Janze Margit, Schlagschatten auf das „braune Köln". Die NS-Zeit und danach, Köln 2010 (= Veröffentlichungen des Kölnischen Geschichtsvereins 49), S. 287–306.

Sörgel Werner, Metallindustrie und Nationalsozialismus. Eine Untersuchung über Struktur und Funktion industrieller Organisationen in Deutschland 1929 bis 1939, Frankfurt am Main 1965 (= Beiträge zur Geschichte und Soziologie der Metallindustrie und ihrer Organisationen).

Sohl Hans-Günther, Funktionale Effizienz und autoritäre Harmonie in der Eisen- und Stahlindustrie, in: Erker Paul/Pierenkemper Toni (Hg.), Deutsche Unternehmer zwischen Kriegswirtschaft und Wiederaufbau. Studien zur Erfahrungsbildung von Industrie-Eliten, München 1998 (= Quellen und Darstellungen zur Zeitgeschichte 39), S. 53–107.

Soutou Georges-Henri, Le Luxembourg et la France en 1919, in: Hémecht, Zeitschrift für Luxemburger Geschichte 39/4 (1987), S. 485–512.

Spang Paul, La représentation diplomatique du Grand-Duché de Luxembourg de 1815 à 1947, in: Hémecht. Zeitschrift für Luxemburger Geschichte 43/4 (1991), S. 563–570.

Spannuth Jan Philipp, Rückerstattung Ost. Der Umgang der DDR mit dem „arisierten" und enteigneten Eigentum der Juden und die Gestaltung der Rückerstattung im wiedervereinigten Deutschland, Dissertation, Freiburg i. Br. 2000/2001.

Standke Klaus-Heinrich, Der Handel mit dem Osten. Die Wirtschaftsbeziehungen mit den Staatshandelsländern, Baden-Baden [2] 1972.

Stourzh Gerald, Geschichte des Staatsvertrages 1945–1955. Österreichs Weg zur Neutralität, Graz/Wien/Köln 1980.

Stronck Gaston, Le Luxembourg et le pacte atlantique: de la neutralité à l'alliance, Dissertation, Montpellier/Lille 1992.

Sutton Antony C., Western Technology and Soviet Economic Development, Stanford Kalifornien 1968 (= Hoover Institution Publications).

Thewes Guy, Les gouvernements du Grand-Duché de Luxembourg depuis 1848, Luxemburg 2006.

Tomuschat Christian, Die Vertreibung der Sudetendeutschen. Zur Frage des Bestehens von Rechtsansprüchen nach Völkerrecht und deutschem Recht, in: ZaöRV 56 (1996), S. 1–69.

Tooze Adam, The Wages of Destruction. The Making and Breaking of the Nazi Economy, London 2006.

Trausch Gilbert, Le Luxembourg entre la France et la Belgique (1914–1922), in: Hémecht, Zeitschrift für Luxemburger Geschichte 27/1 (1975), S. 7–32.

–, Joseph Bech – un homme dans son siècle, Luxemburg 1978.

–, The Ministry of Foreign Affairs in the Grand Duchy, in: Steiner Zara (Hg.), The Times Survey of Foreign Ministries of the World, London 1982, S. 345–360.

–, Le poids de la Lorraine dans la question du Luxembourg: le référendum du 18 septembre 1919, in: Les Cahiers Lorrains, Erstes Trimester (1983), S. 85–106.

–, Histoire du Luxembourg, Paris 1992 (= Collection Nations d'Europe, unter der Leitung von Serge Berstein und Pierre Milza).

–, De l'UEBL au Benelux, Joseph Bech et l'émancipation du Luxembourg, in: Postma A. u. a. (Hg.), Regards sur le Benelux. 50 ans de coopérations, Brüssel 1994, S. 341–348.

–, Le temps de toutes les incertitudes et de tous les malentendus (1918–1919), in: Ders. (Hg.), Belgique-Luxembourg: Les relations belgo-luxembourgeoises et la Banque Générale de Luxembourg 1914–1994, Luxemburg 1995, S. 59–81.

–, Vers un plus grand équilibre: les relations belgo-luxembourgeoise de 1940 à nos jours, in: Ders. (Hg.), Belgique-Luxembourg: Les relations belgo-luxembourgeoises et la Banque Générale de Luxembourg 1914–1994, Luxemburg 1995, S. 161–181.

–, Joseph Bech, un homme à facettes, in: Nos cahiers 20/3 (1999), S 47–59.

–, L'ARBED dans la société luxembourgeoise, Luxembourg 2000.

–, Die Gründung der Partei der Rechten (1914–1919), in: Ders. (Hg.), CSV Spiegelbild eines Landes und seiner Politik? Geschichte der Christlich-Sozialen Volkspartei Luxemburgs im 20. Jahrhundert, Luxemburg 2008, S. 137–184.

Trunkos Judit, Changing Diplomacy Demands New Type of Diplomats, in: Institute of Cultural Diplomacy, International Conference on the Future of U.S. Foreign Policy: „The Revival of Soft Power and Cultural Diplomacy?", Konferenz in Washington DC vom 4.–6. Januar 2011, URL: http://www.culturaldiplomacy.org/europeanamericanrelationship/content/articles/events/2010foufp/participant-papers/Changing_Diplomacy_Demands_New_Type_of_Diplomats.pdf (Stand 3. November 2013).

TURNER Henry Ashby, Die Grossunternehmer und der Aufstieg Hitlers, Berlin 1985.

TYRELL Albrecht, Großbritannien und die Deutschlandplanung der Alliierten 1941–1945, Frankfurt-am-Main 1987.

VANDEN BERGHE Yvan, Der Kalte Krieg 1917–1991, Leipzig 2002.

VIÉNOT Gilles, Nationalisation étrangères et intérêts français, Paris 1953.

VINOGRADOV Vladimir, La nationalisation socialiste de l'industrie, aus dem Russischen von V. Joukov, Moskau 1969.

VOGELSANG Reinhard, Der Freundeskreis Himmler, Zürich/Frankfurt/Göttingen, 1972.

VOGT Helmut, Die Überseebeziehungen von Felten & Guilleaume (1874–1914). Eine Fallstudie zur Absatzstrategie der deutschen elektrotechnischen Industrie im Kaiserreich Stuttgart 1979 (= Beiträge zur Wirtschaftsgeschichte 2), S. 12–46.

VOLKMANN Hans-Erich, Autarkie, Großraumwirtschaft und Aggression. Zur ökonomischen Motivation der Besetzung Luxemburgs, Belgiens und der Niederlande 1940, in: Militärgeschichtliche Mitteilungen 19 (1976), S. 51–76.

VOLKMANN Hans-Erich, Luxemburg im Zeichen des Hakenkreuzes. Eine politische Wirtschaftsgeschichte 1933–1944, Paderborn/München/Wien u. a. 2010 (= Zeitalter der Weltkriege 7).

WEBER Josiane, Politische Eliten in Luxemburg. Die Rekrutierung der Minister in der zweiten Hälfte des 19. Jahrhunderts, in: Forum für Politik, Gesellschaft und Kultur in Luxemburg 314 (Januar 2012), S. 21–24.

–, Familien der Oberschicht in Luxemburg. Elitenbildung & Lebenswelten 1850–1900, Luxemburg, 2013.

WEBER Paul, Histoire de l'économie luxembourgeoise, Luxemburg 1951.

WEHENKEL Henri, Die Maulkorbkampagne, in: 1921–1981. Beiträge zur Geschichte der Kommunistischen Partei Luxemburgs, Luxemburg 1981, S. 83–109.

–, Gilbert Trausch, historien du vingtième siècle, in: Argumenter. Cahiers du Centre Jean Kill 2 (1982), S. 57–73.

–, La collaboration impossible, in: Collaboration: Nazification? – le cas du Luxembourg à la lumière des situations française, belge et néerlandaise. Actes du colloque international, Centre culturel de rencontre Abbaye de Neumünster, mai 2006, Luxemburg 2008, S. 250–271.

–, 1945–1947: les communistes aux portes du pouvoir, in: Forum für Politik Gesellschaft und Kultur in Luxemburg 299 (September 2010), S. 23–28.

WELLER Matthias, Immunity for Artworks on Loan? A Review of International Customary Law and Municipal Anti-seizurre Statutes in Light of the Liechtenstein Litigation, in: Vanderbilt Journal of Transnational Law (2005), S. 997–1039.

WERNER Catrina, BBC. Glanz, Krise, Fusion: 1891–1991, Zürich 1991.

WERNER Oliver, Das Familienunternehmen Adolf Bleichert 1874 bis 1932, in: HÖTZEL Manfred/KRIEG Stefan W. (Hg.), Adolf Bleichert und sein Werk. Unternehmerbiografie, Industriearchitektur, Firmengeschichte, Beucha 2002 (= Gohliser Historische Hefte 8), S. 99–111.

–, Ein Betrieb in zwei Diktaturen. Von der Bleichert Transportanlagen GmbH zum VEB VTA Leipzig 1932 bis 1963, Stuttgart 2004 (= Beiträge zur Wirtschafts- und Sozialgeschichte 101).

WESTON Burns H., International Claims: Postwar French Practice, New York 1971 (=Procedural Aspects of International Law Series 9).

WETTIG Gerhard, Die sowjetische Wirtschaftspolitik in der SBZ/DDR 1945–1954, in: IBER Walter M./RUGGENTHALER Peter (Hg.) Stalins Wirtschaftspolitik an der sowjetischen Peripherie. Ein Überblick auf der Basis sowjetischer und osteuropäischer Quellen, Innsbruck/Wien/Bozen 2011 (= Veröffentlichungen des Ludwig Boltzmann-Instituts für Kriegsfolgen-Forschung Graz-Wien-Klagenfurt 19), S. 73–98.

WIEN Markus, Markt und Modernisierung. Deutsch-bulgarische Wirtschaftsbeziehungen 1918–1944 in ihren konzeptionellen Grundlagen, München 2007 (= Europäisches Hochschulinstitut Florenz).

WIDDIG Sascha, FELTEN & GUILLEAUME CARLSWERK, Erfurt, 2011 (= Die Reihe Arbeitswelten).

WHITE Gillian, Nationalisation of Foreign Property, London 1961.

WIJNGAERT Mark van den, Oost West, West Best: Belgie Onder de Koude Oorlog, 1947–1989, Tielt 1997.

WILHELM Frank, Colpach et ses hôtes de 1918–1947, un laboratoire d'idées culturelles et politiques, un atelier de création littéraire comme objet de recherches scientifiques. Actes du Colloque interational (Ell, 13–14 juillet 2007): Colpach, un petit noyau de la future Europe, in: Galerie. Revue culturelle et pödagogique 25/2 (2007), S. 253–288.

WILLEQUET Jacques, Le resserement des liens belgo-luxembourgeois: 1940–1945, in: POIDEVIN Raymond/TRAUSCH Gilbert (Hg.), Les Relations franco-luxembourgeoises de Louis XIV à Robert Schuman. Actes du colloque de

Luxembourg, 17–19 novembre 1977, Metz 1978 (= Publications du Centre de recherches relations internationales de l'Université de Metz 11), S. 259–266.

Wurth Hubert: La politique étrangère du Luxembourg, in: Boniface Pascal (Hg.), Les fondements des politiques étrangères des pays européens, Paris 2006 (= La revue internationale et stratégique 61 (Spezialnummer)), S. 217–225.

Yasuhara Yoko, The Myth of Free Trade: The Origins of COCOM 1945–1950, in: The Japanese Journal of American Studies 4 (1991), S. 127–148.

Zweig Ronald W., German Reparations and the Jewish World. A History of the Claims Conference, London/Portland Oregon 2001.

Luxemburg-Studien
Études luxembourgeoises

Herausgegebenvon Peter Gilles, Markus Hesse, Michel Pauly und Christian Schulz

Band 1 Christian Wille: Grenzgänger und Räume der Grenze. Raumkonstruktionen in der Großregion SaarLorLux. 2012.

Band 2 Norbert Franz / Jean-Paul Lehners (Hrsg.): Nationenbildung und Demokratie. Europäische Entwicklungen gesellschaftlicher Partizipation. 2013.

Band 3 Monika Sonntag: Grenzen überwinden durch Kultur? Identitätskonstruktionen von Kulturakteuren in europäischen Grenzräumen. 2013.

Band 4 Vincent Artuso: La collaboration au Luxembourg durant la Seconde Guerre mondiale (1940-1945). Accomodation, Adaption, Assimilation. 2013.

Band 5 Tobias Chilla: Punkt, Linie, Fläche – territorialisierte Europäisierung. 2013.

Band 6 Peter Gilles / Cristian Kollmann / Claire Muller (Hrsg.): Familiennamen zwischen Maas und Rhein. 2014.

Band 7 Marc Birchen: Die Firmenbeteiligung der ARBED im Osteuropa der Nachkriegszeit. Luxemburger Wirtschaftsdiplomatie im Kalten Krieg. 2015.

www.peterlang.com